Leon Hempel · Susanne Krasmann
Ulrich Bröckling (Hrsg.)

Sichtbarkeitsregime

LEVIATHAN
Zeitschrift für Sozialwissenschaft

Sonderheft 25/2010

Leon Hempel · Susanne Krasmann
Ulrich Bröckling (Hrsg.)

Sichtbarkeitsregime

Überwachung, Sicherheit und Privatheit
im 21. Jahrhundert

Bibliografische Information der Deutschen Nationalbibliothek
Die Deutsche Nationalbibliothek verzeichnet diese Publikation in der
Deutschen Nationalbibliografie; detaillierte bibliografische Daten sind im Internet über
<http://dnb.d-nb.de> abrufbar.

1. Auflage 2011

Alle Rechte vorbehalten
© VS Verlag für Sozialwissenschaften | Springer Fachmedien Wiesbaden GmbH 2011

Lektorat: Frank Schindler

VS Verlag für Sozialwissenschaften ist eine Marke von Springer Fachmedien.
Springer Fachmedien ist Teil der Fachverlagsgruppe Springer Science+Business Media.
www.vs-verlag.de

Das Werk einschließlich aller seiner Teile ist urheberrechtlich geschützt. Jede Verwertung außerhalb der engen Grenzen des Urheberrechtsgesetzes ist ohne Zustimmung des Verlags unzulässig und strafbar. Das gilt insbesondere für Vervielfältigungen, Übersetzungen, Mikroverfilmungen und die Einspeicherung und Verarbeitung in elektronischen Systemen.

Die Wiedergabe von Gebrauchsnamen, Handelsnamen, Warenbezeichnungen usw. in diesem Werk berechtigt auch ohne besondere Kennzeichnung nicht zu der Annahme, dass solche Namen im Sinne der Warenzeichen- und Markenschutz-Gesetzgebung als frei zu betrachten wären und daher von jedermann benutzt werden dürften.

Umschlaggestaltung: Horst Dieter Bürkle, Darmstadt
Druck und buchbinderische Verarbeitung: Ten Brink, Meppel
Gedruckt auf säurefreiem und chlorfrei gebleichtem Papier

ISBN 978-3-531-16411-3

Inhalt

Leon Hempel, Susanne Krasmann und Ulrich Bröckling
Sichtbarkeitsregime: Eine Einleitung ... 7

I. Theoretische Perspektiven

Sven Opitz und Ute Tellmann
Katastrophale Szenarien: Gegenwärtige Zukunft in Recht und Ökonomie ... 27

Susanne Krasmann
Der Präventionsstaat im Einvernehmen. Wie Sichtbarkeitsregime stillschweigend Akzeptanz produzieren ... 53

Frieder Vogelmann
Die Falle der Transparenz. Zur Problematik einer fraglosen Norm ... 71

Gary T. Marx
The New Surveillance. Some Concepts and Some Implications for Privacy and Stratification ... 85

II. Kartografien der Sicherheit

Stefan Kaufmann
Zivile Sicherheit: Vom Aufstieg eines Topos ... 101

Leon Hempel
Das Versprechen der Suchmaschinen. Der europäische Sicherheitsraum als Sichtbarkeitsregime ... 124

Interview mit Sachar Paulus
Sicherheit oder Resilienz? Wider die Illusion der „Dauergesundheit" unserer Gesellschaft ... 143

III. Zählen, messen, identifizieren

Evelyn S. Ruppert
Making Populations: From Censuses to Metrics ... 157

Johannes Angermüller
Wissenschaft zählen. Regieren im digitalen Panopticon　174

Aldo Legnaro
Biometrie: Auf der Suche nach dem fälschungssicheren Individuum　191

Oliver Decker und Tobias Grave
Überwacht oder überwach? Elektronische Gesundheitskarte und Patientenakte　210

Jörg Potthast
Politische Soziologie der Zugänge. Das Beispiel der Flughafensicherheit　223

IV. Politiken der Privatheit
Gerrit Hornung
Kontrollierte Vernetzung – vernetzte Kontrolle? Das Recht in Zeiten des Ubiquitous Computing　245

Alexander Roßnagel
Datenschutzaudit – ein modernes Steuerungsinstrument　263

Reinhard Kreissl und Lars Ostermeier
Wer hat Angst vorm Großen Bruder? Datenschutz und Identität im elektronischen Zeitalter　281

Colin J. Bennett
Storming the Barricades so We Can All Be Private Together: Everyday Surveillance and the Politics of Privacy Advocacy　299

Autorinnen und Autoren　321

Leon Hempel, Susanne Krasmann und Ulrich Bröckling

Sichtbarkeitsregime: Eine Einleitung

1 Sichtbarkeitsregime

Das allsehende, die Weltkugel überblickende Auge ziert das Logo einer Einrichtung, die im Frühjahr 2002 von der Defense Advanced Research Projects Agency des US-amerikanischen Verteidigungsministeriums gegründet wurde. Inspiriert von der Rückseite des Großen Siegels der Vereinigten Staaten von 1782, das auch jede Eindollarnote ziert, ist dieses Logo mit Francis Bacons berühmtem Diktum *Scientia est Potentia* versehen. Der ursprüngliche Name der Einrichtung ist Programm: *Total Information Awareness*. Bereits am 12. September 2001, einen Tag nach den Anschlägen von New York und Washington also, hatten sich verschiedene Firmen beim Pentagon mit einer Idee gemeldet: Zum Schutz gegen den Terrorismus sollten alle nur irgendwie verfügbaren Informationen über die Bürger in einer Datenbank gesammelt werden, um diese mit Hilfe einer mächtigen Suchmaschine auf verdächtige Muster hin auszuwerten (O'Harrow 2006, 23). Der Plan für ein die gesamte Bevölkerung erfassendes Data-Mining wurde jedoch nicht realisiert: Nach massiver öffentlicher Kritik wurde *Total Information Awareness* zunächst in *Terrorist Information Awareness* umbenannt und das Vorhaben schließlich Mitte 2003 wieder eingestellt. Nicht verschwunden ist indes das Bestreben, durch möglichst umfassende Datensammlung *total awareness* – das Bewusstsein der Bedrohung und permanent notwendiger Vorkehrungen dagegen – aufrechtzuerhalten.

Das Bild des über allem ruhenden Auges, dem nichts entgeht, besitzt einen festen Platz in der religiösen und politischen Ikonografie. Ursprünglich repräsentierte es die Allmacht Gottes und ging dann auf dessen weltlichen Nachfolger, den Leviathan über, der schützend über die Bürger wacht und alle Attribute Gottes in sich aufgenommen hat. Sein Ideal ist Sichtbarkeit in einem zweifachen Sinn: als visuelle Präsenz und Repräsentation der souveränen Macht auf der einen, als Transparenz derjenigen, über die sie ausgeübt wird, auf der anderen Seite. Gläsern soll der Bürger sein, unübersehbar, doch opak die Macht. Das staatliche Auge will nicht nur alles sehen, es will auch, dass man weiß, dass es alles sieht. Ordnung, so die Logik der Souveränität, zeigt sich nur dem sowohl das Ganze wie seine Elemente überschauenden Blick. Ohne Ausleuchtung des Feldes, ohne Verfahren des Monitoring, der Erfassung, Identifizierung und Überwachung kommt politische Machtausübung nicht aus. Schon die rationale Gestaltung der Welt, welche die Aufklärer auf ihre Fahnen schrieben, war nicht nur metaphorisch als Illumination gedacht – die militärische Bedeutung von Aufklärung zeugt noch davon. Auf dem Großen Siegel, dem Vorbild für das Logo von *Total Information Awareness*, ist diese Verbindung emblematisch dargestellt: Unter dem allsehenden Auge, das die Spitze einer Pyramide bildet, verheißt ein Schriftband den *novus ordo seclorum*. Das Projekt der großen, menschengemachten Ordnung verlangt Überblick im allerwörtlichsten Sinn.

Heute freilich kann man das säkularisierte „Auge der Vorsehung" kaum mehr ohne Ironie betrachten. Zu unübersichtlich, zu multiperspektivisch ist die Welt, als dass sie noch von einem Punkt (oder von einer Datenbank) aus überblickt werden könnte – trotz technologischer Aufrüstung der Sehweite und -schärfe und entsprechender Allmachts- bzw. Omnivisionsträume gegenwärtiger Sicherheitsplaner. Das Ideal vollständiger Transparenz muss schon deshalb ein Phantasma bleiben, weil jedes Sichtbarkeitsregime seine blinden Flecken hat, ja diese selbst erzeugt. Es ist eine triviale Einsicht jeder Beobachtungstheorie, dass, etwas sichtbar zu machen, stets bedeutet, etwas anderes aus dem Feld der Sichtbarkeit auszuschließen: „Jedes Sichtbare ist nur mit seinem Schatten zu haben, jede Beobachtung muss ihr Unbeobachtetes produzieren" (Kammerer 2008, 115f.). Selbst ein noch so ausgefeiltes System aggregierter Beobachtungen zweiter, dritter, vierter usw. Ordnung vermag nicht alles und nicht alles zugleich in den Blick zu nehmen. Wie genau man auch hinschaut, wie viele Kameras man auch installiert, wie viele Daten man auch sammelt und durch die Fahndungsraster jagt, es bleiben nicht nur unausgeleuchtete Bereiche, vielmehr entstehen „Dunkelfelder" gerade in dem Maße, in dem „Hellfelder" erzeugt werden.

Heinrich Popitz (1968) hat darauf aufmerksam gemacht, dass die Grenzen des Sehens und Wissens keineswegs auch die Grenzen der Macht sind, im Gegenteil: Das Nichtwissen wirkt präventiv. Die „totale Verhaltenstransparenz menschlicher Gesellschaften" ist nicht nur unmöglich, sie wäre auch dysfunktional. Eine Macht, die alles sähe, müsste unweigerlich kollabieren, da sie gar nicht alle aufgedeckten Normverstöße sanktionieren könnte. Mehr noch, die Normen würden ihre Geltung verlieren in dem Maße, in dem der Umfang ihrer Missachtung sichtbar wird. Die Macht bedarf des Dunkelfeldes zur Legitimation ihrer Interventionen. Es ist stets der Verweis auf unbekannte, zumindest aber nicht ausreichend identifizierte Bedrohungen, mit dem die räumliche und zeitliche Ausweitung von Kontrollen begründet wird. Für den kontrollierenden Blick ist das Nicht-Sichtbare nur das Nochnicht-Sichtbare. Der Nachweis des sozialen Nutzens von Unsichtbarkeitszonen widerspricht deshalb keineswegs dem entgrenzten Willen zu sehen, wie er Sicherheitspolitiken im Zeichen von *total awareness* kennzeichnet: Das Dunkelfeld ist ein Grenzbegriff – eine relative Schranke des Sehen*könnens*, aber eben kein vorsätzliches Nichtsehen*wollen*. Wenn regieren heißt, sichtbar zu machen, dann bedeutet das immer auch zu bestimmen, was nicht sichtbar werden darf: „Macht ist dort, wo die Verfügung über das Verhältnis von öffentlich und geheim, sichtbar und unsichtbar angesiedelt ist." Sie „besteht nicht in der Maximierung einer der beiden Seiten eines doppelbödigen Verhältnisses, sondern der Kontrolle beider Seiten", dem Sichtbaren wie dem Unsichtbaren (Münkler 2009, 26).

Sichtbarkeitsregime sind soziale und technische Arrangements, die Ordnung stiften oder stabilisieren, Gefährdungen abwehren und Abweichungen korrigieren sollen und selbst eine Ordnung des Beobachtens und Beobachtetwerdens, des Zeigens und Verbergens etablieren. Sie wirken gleichermaßen auf das Handeln von Beobachtern wie Beobachteten ein, lenken Blicke und dirigieren Aufmerksamkeiten; sie holen Verborgenes ans Licht oder sorgen dafür, dass es den Blicken entzogen bleibt; sie vergrößern Winzigkeiten oder zoomen Weitentferntes heran und machen es so für regulierende Zugriffe erreichbar; sie aggregieren Einzelbeobachtungen und schaffen dadurch erst bestimmte Objekte, z.B. statistische Normalverteilungen oder Risikogruppen. Sie definieren so die Probleme, zu deren Lösung sie installiert werden; sie grenzen öffentliche und private Sphären voneinander ab und schaffen auf diese Weise Zonen unterschiedlicher Blickdurchlässigkeit. Den einen erlauben sie zu sehen, was den anderen verwehrt bleibt. Die einen wissen, dass sie über eine privilegierte Beobachterposition verfügen und wie sich diese nutzen lässt, die anderen wissen, dass sie beobachtet werden – oder nicht einmal das. Sichtbarkeitsregime etablieren schließlich spezifische Bilderpolitiken und betreiben damit, was man analog zum *social engineering* als *imagineering* bezeichnet hat (Holert 2000). Das „Regieren im Bildraum" (Holert 2008) verbindet politische und ästhetische Ordnung, genauer: es realisiert die politische als ästhetische Ordnung, wenn man das Ästhetische nicht auf die Sphäre des Schönen einschränkt, sondern in der alten Bedeutung als das Feld der Wahrnehmung begreift.

Jacques Rancière (2006) hat diesen Zusammenhang von Ordnung und Wahrnehmung im Begriff der Aufteilung des Sinnlichen (*le partage du sensible*) gefasst: Ordnung bezieht sich auf eine bestimmte Anordnung des Sichtbaren und Sagbaren (oder allgemeiner: des sinnlich Wahrnehmbaren) im sozialen Raum. Menschen, Verhaltensweisen, Dinge, Bewegungen und Vorgänge werden beobachtet, identifiziert, gezählt, klassifiziert, positioniert, in eine Rangfolge gebracht, auf bestimmte Funktionen verwiesen, miteinander verknüpft und voneinander unterschieden. Aufteilung bedeutet in diesem Zusammenhang zweierlei: Einteilung der Welt und mithin Unterscheidung; aber auch Trennung. Sie macht die Welt intelligibel, weil sie den Blick auf die Welt strukturiert, und sie bestimmt über soziale Zugehörigkeit und politische Teilhabe. Die Aufteilung stellt eine soziale Ordnung her, die zugleich als eine Ordnung des Sichtbaren in Erscheinung tritt und sich normierend und normativ als unhintergehbares Feld des sozial Wahrnehmbaren präsentiert (Rancière 2002). Solche Ordnungen sind von unterschiedlicher Form, Robustheit und Dauer. Mit wachsender Komplexität entwickeln sich Kooperations- und Kommunikationsmuster, technische wie rechtliche Regelwerke, Organisationen, Professionen und Netzwerke, welche die Aufteilungen aufrechterhalten und mehr oder minder streng überwachen. Wo sich Regeln und Regelmäßigkeiten abzeichnen, Institutionen herausbilden, Prinzipien und Normen durchsetzen, entstehen Regime der Sichtbarkeit. Gesetzbücher, architektonische Ensembles, parlamentarische Sitzordnungen, Verwaltungsvorschriften, Verhaltenskodizes, Kunststile, Schulgrammatiken, statistische Diagramme und vieles andere mehr arrangieren unterschiedliche Grenzziehungen mit Hilfe ebenso unterschiedlicher Regeln und Mittel, aber es sind die Grenzziehungen zwischen dem Sichtbaren und dem Unsichtbaren, in denen sich soziale Figurationen als visuelle Ordnungen etablieren. Die disparaten Regime des Regierens bringen ebenso vielfältige Regime der Sichtbarkeit hervor. Inszeniert sich souveräne Herrschaft einst in Repräsentationen eines zentralperspektivischen allmächtigen Blicks (Burke 1993), so berufen sich zeitgenössische Formen staatlicher Machtausübung vor allem auf wissenschaftliche Kalküle und Verfahren, auf die Erkenntnisse, Techniken und Instrumente von Experten.

Zwei elementare Formen der Erzeugung und Kontrolle von Sichtbarkeiten lassen sich unterscheiden: zum einen Verfahren der Aggregierung, die sich auf Populationen und „soziale Tatsachen" (Durkheim) beziehen, die durch diese Verfahren erst geschaffen werden; zum anderen Praktiken der Identifizierung, die nach untrüglichen Zeichen fahnden, mit denen sich nachweisen lässt, dass jemand Bestimmtes jemand Bestimmtes ist und dass sich ihm oder ihr bestimmte Handlungen zuordnen lassen. Die Perspektive der einen ist totalisierend, die der anderen individualisierend; die eine erkennt kollektive Muster, die andere sorgt für Zurechenbarkeit. Beide berufen sich auf die Kalküle moderner Wissenschaft und ihre vermeintlich neutralen Instrumente. So liefern demographische Prognosen Anhaltspunkte für die Bevölkerungs- und Sozialpolitik, Wirtschaftsdaten Argumente für konjunkturfördernde Maßnahmen oder entsprechende Zurückhaltung, und epidemiologische Befunde begründen Seuchenwarnungen, Impfkampagnen und präventive Verhaltenslehren. Sichtbar zu machen bedeutet hier, Regelmäßigkeiten und kollektive Bewegungsgesetze herauszupräparieren und darauf aufbauend Wahrscheinlichkeiten zu berechnen. Identifizierungsverfahren setzen demgegenüber auf die Definition von Merkmalen und die Sicherung von Spuren, die Individuen eindeutig zugerechnet werden können. Auch dabei ist der Abgleich mit Daten möglichst großer Populationen unabdingbar, zeigt sich die zu ermittelnde Identität doch nur in der signifikanten Differenz zu allen anderen. Wo Identifizierungspraktiken nicht singuläre körperliche Zeichen auf oder unter der Haut (Fingerabdruck, Iris, DNA) entziffern, operieren sie nach dem Prinzip der Rasterfahndung und sieben eine Population solange nach selektiven Merkmalen, bis nur noch ein Einzelner oder eine abgrenzbare Gruppe von Individuen übrig bleibt, auf die sämtliche Merkmale zutreffen.

Sichtbarmachen ist ein Vorgang der Wissenserzeugung, bei dem Zeichen interpretiert, Spuren gelesen und Bewegungen kartographiert werden. Dazu müssen diese aus der Fülle des potenziell Wahrnehmbaren isoliert und die Einzelbeobachtungen zu sinnvollen Einheiten aggregiert werden. Sichtbarkeitsregime sind deshalb keineswegs „bloß visuell" (vgl. Amoore 2007, 233); sie bilden nicht nur die Realität ab, sondern generieren und formen diese auch selbst: Sie definieren Probleme und ermöglichen oder unterbinden so bestimmte Formen der Gestaltung und des Eingriffs; sie kreieren Figuren wie den „Schläfer", dessen Unauffälligkeit geradezu den Index der von ihm ausgehenden Bedrohung darstellt, und erzeugen „epistemische Dinge" (Rheinberger 2001) wie Bewegungsprofile, genetische Fingerabdrücke, Scans, Karten und Diagramme, die Repräsentationen von Wirklichkeit und zugleich selbst eine Wirklichkeit in Tabellenform, auf Millimeterpapier, Zelluloid oder übersetzt in den binären Code der Softwareprogramme darstellen (Gugerli/Hagner/Hampe 2007). Was wir erkennen und wissen (können), hängt nicht zuletzt davon ab, welche Technologien des Sichtbarmachens wir nutzen. Bildgebende Verfahren und ihre wissenschaftliche Auswertung versprechen eine Evidenz, die den Sichtbarkeitsregimen zugleich ihre Legitimität verschafft.

Der vorliegende Band geht den Strategien der Überwachung und der Problematisierung und Herstellung von Sicherheit im 21. Jahrhundert nach. Er greift damit einen zentralen Topos der *Surveillance* und der *Critical Security Studies* auf: die Frage nach den Veränderungen von Sicherheits-, Überwachungs- und Kontrollregimen, nach den sich verschiebenden Formen der Machtausübung, die zugleich die Spielräume des Verhaltens, den Raum ebenso wie das Verständnis der Selbstbestimmung, Privatheit, Selbstverwirklichung und Partizipation bestimmen.[1] Diese Technologien und Strategien als Sichtbarkeitsregime in den Blick zu nehmen, heißt zu analysieren, wie die sinnlich wahrnehmbare Welt im Namen von Sicherheit und präventiver Gefahrenabwehr aufgeteilt wird und wie sich die bestehenden Aufteilungen rechtfertigen. Eine solche Perspektive fragt danach, welche Bereiche von welchen Akteuren mit welchen Instrumenten und welcher Wirkung visibilisiert und welche im gleichen Zug invisibilisiert, welche Grenzen zwischen den Zonen der Sichtbarkeit auf der einen, den Dunkelfeldern und Sphären der Privatheit auf der anderen Seite gezogen und schließlich welche medialen Repräsentationen, welche Imaginationen (und Phantasmen) von Bedrohung und Sicherheit evoziert werden. Auf diese Weise lassen sich eindimensionale Schreckensszenarien einer totalitären Kontrollgesellschaft ebenso vermei-

---

1 Stellvertretend: Lyon (2006; 2007); Hier (2007); C.A.S.E. Collective (2006).

den wie das optimistische Pendant einer ebenso umsichtigen wie weitsichtigen Regierung, die ihre Bürger zu deren vermeintlich Bestem ausspäht und durchleuchtet.

2 Sichtbarkeit und Sicherheit

Wenn technische Verfahren und soziale Arrangements bestimmte Formen von Sichtbarkeit erzeugen, so ermöglichen Sichtbarkeiten ihrerseits Verfahren der Kontrolle, der Überwachung und der Herstellung von Sicherheit. Sichtbarmachen ist selbst eine Art der Machtausübung, ein erster Zugriff, der Dispositive der Wissensgenerierung und Felder der Intervention zu etablieren erlaubt. Um es am Beispiel des vielleicht meistdiskutierten Regimes der Sicherheit durch Sichtbarkeit zu erläutern: Das Panopticon ist der Prototyp einer Überwachungstechnologie, mit dem sich die neuzeitliche Polizei gewissermaßen ein Denkmal ihrer selbst setzt. Die Architektur des Benthamschen Rundgefängnisses beruht auf „individualisierter, kodifizierter Information, die das Grundprinzip für Klassifizierung und darauffolgende autoritative Interventionen bildet" (Norris 2005, 362). „Die Polizeigewalt muss ‚alles' erfassen", in ihrem Duktus der „infinitesimalen Kontrolle" ist sie „mit dem gesamten Gesellschaftskörper koextensiv" (Foucault 1976, 274). Den Internierten wird unablässig vor Augen geführt, „dass sie unter Beobachtung stehen, den Blick aber nicht zurückgeben können" (Kammerer 2008, 117). Als Gegenstand der Kontrolle bringt der panoptische Blick das Individuum und die Bevölkerung gleichsam erst hervor. Der Insasse der panoptischen Gefängnisarchitektur, der einem „bewußten und permanenten Sichtbarkeitszustand" ausgesetzt ist, nimmt das Machtverhältnis derart in sich auf, heißt es bei Michel Foucault (ebd., 258), dass er es selbst reproduziert und damit „das automatische Funktionieren der Macht sicherstellt". Jeremy Bentham verstand sein Modell deshalb auch als Idealtyp einer liberalen Regierung, die auf autoritäre Interventionen weitgehend verzichten kann.

Nur unter dem Zwang der Freiwilligkeit jedoch kommt der Bürger in den Genuss seiner Freiheit, wie Rousseau im *Contrat Social* formuliert hatte (Rousseau 1989). So ist die Preisgabe persönlicher Informationen auf der einen Seite die Voraussetzung für das Regieren, auf der anderen Seite aber auch die Voraussetzung für Partizipation. Das Anlegen von Wissensdossiers über die Bürger, über ihre Aufenthalte und Tätigkeiten wird zur Funktionsbedingung moderner liberaler Gesellschaften überhaupt. Die Menschen zu *führen*, heißt zunächst einmal, sie in Listen, Registern, Datenbanken usw. *aufzuführen*. Schon bei seiner Geburt ist jeder Einzelne zu registrieren, damit er später als Bürger und autonomer Marktteilnehmer agieren kann; ebenso sind an den Grenzen die Migranten zu erfassen, die Zugang erhalten oder eingebürgert werden wollen. Um staatliche Transferleistungen zu erhalten, wird darüber hinaus von allen Bürgern nicht nur die Registrierung verlangt, sondern auch das Offenlegen der eigenen sozialen Verhältnisse, der eigenen Fähigkeiten sowie der Nachweise und (Führungs-) Zeugnisse individueller Anstrengung, die sich der Bürger lebenslänglich erwerben muss. Das ist jedoch nur die eine Seite.

Auf der anderen Seite stellen gegenüber dem obrigkeitlichen Polizeistaat gerade moderne liberale, demokratisch verfasste Gesellschaften den Anspruch an sich, das staatliche Wissen über die Bürger zu begrenzen und durch Transparenz des Sammelns und Verarbeitens auch unter Kontrolle zu halten. Der Staat garantiert dem Bürger nicht nur soziale Sicherheit und körperliche Unversehrtheit durch die polizeiliche Ausübung des Gewaltmonopols, sondern verspricht ihm ebenso Freiheit von staatlichen Eingriffen, ein Recht auf eine geschützte Sphäre und ein Privatleben, dessen Einsehbarkeit er selbst bestimmen kann. Er kann dies, nicht nur weil ihm im Zuge seiner Emanzipation das Freiheitsrecht verbrieft ist, sich den Apparaten staatlicher Einblicknahme zu entziehen, sondern auch weil der Schutz der Privatsphäre vom Staat garantiert und gewollt ist. Die liberale Regierung definiert sich geradezu über das Moment der Freiheit – und damit einen neuen Begriff von Sicherheit als Schutz vor staatlicher Intervention. Gleichzeitig bildet die Freiheit, die sie ermöglicht wissen will, den Ausgangspunkt für immer neue und mögliche Interventionen zum Schutz dieser Freiheit, die ausgeübt werden und gewährleistet sein soll. Im gleichen Zuge, wie Privatheit zu einem politischen Topos wird, zeigt sich das Doppelspiel von Freiwilligkeit und Zwang – einer Ausübung von Freiheit, die zugleich Unterwerfung unter die Bedingungen ihrer Ausübung ist.

Das Urbild des Sichtbarkeitsregimes (und Sicherheitsarrangements) des privaten Bürgers ist zunächst das vor äußeren Gefahren geschützte Wohnhaus, dessen Mauern ihn nach außen hin abschirmen, dessen Fenster und Türen ihm Ausblick und Ausgang (und den Außenstehenden Einblick und Eingang) gewähren. Das „ganze Haus" verkörperte darüber hinaus die Gesellschaft *in nuce*, wird es doch bewohnt von der Familie und gegebenenfalls weiteren Arbeitskräften, die es ökonomisch absichern. Das Haus verbindet das Ökonomische mit dem Privaten, es ist Barriere gegen die Unbilden der Natur sowie die Gefahren, die von anderen Menschen ausgehen. Dies scheint seine ursprüngliche Funktion zu sein, jedenfalls hebt Sir Edward Coke sie in seinen *Institutes of the Lawes of England* (1628-1644), im Bericht über *Semayne's Case*, besonders hervor: „domus sua cuique est tutissimum refugium" – „Einem jeden ist sein Haus der sicherste Zufluchtsort."[2] Die Schwelle des Hauses wird zur Schranke gegen Dritte, sei es der Staat oder sei es der böse Nachbar. Das eigene Haus verspricht ein privates Leben in Sicherheit wie auch ein sicheres Leben im Privaten, ein Leben in Sicherheit, Selbstbestimmtheit und – Nicht-Sichtbarkeit, solange man sich in seinen Mauern aufhält.

Verbindet sich mit dem Haus der Begriff des materiellen Eigentums, so knüpft sich daran in metaphorischer Übertragung die liberale Vorstellung, dass jedes Individuum autonom über sich als Selbst verfüge. Als Ort des Rückzugs aus der Öffentlichkeit ist im liberalen Denken das Haus noch Sinnbild dieses autonomen Subjekts. Aber nicht mehr das Haus, die feste Adresse, ist der Garant der Freiheit, der Selbstbestimmung und Selbstentfaltung, sondern die Individualität des Bürgers und seiner Bewegungsfreiheit, die unter ökonomischen Gesichtspunkten zur politischen Forderung an die Individualität wird. In der Natur, in der Einsamkeit, in der Anonymität findet er seine Rückzugsorte, in denen er sich der Freiheit seiner Individualität versichert. Die Privatsphäre gilt als Ort des Unbeobachtetseins, als elementare Voraussetzung, um ein singuläres Subjekt aufrechtzuerhalten und selbst bestimmen zu können, wie und wo wir leben, wie wir sein wollen. „Privacy is the right to be let alone", so lautet denn auch die klassische Definition von Samuel D. Warren und Louis D. Brandeis (1890).

Doch jede Bestimmung des Privaten sieht sich letztlich auf einen situativen Kontext verwiesen. Alan Westin (1967) definiert das Private deshalb als Entscheidungsmöglichkeit eines Individuums, einer Gruppe oder Institution, wann, wie und in welchem Umfang Informationen über sie weitergegeben werden. Hieraus lässt sich ein Recht auf informationel-

---

2 So das Gerichtsurteil, auf das sich Coke bezieht und von dem sich das berühmte „My home is my castle" ableitet. Bei Coke (2003, 137) heißt es zunächst an entsprechender Stelle: „That the house of every one is to him as his Castle and Fortress as well for defence against injury and violence, as for his repose."

le Selbstbestimmung des Individuums ableiten, aber auch die soziale Dimension des Privaten als Bedingung gesellschaftlicher Austauschprozesse, wie es das Volkszählungsurteil des Bundesverfassungsgerichts von 1983 vorsah und heute auch in der anglo-amerikanischen Rezeption betont wird (Regan 1995; Margulis 2003; Bennett/Raab 2006; Goold 2007). Die Grenzen der Sichtbarkeitsbarrieren, die das Private jeweils historisch definieren, als Haus, als Ich in der Natur, als Körper, sind keinesfalls universell. Sie bestimmen sich im Widerstreit mit den rechtlich autorisierten Kompetenzen der Exekutivorgane des Gewaltmonopols, der polizeilichen Ordnung. Die staatlichen Instanzen, die Handlungsbedarf im Bereich von Gefahrenprävention und -bekämpfung postulieren, bestehen auf der Notwendigkeit eines erweiterten Eingriffsrechts von Polizei und Sicherheitsbehörden. So wird an der Grenze von Sichtbarkeit und Nicht-Sichtbarkeit permanent das Verhältnis von staatlichem Eingriff und bürgerlicher Freiheitsbehauptung verhandelt und damit der politische Streit um die Freiheits- und Bürgerrechte in liberalen Gesellschaften eröffnet. Die Kontrollen bedürfen der Regulierung, will sich der Staat selbst nicht dem Verdacht aussetzen, zu Unrecht zu verdächtigen, unverhältnismäßig zu intervenieren, Ungerechtigkeiten systematisch zu produzieren, kurz: undemokratisch zu werden. Zugleich beharren die Regierungen in diesem Streit darauf, dass das Sammeln von Wissen über den Bürger nicht nur notwendig zu dessen Schutz (und dem des Staates und politischer Handlungsfähigkeit) ist, sondern auch nur begrenzt offengelegt werden kann. Andernfalls könnte dieses Wissen auch denen preisgegeben sein, die als Feinde der Ordnung, als Bedrohung ihres Funktionierens gelten.

3 Sichtbarkeit und Mobilität

Der Begriff der inneren Sicherheit, wie wir ihn heute in all seiner Unschärfe kennen und verwenden, entstand, zumindest in Deutschland, in der Situation des krisenhaft verebbenden Wirtschaftswunders bei gleichzeitiger Konfrontation mit dem RAF-Terrorismus in den 1970er Jahren: „Als ‚Sicherheitsstaat' konnte [der Nationalstaat] sich noch beziehungsweise wieder rechtfertigen" (Conze 1990, 484), während er als „Sozialstaat" zunehmend in Schwierigkeiten geriet. Orientierte sich der Begriff der inneren Sicherheit institutionell und praktisch also zunächst noch am Nationalstaat, so hat sich dieses Verständnis in den letzten Jahrzehnten radikal gewandelt, wenn nicht aufgelöst. Neue Sichtbarkeitsregime etablieren sich länderübergreifend und positionieren sich im Zeichen einer Globalisierung der Risiken durch grenzüberschreitende Gefahren wie organisierte Kriminalität, Drogenhandel oder Terrorismus. Antwortet man auf die notorisch proklamierte Knappheit von staatlichen Polizeikräften auf nationaler Ebene seit langem durch Rationalisierungsmaßnahmen wie Privatisierung von Sicherheitsdienstleistungen, so reagiert man auf die intensiviert wahrgenommenen Sicherheitsrisiken mit grenzüberschreitender Kooperation, deren Kern der Datenaustausch zwischen Polizeibehörden, aber auch zwischen privaten Dienstleistern und Polizeibehörden bildet. Sicherheitsaufgaben werden einerseits an nicht-staatliche, private und freiwillige Akteure des dritten Sektors übertragen – private Sicherheitsdienstleister gelten heute ausdrücklich als Teil der Sicherheitsarchitektur (Ständige Konferenz der Innenminister und -senatoren der Länder 2009, 25f.) –, andererseits werden neue supra- und internationale Konstellationen der Sicherheit durch Verträge und Abkommen geschaffen.

Aber nicht nur auf der staatlichen oder zwischenstaatlichen Ebene, sondern ebenso auf der Führungsebene von Unternehmen wie auch beim Bürger vor dem heimischen PC steigt die Nachfrage nach Sicherheitsanwendungen. Privatisierung und Transnationalisierung der Sicherheit sind Ergebnisse einer radikalen Deregulierungs- und Re-Regulierungspolitik, in deren Zentrum die postulierte freie Bewegung der Individuen, Waren und Informationen im globalen Raum steht. Der Imperativ der Mobilität macht Entwurzelung tendenziell zur Norm und lässt das politische Handlungsfeld der sozialen Sicherheit beschränkt erscheinen. Gewinnt der Legitimationsgrund für eine konzentrierte Politik der inneren Sicherheit und Ordnung selbst Sichtbarkeit – etwa in Form neuer Armut inmitten der Überflussgesellschaft (Tabb 1982; Christie 2000; Bauman 2006; Wacquant 2008) –, so verbürgt vermeintlich allein die Beweglichkeit im transnationalen Raum die Wohlfahrt. Tatsächlich ist Mobilität die Voraussetzung neuer erweiterter polizeilicher Sichtbarkeitsregime, deren Zweck in der Schaffung kontrollierbarer, auf ihre Echtheit, Vertrauenswürdigkeit, Zuverlässigkeit und Störungsfreiheit überprüfbarer Identitäten von Menschen und Dingen liegt, die in den Netzen der Kommunikation und des Verkehrs fließen. In Bezug auf den Bürger scheint das einzige Inklusionskriterium darin zu bestehen, dass er sich frei am Markt, am Finanz-, am Konsumgüter- oder Arbeitsmarkt, bewegen kann, während der unerwünschte Migrant, der arbeitslose Hartz-IV-Empfänger an der Bewegung gehindert und festgesetzt werden soll. Der neue Bürger, der über Verfahren der Erfassung und Speicherung in die neue Topographie der Sichtbarkeit und Unsichtbarkeit einsortiert wird, ist insofern nicht als Person, als Citoyen oder politisches Subjekt adressiert, sondern als kosmopolitisches Zirkulationsobjekt im transnationalen Sicherheitsraum. Als solches ist er Teil der Zirkulationsmaschinerie, die sich rechtfertigt durch die Bewegung, die sie selbst ständig erzeugt, indem sie die unterschiedlichen Identitäten nach unterschiedlichen Algorithmen klassifiziert und sortiert, sei es nach Kaufkraft und Interesse, sei es nach Risikopotential und Abweichung von der statistisch ermittelten Normalverteilung.

Die Delegation staatlicher Gewalt an private Akteure in Verbindung mit der Installation von Überwachungs- und Sicherheitstechnologien ermöglicht ein „Regieren aus der Distanz" (Rose/Miller 1992). Wenn die Informationssammlung auch bisher kein staatliches Privileg war, sondern ebenso von privaten Organisationen wie etwa Versicherungen zu kommerziellen Zwecken betrieben wurde, so ist der Informationsaustausch zwischen beiden Bereichen heute enorm angestiegen und führt damit auch zu einer neuen Qualität der Kontrolle, wie Datenskandale allenthalben demonstrieren. Die Orte, an denen „klassifiziertes" Wissen produziert wird, haben sich potenziert und sind gleichsam in den Netzwerken der Sicherheit staatlicher und nicht-staatlicher Akteure verschwunden. Kontrolle und Überwachung sind post-panoptisch geworden (vgl. Bauman 2003, 18), nicht im Sinne der Abschaffung des panoptischen Blicks, vielmehr der Verflüchtigung der kontrollierenden Instanz und zugleich der unüberschaubaren Vervielfältigung wie Verdichtung der Kontrolle und Kontrolloptionen. Das virtuelle, multiple Panopticon ohne Zentrale erlaubt prinzipiell alles zu scannen und zu kontrollieren, was digitalisierbar ist – was freilich keineswegs bedeutet, zugleich auch „alles unter Kontrolle" zu haben oder „alles" zu wissen. Die Sichtbarkeit des Einzelnen, ob offenkundig oder nicht, bedeutet deshalb mehr denn je, einer – potenziellen und unerkannten, nicht-sichtbaren – Überwachung und Kontrolle ausgesetzt zu sein:

> „That is what cameras do. You don't know where they are, they are picking on you ... you stop, you get a ticket in the post. It's the fear factor. That is what cameras do. [...] They do the abso-

lute opposite to making you feel safe, they make you feel unsafe if you are a motorist. However, London needs to work!"³

Kevin Haggerty und Richard Ericson (2000) bezeichnen die neuen Visualisierungstechniken der Überwachung als „surveillant assemblages". Im Anschluss an Gilles Deleuze und Félix Guattari beschreiben sie hybride verknüpfte, rhizomartige Strukturen, die offen lassen, welche Sachverhalte künftig in die Regime der Sichtbarkeit und Wissensproduktion einbezogen werden. Dabei geht es weniger um den bloßen Abgleich von Daten als um die Verknüpfung von Informationen, die es erlaubt, Verhalten zu antizipieren und die Verwirklichung der mutmaßlichen Handlungsabsichten zu vereiteln. „Le développement de la connaissance et des capacités d'anticipation est notre première ligne de défense", heißt es im vom französischen Präsidenten Nicolas Sarkozy beauftragten Weißbuch *Défense et Sécurité nationale* (2008, 66). Im Zentrum dieser technokratischen Utopie steht die Befähigung zur Antizipation. Auf der Grundlage einer technologiebasierten, flexiblen Grammatik des „future antérieur" (Bigo 2006) sind Gefahren zu taxieren und abzuwehren bzw. Präferenzen und Entscheidungen im Vorfeld einzuschätzen. Verhalten, das noch nicht realisiert ist, erhält so einen paradoxen Status der Gegenwart. Sichtbarkeit und Unsichtbarkeit treten durch die in den Kontrollapparaturen eingeschriebenen sozialen Handlungsprogramme in einen Zustand des Gleichzeitigen ein. Das noch nicht realisierte, unerwünschte Verhalten wird antizipierbar und insofern real, gleichzeitig zur Folie der Intervention, zum Anhaltspunkt der Unterbindung.

Gesichts- und Bewegungserkennungssysteme bei Videokameras erlauben beispielsweise, Interventionsentscheidungen zu automatisieren und so von konkreten Handlungen und Ereignissen abzukoppeln. Eine solche algorithmische Überwachung durchleuchtet die Bevölkerung nicht nur im Sinne des Sichtbarmachens von etwas noch Unentdecktem, sondern im Sinne des Vorhersehens und der Normkonstituierung (Amoore 2007). Diese Einsatzlogik hat sich in der Kriminalitätskontrolle auch programmatisch durchgesetzt. So ist eine Verschiebung von der strafrechtlichen Reaktion auf Delikte und einer polizeilichen Gefahrenabwehr zu proaktiven Sicherheitsmaßnahmen, von Post-Crime- zu Pre-Crime-Interventionen zu beobachten (Zedner 2007). Die Spurenlese bezieht sich nicht auf vergangenes oder gegenwärtiges Geschehen, sondern auf mögliche zukünftige Ereignisse, die technisch indizierbar sind. Ein polizeilicher Verdacht löst sich von konkreten Handlungen ab; im Fokus stehen Bedrohungslagen und -szenarien, gefährliche Orte und Situationen samt der zugehörigen Risikogruppen. Dieselbe Logik der Prognose entfaltet sich im Handlungsfeld des digitalisierten Konsums, wenn Onlineanbieter wie Amazon dem Kunden auf seine individuellen Präferenzen passgenau zugeschnittene Produkte unterbreiten können. Was dort der Verdacht ist, sind hier die kommerziellen Angebote; doch während hier die Option besteht, nicht zu kaufen, kann dort unerbittlich weiter ermittelt werden.

Während die eigenen vier Wände noch immer als Privatsphäre gelten, in der man vor Inanspruchnahme und vor den Blicken anderer geschützt ist, eröffnet die digitale Kommunikation gerade hier einen neuen Raum. Der ans Netz angeschlossene PC eröffnet Zugang zu neuen Formen der Öffentlichkeit, der Sichtbarkeit und Kommunikation, die prinzipiell grenzenlos und gegen unerlaubten oder unerwünschten Datenzugriff kaum zu kontrollieren sind. Das Urteil des Bundesverfassungsgerichts zur „Online-Durchsuchung" verweist auf dieses Paradox. Indem es ein neues Grundrecht „auf Gewährleistung der Vertraulichkeit

---

3 Aus einem Interview mit einem Traffic Warden in London 2005.

und Integrität informationstechnischer Systeme" schuf,[4] erkannte es nicht weniger als einen neuen, virtuellen Raum der Privatsphäre und mit ihm zugleich einen neuen Raum ihrer Verletzlichkeit an.

Die Überlagerung staatlicher und nicht-staatlicher, regulierender und kommerzieller Ökonomien der Kontrolle erzeugt gleichermaßen den Bedarf wie das Angebot sicherheitsrelevanter Innovationen. Die technisierte Überwachung und Kontrolle erweitert multimedial die Möglichkeiten des Sichtbarmachens, die neuen Regime entziehen sich zugleich selbst der Sichtbarkeit (Marx 2002) – thematisch wie methodisch ein Grundproblem der *Surveillance Studies*, die sich seit den 1990er Jahren etabliert haben.

4 Sichtbarkeit und Subjektivierung

Der Pass, die Personalakte, das Kundenprofil, das der Internetnutzer bei einem Anbieter hinterlässt, sind Identitätsprotokolle, die einen bestimmten Ausschnitt ins Visier nehmen, Identitäten festschreiben und bestimmte Formen der Handhabung und Intervention erlauben. Die informationstechnologische Identifizierung legt das Subjekt auf bestimmte Merkmale und Fähigkeiten fest und kann so mit der vom Individuum erfahrenen biographischen oder „narrativen" Identität kollidieren. Biometrische Verfahren wie das Irisscannen oder der Fingerabdruck versuchen körperliche Merkmale in die Dichotomie von Identität und Nicht-Identität, zutreffend und nicht-zutreffend zu zwingen. Während soziale Identität prinzipiell unabgeschlossen, für weitere Erlebnisse und Erfahrungen des Lebens offen und aushandelbar ist, postuliert die „kategoriale" Identifizierung von Personen nach Kriterien wie Geschlecht, Einkommen, Bildungsstand die „sichere Identität" jedes nur denkbaren Objekts auf der Basis einer vermeintlich eindeutigen binären Logik: „A person is seen as black or white, as angry or not angry, not as concerned and frustrated by a given context" (Aas 2004, 386).

Automatische Zugangskontrollen beruhen auf dieser Logik: Nicht, was es bedeutet, dass jemand als schwarz oder weiß, Mann oder Frau gilt, entscheidet darüber, ob sich eine Zugangssperre öffnet, sondern ob er oder sie über ein valides Ticket verfügt – das möglicherweise auch auf der Basis jener Kriterien codiert ist. Aushandlungsprozesse erübrigen sich (Lianos/Douglas 2000), da die technischen Codes für das Handeln konstitutiv sind. Solche technologische Normativität gilt bis zu einem gewissen Grad auch für Risikoprofile in der Kriminalitätskontrolle. Wer auf der Grundlage entsprechender Identifizierungsmuster ins Fadenkreuz eines Verdachts gerät und zu einem Sicherheitsrisiko wird, muss folglich erst einmal das Gegenteil beweisen, sofern ihm oder ihr die Chance dafür gegeben wird: „How do I explain, for example, that although I may have been interested in extremist politics as a student, I have now disavowed them? Or even more problematically, how do I argue that I still subscribe to radical political ideas but am not a terrorist risk because of a commitment to non-violence?" (Goold 2007, 59).

Computerbasierte Technologien eröffnen neue Wissensfelder und neue Interventionsformen für staatliche Kontrollzwecke wie für kommerzielle Aspirationen, aber auch für den privaten Gebrauch. Sie ermöglichen einen neuartigen Wissenszugang und eröffnen damit Handlungsoptionen und Entfaltungsmöglichkeiten. Doch was auf diese Weise sichtbar

---

4 Bundesverfassungsgericht: Urteil vom 7. Februar 2008 zu 1 BvR 370/07, 595/97.

wird, ist zugleich einem überwachenden und kontrollierenden Zugriff ausgesetzt. Diese Widersprüchlichkeit spiegelt sich auch in der gesellschaftlichen Aneignung der neuen Möglichkeiten: Auf der einen Seite wird eine neuartige Garantie von Privatheit, der Wunsch, Persönliches verbergen bzw. die Bedingungen hierfür selbst bestimmen zu können, eingefordert; auf der anderen Seite zeigt sich das Begehren, sich präsentieren zu wollen, sich dem öffentlichen Blick in Internetplattformen wie Facebook oder StudiVZ auszusetzen (Tufekci 2007; boyd 2008). Dem entgrenzten Voyeurismus der Kontrolleure korrespondiert ein nicht minder ausgeprägter Exhibitionismus der Individuen, welche durch ihre Sichtbarkeit in den virtuellen Welten sich ihrer Existenz zu vergewissern hoffen.

Sichtbarkeitsregime, die Identifizierungen und die Generierung von Wissen ermöglichen, bringen bestimmte Subjektivierungsformen und Kontrollregime hervor. Sie nehmen Einfluss auf menschliches Verhalten, sowohl im Sinne der Fremd- wie der Selbststeuerung, indem sie Verhalten ermöglichen und begrenzen und indem sie Selbstverständlichkeiten und Selbst-Verständnisse erzeugen. E-Mail, SMS, Internetrecherche, EC-Karte sind heute aus dem Lebensalltag nicht mehr wegzudenken. Sie ermöglichen andere Wege der Kommunikation, aber auch der Kontrolle. So wird das Handy zu einem neuen Ortungsinstrument der Eltern für ihre Kinder; die Onlinedurchsuchung zu einem neuen Einstiegsfenster des Staates in einen nicht minder neuen privaten Raum; und die Digitalisierung der Kommunikation selbst zur Ressource der Generierung immer neuer Evaluationsprogramme. Die Sichtbarkeitsregime, die hieraus hervorgehen, sind vielfach ineinander verschachtelt. Es gibt viele – für jedermann offene und privilegierte, reglementierte und unreglementierte Zugänge, und es gibt nicht minder zahlreiche Kontrollen, in die überdies jeder Einzelne aufgrund seiner Handlungen, Bewegungen und Interaktionen immer schon eingebunden ist. Die neuen Regime versprechen den Bürgern Informations- und Orientierungsgewinne, Sicherheits-, Mobilitäts- und damit soziale Statusgewinne, indem sie Sichtbarkeiten, die eigene wie die Sichtbarkeit der anderen, aufteilen und neu verteilen. Sie ermöglichen den Individuen neue Aufmerksamkeit in den unzähligen sozialen Netzen, in denen sie sich bewegen und dabei im scheinbar Privaten, am heimischen Computer, in maximaler Öffentlichkeit agieren, sich öffnen, mitteilen, kommunizieren.

Die technischen Medien bieten zum einen eine komplexe Infrastruktur, die den jeweiligen Anspruch auf soziale Sichtbarkeit auf den unterschiedlichen Bühnen ermöglicht, den Zugang zu diesen Bühnen zugleich aber reglementieren. Zum anderen aber erzeugen sie durch die allerorten hinterlassenen Datenspuren eine von den Nutzern nicht-intendierte Sichtbarkeit – Alan Westins „data shadow". Als Datensubjekte werden die Individuen in ihren alltäglichen Bewegungen, Handlungen, Besorgungen und Arbeiten sichtbar gemacht, um Risiken abzuschätzen, mögliche Gefahren präventiv abzuwenden, Abläufe zu rationalisieren, neue Anreize zu schaffen und auf diese Weise das mobile Leben zu kontrollieren, zu lenken und zu überwachen. Es sind diese Zwangs- und Freiwilligkeitsbeziehungen innerhalb sozio-technischer Arrangements, von denen aus heute auch der Begriff der Privatheit zu denken ist, begreift man Privatheit als den Anspruch auf individuell selbstbestimmte Verteilung von Sichtbarkeiten.

Der Zugang zu bestimmten Diensten, Angeboten und Räumen verlangt die Preisgabe von Daten, die in ihrer Latenz und Unschärfe potenziell jederzeit zu Information aufbereitet werden können. Dabei ist es gerade die alltägliche Nutzung und Inanspruchnahme von Diensten aller Art, die zur Stabilisierung und Normalisierung der Sichtbarkeitsregime führt. Indem sie gleichsam in den alltäglichen Nutzungen der Apparaturen verschwinden, die einst vollkommen getrennte Dienste und Geräte jetzt als unterschiedliche Anwendungen in sich vereinen, entziehen sich die Sichtbarkeitsregime selbst der Einsehbarkeit. Ihre massenhafte Verfügbarmachung lässt das Kontrollpotential in den Hintergrund des Selbstverständlichen treten. Gleichzeitig können Abweichungen in den Bewegungen schon deshalb immer exakter registriert werden, weil Normalität selbst zum Produkt *technischer* Kontrolle und zugleich *technische* Kontrolle zur Ermöglichung von Bewegung wird.

5 Zu den Beiträgen dieses Bandes

Sichtbarkeitsregime zu untersuchen heißt zunächst einmal zu fragen, wie mit einer Ordnung des Sichtbaren zugleich Formen des Zugriffs, der Produktion von Wissen, der Intervention und Kontrolle geschaffen werden.

Sven Opitz und *Ute Tellmann* eröffnen den Band mit der Analyse eines paradigmatischen Perspektivenwechsels im Kalkül mit der Zukunft, der am Beginn des 21. Jahrhunderts beobachtbar ist. Die Technik des *Scenario Planning* verabschiedet sich vom Wahrscheinlichkeitskalkül, das Risikotechnologien zugrunde liegt; sie verabschiedet sich damit von einer Bindung des sorgenden Zukunftsbezugs durch die Vergangenheit – zugunsten einer „fiktiven" Antizipation möglicher katastrophaler Ereignisse. Opitz und Tellmann loten die konstitutiven Effekte dieser Neuordnung des Zukunftsbezugs im „katastrophischen Imaginären" vergleichend im Feld der Ökonomie und des Rechts aus. So stellt die Vision der Katastrophe in gewisser Weise gerade keine Beschränkung der Ökonomie dar, vielmehr ist sie ein Schlüssel für die Abschätzung von Risiken und nicht zuletzt für die Regierung des Marktes. *Worst Case*-Szenarien, die mit Unbedingtheit zu ihrer Verhütung aufrufen, widersprechen jedoch der „Eigenzeitlichkeit" des Rechts, denn eine zentrale Funktion des Rechts besteht ja gerade in der – normativen – Sicherung von Erwartungen. Während die Epistemologie der Katastrophe das Recht auszuhöhlen droht, findet sie in der Ökonomie „ein Prinzip ihrer Fortsetzung".

Der Beitrag von *Susanne Krasmann* knüpft an diese Lektüre einer Epistemologie der Katastrophe an. Der Präventionsstaat ist der Inbegriff einer neuen „Ratio des Gefahrenvorgriffs", die sich vom klassisch-liberalen Credo der Bindung staatlichen Handelns an die Bestimmtheit rechtlicher Vorgaben radikal unterscheidet – und so in der Vision katastrophischer Bedrohungen ein potenziell grenzenloses Interventionsfeld eröffnet. Daraus geht keineswegs ein neuer, zentralistisch-repressiver Überwachungsstaat hervor. Die präventionsstaatliche Regierung im Namen der Sicherheit entfaltet vielmehr ein spezifisches Geflecht der Aufteilung von Zugehörigkeiten und Bedrohungen, der Sichtbarkeit und Nicht-Sichtbarkeit staatlicher Interventionen, die ihrerseits eine epistemologische Ordnung und Voraussetzung der Akzeptanz, des Einvernehmens mit dieser Ordnung herstellen.

Die politische Einforderung von Transparenz hat in jüngster Zeit eine enorme Bedeutung und Legitimität als Kontrollinstrument erfahren. Doch mit dem Begriff der Transparenz, so zeigt *Frieder Vogelmann*, verbinden sich widersprüchliche, die Kontrollfunktion durchaus unterminierende Wirkungen. Zum einen entfaltet das Konzept eine exzessive Eigenlogik. Transparenz ist so lange einzufordern, bis sie erreicht ist; das aber wäre gleichbedeutend mit ihrer Selbstabschaffung. Was vollständig transparent, durchsichtig ist, wird schließlich unsichtbar, „zum bloßen Medium des Blicks". Zum anderen führen Transparenzforderungen nicht einfach zur Herstellung von Sichtbarkeit im Sinne des Offenlegens, vielmehr rufen sie eine Anpassung des Handelns an die Erwartungen der Öffentlichkeit hervor, und das heißt zunächst einmal, zu einer Kontrolle der Darstellung nach außen und zu einer Art Selbstzensur. Folgt diese Ratio der exzessiven, nämlich unersättlichen Logik jener Forderung, so wäre das Ergebnis nicht Transparenz im ursprünglich intendierten Sinne, sondern Schließung, die fremdbestimmte Einschränkung von Handlungsoptionen in der Unterwerfung unter den Blick der Öffentlichkeit.

Eine intensivierte technische Vernetzung von Mensch und Ding sowie – sich der Sichtbarkeit entziehend – der Dinge untereinander, führen zu erweiterten Kommunikationsoptionen, verändern aber zugleich die Möglichkeiten menschlichen Handelns. So impliziert die allenthalben zu beobachtende Autonomisierung vernetzter technischer Systeme einen Grad an technologischer Normativität, die sich vor allem in einem Kontrollverlust des Menschen gegenüber den Dingen äußert. Die Autonomisierung von Technik geht mit ihrer Invisibilisierung einher. Gerade der Entzug in die Intransparenz, das Auslöschen der Sichtbarkeit von technischen Funktionsweisen in der Blackbox charakterisiert die neuen Formen der Überwachung und stellt sich als eine wesentliche Herausforderung für die Frage der Privatheit dar. Vor diesem Hintergrund hält *Gary T. Marx.*, Mitbegründer der *Surveillance Studies*, an einer Bestimmung von Überwachung fest, die das Moment der Technisierung betont. Die neue Überwachung sei eine Form der „scrutiny of individuals and contexts through the use of technical means to extract or create information." Der Markt der hierfür zur Verfügung stehenden Instrumente erweist sich als unendlich. Gerade die stetig wachsende Vielseitigkeit der zu Überwachungszwecken nutzbaren technischen Anwendungen ermöglicht unterschiedliche soziale Rollen nicht nur aufzubauen und zu stabilisieren, sondern kontinuierlich zu wechseln; die Grenze zwischen Überwachten und Überwachenden verschwimmt. Gleichzeitig führt technisierte Überwachung zu einer Redistribution von Ungleichheit hinsichtlich der Möglichkeit, persönlich Information preiszugeben bzw. kontrollieren zu können. Marx spricht von *Privacy Stratification* und betont die soziale Dimension von Privatheit, indem er sie mit Kategorien sozialer „Ressourcen", wie Klasse, Status und Macht in Verbindung bringt.

Das Konzept der „zivilen Sicherheit" markiert eine neue Kartographie des Sicherheitsdenkens, das im Vergleich zur Nachkriegsordnung des 20. Jahrhunderts zusehends alle gesellschaftlichen Bereiche erfasst. An die Stelle einer Reflexion auf territoriale, akteurs- oder bereichsspezifische Bedrohungen tritt die Wahrnehmung abstrakter und allgemeiner Gefährdungslagen, in der neue Aufgabenfelder identifiziert und Zuständigkeiten vernetzt und gebündelt werden, so analysiert *Stefan Kaufmann* diese Kartographie auch für hiesige Verhältnisse u.a. im Anschluss an die Arbeiten der US-amerikanischen Sicherheitsforscher Stephen Collier und Andrew Lakoff. „Kritische Infrastrukturen vitaler Systeme", die es nun zu schützen gilt, sind der Ausgangspunkt für eine neue Interventionslogik der „precaution" und „preparedness": der ständigen Wachsamkeit und Bereitschaft zu Vorsorge und Abwehr gegenüber unbestimmten existenziellen Bedrohungen. Sie entfaltet eine widersprüchliche Logik. Auf der einen Seite gilt es, die Abwehrkräfte zu stärken (Resilienz) und vitale Systeme zu schützen, gerade ohne deren Funktionsweise einzuschränken; auf der anderen Seite setzt das Gebot der permanenten Abschätzung möglicher „Verletzlichkeiten" (Vulnerabilität) eine proaktive Dynamik in Gang, welche die Stärkung der Sicherheit in ihr Gegenteil verkehren kann.

Im Anschluss an die Leitthese der Kopenhagener Schule, wonach Sicherheit als ein performatives Sprechen, als ein Sprechakt zu verstehen ist, untersucht *Leon Hempel* die europäische Integration und zeigt hieran exemplarisch auf, wie sich Politik seit dem Ende der Blockkonfrontation zunehmend einer Logik der Sicherheit unterwirft und bedient. Sicherheit erweist sich als Technik des Regierens, als ein entscheidendes Vehikel und organisierendes Prinzip des europäischen Einigungsprozesses. Stellt dieser sich als die sukzessive Schaffung eines europäischen Sichtbarkeitsregimes dar, so ist die Zielsetzung nicht nur ein gemeinsamer europäischer Sicherheitsraum, sondern auch eine fixierte und politisch gefestigte europäische Identität. Die existentielle Semantik des Topos Sicherheit verdeutlicht den hierfür benötigten Aufwand. Diesseits der nach wie vor bestehenden unterschiedlichen nationalen Rechtssysteme und Sicherheitskulturen fordert der europäische Integrationswille die permanente Konstruktion grenzübergreifender Bedrohungen. In der Figur des Selbstmordattentäters auf europäischem Boden wird der Fremde als archaische Angstvision kenntlich, gleichzeitig werden Tatbestände und Risikokategorien in lesbare Information übersetzt, welche die Datenbanken des transnationalen Datenaustauschs füttern und damit die Sicherheitsrede perpetuieren.

Dass Sicherheit ein Thema ist, um aus ökonomischen Interessen Angst zu mobilisieren und so Absatzmärkte zu erschließen, bestätigt der Sicherheitsexperte *Sachar Paulus* im Interview nachdrücklich. Die Konzentration und Hervorhebung bestimmter Themen wie Terrorismus durch die Politik sei zudem gefährlich, weil sie das Bewusstsein für andere relevante Felder der Sicherheit überlagert oder gar ausblendet. Politik und Unternehmen treten dabei als Verbündete auf. Die notwendigen Regulationen erwartet Paulus weniger vom Staat als vom Markt. Dringend geboten seien mehr Verpflichtungen zu mehr Transparenz von Unternehmen gegenüber den Bürgern, die Daten sammeln, aber auch eine Diskussion um den Wert von Informationen in unserer Gesellschaft insgesamt. Sicherheit sei darüber hinaus nicht allein eine Frage funktionierender Technik, sondern wie Paulus am Beispiel der Unternehmenssicherheit verdeutlicht, ebenso der Loyalität und des Vertrauens.

Ausgehend von den jüngsten Entwicklungen in Großbritannien, die sich auch auf der Ebene der Europäischen Union und in zugehörigen Ländern abzeichnen, lotet *Evelyn Ruppert* die gesellschaftspolitischen Konsequenzen des Einsatzes einer neuen technologischen Infrastruktur der *population metrics* aus. Im Vergleich zur klassischen Bevölkerungsstatistik handelt es sich hierbei um ein weitaus flexibler und umfassender einsetzbares System der Datengenerierung, -verkopplung und -anwendung für die unterschiedlichsten Zwecke der Kontrolle. Biographische, biometrische und in Transaktionen (etwa beim Online-Kauf) entstehende Bevölkerungsdaten aus disparaten wiewohl interoperativ vernetzbaren behördlichen und kommerziellen Registern werden prinzipiell beliebig abgleichbar und (re-)kombinierbar. Ruppert nimmt vor allem die produktiven Effekte dieser Entwicklungen kritisch in den Blick: die Formen des Wissens und die Möglichkeiten der Kontrolle und Intervention, die mit der Konfiguration eines neuen, vielfältig dechiffrierbaren digitalen Bevölkerungskörpers geschaffen werden.

Johannes Angermüller exemplifiziert dieses Projekt am Beispiel von Wissenschaftsportalen wie dem *Social Science Research Network* oder *Google Scholar*. Die „Numerokratie", die ihren Ausgang bereits in den Anfängen der Bevölkerungsstatistik nimmt, setzt sich in der Gegenwart nicht nur umfassend, sondern auch mit flexibilisierenden Wirkungen auf die Kontrolle der Anderen und des Selbst durch. Angermüller entwickelt jedoch auch eine optimistische Lesart, die sich aus den Bruchlinien dieser technologischen Entwicklungen erschließt: Wenn der Panoptismus sich heute vervielfältig hat, so impliziert dies zwar eine

Vervielfältigung der (Selbst-)Kontrolloptionen und -obligationen, aber auch eine Diversifizierung des Zugriffs – und die Möglichkeit einer Abstimmung gleichsam von unten.

Ausgehend von einem Vorschlag Jeremy Benthams, der gegen Ende des 18. Jahrhunderts den Plan entwarf, allen Bürgern Name, Vorname sowie Geburtstag und -ort eintätowieren zu lassen, um so Betrug und anderen Gesetzesverstößen vorzubeugen, stellt *Aldo Legnaro* drei Formen der Lesbarmachung des Körpers gegenüber: Biometrische Erkennungsverfahren, wie sie insbesondere im Bereich von Zugangs- und Grenzkontrollen zum Einsatz kommen, nutzen körperliche Merkmale wie Fingerabdruck oder Iris gewissermaßen als Passwort, um Personen zu authentifizieren. Zeitlich parallel dazu avanciert in den westlichen Gesellschaften mit der Mode der Tätowierungen der individuelle Körper zur Inskriptionsfläche ästhetischer Selbstinszenierungen. Mit Gentests schließlich wird der Körper, genauer: die mithilfe der Tests sichtbar gemachte individuelle genetische Ausstattung, zum Prädiktor für Krankheitsrisiken. Gemeinsam ist diesen drei Formen der Biometrisierung die Vorstellung des Körpers als Authentizitätsmarker und Identitätsnachweis. Die vom Körper abgelesenen Zeichen sollen Sicherheit als eindeutige Identifizierung, Selbstvergewisserung und Risikoprognose gewährleisten.

Der Beitrag von *Oliver Decker* und *Tobias Grave* analysiert mit der elektronischen Gesundheitskarte und der elektronischen Patientenakte zwei technische Tools, denen bei der Einführung einer Telematikmedizin eine Schlüsselrolle zukommt. Decker und Grave arbeiten insbesondere die politische Ambivalenz dieser Technologien heraus: Sie ermöglichen auf der einen Seite, so die begründete Befürchtung, trotz gesetzlicher Datenschutzvorkehrungen einen kaum mehr zu kontrollierenden Datenaustausch etwa zwischen Versicherungen, Ärzten und Krankenhäusern. Auf der anderen Seite versprechen sie eine erweiterte Patientenautonomie. So gelten als Vorbild der elektronischen Patientenakte Online-Plattformen, über die Patientengruppen ihre Krankheitsdaten ins Netz stellen, um vom gemeinsamen Erfahrungsaustausch zu profitieren, die aber auch von Pharmaunternehmen genutzt werden. Der gläserne ist zugleich der mündige Patient.

Jörg Potthast entwirft am Beispiel der Flughafenkontrollen das Forschungsprogramm einer politischen Soziologie der Zugänge. Die Architektur und die Abläufe auf Flughäfen müssen die gegensätzlichen Logiken territorialer Ordnung und globaler Mobilität miteinander verbinden und installieren dazu ein komplexes System von Schleusen. Minutiös zeichnet Potthast die nach den Anschlägen vom 11. September 2001 verschärften Sicherheitsprozeduren nach, denen Passagiere und ihr Gepäck auf dem Weg zum oder vom Flugzeug unterzogen werden. Die Kontrollen operieren vor allem mit Mechanismen der Trennung – der Ankommenden von den Abfliegenden, der Passagiere voneinander, der Menschen von ihren Koffern usw. – und der Durchleuchtung.

Auch *Gerrit Hornung* setzt am Problem einer sich zunehmend ins Unsichtbare entziehenden Technisierung von Überwachung an, die sich als sozial riskante Kehrseite vernetzter Kommunikation darstellt. Den sich verändernden Zusammenhang von Technik, Mensch und Recht bezieht er auf die Vision des „Ubiquitous Computing", welches sich in der Formulierung Marc Weisers (1991) eben als eine „calm technology [...] invisible [...] in the woodwork everywhere" auszeichnet. Diese Vision und ihre ersten Realisierungen verdeutlichen zugleich die maximale Herausforderung und auch Grenzen des Rechts in einer vernetzten Welt. Dieses laufe Gefahr, den technologischen Entwicklungen nicht nur nachzulaufen, es leiste den Entwicklungen in vielen Fällen Vorschub und befördere Trends, die Errungenschaften wie das Grundrecht auf informationelle Selbstbestimmung unterwandern.

Hornung erkennt eine Tendenz der Verrechtlichung, die sich gegen das Recht selbst wendet. Er versucht jedoch, diese derogative Tendenz im Verbund von Technik und Recht konstruktiv umzukehren, indem er nach Lösungsstrategien für die Gestaltung künftig weiter ansteigender vernetzter Kommunikation fragt. Bedarf es der Fortschreibung eines „technikadäquaten rechtlichen Schutzprogramms" einerseits, so müssen andererseits auch die vorhandenen normativen Anforderungen in die Technikentwicklung konkret übersetzt und eingeschrieben werden. Hornung versteht Technik als einen offenen Prozess, der aber zugleich von politischen Aushandlungen und Entscheidungen getragen sein muss, die auch demokratisch legitimiert sind. Er plädiert deshalb für eine zunehmende Vernetzung zivilgesellschaftlicher Akteure, die in den Gestaltungsprozess aktiv eingreifen.

Eine Reihe von Datenschutzskandalen hat in jüngster Zeit deutlich gemacht, das informationelle Selbstbestimmung allein durch rechtliche Bestimmungen nicht zu gewährleisten ist. Die interaktiven Möglichkeiten des Web 2.0 erlauben es jedermann, in die Persönlichkeitsrechte anderer Menschen einzugreifen und diese im Netz bloßzustellen. In der informationstechnisch verschalteten Welt des *Ubiquitous Computing* sind alle von Objekten umgeben, die mit Sensor-, Rechner- und Kommunikationsfunktionen ausgestattet sind und ebenfalls personenbezogene Daten sammeln und prozessieren. *Alexander Roßnagel* stellt mit den Datenschutzaudits ein Instrument vor, das rechtliche Kontrollen durch Anreize zu präventiven Maßnahmen ergänzen und vor allem die Datenverarbeiter selbst in die Datenschutzanstrengungen einbinden soll. Datenschutzaudits übertragen die aus dem Qualitätsmanagement bekannte Praxis der Zertifizierung von Systemabläufen auf die Prüfung von Unternehmen und Verfahren im Hinblick auf die Einhaltung des Datenschutzrechts und installieren so neben der behördlichen Kontrolle eine formalisierte und nach außen sichtbar gemachte Form der Selbstkontrolle. Wie die Zertifizierung ökologisch hergestellter oder fair gehandelter Produkte funktionieren auch Datenschutzaudits über eine „Moralisierung der Märkte" (Nico Stehr): Wenn informationelle Selbstbestimmung schon nicht allein durch gesetzlichen Zwang zu sichern ist, sollen die Akteure zu entsprechenden Anstrengungen durch das Versprechen von Wettbewerbsvorteilen motiviert werden.

Auch der Beitrag von *Reinhard Kreissl* und *Lars Ostermeier* setzt an den Grenzen des Datenschutzrechts an. Während eine rechtliche Kontrolle der Produktion von Daten aufgrund der Mediatisierung der sozialen Beziehungen zunehmend aussichtslos erscheint, gewinnt die Frage nach dem Umgang mit bereits vorliegenden personenbezogenen Daten und damit nach dem Schutz einer virtuellen Privatsphäre an Brisanz. Was bedeuten Identität und Datenschutz in Zeiten des maschinenlesbaren Individuums, fragen die beiden und plädieren für eine sozialwissenschaftliche Analyse, welche Identitätsbildung nicht länger am Modell der sozialen Interaktion beschreibt, sondern die techno-sozialen Hybridisierungsprozesse ernst nimmt. So wenig sie von Appellen zum Verzicht auf Teilnahme an der elektronischen Kommunikation halten, so skeptisch sind sie im Hinblick auf die Möglichkeiten zur Rückgewinnung von Autonomie in der virtuellen Privatsphäre.

Colin Bennett gibt in seinem Beitrag einen Überblick über das *Privacy Advocacy Network*, einen losen Verbund von Akteuren, die sich um das Thema Privacy herum gruppieren, und greift damit implizit Hornungs Appell zur Vernetzung zivilgesellschaftlicher Akteure auf. Dabei wird deutlich, dass deren Aktivitäten aus Sicht der traditionellen Forschung über soziale Bewegungen schwer zu fassen sind, vielmehr liegt Privacy in mehreren Ebenen quer zu den typischen Formen und Inhalten zivilgesellschaftlichen Engagements. Die große Heterogenität unter den Akteuren sowie ihrer Organisationsformen zeigt, dass

Privacy kein Thema einer Gruppe von Betroffenen ist, sondern von verschiedenen Vertretern unterschiedlich *gerahmt* wird. So wird Privacy aus bürgerrechtlicher Sicht problematisiert, als Menschenrecht definiert, als technisches Qualitätsmerkmal von Transaktionen gesehen oder aber als ein neues Konzept von Recht in einer digitalen und vernetzten Welt. Von einem gemeinsamen politischen Ziel kann keine Rede sein. So sind die *Privacy Advocates* denn auch in einem dynamischen Netzwerk organisiert, das diese Heterogenität erträgt. Privacy ist ein diffuses Konzept – nicht nur für die Aktivisten, für die Privacy im kleinsten gemeinsamen Nenner eine „antidote to surveillance" darstellt – sondern auch im akademischen Diskurs, den Bennett als Teil des Advocacy Networks begreift.

Literatur

Aas, Katja Franko, 2004: From narrative to database, in: Punishment & Society 6(4), S. 379-393.
Amoore, Louise, 2007: Vigilant Visualities: The Watchful Politics of the War on Terror, in: Security Dialogue 38(2) (Special Issue on Securitization, Militarization and Visual Culture in the Worlds of Post-9/11), S. 215-232.
Bauman, Zygmunt, 2003: Flüchtige Moderne, Suhrkamp: Frankfurt a.M.
Bauman, Zygmunt, 2006: Liquid Fear, Polity: Cambridge.
Bennett, Colin J. und Raab, Charles D., 2006: The Governance of Privacy. Policy Instruments in Global Perspective, MIT: Cambridge, Massachusetts.
Bigo, Didier, 2006: Security, exception, ban and surveillance, in: David Lyon (Hg.), Theorizing Surveillance. The panopticon and beyond, Willan: Cullompton, Devon, S. 46-68.
boyd, 2008: Facebook's Privacy Trainwreck: Exposure, Invasion, and Social Convergence, in: Convergence: The International Journal of Research into New Media Technologies 14, no. 1(2), S. 13-20.
Burke, Peter, 1993: Ludwig XIV.: Die Inszenierung des Sonnenkönigs. Wagenbach: Berlin.
C.A.S.E. Collective, 2006. Critical Approaches to Security in Europe: A Networked Manifesto, in: Security Dialogue 37(4), S. 443-487.
Christie, Nils, 2000: Crime control as industry: towards gulags western style, 3. Aufl., Routledge: London, New York.
Coke, Edward, 2003: The Selected Writings and Speeches of Sir Edward Coke, hg. v. Steve Sheppard. Indianapolis, Indiana: Liberty Fund.
Conze, Werner, 1990: Sicherheit, Schutz, in: Otto Brunner, Werner Conze, und Reinhard Kosellek (Hg.), Geschichtliche Grundbegriffe. Historisches Lexikon zur politisch-sozialen Sprache in Deutschland, Bd. 5, Klett-Cotta: Stuttgart.
Foucault, Michel, 1976: Überwachen und Strafen. Die Geburt des Gefängnisses, Suhrkamp: Frankfurt a.M.
Goold, Benjamin J., 2007: Privacy, Identity and Security, in: Benjamin J. Goold und Liora Lazarus (Hg.), Security and human rights, Hart: Oxford, Portland, S. 45-71.
Gugerli, David, Michael Hagner und Michael Hampe (Hg.), 2007: Nach Feierabend 2007. Zürcher Jahrbuch für Wissensgeschichte. Daten, Diaphanes: Zürich, Berlin.
Haggerty, Kevin D. und Richard V. Ericson, 2000: The surveillant assemblage, in: British Journal of Sociology 51(4), S. 605-622.
Hier, Sean (Hg.), 2007: The surveillance studies reader, Open University Press: Maidenhead.
Holert, Tom, 2000: Imagineering: visuelle Kultur und Politik der Sichtbarkeit, Oktagon: Köln.
———, 2008: Regieren im Bildraum, Reihe PoLYpeN. b_books: Berlin.
Kammerer, Dietmar, 2008: Bilder der Überwachung, Suhrkamp: Frankfurt a.M.
Lianos, Michaelis und Mary Douglas, 2000: Dangerization and the End of Deviance: The Institutional Environment, in: British Journal of Criminology 40(2), S. 261-278.

Lyon, David (Hg.), 2006: Theorizing surveillance: the panopticon and beyond, Willan: Cullompton, Devon.
———, 2007: Surveillance studies: an overview, Polity: Cambridge, Malden MA.
Margulis, Stephen T., 2003: Privacy as a Social Issue and Behavioral Concept, in: Journal of Social Issues 59(2), S. 243-261.
Marx, Gary T., 2002: What's new about the „new surveillance"? Classifying for change and continuity, in: Surveillance & Society 1(1), S. 9-29.
Münkler, Herfried, 2009: Visualisierungsstrategien im politischen Machtkampf, in: Herfried Münkler und Jens Hacke (Hg.), Strategien der Visualisierung, Campus: Frankfurt a.M., New York, S. 26-51.
Norris, Clive, 2005: Vom Persönlichen zum Digitalen. Videoüberwachung, das Panopticon und die technologische Verbindung von Verdacht und gesellschaftlicher Kontrolle, in: Leon Hempel und Jörg Metelmann (Hg.), Bild – Raum – Kontrolle. Videoüberwachung als Zeichen gesellschaftlichen Wandels, Suhrkamp: Frankfurt a.M., S. 360-401.
O. A., 2008: Défense et sécurité nationale. Le livre blanc, Odile Jacob: Paris.
O'Harrow, Robert. 2006: No Place to Hide, New York: Free Press.
Popitz, Heinrich, 1968: Über die Präventivwirkung des Nichtwissens: Dunkelziffer, Norm und. Strafe, Mohr und Siebeck: Tübingen.
Rancière, Jacques, 2002: Das Unvernehmen: Politik und Philosophie, Suhrkamp: Frankfurt a.M.
———, 2006: Die Aufteilung des Sinnlichen: Die Politik der Kunst und ihre Paradoxien, bbooks: Berlin.
Regan, Priscilla M., 1995: Legislating Privacy: Technology, Social Values, and Public Policy, University of North Carolina Press: Chapel Hill.
Rheinberger, Hans-Jörg, 2001: Experimentalsysteme und epistemische Dinge. Eine Geschichte der Proteinsynthese im Reagenzglas, Wallstein: Göttingen.
Rose, Nikolas und Peter Miller, 1992: Political Power beyond the State: Problematics of Government, in: British Journal of Sociology 43(2), S. 173-205.
Rousseau, Jean-Jacques, 1989: Von Gesellschaftsvertrag oder Prinzipien des Staatsrechts, in: Rousseau Kulturkritische und Politische Schriften in zwei Bänden, Bd.1, hg. v. Martin Fontius, Rütten und Loening: Berlin, S. 381-505.
Ständige Konferenz der Innenminister und -senatoren der Länder 2009: Programm Innere Sicherheit. Fortschreibung 2008/2009.
Tabb, William, 1982: The long default: New York City and the urban fiscal crisis, Monthly Review Press: New York u.a.
Tufekci, Z., 2007: Can You See Me Now? Audience and Disclosure Regulation in Online Social Network Sites. Bulletin of Science, Technology & Society 28(1), S. 20-36.
Wacquant, Loïc, 2008: Urban outcasts: a comparative sociology of advanced marginality, Polity: Cambridge, Malden MA.
Warren, Samuel D. und Louis D. Brandeis, 1890: The right to privacy, in: Harvard Law Review 5(4), S. 193-220.
Weiser, Mark, 1991: The Computer for the 21st Century, in: Scientific American 265(3), S. 66-75.
Westin, Alan, 1967: Privacy and freedom, Atheneum: New York.
Zedner, Lucia, 2007: Pre-crime and post-criminology? in: Theoretical Criminology 11(2), S. 261-281.

I. Theoretische Perspektiven

Sven Opitz und Ute Tellmann

Katastrophale Szenarien: Gegenwärtige Zukunft in Recht und Ökonomie[1]

1 Das katastrophische Imaginäre

Die Zukunft hat eine Geschichte. Ob wir ihr blind mit dem Rücken zugewandt gegenüberstehen oder ihr forschend entgegenblicken, ob sie als ewige Wiederkehr oder als Fortschritt gesehen wird, ob an ihrem Ende eine apokalyptische Wende steht oder ob es überhaupt kein Ende gibt – all diese Zukunftsvorstellungen sind aus Sicht der Soziologie „soziale Tatsachen", die in ihrer jeweiligen Gegenwart soziale Ordnungseffekte produzieren (Nassehi 1993, Uerz 2006). Die folgenden Ausführungen nehmen ihren Ausgang bei der empirischen Beobachtung, dass sich der Zukunftsbezug am Beginn des 21. Jahrhunderts geändert hat: die Zukunft wird immer häufiger zum Szenario einer unvermeidbaren Katastrophe (Elmer/Opel 2006). Flugzeuge, so hört man, werden in Atomreaktoren explodieren; der Klimawandel wird abrupt verlaufen und zu einem nationalen Sicherheitsrisiko werden; Sporen von Anthrax werden in die Trinkwasserreservoirs einer Großstadt gelangen. Die apokalyptischen Szenarien zeichnen sich dabei vor allem dadurch aus, dass die beschworenen Gefahren die Gegenwart als plötzliche, unvorhersehbare und potentiell feindliche Ereignisse einholen. „We live in a world of surprises [...] yet even the most devastating surprises are inevitable", so die Zukunftsberater Peter Schwartz und Doug Randall (2008, 1). Craig Calhoun (2004, 392) spricht deshalb von einem „emergency imaginary", um den diskontinuierlichen Verlauf der Zukunft herauszustreichen: „[It] encourages an image of sudden, unpredictable and short-term phenomena, when the reality commonly involves longer term development, considerable predictability, and a duration through decades". Derartige Beschwörungen einer katastrophalen und feindlichen Zukunft zwingen schon in der Gegenwart zum Handeln. Sie verkünden Zustände höchster Unsicherheit mit hoher Sicherheit und verlangen daraufhin nicht zuletzt Anpassungen des Rechts und der ökonomischen Kalkulation.

Wir möchten diese Form des katastrophischen Zukunftsbezugs in den zwei unterschiedlichen Feldern von Ökonomie und Recht einer detaillierten Untersuchung unterziehen. Drei Fragen leiten uns dabei. Erstens die *Frage der Spezifik*: Wie unterscheidet sich die katastrophale Zukunft von etablierten Formen des Zukunftsbezugs, wie setzt sie sich gegen letztere durch? Zweitens die *Frage des Wissens*: Anhand welcher kognitiver Verfahren erhält man Zugang zur katastrophalen Zukunft, welche Techniken der Wissensproduk-

---

[1] Wir möchten den Angehörigen des Lehrstuhls von Armin Nassehi herzlich danken: Wir hatten Gelegenheit, frühere Versionen des vorliegenden Textes im Rahmen der gemeinsam veranstalteten Summer School zu „Dystopien" an der LMU in München und in der Ad hoc-Gruppe „Eindeutigkeit im Unbestimmten" am Soziologentag in Jena zu diskutieren.

tion ruft sie auf den Plan? Und drittens die *Frage der sozialen Ordnungsbildung*: Wie verhält sich die katastrophale Zukunft zu den unterschiedlichen operativen Logiken moderner Funktionssysteme; werden diese modifiziert, gestört oder gar invertiert?

Die Frage des Wissens nimmt dabei eine Scharnierstellung ein. Zum einen wird die Erwartung einer katastrophalen Zukunft durch Wissenspraktiken rationalisiert, die konkrete Zukünfte glaubhaft vergegenwärtigen. Zum anderen modifizieren und intensivieren diese kognitiven Vergegenwärtigungen der Zukunft die operativen Logiken in Ökonomie und Recht. Die Erwartung der Katastrophe verhilft insbesondere einer spezifischen Wissenstechnik zu neuer Prominenz: dem *Scenario Planning*. Die Szenario-Technik wird zunehmend als kognitives Mittel eingesetzt, um einer überraschenden, katastrophalen Zukunft gerecht zu werden. Sie steht paradigmatisch für einen Wandel in der Repräsentation der Zukunft, welcher Risikokalküle und Sicherheitslogiken grundlegend verändert (Collier 2008, 226). Als Kristallisationspunkt des neuen Zukunftsbezuges soll die Szenario-Technik im Zentrum der folgenden Untersuchungen stehen.

2 Die Sichtbarkeit der katastrophalen Zukunft: Szenario-Technik und das katastrophische Imaginäre

Lange Zeit schien man Erfahrung mit der Zukunft zu haben. Die Moderne, welche die Unsicherheit entdeckte, erfand auch das entsprechende Gegenmittel: die Prognose als Verfahren der Hochrechnung vergangener Ereignisse (Koselleck 2000, 203ff.). Doch der in diese Technik eingeschriebene Glaube, auf dem Wege der Extrapolierung des Vergangenen die Zukunft errechnen zu können, wird im katastrophischen Imaginären problematisiert. So hat das *Basel Committee on Banking Supervision* (2009) erst kürzlich behauptet, dass ein Grund für die Eskalation der Finanzkrise von 2008 in einem trügerischen, weil aus der Vergangenheit gespeisten Sicherheitsgefühl liege. Das Risikomanagement leide an einem „failure of imagination" (ebd., 17), d.h. an einem Unvermögen zu erkennen, was die Zukunft an Unerwartetem bereithält. Das Komitee fordert die Abkehr von einem Verständnis des Risikos als einem „constant statistical process" (ebd., 9f.) und rät zur gezielten Vorstellung von „shocks which have not previously occured" (ebd., 14). In frappant ähnlicher Weise hatte auch der Bericht der 9/11-Kommission (2004, 339ff.; vgl. de Goede 2008) einen „Mangel an Imagination" in der Sicherheitspolitik vor den Anschlägen moniert. Man habe sich vor dem Hintergrund vergangener Terroranschläge schlicht nicht vorstellen können, dass zivile Flugzeuge zu Bomben umfunktioniert werden, und diese beschränkte Vorstellungskraft habe die Ergreifung effektiver Vorsorgemaßnahmen vereitelt.

Eher als das probabilistische Kalkül scheint dem katastrophischen Imaginären die Wissenstechnik des *Scenario Planning* zu entsprechen, das mittlerweile in unterschiedlichsten gesellschaftlichen Bereichen zur Anwendung kommt: im Risikomanagement der Banken, in politischen Planungsprozessen, in der unternehmerischen Planung, in den Modellen der nationalen Verteidigungsplanung sowie in den Modellen des Katastrophenschutzes. Dabei ist die Szenario-Technik vor allem dadurch gekennzeichnet, dass sie sich ganz explizit von der Wahrscheinlichkeitskalkulation abgrenzt, weil jene eine „Tyrannei der Vergangenheit" beinhalte (Wilkinson/Heinzen/van der Elst 2008, 2). Im Gegenzug verspricht die Szenario-Technik, diese historische Beschränkung der Vorstellungskraft zu umgehen. Sie präsentiert sich als eine Technik der „Imagination" möglicher Zukünfte und gilt aus diesem

Grund als die angemessene Methode, um einer radikal unbekannten Zukunft zu begegnen. Denn Szenarien überschreiten die Grenze zwischen Wissen und Fiktion und bieten „Fiktionen möglicher Zukünfte" als einen Modus des Wissens an. Die Szenario-Techniker Randall und Ertel (2005, 11) bringen diese Sicht auf den Punkt: „[Scenarios] are intended to provoke the imagination and provide a more comprehensive view of risk" (ebd.). Man vermutet tatsächlich eher *jenseits* der Tabellen und Zahlen die Grundlage für das angemessene Wissen als *in* ihnen: „In making our assessment", erklärt beispielsweise eine Kommission der Verteidigungsplanung der USA bereits 1998, „we took into account not only the hard data available, but also the often significant gaps in that data" (§ IIB; IIG).[2] Um Wissen aus Datenlücken zu erlangen, benötige man aber eine „expanded methology" (ebd.). Wie diese aussehen könnte, zeigt der Blick auf ein Projekt des an der *University of Southern California* angesiedelten *Institute for Creative Technologies*: Es bot sich nach den Anschlägen von 2001 als Schnittstelle zwischen Pentagon und Unterhaltungsindustrie an, indem es Drehbuchautoren und Regisseure aus Hollywood engagierte, um Terrorszenarien zu entwerfen (vgl. DerDerian 2005, 29ff.).

Die Genealogie der Szenario-Technik verweist zurück auf den Kalten Krieg und den Physiker Herman Kahn, der in der *RAND Corporation* als Systemanalyst die Aufgabe hatte, hypothetische Krisen für die Zivilverteidigung zu bearbeiten. Von ihm stammt auch jene Formel des „failure of imagination" und der Aufruf zur „Imagination des Unimaginierbaren", die zu eingängigen Schlagworten in der Kritik des probabilistischen Zukunftsbezuges geworden sind (Ghamari-Tabrizi 2005, 146). Ursprünglich ging es darum, Überlebensstrategien für den Fall eines atomaren Angriffs zu entwickeln. Durch Szenarien, Simulationen und Rollenspiele sollte die horrende Realität eines nuklearen Krieges im Kontext der militärischen Planung vorstellbar und handhabbar werden. Das Ziel: „To outguess any conceivable enemy in any conceivable future situation [...] in the most elaborate war game imaginable" (zit. in Ghamari-Tabrizi 2005, 150). Kahn zufolge ist es die Aufgabe von Szenarien, eine Zukunft zu beschreiben, deren imminente Möglichkeit die Zivilverteidigung anleitet (ebd., 76). Es gehöre sowohl zur strategischen Vorsorge als auch zur Abschreckung des Gegners, die unmittelbar bevorstehende Realität eines nuklearen Angriffs als Heuristik für die Gegenwart zu begreifen.

Die Kultivierung einer fundamentalen Unsicherheit über mögliche Zukunftsereignisse und die behauptete Dringlichkeit, mit der die gesamte Spannweite des Möglichen als potentielle Realität betrachtet werden soll, macht die Imagination der Zukunft zu einer validen epistemologischen Praxis. Dabei werden Wahrscheinlichkeiten und Erfahrungswissen als Anhaltspunkte des Möglichen abgelehnt – die epistemische Autorität von Wissenspraktiken verschiebt sich. Aus heutiger Sicht ist die Wiederholung jener formelhaften und rituellen Anrufung des Unwahrscheinlichen und Undenkbaren im Kontext der politisch-militärischen Debatte um die Bekämpfung des Terrorismus frappant. Aber die Bedeutung von Szenarien als einer spezifischen Wissenstechnik, welche die Zukunft jenseits einer „avalanche of printed numbers" (Hacking 1990, 2) sichtbar macht, lässt sich nicht aus dem militärischen Entstehungszusammenhang allein erschließen: Szenarien verfügen nicht nur über eine militärische Genealogie, sondern haben in verschiedenen gesellschaftlichen Bereichen und in unterschiedlichen Organisationstypen Anwendung gefunden. Entsprechend ist die Funktionsweise

---

2 Es handelt sich hierbei um die Commission to Assess the Ballistic Missile Threat to the United States.

der Szenario-Technik – ihre konkreten Ansatzpunkte, ihre spezifischen Effekte und ihre jeweilige Einbettung – in Abhängigkeit von diesen Kontexten zu betrachten.

Zwei Adaptionen der Szenario-Technik gelten in der Literatur als einschlägig. Bereits Anfang der 70er Jahre wird die Szenario-Technik im Rahmen der unternehmerischen Planung zur Anwendung gebracht: Bei *Royal Dutch/Shell Company* entwickeln Pierre Wack und Edward Newland das „Shell System of Scenario Planning" (Wack 1985). Inspiriert von Herman Kahn geht man davon aus, dass sich die strategische Planung nicht an der Extrapolation von bekannten Trends orientieren soll, sondern mit einer grundsätzlich veränderten Zukunft rechnen muss. Mittels einer Art sozialwissenschaftlicher *Science Fiction* versucht man, unterschiedliche politische, soziale oder ökologische Szenarien zu entwerfen und ihre Wirkung auf den Konzern abzuschätzen, um auf die allfälligen Entwicklungen vorbereitet zu sein. Zur proklamierten Erfolgsgeschichte des *Scenario Planning* bei Dutch/Shell gehört insbesondere die erfolgreiche Handhabung des Ölschocks von 1973. Die Übertragung der Szenario-Technik in den politischen und zivilgesellschaftlichen Bereich erfolgt rund zwei Jahrzehnte später. Hier markiert das Anfang der 90er Jahre in Südafrika aufgelegte *Mont Fleur Project* den emblematischen Fall (vgl. Galer 2004, 375ff.). Finanziert von der *Friedrich-Ebert Stiftung* und des Schweizer *Departements für Auswärtige Angelegenheiten* wird die Szenario-Technik in einer Gruppe von Vertretern der Regierung, der Gewerkschaften, der Wirtschaft und der Wissenschaft eingesetzt, um die Zukunft Süd-Afrikas nach dem offiziellen Ende der Apartheid vorstellbar zu machen. Dabei stammt die Inspiration für dieses Vorgehen von *Shell South Africa* und auch die Expertise wird von *Shell International London* bereitgestellt. Zugleich hat sich das *Scenario Planning* im Rahmen des *Mont Fleur Project* von einer „corporate survival strategy" in eine „social contract parable" (Bond 1993) verwandelt. Mittlerweile ist die Szenario-Technik in der Politik Süd-Afrikas fest verankert und von Regierungsseite werden Szenarien bis zum Jahr 2025 publiziert.

Welche Rolle die Szenario-Technik als spezifischer Modus des Zukunftswissens in diesen unterschiedlichen Kontexten spielt, ist von Fall zu Fall detailliert nachzuvollziehen und nicht im vorhinein zu entscheiden. Interessanterweise gibt es bisher kaum sozialwissenschaftliche Forschung, die sich jenseits von Fragen des konkreten Anwendungsbezuges mit der Szenario-Technik auseinandersetzt. Eine vertiefte organisationssoziologische, ethnographische und wissenssoziologische Bearbeitung dieser Zukunftstechnik steht damit noch aus. Der vorliegenden Artikel untersucht die Szenario-Technik vor allem im Hinblick auf die Imagination einer katastrophischen Zukunft. Dabei ist zu bemerken, dass die Szenario-Technik nicht notwendigerweise an die Vorstellung einer katastrophischen Zukunft gebunden ist – wie das Beispiel des Mont Fleur Projektes zeigt. Gleichwohl hat die Szenario-Technik eine besondere Nähe zu einer Zukunft, die durch eine radikale Ereignishaftigkeit gekennzeichnet ist. Denn nur weil in der Zukunft ein umwälzender Bruch erwartet wird, können die Wissenstechniken der Wahrscheinlichkeit und die epistemologische Autorität des Erfahrungswissens als unzulänglich gelten. Mit anderen Worten: Nur weil die Zukunft in der Form einer *kata-strophe* – dem etymologischen Wortsinne entsprechend also im Sinne einer radikalen *Gegen-wendung* – angenommen wird, können Fiktionen der Zukunft als epistemologische Strategien validiert werden. Das *Scenario Planning* und der erwartete Einbruch einer unbekannten Katastrophe sind deshalb nicht unabhängig voneinander. Vielmehr bilden die Wissenstechnik und die katastrophische Zeitvorstellung eine privilegierte Verbindung, die in den letzten Jahren, wie wir zeigen möchten, an Prominenz gewonnen hat.

Der hier in Anlehnung an Craig Calhoun verwendete Begriff des „katastrophischen Imaginären" benennt dieses *Amalgam von Wissenstechnik und temporaler Form*. Der Begriff des Imaginären verweist darin auf spezifische Vorstellungen von ereignishafter Zukünftigkeit, die in der Gegenwart Erwartungen strukturieren, Praktiken verfestigen und Eingriffe legitimieren (vgl. Taylor 2002, 106). Das Imaginäre einer katastrophalen Zukunft lässt sich damit als Teil einer gegenwärtigen „Politik der Wahrheit" im Sinne Michel Foucaults (2007a, 15) begreifen. Gleichzeitig sind Szenarien nicht nur Teil von veränderten Wissenspraktiken, sondern auch Teil einer Re-konfiguration von Temporalstrukturen. Das „katastrophische Imaginäre" ist also nicht nur eine „Politik der Wahrheit", sondern auch eine „Politik der Zeit". Um die ordnungsbildenden Effekte dieses spezifischen Zukunftsbezuges zu verstehen, müssen folglich die Temporalstrukturen von sozialen Feldern ebenso in Augenschein genommen werden, wie die epistemischen Verschiebungen von Wissenstechniken in Bezug auf die Zukunft. In diesem Artikel werden wir diesem doppelten Erkenntnisinteresse dadurch Rechnung tragen, dass wir die spezifische Zeitlichkeit von unterschiedlichen sozialen Feldern zum Ausgangspunkt nehmen, um in einem zweiten Schritt die Effekte katastrophischer Szenarien nachzuzeichnen. Niklas Luhmanns (1996; 2005b) Ausführungen zur unterschiedlichen Temporalität sozialer Systeme liefert uns für dieses Vorgehen wertvolle Anhaltspunkte. Luhmanns Theorie sensibilisiert dafür, dass gerade Recht und Ökonomie sich in ihren Zukunftsbezügen radikal unterscheiden und vom katastrophischen Imaginären deshalb in distinkter Weise affiziert werden. Sie bildet daher die geeignete gesellschaftstheoretische Matrix, um die konstitutiven Effekte der *Neuordnung und Problematisierung des Zukunftswissens*, welche das katastrophische Imaginäre forciert, zu verzeichnen. Die „Ökonomie der Katastrophe" und das „Recht der Katastrophe" unterscheiden sich, weil ihre Zeitlichkeit unterschiedlich ist.

3 *Die Ökonomie der Katastrophe*

Eine katastrophische Zukunft, die sich nicht mehr den statistischen Regelmäßigkeiten fügt, scheint für die Ökonomie nicht unbedingt ein bedrohliches Szenario zu sein. Im Gegenteil, die ökonomische Kommunikation rechnet und spekuliert mit der Kontingenz der Zukunft. „We love ambiguity. We know how to handle uncertainty" – diese Worte eines Rückversicherers bringen exemplarisch zur Geltung, dass Unsicherheit nicht die Grenze der Ökonomie markiert (zit. in Ericson/Doyle 2004, 148). Auch der Ökonom Benoit Mandelbrot (2004, 200) unterstreicht, dass Chaos und Katastrophe Teil des „natürlichen" Schauspiels des Marktes sind: „The flood came and went – catastrophic, but transient. Market crashes are like that." „In fact", pointieren schließlich die professionellen Zukunftsberater des Managements, „a bigger menu of uncertainties provides daring innovators with new opportunities to create upside risk [...]. When advantage lies mostly in the unknown and the uncertain, the ability to sense and learn faster, to correct mistakes and drop losing bets, to tolerate ambiguity and live with, even embrace, ambivalence, becomes absolutely essential." (Kelly/Weber 2005, 2f.) Unsicherheit und sogar katastrophische Unsicherheit scheinen der Ökonomie also nicht per se fremd zu sein. Um aber die Frage nach der Katastrophe und dem katastrophischen Imaginären in der Ökonomie zu beantworten, ist ein grundsätzlicheres Verständnis von Zeitlichkeit, Zukunft und Ökonomie zu gewinnen, das es erlaubt, diese Aussagen theoretisch einzuordnen.

Die Affinität zwischen Ökonomie und Unsicherheit, die in den obigen Äußerungen anklingt, ist aus der Perspektive Niklas Luhmanns nicht verwunderlich. Für ihn liegt diese Affinität in der Spezifik der ökonomischen Kommunikation selbst begründet. Wie kein anderes System sei die Ökonomie auf eine kontingente Zukunft ausgerichtet und zeichne sich durch eine besondere Reizbarkeit durch die Zukunft aus (vgl. Luhmann 1994, 65, 278). Nicht nur vermag die Ökonomie die Zukunft zu „pazifizieren"; grundsätzlicher noch „eröffnet" und „erschließt" die Ökonomie erst eine offene Zukunft: „So gefasst liegt das Grundproblem der Wirtschaft in der Zeitdimension" (Luhmann 2005a, 259). Das ökonomische System ist aus diesem Grund paradigmatisch für die Moderne: Es bewahrt Kontingenz, welche in anderen Systemen ungleich schwerer aufrechtzuerhalten sei. Diese Eröffnung einer kontingenten Zukunft in der Ökonomie hat als Kehrseite die Ablösung von der Bindung an die Vergangenheit. Die Vergangenheit existiert in der Ökonomie nur als „Dispositionsfond für eine offene Zukunft" (ebd., 259) und die Ökonomie kann und muss „fast ohne Gedächtnis" operieren (Luhmann 1994, 19; vgl. Baecker 1987). Damit steht die Zeitlichkeit der Ökonomie, wie noch deutlich werden wird, in diametraler Entgegensetzung zum Recht. Die Loslösung von der Vergangenheit und die Produktion einer kontingenten Zukunft sind für Luhmann dabei konstitutiv an das Medium Geld geknüpft: „Geld haben, heißt Zukunft haben" (Luhmann 1994, 268). Es ist das Geldmedium, das eine offene Zukunft organisiert. Denn Geld gibt nicht vor, wofür es ausgegeben werden soll – der gestrige Brötchenkauf zwingt mich nicht, ihn heute zu wiederholen. „Dadurch wird es möglich, eine kontingente Zukunft zu vergegenwärtigen" (Luhmann 2005a, 266). Diese Rückführung der spezifischen Temporalität der Ökonomie auf das ihr eigene Medium nehmen in ganz ähnlicher Weise auch die Geldtheorien von Georg Simmel (1992 [1894-1900]) und John Maynard Keynes (2006 [1937]) vor. Beide verweisen auf die Eigenheit des Geldes, die Zukunft als reine und unbestimmte Potentialität in sich einzuschließen. Zeitlichkeit in der Ökonomie hängt damit von den monetären Instrumenten und ihren institutionellen Ordnungen ab (Knorr/Bruegger 2002; Pryke/Allen 2000; Lipuma/Lee 2005, 421).

Diese ökonomische Affinität zur Kontingenz, die durch das Geldmedium strukturiert wird, beschreibt die Form der Zukünftigkeit in der Ökonomie allerdings nur unvollständig. Die Perspektiven der *Cultural Economy* (Pryke/du Gay 2007) und der *Social Studies of Finance* (Knorr/Preda 2005) verweisen auf die konstitutive Rolle des Wissens und der Interpretationsmuster, die den Zukunftsbezug der Ökonomie bestimmen. Es ist also nicht nur das Medium des Geldes selbst, sondern es sind auch die Diskurse über die Zukunft, die in zentraler Weise darüber verfügen, welche Form der Zukunft in der Ökonomie produziert wird. Dabei ist zu bedenken, dass kulturell-epistemische Diskursordnungen auf zweifache Art intervenieren: Sie modulieren zum einen das Ausmaß der Kontingenzerwartung. Zum anderen stellen sie Rationalisierungen und Geschichten über die Zukunft bereit, die diese Kontingenz wiederum einhegen. Beide Momente sind kurz zu erläutern, denn beide Seiten – die Kontingenz und ihre Zähmung – gehören zur ökonomischen Form der Zukünftigkeit.

Die *Social Studies of Finance* und die *Cultural Economy* haben vor allem die kulturell-epistemische Zähmung der Kontingenz beschrieben (Knorr-Cetina/Preda 2001; Leyshon/Thrift 1997; MacKenzie/Millo 2003; Zaloom 2006, 151f.). Diese Arbeiten betonen die Wissens- und Interaktionsordnungen, innerhalb derer Finanzdaten interpretierbar werden. Sie verweisen darauf, dass *über* den Verlauf der Zukunft gedanklich spekuliert und Profit erwartet werden muss, damit das Geld zum Einsatz gebracht wird. „[T]he possibility of economic performance must be conjured like a spirit to draw an audience of potential investors" (Tsing 2001, 158f.; vgl. de Goede 2005). Auch wenn die Unsicherheit der Zukunft ein Anreiz ist und einen *thrill* verspricht, wäre es demnach irreführend, diese Rationalisierungen der Zukunftsaussichten in der ökonomischen Kommunikation zu vernachlässigen (Stäheli 2007). Ohne die Vorstellung, dass die eigenen Erwartungen einem Mindestmaß an Kohärenz und Validität gehorchen, „schrumpft" der Zeithorizont der Ökonomie. Das Geld, das aus Unsicherheit nicht mehr eingesetzt wird, mag die Zukunft als leeres Potential in sich aufbewahren, aber kann sie nicht aktualisieren. Gerade die ökonomische Bearbeitung von „Katastrophen-Risiken" zeigt diese enge Abhängigkeit einer ökonomischen Investition von den Prozeduren des Wissens: „The biggest impediment to investors buying these bonds seem to be that they did not know how to model and price the risk" (Bougen 2003, 261).

Die kulturell-epistemologische Variabilität, welche die *Zähmung* des Zufalls im ökonomischen Zukunftsbezug auszeichnet, sollte nicht vergessen lassen, dass auch die *Kontingenz* kein bloß gegebenes Datum in der Gleichung ist. Die Erwartung von Unsicherheit und die Kultivierung einer unsicheren Zukunft werden nicht zuletzt in den Diskursen über die Zukunft artikuliert. Pat O'Malley (2004, 200ff.) hat in diesem Sinne darauf verwiesen, dass auch die Unsicherheit eine Genealogie hat. Er zeigt auf, dass die Vorstellung einer essentiell unberechenbaren Zukunft das Pendant einer ökonomischen Subjektfigur ist: des unternehmerischen Selbst (Bröckling 2007). Erst im Umgang mit der grundsätzlichen Unsicherheit der Zukunft werden die Qualitäten des unternehmerischen Selbst – wie Kreativität, Entschlussfreude und Flexibilität – virulent. Die Eingangszitate, die die unsichere und sogar katastrophische Zukunft als Normalität der Ökonomie behaupten, sind in diesem Sinne nicht unvermittelt als Einsicht in die Strukturen ökonomischer Zeitlichkeit zu betrachten. Vielmehr sind sie das Zeugnis einer bestimmten Anrufung, die Ungewissheit und sogar Chaos als Normalität und Chance für ein unternehmerisch-spekulierendes Subjekt begreift:

> „When mathematical models of risk usurp the sovereign role of uncertainty, as in the planned economy, it is claimed that disaster and stagnation will doubtless strike [...]. The essence of the entrepreneur is envisaged as possession of the responsibility and skills for managing and creating not merely wealth *but the future through techniques of uncertainty*" (O'Malley 2004, 5 – Hervorhebung der Autoren).

In dieser Perspektive ist Unsicherheit nicht eine gegebene Konstante der *conditio humana*; sie ist ebenfalls nicht bloß ein Effekt der Monetarisierung, sondern auch ein Pendant bestimmter Wissens- und Regierungsstrategien gegenüber der Zukunft. Kontingenzproduktion *und* Kontingenzzähmung sind zwei Seiten derselben Medaille.

Mit der Frage nach dem katastrophischen Imaginären schließen wir uns somit dem Vorschlag an, die Genealogien der ökonomischen Unsicherheit zu erforschen. Welche Verschiebungen und Neuordnungen sind mit der Beschwörung der katastrophalen Zukunft in der Ökonomie verbunden? Welche Effekte dieser neuen Art, Zukunft zu repräsentieren, lassen sich in der Ökonomie erkennen (Collier 2008)? Kündigen sie eine neue politische Rationalität an, wie O'Malley (2003) zu bedenken gibt?

Wir möchten die gestellten Fragen exemplarisch mit Bezug auf drei unterschiedliche Einsatzfelder der Szenario-Technik – in unternehmerischer Planung, in Katastrophen-Modellen der Versicherungsindustrie und im Risiko-Management von Finanzinstitutionen – diskutieren. Dabei werden wir aufzeigen, dass Szenarien sich in die doppelte Bestimmung der ökonomischen Zukunft einfügen: Katastrophische Szenarien modulieren und validieren den ökonomischen Zukunftsbezug, insofern sie ein Instrument der Beschwörung *und* Zähmung der Kontingenz sind. Das *Scenario Planning* vollzieht dabei eine paradoxe epistemologische Operation. Denn genau *die Vorstellung einer Zukunft, die als radikal unsicher gilt, dient dazu, kognitiv-emotionale Sicherheit zu organisieren.* Soziologisch besonders interessant sind, wie wir im Folgenden ausweisen, die spezifischen Wissens- und Darstellungspraktiken, die in diesen Szenarien zur Anwendung kommen.

Im Kontext der unternehmerischen Planung gilt das *Scenario Planning* als ein angemessenes Instrument, um einer Zukunft entgegenzutreten, die radikal unsicher, komplex und irregulär ist (Wack 1985). Die Archive der vergangenen Ereignisse, die Grundlage der Wahrscheinlichkeitskalkulation sind, böten in Bezug auf diese Zukunft nur falsche Sicherheit. Genau um dieses Sicherheitsgefühl zu vermeiden, werden Szenarien eingesetzt (Randall/Ertel 2005, 11). Peter Schwartz, ein berühmter Szenario-Techniker vom *Global Business Network*, betont aus diesem Grund, dass das *Scenario Planning* in erster Linie die „offizielle Zukunft" in Frage stellen muss – dass heißt, es hat die Aufgabe, jenes unbefragte Sicherheitsgefühl über den Verlauf der Dinge zu verstören (Schwartz 1991, 59). Es ist augenfällig, dass die Erfahrung einer radikalen Kontingenz der Zukunft nicht lediglich als ein Faktum vorausgesetzt wird. Im Gegenteil, die Kontingenzerfahrung muss innerhalb der Szenario-Planung eingeübt und als Haltung gegenüber der Zukunft kultiviert werden. In der Tat habe die Hauptaufgabe darin bestanden, so Pierre Wack über den Einsatz der Szenario-Technik bei Shell, die Annahmen über die Kontinuitäten zwischen Gegenwart und Zukunft zu entkräften: „We wanted to change our manager's view of reality. The first step was to question and to destroy their existing view of the world […]" (1985, 87). Er führt aus: „We had first tried to produce scenarios that we would not be ashamed of when we subsequently compared them with reality. After our initiation with these first sets of scenarios, we changed our goal. We now wanted to design scenarios so that managers would question their own model of reality" (ebd., 84). Die Annahme einer zutiefst irregulären Zukunft zeigt sich damit als Element einer sorgfältig gehegten Erwartungsstruktur, die durch die Szenarien selbst induziert werden soll.

Die Annahme der Kontingenz, die hier gegenüber der „offiziellen Zukunft" angemahnt wird, und der „Möglichkeitssinn", der hier eingeübt werden soll, sind aber gleichzeitig von Techniken der kognitiven Versicherung eingerahmt und begrenzt. Denn Szenarien versprechen ein „knowledgeable sense of risk" (Schwartz 1990). Nicht die Paralyse der Unentscheidbarkeit, sondern die mit unternehmerischem Geist zu treffende strategische Entscheidung steht im Mittelpunkt. Die Rekonstruktion von Weltsichten ist – im Anschluss an die Verunsicherung gegenüber der offiziellen Zukunft – ein zentrales und explizites Moment der Szenario-Planung. Soziale „Mythenbildung" über die möglichen Zukünfte, die „vivid and compelling" sind, gehört zum erwünschten Ergebnis der Szenario-Planung (Galer 2004, 382): „Scenarios are myths of the future" (Schwartz 1990, 39). Dabei sind gerade die Techniken der Visualisierung, der Typisierung von *Plot-Lines* und der Dramatisierung geeignet, eine „synthetische Erfahrung" (Hermann Kahn) einer zu erwartenden Realität zu produzieren. Die narrativen Techniken, die im *Scenario Planning* eingesetzt werden, sollen eine zweifache Wirkung haben: Als ausgewiesene Fiktionen erlauben sie, sich über Wahrscheinlichkeiten hinwegzusetzen. Szenarien beanspruchen aus diesem Grund nicht Vorhersagen zu sein, sondern „plausible and relevant provocative stories – in the scenario lingo: 'possible futures'" (Ertel/Walton 2006). Gleichzeitig sollen die erzählten Geschichten, welche Rollenspiele, Mythen und *Science Fiction* einbeziehen, „die Ungläubigkeit" gegenüber diesen unwahrscheinlichen Zukünften einklammern (Flowers 2003; vgl. Davis 2004,

4; Schwartz 1990, 43; Schwartz 1991, 193). „[N]arratives – stories, with characters, plots and paths – help to make these futures real" (Schwartz/Randall 2008, 11). Jedes *Scenario Planning* im Kontext der strategischen Entscheidungshilfe beinhaltet deshalb das Stadium eines „affirmation workshop", in dem es um die emotionale Aneignung der Szenarien geht. Ein bekannter Szenario-Planer sagt dazu in einem Interview über ein Projekt zur nachhaltigen Entwicklung: „The scenarios had considerable impact, largely, I think, because the techniques we developed almost forced ownership" (Davis 2004, 4).

Szenarios im Kontext der unternehmerischen Planung kultivieren also eine Unsicherheit gegenüber der Zukunft – sie lehren, katastrophische Umbrüche zu erwarten. Gleichzeitig wenden sie Techniken der Darstellung an, die diese Kontingenzerfahrung einhegen. Bereits die Zahl der aufgestellten Szenarien orientiert sich an dieser Notwendigkeit, Kontingenz einzuklammern. Man beschränkt die Anzahl der „möglichen Zukünfte": „When you're trying to find that middle ground between paralysis and denial, you can't entertain 15 scenarios meaningfully and actually do something. We aren't trying to identify all the possible futures" (Ertel/Walton 2006). Zwei Szenarien reichten nicht aus, um die Realität zu erfassen, vermutet Peter Schwartz (1991, 140), aber drei seien eine gute Zahl. Ferner entsteht jede Geschichte über die Zukunft, so lässt sich in den Handbüchern lernen, durch grundsätzliche Entscheidungen darüber, was als „unausweichlich" und was als „kritische Unsicherheit" gilt (ebd., 114). Aber die Kontingenz *dieser* Entscheidungen wiederum wird in den Geschichten *nicht* sichtbar (ebd., 114; 136f.). Die „common visions", die so entstehen, beziehen ihre Glaubwürdigkeit aus der Einschränkung sowohl von Inhalten, wie von narrativen Logiken. Szenarien beinhalten in diesem Sinne eine paradoxe „Politik der Wahrheit". Sie öffnen gleichzeitig den Raum des Denkbaren und wenden dabei Techniken der Darstellung und Visualisierung an, die die Grenzen dieses Denkraumes eng stecken. Sie verwandeln im Namen der bodenlosen Kontingenz Unsicherheit in kognitiv-emotionale Erwartungssicherheit.

Diese epistemologische Alchemie von Unsicherheit in Gewissheit durch die vorgestellte Katastrophe findet sich aber nicht nur im Kontext strategischer Entscheidungen innerhalb von Organisationen. Das *Scenario Planning* ist ebenso ein integraler Bestandteil von Katastrophen-Modellen, die heute in der Versicherungsindustrie und auf den Kapitalmärkten zur Anwendung kommen (Collier 2008). Ihr sozialer Kontext ist nicht die Organisation, sondern die Schnittstelle zwischen Versicherung und Kapitalmärkten. Katastrophen-Modelle sind Grundlage für die Risiko-Abschätzung und Finanzierung von Schadensfällen durch Terror, Naturkatastrophen oder Epidemien. Sie sind ein wichtiges Element des „financial risk network": Bougen (2003, 262) spricht von einem „cross breeding of insurance and capital markets", in dessen Zentrum „catastrophe knowledge" steht, das Unsicherheit in rationale Gründe für Investitionen übersetzen kann (vgl. Green 2000, 82). Szenarien von möglichen Katastrophen erlauben, das klassische probabilistische Risikokalkül, das bisher zur „Zähmung des Zufalls" eingesetzt wurde (Hacking 1990), zu überschreiten. Ulrich Beck (1999) hatte demgegenüber argumentiert, dass die heutigen systemischen Risiken – deren Wahrscheinlichkeiten gering, deren Konsequenzen aber dramatisch sind – die ökonomische Kalkulierbarkeit und Versicherbarkeit unmöglich machen. Welche Arten der Rationalisierung für die Behandlung der Zukunft Plausibilität beanspruchen können, ist allerdings historisch viel variabler, als Beck vermutet (O'Malley 2004, 6): Die versicherungs-ökonomische Bearbeitung selbst solcher bedrohlicher Unsicherheiten wird durch die Verknüpfung von Katastrophen-Szenarien, Kalkulation und neuen Finanzinstrumenten durchaus möglich (Ericson/Doyle 2004; Green 2000; Bougen 2003; Pryke 2006). Wir finden hier erneut jene unauflösliche Vermischung von Diskurs und monetären Instrumenten, die wir am Anfang theoretisch herausgestellt haben. Denn ohne die finanziellen Innovationen der „securitization" von Versicherungsobligationen in handelbare Wertpapiere wären die Grenzen der Versicherbarkeit sehr viel enger zu ziehen (Borden/Sarkar 1996).[3] So verknüpft sich ein „seemingly insatiable appetite for financial protection from danger with a seemingly insatiable appetite for the investment potential of risk" (Bougen 2003, 257; vgl. Green 2000, 81).

Stephen Collier (2008) und Andrew Lakoff (2007) haben die Genealogie dieser Katastrophen-Modelle, die in „ever more imaginative portfolios of insured risks" (Bougen 2003, 267) zum Tragen kommen, untersucht. Sie weisen eine gemeinsame Genealogie mit dem *Scenario Planning* auf: Katastrophen-Modelle und der Aufruf, das Undenkbare zu denken, entstanden beide im Rahmen der Verteidigungsplanung im Kalten Krieg. Anschließend wurden sie für die Modellierung von Naturkatastrophen eingesetzt und bilden nun in der Versicherungsindustrie das Relais für die Übersetzung von Gefahren des Terrors, der Natur oder der Epidemien in „berechenbare" Risiken (vgl. Collier 2008, 234ff.). Sie werden von Firmen wie *Risk Management Solutions*, *AIR Worldwide Corporation* und *Equecat Incorporated* prominent verwendet. Szenarien möglicher Katastrophen bilden das Herz dieser Modelle. In ihrem Kern findet sich also das katastrophische Imaginäre in der Form einer *vorgestellten* Katastrophe. Ein Ereignis – wie eine explodierte Bombe oder ein Anschlag mit Anthrax (RMS 2004) – wird im Modus der vollendeten Zukunft antizipiert. Aufgrund dieses vorgestellten Ereignisses, welches plausibel, aber nicht wahrscheinlich sein muss, werden detaillierte Geographien der Auswirkungen und der Verwundbarkeit erstellt. Diese sind ihrerseits Basis für Kalkulationen des verträglichen Verlustes und erlauben, Versicherungspolicen und Investitionsstrategien aufeinander abzustimmen (Ericson/Doyle 2004, 138). „A primary focus is the diversification of geographic and concentration of risk. Knowledge for diversification is provided through data on urban aggregates and zonal distributions" (ebd, 149).

Dieser Einsatz von geographischen Risiko-Kartographien ist wissenssoziologisch besonders interessant: Die „common visions", die die Szenario-Planung durch die Mittel der Narration und Dramatisierung plausibel machte, werden hier durch Topographien angenommener Katastrophen bereitgestellt. Die so vorgenommenen Territorialisierungen von Risiken gehen in die Finessen der finanziellen Kalkulationen ein und konfigurieren ökonomische Risikolandschaften (vgl. Pryke 2006, 8; Green 2000, 84). Die Territorialisierungen sind, so lehrt der Blick in die Genealogie, ebenfalls ein Erbe des Einsatzes der Katastrophenmodelle für die Verteidigungsplanung. Peter Galison hat die Geschichte dieser territorialen Imagination im Spiegel der Katastrophe nachgezeichnet: Die Verteidigungsplanung begann, so Galison, das Land im „bombsight eye" (2001, 29) zu betrachten: „[T]hey began, quite explicitly, to see themselves, to see America, through the bombardier's eye. They began to wonder what an American city would look like after the bomb had fallen" (ebd.). Diese „moral-cartographic vision" ist heute nicht an das katastrophische Imaginäre einer nuklearen Attacke gebunden, sondern wird aus der Sicht des „hurricane's eye" oder des „terrorist's eye" erstellt. Aber in gleicher Weise entstehen Kartographien des potentiellen

---

3 In diesem Sinne kehrt die These Ulrich Becks, dass die neuen Risiken jenseits der Finanzierbarkeit und Versicherbarkeit liegen, wieder. Aber die Notwendigkeit der Modifizierung seiner These vom grundsätzlichen Ende der Versicherbarkeit bleibt bestehen.

Verlustes und der Verwundbarkeit. Die Ähnlichkeit dieser Prozeduren der Wissensgenerierung zu jenen der Sicherheitsplanung in den 1950er Jahren in den USA ist frappant:

> „Vulnerability mapping involved the development of a new form of knowledge about urban life. As opposed to archival knowledge about illnesses or accidents affecting the population, this form of knowledge was not concerned with the regular occurrence of events over time. Rather, vulnerability mapping used techniques of imaginative enactment to generate knowledge about events such as a surprise nuclear attack, whose likelihood could not be known, but whose consequences could be catastrophic. These maps not only estimated the physical damage of a likely blast and the casualties that would result from it. More importantly, they also indicated the spatial distribution of physical damage and casualties over the existing structure of the city" (Collier/Lakoff 2008, 17).

Dieses Wissen benennt Gebiete oder Elemente kritischer Verwundbarkeit. Es parzelliert den homogenen nationalen Raum in Zonen des erträglichen oder unerträglichen Verlustes. Aufgrund der Parzellierung vermutet Collier, dass sich in diesen „moral-cartographic visions" neue Konzeptionen „sozialer Kollektivität" abzeichnen. Nicht mehr die regelmäßigen Prozesse der Bevölkerung, sondern die Beziehung unvermeidbarer Katastrophen mit kritischen Infrastrukturen des kollektiven Lebens sei darin bestimmend (vgl. Collier 2008, 232, 244). Innerhalb eines „economic framework that necessitates prioritization and choice" und mit Berufung auf „risk-based priorities" scheinen solche Fragmentierungen Teil von nationalen Sicherheitsstrategien zu werden (DHS 2005, 3, iii). Ob und inwieweit in diesem Spiegel der Katastrophe in der Tat ein neues Verständnis der „sozialen Kollektivität" entsteht, ist noch nicht abschließend zu klären. Aber dass solche Veränderungen nicht nur in den politischen Reflexionen, sondern auch innerhalb der Logiken der neuen Versicherungsökonomie angezeigt werden, wird in den Texten des Rückversicherers Swiss Re deutlich, der angesichts der katastrophischen Zukunft vermutet:

> „Eine der größten Herausforderungen für die Versicherungswirtschaft wird in Zukunft darin bestehen, traditionelle Risikogemeinschaften rechtzeitig und richtig an die sich rasch verändernde Risikolandschaft anzupassen. Pflichtversicherungen sind eine Möglichkeit, Risikokollektive zu errichten, sind aber wegen ihres Zwangscharakters umstritten. Attraktiver sind leistungsfähige Gemeinschaften, die allen Mitgliedern sowohl hohe Sicherheit bieten als auch deren Risikokosten reduzieren. Hier sind eine möglichst große Homogenität und Transparenz hilfreich: je ähnlicher die Einzelrisiken, desto gerechter die Verteilung sowohl der Gesamtschadenslast als auch der erzielten Wertschöpfung" (Swiss Re 2004, 7).

Ökonomische Rationalitäten und politische Rationalitäten werden in diesen neuen Wissensformen über die Zukunft gleichermaßen modifiziert. Die Verweisung der katastrophischen Risiken an die private Versicherungswirtschaft, wie sie im Anschluss an 9/11 beschlossen wurde, sucht die Regierung dieser Risiken durch die Ökonomie (Calhoun 2006). Der *Terrorism Risk Insurance Program Reauthorization Act* (TRIPRA) von 2007 findet, dass private Versicherungen dazu in der Lage seien, Terrorismus zu versichern. „[T]he financial service industry", so nimmt das Gesetz in einer Vermischung von Fakt und Forderung an, „develops the systems, mechanisms, products and programs necessary to create a viable financial services market for private terrorism insurance" (TRIPRA 2007, Sec. 101). Dadurch werden neue Differenzierungsmöglichkeiten virulent. Denn die Versicherungsindustrie sucht nicht nur durch Anbindung an die Kapitalmärkte, sondern auch durch graduelle

Exklusionen eine ökonomische Bearbeitung dieser Risiken zu bewerkstelligen: „We need to know, in order to exclude" (zit. nach Ericson/Doyle 2004, 153). Pierre Rosanvallon (2000, 28) spricht davon, dass die bisherigen Strategien der Kollektivierung von Risiken einen Rawlsschen „Schleier des Nichtwissens" über die unterschiedlichen Gefährdungslagen gelegt haben, der nun aufgelöst werde.

Die Zukunft als vorgestellte Katastrophe hat sich als eine versatile Strategie des Wissens herausgestellt, die innerhalb der ökonomischen Kommunikation die Eröffnung *und* Pazifizierung von Zukunft moduliert. Dabei markiert das katastrophische Imaginäre keine Grenze der Ökonomie, sondern erlaubt neue Risiken zu inkludieren und stellt dafür neue Wissensformen bereit. Die politischen Rationalitäten, die sich hier manifestieren, lassen sich dabei nicht nur an der schon zu Recht herausgestellten „Privatisierung" von Risiken ablesen (Calhoun 2006). Es geht nicht nur um die Regierung der Katastrophen durch den Markt, sondern auch um die Regierung des Marktes durch das katastrophische Imaginäre. Denn genauso wie die vorgestellte Katastrophe als ein Schlüssel für die angemessene Abschätzung von katastrophischen Risiken gilt, so verspricht sie auch, ein Schlüssel für die Erkenntnis der Risiken des Marktes selbst zu sein. *Scenario Planning* jenseits der statistischen Erwartungen soll die zuvor unbemerkten „toxischen Kredite" im eigenen Portfolio zu erkennen helfen (BIS 2008, 3). Nicht die Verhinderung jeder Krise, sondern die Fähigkeit, den nächsten „set of shocks" zu überstehen, ist dabei die Vorgabe (ebd., 5). Extensiveres und imaginativeres Risikomanagement gilt somit als der Königsweg, den Markt wieder zu einem Ort der Transparenz zu machen. Die Deklaration der G-20 hat anlässlich der Finanzkrise von 2008 die Transparenz als einen Dreh- und Angelpunkt der Regulation von Finanzmärkten bestätigt (G-20, 2008). Mittels des katastrophischen Imaginären versichert sich diese Regulationslogik ihres epistemologischen Fundaments. Die imaginierte Katastrophe erlaube dem Markt, seine bisherigen Grenzen der Selbsterkenntnis zu übersteigen.

Die Alchemie zwischen Katastrophe und Epistemologie, die in diesen ökonomischen Figuren sichtbar wird, ist erst dann weniger verwunderlich, wenn man die Etymologie des Wortes Apokalypse mitbedenkt: „Apokalypsis heißt zunächst überhaupt nicht Katastrophe, Untergang, Weltende, sondern Offenbarung, Enthüllung, Aufdeckung der Wahrheit" (Böhme 1989, 10). Die Apokalypse als ein katastrophisches Ereignis eröffnet demnach die Wahrheit und bezeichnet einen Zustand der radikalen Unverborgenheit (Müller-Funk 2002, 252). Das katastrophische Imaginäre scheint in diesem epistemologischen Sinne apokalyptisch zu sein. Es erlaubt eine „Politik der Wahrheit", die sich dem liberalen Diskurs der ökonomischen Regierung und Selbstregierung einfügt.

4 Recht und Gegen-Recht der Katastrophe

Die Aussichten auf unvorhersehbare und bedrohliche Ereignisse verlangen, „in den Projektionen möglicher Zukünfte über Zukunft zu entscheiden" (Willke 2002, 97). *Dystopia*, so schreibt Helmut Willke (2002) in seinem gleichnamigen Buch, markiert deshalb in erster Linie eine Krise des Wissens gegenüber einer unprognostizierbaren Zukunft. Man kann es als symptomatisch auffassen, dass das Rechtssystem an dieser krisenhaften Aushandlung der Zukunft scheinbar nicht beteiligt ist – es findet in Willkes Gesellschaftsbetrachtung keine Erwähnung. Diese Auslassung mag ihren Grund darin haben, dass sich das Recht in der Tat nur unter großen Schwierigkeiten von einer unsicheren Zukunft affizieren lässt: Wo in Zeiten von *Dystopia* die Zukunftsvision zum privilegierten Bezugspunkt gegenwärtigen Handelns erkoren wird, da urteilt das Recht über vergangene Ereignisse. Wo schnelle Anpassung an unerwartete Ereignisse gefragt ist, da beharrt das Recht auf dem Gesetzeswortlaut. Und wo Inkonsistenzen im Umgang mit singulären Ereignissen auszuhalten sind, da erklärt das Recht konsistentes Entscheiden zum Inbegriff von Gerechtigkeit. Es deutet deshalb alles darauf hin, dass dem Recht auch die Beschwörung einer katastrophalen Zukunft zusetzt. Wie im Folgenden dargelegt werden soll, kollidiert sie in fundamentaler Weise mit seiner Eigenzeit. Dabei geht das Recht verändert aus dieser Kollision hervor. Es nimmt die paradoxen Züge eines „Gegen-Rechts" (vgl. Ericson 2007, 24ff.) an: eines Rechts, das das Recht suspendiert. Während die Wirtschaft die katastrophale Zukunft also noch zu ökonomisieren vermag, kommt es im Fall des Rechts zu einer Inversion seiner operativen Logik.

Die Temporalität des modernen Rechts steht im Mittelpunkt der rechtstheoretischen Arbeiten Niklas Luhmanns (1993) und William E. Scheuermans (2004). Trotz unterschiedlicher Ausgangspunkte legen beide den Schluss nahe, dass die Eigenzeit des Rechts durch zwei Vektoren gekennzeichnet ist. Zum einen schaltet sich das Recht nachträglich ein. Mit Blick auf einen abgeschlossenen Sachverhalt ermittelt es einen rechtsrelevanten Tatbestand, über den auf der Grundlage der geltenden Gesetze geurteilt wird. Rechtsurteile entscheiden darüber, ob ein vergangenes Verhalten, das sie einer verantwortbaren Person als Tat zuschreiben können, rechtens oder nicht rechtens *gewesen ist*. Wie insbesondere Scheuerman (2004, 26ff.) unterstreicht, findet sich dieser rückwärtsgewandte Operationsmodus tief im liberalen Denken verankert. Zum anderen firmiert das Recht als eine Art „Hüter der Zeit der Gesellschaft" (Günther 1995, 23). Es eröffnet die Möglichkeit, sich in höchst unwahrscheinlicher Form auf Erwartungsenttäuschungen in der Zukunft einzustellen. Während man nämlich im Normalfall seine Erwartungen an veränderte Umstände anpasst, erlaubt das Recht, auf Erwartungen zu beharren. Der Verweis auf Rechtsnormen gewährt gewissermaßen die Chance zu störrischem, nicht lernbereitem Verhalten. Denn wenn rechtlich begründete Erwartungen enttäuscht werden, kann man kontrafaktisch auf ihnen bestehen. Das Recht symbolisiert die gegenwärtig unsichere Zukunft damit als sicher in Bezug auf spezifische Erwartungen, es erlaubt eine indifferente Haltung gegenüber den in der Zukunft lauernden Kontingenzen. Oder in den Worten Luhmanns (1999, 73): Das Recht dient „der bloßen Fortsetzung des Vergangenen und Gegenwärtigen in einer Welt voller Überraschungen, voller Feinde, voller Gegeninteressen."

Diese Temporalität des Rechts konfligiert mit den Wissensformen der Zukunft, die sich auf das Spiel der Unsicherheit einstellen. Schon die klassische Risikokalkulation steht im Widerstreit mit dem Recht. Das Risiko erlaubt einen Zukunftsbezug, der anstelle der kodifizierten Rechtsnorm die Wissenstechniken der Statistik und der Probabilistik ins Feld führt, um mit möglichen Schadensereignissen zu rechnen, statt sie zu verurteilen. David Garland (2003, 50) bestimmt das Risiko entsprechend: „Risk is a measure of exposure to danger, of the *likelihood* and the *extent* of loss." Im zufälligen Einzelereignis erkennt man die Regelmäßigkeit der Normalverteilung, dank der Entdeckung des Gesetzes der großen Zahl glaubt man Erfahrung mit der Zukunft zu haben (Hacking 1990). Somit firmiert die Risikokalkulation als *Technik der Defuturisierung* (vgl. Esposito 2007, 60). Aber bereits in dieser Form des Zukunftsbezuges beinhaltet das Risiko *ein primär anti-juridisches Kalkül*. Das Wissen über soziale Regelmäßigkeiten lehrt, dass man sich mit zukünftigen Ereignissen arrangieren muss, statt sie nachträglich einem Individuum als Verhalten zuzurechnen, das daraufhin verurteilt werden kann. Während das Recht auf die Verantwortung der (natürlichen oder juristischen) Person für eine Tat durchgreift, sieht man an der Schwelle zum 20. Jahrhundert etwa bei Arbeitsunfällen genau von einer solchen Zuschreibung ab (vgl. Ewald 1990; 1993a, 277ff.). Denn Unfälle passieren schlichtweg mit einer bestimmten Häufung, und es wäre eine Verkennung der sozialen Gesetze, wenn man sie primär im Zuge der Zuweisung individueller Schuld rechtlich zu behandeln versuchte. Angemessen erscheint vielmehr die Versicherung gegen den Unfall, so dass für den Schadensfall vorgesorgt ist und man in der Zwischenzeit in Ruhe weiterarbeiten kann. Das versicherungsmathematisch gesättigte Risiko-Kalkül führt somit zu einer *Entjuridifizierung* von Verhaltensweisen. Zugleich erlaubt die Versicherung im Gegensatz zum Recht gerade *kein* kontrafaktisches Erwarten, sondern macht lediglich die Kompensation für einen eventuellen Schaden sicher erwartbar. Man rechnet faktisch mit dem Schaden – und insofern die Versicherung vertraglich kodifiziert wird, rückt das Recht in den Rang eines sekundären Mechanismus zur Sozialisierung des Risikos.

Die aktuellen Beschwörungen einer kommenden Katastrophe verschärfen den Konflikt zwischen der Ausrichtung an einer kontingenten Zukunft und dem Recht. Diese Verschärfung basiert auf der bereits dargelegten Problematisierung der „klassischen" Risikorationalität durch das katastrophische Imaginäre. Für den Bereich der Sicherheitspolitik emblematisch ist hier die mittlerweile berühmte Identifizierung von *Unknowns Unknowns* durch Donald Rumsfeld auf einer Pressekonferenz im Jahr 2002: Wo die bisherige Sicherheitspolitik lediglich zwischen sicherem Wissen (*Known Knowns*) und bekannten Wissenslücken (*Known Unknowns*) manövriert habe, müsse man sich Rumsfeld zufolge heute auf ein Unwissen einstellen, von dem man nicht mal weiß, dass man es hat, eben auf *Unknown Unknowns* (Daase/Kessler 2007). Diese Anrufung der unbekannten Zukunft ist keinesfalls als Zustandsbeschreibung misszuverstehen. Sie bildet vielmehr eine epistemisch-gouvernementale Intervention, die sich gegen die auf der Grundlage des klassischen Risikokalküls betriebene Defuturisierung richtet. Denn die Extrapolierung von vergangenen, statistisch aufbereitbaren Ereignissen berge eine geradezu gefährliche konservative Tendenz. Man gehe nämlich immer von Bekanntem aus und sehe in der Zukunft folglich nur, was man schon kennt. Damit würden aber ausgerechnet jene Bedrohungen ausgeblendet, die das schon Bekannte in den Schatten stellen werden. Der Diskurs der *Unknown Unknowns* zielt allerdings nicht auf eine Paralyse gegenüber der unvorhersehbaren Zukunft, sondern behauptet einen eigenen Zugang zu ihr. Wie schon in der Ökonomie, finden wir auch an der Schnittstelle von Politik und Recht die Szenario-Technik als eine neue und dominante Wissensform. Mit der Szenario-Technik erhalten post-probabilistische Techniken der Fiktionalisierung eine drastische Aufwertung. Dabei *entdiszipliniert* der methodische Schritt vom Wahrscheinlichen zum bloß Möglichen die Aussicht auf die Zukunft und mit ihr die Konstruktion von Bedrohungen. Eintrittswahrscheinlichkeit und Schadensgröße verlaufen ins unendlich Kleine und unendlich Große (Ewald 1993b), so dass die Formel der klassischen Risikoberechnung leer läuft. Wer Bedrohungen gemäß der dargelegten Rationalität figuriert, der endet fast zwangsläufig bei dramatischen Katastrophen, die eine hohe mobilisierende Kraft entfalten. Eine Eskalationsstruktur im Namen der Klugheit also: Die Zukunft wird geöffnet, um in die Form von *Worst Case*-Szenarien gebracht zu werden, die jedoch nie als Teil einer Normalverteilung zu akzeptieren und deshalb um jeden Preis zu verhindern sind.

Es lässt sich nun systematisch aufzeigen, weshalb die *Chrono-Logie* des katastrophischen Imaginären in einem Widerstreit mit beiden Vektoren der rechtlichen Eigenzeit steht.

Zum einen interferiert das katastrophische Imaginäre mit dem Recht, insofern auf seiner Grundlage die Nachträglichkeit des Rechts konterkariert wird. Die drohende Katastrophe verbietet es, auf den Eintritt einer Tat zu warten, die im Nachhinein juridifizierbar wäre. Woraus aber gewinnt dieses „Verbot" seine Kraft? Die Beschwörungen der kommenden Katastrophe erfolgen definitiv nicht als offener Austausch von belastbaren Gründen – kommunikative Vernunft im Sinne von Habermas können sie nicht reklamieren. Folgt man Brian Massumi (2005), bezieht die Katastrophe ihre Wirksamkeit stattdessen aus der Angst, welche das bedrohliche Ereignis aus der Zukunft in die Gegenwart zurückwirft. Entsprechend setzt das katastrophische Imaginäre auf assoziativ verkettete Impressionen. Es arbeitet mit Visualisierungen, rhetorischen Dramatisierungen und popkulturell unterfütterten Fantasien. Es fungiert, mit anderen Worten, selbst als Generator jener affektiven Energie, der es seine Kraft verdankt. Die derart affektiv aufgeladene katastrophische Bedrohung ist es, welche die Zeit des Rechts durchkreuzt und sie potenziell aus den Fugen hebt: „It is a form of futurity, yet has the capacity to present itself without presenting itself" (ebd., 35). Die imaginierte Bedrohung bildet eine zukünftige Ursache – „a quasicause" (ebd.) –, die dazu zwingt, die Reaktion zeitlich vor die Ursache zu verlegen. Die Zeit des Rechts aber verbietet es, über zukünftige Tatbestände in der Gegenwart zu entscheiden. Sollte das Recht dennoch in den Operationsmodus der Quasikausalität wechseln, so würde, um Luhmanns Terminologie aufzugreifen, der Rechtscode nicht länger *retrospektiv angewandt*, sondern *prospektiv projiziert*. Das Recht würde nicht länger über eine Tat *urteilen*, sondern über sie *spekulieren*. Aber wäre ein mit politischer Zwangsgewalt ausgestattetes spekulierendes Recht selbst noch als rechtmäßig erkennbar?

Das katastrophische Imaginäre läuft allerdings nicht nur der Vergangenheitsorientierung des Rechts zuwider, sondern tritt auch mit der rechtlichen Sicherung von Erwartungen in einen Widerstreit. Luhmann (1993, 124ff.) zufolge besteht die Funktion des Rechts in der Eröffnung der Chance, sich gegenüber den in der Zukunft lauernden Eventualitäten gleichgültig zu verhalten. Schließlich kann man sich auf die Rechtsnorm berufen, komme, was da wolle. Genau eine solche Haltung wird gegenüber der katastrophalen Zukunft unhaltbar. Geboten ist vielmehr der Bruch mit dem, was in der Vergangenheit Geltung besaß. Gefordert wird eine direkte Korrespondenz mit den außerordentlichen Bedrohungen: Um dem Unerwartbaren begegnen zu können, so das Credo, müsse man ebenso unerwartbar handeln. Das katastrophische Imaginäre protegiert somit performativ Erwartungsunsicherheit – es fordert die überraschende Aktion angesichts einer überraschenden Zukunft, die maßlose Antwort gegenüber einer Zukunft ohne Maß. „Rule nothing out" lautet dann auch die bündige Devise, die wiederum Rumsfeld (2002, 20ff.) in einem Artikel für *Foreign Affairs* im Dienste der „ability to adapt" ausgibt. Das kommende Ereignis verbietet die Unterordnung unter vorgegebene Regeln und Prozeduren; die Konstruktion seiner Singularität, so auch der Schluss der Analyse Samuel Webers (2006, 18), ruft immer schon nach einer „exzeptionellen Antwort". Ein Recht aber, das mit dieser Logik nicht bloß in Kollision geriete, sondern ihr zu entsprechen versuchte, müsste „selbst eine nichtnormative Einstellungen zu Überraschungen begünstigen" (Luhmann 2005c, 139). Doch wie soll im Recht in dieser Weise „alles [...] jederzeit auch anders möglich sein und bleiben" (ebd., 154)? Zwei Optionen sind denkbar: Entweder das Recht würde die Geltung seiner Norm in der Gegenwart rigoros unter Vorbehalt stellen. Oder es würde sie etwa durch den massiven Einsatz von Generalklauseln wie „Ordnung" oder „Sicherheit" unbestimmt lassen. Es wäre im einen Fall ein permanent ein- und ausschaltbares Recht, ein Recht mit sporadischer

Geltung. Oder es wäre im anderen Fall ein absolut diffuses Recht, das zu einer ultradezisionistischen Maschine mutiert, weil seine Entscheidungen den Normgehalt jeweils in arbiträrer Weise hervorbringen würden. Bereits Ende der 1970er Jahre schien das deutsche Bundesverfassungsgericht unter dem Eindruck des RAF-Terrors die zuletzt genannte Option tendenziell favorisiert zu haben: Die „Schutzpflicht" vor zukünftigen Attentaten gebiete, so das Argument, dass das politische Handeln für Terroristen nicht „von vornherein kalkulierbar" sein dürfe und die bestimmte, rechtlich-normative Festlegung deshalb Spielraum lassen müsse (BVerfGE 46, 160 (165)).

Zeichnen sich derzeit tatsächlich gegen-rechtliche Dynamiken ab, welche eine derartige Invertierung der Temporalität des Rechts aufweisen? Gibt es Hinweise, dass das Recht von der katastrophischen Vision eingenommen und auf diese Weise von dem heimgesucht wird, was es konstitutiv ausgrenzt? Einer der wohl prominentesten Fälle, der in Bezug auf diese Fragen von Interesse ist, führt an die Grenzen des Völkerrechts. Die Nationale Sicherheitsstrategie (NSS) der USA von 2002 verlangt eine derartige Inversion der Zeitlichkeit im Recht (Buckley/Singh 2006). Dort heißt es:

> „America will act against [...] emerging threats before they are fully formed. [...] the United States can no longer solely rely on a reactive posture as we have in the past. [...] We cannot let our enemies strike first. *For centuries, [...] legal scholars and international jurists often conditioned the legitimacy of preemption on the existence of an imminent threat – most often a visible mobilization of armies, navies, and air forces preparing to attack. We must adapt the concept of imminent threat to the capabilities and objectives of today's adversaries.* [...] The greater the threat, the greater is the risk of inaction – and the more compelling the case for taking anticipatory action to defend ourselves, *even if uncertainty remains* as to the time and place of the enemy's attack. To forestall or prevent such hostile acts by our adversaries, the United States will, if necessary, *act pre-emptively*." (NSS 2002, Präambel und S. 15 – Hervorhebung der Autoren)

In seinem programmatischen Charakter verlangt dieses Dokument, den Zukunftsbezug im Völkerrecht neu zu verhandeln. Es kann dabei an ein Rechtsprinzip anknüpfen, das gegen Ende des 20. Jahrhunderts zum festen Bestandteil internationaler Abkommen und insbesondere der EU-Jurisdiktion geworden ist: das *Precautionary Principle* (vgl. Morris 2000). Tatsächlich erkennt das Recht mit diesem Prinzip an, dass zukünftige Ereignisse rechtswirksam werden können. Das *Precautionary Principle* wird gemeinhin in den Bereichen Umwelt und Gesundheit zur Anwendung gebracht und besagt in den meisten Versionen, dass angesichts der Gefahr irreversibler Schäden auch dann Vorsorgemaßnahmen zu ergreifen sind, wenn ein Mangel an Gewissheit über deren Ursachen und Ausmaß besteht (vgl. z.B. Agenda 21 1992, 320f.).[4] Aufgrund dieser Übereinstimmung in der Zeitform des *„future-invocative"* (Cooper 2006, 125) wird die NSS in der Literatur regelmäßig als Ausbuchstabierung des *Precautionary Principle* gewertet (z.B. Stern/Wiener 2006, 394ff.; Sunstein 2005, 4). Allerdings sollte schon ein kurzer Blick auf die in Aussicht stehenden Vorsorgemaßnahmen genügen, um zu erkennen, dass sich die Logik des Prinzips im Zuge seiner Einschreibung in den Kontext der Sicherheitspolitik verändert (Aradau/van Munster 2007). Es macht schlichtweg einen Unterschied, ob einerseits der Ausbau einer Deichanlage unter-

---

4 Starke Formulierungen des Prinzips, wie etwa die Wingspread-Erklärung des *Science & Envirnomental Health Network* von 1998 verlangen darüber hinaus die Umkehr der Beweislast: Nicht der Kläger muss den Beweis der Schädlichkeit eines genmanipulierten Saatguts liefern, um dessen Verbot zu rechtfertigen – vielmehr wird von dem Anbieter verlangt, dass er selbst die Unbedenklichkeit seines Produkts belegt (vgl. Sunstein 2005, 18ff.).

stützt, eine Steuer auf den Ausstoß von Abgasen erhöht oder der Anbau einer gentechnisch modifizierten Pflanze unterlassen wird – oder ob andererseits eine militärische Intervention ausgeführt, vorsorgliche Internierungen vollzogen und Verhöre mit „verschärften" Methoden vorgenommen werden. Was aber bewirkt die Transformation des Prinzips? Worin begründen sich die unterschiedlichen Effekte, welche die Anrufung einer unbekannten, katastrophalen Zukunft nach sich zieht? Dieser Unterschied liegt, so soll im Folgenden argumentiert werden, in der impliziten Ausrichtung auf einen „Feind" oder ein „feindliches" Ereignis, das dem katastrophischen Imaginären unterliegt.

Der Text der NSS zeigt diese Unterlegung, denn er inszeniert den Auftritt eines Feindes, der das Prinzip der *Precaution* gewaltsam eskalieren lässt. Der Feind aber, so das Diktum Carl Schmitts (2006, 87), „ist unsere eigene Frage als Gestalt". Er fungiert „als ein epistemologisch wirksames Phantasma, das immer schon darüber entscheidet, was gesucht und gefunden, gewusst und nicht gewusst werden kann" (Horn 2007, 33). Welche spezifische Problematisierung des Feindes begründet nun jene preemptive Rationalität, die aufgrund ihrer Temporalität rechtsdestruktive Folgen zeitigt? Vier miteinander verknüpfte Attribute scheinen von herausragender Bedeutung. Erstens hat man es mit einem Feind zu tun, der nicht mehr die klassischen Indikatoren seiner feindlichen Absicht ausstellt, der über seine wahre Natur hinwegtäuscht und daher unsichtbar bleibt. Daraus folgt, dass sich der Kreis der Feinde in Form ausufernder Feindvermutungen erweitert. Denn wenn sich der neue Feind als solcher explosiv zu erkennen gibt, wird es zu spät sein, ihn zu identifizieren. Zweitens verfügt der Feind über eine katastrophische Potenz. Er wird zum Agenten der Massenvernichtung, egal ob mit radiologischen, biologischen oder chemischen Mitteln. Diese Aussicht erzwingt die weitere Vorverlegung der antizipatorischen Aktion. Drittens ist der neue Feind ein irrationaler Feind, der kein Interesse an seiner Selbsterhaltung hegt. In fundamentaler Weise spricht er nicht mal die gleiche militärische Sprache wie jene Zivilisation, die er angreift. Alle Strategien der Abschreckung werden damit hinfällig. Aufgrund dieser Kluft der Intelligibilität kann man letztlich nur in ein ungeregeltes Verhältnis zu ihm treten. Damit steht viertens sein Status radikal in Frage. Auch wenn man einen Krieg gegen diesen Feind führt, ist er kein militärischer Gegner im Vollsinn, er erscheint bloß als „shadowy networks of individuals [that] can bring great chaos and suffering" (NSS 2002, Präambel). Selbst die Staaten, die diesen Feind beherbergen, drohen ihre Qualität als ordentliche Völkerrechtssubjekte einzubüßen. Sie werden zu Schurken (vgl. Derrida 2003, 134ff.) und erzwingen eine Re-Interpretation des Völkerrechts gemäß des Imperativs der *Preemption*.

Diese neue „Ontologie des Feindes" (Peter Galison) und das katastrophische Imaginäre der Zukunft verstärken sich gegenseitig. Gerade im politisch sensitiven Bereich des Völkerrechts lässt sich diese Verquickung von Feindes-Logik und Zukunftslogik nachzeichnen. Angetrieben von dieser Ontologie des Feindes, steigern sich die Qualitäten des katastrophischen Imaginären: Die Unausweichlichkeit, Unvorhersehbarkeit und die unbedingte Notwendigkeit jenseits der normalen Regeln zu agieren, speisen sich aus dieser politischen Logik des Feindes und können sich dennoch in der allgemeinen Figur der katastrophischen Zukunft unkenntlich machen.

Kann sich das Völkerrecht dieser gegen-rechtlichen Zeitlichkeit widersetzen oder öffnet es ihr Zwischenräume zur Entfaltung? Zunächst muss festgehalten werden, dass das Völkerrecht einen Präventivkrieg mit Hinweis auf das universelle Gewaltverbot von Art. 2 der UN-Charta untersagt (vgl. Hobe 2008, 324ff.). Eine Ausnahme vom Gewaltverbot bietet zunächst das Selbstverteidigungsrecht von Art. 51 der UN-Charta. Der Begriff der Preemption muss vor diesem Hintergrund als Versuch gelesen werden, eine Logik der antizipatorischen Verteidigung zu begründen, die *nicht* unter dem Titel des Präventivkriegs läuft: „We will not hesitate [...] to exercise our right of self-defense by acting preemptively" (NSS 2002, 6). Aber kann man sich tatsächlich verteidigen, bevor man angegriffen wird? Auch das würde eine ver-rückte Zeitlichkeit etablieren. Das in der UN-Charta angeführte Tatbestandsmerkmal des „bewaffneten Angriffs" wäre so zu interpretieren, dass der Angriff vor der Anwendung von Waffengewalt als realisiert gelten würde (vgl. Blumenwitz 2004, 34). Um gegen ihn vorzugehen, müsste der Angriff also begonnen haben, obgleich er aktuell noch nicht stattgefunden hat.

Die NSS spielt zudem auf eine zweite Ausnahme vom Gewaltverbot an, welche durch die so genannte „Webster-Formel" im Völkergewohnheitsrecht eröffnet wird. Die Formel erlaubt die militärische Intervention, wenn man es mit einer *unmittelbar bevorstehenden* („imminent") Bedrohung zu tun hat, „instant, overwhelming, leaving no choice of means, and no moment of deliberation" (zit. in Kunde 2006, 141ff.). Die NSS findet hier eine ihrer Stoßrichtung gemäße Zeitlichkeit vor. Zugleich wird jedoch die Notwendigkeit einer Reartikulation der Formel behauptet: „We must adapt the concept of imminent threat to the capabilities and objectives of today's adversaries" (NSS 2002, 15). Die „Adaption", die hier eingeklagt wird, zielt auf das Kriterium der Unmittelbarkeit. Denn die Unmittelbarkeit eines bevorstehenden Angriffs wurde bislang an sichtbaren Kriegsvorbereitungen bemessen. Der Aufmarsch von Heeren erlaubte es, die verbleibende Zeit zu beziffern. Diese zeitliche Bemessung vereitle jedoch der Operationsmodus des neuen Feindes. Die Unmittelbarkeit des Angriffs bleibt somit schlicht eine Möglichkeit, in Bezug auf die sowohl in zeitlicher wie in räumlicher Hinsicht Ungewissheit besteht. Doch wie hoch darf die Ungewissheit sein? Den Recherchen des Journalisten Ron Suskind (2007, 150) zufolge hat Vizepräsident Dick Cheney in einem Briefing 2001 eine „Ein-Prozent-Doktrin" ausgegeben: „A one percent chance of catastrophe must be treated ‚as a certainty'." Die „Adaption" der Webster-Formel überführt diese, anders gesagt, in eine starke Version des *Precautionary Principles*. Damit aber nimmt die Ausnahme vom Gewaltverbot die Regel ein. Die Ausnahme verliert ihre Konturen und kann so die Verbotsnorm beliebig aushöhlen.

Im selben Moment trägt die Irregularität des Feindes jene Turbulenzen, welche die katastrophische Vision im Kriegsvölkerrecht hervorruft, auch über dessen Bereich hinaus. Der neue Feind durchdringt die Barrieren zwischen innerer und äußerer Sicherheit, zwischen Krieg und Verbrechen. Dem *Schurken* gesellt sich die Figur des *Schläfers* hinzu, der auch das Strafrecht an seine Grenzen führt. Der Rechtswissenschaftler Robert M. Chesney (2005) hat im Detail aufgezeigt, dass sich in der US-Administration nach dem 11. September ein institutioneller Wettstreit zwischen Justizministerium und Pentagon eingespielt hat. In diesem Rahmen habe das Justizministerium das Preemptionsparadigma – nun unter dem innenpolitisch akzeptablen Begriff der Prävention – übernommen. Ziel war, der militärischen Internierung der als „feindliche Kämpfer" klassifizierten Personen eine zivile Alternative entgegenzusetzen. In einer Anhörung vor dem Justizausschuss des Senats 2001 bringt der Staatsanwalt John Ashcroft die Neuausrichtung wie folgt zum Ausdruck: „Our fight against terrorism is not merely [or] primarily a criminal justice endeavour, it has to be a preventive and defensive endeavor [...] we must prevent first, prosecute second" (zit. nach Chesney 2005, 27). Der Wechsel in diesen militärisch-preemptiven Vorsorgemodus erfolgte auf hauptsächlich zwei Wegen: Zum einen wurden „potentially dangerous persons" auf der Grundlage des *Material Wittness Statute* zu wichtigen Zeugen erklärt, was es erlaubte, sie kurzfristig zu verhaften (ebd., 34ff.). Zum anderen kam es ebenfalls zu einer kreativen Neuauslegung des *Terrorism-Support Laws*. Eigentlich ein Gesetz zur Sanktionierung der materiellen und logistischen Unterstützung von Terroristen, wurde es nun so interpretiert, dass bereits die Teilnahme an einem Training, das zur potenziellen Ausübung künftiger Gewalttaten befähigt, eine Straftat darstellt. Während im einen Fall also der Verdächtige unter der Hand zum Zeugen werden musste, um eine *ad hoc* anwendbare Quasi-Sicherungsverwahrung vorzunehmen, kam es im anderen Fall zu einer deutlichen Vorverlagerung der juridifizierbaren Tat.

Ähnliche Bestrebungen zur Realisierung einer *Precautionary Logic* im Blick auf eine katastrophale Zukunft gibt es bekanntlich auch diesseits des Atlantiks – mit den entsprechenden rechtsdestruktiven Effekten. Man denke nur an den Einsatz so genannter „Terrorlisten", wie etwa die die vom EU-Ministerrat halbjährlich erstelle *Blacklist* (Marty-Report 2007). Über die Aufnahme in die Liste entscheidet bisher alleine das Exekutivorgan: eines richterlichen Beschlusses oder gar eines Schuldnachweis bedarf es nicht. Insofern die Konsequenzen für die individuelle Freizügigkeit etwa in Bezug auf Bankgeschäfte oder die Bewegungsfreiheit gleichzeitig erheblich sind, kann man in derartigen „Terrorlisten" durchaus ein gegenrechtliches Sanktionsinstrument erkennen.[5] Man denke ferner an die ursprüngliche Fassung des deutschen Luftsicherheitsgesetzes von 2005, das den Abschuss von Passagierflugzeugen zum Zweck der Gefahrenabwehr legalisieren sollte (Hecker 2006). Und man denke schließlich an die Debatten um die so genannte „Rettungsfolter", zu deren Legitimierung immer wieder fiktionale „ticking bomb-Szenarien" entworfen werden (Krasmann 2007). Der Zweck der Folter ist dann nicht länger das Geständnis, sondern die Wissensgenerierung über vermutete zukünftige Katastrophen – die Folter soll, mit anderen Worten, der Bearbeitung der *Unknown Unknowns* dienen. Diese und andere Maßnahmen werden in Deutschland ebenfalls unter Bezugnahme auf den Begriff des Feindes diskutiert, nämlich als Teil eines „Feindrechts", für dessen Einrichtung sich Juristen wie Günther Jakobs (2000) und Otto Depenheuer (2007) aussprechen. Für letzteren markiert der Feind den ultimativen Unterschied zum Bürger: „Der Feind ist verfassungstheoretisch nicht Rechtsperson, [...] sondern Gefahr" (Depenheuer 2007, 63) und deshalb nicht Grundrechtsträger. Die Beantwortung der entscheidenden Frage, wer Feind ist und wer nicht, basiert jedoch auf Spekulationen über eine Furcht erregende Zukunft: „Der Feind ist ein Individuum, das sich *vermutlich* dauerhaft vom Recht abgewandt hat [...]. Auf den Begriff gebracht ist Feindstrafrecht [...] Krieg, dessen Gehegtheit [...] davon abhängt, was vom Feind alles *befürchtet* wird" (Jakobs 2000, 52f. – Hervorhebungen der Autoren). Das Feindrecht zielt auf die Einschreibung einer gegenrechtlichen Zeitlichkeit ins Recht ab. Es ist in einem starken Sinne „vorbeugend" (Depenheuer 2007, 68), d.h. es „beruht als solches stets auf Prognosen" (ebd., 64). Es betreibt die Vorverlagerung der Strafbarkeit unter Absehung von einer „der Vorverlagerung proportionale Reduktion der Strafe" (Jakobs 2000, 52).

Egal also ob an den Grenzen des Völkerrechts oder des Strafrechts, in den USA oder hierzulande – man sieht nun deutlich, wie die Beschwörung einer katastrophalen Zukunft, insbesondere wenn sie sich an Figuren der Feindschaft aufhängt, zur Forcierung der *Precautionary Logic* führt. Diese vermag das Recht im Recht gegen sich selbst zu wenden, sie

---

5 Zu der Problematik des Einsatzes von „Terrorlisten" vgl. auch den „Report on Terrorism, Counter-Terrorism and Human Rights" (2009, S. 113ff.) der Internation Commission of Jurists (ICJ), abrufbar unter: http://icj.org/news.php3?id_article=4453&lang=en (6.5.2009).

begünstigt, in den Worten Giorgio Agambens (2004, 7), die Ausbildung von „legalen Formen dessen, was keine legale Form annehmen kann." Denn normalerweise hält Unwissen das Recht in seinem Fortgang an, ein Grundsatz, der am prominentesten in der Unschuldsvermutung verankert ist. Dagegen verlangt das Vorsorgeprinzip, das Unwissen als eine Ressource einzusetzen: „It will be necessary to take into account what one can only imagine, suspect, presume, or fear. [...] I must, out of precaution, imagine the worst possible." (Ewald 2002, 286). Das Schlimmstmögliche, geboren aus Vermutungen und Befürchtungen, sind zweifellos Katastrophen. Ihnen muss man zuvorkommen, und zwar möglichst schnell.

5 Die Politik der Zeit

Das katastrophische Imaginäre projiziert eine Zukünftigkeit, die durch den Einbruch eines Ereignisses charakterisiert wird. Die Zukunft, so definiert bezeichnenderweise der Rückversicherer Swiss Re (2004, 11), ist keine „Frage der zeitlichen Ferne. Zukunft ist das, was sich gravierend vom Gegenwärtigen unterscheiden wird." Die Zukunft ist nicht mehr als Verlängerung der Gegenwart zu denken – das außerordentliche, diskontinuierliche und unerwartete Ereignis *refuturisiert* die Zukunft in einem emphatischen Sinne. Bisher allerdings war dieses Zukunftsverständnis tief in der kritischen Philosophie verankert. Gegenüber den Gesetzmäßigkeiten des Status quo richtet sich die Hoffnung seit Walter Benjamins Thesen zur Geschichte auf den Einbruch eines radikal fremden und verfremdenden Ereignisses. Derrida beschreibt diese kritisch gemeinte Zukünftigkeit in folgenden Worten: „The condition on which the future remains to come is not only that it cannot be known, but that it cannot be knowable as such" (Derrida 1996, 47). Diese politische Akzentuierung des Zukünftigen hat heute eine andere Ausrichtung bekommen. Rumsfelds *Unknown Unknowns* verweisen nicht auf eine Umwälzung im Sinne Derridas, sondern umschreiben den gouvernementalen Appell, die Gegenwart im Lichte eines möglichen aber unwahrscheinlichen Ereignisses zu regieren. Das radikal Unbekannte und Unerwartete wird nur angerufen, um desto effektiver sozial mit ihm zu rechnen. Damit entspricht das katastrophische Imaginäre eher der Formel, die die Sozialanthropologin Jane Guyer (2007, 410) als „fantasy futurism and enforced presentism" gefasst hat: Im Spiegel eines imaginierten Ereignisses einer gewesenen Zukunft wird die Gegenwart formiert.[6] Man muss sich selbst im Zustand der Katastrophe sehen, um zu wissen, was zu tun ist. Diese Tugendlehre findet sich konzentriert auch in einer aktuellen Einlassung des CDU-Politikers Wolfgang Bosbach, in seiner Partei zuständig für Rechts- und Innenpolitik. Er empfiehlt, sich imaginativ an den Zeitpunkt eines zukünftigen 12. September zu versetzen, um den 11. nicht geschehen zu lassen. Die Direktive lautet, alles zu tun, um „nie wieder einen Tag *zu spät* einer Gefahr zu begegnen" (Bosbach 2008, 138).

Die Formierung der Gegenwart im Spiegel der Katastrophe impliziert unterschiedliche Effekte und Konturierungen in den Feldern von Recht und Ökonomie. Die Ökonomie speist die Beschwörung einer katastrophalen und unsicheren Zukunft in ihren Operationsmodus ein. Sie wird dort Teil der doppelten Setzung von „Eröffnung" und „Pazifizierung" der

---

6 Randy Martin (2007, 18) hat die spezifischen Effekte dieser Temporalität ähnlich charakterisiert: „While acting in one's own interest assumes a stable present to mitigate an uncertain future, preemption acts to turn a presumed certainty about the future into a present suddenly made uncertain and therefore open to opportunity."

ökonomischen Zukunft. Das katastrophische Imaginäre entpuppt sich als eine paradoxe epistemologische Wissensstrategie, die gerade durch die Vorstellung einer intransparenten Zukunft die „Lesbarkeit der Welt" (Hans Blumenberg) behauptet. Dabei sind vor allem die Instrumente und Effekte dieser Wahrheitsproduktion relevant, insofern sie ökonomische Kalkulationen und Zukunftsbearbeitungen neu bestimmen. Die Katastrophe unterbricht die Ökonomie also nicht, sondern modifiziert das Risiko-Wissen und die Art der Inklusion in die Ökonomie. Während die ökonomische Zukunftsproduktion im katastrophischen Imaginären eine Fortsetzung findet, tut sich das Recht mit dieser Art des Zukunftsbezuges schwerer. Oder genauer: Es zeigt sich gespalten. Zum einen widersetzt es sich der Anrufung und behauptet den liberalen Normalbetrieb gegen den Handlungszwang des katastrophischen Imaginären. Indikativ hierfür ist etwa das Urteil des BVerfG gegen das Luftsicherheitsgesetz vom 15. Februar 2006, aber auch die regelmäßigen Klagen von Sicherheitspolitikern über die Restriktionen des viel zu schwerfälligen Rechts. Doch das Recht begegnet dem katastrophischen Imaginären nicht einfach als einer ihm widerstreitenden temporalen Logik. Offenbar kann es sich nicht einfach verweigern, sondern lässt sich punktuell einnehmen. In das Völkerrecht wie in das nationale Strafrecht drohen feindrechtliche Elemente Einzug zu erhalten, die ein auf Prognosen und Befürchtungen beruhendes Gegen-Recht im Recht installieren.

Die Unterschiede, die Recht und Ökonomie unter dem Eindruck des katastrophischen Imaginären aufweisen, lassen sich anhand der Figur des Terroristen wie in einem Prisma abschließend sichtbar machen. Das Recht droht sich immer dann in ein illiberales Gegen-Recht zu verkehren, wenn es im Terroristen anstelle einer Rechtsperson jenen „universal adversary" (Ghamari-Tabrizi 2006, 21) sieht, der nicht mehr auf bestimmte Taten hin betrachtet wird, sondern ein allgemeines Bedrohungspotential verkörpert. Er wird zu einem gefährlichen Individuum, das als fanatisch und irrational, unberechenbar und ohne Selbsterhaltungstrieb charakterisiert wird. Wohl am prominentesten hat Judith Butler (2005, 86ff.) dargelegt, wie Terroristen als Geisteskranke klassifiziert und jenseits der Rationalität und gemeinsamen Zivilisation verortet werden: Insbesondere die Lagerinsassen im „War on Terror" hätten nur mehr den Status von „Pseudo-Menschen [...], die sich in eine „außermenschliche und außerjuridische Sphäre des Lebens" (ebd., 111) verbannt finden und dort einen sozialen Tod erleiden. Ganz anders spricht die Ökonomie vom Terroristen. „Terrorismus", so die Rückversicherung Swiss Re (2003, 7), „ist eine Art und Weise der Zielverfolgung" – wenn auch eine verwerfliche. Terroristen handelten und planten nach ihrer eigenen Logik, die ein Versicherer für eine Risikoabschätzung zu erfassen versuchen müsse. Ganz im Sinne des wertneutralen Rationalitätsbegriffes von Max Weber ist Terrorismus eine nachvollziehbare rationale Beziehung zwischen Zweck und Mitteleinsatz. Wir finden hier also nicht den geisteskranken Terroristen, sondern ein rational kalkulierendes Wesen, das ein Schema ökonomischer Schadenskalkulation ermöglicht. Diese doppelte Kodierung des Terroristen verdeutlicht die unterschiedlichen sozialen Effekte der als unerwartbar erwarteten Katastrophe. Die Katastrophe wird zu einem Schlüssel für eine neue Differenzierung des sozialen Raumes. Sie scheidet gefährliche Individuen von Rechtssubjekten und verlangt neue ökonomisch-soziale Aufteilungen von Risikolandschaften und Risiko-Kollektiven. Während das Recht von diesen Differenzen ausgehöhlt wird, findet die Ökonomie in der Katastrophe ein Prinzip ihrer Fortsetzung.

Literatur- und Materialverzeichnis

9/11 Commission Report, 2004: http://www.9-11commission.gov/report/911Report.pdf (25.05.2009).
Agamben, Giorgio, 2004: Ausnahmezustand, Suhrkamp: Frankfurt a.M.
Agenda 21, 1992: Konferenz der Vereinten Nationen für Umwelt und Entwicklung, Rio de Janeiro.
Aradau, Claudia/van Munster, Rens, 2007: Governing Terrorism Through Risk: Taking Precautions, (un)Knowing the Future, in: European Journal for International Relations 13, S. 89-115.
Basel Committee on Banking Supervision, 2009: Principles for Sound Stress Testing Practices and Supervision, Bank for International Settlements: Basel.
Baecker, Dirk, 1987: Das Gedächtnis der Wirtschaft, in: ders. u.a. (Hg.), Theorie als Passion. Niklas Luhmann zum 60. Geburtstag, Suhrkamp: Frankfurt a.M.
Beck, Ulrich, 1999: World Risk Society, Polity Press: Cambridge.
BIS (Bank of International Settlement)/Nout Wellink, 2008: Basel II – Market Developments and Financial Institution Resiliency, in: BIS Review 23, 1-5.
Blumenwitz, Dieter, 2004: Die amerikanische Präventionsstrategie im Lichte des Völkerrechts, in: Horst Fischer, Ulrike Froissart und Wolff Heintschel von Heinegg (Hg.), Krisensicherung und humanitärer Schutz, BWV: Berlin.
Böhme, Hartmut, 1989: „Vergangenheit und Gegenwart der Apokalypse", in: Johannes Cremerius, Wolfram Mauser, Carl Pietzcker, Frederick Wyatt (Hg.), Untergangsphantasien. Freiburger psychologische Gespräche, Bd. 8, Königshausen und Neumann: Würzburg.
Bond, Patrick, 1993: Scenario Plundering, in: Southern African Review of Books, July/August 1993: http://web.archive.org/web/20010723031908/www.uni-ulm.de/~rturrell/antho4html/Bond.html (25.5.2009).
Borden, Sara/Sarkar, Asani, 1996: Securitizing Property Catastrophe Risk, in: Current Issues in Economics and Finance, Federal Reserve Bank of New York 2, S. 1-6.
Bosbach, Wolfgang, 2008: Der Rechtsstaat in Zeiten des Terrors – Warum für die Sicherheitspolitik jeder Tag der 12. September ist, in: Stefan Huster und Karsten Rudolph (Hg.), Vom Rechtsstaat zum Präventionsstaat, Suhrkamp: Frankfurt a.M.
Bougen, Philip, 2003: Catastrophe Risk, in: Economy and Society 32, S. 253-74.
Bröckling, Ulrich, 2007: Das unternehmerische Selbst. Soziologie einer Subjektivierungsform. Suhrkamp: Frankfurt a.M.
Buckley, Mary/Singh, Robert (Hg.), 2006: The Bush Doctrine and the War on Terrorism. Global Responses, Global Consequences, Routledge: London/New York.
Butler, Judith, 2005: Gefährdetes Leben. Politische Essays, Suhrkamp: Frankfurt a.M.
Calhoun, Craig, 2004: A World of Emergencies. Fear, Intervention, and the Limits of Cosmopolitan Order, in: Canadian Review of Sociology and Anthropology 41, S. 373-395.
Calhoun, Craig, 2006: The Privatization of Risk, in: Public Culture 18, S. 257-263.
Chesney, Robert M., 2005: The Sleeper Scenario: The Terrorism-Support Laws and the Demands of Prevention, in: Harvard Journal on Legislation 42, S. 1-89.
Collier, Stephen, 2008: Enacting Catastrophe: Preparedness, Insurance, Budgetary Rationalization, in: Economy and Society 37, S. 224-250.
Collier, Stephen/Lakoff, Andrew, 2008: Distributed Preparedness: The Spatial Logic of Domestic Security in the United States, in: Environment and Planning D: Society and Space 26, S. 7-28.
Commission to Assess the Ballistic Missile Threat to the United States, 1998: http://www.fas.org/irp/threat/missile/rumsfeld/index.html (25.05.2009).
Cooper, Melinda, 2006: Pre-empting Emergence: The Biological Turn in the War on Terror, in: Theory, Culture & Society 23, S. 113-135.
Daase, Christopher/Kessler, Oliver, 2007: Knowns and Unknowns in the 'War on Terror': Uncertainty and the Political Construction of Danger, in: Security Dialogue 38, S. 411-434.

Davis, Ged, 2004: Scenarios come to Davos. A GBN Conversation with Ged Davis. Conducted by Peter Leyden. Global Business Network: http://www.weforum.org/pdf/CSI/GBN_Davis_ interview.pdf (25.05.2009).
Depenheuer, Otto, 2007: Selbstbehauptung des Rechtsstaats, Ferdinand Schöningh: Paderborn.
DerDerian, James, 2005: Imaging Terror: Logos, Pathos and Ethos, in: Third World Quaterly 26, S. 23-37.
De Goede, Marieke, 2005: Virtue, Fortune, and Faith. A Genealogy of Finance, University of Minnesota Press: Minneapolis.
De Goede, Marieke, 2008: Beyond Risk: Premediation and the Post 9/11 Security Imagination, in: Security Dialogue. Special Issue on Securities, Technologies of Risk, and the Political 39, S. 155-176.
Derrida, Jacques, 1996: Archive Fever. A Freudian Impression, University of Chicago Press: Chicago.
Derrida, Jacques, 2003: Schurken. Zwei Essays über die Vernunft, Suhrkamp: Frankfurt a.M.
DHS (Department for Homeland Security, USA), 2005: National Preparedness Guidance: Homeland Security Presidential Directive 8: National Preparedness.
Elmer, Greg/Opel, Andy, 2006: Surviving the Inevitable Future. Preemption in an Age of Faulty Intelligence, in: Cultural Studies 20, S. 477-492.
Ericson, Richard V., 2007: Crime in an Insecure World, Polity: Cambridge.
Ericson, Richard/Doyle, Aron, 2004: Catastrophe Risk, Insurance and Terrorism, in: Economy and Society 33, S. 135-173.
Ertel, Chris/Walton, Maryln, 2006: Connecting Present and Future. A conversation with Chris Ertel and Maryln Walton, SEE (Spring): http://www.gbn.com/articles/pdfs/SEE_ConnectingPresent%20and%20Future.pdf (25.05.2009).
Esposito, Elena, 2007: Die Fiktion der wahrscheinlichen Realität, Suhrkamp: Frankfurt a.M.
Ewald, François, 1990: Norms, Discipline, and the Law, in: Representations 30, S. 138-161.
Ewald, François, 1993a [1986]: Der Vorsorgestaat, Suhrkamp: Frankfurt a.M.
Ewald, François, 1993b: Two Infinities of Risk, in: Brian Massumi (Hg.), The Politics of Everyday Fear, University of Minnesota Press: Minneapolis.
Ewald, François, 2002: The Return of Descartes's Malicious Demon: An Outline of a Philosophy of Precaution, in: Tom Baker und Jonathan Simon (Hg.), Embracing Risk. The Changing Culture of Insurance and Responsibility, University of Chicago Press: Chicago.
Flowers, Betty, 2003: The Art and Strategy of Scenario Writing, in: Strategy and Leadership 31, S. 29-33.
Foucault, Michel, 2007a: Geschichte der Gouvernementalität I: Sicherheit, Territorium, Bevölkerung. Vorlesung am Collège de France 1977-1978, Suhrkamp: Frankfurt a.M.
G-20, 2008: Full text of declaration of the Summit on Financial Markets and the World Economy, released by the White House. Version published by Spiegel Online 11/17/2009: http://www.spiegel.de/international/world/0,1518,590885,00.html (25.05.2009).
Galer, Graham, 2004: Scenarios of Change in South Africa, in: The Round Table 91, S. 369-383.
Galison, Peter, 2001: War Against the Center, in: Grey Room 4, S. 7-33.
Garland, David, 2003: The Rise of Risk, in: Richard V. Ericson und Aaron Doyle (Hg.), Risk and Morality, University of Toronto Press: Toronto.
Ghamari-Tabrizi, Sharon, 2005: The Worlds of Herman Kahn: The Intuitive Arts of Thermonuclear War, Harvard University Press: Cambridge, Mass.
Ghamari-Tabrizi, Sharon, 2006: Lethal Fantasies, in: Bulletin of the Atomic Scientists. Januar/Februar, S. 20-22.
Green, Stephen, 2000: Negotiating with the Future: The Culture of Modern Risk in Global Financial Markets, in: Environment and Planning D: Society and Space 18, S 77-89.
Guyer, Jane, 2007: Prophecy and the Near Future. Thoughts on Macroeconomic, Evangelical, and Punctuated Time, in: American Ethnologist 34, S. 409-421.

Günther, Klaus, 1995: Vom Zeitkern des Rechts, in: Rechtshistorisches Journal 14, S. 13-35.
Hacking, Ian, 1990: The Taming of Chance, Cambridge University Press: Cambridge.
Hecker, Wolfgang, 2006: Die Entscheidung des Bundesverfassungsgerichts zum Luftsicherheitsgesetz, in: Kritische Justiz 39, S. 179-194.
Hobe, Stephan, 2008: Einführung in das Völkerrecht, 9. Auflage, UTB/Franke: Tübingen.
Horn, Eva, 2007: Der geheime Krieg. Verrat, Spionage und moderne Fiktion, Fischer: Frankfurt a.M.
Jakobs, Günther, 2000: Das Selbstverständnis der Strafrechtswissenschaft vor der Herausforderung der Gegenwart, in: Albin Esser, Winfried Hassemer und Björn Burkhardt (Hg.), Die deutsche Strafrechtswissenschaft vor der Jahrtausendwende, C.H. Beck: München.
Kelly, Eamonn/Weber, Steve, 2005: A Delicate Balance between Risk and Reward, in: Financial Times: Mastering Risk. 8 September 2005, S. 2-4: http://www.gbn.com/articles/pdfs/Adelicate BalanceBetwRiskandReward.pdf (25.05.2009).
Keynes, John Maynard, 2006 [1937]: The General Theory of Employment, Interest and Money, Palgrave Macmillan: Basingstoke.
Knorr-Cetina, Karin/Preda, Alex, 2001: Epistemization of Economic Transactions, in: Current Sociology 49, S. 27-44.
Knorr-Cetina, Karin/Bruegger, Urs, 2002: Global Microstructures: The Virtual Societies of Financial Markets, in: American Journal of Sociology 107, S. 905-950.
Knorr, Karin/Preda, Alex, 2005: The Sociology of Financial Markets, Oxford University Press: Oxford.
Koselleck, Reinhart, 2000: Zeitschichten. Studien zur Historik, Suhrkamp: Frankfurt a.M.
Krasmann, Susanne, 2007: Folter im Ausnahmezustand, in: Susanne Krasmann und Jürgen Martschukat (Hg.), Rationalitäten der Gewalt. Staatliche Neuordnungen vom 19. bis zum 21. Jahrhundert, Transcript: Bielefeld.
Kunde, Martin, 2006: Der Präventivkrieg. Geschichtliche Entwicklung und gegenwärtige Bedeutung, Peter Lang: Frankfurt a.M.
Lakoff, Andrew, 2007: Preparing for the Next Emergency, in: Public Culture 19, S. 247-271.
LiPuma, Edward/Lee, Benjamin, 2005: Financial Derivatives and the Rise of Circulation, in: Economy and Society 34, S. 303-427.
Leyshon, Andrew/Thrift, Nigel, 1997: Money/Space: Geographies of Monetary Transformation, Routledge: London.
Luhmann, Niklas, 1993: Das Recht der Gesellschaft, Suhrkamp: Frankfurt a.M.
Luhmann, Niklas, 1994: Die Wirtschaft der Gesellschaft, Suhrkamp: Frankfurt a.M.
Luhmann, Niklas, 1996: „Zeit und Gedächtnis", in: Soziale Systeme 2, S. 307-330.
Luhmann, Niklas, 1999: Ausdifferenzierung des Rechts. Beiträge zur Rechtssoziologie und Rechtstheorie, Suhrkamp: Frankfurt a.M.
Luhmann, Niklas, 2005a: Wirtschaft als soziales System, in: Soziologische Aufklärung 1. Aufsätze zur Theorie sozialer Systeme, VS: Wiesbaden.
Luhmann, Niklas, 2005b: Weltzeit und Systemgeschichte. Über Beziehung von Zeithorizonten und sozialen Strukturen gesellschaftlicher Systeme, in: Soziologische Aufklärung 2. Aufsätze zur Theorie der Gesellschaft, VS: Wiesbaden.
Luhmann, Niklas, 2005c: Risiko und Gefahr, in: Soziologische Aufklärung 5, Konstruktivistische Perspektiven, VS: Wiesbaden.
MacKenzie, Donald/Millo, Yuval (2003): Constructing a Market, Performing Theory: the Historical Sociology of a Financial Derivatives Exchange, in: American Journal of Sociology 109, S. 107-145.
Mandelbrot, Benoit, 2004: The (Mis)Behaviour of Markets: A Fractal View of Risk, Ruin and Reward, Profile Books: London.
Martin, Randy, 2007: The Empire of Indifference. American War and the Financial Logic of Risk Management. Duke University Press: Durham.

Marty, Dick/Committee on Legal Affairs and Human Rights, 2007: United Nations Security Council and European Union blacklists, Dokument 11454 der parlamentarischen Versammlung im Europarat.
Massumi, Brian, 2005: Fear (The Spectrum Said), in: Positions 13, S. 31-48.
Morris, Julian, 2000: Defining the Precautionary Principle, in: Julian Morris (Hg.), Rethinking Risk and the Precautionary Principle, Butterworth-Heinemann: Oxford.
Müller-Funk, Wolfgang, 2002: Dramatische Kehre, absolutes Finale: Zur narrativen Struktur der Apokalypse, in, Die Kultur und ihre Narrative. Eine Einführung. Springer Verlag: Wien.
Nassehi, Armin, 1993: Die Zeit der Gesellschaft. Auf dem Weg zu einer soziologischen Theorie der Zeit, Westdeutscher Verlag: Opladen.
National Security Security Strategy (NSS), 2002: http://www.lib.umich.edu/govdocs/pdf/nss02.pdf (25.05.2009).
O'Malley, Pat, 2003: Governable Catastrophes: A Comment on Bougen, in: Economy and Society 32, S. 275-279.
O'Malley, Pat, 2004: Risk, Uncertainty and Government, GlassHouse: London.
Pryke, Michael, 2006: Speculating on Geographies Finance. CRESC Working Paper Series. Working Paper No.24, Open University: Manchester.
Pryke, Michal/Allen, John, 2000: Monetized Time-Space: Derivatives – Money's New Imaginary?, in Economy and Society 29, S. 264-84.
Pryke, Michael/du Gay, Paul 2007: Take an Issue: Cultural Economy and Finance, in: Economy and Society 36, S. 339-254.
Randall, Doug/Ertel, Chris, 2005: Moving Beyond the Official Future, in: Financial Times 9 September: Mastering Risk: http://www.gbn.com/articles/pdfs/GBN_beyond%20the%20official%20future.pdf (25.05.2009).
RMS, 2004: Terrorism Risk: http://www.rms.com/Publications/TerrorismRisk.pdf (25.5.2009).
Rosanvallon, Pierre, 2000: The New Social Question. Rethinking the Welfare State, Princeton University Press: Princeton.
Rumsfeld, Donald, 2002: Transforming the Military, in: Foreign Affairs 81, S. 20-32.
Scheuerman, William E., 2004: Liberal Democracy and the Social Acceleration of Time, Johns Hopkins University Press: Baltimore.
Schmitt, Carl, 2006 [1963]: Theorie des Partisanen. Zwischenbemerkung zum Begriff des Politischen, Duncker & Humblot: Berlin.
Schwartz, Peter, 1990: Accepting Risk in Forecasting, in: New York Times vom 2. September.
Schwartz, Peter, 1991: The Art of the Long View. Path to Strategic Insight for Yourself and Your Company, Currency Doubleday: New York.
Schwartz, Peter/Randall, Doug, 2008: Ahead of the Curve: Anticipating Strategic Surprise, in: Francis Fukuyama (Hg.) Blindside. How to Anticipate Forcing Events and Wild Cards in Global Politics. Brookings Institution Press: New York.
Simmel, Georg 1992 [1894-1900]: Ueber Geiz, Verschwendung und Armut, in: Aufsätze und Abhandlungen 1894-1900, Suhrkamp: Frankfurt a.M.
Stäheli, Urs, 2007: Spektakuläre Spekulation, Suhrkamp: Frankfurt a.M.
Suskind, Ron, 2007: The One Percent Doctrine. Deep Inside America's Pursuit of Its Enemies Since 9/11, Simon & Schuster: New York.
Swiss Re, 2003: Die Versicherbarkeit von Terrorismusrisiken in der Sachversicherung nach dem 11. September. Basel: http://www.swissre.com/resources/2a912680462fce1d83e2d3300190b89f-Terror_Risiken_Sach_de.pdf (25.05.2009).
Swiss Re, 2004: Risikolandschaft der Zukunft: http://www.swissre.com/resources/411a9a00455c7a2ab124bb80a45d76a0Publ04_Risk_landscape_en.pdf (2.6. 2008).
Stern, Jessica/Wiener, Jonathan B., 2006: Precaution against Terrorism, in: Journal of Risk Research 9 (4), S. 393-447.

Sunstein, Cass R., 2005: Laws of Fear. Beyond the Precautionary Principle, Cambridge University Press: Cambridge.
Taylor, Charles, 2002: Modern Social Imaginaries, in: Public Culture 14, S. 91-123.
TRIPRA (Prepared by the Terrorism Risk Insurance Program Office) (2007): The Terrorism Risk Insurance Act of 2002 (TRA), as amended by the Terorrism Risk Insurance Extension Act of 2005 (TRIEFA), and the Terrorism Risk Insturance Program Reauthorization Act of 2007 (TRIPRA): http://www.ustreas.gov/offices/domestic-finance/financial-institution/terrorism-insurance/pdf/hr3210.pdf (25.05.2009).
Tsing, Anna, 2001: Inside the Economy of Appearances, in: Arjun Appadurai (Hg.), Globalization, Duke University Press: Durham.
Uerz, Gereon, 2006: ÜberMorgen. Zukunftsvorstellungen als Elemente der gesellschaftlichen Konstruktion der Wirklichkeit, Fink: München.
Wack, Pierre, 1985: Scenarios: Uncharted Waters Ahead, in: Harvard Business Review September/Oktober, S. 73-89.
Weber, Samuel, 2006: Gelegenheitsziele. Zur Militarisierung des Denkens, Diaphanes: Zürich/Berlin.
Wilkinson, Angela/Heinzen, Barbara/van der Elst, Kristel, 2008: Futures Thinking and Practices in Africa: 1980s to 2008. Scenario Practitioners' Review. World Economic Forum and James Martin Institution for Science and Civilization: http://www.weforum.org/pdf/scenarios/ AF_Supply Chain.pdf (25.05.2009).
Willke, Helmut, 2002: Dystopia. Studien zur Krisis des Wissens in der modernen Gesellschaft, Suhrkamp: Frankfurt a.M.
Zaloom, Caitlin, 2006: Out of the Pits. Traders and Technology from Chicago to London, Chicago University Press: Chicago.

Susanne Krasmann

Der Präventionsstaat im Einvernehmen. Wie Sichtbarkeitsregime stillschweigend Akzeptanz produzieren

„Surveillance studies is about seeing things and, more particularly, about seeing people. But, paradoxically, people are not what most surveillance sees today." David Lyon (2007, 1)

1 Das neue Präventionsregime

Prävention ist nicht an sich gut oder schlecht. *Praevenire – zuvorkommen* bezeichnet zunächst einmal ein Aktionsprinzip, das sich mit der Intention verbindet, ein unerwünschtes Ereignis oder einen unerwünschten Zustand zu verhindern (Bröckling 2004). Die Antizipation von Gefahren, Risiken, Unsicherheiten beeinflusst das Handeln in der Gegenwart – Prävention ist eine Weise der Regierung über die Zukunft (O'Malley 2004). Dabei hängt die Wahrnehmung dessen, was es in welcher Weise zu verhindern gilt, wesentlich davon ab, welche Erwartungen und welches Wissen ihr zugrunde liegen. So können vergangene Erfahrungen mit unerwünschten Ereignissen in die Zukunft projiziert, es können aber auch fiktive Szenarios entwickelt werden. Beruhen Präventionsmaßnahmen insofern nicht nur notwendig auf Interpretationen, sondern auch auf Imaginationen, so ist die entscheidende politische Frage nicht, ob diese real oder irreal sind, sondern welche Konsequenzen sie zeitigen.[1]

In Verbindung mit staatlichem Handeln im Kontext der Kriminalpolitik ist der Begriff der Prävention vielleicht am ehesten aus der Strafrechtstheorie vertraut – und die Geschichte der Erfindung von Präventionsarten, von der symbolischen Abschreckung bis hin zur Normverdeutlichung, von der Behandlung des Straftäters bis hin zur Sicherungsverwahrung liest sich nicht nur als eine Geschichte des wechselnden, mal mehr, mal weniger intensiven und intrusiven, mal einschließenden, mal ausschließenden Zugriffs auf den Delinquenten und die Gesellschaft, sie liest sich auch als eine Geschichte der Erfindung immer neuer Interventionsfelder (Krasmann 2003). Betrachtet man allein die letzten Jahrzehnte, so lässt sich eine markante Verschiebung beobachten. So erkennen wohlfahrtsstaatliche Regime – ganz im Sinne der frühen Strafrechtsreformer des 19. Jahrhunderts, die Sozialpolitik zum Königsweg der Kriminalpolitik erklärten – in der sozialen Integration das geeignete Instrument der Prävention (Grimm 1986). Das freilich schließt zugleich ein, das Deviante und Delinquente den gesellschaftlichen Normierungsschemata zu unterziehen. Neoliberale Kriminalpolitik distanziert sich von diesem Bemühen um Re-Sozialisierung. Soziale Zugehörigkeit wird konditional, sie sieht sich unter die Bedingung aktiver Mitwirkung gestellt

---

1 Ich danke Stefan Kaufmann und den Teilnehmerinnen und Teilnehmern des Workshops „Security and Society" am 29. Januar 2010 in Freiburg/Br. für kritische Anmerkungen und zahlreiche Anregungen zu einer früheren Fassung dieses Textes.

(Rose 1999). In der Kriminalpolitik heißt Prävention nun vor allem Risikomanagement, das die Wahrscheinlichkeit von Straftaten und Störungen zu reduzieren sucht und Interventionen zugleich unter den Vorbehalt von Kosten- und Nutzenabwägungen stellt. Der Fokus verschiebt sich, wenn man so will, von der sozialen Absicherung auf die ökonomische Absicherung der Zirkulationsprozesse – von den Finanzströmen bis hin zu Migrationsbewegungen. Sicherheit wird zum Fluchtpunkt permanenter Steuerungseinsätze, die, nach dem Prinzip der Feedbackschleife, möglichst selbststeuernd funktionieren sollen. Sicherheit als Versprechen, die Bevölkerung vor Kriminalität zu schützen, wird aber auch zu einer Art Ersatztechnologie für die wegbrechende soziale Sicherheit. *Tough on crime* lautet die programmatische Formel.

Der *Präventionsstaat* (Denninger 1988; Huster/Rudolph 2008) trägt Züge dieser Entwicklungen, wobei Sicherheitsmechanismen jedoch ihren optionalen Charakter verlieren. Sicherheit, vor allem im Sinne des Schutzes der Bevölkerung vor existenziellen Bedrohungen, wird zu einer Art Imperativ, so dass sich in ihrem Namen gleichsam unaufhaltsam staatliche Eingriffsbefugnisse rechtfertigen und ins Recht setzen lassen. Man kann so gesehen auch von einem *Sicherheitsstaat* (Haffke 2005) sprechen, in dem ein neues Präventionsverständnis im Namen der Sicherheit nichts weniger als einen Paradigmenwechsel in der Konzeption von Rechtsstaatlichkeit anzeigt. Während die polizeiliche *Gefahrenabwehr* in der klassisch-liberalen Rechtsstaatskonzeption an eine konkrete Handlung oder Störung gebunden ist, beruht die Logik des *Gefahrenvorgriffs* nunmehr auf der Wahrnehmung von eher abstrakten Risiken und diffusen Bedrohungslagen, die präventiv aufgesucht werden müssen (vgl. Lepsius 2004, 83). Demnach gilt es nicht nur, Straftaten und Störungen, die vordefiniert sind, zu verhüten, sondern auch unerwünschte Ereignisse, deren Charakter und Erscheinungsform bislang unbekannt sind. Im Militärischen firmiert diese Logik des Vorgriffs – und die Angleichung von Kriminalpolitik und Kriegsführung selbst ist für sie bezeichnend – unter der Chiffre der *Präemption*:[2] Im Unterschied zum Präventivkrieg, der Kriterien wie das Vorliegen einer unmittelbaren Gefahr verlangt, um gegen einen Staat vorgehen zu können, sind die Kriterien für einen „vorbeugenden Militärschlag", der „das Aufkommen möglicher Gefahren bereits im Keim ersticken" soll, „schlichtweg unbekannt." (Arnswald 2003) Die Logik des Vorgriffs sucht letztlich schon die *Möglichkeit* einer Gefahr auszuschließen. Sie wartet nicht die konkrete, nachweisbare Tat und nicht einmal erste Anzeichen ab. Sie kann diese nicht abwarten, denn die Ungewissheit (*uncertainty*) über eine mögliche Bedrohung ist nicht schlicht eine Frage des Nicht-Wissens. Die Bedrohung hat sich nicht nur noch nicht voll zu erkennen gegeben, sie ist noch nicht einmal aufgetaucht, sie ist und sie bleibt stets eine unbestimmte Möglichkeit. Darin, so Brian Massumi (2007), bestehe die *ontologische Prämisse* der Logik des Vorgriffs: „the nature of threat cannot be specified. [...] The lack of knowledge about the nature of the threat can never be overcome."

Die Verschiebung, von der hier die Rede ist, ist mithin zuerst als eine epistemische zu begreifen: Gefahrenabwehr, Risikokalkül und Gefahrenvorgriff markieren je spezifische

---

2 In der anglo-amerikanischen Diskussion ist der Begriff des *precautionary principle* für die hier gemeinte Form einer vorgreifenden Intervention geläufig, die auch und gerade dann in Gang gesetzt wird, wenn weder klar ist, ob die Gefahr tatsächlich eintreten wird, noch welche Faktoren welchen Einfluss darauf haben (vgl. Sunstein 2007, 13). Wenn „precaution" ins Deutsche mal mit dem Begriff der Vorbeugung (Ewald 1998), mal mit dem der Vorsorge (Sunstein 2007) übersetzt wird und beides wiederum synonym mit Prävention verwendet wird, so wird das Moment der „Sorge" oder „Vorsicht" betont, das Charakteristische des (Gefahren-)Vorgriffs aber ausgespart.

Handlungslogiken, die ihrerseits an bestimmte Denk- und Wahrnehmungsweisen gekoppelt sind. Der Präventionsstaat ist keine reale Entität, vielmehr steht der Begriff für eine spezifische Ratio der Wahrnehmung von Sicherheitsproblemen und staatlicher Intervention: für die Logik des Vorgriffs. Die Analyse beschränkt sich folglich nicht auf die Frage nach den (vermeintlich) objektiv gegebenen neuen Herausforderungen einer Sicherheitspolitik (die der inneren und äußeren Sicherheit gleichermaßen). Sie konzentriert sich vielmehr auf die „realen" Effekte eines immer schon epistemisch bestimmten Zugriffs auf Wirklichkeit – die Wahrnehmungs- und Handlungslogiken sind, frei nach dem berühmten Diktum des symbolischen Interaktionismus, *in ihren Folgen real* (William I. Thomas).

Präventionstechnologien sind demnach stets auch Technologien des Regierens, die Menschen in bestimmter Weise einbeziehen, das Handeln und die Vorstellungen prägen. Sie beruhen auf einer Ratio, die ihrerseits bestimmte Handlungsweisen freisetzen kann. Mit Ratio ist dabei weder eine substanzielle Vernunft noch die Rationalisierung im Sinne optimierter Zweck-Mittel-Relation gemeint. Die Rede von der *Rationalität der Regierung* (Foucault 2004) geht vielmehr davon aus, dass Gegenstand und Ziele, Mittel und Zwecke selbst in verschiedenen Rationalitätsformen variieren. „Was jeweils als rational gilt, hängt davon ab, welche Annahmen über Ansatzpunkte, Wirkmechanismen und Zielsetzungen des Handelns Plausibilität beanspruchen können, welche Kriterien aufgestellt und welche Autoritäten aufgerufen werden, um Aussagen als wahr und Handlungen als vernünftig anzuerkennen. [...] Rationalitäten sind Weisen des Denkens, welche die Wirklichkeit vorstellbar und insofern handhabbar, d.h. dem Kalkül und der Gestaltung zugänglich machen." (Bröckling/Krasmann 2010) Sie zu untersuchen heißt mithin nicht nur zu eruieren, welche Maßnahmen aufgrund welcher Annahmen folgerichtig erscheinen, sondern auch wie politische Handlungsfelder und Steuerungsoptionen in Problematisierungen gesellschaftlicher Verhältnisse, Bedrohungen, Brennpunkte usw. überhaupt erst hergestellt werden.

Paradigmatisch für die Logik des Vorgriffs sind Strategien zur Bekämpfung des internationalen Terrorismus, der als flexible Organisation von territorial ungebundenen bzw. verstreuten Netzwerken mit wechselnden nationalen, aber durchaus zuzuordnenden religiösen Zugehörigkeiten identifiziert wird (Lepsius 2004; Eckert 2008). Hatte die frühere Terrorismusbekämpfung, z.B. im Deutschland der 1970er Jahre, es gleichsam mit *known unknowns* zu tun, nämlich mit dem Wissen um bestimmte Gruppierungen und ihre politischen Zielsetzungen, so operiere die Terrorismusbekämpfung heute mit *unknown unknowns*, so Christopher Daase und Oliver Kessler (2007), eine beredte Formulierung des ehemaligen US-Verteidigungsministers Donald Rumsfeld aufgreifend. Selbst wenn sich aus dem Feld der *unknown unknowns* nunmehr einige *known unknows* herausgeschält haben, welche die Sicherheitsbehörden als verdächtige Personen und „Szenen" ins Visier nehmen – das allgemeine Phänomen des internationalen Terrorismus, so die Prämisse, bleibt unbestimmt. Es stellt sich als eine gleichermaßen diffuse wie gegenwärtige Bedrohung dar, es gilt als unkalkulierbares Risiko und nicht mehr versicherbare Katastrophe, für deren Antizipation es der sicheren empirischen Anhaltspunkte ebenso ermangelt wie der geeigneten Instrumente (Bougen 2003). Sobald aber die Bedrohung unkalkulierbar und zugleich, aufgrund ihres erwarteten katastrophischen Ausmaßes, nicht duldbar ist, muss sie nach Möglichkeit von vornherein ausgeschlossen oder ausgemerzt werden. Wenn nun nicht länger das Kalkül von Risiken, die Prognose auf der Basis von Erfahrungswerten, als geeignetes Verfahren erscheint, sondern die Szenariotechnik, die den denkbar unwahrscheinlichsten und eigentlich unvorstellbaren Fall antizipiert, dann formen Imaginationen und Fiktionen die Wirklichkeit (Sarasin 2004). „Enacting catastrophe" (Collier 2008) ist der Einsatz einer dystopischen Vision, die den Eingriff und Zugriff einfordert. Die präventionsstaatliche Logik verbindet sich daher – und an dieser Stelle erweist sich der Begriff der Prävention in der Tat als euphemistisch (Eckert 2008) – systematisch mit Repression und Exklusion. Auch deshalb müssen Sicherheitspakete geschnürt und neue Eingriffsbefugnisse gesetzlich geregelt werden, die dem Vorgriff buchstäblich den rechten Weg weisen.

Das Bemerkenswerte an dieser Entwicklung ist nun nicht nur diese selbst, sondern auch die gesellschaftliche Akzeptanz einer enormen Ausweitung staatlicher Interventionsbefugnisse, die sich in den letzten Jahrzehnten vollzogen hat. Sie wird offenbar weitgehend hingenommen, mehr noch, bei einer Vielzahl alltäglicher Gelegenheiten geben die Bürger freiwillig ihre persönlichen Daten preis (etwa beim Registrieren für automatisierte Zahlvorgänge oder für Onlinedienste), obgleich die gespeicherten Daten dem staatlichen Zugriff prinzipiell zugänglich und die „weichen", „privaten" Formen der Kontrolle und Absicherung von Geschäftsvorgängen heute in ganz neuer und schwer durchschaubarer Weise mit den „harten" staatlichen Formen der Überwachung verschränkt sind (Marx 2006; Buckel/Kannankulam 2002). Das präventionsstaatliche Kontroll- und Überwachungsregime beruht offenbar, so die Ausgangsbeobachtung dieses Beitrags, auf einer Art Einvernehmen zwischen Bürger und Staat. Dieses Einvernehmen äußert sich nicht unbedingt in ausdrücklicher Zustimmung, es kann auch in einem stillschweigenden Einverständnis, in Billigung oder Duldung, Gleichgültigkeit oder Ignoranz bestehen.

Wenn diese Beobachtung zutreffend ist, so wäre eine Begründung hierfür wohl zuerst in einem veränderten Verhältnis von Bürger und Staat zu suchen, etwa in einem neuen Vertrauen in den Staat, der sich in seiner klassischen Funktion als Schutzmacht gegen innere und äußere Bedrohungen bewährt hat oder der willkommen ist als Regulationsmacht gegen den „Terror der Ökonomie" und als „Dienstleister" der präventiven Absicherung aller „nur denkbaren Lebensrisiken" (Trotha 2010, 36). Dabei ist generell in Krisenzeiten von einer erhöhten Empfänglichkeit gegenüber Sicherheitsversprechen auszugehen, und so könnte das Einvernehmen auch auf der Einschätzung beruhen, dass neue Herausforderungen besonderer Maßnahmen bedürfen. Sicherheitsmaßnahmen und die politische „Inszenierung von Sicherheitsfragen" erhöhen das subjektive Sicherheitsgefühl indes nicht unbedingt, sie können es im Gegenteil auch irritieren (Kreissl 2008).

Die Analyse von Rationalitäten der Regierung fragt jedoch weniger nach den Formen der „Inszenierung" von Sicherheit als vielmehr nach den Sichtbarkeitsregimen; sie setzt weniger auf der Ebene demonstrativer Ausübung von Macht an, vielmehr nimmt sie die impliziten Formen des Wissens in den Blick, die dem Handeln, dem Denken, der Wahrnehmung zugrundeliegen. Damit sei keineswegs in Abrede stellt, dass auch spektakuläre Ereignisse und Maßnahmen die Notwendigkeit polizeilicher Eingriffe und polizeilicher Zwangsmaßnahmen vermitteln. So sind, um ein zentrales Feld aktueller Kriminal- und Sicherheitspolitik zu nennen, die Bilder von den Terroranschlägen im September 2001 zur Chiffre von Zerstörung und Bedrohung geworden, sie bilden den Horizont einer Lesbarkeit von Gefahren, die gleichermaßen abstrakt wie gegenwärtig sind; Bilder aus Überwachungskameras demonstrieren, wie terroristische Anschläge geplant werden; und selbst die ungreifbar erscheinenden internationalen Terrornetzwerke erhalten medial immer wieder das persönliche Gesicht eines „Anführers", „Drahtziehers" oder auch nur eines „Trittbrettfahrers". Aus den *unknown unknowns* werden immer mal wieder polizeilich gesuchte und überführte *known knowns*, die ihrerseits freilich die Existenz der Ersteren nicht in Frage stellen, im Gegenteil. Wenn die Wirksamkeit solcher Bilder darin liegt, dass sie den Einsatz von Überwachungs- und Sicherheitstechnologien ebenso wie den gezielten Auftritt des Polizeiapparats rechtfertigen, so besteht die Raffinesse der präventionsstaatlichen Logik demgegenüber darin, dass die Sicherheitsbehörden gerade nicht in Erscheinung treten – und darin könnte ein Schlüssel für die Analyse des gesellschaftlichen Einvernehmens liegen. Wenn Sicherheit eigentlich nur ex negativo zu bestimmen ist, nämlich als Abwesenheit einer Gefahr und eines Bedrohungsgefühls, dann hätte der Präventionsstaat gerade hierin seine Mission erfüllt.

Der Präventionsstaat ist also mitnichten ein klassischer Polizei- und Überwachungsstaat, der mit Gewalt und Unterdrückung regiert oder wie ein Big Brother direkt Zensur ausübt. Weder ist das präventionsstaatliche Regime zentralistisch organisiert, noch beschränkt es sich auf nationalstaatliche Territorien. Es breitet sich grenzüberschreitend und eher netzwerkförmig in einer Vielzahl von Kommunikationen, Informationsvermittlungen und Datensammlungen, Sicherheitspraktiken und Gesetzgebungen aus.[3] Wenn dieses Regime vor allem anonym und nicht sichtbar operiert – nicht nur im Medium digitaler Datenaufbereitung, sondern der Logik des Vorgriffs gemäß –, so ist der Vergleich mit einem Polizeistaat in gewisser Weise gleichwohl treffend; nicht im Sinne obrigkeitsstaatlicher Repression, sondern im Sinne einer Renaissance der alten Polizeiwissenschaft, welche die polizeiliche Ordnung in die gesellschaftliche Ordnung einschreibt. Der französische Philosoph Jacques Rancière (2002) hat diese Unterscheidung zwischen einer Polizei als staatlicher „Organisation mit Gewaltlizenz" (Reemtsma 2003) und einer Polizei, welche die gesellschaftliche Ordnung verkörpert, für die politische Gegenwartsanalyse fruchtbar gemacht. Sie sei im Folgenden kurz skizziert, um sie für die anschließende Analyse des präventionsstaatlichen Sichtbarkeitsregimes nutzbar zu machen.

2 Die Polizei und die polizeiliche Ordnung

„Gehen Sie weiter! Es gibt hier nichts zu sehen!" So etwa ist eine Polizei zu vernehmen, die während eines Einsatzes Schaulustige oder Beteiligte einer Kundgebung auseinandertreiben will (Rancière 2000, 107). Wenn die Polizei hier als ein „Agent der öffentlichen Ordnung" auftritt (Rancière 2002, 40), so operiert sie keineswegs nur in der Funktion des Staatsapparats. Der Begriff der Polizei ist vielmehr zweifach zu verstehen. Er bezieht sich zum einen auf die Polizei der Ordnungs- und Sicherheitskräfte, die bei Ermittlungen, Festnahmen usw. zum Einsatz kommt. Zum anderen ist diese Polizei mit Gewaltlizenz ihrerseits zugleich ein Element jener Ordnung, über die sie wacht. Diese Ordnung ist nicht nur über Recht und Gesetz oder etwa Sicherheitsbelange organisiert, vielmehr beschreibt sie ein umfassendes epistemisches und kulturelles Register, die „Aufteilung des Sinnlichen", die auch die soziale und politische Ordnung orchestriert. Rancière begreift diese Ordnung selbst als eine polizeiliche, weil sie normativ und normierend ist. Sie gibt eine Topologie sozialer Positionen vor, an die auch die Möglichkeit politischer Teilhabe gebunden ist. Dabei handelt es sich nicht unbedingt um eine offenkundig normative Ordnung, denn bevor

---

3 Viele der Beispiele, die im Folgenden angeführt werden, beziehen sich auf Entwicklungen hierzulande, die jedoch exemplarisch zu verstehen sind; das präventionsstaatliche Regime als Ratio und Praxis ist gleichsam transterritorial, auch wenn es sich, im Sinne von Deleuze und Guattari (1997), territorialisieren wie deterritorialisieren kann.

sie überhaupt Vorschriften erlässt, ist sie schon in die gesellschaftliche Wahrnehmung eingelassen. Überdies ist die polizeiliche Ordnung ein „konsensuelles" System, weil sie in Übereinstimmung mit der sozialen Topologie auch bestimmte Vorstellungen impliziert, wie gesellschaftliche Konflikte zu verhandeln sind. So muss, wer sich politisch artikulieren will, wer gesellschaftlich überhaupt wahrgenommen und als politisches Subjekt anerkannt werden will, die Regeln des Sprechens und der Artikulation eines Konflikts bereits anerkannt haben. Das gilt freilich auch für diejenigen, welche die herrschende Ordnung grundlegend in Frage stellen. Sie müssen an dieser Ordnung partizipieren, um überhaupt vernommen zu werden und um eine neuartige Sichtweise aufzeigen zu können.

Für Rancière ist dies der Moment, in dem Politik, verstanden als Gegensatz zur polizeilichen Ordnung, überhaupt erst einsetzt; es ist der Moment, in dem ein Streit möglich wird, der über bloße Meinungsverschiedenheiten weit hinausgeht, der vielmehr die Konfrontation verschiedener Weltsichten zulässt. Demokratie ist nach Rancière folglich nicht schon durch eine parlamentarische Form gegeben, durch Gewaltenteilung garantiert oder durch Regeln eines herrschaftsfreien Diskurses ermöglicht. Demokratie bedeutet, ein *Unvernehmen* zu artikulieren (vgl. Rancière 2002, 10), das eben das zur Sprache bringt, was bisher gesellschaftlich unsagbar war. Es handelt sich um eine Form des Dissenses, der die polizeiliche Ordnung versetzt, irritiert, weil er vorbringt, was in der Ordnung autorisierter Rede überhaupt nicht vorgesehen, weil er erkennbar macht, was bislang nicht zu sehen war; weil er zusammenbringt, was noch nicht zusammengedacht wurde; und weil er bislang nicht erfahrbare Formen der Subjektivität ins Spiel bringt. Ein einfaches Beispiel für die Artikulation eines Unvernehmens, das Rancière (2004, 302ff.) anführt, ist die historisch verbriefte Einforderung gleicher Rechte von Frauen und Männern, welche die französische Revolutionärin Olymp Marie de Gouges einst vorbrachte: Wenn politisch missliebige Frauen, darin den Männern gleichgestellt, fürs Schafott bestimmt seien, so müsste ihnen, den Männern ebenso gleich, auch der Zutritt zum Parlament gewährt werden, sie müssten ebenso als Bürger und Rechtssubjekte anerkannt werden. De Gouges hatte eine Grenzziehung im doppelten Sinne durchkreuzt: Sie hatte die Aufteilung zwischen einem öffentlich-politischen Leben einerseits und einem privaten, unpolitischen Leben andererseits, das dem Weiblichen zugewiesen war, sichtbar gemacht und so in Frage gestellt. Und sie hatte sich selbst in eine Position versetzt, die nicht für sie vorgesehen war. Sie forderte ein Recht ein, das ihr nicht zustand, sie nahm es für sich in Anspruch, obwohl sie es nicht in Anspruch nehmen durfte. Erst auf diese Weise aber konnte sie es geltend machen.

Wenn die Polizei in Momenten der Störung mit der Aufforderung reagiert: „Gehen Sie weiter! Es gibt hier nichts zu sehen!", so weist sie selbst auf die Koordinaten der polizeilichen Ordnung hin. Sie erinnert ungewollt „an die Abwesenheit von dem, ‚was es nicht gibt'" (Rancière 2000, 107), nicht geben kann und nicht geben darf. Die politische Kundgebung hat so gesehen erfolgreich dazu geführt, eine Leerstelle sichtbar zu machen oder die Möglichkeit einer ganz anderen Ordnungsform aufzuzeigen. Die „Abwesenheit von dem, was es nicht gibt", das ist eine Pointe bei Rancière, ist gleichermaßen normativ wie epistemisch bestimmt. Es ist das aus der Ordnung Ausgeschlossene, insofern auch etwas Unterdrücktes, das nicht in Erscheinung treten darf, weil es die Ordnung grundlegend stören würde. Vor allem aber ist es das, was gar nicht erst in Erscheinung treten kann, denn die Ordnung selbst verhindert seine Artikulation.

Das Problem der „konsensuellen Demokratie" (Rancière 2002, 105ff.) besteht demnach darin, dass sie Politik, verstanden als offenen Streit, der schließlich auch alternative

Sichtbarkeitsregime und Erfahrungsweisen hervorbringen kann, von vornherein unterbindet. Dabei ist die Polizei mit der Gewaltlizenz die meiste Zeit gar nicht gefragt, sie muss keinen offenen Streit im Zaume halten, solange ein Einvernehmen regiert. Dieses Einvernehmen ist weniger als das Produkt einer aktiven, willentlichen Zustimmung oder als Effekt expliziter Legitimationsstrategien zu begreifen, vielmehr geht es aus der gesellschaftlich-epistemischen Ordnung, aus den Wahrnehmungs- und Artikulationsformen, die diese bereitstellt, hervor.

Vor diesem Hintergrund seien nunmehr einige Züge der präventionsstaatlichen Ratio und damit versuchsweise einige Bedingungen eines Einvernehmens skizziert.

3 Das Sichtbarkeitsregime

Abstraktion und Objektivität. Eine Vielzahl präventionsstaatlicher Maßnahmen beruht auf Risikotechnologien, die von konkreten Gefahren ebenso abstrahieren wie von konkreten Individuen: Sie operieren „mit Faktoren, mit statistischen Korrelationen heterogener Elemente. Sie dekonstruieren das konkrete Subjekt der Intervention und konstruieren ein Kombinatorium aller risikoträchtigen Faktoren" – deshalb, so Robert Castel (1983, 61), „gibt es nunmehr keine sich auf Unmittelbarkeit gründende Beziehung zu einem Subjekt, *weil es kein Subjekt mehr gibt.*" (Hervorhebung im Text) Das Individuum zerfällt im Risikokalkül gleichsam in eine Vielzahl binär codierter „Dividuen" (vgl. Deleuze 1993, 258), die mit dem jeweiligen Risikocluster variieren – die Dezentrierung des Subjekts ist zur Voraussetzung seiner Kontrolle geworden. Denn die Risikomerkmale sind durchaus auf ein konkretes Individuum zurückzubeziehen, auf Personen, die nun zum konkreten Objekt des Verdachts und entsprechender Maßnahmen werden.

Der Prozess der Identifizierung von Risiken selbst ist mithin abstrakt, die Beziehung zwischen identifizierter Bedrohung und identifiziertem Objekt der Kontrolle variabel, sie ist anonym und sogar algorithmisch herstellbar. Gerade deshalb erhält sie Plausibilität, und hier ist eine *erste* Bedingung des Einvernehmens erkennbar: Nichts ist „an sich" ein Risiko, wie François Ewald (1993, 210) betont hat, aber alles kann zum Risiko werden, „alles hängt ab von der Art und Weise, in der man die Gefahr analysiert, das Ereignis betrachtet". Risikotechnologien, die stets auf interpretationsbedürftigen Anhaltspunkten beruhen (Best 2008), können gleichwohl ihre eigene Evidenz erzeugen (Simon 1998). Denn die Prognosen, die sich aus vergangenen Erfahrungen ableiten und zugleich aus zukunftsbezogenen Erwartungen speisen, beruhen auf empirischen Daten, die für sich genommen neutral sind: Dass jemand sich ein one way-Flugticket kauft, seine Miete stets bar bezahlt oder Kontakte zu islamistischen Gruppierungen hat (Schiffauer 2007), ist nicht an sich gefährlich. Begreift man solche Merkmale jedoch als Risikofaktoren, so können sie, aufsummiert, zu hinreichenden Anhaltspunkten für einen Verdacht werden. Der lässt sich auf alle Personen beziehen, die dieselben Merkmale aufweisen und folglich unter eine Risikogruppe subsumierbar sind. Unabhängig vom konkreten Verhalten und von tatsächlichen Ambitionen sind nun weitere Maßnahmen einzuleiten und unter Umständen folgenreiche Entscheidungen zu treffen (die vorübergehende Festnahme, der weitere Verbleib in der Sicherungsverwahrung usw.). Die Berechtigung zu diesen Maßnahmen liefert die Prognose, die sich in der Matrix des Wahrscheinlichkeitskalküls, der professionellen Erfahrung oder auch einer ausgeklügelten Szenariotechnik autorisiert. Sicherheit wird von einem politischen Gegenstand zu einer technischen Frage oder zu einem systematisch generierbaren Wissen objektiviert (vgl. Castel 1983, 61; Bigo 2008; Harcourt 2007).

Faktizität. Zu den Eigenarten des Risikos gehört es, „auch in seiner Abwesenheit gegenwärtig" zu sein (Balke 2003, 51) – die Bedrohung ist eine reale Möglichkeit. Im Paradigma der Präemption erscheint diese Bedrohung gleichermaßen ungreifbar wie eminent: Sie kann sich jederzeit, ohne Vorwarnung, unter ganz neuen Vorzeichen zeigen (Massumi 2007). Scheinbar paradox kann sie aber gerade deshalb, und das ist die *zweite* Bedingung eines Einvernehmens, zu einem indiskutablen Faktum werden. Denn sobald die eminente Bedrohung unkalkulierbar und, als erwartete Katastrophe, nicht duldbar ist, entzieht sie sich einer Infragestellung: Die existenzielle Bedrohung lässt außerordentliche Maßnahmen unmittelbar unabweislich erscheinen. Versicherheitlichung (*securitization*) versteht sich von selbst (Buzan/Wæver/Wilde 1998).

Präemption kommt mithin als eine Art Realismus daher, der, wie Jacques Rancière es formuliert hat, alle „Wirklichkeit und [..] Wahrheit in der Kategorie des einzig Möglichen" absorbiert (2002, 141). Weil sie der sicheren empirischen Anhaltspunkte ebenso wie der geeigneten Analyseinstrumente entbehrt, muss diese Präventionslogik, die vom Schlimmsten ausgeht, sich „das denkbar Schlimmste ausmalen" (Ewald 1998, 15). Sie muss den cartesianischen Zweifel zum Programm erheben und das Desaster antizipieren – ohne so je Gewissheit zu erlangen, im Gegenteil. Die Entscheidung für eine Intervention beruht auf Ungewissheit. Um überhaupt ein Instrumentarium der Abwehr zu gewinnen, gilt es, einen unbedingten Willen zum Wissen zu entfalten. Mit der Verschiebung von der Gefahrenabwehr zum Gefahrenvorgriff geht folglich nicht nur eine zeitliche Vorverlagerung der Interventionsschwelle und eine räumliche Ausdehnung von Interventionsfeldern einher, sondern auch eine Verschiebung des Gegenstandes selbst (vgl. Grimm 1986, 44). Aus der Verdachtsklärung wird die Verdachtsschöpfung (Pütter/Narr/Busch 2005). Es handelt sich um eine Form der Generierung von Wissen, die sich nicht mehr über konkrete Anhaltspunkte oder Verdachtsmomente für eine erwartete Straftat rechtfertigt und die tendenziell keine Grenzen kennt. Denn wenn die konkrete Bedrohung unbekannt und gleichermaßen eminent ist, kommt der mangelnde Erfolg einer Suche nach Anhaltspunkten der Aufforderung gleich, diese umso bedingungsloser fortzusetzen (Stolle 2008). Wenn die Expertendiskurse im 19. Jahrhundert den Verbrecher vor dem Verbrechen sichtbar werden ließen, als eine eigenständige Kategorie des Wissens, das jenes vorhersagbar und handhabbar machte (Foucault 1976, 324), so virtualisiert sich dieser Mechanismus im Paradigma des Vorgriffs gleichsam. Er verschiebt sich in die Imagination möglicher Bedrohungen – und realisiert sich zugleich in den technischen wie polizeilichen Verfahren zu deren Verhütung.

Unbestimmtheit im Recht. „Grenzenlosigkeit", so lässt sich mit Erhard Denninger (2008, 95) vorläufig resümieren, wird im Präventionsstaat zum Kennzeichen eines permanent wirksamen Sicherheitsimperativs – Politik im Namen der Sicherheit ist expansiv: „Das *Vorfeld* vor den rechtsstaatlichen Grenzmarken von konkreter Gefahr und konkretem Verdacht kennt begrifflich keine Schranken mehr, weder hinsichtlich der Bestimmung der Kreise risikoträchtiger Personen noch hinsichtlich der einzusetzenden Erkenntnis- und Abwehrmittel noch hinsichtlich der Zielsetzungen der im Interesse der Sicherheit zu treffenden Maßnahmen. [...] Die Grundrechte des Bürgers werden nicht mehr in erster Linie als Grundfreiheiten und Abwehrrechte gegen staatliche Eingriffe wahrgenommen; sie verwandeln sich [...] in primäre *Schutzpflichten des Staates* und damit in Eingriffsermächtigungen." (Hervorhebung im Text) Das Verhältnis von Sicherheit und Freiheit reduziert sich somit nicht nur nicht auf die quantifizierende Logik eines Nullsummenspiels („mehr" Sicherheit bedeutet „weniger" Freiheit und umgekehrt),[4] vielmehr verändert es sich qualitativ. Im Horizont der Identifizierung einer gleichermaßen abstrakten wie eminenten Bedrohungslage sieht sich die individuelle Freiheit „unter Gesellschaftsvorbehalt" gestellt (Lepsius 2004, 83), und das heißt letztlich unter den Vorbehalt einer Freiheit des Staates, der als Garant der Sicherheit schließlich handlungsfähig bleiben muss. Die „Verteidigung der Gesellschaft", die zur quasi bedingungslosen Voraussetzung staatlicher Interventionsbefugnis wird, entpuppt sich als zeitgenössische Variante der eigentlich überkommenen politischen Figur der Staatsräson (Wolf 2007).

Angesichts dieser Entwicklungen mag die Hoffnung auf die Höchstrichterliche Rechtsprechung auf den ersten Blick naheliegend sein. Tatsächlich hätten die Urteile des Bundesverfassungsgerichts, so Erhard Denninger, in den letzten Jahren „eindrucksvoll" die „Anerkennung *absoluter Grenzen* rechtlich zulässiger Eingriffsmöglichkeiten" des Staates zum Zwecke der Ermittlung, Strafverfolgung und Gefahrenabwehr zum Ausdruck gebracht (2008, 105; Hervorhebung im Text); sie hätten „den absoluten Schutz des ‚unantastbaren Kernbereichs privater Lebensgestaltung'" ebenso bekräftigt wie das Gebot der Achtung der Bürger „‚als Subjekte mit Würde und unveräußerlichen Rechten'" (ebd. 103f.; vgl. auch Stolle 2008, 135). Sie haben sogar neue Grundrechte geschaffen, schließlich heißt Sicherheit zu gewährleisten beides: Schutz vor äußeren und inneren Bedrohungen, aber auch vor staatlichem Zugriff.[5]

Deshalb werden Oberste Gerichte immer wieder die Freiheitsrechte der Bürger gegen das abstrakte Sicherheitsversprechen exekutiver Befugnisse anmahnen (vgl. Roggan 2008, 881). Gleichwohl hat das Recht gegen die Logik der Sicherheit strukturell das Nachsehen. Denn zum einen widerspricht die Antizipation möglicher, nicht duldbarer Ereignisse, die vorwegnehmende Entscheidungen in der Gegenwart verlangen, der Eigenzeitlichkeit des Rechts, das mit tradierten Erwartungsstrukturen operiert und im Modus der Nachträglichkeit organisiert ist (Opitz/Tellmann in diesem Band). Zum anderen konfrontiert die Identifikation möglicher Bedrohungen das Recht mit einer Unbestimmtheit, die rechtsstaatlichen Prinzipien tendenziell zuwiderläuft: Das Recht bedarf einer interpretierbaren Norm, die nicht feststehend, sondern auf verschiedene Fälle anwendbar und für gesellschaftliche Veränderungen offen ist – einerseits; das Recht bedarf andererseits aber auch der Präzision, um der Norm überhaupt Geltung zu verschaffen – andernfalls verliert die Normierung sich in Unbestimmtheit.

Sicherheit als eine empirisch rezeptive Größe entbehrt der Bindungskraft einer Norm, die gegen die der Freiheit abzuwägen ist (vgl. Lepsius 2004, 86ff.; Poole 2007, 17). Denn die Identifikation von Gefahren und abstrakten Bedrohungen eröffnet einen Horizont der

---

4 So könne die „staatlich organisierte Freiheitssicherung nur durch Freiheitsbeschränkung gelingen" (Baldus 2008, 110) und „ein Mehr an freiheitsbeschränkendem Handeln des Staates kann – je nach Gefahrenlage – sogar zu einem Mehr an realer Freiheit führen." Der Rechtsstaat sei daher immer auch Präventionsstaat und umgekehrt (ebd., 111; ähnlich Kötter 2004, 386). – Die juristische Debatte hierum ist so alt wie der liberale Rechtsstaat selbst, und so musste Wilhelm von Humboldts berühmte Formel – „denn ohne Sicherheit ist keine Freiheit", Sicherheit sei eben auch als Freiheitssicherung und als eine Gewähr von Rechtssicherheit zu begreifen –, sogar beim früheren deutschen Innenminister, Otto Schily, der nicht gerade für eine sanfte und in diesem Sinne liberale Sicherheitspolitik bekannt ist, herhalten: „Freiheit ohne Sicherheit gibt es nicht. Aber das gilt auch umgekehrt: Sicherheit gibt es nicht ohne Freiheit." (Interview im *Spiegel* 12/2001, S. 38, zit. n. Kötter 2003, 74)
5 So das Grundrecht „auf Gewährleistung der Vertraulichkeit und Integrität informationstechnischer Systeme" im Urteil des Bundesverfassungsgerichts zur „Online-Durchsuchung" vom Februar 2008 (1 BvR 370/07, 595/97).

Unbestimmtheit, der ihrerseits nach gesetzlicher Regelung verlangt und so zugleich ins Recht einwandern kann. Sicherheitsgesetze, die erklärtermaßen der Abwehr eines möglichen eminenten Schadens und der rechtlichen Absicherung entsprechender Maßnahmen dienen, können sich so, dies ist die *dritte* Bedingung eines Einvernehmens, als ein legitimierendes und gleichermaßen unverzichtbares Instrumentarium darstellen. Recht begrenzt das staatliche Handeln dann aber nicht nur, Sicherheit instrumentiert vielmehr umgekehrt das Recht. Das Recht wird zum Vehikel der Sicherheit – die Sicherheit steht über den Gesetzen (Foucault 2003a).

Wenn hier schließlich ein Oberstes Gericht Einhalt gebietet, so folgen den Urteilen zwar regelmäßig neue gesetzliche Bestimmungen, die neue Befugnisse verfassungskonform regeln sollen. Die Unbestimmtheit der Begriffe werde dadurch jedoch, so Norbert Pütter, Wolf-Dieter Narr und Heiner Busch (2005), nicht unbedingt aufgehoben, und so bleibe die Umsetzung der Regelung im Ermessen der Sicherheitsbehörden. Indem verfassungsrechtliche Bestimmungen in Recht gegossen würden, werde ihnen zwar gewissermaßen formal entsprochen, tatsächlich aber werde der politische Zweck der Maßnahmen in die Rhetorik des Rechts übersetzt und rechtlich sanktioniert (Pütter/Narr/Busch 2005).[6] Verfassungsrechtliche Vorgaben mündeten auf diese Weise nicht in die Unterordnung von Legislative und Exekutive unter das Recht, sondern in eine Anpassung des Rechts an die politische Praxis (vgl. Ranciére 2002, 119). Die Entgrenzung staatlichen Eingriffshandelns werde verrechtlicht und eher der „*Anschein* rechtsstaatlicher Einhegung" erzeugt (Kutscha 2001, 221, unter Verweis auf Roggan 2000; Hervorhebung im Text; Frankenberg 2005). Sicherheitsimperative werden zum Vehikel der Verabschiedung immer neuer Gesetze, die rechtsstaatliche Prinzipien verschieben und letztlich, gemessen an einst als elementar erachteten Standards (vgl. Steinmetz 1999, 8), sukzessive aushöhlen können. Unterdessen mögen die verfassungsgerichtlichen Entscheidungen zur Beruhigung beitragen, sie „beruhigen" aber auch den politischen Streit, stellen ihn still. Das Verfassungsgericht wird zum Agenten einer Politik, die im Sinne Rancières keine mehr ist, weil ihr der Ort und die Substanz entzogen sind: Stellvertretend für die gesellschaftliche Auseinandersetzung verkomme die politische Praxis des Streits zu einer „staatlichen *Mimesis*" (vgl. Ranciére 2002, 119; Hervorhebung im Text).

Gewöhnungseffekte. Dabei beschränkt sich die Logik des Vorgriffs nicht nur auf gravierende Sicherheitsfragen, sie erstreckt sich zusehends auch auf den Bereich der alltäglichen Kontrolle von Ordnungsstörungen und Kleinkriminalität. So ist auf der einen Seite eine sukzessive Ausweitung staatlicher Interventionsbefugnisse im Namen der Sicherheit zu beobachten, für die mal der Terrorismus, mal das Organisierte Verbrechen, mal die Sexualdelinquenz steht (Haffke 2005; Schoch 2004);[7] auf der anderen Seite werden Verhal-

---

6 Pütter, Narr und Busch (2005, 10) sprechen in diesem Zusammenhang von „Vorwärtsverrechtlichung": „Recht funktioniert als Konditionalprogramm. Das Gesetz formuliert eine Bedingung und bestimmt die Folgen, die eintreten, wenn diese Bedingung erfüllt ist. Das Gegenteil des Konditionalprogramms ist das Zweckprogramm. Es dient dazu, bestimmte Zwecke zu erreichen und ist damit strategisch auf die Zukunft gerichtet. Die ‚Bekämpfung von Verbrechen' ist zweifellos ein solcher Zweck. Wird dieser Zweck zum bestimmenden Moment der Gesetzgebung, dann muss er zwar in die Form des Konditionalprogramms (‚Wenn ... dann ...') gekleidet werden. Inhaltlich wird dieses aber entleert, weil die Bedingung (das ‚Wenn ...') nicht mehr genau bestimmbar ist. Die Form des Rechts verliert damit ihren begrenzten Charakter, weil seine Ermächtigungen (das ‚dann ...') nicht mehr an ein Ereignis gebunden sind, an dem sie sich messen lassen, sondern an unbekannten und/oder zukünftigen Möglichkeiten."
7 Die Politik der Terrorismusbekämpfung in den 1970er und 1980er Jahren in Deutschland bildete den Rahmen nicht nur für die Einführung zahlreicher Sicherheitsgesetze, die staatliche Eingriffsrechte ausdehnten, sondern auch für eine grundsätzliche Diskussion „über das zulässige Maß an Freiheitsbeschränkungen zugunsten der

tensweisen wie Betteln oder Schule schwänzen kriminalisiert, die bislang überhaupt nicht im Feld von „Kriminalität und Strafe" gedacht wurden – „the line between criminal offences and other forms of deviant behaviour becomes blurred" (Hörnqvist 2004, 35).

Insofern lässt sich, und dies markiert die *vierte* Bedingung eines Einvernehmens, eine gleichermaßen rasante wie kontinuierliche und insofern eher unmerkliche Entwicklung nachzeichnen, in der staatliche Interventionsbefugnisse unter dem Vorzeichen der „Sicherheit" immer weiter ausgedehnt wurden[8] – und in der Kriminal- und Sicherheitspolitik zusehends ineinander verschwimmen: Kriminalpolitik hat sich gleichsam nach oben und unten hin ausgedehnt. Sie erweiterte sich, schon seit den 1970er Jahren, mit neuen Politikfeldern (prominent in Deutschland die Innere Sicherheit) und neuen Gegenständen (die Organisierte Kriminalität); sie expandierte mit den Definitionen dessen, was als Kriminalität oder Ordnungsstörung gilt; und sie durchkreuzt systematisch nationalstaatliche Grenzen: Innere und äußere Sicherheitsbelange, Kriminalpolitik und Kriegsführung überlagern sich (Hörnqvist 2004; Simon 2007). Der Präventionsstaat steht demnach gleichermaßen für eine Vorverlagerung sicherheitsbehördlicher Ermittlungsbefugnisse in das Vorfeld konkreter Gefahren und eines konkreten Verdachts, wie für eine Erleichterung der Bedingungen, unter denen Personen inhaftiert bzw. weiter in Haft gehalten werden können. So gewinnt der Schutz der Gesellschaft tendenziell Vorrang gegenüber dem Freiheitsanspruch des Delinquenten (Dünkel/Smit 2004).[9] In dieser Logik kann auch die „ungeschriebene", nämlich einer gesetzlichen Regelung bislang entbehrende Kategorie des „Gefährders" auftauchen. Sie ist Vehikel einer Kriminalisierung, die letztlich ermöglichen soll, Menschen auch vorsorglich, ohne die Voraussetzung einer begangenen Straftat in Haft zu nehmen oder abzuschieben. Gefahrenvorsorge schließt „Strafverfolgungsvorsorge" ein (Denkowski 2007). – Strafe wird nicht retrospektiv, sondern prospektiv auferlegt, mit der Begründung, künftigen Schaden abzuwenden (Jakobs 2000). Doch während die klassische Form der Bestrafung – als Reaktion auf eine Straftat – explizit Normen kommuniziert, verstehen Maßnahmen der Gefahrenabwehr sich eher von selbst (Gómez-Jara Díez 2008).

Einbeziehung und Ausgrenzung. Dabei kann die Regierung im Namen der Sicherheit prinzipiell auf ein Einvernehmen setzen, indem sie *fünftens* ein implizites Sicherheitsversprechen mobilisiert: Adressat ist die zu schützende Bevölkerung, die auf diese Weise einbezogen wird. Der „Sicherheitsvertrag" (Foucault 2003b, 504) zwischen Bürger und Staat erscheint wie die Aktualisierung des historischen Gesellschaftsvertrags. Wie dieser kommt jener demokratisch daher, aber er bewegt sich nicht innerhalb der Koordinaten des Rechts,

---

Sicherheit" (Lepsius 2004, 64) und nicht zuletzt über ein neues Verständnis von Sicherheit, die zur Staatsaufgabe erhoben werden sollte (vgl. ebd., 65).
8 So stellt sich, um nur ein Beispiel zu nennen, die erstmals (im nordrhein-westfälischen Verfassungsschutzgesetz) im Dezember 2006 gesetzlich geregelte geheime „Online-Durchsuchung" wie die Erweiterung der Befugnis zum „Großen Lauschangriff" dar, der dem Staat Ende der 1990er Jahre ermöglichte, zum Zwecke der Überwachung akustisch in die Wohnungen seiner Bürger einzudringen (Gesetz zur Änderung des Grundgesetzes, Art. I 3, BGBl. I 1998, 610). War ein solcher Eingriff in die Privatsphäre noch ein paar Jahre davor völlig undenkbar gewesen (Prantl 2008; Pütter/Narr/Busch 2005), so erlaubt die verdeckte Online-Durchsuchung es den Sicherheitsbehörden heute, unerkannt auf den gesamten Datenverkehr eines privaten Computers zuzugreifen und damit in bislang unbekanntem Ausmaß auf die private Lebensgestaltung einer Person zurückzuschließen.
9 Paradigmatisch ist hier wiederum für deutsche Verhältnisse die Einführung der nachträglichen Sicherungsverwahrung, die es erlaubt, über die weitere Inhaftierung eines Straftäters auch unabhängig von der Anlasstat und dem Urteil je nach Gefährlichkeitsprognose nachträglich zu entscheiden. Die Resozialisierung kann ferner unter Vorbehalt gestellt werden, sodass die Haftentlassung auch nach Strafverbüßung schon bei geringen Anlässen revidierbar ist.

denn es ist nicht das Recht, das Sicherheitsbelange einhegt, sondern umgekehrt: Diese schreiben sich permanent ins Recht ein und instrumentieren es. In dem Maße aber, in dem die Regierung der Sicherheit auf Einbeziehung beruht, ist sie auch exklusiv. Denn sie unterscheidet notwendig zwischen einer Bevölkerung, die es zu schützen gilt, und einer Gefahr oder Bedrohung, die es auszuschließen oder auszumerzen gilt. Die Regierung der Sicherheit konstituiert sich durch ein Außen, das auch innerhalb der Gesellschaft liegen kann: die Gefahr, die per definitionem immer von „Anderen" ausgeht. Und so scheinen die von den Sicherheitsmaßnahmen Betroffenen ebenfalls immer die „Anderen" zu sein.[10]

Liegt vor diesem Hintergrund ein Rückgriff aufs Repertoire des Ausnahmerechts nahe, um einer akuten Bedrohungslage mit besonderen Maßnahmen begegnen und letztlich die Freiheit sichern zu können (vgl. Baldus 2008, 113f.), so spricht manches auch für eine gegenteilige Wirkung. Nicht nur zeigt die Erfahrung, dass die Implementierung neuer Sicherheitsmaßnahmen und -gesetze selten zurückgenommen wird, eher normalisieren sich die neuen Befugnisse fast wie von selbst, während neue Technologien sich großflächig durchsetzen.[11] Auch insofern ist der Ausnahmezustand nicht die Ausnahme und kein „Fremdkörper" des modernen Rechtsstaats, sondern dessen elementarer Bestandteil – und gerade deshalb bestehe, so Stefan Huster und Karsten Rudolph (2008a, 12), die Gefahr, dass der Ausnahmefall zum Normalfall „und das Recht an seinen Erfordernissen" ausgerichtet wird.

Allerdings kann ein Ausnahmerecht, das sich vermeintlich nur auf extreme Verbrechensformen und auf Straftäter am Rande der Gesellschaft bezieht, sehr wohl die „Erwartungsstabilität" des Rechts erschüttern. Die Konzeption des Feindstrafrechts ist ein denkbares Beispiel hierfür. Dem angesehenen Strafrechtswissenschaftler Günther Jakobs (2004) zufolge etabliert es sich neben dem bürgerlichen Recht, und zur Diskussion steht nun, ob es dies nicht auch sollte, um eine Handhabe gegenüber den notorischen, auch prospektiv als unverbesserlich deklarierten Straftätern – von Sexualtätern bis hin zu Terroristen – zu gewinnen. Weil das Feindstrafrecht, das sich über rechtsstaatliche Prinzipien hinwegsetzt, außerhalb des herkömmlichen Rechtssystems operiert, kann es dieses, so die Begründung, intakt lassen. Die Erwartungsstabilität, die das Recht bieten soll, könnte jedoch in dem Moment verworfen werden, in dem die Möglichkeit der Unterscheidung zwischen Freund und Feind verschwimmt, und zwar weniger, weil der Letztere dem Ersteren immer ähnlicher wird, als vielmehr weil Sicherheitsmaßnahmen die Tendenz haben, sich auszudehnen (vgl. Foucault 2004, 73): Unter dem Fokus möglicher Unsicherheit wird prinzipiell alles zu einem Sicherheitsproblem, und ein Verdacht folglich auf alle und jeden beziehbar. Versicherheitlichung verkehrt sich in Verunsicherung (Krasmann 2007; Krauth 2008).

Gerade weil Sicherheitsversprechen sich in liberal-demokratischen Gesellschaften auf beides beziehen müssen, auf den Schutz vor existenziellen Bedrohungen und vor dem staatlichen Zugriff, ist der politische Diskurs zur Durchsetzung außerordentlicher Sicherheits-

---

10 Dieses Andere kann, muss aber nicht, kulturell besetzt sein. Beispielhaft wären dann wiederum gegenwärtige Strategien der Terrorismusbekämpfung, die das Gefährliche in ihrer Fokussierung auf bestimmte religiöse Gruppierungen tendenziell kulturalisieren, ethnisieren und so zugleich gesellschaftlich externalisieren (Eckert 2008). Für eine solche Lesart der Herstellung eines gesellschaftlichen „Konsenses" oder Einvernehmens, das auf der „pre-structured normality of the non-excluded" beruht, siehe Hempel/Töpfer (2009, 161).

11 Jüngst war das an der bundesweiten Einführung des biometrischen Passes, auf der Grundlage des Terrorismusbekämpfungsgesetzes (BGBl. I 2002, 361), einschließlich Fingerabdruck nachvollziehbar. – Zum Problem der Evaluation von Sicherheitsgesetzen, die ursprünglich auf Zeit implementiert wurden, siehe außerdem Roggan (2007, 879ff.); Albers/Weinzierl (2010).

maßnahmen und -gesetze auch von dem Bemühen um Balancierung und Transparenz geprägt. So wird auf der einen Seite staatliche Handlungsfähigkeit, auf der anderen rechtsstaatliche Sensibilität signalisiert: „Alle Kampagnen erscheinen", wie der Kulturwissenschaftler Lutz Ellrich (2009, 322) konstatiert, „im Gewand einer erzwungenen, also unvermeidlichen Reaktion auf dramatische Probleme, für deren Auftreten die Wortführer der politischen Offensive zumeist externe Ursachen (z.B. feindliche Akteure) verantwortlich machen. Einschneidende Maßnahmen werden als eine Art Bürde, als drückende Last für die Entscheidungsträger, dargestellt. [...] Stets wirbt man um Verständnis und Vertrauen, aber zugleich auch um eine vorauseilende Absolution." Transparenz bedeutet dann jedoch weniger Offenlegung des Regierungshandelns, als vielmehr offensive Durchsetzung neuer Gesetzesinitiativen im Namen der Sicherheit. Sichtbar werden soll die Notwendigkeit; stillschweigend bleibt das Einvernehmen, das sich zwischen Regierenden und Regierten als den Adressaten des Sicherheits- und Freiheitsversprechens herstellt; nicht sichtbar werden hingegen dürfen die „Kollateralschäden", die „false positives", welche die präventionsstaatliche Logik zwangsläufig auch produziert.

4 Die Subjekte der Regierung

„Der Mangel an *Freiheit*", so Zygmunt Bauman (1999, 32), „führt zur Unfähigkeit, auf die eigenen Rechte zu pochen und Widerstand zu leisten. Der Mangel an *Sicherheit* führt zur Auflösung jener Courage, die nötig ist, um eine Grundlage für Widerstand zu schaffen und sich im Namen einer Gesellschaft zusammenzutun, die menschlichen Bedürfnissen und Sehnsüchten gegenüber aufgeschlossener ist." (Hervorhebung im Text) Wenn die folgenden drei Geschichten stellvertretend für das Kontroll- und Sichtbarkeitsregime des Präventionsstaates bezeichnend sind, so zeigen sich hier zugleich dessen Bruchlinien.

Khaled el-Masri ist das nicht-zufällige Beispiel eines „false positives". Der Deutsche libanesischer Herkunft wurde während einer Privatreise an der serbisch-mazedonischen Grenze aufgegriffen und von der CIA nach Kabul verschleppt. Etwa fünf Monate später, nach einer Tortur von Verhören und Misshandlungen, ließ die CIA ihn Ende Mai 2004 wieder frei – mit der Erklärung, es habe sich um einen Irrtum gehandelt. Bis heute erhielt el-Masri weder eine Entschädigung aus den USA,[12] noch erfuhr er eine Rehabilitierung hierzulande, obgleich die deutschen Behörden ihm auch im Nachhinein keinerlei Verbindungen zum Terrorismus nachweisen konnten. Sein nicht-deutscher Hintergrund stellte zweifelsohne eine Voraussetzung dafür dar, dass er in die Fänge des Geheimdienstes geraten konnte – eine Namensverwechslung musste als offizielle Begründung für die irrtümliche Verschleppung herhalten (Amnesty International 2008) –, seine deutsche Staatsbürger-

---

12 Im ähnlich gelagerten Fall des kanadischen Staatsbürgers syrischer Herkunft hat sich die kanadische Regierung später beim Folteropfer entschuldigt und ihm eine Entschädigung zugebilligt: Maher Arar wurde im September 2002 aufgrund fälschlicher Hinweise der kanadischen Polizei bei der Einreise auf dem New Yorker Flughafen verhaftet und nach Syrien verschleppt. Über ein Jahr später ließ ihn der dortige Geheimdienst wieder frei, weil ihm keinerlei al-Qaida-Verbindungen nachgewiesen werden konnten. Wie die kanadische Untersuchungskommission zu diesem Fall, die Unschuld Arars unterstreichend, weitere Jahre später berichtete, hatten die US-Sicherheitsbehörden auf Arar als Terrorverdächtigen aufmerksam gemacht (Christian Wernicke: „'Folteropfer war unschuldig'. Kommission in Kanada kritisiert US-Geheimdienste", in: *Süddeutsche Zeitung* vom 20. Spetember 2006; sowie *Süddeutsche Zeitung* vom 29. Januar 2007).

schaft ließ den Fall zu einem Politikum werden,[13] seine libanesische Herkunft ist vermutlich aber auch ein Grund, warum die deutschen Behörden sich nur beschränkt für ihn einsetzten.

Der Hamburger Künstler Christoph Faulhaber fotografierte im Rahmen seiner Aktionsserie „Mister Security" diverse amerikanische Botschaften und mit ihnen auch das Sicherheitspersonal, das darauf nicht immer souverän reagierte. In Berlin wurde die Kamera schließlich während einer solchen Aktion konfisziert – und Faulhaber nach einer gegen ihn eingeleiteten Untersuchung zum „Aktenterroristen". Das bescherte ihm bei seinen Einreisen in die USA wiederholt die Unannehmlichkeit, von den Special Agents des FBI aufgegriffen, erkennungsdienstlich behandelt und einige Stunden lang verhört zu werden – um jedes Mal mit der Bemerkung wieder entlassen zu werden, gegen ihn bestünde nun doch kein Terrorismus-Verdacht. Als Faulhaber eine solche Prozedur erneut, gerade als Stipendiat in der New Yorker Künstlerresidenz angekommen, über sich ergehen lassen musste, verabschiedete sich der FBI-Agent von ihm zwar wieder mit der üblichen Freisprechung, doch wollte das Direktorium der Residenz seinen Aufenthalt fortan nicht mehr riskieren. Er musste daraufhin nicht nur die Unterkunft verlassen, die deutsche Kulturstiftung entzog ihm kurzerhand auch das Stipendium. Faulhaber hat es noch zurück nach Deutschland geschafft, auch einigte die Stiftung sich mit ihm nach einer Klage auf die Zahlung von 7.000 Euro. Das New Yorker Projekt freilich konnte nicht mehr realisiert werden, Faulhaber sieht von weiteren Reisen in die USA vorerst einmal ab.[14]

Hierin zeigt sich ein Profil des Präventionsstaates, der den Verdacht auch ohne konkrete Anhaltspunkte zum polizeilichen Prinzip werden lässt – die Polizei mit Gewaltlizenz tritt als Agent der polizeilichen Ordnung auf. Das Präventionsregime der Gegenwart greift dem Recht tendenziell zuvor, weshalb der konkretisierte Verdacht nicht immer gerichtsfest sein wird. Wenn der Verdächtige folglich aus den Sicherheitsmaßnahmen wieder entbunden wird, so zeitigen diese freilich ihre eigenen Konsequenzen, die anscheinend niemand so beabsichtigt hat: Andere, und so auch der hier betroffene Bürger, der auf die weitere Konfrontation mit den realen Sicherheitsagenturen verständlicherweise lieber verzichtet, vollziehen anstelle der staatlichen Akteure die (Selbst-)Kontrolle.

Man muss diesen beiden Geschichten eine dritte hinzufügen, die aber fiktiv bleiben muss, weil es sie im Sinne Rancières gar nicht gibt. Es ist die Geschichte des Aufbegehrens, der Artikulation eines Unvernehmens gegen eine solche Sicherheitspolitik. Sie unterbleibt, vielleicht in dem Maße, in dem die Logik des Vorgriffs sich als funktionierend erweist: Während neue Sicherheitsgesetze staatliche Handlungsfähigkeit demonstrieren und ermöglichen sollen, bleibt der sicherheitsbehördliche Ein- und Zugriff selbst – im Sinne der Idee der Prävention, des Zuvorkommens – gleichsam stillschweigend. Ob dies aber beruhigend oder beunruhigend wirkt, hängt langfristig auch von der Berechenbarkeit ab. Die protestierenden Bürger, die ihr Unvernehmen zeigen, indem sie sich selbst als betroffene Subjekte begreifen und ihre Freiheitsrechte einklagen, tauchen nicht auf; vielleicht weil sie davon ausgehen können, dass die vorgreifenden Sicherheitsmaßnahmen stets die Richtigen treffen werden; vielleicht aber auch, weil sie gerade dies nicht einschätzen können. Sie

---

13 Zur Systematik der „extraordinary rendition", deren Opfer zumeist namenlos bleiben, siehe Bartelt/Muggenthaler (2006); Nowak (2006).
14 Till Briegleb: „Ich hab' ihn, auf geht's! Wie ein deutscher Künstler zum Terrorverdächtigen wurde." (*Süddeutsche Zeitung*, vom 30. Dezember 2008)

sehen nicht, was sie überprüfen könnten. – Sehen Sie, was Sie nicht sehen können? Gehen Sie ruhig weiter, hier gibt es nichts zu sehen.

Literatur

Albers, Marion und Weinzierl, Ruth, 2010: Menschenrechtliche Standards in der Sicherheitspolitik. Beiträge zur rechtsstaatsorientierten Evaluierung von Sicherheitsgesetzen. Nomos: Baden-Baden.

Amnesty International, 2008: State of Denial. Europe's Role in Rendition and Secret Detention, Juni (EUR01/003/2008).

Arnswald, Ulrich, 2003: Präventiv-Krieg oder Präemptiv-Krieg? Der Irakkrieg als Beispiel für die „Enthegung des Völkerrecht", in: Freitag. Die Ost-West-Wochenzeitung 35, 22.8.

Baldus, Manfred, 2008: Freiheitssicherung durch den Rechtsstaat des Grundgesetzes, in: Stefan Huster und Karsten Rudolph (Hg.), Vom Rechtsstaat zum Präventionsstaat, Suhrkamp: Frankfurt a.M., S. 107-119.

Balke, Friedrich, 2003: Gesetz und Urteil. Zur Aktualität einer Problemstellung bei Carl Schmitt, in: Joseph Vogl (Hg.), Gesetz und Urteil. Beiträge zu einer Theorie des Politischen, VDG: Weimar, 35-56.

Bartelt, Dawid Danilo und Muggenthaler, Ferdinand, 2006: Das Rendition-Programm der USA und die Rolle Europas, in: Aus Politik und Zeitgeschichte 36, 4.9., S. 31-38.

Bauman, Zygmunt, 1999: Freiheit und Sicherheit. Die unvollendete Geschichte einer stürmischen Beziehung, in: Elisabeth Anshelm, Aurelius Freytag, Walter Marschitz und Boris Morte (Hg.), Die Ordnung des Politischen: die Herausforderungen der Demokratie am Beginn des 21. Jahrhunderts, Campus: Frankfurt a.M., New York, S. 23-33.

Best, Jacqueline, 2008: Ambiguity, Uncertainty, and Risk: Rethinking Indeterminacy, in: International Political Sociology 2, S. 355-374.

Bigo, Didier, 2008: Security, exception, ban and surveillance, in: David Lyon (Hg.), Theorizing Surveillance. The panopticon and beyond, Cullompton/Devon: Willan, S. 46-68.

Bougen, Philip D., 2003: Catastrophe risk, in: Economy and Society 32 (2), S. 253-274.

Bröckling, Ulrich, 2004: Prävention, in: Ders., Susanne Krasmann und Thomas Lemke (Hg.), Glossar der Gegenwart, Suhrkamp: Frankfurt a.M., S. 210-215.

Bröckling, Ulrich/Krasmann, Susanne, 2010: Ni méthode, ni approche. Zur Forschungsperspektive der Gouvernementalitätsstudien – mit einem Seitenblick auf Konvergenzen und Divergenzen zur Diskursforschung, erscheint in: Johannes Angermüller und Silke van Dyk (Hg.), Diskursanalyse meets Gouvernementalitätsforschung, Campus: Frankfurt a.M..

Buckel, Sonja und Kannankulam, John, 2002: Zur Kritik der Anti-Terror-Gesetze nach dem „11.9.". „Sicherheit" im postfordistischen Präventionsstaat, in: Das Argument, Nr. 244, S. 34-50.

Buzan, Barry, Wæver, Ole und Wilde, Jaap de, 1998: Security. A New Framework For Analysis, Lynnie Riener: Boulder/Col.

Castel, Robert, 1983: Von der Gefährlichkeit zum Risiko, in: Manfred Max Wambach (Hg.), Der Mensch als Risiko. Zur Logik von Prävention und Früherkennung, Suhrkamp: Frankfurt a.M., S. 51-74.

Collier, Stephen, 2008: Enacting Catastrophe: Preparedness, Insurance, Budgetary Rationalization, in: Economy and Society 37 (2), S. 224-250.

Daase, Christopher und Kessler, Oliver, 2007: Knowns and Unknowns in the „War on Terror": Uncertainty and the Political Construction of Danger, in: Security Dialogue 38, S. 411-434.

Deleuze, Gilles, 1993: Postskiptum über die Kontrollgesellschaften, in: Ders., Unterhandlungen 1972-1990, Suhrkamp: Frankfurt a.M., S. 254-262.

Deleuze, Gilles und Guattari, Félix, 1997: Tausend Plateaus. Kapitalismus und Schizophrenie, Merve: Berlin.
Denkowski, Charles von, 2007: Einstufung als (islamistische) Gefährder und (heimliche) Folgeeingriffe, in: Kriminalistik 61 (5), S. 325-332.
Denninger, Erhard, 1988: Der Präventions-Staat, in: Kritische Justiz 21 (1), S. 1-15.
Denninger, Erhard, 2008: Prävention und Freiheit. Von der Ordnung der Freiheit, in: Stefan Huster und Karsten Rudolph (Hg.), Vom Rechtsstaat zum Präventionsstaat, Suhrkamp: Frankfurt a.M., S. 85-106.
Dünkel, Frieder und Zyl Smit, Dirk van, 2004: Preventive Detention of Dangerous Offenders Reexamined: A Comment on two decisions of the German Federal Constitutional Court (BVerfG – 2 BvR 2029/01 of 5 February 2004 and BVerfG – 2 BvR 834/02 – 2 BvR 1588/02 of 10 February 2004) and the Federal Draft Bill on Preventive Detention of 9 March 2004, in: German Law Journal 5 (6), S. 619-637.
Eckert, Julia M., 2008: Laws for Enemies, in: Dies. (Hg.), The Social Life of Anti-Terrorism Laws. The War on Terror and the Classifications of the „Dangerous Other", transcript: Bielefeld, S. 7-31.
Ellrich, Lutz, 2009: Metamorphosen und Maskeraden. Spielarten politischer Un-/Sichtbarkeit, in: Ders., Harun Maye und Arno Meteling, Die Unsichtbarkeit des Politischen. Theorie und Geschichte medialer Latenz, transcript: Bielefeld, S. 213-337.
Ewald, François, 1993: Der Vorsorgestaat, Suhrkamp: Frankfurt a.M.
Ewald, François, 1998: Die Rückkehr des *genius malignus*: Entwurf zu einer Philosophie der Vorbeugung, in: Soziale Welt 49, S. 5-23.
Foucault, Michel, 1976: Überwachen und Strafen. Die Geburt des Gefängnisses, Suhrkamp: Frankfurt a.M.
Foucault, Michel, 2003a: Von nun an steht die Sicherheit über den Gesetzen. Gespräch, in: Ders., Schriften in vier Bänden. Dits et Ecrits, Band III 1976-1979, hg. v. Daniel Defert und François Ewald unter Mitarbeit v. Jacques Legrange, Nr. 211 [1977], Suhrkamp: Frankfurt a.M., S. 474-477.
Foucault, Michel, 2003b: Brief an einige Führer der Linken, in: Ders., Schriften in vier Bänden. Dits et Ecrits, Band III 1976-1979, hg. v. Daniel Defert und François Ewald unter Mitarbeit v. Jacques Legrange, Nr. 214 [1977], Suhrkamp: Frankfurt a.M., S. 502-504.
Foucault, Michel, 2004: Geschichte der Gouvernementalität I. Sicherheit, Territorium, Bevölkerung. Vorlesung am Collège de France (1977-1978), hg. von Michel Senellart, Suhrkamp: Frankfurt a.M.
Frankenberg, Günter, 2005: Kritik des Bekämpfungsrechts, in: Kritische Justiz 38, S. 370-386.
Gómez-Jara Díez, Carlos 2008: Enemy Combatants versus Enemy Criminal Law, in: New Criminal Law Review 11 (4), S. 529-562.
Grimm, Dieter, 1986: Verfassungsrechtliche Anmerkungen zum Thema Prävention, in: Kritische Vierteljahreszeitschrift für Gesetzgebung und Rechtswissenschaft 69 (1), S. 38-54.
Haffke, Bernhard, 2005: Vom Rechtsstaat zum Sicherheitsstaat?, in: Kritische Justiz 38, S. 17-35.
Harcourt, Bernhard E., 2007: Against Prediction: Profiling, Policing and Punishment in an Actuarial Age, University of Chicago Press: Chicago.
Hempel, Leon und Töpfer, Eric, 2009: The Surveillance Consesus. Reviewing the Politics of CCTV in Three European Countries, in: European Journal of Criminology 6 (2), S. 157-177.
Hörnqvist, Magnus, 2004: The birth of public order policy, in: Race & Class 46 (1), S. 30-52.
Huster, Stefan und Rudolph, Karsten (Hg.) 2008: Vom Rechtsstaat zum Präventionsstaat, Suhrkamp: Frankfurt a.M.
Huster, Stefan und Rudolph, Karsten 2008a: Vom Rechtsstaat zum Präventionsstaat, in: Dies. (Hg.), Vom Rechtsstaat zum Präventionsstaat, Suhrkamp: Frankfurt a.M., S. 9-22.
Jakobs, Günther, 2000: Das Selbstverständnis der Strafrechtswissenschaft vor den Herausforderungen der Gegenwart, in: Albin Eser, Winfried Hassemer und Björn Burkhardt (Hg.), Die deutsche

Strafrechtswissenschaft vor der Jahrtausendwende. Rückbesinnung und Ausblick, Beck: München, S. 47-56.
Jakobs, Günther, 2004: Bürgerstrafrecht und Feindstrafrecht, in: Höchstrichterliche Rechtsprechung Strafrecht 5 (3), S. 88-94.
Kötter, Matthias, 2003: Das Sicherheitsrecht der Zivilgesellschaft. Ein Plädoyer für Transparenz gesellschaftlicher Unsicherheit, in: Kritische Justiz 36, S. 64-81.
Kötter, Matthias, 2004: Subjektive Sicherheit, Autonomie und Kontrolle. Eine Analyse des jüngeren Diskurses des Sicherheitsrechts, in: Der Staat 43 (3), S. 371-398.
Krasmann, Susanne, 2003: Die Kriminalität der Gesellschaft. Zur Gouvernementalität der Gegenwart, UVK: Konstanz.
Krasmann, Susanne, 2007: The Enemy On the Border. Critique of a programme for the preventive state, in: Punishment & Society 9 (3), S. 301-318.
Krauth, Stefan, 2008: Der Körper an der Grenze des Strafrechts – zur normativen Bedingung lebenswissenschaftlichen Wissens, in: Kriminologisches Journal 40 (4), S. 242-256.
Kreissl, Reinhard, 2008: Öffentliche Inszenierung von Sicherheitsfragen, in: Kritische Vierteljahrsschrift für Gesetzgebung und Rechtswissenschaft 94 (3), S. 322-332.
Kutscha, Martin, 2001: Auf dem Weg in einen Polizeistaat neuen Typs?, in: Blätter für deutsche und internationale Politik 45 (2), S. 214-221.
Lepsius, Oliver, 2004: Freiheit, Sicherheit und Terror: Die Rechtslage in Deutschland, in: Leviathan 32, S. 64-88.
Lyon, David, 2007: Surveillance Studies. An Overview, Polity: Cambridge, Malden.
Marx, Gary T., 2006: Soft Surveillance: The Growth of Mandatory Volunteerism in Collecting Personal Information – „Hey Buddy Can You Spare a DNA?", in: Torin Monahan (Hg.), Surveillance and Security. Technological Politics and Power in Everyday Life, Willan: New York, S. 37-56.
Massumi, Brian, 2007: Potential Politics and the Primacy of Preemption, in: Theory and Event 10 (2).
Nowak, Manfred, 2006: Das System Guantánamo, in: Aus Politik und Zeitgeschichte 36, 4.9., S. 23-30.
O'Malley, Pat, 2004: Risk, Uncertainty and Government, Glasshouse: London.
Poole, Thomas, 2007: Courts and Conditions of Uncertainty in „Times of Crisis", LSE Law, Society and Economy Working Papers 7, www.lse.ac.uk/law/wps/wps.htm.
Prantl, Heribert, 2008: Die Abgründe der Prävention. Zu den Mechanismen des Überwachungsstaats, in: Blätter für deutsche und internationale Politik (9), S. 57-67.
Pütter, Norbert, Narr, Wolf-Dieter und Busch, Heiner, 2005: Bekämpfungsrecht und Rechtsstaat. Vorwärtsverrechtlichung in gebremsten Bahnen?, in: Bürgerrechte & Polizei/CILIP 82 (3), S. 6-15.
Rancière, Jacques, 2000: Konsens, Dissenz, Gewalt, n: Mihran Dabag, Antje Kapust und Bernhard Waldenfels (Hg.), Gewalt. Strukturen, Formen, Repräsentationen, Fink: München, S. 97-112.
Rancière, Jacques, 2002: Das Unvernehmen. Politik und Philosophie, Suhrkamp: Frankfurt a.M..
Rancière, Jacques, 2004: Who Is the Subject of the Rights of Man?, in: The South Atlantic Quarterly 103 (2/3), S. 297-310.
Reemtsma, Jan Philipp, 2003: Organisationen mit Gewaltlizenz – ein zivilisatorisches Grundproblem, in: Martin Herrnkind und Sebastian Scheerer (Hg.), Die Polizei als Organisation mit Gewaltlizenz. Möglichkeiten und Grenzen der Kontrolle, LIT: Münster u.a., S. 7-23.
Roggan, Fredrik, 2000: Auf legalem Weg in einen Polizeistaat, Pahl-Rugenstein: Bonn.
Roggan, Frederick und Bergemann, Nils 2007: Die „neue Sicherheitsarchitektur" der Bundesrepublik Deutschland – Anti-Terror-Datei, gemeinsame Projektdateien und Terrorismusbekämpfungsänderungsgesetz, in: Neue Juristische Wochenschrift 60 (13), S. 876-881.
Rose, Nikolas, 1999: Powers of Freedom. Reframing Political Thought, Cambridge University Press: Cambridge.
Sarasin, Philipp, 2004: Anthrax. Bioterror als Phantasma, Suhrkamp: Frankfurt a.M.

Schiffauer, Werner, 2007: Nicht-intendierte Folgen der Sicherheitspolitik nach dem 11. September, in: Kurt Graulich und Dieter Simon (Hg.), Terrorismus und Rechtsstaatlichkeit, Akademie: Berlin, S. 361-375.

Schoch, Friedrich, 2004: Abschied vom Polizeirecht des liberalen Rechtsstaats? – Vom Kreuzberg-Urteil des Preußischen Oberverwaltungsgerichts zu den Terrorismusbekämpfungsgesetzen unserer Tage, in: Der Staat 43 (3), S. 347-369.

Simon, Jonathan, 1998: Managing the Monstruous. Sex Offenders and the New Penology, in: Psychology, Public Policy, and Law 4, S. 452-467.

Simon, Jonathan, 2007: Governing Through Crime. How the War on Crime Transformed American Democracy and Created a Culture of Fear, Oxford University Press: Oxford.

Steinmetz, George, 1999a: Introduction: Culture and the State, in: Ders. (Hg.), State/ Culture: State-Formation after the Cultural Turn, Cornell University Press: Ithaca, London, S. 1-49.

Stolle, Peer, 2008: Die aktuellen Terrorismus-Verfahren und ihre Folgen. Eine erste Bestandsaufnahme, in: Kriminologisches Journal 40 (2), S. 123-136.

Sunstein, Cass R. 2007: Gesetze der Angst, Suhrkamp: Frankfurt a.M.

Trotha, Trutz von, 2010: Die präventive Sicherheitsordnung. Weitere Skizzen über die Konturen einer „Ordnungsform der Gewalt", in: Kriminologisches Journal 42 (1), S. 24-40.

Wolf, Klaus Dieter, 2007: Staatsräson in der Bundesrepublik Deutschland, in: Kurt Graulich und Dieter Simon (Hg.), Terrorismus und Rechtsstaatlichkeit, Akademie: Berlin, S. 379-386.

Frieder Vogelmann

Die Falle der Transparenz. Zur Problematik einer fraglosen Norm*

„If you have something that you don't want anyone to know, maybe you shouldn't be doing it in the first place." Eric Schmidt, Google-CEO im Interview auf CNBC

Es hätte nicht erst der Diskussion um die sogenannten Nacktscanner inklusive einer rasanten Kehrtwende ihrer Beurteilung seitens der Politik bedurft,[1] um sich über die Maßlosigkeit des öffentlichen Blicks Gedanken zu machen – nahezu täglich werden neue Vorhaben angekündigt, um die Sicht auf und in jeden einzelnen zu verbessern. Das ist keineswegs eine Angelegenheit allein des Staates, ebenso wenig wie es einfach „die Privatwirtschaft" ist, die nach allen verwertbaren Daten schnappt, um aus immer präziseren Profilen die Wünsche ihrer Konsumenten herauszurechnen noch bevor diese sie selbst bemerkt haben. Ohne unser aller tätige Mithilfe wären die massiven Transformationen des öffentlichen Blicks kaum denkbar, wie der Umgang mit vormals persönlichen Daten im Internet demonstriert. Ich untersuche im Folgenden ein Detail dieser Umgestaltung, das bislang weniger kritische Aufmerksamkeit erfahren hat, als seiner Rolle bei der Produktion von Akzeptanz für diese Transformationen angemessen ist: den Begriff der Transparenz. Diese gilt gegenwärtig nicht nur als Demokratie, Verantwortung und Vertrauen förderndes Mittel,[2] sondern als Wert an sich mit einem „quasi-religiösen Status" (Hood 2006, 3).

Um die mit dem Gebrauch von „Transparenz" verknüpften Handlungen zu analysieren, sei an zwei allgemeine Überlegungen zur Verwendung von Begriffen erinnert: Wenn ein Begriff tatsächlich, wie Blumenberg nahelegt, eine Falle ist, so weil er in Abwesenheit des Subjekts handelt: „Die Falle handelt für den Jäger in dem Augenblick, in dem er selbst

---

* Eine kürzere Fassung dieses Textes wurde auf der Nachwuchskonferenz *Normative Ordnungen: Rechtfertigung und Sanktion* des Exzellenzclusters „Herausbildung normativer Ordnungen" in Frankfurt am Main unter dem Titel „Im Namen der Öffentlichkeit: Transparenz als Selbstzensur" vorgetragen. Den Teilnehmern am Panel „Zensur und Hegemonie" bin ich ebenso zu Dank verpflichtet wie Michele Salonia und Christina Müller für hilfreiche Diskussionen im Vorfeld.

1 Am 24. Oktober 2008 hatte der damalige Bundesinnenminister Wolfgang Schäuble (CDU) den Einsatz von Körperscannern strikt abgelehnt; nach dem missglückten Attentat auf ein Flugzeug auf dem Weg nach Detroit sprach sich Bundesinnenminister Thomas de Maizière (ebenfalls CDU) am 30. Dezember 2009 im Interview mit der *Süddeutschen Zeitung* für deren Einsatz aus. Interessanterweise hat sich mittlerweile auch der Begriff »Körperscanner« in den Zeitungen durchgesetzt, während 2008 noch vorwiegend von »Nackt-Scannern« die Rede war, so beispielsweise in der Berichterstattung der *Frankfurter Allgemeinen Zeitung*.

2 Vgl. zum rasanten Aufstieg des Begriffs Hood 2006; zur Frage, ob Transparenz als instrumenteller Wert oder als Wert an sich verstanden werden sollte, vgl. Heald 2006. Skeptisch gegenüber dem Argument, Transparenz fördere Vertrauen, sind Power 1997, Kapitel 6 und O'Neill 2002.

abwesend, das Beutetier aber anwesend ist" (Blumenberg 2007, 14).[3] Blumenberg ergänzt die Erkenntnis, dass wir mit Begriffen etwas *tun*, durch die Beobachtung, dass nicht nur wir handeln, wenn wir Begriffe gebrauchen, sondern auch die Begriffe selbst. Sie entwickeln ihre Wirkung dort, wo wir gerade nicht sind, und demonstrieren so eine Eigenlogik, die es zu berücksichtigen gilt. Auch dies ist keine neue Einsicht: Begriffe führen uns auf neue Wege, zu unvorhergesehenen Schlüssen und oft genug lassen sie uns anderes sagen, als wir auszudrücken meinten.

Der Begriff der Transparenz ist in Wirtschaft und Politik (und nicht nur dort) zu einer derart häufig verwendeten Vokabel geworden, dass Voraussetzungen und Folgen ihres Gebrauchs kaum noch explizit thematisiert werden, von ihrer Eigenlogik ganz zu schweigen. Das soll hier nachgeholt werden. Beide Richtungen des Handelns hervorzuheben, die im Begriff der Transparenz verwoben sind, heißt danach zu fragen, was wir tun, wenn wir Transparenz fordern, und was dieser Begriff mit uns tut, noch lange nachdem wir die Forderung erhoben haben. Die Antwort darauf erfolgt in drei Schritten: Zunächst werde ich die *Rationalität* von Transparenzforderungen von der ersten Richtung des Handelns her freilegen. Solche Forderungen lassen sich insgesamt als ein Handeln beschreiben, das auf das Handeln anderer abzielt, und daher als eine spezifische Weise des Ausübens von Macht im Sinne Michel Foucaults verstanden werden sollte (1). Die zweite Richtung des Handelns, das Eigenleben des Begriffs, wird uns im darauffolgenden Schritt zur Eigenlogik der Transparenz führen, die sich am besten als eine Form der *Exzessivität* charakterisieren lässt. Das Tun der Transparenz verleiht unserem eigenen Handeln im Namen derselben eine besondere Dynamik, die stets einen Überschuss besitzt und zum Exzess drängt (2). Wieso dieser Überschuss zum Problem werden kann, soll im letzten Abschnitt unter dem Begriff der *Selbstzensur* erörtert werden (3).

1 Transparenzforderungen

Es hilft, mit einigen Beispielen zu beginnen, so dass deutlich wird, was im Folgenden mit Transparenz und Transparenzforderungen gemeint ist:

1. „Transparency Deutschland fordert: [...] Veröffentlichung von Nebentätigkeiten von Abgeordneten und Ausweitung der Anzeige- und Veröffentlichungspflichten sowie die Einführung wirksamer Sanktionen bei Verstößen gegen die Regeln." (Transparency International 2009b)
2. „Wer Hilfe von Dritten erhält, muss in allen Lebensbereichen nachweisen, dass er seine finanzielle Unterstützung zu Recht bekommt." (Bundesministerium für Wirtschaft und Arbeit 2005, 24)
3. „[...] eine Kennzeichnung der Polizisten durch Namen oder Nummer [ist] überfällig. Der einzelne Bürger hat das Recht, Dinge vor der Allgemeinheit zu verbergen. Für den Staat und seine Organe aber gilt das Standardargument der Kontrollfanatiker: Nur wenn er nichts zu verbergen hat, muss er Transparenz nicht fürchten." (Asmuth 2009)[4]

---

3 Blumenbergs Gedanken verfolgen dann freilich eine ganz andere Richtung, auf deren Darstellung ich hier verzichte; insbesondere geht es ihm darum, dass die Leistung der Vernunft nicht von Begriffen ausgeschöpft wird.
4 Das ist ein direktes Echo der Rousseau'schen Forderung, „daß es keinem Mann von Stellung jemals erlaubt wäre, unerkannt einherzugehen" (Rousseau 1981 [1782], 620).

4. „Primär verfolgt das IFG [Informationsfreiheitsgesetz, F.V.] als Ziel die Transparenz staatlichen Handelns. Das Mittel dazu ist die Transparenz der Behördenakten. Transparenz ist so gesehen also Mittel und Ziel zugleich." (Sitsen 2009, 41)

Es handelt sich um Forderungen nach Transparenz in vornehmlich politischen Kontexten; die Liste ließe sich allerdings leicht um die entsprechenden Forderungen aus der Wirtschaft (und anderen Bereichen) ergänzen.[5] Eine Definition von Transparenz wird trotz der Prominenz des Begriffs selten gegeben; stellvertretend sei hier die Charakterisierung von Transparency International erwähnt:

> Characteristic of governments, companies, organisations and individuals of being open in the clear disclosure of information, rules, plans, processes and actions.
> As a principle, public officials, civil servants, the managers and directors of companies and organisations, and board trustees have a duty to act visibly, predictably and understandably to promote participation and accountability. (Transparency International 2009a, Stichwort „Transparency")[6]

Wohl niemand hat die Erwartungen, die an die Durchsetzung von Transparenzforderungen geknüpft werden, so präzise und kategorisch formuliert wie Jeremy Bentham: „I do really take it for an indisputable truth and a truth that is one of the corner-stones of political science – the more strictly we are watched, the better we behave." (Bentham 2001, 277)[7] Obgleich an dieser Stelle auf das Individuum bezogen, ist Transparenz für Bentham gleichfalls ein Eckpfeiler für die Organisation politischer Institutionen (vgl. Bentham 1999 [1843], 29-44). In seinem Buch *Political Tactics* führt er als wichtigsten Grund, die Einsehbarkeit (nahezu) aller Vorgänge in politischen Gremien zu fordern,[8] das durch diese Öffentlichkeit verstärkte Vertrauen der Bürger in die unter ihren Augen getroffenen Entscheidungen an – ein noch immer häufig genanntes Argument (vgl. beispielsweise Sitsen 2009, 41). Zugleich findet Bentham dort deutliche Worte für diejenigen, die glauben, Transparenzforderungen ablehnen zu können:

> The enemies of publicity may be collected into three classes: the malefactor, who seeks to escape the notice of the judge; the tyrant, who seeks to stifle public opinion, whilst he fears to hear its voice; the timid or indolent man, who complains of the general incapacity in order to screen his own. (Bentham 1999, 30)

Diese Variante des bekannten „wer nichts zu verbergen hat, muss Transparenz nicht fürchten" (so auch Beispiel 33 und das Eingangszitat), verdeutlicht den Nachdruck, mit dem

---

5 Wie viele Hoffnungen dort an den Begriff der Transparenz geknüpft werden, zeigt die G20-Abschlusserklärung vom 15. November 2008, in der Transparenz als erstes Prinzip zur Neuordnung der Finanzmärkte genannt wird (vgl. G20 2008). Zu Transparenz als „Erfolgsfaktor für Unternehmen" vgl. Klenk u. a. 2009.
6 Diese Definition passt auch mit der weitergefassten von Christopher Hood zusammen: „In perhaps its commonest usage, transparency denotes government according to fixed and published rules, on the basis of information and procedures that are accessible to the public […]." (Hood 2001, 701)
7 Christopher Hood zufolge ist Bentham sogar derjenige Autor, der „transparency" zuerst in Bezug auf die Regierung gebrauchte (vgl. Hood 2006, 9).
8 „Geheim" sollen nur die Vorgänge bleiben, deren Bekanntwerden feindliche Mächte begünstigt, Unschuldige unnötig verletzt oder zu allzu harten Strafen von Verurteilten führt. Vgl. Bentham 1999 [1843], 39.

Transparenzforderungen erhoben werden: Wer sie zurückweist, muss ein Verbrecher, ein Tyrann oder ein feiger Versager sein.

Um die Rationalität[9] solcher Transparenzforderungen zu analysieren, ist es von Vorteil, sie zunächst formal vierstellig darzustellen: A fordert von B, dieser möge etwas – X – für C sichtbar und damit sein Handeln in Bezug auf X für C nachvollziehbar machen. A, B und C stehen dabei für Akteure, wobei diese sowohl einzelne Subjekte als auch unorganisierte Gruppen oder Institutionen sein können – darauf wird später noch zurückzukommen sein. X, das *Objekt* der Transparenz, ist gleichfalls recht variabel bestimmbar: So kann es sich im konkreten Einzelfall um Vorgänge in parlamentarischen Ausschüssen handeln, deren Offenlegung verlangt wird, oder um die Begründung subjektiven Handelns. Abstrakt gesprochen, bezeichnet X zumeist Handlungen und deren Rechtfertigung (Beispiel 1 und 2) oder Informationen (Beispiel 3 und 4), die der Beurteilung zugänglich gemacht werden sollen.

Einerseits lassen sich mit dieser formalen Darstellung verschiedene Gestalten von Transparenzforderungen dadurch unterscheiden, wie viele der formal differenzierten Positionen tatsächlich unterschiedlich besetzt werden. Dass es nicht immer vier sein werden, dürfte schon deswegen offensichtlich sein, weil diejenige, die Transparenz fordert, meistens auch diejenige ist, der etwas offengelegt werden soll – oder sie gehört zumindest zu diesem Kreis von Personen bzw. zur relevanten Institution. Eine weitere, distinkte Form der Transparenzforderung liegt vor, wenn das Objekt der Transparenz mit dem Subjekt zusammenfällt, d.h. wenn jemand aufgefordert wird, seine eigenen Handlungen und ihre Gründe offenzulegen. Die Existenz einer Beziehung zwischen Subjekt und Objekt der Transparenz derart, dass die Sichtbarkeit von X für B einen Unterschied macht, ist, wenngleich auf jeweils unterschiedliche Weise, ein gemeinsames Merkmal aller genannten Beispiele, und das keineswegs zufällig. Die Beziehung zwischen X und B ist spezifisch für die Logik von Transparenzforderungen: Warum auch eine Forderung nach Transparenz an B in Bezug auf X stellen, wenn das für B keine Folgen hätte?

Andererseits wird die Rationalität von Transparenzforderungen wesentlich durch die Voraussetzungen für die verschiedenen Elemente definiert, die eine erfolgreiche Transparenzforderung mit sich bringt.

(1) Betrachten wir zunächst den Akteur A, der die Transparenzforderung erhebt (den *Urheber* der Forderung), so lässt sich unschwer die Voraussetzung erkennen, dass die erfolgreiche Durchsetzung der Forderung eine bestimmte Machtbeziehung zwischen A und B impliziert. Macht sei dabei im Sinne Foucaults als eine „handelnde Einwirkung auf Handeln, auf mögliches oder tatsächliches, zukünftiges oder gegenwärtiges Handeln" (Foucault 2005 [1982], 285) verstanden. Macht ist also kein Etwas, das man besitzen könnte, sondern eine nur in der Ausübung existierende Relation zwischen Akteuren; die Transparenzforderung ist insofern eine Machtbeziehung zwischen A und B. Zudem ist diese nicht zwangsläufig dem Willen von B entgegengesetzt; Macht ist – im Gegensatz zu Webers wirkmächtiger

---

9 Mit „Rationalität" soll im Folgenden die verbindliche Systematik im Gebrauch von „Transparenz" in diversen Sprechakten bezeichnet sein. Systematisch ist der Gebrauch, weil es Voraussetzungen und Folgerungen gibt, die notwendig mit dem Begriff der Transparenz verbunden sind; verbindlich ist diese Systematik, weil sie den Gehalt des Transparenzbegriffs ausmacht. Wer stattdessen dauerhaft andere Voraussetzungen und Folgen an „Transparenz" knüpft, versucht entweder, den propositionalen Gehalt des Begriffs neu zu definieren, oder gebraucht ihn schlicht falsch. Ich stütze mich damit auf eine inferentielle Theorie der Sprache à la Brandom 2000.

Definition – auch dann im Spiel, wenn B der Transparenzforderung ohne weiteres nachkommt oder sie sogar begrüßt (vgl. Foucault 2005 [1982], 285-288).

Als Machtbeziehung verstanden, bedeutet eine erfolgreiche Transparenzforderung zweierlei für das Handeln des Subjekts der Transparenz (B): Erstens muss es direkt etwas tun, um der Forderung nachzukommen, nämlich X offenlegen. Es wird also ein konkreter Akt von ihm oder ihr verlangt. Zweitens verändert sich darüber hinaus jedoch auch das weitere, zukünftige Handeln des Subjekts der Transparenz. Auf diesen Aspekt komme ich später zurück; an dieser Stelle gilt es zunächst festzuhalten, dass der Urheber der Transparenzforderung in der Lage sein muss, durch geeignete Maßnahmen die Machtbeziehung der Transparenzforderung zu etablieren. Deshalb kann der Unterschied, ob die Akteure A und B Individuen oder Institutionen sind, entscheidend sein: Ist der Urheber ein Individuum, das einer Institution entgegentritt (Beispiel 3), sind andere Machtkonstellationen im Spiel, als wenn der Urheber selbst eine Institution ist, die eine andere Institution zu mehr Transparenz auffordert – und erst recht, wenn das Subjekt der Transparenz ein Individuum ist (Beispiel 2). Daneben gibt es natürlich zahlreiche weitere Varianten, wie Beispiel 1 verdeutlicht: Transparency International kann heute nicht mehr als eine bloße Gruppe von Individuen gelten; sie haben seit ihrer Gründung 1993 die Machtbeziehungen verändert und sind inzwischen eher als eine auf fragile Weise machtvolle Organisation einzustufen. Wollte man einzelne, konkrete Transparenzforderungen als Machtbeziehungen analysieren, müsste man jedoch nicht nur dafür aufmerksam sein, wer (Urheber) von wem (Subjekt) Transparenz fordert, sondern auch *wie* der Urheber diese Forderung durchsetzt (der *Modus* der Transparenzforderung). Es ist kein unbedeutender Unterschied, ob die Durchsetzung einer Transparenzforderung durch Gesetze erfolgt, durch eine freiwillige Selbstverpflichtung oder mit Hilfe fest installierter technischer Apparate schlicht Fakten geschaffen werden. Nicht nur, weil sich jeweils andere Legitimitätsunterstellungen und -erwartungen an die verschiedenen Modi knüpfen, sondern vor allem, da das *Wie* der Machtausübung bestimmt, auf welche Weise die beteiligten Akteure einander adressieren und adressiert werden – in den genannten Fällen etwa werden die der Transparenzforderung Unterworfenen als Rechtssubjekte, als Träger bestimmter Interessen oder in ihrer Körperlichkeit angesprochen. Nicht zuletzt ergeben sich daraus auch bedeutsame Unterschiede bezüglich der möglichen Formen von Widerstand gegen diese Machtbeziehung.

(2) Obwohl der Urheber, wie erwähnt, meist auch zu denen gehören wird, die Einblick erhalten sollen, ist das nicht zwangsläufig der Fall, was die analytische Trennung zwischen A und C rechtfertigt. Ich nenne Akteur C die *Öffentlichkeit* der Transparenz, denn häufig genug (in allen Beispielen etwa) ist es tatsächlich die Öffentlichkeit im eigentlichen Sinne des Begriffs, der etwas zugänglich gemacht werden soll. Insofern werde ich das Folgeleisten der Transparenzforderung – das Ausführen der oben genannten ersten Handlung, zu der das Subjekt der Transparenz veranlasst werden soll – auch als *Veröffentlichen* bezeichnen. Dennoch sollte klar sein, dass die Öffentlichkeit der Transparenz ebenso gut aus einem kleineren Kreis von Leuten – z. B. einem parlamentarischen Untersuchungsausschuss – oder sogar nur aus einer einzelnen Person bestehen kann.

Die Voraussetzung, welche die Öffentlichkeit gemäß der Rationalität der Transparenzforderung erfüllen können muss, ist, das veröffentlichte X beurteilen zu können (vgl. Florini 2000, 166). Eine Transparenzforderung bleibt erfolglos, weil folgenlos, wenn die zugänglich gemachten Informationen bzw. Handlungen und ihre Gründe nicht bewertet werden können.

Man stößt hier allerdings auf eine interessante Ambiguität: Ist eine Transparenzforderung erfolgreich, wenn das veröffentlichte X einer Öffentlichkeit präsentiert wird, die es aus Gründen, die mit dieser Öffentlichkeit und nicht mit dem präsentierten X zu tun haben, nicht beurteilen kann? Einerseits ließe sich mit gutem Grund der Erfolg behaupten, weil sie ihr direktes Ziel – die Sichtbarkeit von X – erreicht hat. Andererseits ließe sich wohl ebenso begründet der Erfolg bestreiten, da sie das damit verknüpfte Ziel einer Beurteilung des zugänglich gemachten Objekts der Transparenz verfehlt. Beide Erfolgsbedingungen korrespondieren den zwei angesprochenen Dimensionen der Handlungsbeeinflussung, auf die A mit der Transparenzforderung hinaus will. Bemerkenswert ist, dass diese Ambiguität keinesfalls zwangsläufig zur Abschwächung von Transparenzforderungen führen muss; ganz im Gegenteil lässt sich der Erfolg der Sichtbarmachung bei gleichzeitigem Misserfolg der Beurteilung sehr leicht als Grund nutzen, um mehr Transparenz zu verlangen, indem der Urheber der Forderungen X als nicht umfassend genug behauptet und entsprechend weiteres Material als für die Beurteilung erforderlich reklamiert.

Lassen sich die ersten beiden Bedingungen an Urheber und Öffentlichkeit der Transparenz als *externe* bezeichnen, da es in ihnen um Akteure geht, die jeweils an Anfang und Ende der Transparenzforderung stehen und damit gewissermaßen deren Rahmen darstellen, so sind die folgenden Voraussetzungen, die sich mit Subjekt und Objekt der Transparenz verknüpfen, *interne*, geht es bei ihnen doch um die beiden von der Forderung betroffenen Elemente.

(3) Das *Subjekt* der Transparenz (B) wird dabei als eines vorausgesetzt, das durch eine folgenschwere Differenz gekennzeichnet ist: Es verhält sich anders, wenn es beobachtet wird, als wenn es sich unbeobachtet glaubt. Benthams bereits zitierter Satz – „the more strictly we are watched, the better we behave" – bringt genau diese notwendige Unterstellung jeder Transparenzforderung zum Ausdruck. Nun muss es genau genommen nicht das Subjekt selbst sein, das von der Transparenzforderung betroffen ist – deswegen wurde zwischen X und B unterschieden. Doch besteht eine Verbindung zwischen beiden, die bewirkt, dass es für das Subjekt der Transparenz einen Unterschied macht, ob das Objekt (X) der Öffentlichkeit (C) zugänglich gemacht wird.

Damit rückt der zweite Aspekt der unter (1) angesprochenen Machtbeziehung in den Vordergrund. Das Verhalten von B wird im Erfolgsfall der Transparenzforderung nicht nur durch den Akt des Offenlegens selbst bestimmt, sondern darüber hinaus – und sehr viel weitergehend – von Bs Wissen um die Sichtbarkeit des Objekts der Transparenz (X). Das Paradebeispiel liefert wiederum Bentham, dessen Panopticon gerade darum so effektiv ist, weil es den Häftling zur Komplizenschaft bei seiner Einkerkerung zwingt. Foucault hat das in seiner Diskussion des Panopticons deutlich herausgestellt und fasst zusammen: „Derjenige, welcher der Sichtbarkeit unterworfen ist und dies weiß, übernimmt die Zwangsmittel der Macht und spielt sie gegen sich selbst aus; er internalisiert das Machtverhältnis, in welchem er gleichzeitig beide Rollen spielt; er wird zum Prinzip seiner eigenen Unterwerfung." (Foucault 2004 [1975], 260)[10] Aber die Unterstellung, dass bereits das Wissen um die Sichtbarkeit des Objekts der Transparenz ausreicht, um das Handeln des Subjekts zu

---

10 Detaillierte Erläuterungen, wie Bentham sich die Produktion dieses Wissens vorstellt, finden sich z.B. im Postscript I in Bentham 1838-43, 81 f., Fn.

verändern, ist nicht auf solche extremen Fälle beschränkt, sondern eine notwendige Voraussetzung jeder Transparenzforderung. Auch der Veröffentlichung von Parteispenden – um ein ganz anders gelagertes Beispiel zu nehmen – liegt dieselbe Logik zugrunde: Wenn eine Partei damit rechnen muss, dass die an sie geflossenen Spenden (zumindest diejenigen, die 50.000 € überschreiten; vgl. Parteiengesetz §25, Abs. 3) für jedermann einsehbar sind, wird sie es sich genau überlegen, so die (offenbar nicht immer berechtigte) Hoffnung, ihre Politik allzu offensichtlich nur an den Interessen der Spender zu orientieren.

(4) Über das *Objekt* der Transparenz (X) wurde schon mehrfach gesagt, dass es bei allen hier betrachteten Transparenzforderungen in einem Verhältnis zum Subjekt der Transparenz steht, so dass seine Sichtbarkeit für B einen Unterschied macht. Zumeist verweist X auf Handlungen von B und deren Begründungen, wie Beispiel 1 und 2 verdeutlichen. Auch Beispiel 3 zielt indirekt auf die Handlungen der mit Namen zu kennzeichnenden Polizisten, die so individuell zurechenbar gemacht werden sollen. Genauso dienen die Informationen, deren Veröffentlichung im Informationsfreiheitsgesetz (Beispiel 4) geregelt wird, der Nachvollziehbarkeit des behördlichen Handelns. Dass es in letzter Instanz bei allen Beispielen um das Sichtbarmachen von Handlungen und ihren Begründungen geht, sollte allerdings nicht überraschen, da das Ziel erfolgreicher Transparenzforderungen als Machtbeziehungen ja das Verhalten der ihnen unterworfenen Subjekte ist. Ich werde daher im Folgenden direkt davon ausgehen, dass es stets Handlungen und deren Gründe sind, die durch die Transparenzforderungen veröffentlicht werden sollen.

Es knüpft sich allerdings eine weitere wichtige Voraussetzung an X: Das Objekt muss „transparentisierbar" sein. Hinter diesem kaum zu entschuldigenden Wort verstecken sich zwei Anforderungen, die jeweils eine bestimmte Klasse von Handlungen ausschließen. Die erste Ausschlussbedingung wird durch die Analogie zur „Operationalisierbarkeit" in der psychologischen Forschung deutlich: Nicht alles lässt sich umstandslos sichtbar machen, manches verlangt nach einer vorhergehenden Behandlung oder einer Ableitung, die eine Größe transparent macht, um auf eine andere zu schließen, die sich ansonsten dem Blick entzieht.[11]

Die zweite Anforderung, die mit der Transparentisierbarkeit des Objekts der Transparenz erhoben wird, ist die Begründbarkeit der Handlungen. Insofern Transparenzforderungen darauf zielen, die Handlungen und ihre Gründe einer Öffentlichkeit zugänglich zu machen, sind unbegründete Handlungen – Impulshandlungen beispielsweise – ein Fall von Nicht-Transparentisierbarkeit, da die einzigen Gründe, die B anbieten könnte, nachträgliche Erfindungen wären.

Es zeigt sich eine Art von Rationalisierung, die von der Transparenzforderung angestoßen wird: Insofern sie die Handlungsgründe des Subjekts der Transparenz (B) öffentlich macht, übt sie auf dieses Subjekt einen möglichen Rechtfertigungsdruck aus. Im Falle des Objekts der Transparenz besteht dieser in einem *formalen* Sinne: Was veröffentlicht wird, muss rational verteidigt werden können. Vom Subjekt der Transparenz zu fordern, seine Handlungen nachvollziehbar zu machen, enthält stets auch die Forderung, rational zu handeln. Interessanterweise wird damit keineswegs der *materiale* Gehalt derjenigen Rationalität festgelegt, der diese Verteidigung genügen können muss. Nach welchen Rechtferti-

---

11 Vgl. analog dazu die Beispiele in Power 1997, Kapitel 5, die zeigen, wie verschiedene Bereiche erst „auditable" gemacht werden müssen.

gungsmustern die Öffentlichkeit das sichtbar gemachte Objekt der Transparenz beurteilt, hängt vollständig von dieser Öffentlichkeit ab.

Damit sind alle Voraussetzungen und mit ihnen die Rationalität der Transparenzforderung im Hinblick darauf besprochen, wie sie im Aufstellen solcher Forderungen sichtbar wird. Bevor die zuletzt angesprochene, von dieser Rationalität angestoßene formale und materiale Rationalisierung und ihre Auswirkungen weiterverfolgt werden, müssen wir uns zunächst der *Eigen*logik der Transparenz zuwenden, jenem von Blumenberg angedeutetem Handeln des Begriffs, das über das Handeln mit dem Begriff hinausgeht.

2 *Die Exzessivität der Transparenz*

Zunächst hilft es, sich an der konkreten Metapher zu orientieren. Etwas transparent zu machen verweist auf den Blick, der das Objekt der Transparenz durchdringen können soll. Wann wäre diese geforderte Transparenz erfüllt, der ungehinderte Blick möglich? Offenbar dann, wenn das Objekt so durchsichtig geworden ist, das nichts daran den Blick noch hindert, hindurchzugehen. Das fällt mit der Unsichtbarkeit des Objekts der Transparenz zusammen, denn was wirklich vollständig durchsichtig ist, hat nichts mehr an sich, das den Blick noch auf sich ziehen könnte. Es wird zum bloßen Medium des Blicks, durch das hindurch anderes sichtbar wird. In Perfektion führt die Transparenz zum Verschwinden ihres Objekts, und da alles andere dem Begriff nur mangelhaft nachkommt, drängt die Transparenz von sich aus, allein schon aufgrund ihrer Erfüllungsbedingungen, in diese Richtung.

Die Tendenz der Transparenz, ihr Objekt zum Verschwinden zu bringen, weist auf eine Instabilität im Begriff hin, die wir aus mindestens vier verschiedenen Perspektiven beleuchten können. Die erste wurde bereits angesprochen: In metaphorischer Hinsicht ist die Instabilität des Transparenzbegriffs durch den Umschlagpunkt markiert, an dem aus der Durchsichtigkeit des Objekts dessen Unsichtbarkeit wird. In der optischen Metaphorik lässt sich die Trennung zwischen Subjekt und Objekt der Transparenz nicht nachvollziehen; jenseits davon führt die für erfolgreiche Transparenzforderungen notwendige Beziehung zwischen beiden zum Übergreifen der Instabilität. Im Versuch der vollständigen Erfüllung der Transparenzforderungen findet sich daher auch in Bezug auf das Subjekt ein Umschlagen wie das von Transparenz zu Unsichtbarkeit. Die zweite Perspektive, in der die Machtbeziehungen der Transparenzforderung im Vordergrund stehen, zeigt es deutlich: Wenn es bei der Forderung nach Transparenz um Kontrolle geht, darum, den anderen sichtbar und so kontrollierbar zu machen (vgl. Bentham 1999 [1843], 29-37), dann bezeichnet der Extrempunkt der Unsichtbarkeit qua Transparenz den Umschlag der Machtbeziehung. Wer so durchsichtig wird, dass er schließlich unsichtbar ist, kehrt die Machtbeziehungen um. Er wird nicht mehr gesehen, sondern ist „reinster Blick" (Starobinski 2003 [1976], 381) – was Starobinski in seinem Buch über Jean-Jacques Rousseaus Verlangen nach Transparenz nicht ohne Grund mit dem Ring des Gyges in Verbindung bringt. Wer dermaßen transparent wird, dass er nicht mehr zu sehen ist, erreicht den Punkt, „an welchem die äußerste Nichtigkeit des Seins in schrankenlose Macht umschlagen würde" (ebd., 380). Nicht umsonst widmet Bentham in seinen *Panopticon Letters* der Unsichtbarkeit so viel Aufmerksamkeit: In Bezug auf die Insassen, die zu keinem Moment unsichtbar werden dürfen, aber auch und mit wesentlich mehr Aufwand in Bezug auf den Aufseher, dessen eigene Machtposition eben nicht nur auf seinem uneingeschränkten Blick beruht, sondern auch darauf, dass er selbst niemals sichtbar wird.[12]

Die Instabilität wiederholt sich ein drittes Mal unter handlungstheoretischer Perspektive, die Transparenz als das Freilegen der Handlungsrationalität deutet, um diese den Rechtfertigungsmustern der Öffentlichkeit zu unterstellen. Denn wo die Transparenzforderung so erfolgreich ist, dass sich das Subjekt der Transparenz vollständig von den Rechtfertigungsmustern der Öffentlichkeit leiten lässt, gelangt es an den Punkt, wo es kaum mehr als eigenständig handelndes Subjekt gelten kann, sondern lediglich mechanisch vollzieht, was vorgegeben ist. Es ist in diesem Fall nicht mehr autonomes Subjekt, sondern reine Verlängerung der Öffentlichkeit.

Und noch in einer vierten Hinsicht findet sich dieselbe Instabilität: Zwar muss die Transparenzrationalität die Grenzziehung zwischen dem Privaten und dem Öffentlichen unterstellen – denn nur wenn es für das Subjekt der Transparenz einen Unterschied macht, ob das Objekt der Transparenz öffentlich zugänglich ist oder privat bleibt, kann die Machtbeziehung der Transparenzforderung ihre beiden Ziele erreichen. Doch bringt die erfolgreiche Transparenzforderung diese Differenz im selben Atemzug wieder zu Fall, insofern sie eine ständige Grenzverschiebung in Gang setzt, die alles der Öffentlichkeit zuzuschlagen bemüht ist.

Das ist mit der Exzessivität der Transparenz gemeint: Die Eigenbewegung des Begriffs, seine Tendenz, die er von sich aus, einmal eingeführt, weiterverfolgt, ist exzessiv, weil sie – unter egal welcher Perspektive – schließlich die eigenen Voraussetzungen untergräbt. Was sichtbar werden soll, wird unsichtbar vor Sichtbarkeit. Was kontrolliert werden soll, wird bis zur Unkontrollierbarkeit kontrolliert. Was Privat und Öffentlich voneinander abgrenzt, verschiebt diese Grenze, bis das Private verschwindet.

Polemische Zuspitzung, philosophische Übertreibung? Vielleicht. Und doch bei weitem nicht so zugespitzt wie ein vom Bundesministerium für Wirtschaft und Arbeit verfasster (und vom damaligen Minister, Wolfgang Clement, eingeleiteter) „Report vom Arbeitsmarkt im Sommer 2005", der über diesem unscheinbaren Untertitel verkündet, worum es eigentlich geht: „Vorrang für die Anständigen – Gegen Missbrauch, ‚Abzocke' und Selbstbedienung". Noch wird „Abzocke" in Anführungszeichen eingeschlossen, doch bereits wenige Seiten später (S. 9) ist das Wort daraus ausgebrochen, wird zunächst als normales Verb – „abzocken" – behandelt und avanciert auf den letzten Seiten zum Namen einer ganzen Klasse von Menschen: den „Abzockern" (S. 29).[13]

Doch jenseits der interessanten rhetorischen Bewegungen in diesem Text kommt es mir auf die darin erhobenen Transparenzforderungen und besonders auf deren skizzierte Umsetzung an. Ausgangsbasis des „Reports" ist der Satz aus Beispiel 2: „Wer Hilfe von Dritten erhält, muss in allen Lebensbereichen nachweisen, dass er seine finanzielle Unterstützung zu Recht bekommt." (Bundesministerium für Wirtschaft und Arbeit 2005, 24)

---

12 Daher Benthams seitenlange Ausführung über die Anordnung von Sichtblenden und Fensterläden: vgl. z. B. Bentham 1838-43, Letter II, Letter V und Postscript I, Section VIII.

13 In der aktuellen Version dieser Rhetorik sind aus den „Abzockern" die „Trickreichen" geworden: „Die Treffsicherheit des deutschen Sozialstaats muss größer werden. Wir müssen die Hilfe auf die wirklich Bedürftigen konzentrieren und müssen sie den Findigen und Trickreichen kürzen oder notfalls streichen. Jeder, der jung und gesund ist und keine Angehörigen zu betreuen hat, muss zumutbare Arbeiten annehmen – sei es in Form von gemeinnütziger Arbeit, sei es im Berufsleben, sei es in Form von Weiterbildung. Wer sich dem verweigert, dem müssen die Mittel gekürzt werden." (Außenminister Guido Westerwelle (FDP) in der *BILD am Sonntag* vom 21. Februar 2010)

Man muss folglich überprüfen, dass es keine Ehepartner oder Lebensgefährten gibt bzw. dass überhaupt keine Person existiert, „die mit dem erwerbsfähigen Hilfebedürftigen in einem gemeinsamen Haushalt so zusammenlebt, dass nach verständiger Würdigung der wechselseitige Wille anzunehmen ist, Verantwortung füreinander zu tragen und füreinander einzustehen" (SGB II, §7, Abs. 3, Nr. 3c). Ein sicheres Mittel dazu ist, die Unterhosen auf der Wäscheleine zu zählen, das Schlafzimmer und die Schränke zu inspizieren, sowie, nicht zu vergessen, die „Kuhle im Ehebett" (Bundesministerium für Wirtschaft und Arbeit 2005, 4-6; vgl. Berghahn 2008, 208-212). Auch muss der Aufenthalt des Hilfsbedürftigen bekannt sein und dazu seine Beweglichkeit eingeschränkt werden, indem jede längere Abwesenheit – „länger" ist alles, was sie oder ihn daran hindert, auf einen Brief am Folgetag zu reagieren – vorab beantragt werden muss.[14] Und nicht zuletzt muss man dafür Sorge tragen, dass die Öffentlichkeit kontrollieren kann, wofür ihr Geld ausgegeben wird, so dass man die Pflicht zur Offenlegung von Kontoauszügen schaffen muss.[15]

Hier zeigt sich die Bewegung der Exzessivität der Transparenz geradezu nüchtern als eine natürliche Folgerung aus dem Sozialgesetzbuch; sie ist eine technische Antwort auf all die kleinen Detailfragen, die sich dem Prüfdienst der Arbeitsagenturen im Zuge der möglichst genauen Umsetzung der Anweisungen und Gesetze stellen. Natürlich ist damit noch lange nicht der Punkt erreicht, an dem die exzessive Intensivierung und Ausweitung der Transparenzforderungen diese selbst destabilisieren würden. Der „Report vom Arbeitsmarkt" ist lediglich ein kleiner Schritt auf diesem Weg – wenngleich die Maßnahmen bereits große Eingriffe für die Betroffenen darstellen.

3 Selbstzensur

Bevor die Eigenlogik der Transparenz, also das Handeln des Begriffs, das Blumenberg hervorgehoben hatte, als Exzessivität bestimmt wurde, hatte die Analyse der Rationalität von Transparenzforderungen formale und materiale Formen von Rationalisierung aufgespürt. Die Folgen des Zusammenspiels von Rationalisierung und Exzessivität, also der beiden im Transparenzbegriff verwobenen Handlungsrichtungen, lassen sich abschließend mit Hilfe des Begriffs der „Selbstzensur" auf den Punkt bringen. „Selbstzensur" ist, wie „Zensur" überhaupt, ein stark moralisch-emotional besetztes Konzept, so dass es hilfreich ist, sich an der „kühleren" Behandlung von „Zensur" in der Rechtswissenschaft zu orientieren, indem man auf die Interpretationen des grundgesetzlichen Zensurverbots zurückgreift, dass in Artikel 5 Absatz 1 des Grundgesetzes festgelegt ist:

> Jeder hat das Recht, seine Meinung in Wort, Schrift und Bild frei zu äußern und zu verbreiten und sich aus allgemein zugänglichen Quellen ungehindert zu unterrichten. Die Pressefreiheit und die Freiheit der Berichterstattung durch Rundfunk und Film werden gewährleistet. Eine Zensur findet nicht statt. (Art. 5 Abs. 1 GG)

---

14 Vgl. §152, Nr. 2, 3. Buch SGB und die dazugehörigen Erreichbarkeits-Anordnung (EAO) in der letzten Fassung vom 26. September 2008.
15 Vgl. dazu §60 und §66 SGB I sowie §67 SGB X; exemplarisch ist das Urteil des Bundessozialgerichts vom 19. September 2008, Aktenzeichen B 14 AS 45/07 R.

In der Rechtssprechung seit 1949 hat sich einiger Ausweitungsversuche zum Trotz die „klassische Linie" (Nessel 2004, 49) durchgesetzt, die zwischen Vor- und Nachzensur unterscheidet, und das Zensurverbot so auslegt, dass es zwei Arten von Vorzensur verbietet:

> Einerseits das generelle Verbreitungsverbot mit Erlaubnisvorbehalt, andererseits das konkrete Verbreitungsverbot aufgrund eines Prüfverfahrens, wenn der Verbreitungswillen durch den Grundrechtsberechtigten noch nicht ausgeübt ist. (Nessel 2004, 49)

Während im ersten Fall die Vorzensur durch ein nur in einzelnen Fällen aufgehobenes Veröffentlichungsverbot zustande kommt, ergibt sie sich im zweiten Fall als Folge eines Beurteilungsverfahrens, das der Veröffentlichung nachgeschaltet ist. An diese zweite Form der Vorzensur anschließend sei mit Selbstzensur im Folgenden der Prozess bezeichnet, in dem ein Akteur sich eine Handlung selbst untersagt, weil er befürchtet oder sicher weiß, dass er sie nicht durch Gründe verteidigen kann oder dass seine Gründe keinen Platz in den Rechtfertigungsmustern der Öffentlichkeit finden können. Erfolgreiche Transparenzforderungen zielen demnach mittels der beiden angesprochenen Rationalisierungsformen auf Selbstzensur. Um in diesem Punkt eindeutig zu sein: Wir alle üben eine Selbstzensur dieser Art aus, und vermutlich ist es schwer, sich eine Gesellschaft auch nur vorzustellen, die ohne auskommt – soll heißen, Selbstzensur ist nicht von vornherein als ethisch oder moralisch defizitär zu verstehen.

Die *formale* Rationalisierung, die sich mit dem Objekt der Transparenz (X) verknüpft, erhöht den Druck, auf gewisse Handlungen zu verzichten: Wenn das Objekt der Transparenz nicht transparentisierbar ist, weil es keine Gründe für die Handlung gibt, die öffentlich gemacht wird, so führt das tendenziell dazu, dass der zur Transparenz angehaltene Akteur solche Handlungen unterlässt oder verstecken muss. Erfolgreiche Transparenzforderungen, die seine Handlungen tatsächlich sichtbar machen, verhindern letzteres und verstärken so die Selbstzensur.

Interessanter ist jedoch, was zuvor mit *materialer* Rationalisierung angesprochen wurde. Sie wird von den Transparenzforderungen nur indirekt vorgenommen, da diese die Rechtfertigungsmuster, nach denen das zugänglich gemachte Objekt der Transparenz von der Öffentlichkeit beurteilt wird, nicht selbst bestimmt, sondern nur dafür sorgt, dass die Beurteilung möglich wird. Welche Gründe und Handlungen den Rechtfertigungsanforderungen entsprechen, hängt damit von der Öffentlichkeit ab. Die Logik der Selbstzensur, gemäß der das Subjekt der Transparenzforderung in diesem Fall seine Handlungen vor deren Ausführung überprüft, muss sich also der Rationalität der Öffentlichkeit angleichen; sie wird gewissermaßen deren internalisierter Stellvertreter.

Die Exzessivität der Transparenz macht nun auf einige bemerkenswerte Folgen der Transparenzforderungen und der damit einhergehenden Selbstzensur aufmerksam: Zunächst führt sie zu einer *Intensivierung* der Selbstzensur, da sie eine beständige Erweiterung und Steigerung von Transparenzforderungen nach sich zieht, sowohl quantitativ als auch qualitativ. Sie versucht, immer mehr Handlungsbereiche als transparent zu machende zu etablieren, meist vermittels einer Art von Folgerungslogik, die argumentiert, das Objekt der Transparenz (X) könne gar nicht ausreichend transparent gemacht werden, wenn nicht außerdem Objekt Y – das bisher nicht Teil der Transparenzforderung war – zugänglich gemacht werde. Statt die Ausweitung der Transparenzforderungen über die Erweiterung des Objekts vorzunehmen, können auch mehr Subjekte einbezogen werden: Wenn B Subjekt der Transparenz ist, warum nicht auch seine Kollegen, seine Untergebenen oder sein Chef?

Qualitativ findet eine Intensivierung der Transparenzforderungen statt, wenn sich deren Modus ändert, also die Art und Weise, wie etwas öffentlich zu machen ist. Reichte es beispielsweise zuvor aus, alle relevanten Aktenvorgänge offenzulegen, müssen im nächsten Schritt die eigenen Handlungen stets mit Bezug auf die jeweiligen Akten dokumentiert werden. Zusätzliche Dokumentationspflichten sind auch deswegen ein probates Mittel zur Intensivierung von Transparenzforderungen, weil sie Strategien blockieren, wie sie etwa in kanadischen Behörden als Reaktion auf den *Access to Information Act* (seit 1983 in Kraft) verfolgt wurden: Akten wurden entweder gar nicht mehr angelegt oder nur noch mit dem absoluten Minimum an Inhalten; der Informationsaustausch erfolgte stattdessen verstärkt mündlich, so dass erst gar keine Akten anfielen (Roberts 2006; 2005).

Ob qualitativ oder quantitativ – in jedem Fall führt die Intensivierung der Transparenzforderungen auch zu einer Intensivierung der daraus resultierenden Selbstzensur: Im Falle der kanadischen Behörden zeigt eine statistische Untersuchung, dass die (weniger werdenden) Mitteilungen der meisten Mitarbeiter deutlich vorsichtiger geschrieben werden, und eine weitere Studie weist darauf hin, dass abweichende Meinungen wesentlich seltener in Diskussionen geäußert werden, wenn bekannt ist, dass diese protokolliert werden (Meade und Stasavage 2008).

Allerdings erschöpfen sich die Auswirkungen der Exzessivität der Transparenz nicht in einer Intensivierung der Transparenzforderungen, sondern sie produziert aufgrund der damit einhergehenden Instabilitäten des Begriffs einige ernsthafte Probleme. Diese lassen sich gemäß der vier Perspektiven anordnen, anhand der die exzessive Eigenlogik der Transparenz analysiert wurde: Metaphorisch gesprochen, verwies die Exzessivität der Transparenz auf den Punkt, an dem das Objekt der Transparenzforderung unsichtbar wird. Für die Selbstzensur entspricht dieser Verlust des Objekts der Ausmerzung des Selbst durch die Zensur. Unter handlungstheoretischer Perspektive betrachtet, drängt die Exzessivität zweitens, ganz in diesem Sinne, zur Fremdbestimmung des Subjekts der Transparenz, bis hin zur Zerstörung des selbstbestimmten Handelns dieses Subjekts. Die Exzessivität der Transparenz treibt die Intensivierung der Selbstzensur so weit, dass diese nur durch die vollständige Übereinstimmung der Rationalität der Öffentlichkeit und der praktischen Vernunft des Individuums zufrieden zu stellen ist. Hinter diesem Exzess feiert der Rousseau'sche Traum des Gemeinwillens Urstände, der auf natürliche Weise den Willen der einzelnen Bürger dominiert – „was nichts anderes heißt, als daß man ihn zwingt, frei zu sein" (Rousseau 2008 [1762], 21).[16]

In Hinsicht auf die Grenzziehung zwischen dem Privaten und dem Öffentlichen, die von der Transparenzforderung vorausgesetzt und durch ihre Exzessivität beständig untergraben wird, wirkt sich die so produzierte Instabilität drittens auf die Selbstzensur aus, die stets antizipiert, was als nächstes von der Öffentlichkeit gefordert werden *könnte*. Die

---

16 Eine Verwaltungsanordnung der „Einstweiligen Kommission" an die Departments Rhône und Loire während der französischen Revolution – datiert auf den 26. Brumaire des Jahres II (16.11.1793) – demonstriert diesen Anspruch und formuliert ihn nicht zufällig in der Metapher des Blicks: „Wir, die wir die Vermittler zwischen Euch und ihnen [dem Nationalkonvent; F. V.] sind, wir, die wir von ihnen beauftragt sind, über Euch zu wachen, Euch zu belehren, wir schwören Euch, dass wir nicht einen Augenblick unsere Blicke von Euch wenden werden, daß wir unnachsichtlich alle Macht anwenden werden, die uns übertragen worden ist, und daß wir alles als Verrat bestrafen werden, was Ihr unter anderen Umständen Saumseligkeit, Schwäche oder Nachlässigkeit nennen konntet." (Markov, u. a. 1957, Dokument Nr. 52, 235)

Macht der Einbildung, die Bentham für seinen Gefängnisentwurf so hoch schätzte (vgl. Bentham 1838-43, 45), treibt zum vorauseilenden Gehorsam gegenüber Forderungen, die erst real werden, weil alle sie bereits erfüllen: Eine Diktatur des Möglichen im Namen der Öffentlichkeit, stabiler als jede Herrschaft des Realen.

Wenn der Begriff der Transparenz tatsächlich eine Falle mit dem hier nachgezeichneten Mechanismus ist, und wenn der rasante Aufstieg des Begriffs in unserer Wertschätzung zusammen mit den immer häufiger erhobenen Transparenzforderungen nahelegt, dass wir uns längst haben fangen lassen, ließe sich eine Form der Befreiung von der resultierenden exzessiven Selbstzensur denken? Auf den ersten Blick scheint dabei die vierte und letzte Perspektive der Machtbeziehungen vielversprechend: Könnte nicht die Umkehrung von der perfekten Transparenz zur Unsichtbarkeit, von der vollständigen Unterwerfung zur Allmacht als Strategie der Subversion dienen, indem man dieser Bewegung auf den Umschlagpunkt hin zusätzlichen Schwung verleiht, um die Transparenzforderungen an ihrer eigenen Unersättlichkeit zugrunde gehen zu lassen? Das hieße, sich der Exzessivität der Transparenz zu überlassen in der Hoffnung, ihren Zusammenbruch zu überstehen. Es hieße, Benthams Besserungsprogramm vollständig Folge zu leisten, sich der Öffentlichkeit derart zu unterwerfen, bis man eins mit ihr wird und an ihrer Macht teilhat. Es hieße, darauf zu vertrauen, dass tatsächlich „die Öffentlichkeit [...] die Stütze der Tugend [ist]" (Robespierre 1989 [1793], 430) und nicht zwangsläufig zu deren Tyrannei führt.

Der Preis allerdings, der für eine solche Strategie zu zahlen wäre, ist unannehmbar, und eine aus der vollkommenen Unterwerfung unter diese Öffentlichkeit gewonnene Freiheit gehörte derselben „Moral" an, die Robespierre kein Jahr später zum Terror als eine „Emanation" der Tugend führt (vgl. Robespierre 1989 [1794], 594). Angesichts dieser Lage muss man wohl zum Maschinenstürmer werden, und der Versuch, aus der Falle der Transparenz auszubrechen, muss die Form einer gezielten Sabotage ihres hier freigelegten Mechanismus' annehmen.

Literatur

Asmuth, Gereon, 2009: Polizei braucht Überwachung, in: TAZ vom 12.09.2009.
Bentham, Jeremy, 1999 [1843]: Political Tactics, hg. von Michael James, Cyprian Blamires und Catherine Pease-Watkin, Clarendon Press: Oxford.
Bentham, Jeremy, 1838-43: The Works of Jeremy Bentham, hg. von John Bowring. W. Tait: Edinburgh.
Bentham, Jeremy, 2001: Writings on the Poor Laws, hg. von Michael Quinn, Clarendon Press: Oxford.
Berghahn, Sabine, 2008: Die neue Unübersichtlichkeit der Grenzüberschreitungen. Aktuelle Entwicklungen in der rechtlichen Regulierung des Privaten, in: Karin Jurczyk und Mechtild Oechsle (Hg.): Das Private neu denken. Erosionen, Ambivalenzen, Leistungen, Westfälisches Dampfboot: Münster, S. 192-223
Blumenberg, Hans, 2007: Theorie der Unbegrifflichkeit, hg. von Anselm Haverkamp, Suhrkamp Verlag: Frankfurt a. M.
Brandom, Robert B., 2000: Expressive Vernunft, Suhrkamp Verlag: Frankfurt a. M.
Bundesministerium für Wirtschaft und Arbeit, 2005: Vorrang für die Anständigen – Gegen Missbrauch, „Abzocke" und Selbstbedienung im Sozialstaat. Ein Report vom Arbeitsmarkt im August 2005.

Florini, Ann M., 2000: Does the Invisible Hand Need a Transparent Glove? The Politics of Transparency, in: Boris Plekovic und Josef Stiglitz (Hg.): Annual World Bank Conference on Development Economies 1999, World Bank: Washington D.C., S. 162-84

Foucault, Michel, 2005 [1982]: Subjekt und Macht, in: ders., Dits et Écrits IV, Suhrkamp Verlag: Frankfurt a. M., S. 269-294.

Foucault, Michel, 2004 [1975]: Überwachen und Strafen. Die Geburt des Gefängnisses, Suhrkamp Verlag: Frankfurt a. M.

G20, 2008: The Washington Summit. Summit on financial markets and the world economy, http://www.g20.org/Documents/g20_summit_declaration.pdf (12.10.2009).

Heald, David, 2006: Transparency as an Instrumental Value, in: Christopher Hood und David Heald (Hg.), Transparency: The Key to Better Governance?, Oxford University Press: Oxford, S. 59-73.

Hood, Christopher, 2006: Transparency in Historical Perspective, in: Christopher Hood und David Heald (Hg.): Transparency: The Key to Better Governance?, Oxford University Press: Oxford, S. 3-23

Hood, Christopher C., 2001: Transparency, in: Encyclopedia of Democratic Thought, Hrsg. P.B. Clarke und J. Foweraker, 700-704. London: Routledge.

Klenk, Volker, und Hanke, Daniel J., 2009: Corporate Transparency – Wie Unternehmen im Glashaus-Zeitalter Wettbewerbsvorteile erzielen, Frankfurter Allgemeine Buch: Frankfurt a. M.

Markov, Walter, und Soboul, Albert, 1957: Die Sansculotten von Paris. Dokumente zur Geschichte der Volksbewegung 1793-1794, Akademie Verlag: Berlin.

Meade, Ellen E., und Stasavage, David, 2008: Publicity of Debate and the Incentive to Dissent. Evidence from the US Federal Reserve, in: Economic Journal 118, S. 695-717.

Nessel, Thomas, 2004: Das grundgesetzliche Zensurverbot, Duncker & Humblot: Berlin.

O'Neill, Onora, 2002: A Question of Trust. The BBC Reith Lectures 2002, Cambridge University Press: Cambridge.

Power, Michael, 1997: The Audit Society. Rituals of Verification, Oxford University Press: Oxford.

Roberts, Alasdair S., 2005: Spin Control and Freedom of Information: Lessons for the United Kingdom from Canada, in: Public Administration 83, S. 1-23.

Roberts, Alasdair S., 2006: Dashed Expectations: Governmental Adaptation to Transparency Rules, in: Christopher Hood und David Heald (Hg.): Transparency: The Key to Better Governance?, Oxford University Press: Oxford, S. 107-125.

Robespierre, Maximilien, 1989 [1793]: Über die repräsentative Regierung, in: ders., Ausgewählte Texte, hg. von Carlo Schmid, Merlin Verlag: Hamburg, S. 408-434.

Robespierre, Maximilien, 1989 [1794]: Über die Grundsätze der politischen Moral, die den Nationalkonvent bei der inneren Verwaltung der Republik leiten sollen, in: ders., Ausgewählte Texte, hg. von Carlo Schmid, Merlin Verlag: Hamburg, S. 581-616.

Rousseau, Jean-Jacques, 1981 [1782]: Betrachtungen über die Regierung Polens und über deren vorgeschlagene Reform, Winkler Verlag: München.

Rousseau, Jean-Jacques, 2008 [1762]: Vom Gesellschaftsvertrag oder Grundsätze des Staatsrechts, Reclam: Stuttgart.

Sitsen, Michael, 2009: Das Informationsfreiheitsgesetz des Bundes. Rechtsprobleme im Zusammenhang mit dem Anspruch auf Informationszugang nach dem IFG, Verlag Dr. Kovač: Hamburg.

Starobinski, Jean, 2003 [1976]: Rousseau. Eine Welt von Widerständen, Fischer Taschenbuch Verlag: Frankfurt a. M.

Transparency International, 2009a: The Anti-Corruption Plain Language Guide, http://www.transparency.org/content/download/45306/725785/file/TI_Plain_Language_Guide_280709.pdf (08.09.2009).

Transparency International, 2009b: TI-Deutschland. Politik, http://www.transparency.de/Politik.62.0.html (8.9.2009).

Gary T. Marx

The New Surveillance. Some Concepts and Some Implications for Privacy and Stratification

1 Introduction

The English noun surveillance comes from the French verb *surveiller*. That derives from the Latin *vigilare* meaning to keep watch. This hints at something vaguely sinister or threatening beyond the watchtower and town walls. The threat has not yet arrived and might yet be successfully warded off by keeping watch. This ancient meaning is reflected in the association many persons still make of surveillance with the protective activities of police and national security agencies. Yet in contemporary society the term has a far wider meaning. The dictionary, thesaurus and popular usage suggest a set of related activities: observe, watch, supervise, control, gaze, stare, view, scrutinize, examine, check-out, scan, inspect, survey, glean, monitor, test, scope. Some of these are more inclusive than others and can be logically linked (e.g., moving from watch, to scrutinize to test) and we might tease out subtle and distinctive meanings for each. However, terms can have fuzzy lines of definitions. Surveillance as it is used in various academic essays today may demonstrate what the philosopher Ludwig Wittgenstein calls a family resemblance. All the activities associated with surveillance show equivalence but their differences are also pronounced and will be missed if we just stay with the most common term.

In the following article I propose a definition of the new social surveillance as *scrutiny of individuals and contexts through the use of technical means to extract or create information*. It is based on the generic activity of surveilling as the taking in of data but does not build in the goal of control, nor specify directionality. Although I offer a framework for making moral and policy judgments, with its focus on technical means it is purely denotative. It indicates a kind of activity central for understanding society and the borders around persons and groups as it allows demonstrating the specific multiplicity of the new surveillance in the informational age in which the line between surveillance and communication and thus between the surveillance agent and the surveillance subject are increasingly blurred due to rapid ongoing technical development.

The same tool may serve different functions for various groups and in various contexts. We can identify the surveillance agent as watcher, observer, seeker, inspector, auditor or tester, while the person about whom information is sought is the surveillance subject. However, given the multiplicity of the new surveillance both, agent and subject play increasingly both roles in the socio-technical environment, although hardly in the same form or degree. They are sometimes blurred and may overlap, even for the same person in the same setting. Certainly the camera, audio recorder, or motion detector will capture whatever is encountered independent of social factors – whether economic level, gender or ethnicity.

This can introduce fairness and help sand some of the rough edges of stratification. But this egalitarian potential of the new technology does not mean that all persons and settings have an equivalent chance of being surveilled. Nor are the resources (whether cultural or physical) to defend, resist, and challenge equally distributed in stratified settings and societies. The development and use of information avaricious technologies tends to reflect differential access to resources. On the average, privacy invasive technologies seem more likely to enhance the status quo and to extend inequality than the reverse. In liberal societies, depending on the borders of observability and visibility in various contexts of everyday life, the new surveillance continuously creates or undermines stratification based on information. This increases or decreases privacy depending on for whom and the context. At least three perspectives are of crucial importance here, namely how in a given day each individual encounters surveillance, how the reach of surveillance changes over the life cycle and how it differs by social class, opportunities and the kinds of role played (subject or agent of surveillance, uni- or bi-directional surveillance).

2 From Traditional to New Surveillance

At the most general level surveillance of humans (which is often, but needs not be synonymous with human surveillance) can be defined as *regard or attendance to a person or to factors presumed to be associated with a person.* A central feature is gathering some form of data connectable to the individual. In his analysis of „The Look" Sartre illustrates a basic distinction. He describes a situation in which an observer is listening from behind a closed door while peeking through a keyhole when „[…] all of a sudden I hear footsteps in the hall" (1956). He becomes aware that he himself will now be observed. In both cases he is involved in acts of surveillance determining or even creating aspects of his identity, but these are very different forms. In the latter case in being observed he simply responds and draws a conclusion from a state of awareness. In the former in being the observer he has taken the initiative.

Surveillance can simply mean the routine, auto-pilot, semi-conscious, often even instinctual awareness in which our sense receptors are at the ready, constantly receiving inputs from whatever is in perceptual range. Hearing a noise, that might or might not be a car's backfire and looking before crossing the street are surveillance examples. At the outer reaches, drawing conclusions about gender, age, appearance and location of those walking towards us as pedestrians can be included, as would overhearing a cell phone or restaurant conversation. A census, an opinion or public health survey, an informer, a pacemaker, inferences of opponents by a poker player, a uranium miner's monitor for radio activity and data mining fit the definition as well.

Within this broad definition the degree of self-conscious awareness of the act, intentionality and effort vary greatly. We can identify a form of surveillance as attentiveness or wakefulness in which an agent, with minimal malice or benign aforethought consumes data from a subject without directly seeking it. This can be called *non-strategic surveillance* which contrasts with cases of *strategic surveillance*. These involve a conscious strategy, rather than a more passive and seemingly reactive response to the environment. Strategic surveillance often involves an adversarial context in which a subject withholds or at least does not offer information. It thus may have an inquisitorial, discovery component. The subject may engage in information protection and communication and other practices designed to shape what the agent discovers. Or the surveillance may involve information that is unknown to anyone and is in a sense waiting to be discovered, unveiled, located, created, collected or collated or information that is known, but needs to be validated.

Within the strategic form we can distinguish the *traditional* from the *new surveillance*. Traditional surveillance is limited. It relies on the unaided senses and was characteristic of pre-industrial societies. Information tended to stay local. Covert and overt watching, hearing (and overhearing), inspections, question asking and tests and contests are likely found in various forms and degrees in all societies. With the development of language, numeracy, writing and more differentiated forms of social organization involving larger political entities, more complex and systematic forms appear involving counting, record keeping, interrogation, informing, infiltration, self-reports, confessions and the expanded use of tests, not infrequently nefarious and of doubtful scientific probity. With the emergence of industrial society these forms were supplemented, but hardly displaced, by new surveillance tools that enhanced the senses and cognition and were more subject to empirical validation. For example the telescope extended vision. The telegraph and telephone meant conversations could be intercepted far removed from the communicators. Collections of photographs, fingerprints and other biometric measurements improved the identification of suspects. Forensics offered the ability to match data from different sources. Bureaucratic record keeping sought to rationalize information location, retention, processing and sharing and surveillance results became more centralized. Yet until digitalization and other advances that began in the last half of the 20th century, this work was labor intensive and surveillance results collected in different forms and places were rarely merged. Law enforcement for example was still largely inductive needing to identify a suspect and build an inquiry around that. Once that was done a particular phone could be tapped, a photo, physical measurement or fingerprint compared, or a suspect could be observed at a distance with binoculars or given a polygraph test. Information from various sources could then be combined into a paper dossier.

But the scale, comprehensiveness, speed and power were modest relative to what were to come. Consider the instantaneous, pretty efficient search of vast, no longer disparate data bases, which can now deductively provide subjects from multiple, integrated data pools many of which are continuously provided real time information from ubiquitous sensors. Different kinds of digitalized surveillance data on a subject are easily combined and the distinction between centralized and decentralized breaks down as data flows within and between networks regardless of proximity or the need for a central location or even wire connections. The traditional forms contrast in important ways with the increasingly prominent new surveillance.

One indicator of change is a gap between dictionary definitions and current understandings. For example in the Concise Oxford Dictionary surveillance is defined as „close observation, especially of a suspected person". This definition works well for traditional surveillance – consider a suspect who is discretely followed by police and apprehended after robbing a bank or an undercover police agent who infiltrates a criminal group. However this historically bounded definition is not adequate for the new forms of surveillance, nor does it capture the more general meaning of surveillance as a fundamental social process across institutions and settings. Increasingly new surveillance technologies are applied categorically, rather than being „especially" applied to „a suspected person". In broadening the range of suspects (or better subjects), the term „a suspected person" takes on a different meaning implying everyone in a given group. In a striking innovation, new surveillance often goes not just to a particular person known beforehand, but to contexts (geographical places and spaces, particular time periods, networks and systems). Various attributes of the disembodied person are attended to such as consumption and indebtedness patterns, physical remnants and behavioral aspects such as gait. These may be categorized into risk and desirability pools.

The dictionary definition also implies a clear distinction between the subject of surveillance and the agent carrying it out. In an age of servants listening behind closed doors, binoculars and telegraphic interceptions, that separation made sense. The watcher was easily separated from the person watched. Yet, considering the new surveillance, self-monitoring is increasingly important, apart from direct scrutiny by others. Well-publicized mass media messages seek to create self-restraint through threats of social control (i.e., the possibility of getting caught) or to generate consumer behavior through rewards (frequent shopper programs) and role models. Rather than only the conflict or oppositional relationship implied in the conventional definition, surveillance through technology may serve as a facilitant of sociability. Here the observer and the observed merge, if we consider for example the role of a video camera in recording memorable social events or the use of an Airport-ID card containing biometric identifiers of the holder while offering a faster and more convenient identity-check at the airport. Manifold surveillance is triggered not only by a surveillance agent but at the same time by individual decisions and usages of the scrutinized. As Lianos (2003) observes the modern role of surveillance in policing must be placed in perspective along side of its fundamental importance across institutions in enhancing efficiency *and* services. The blurring of the agent-subject roles which must also be seen in contexts of reciprocal surveillance where a documentary record is a means of accountability as with mutual deterrence in national security contexts or the video-taping of guards and prisoners or police and interrogated subjects.

Referring to the Concise Oxford Dictionary definition of surveillance, we can see that the term „close observation" fails to capture contemporary surveillance practices. These may be carried out from afar, as with satellite images or the remote monitoring of communications and work. Nor need it be close as in detailed, – much initial surveillance involves superficial broad scans looking for patterns of interest to be pursued in greater detail later. The dated nature of the definition is further illustrated in its seeming restriction to visual means as implied in „observation". The eyes do contain the vast majority of the body's sense receptors and the visual is a master metaphor for understanding. Terms such as „world view", „insight", or expressions such as „I see", „I get the picture", „that's quite a scene", „as seen in", „seeing is believing" suggest that meaning is to be found there. Note the power attendant on being able „to see through people"! Indeed „seeing through" is a convenient short hand for the new surveillance, even as it makes use of the other senses. The visual is usually an element of surveillance, even when it is not the initial means of data collection. The eye as the major means of direct surveillance is increasingly joined or replaced by hearing, touching and smelling.[1] The use of multiple senses and sources of

---

1 Taste is the most under-utilized of the senses for surveillance. Drug agents sometimes taste a suspect substance. Historically the tasters who sampled the food and drink of elites for poison are another example. Evaluating the performance of a chef by tasting the product, a chef's self-monitoring by sampling a dish before serving, baking contest judges and professional food testers are other examples. „The Untouchable", a documentary on Harlem

data, including a variety of remote non-visual sensors is an important characteristic of much of the new surveillance. In response to changes in communications technology Marshall McLuhan's (1962) called attention to the increased importance of the visual relative to the other senses in western culture and society. Recent changes however may suggest a slowing down and even reversal of this pattern.[2]

The new social surveillance may be defined as *scrutiny of individuals and contexts through the use of technical means to extract or create information*. In this definition the use of „technical means" to extract and create the information implies the ability to go beyond what is offered to the unaided senses and minds or voluntarily reported. Many of the examples extend the senses and cognitive abilities by using material artifacts, software and automated processes, but the technical means for rooting out can also involve sophisticated forms of manipulation, seduction, coercion and deception.[3]

Including „extract and create" in the definition calls attention to the new surveillance's interest in overcoming the strategic or logistical borders that inhibit access to personal information. These inhibitors may involve willful hiding and deception on the part of subjects or limits of the natural world, senses and cognitive powers.

The use of „contexts" along with „individuals" recognizes that much modern surveillance attends to settings and patterns of relationships beyond focusing on a given, previously identified individual. Meaning may reside in cross classifying discrete sources of data (as with computer matching and profiling) that when considered separately are not revealing. Systems as well as persons are of interest. The collection of group data or the aggregation of individual into group data offers parameters against which inferences about individuals are drawn for purposes of classification, prediction and response.

This definition of the new surveillance excludes the routine, non-technological surveillance that is a part of everyday life such as looking before crossing the street or seeking the source of a sudden noise or of smoke, as well as the routine attentiveness to, and interaction with, others that is fundamental to being a social being. An observer on a nude beach or police interrogating a cooperative suspect would also be excluded, because in these cases the information is volunteered and the unaided senses are sufficient.[4] I therefore do not include a verb such as „observe" in the definition because the nature of the means (or the

---

drug dealer Nicky Barnes, reports on an addict who served as a tester. He was given heroin samples to inject. He evaluated them based on the quality of his high. What sense is involved here?
2 The interplay of the senses and culture is by no means a simple function of biology. There is considerable variation in how the senses are viewed and valued and even in how many there are. See for example Howes, David (ed.), 1991: The Varieties of Sensory Experience: A Sourcebook in the Anthropology of the Senses, Univ. of Toronto Press: Toronto; Classen Constance, 1993: Worlds of Sense. Exploring the Senses in History and across Cultures, Routledge: London; Ackerman, Diane, 1990: A Natural History of the Senses, Random House: New York, and on the history of vision, Jay, Martin, 1993: Downcast Eyes: The Denigration of Vision in Twentieth-century French Thought, University of California Press: Berkeley. The role of imagination and visualization in simulation, cyberspace interactions and the changing meaning of place and time seem likely to lead to new conceptions of the senses and ways of understanding or knowing.
3 For the latter, informers and undercover police, in their border-busting capability, are the functional equivalent of physical technologies that extend the senses.
4 However applying a polygraph to an uncooperative subject or for verification purposes or using a telephoto lens to capture and record an image from far away would fall within the definition. The exposure (if that is the term) volunteered by those at the nude beach is presumably intended to be available only momentarily to the unaided senses of others in the immediate vicinity and whose presence may introduce a kind of accountability not found with remote observations. To record images or observe from far away introduces considerations of the new surveillance.

senses involved) suggests subtypes and issues for analysis and ought not to be foreclosed by a definition, (e.g., how do visual, auditory, textual and other forms of surveillance compare with respect to factors such as intrusiveness or validity?). If such a verb is needed I prefer „to scrutinize", „to regard" or „attend to" rather than observe with its tilt toward the visual.

Many contemporary theorists such as Peter Manning, Torin Monahan, Christopher Dandecker and David Lyon offer a narrower definition tied to the goal of control. Taking a cue from Foucault's earlier more one-sided writings control as domination rather than as a more positive direction or neutral discipline is explicit or implicit in these. The French definition of the verb *surveiller* (to surveill – a term English spell check does not like) is to watch, keep an eye on or to supervise.[5] The most common German equivalent *überwachen* means to watch over, control, inspect and supervise. These expressions imply an important message regarding the power to watch and social position. Yes, surveillance, particularly as it involves the state and organizations, but also in role relationships as in the family, commonly involves the more and less powerful and on balance favors the goals sought by the former.

Understanding this is of the utmost importance. However, the conventional definition of surveillance as hierarchical watching over is inadequate if we want to understand the new surveillance. To define the topic only in terms of control is too narrow for the comparative analysis I seek. Control needs to be viewed as one of many possible goals and/or outcomes of surveillance. There are manifold others such as compliance with behavioral rules, certification standards and subjectivity (correct inner attitudes and feelings), verification, discovery and documentation, prevention and protection, strategic advantage (influence), and profit, creating symbolic value, publicity, organizational functioning (or governance/ administration/ management), curiosity and self-knowledge. When this is done we are in a position to analyze variations and also to note factors that may cut cross kinds of surveillance, apart from whether control is *the* defining attribute.

New surveillance can be better understood in comparison to settings involving other goals such as protection, communication and entertainment and where surveillance does not only flow downward. Given the nature of social interaction and in a resource rich society with civil liberties, there is appreciable data collection by those below, as well as above. In his imaginative norm breaching and bending video experiments (e.g., using a visible webcam to film employees in stores that themselves are using video cameras to watch customers) Steve Mann (2003) refers to watchful vigilance from below as „sousveillance".[6] Or consider examples such as demonstrators filming of police and workers documenting sexist or racist behavior on the part of superordinates. Thus, in considering current forms of surveillance, we need to be looser with our prepositions regarding social concepts of surveillance as control and appreciate bi-directionality and horizontal as well as vertical directions of surveillance that develop in parallel with the new technical means which are most often multifunctional.[7]

---

5 Why is there no English verb „to surveill"? The closest English equivalent is to survey. This refers to both taking a general or comprehensive view or appraisal but also to view in detail, especially to inspect, examine. But the supervision and vigilance aspect is much less apparent than with the other languages.
6 Researchers Steven Mann and Simpson Garfinkle, students in one of the first surveillance classes I gave, validate the song from The King and I („If you become a teacher, by your pupils you'll be taught").
7 If we assume two parties this suggests 8 possible normative or behavioral types for analysis, depending on whether or not surveillance is permitted/occurs and its directions.

3 The Multiplicity of the New Surveillance

In our increasingly engineered societies we daily live out some of Foucault's truth. The historical changes he observed in *Discipline and Punish*, is central for the analysis of contemporary surveillance, even if he does not go beyond 1836. No drug testing, computers or satellite photos here. Of course the failure to directly experience a topic one writes about need not be disqualifying. Yet all stories are limited and partial. Foucault focuses on the watchers directly carrying out internal constituency, non-reciprocated, rule-based, organizational surveillance of individuals on behalf of the organization's goals. It is hoped that creating fear of possible discovery will lead to self-surveillance. The social significance of these forms is clear. Yet so too are other forms neglected by Foucault, such as organizational surveillance for more benign ends, inter-organizational surveillance and the non-organizational surveillance of individuals of each other.[8] His analysis, as with that of many contemporary observers of surveillance, does not give sufficient attention to the multiplicity and fluidity of surveillance, its goals and conflicts between them. Some surveillance may serve parallel or shared goals of the individual as well as the organization and of the individual against the organization and may be initiated by the individual. There are also important differences between rule-based standards involving kinds of behavior and those involving social, psychological and physiological characteristics. Foucault, and many of those within his cape, collapse or reduce the more general process or activity of surveillance to just one context – the organizational – and to one goal: control, a term often used interchangeably with domination and repression.

As noted, I find it more useful to start with understanding the generic form and then to divide it into various species whether on the basis of means, goals, kinds of data and or whether the user is a public or private organization or an individual. In the year 1984 Jim Rule observed that with the development of computing, alongside of mass communication, mass surveillance became possible. In its indiscriminate sweep the mass surveillance of generalized computer matching (in which the entireties of two or more data bases are compared absent reason for specific suspicion) is equivalent to the indiscriminate mass transmission of a TV or radio signal.

We increasingly see technologies such as video and computer that combine surveillance and communication functions or blur the line between them. In recent decades there has been a move from mass to more individualized communication determined by characteristics of the recipient. Developments in the surveillance of consumption have been a major boost to targeted forms of communication. Individualized (targeted or segmented) marketing communication often occurs as a result of some form of surveillance. Calls to an 800 number, visits to a web page, consumption behavior can lead to spam or targeted solicitations via telephone and mail. Or consider law enforcement using mass communications such as advertisements and mailed solicitations to identify potential offenders who then become subjects of stings and other forms of surveillance. Contemporary television

---

8 Some related, if also distinct issues are raised by organizations charged with watching other organizations (the Security and Exchange Commission or the Federal Communications Commission). A non-government organization may take as its charge watching government or other organizations (Common Cause or Citizens for Accuracy in Media). Individuals may as well watch organizations as with investors, investigative journalists or lawyers with liability suits. The U.N. and other weapons surveillance monitoring systems as in North Korea and Iraq emphasize compliance with treaties.

and web cam transmissions combine or blur the line between surveillance and communication. Consider live helicopter videos of car chases as with O. J. Simpson or investigative TV programs that use infiltration and stings for consumer fraud and sexual predation.

The surveillance function is seen in the collection of evidence and as an aide to apprehension and affirmation of cultural beliefs about what happens to violators. But these are also mass communication. Similarly, note home cable TV systems that, beyond offering entertainment, can monitor viewer behavior for billing, marketing and security. In the case of the latter they can monitor for fire, gases, functioning of electrical and other systems, unauthorized entry or motion detection and can transmit internal images of the home to a central monitor when an alarm is triggered. The same tool may serve different functions for various groups. Web cam transmissions such as those in bars or on beaches that offer images of swimmers and weather conditions also serve as means of communication and control. Automobile radios deliver music and emergency messages (the latter even if the radio is turned off) and electronic location and engine monitoring devices can control driving behavior while also offering safety warnings. Multi-function hand held devices that offer radio and television can receive and transmit personal messages and images, while also offering records of location and communication usage.

4 *Privacy and Stratification*

Much of human history can be read as a struggle involving access and symbolism implied by various kinds of spatial and metaphorical borders. The ability to control one's own information and to access other's information (whether involving individuals or groups) is at the center of modern notions of privacy, the dignity of the person and accountability.

Understanding the intersection of borders with new technologies and personal information is central to our topic, particularly as this involves inequality and fairness. When surveillance technology is controversial, it is often because of the crossing, or the failure to cross, a personal border. Borders may protect information in several ways: physical blockages such as walls, a purse or skin; kinds of place or organization as culturally defined such as a home, a church or a public park; kinds of role relationships such as professional and familial. Various images can be applied. We can think of borders around the person in different contexts as being like a bubble whether clear, frosted or opaque and hermetically sealed or permeable –whether permitting outputs, inputs or both. The idea of borders suggests a circumscribed entity (in this case the person) separate from its environment. Yet borders to varying degrees permit exchanges. This alerts us to the important and neglected issue regarding the directionality of border crossings. Borders, like roads, are navigable in two directions.

Technologies that cross personal borders can be differentiated based on the direction of the crossing and data flow. These issues tie to sociology of information questions regarding norms about concealing and revealing information.[9] Here violations may occur on the part of both the surveillance agent and the person of interest, in either failing to collect, or to offer information, as well as in taking or offering information when it is not appropriate.

---

9 Georg Simmel's (1906) pioneering work on secrecy must be a beginning point here. See also Marx and Muschert (2009).

Most considerations of privacy focus only on taking data from the person. But crossing a personal border to impose upon the person is of equal importance in considerations of liberty.

Depending on the context, social roles and culture, individuals or groups may be required, find it optional, or be prohibited from engaging in these activities, whether as subjects or agents of surveillance and communication. When the rules specify that a surveillance agent is not to ask certain questions of (or about) a subject we can speak of *privacy norms*. Subjects may or may not have discretion to reveal their personal information, apart from the rules applying to agents and those with legitimate access.[10] When the rules specify that information must be revealed by the subject or sought by the agent, we can speak of *publicity norms*. The subject has an obligation to reveal and/or the agent has an obligation to discover and to report what is discovered. With publicity norms there is no right to privacy that tells the agent not to seek information, nor that gives the subject discretion regarding revelation. Rather there is the reverse – the subject has an obligation to reveal and/or the agent has an obligation to discover and to report what is discovered.[11]

Of course normative expectations of privacy and publicity do not always correspond to how the adjectives public and private are applied to empirical facts. Thus the cell phone conversations of politicians and celebrities that have privacy protections may become public. Information subjected to publicity requirements such as government and corporate reports and disclosure statements may be withheld, destroyed or falsified. Information not entitled to privacy protections, such as child or spouse abuse, may be unknown because of the inaccessibility of the home to broader visibility. The distinction here calls for empirical analysis of the variation in the fit between the rules about information and what actually happens. However, privacy and publicity are complementary to each other. They vary in their definition of personal borders, depending on the context. Both terms, privacy and publicity, can therefore be thought of in literal and metaphorical spatial terms involving invisibility-visibility and inaccessibility-accessibility, or even exclusion-inclusion. The privacy offered by a closed door and walls and an encrypted email message share information restriction, even as they differ in many other ways. Internet forums are not geographically localized, but in their accessibility can be usefully thought of as public places, not unlike the traditional public square where exchanges with others are possible.

For our purposes, the central factors are the rules and conditions effecting data outputs and inputs to the person. These encounter and may create or overcome borders around the person – whether natural or cultural. The function of borders as either keeping within or rejecting from without (or both) needs to be analyzed in relationship to border transcending surveillance and communication technologies. The spread of sensors and their weaving into data networks calls attention to the connections between undifferentiated and differentiated forms of communication and surveillance. The technologies may be mass or individually based and involve extraction or imposition functions. In most considerations the emphasis is on the extent to which the individual can, in principle and in actuality, control data from flowing outward such as that involving telephone or computer communication, credit card activity, social networks, beliefs and feelings, location, facial appearance, or biometric data

---

10 For example revealing that one works for a spy agency or, under court conditions that one is the birth parent of an adopted child. Consider also restrictions on public nudity. There is a paper in waiting here contrasting these two types of prescription, as well as their opposites involving situations where one, or both, parties must ask.
11 The same or opposed expectations for the two actors suggests four possible types.

such as DNA, voice print, heat and scent. When such outputs are available the individual is a transmitter of data and something is taken from, or willingly leaves the person.[12] This may happen in an active or passive fashion and with or without the individuals knowledge and consent.

Much less attention is directed to the extent to which the individual can control information and stimuli sent by others flowing inward such as sound, sight, smell, touch, taste and factors affecting the ability to act (the engineering of behavior potentials) and even „cookies" placed on one's computer by websites visited. Here the individual is a potential recipient of information and related inputs, opportunities and restrictions from outside. These in a sense enter rather than leave the person, or at least the person's environment.[13] While we are often happy magnets for such exterior inputs, much energy also goes into constructing and sustaining barriers to unwanted forms such as advertisements (the TV mute button), spam, telemarketing and junk mail (do not contact lists, call restriction devices), outside noise (headsets), not to mention hats, dark glasses and even masks in public. In such cases we see the desire to be left alone and for „space" and distance, or at least insulation from others.[14] The same technology may of course offer outputs and inputs.[15] What surveillance takes from the individual can be joined with a reverse flow of communication imposed upon the individual. The telescreen in George Orwell's novel *1984* illustrates this. It transmitted the person's image and words to Big Brother, while simultaneously broadcasting propaganda.

A distinction rich with empirical and ethical implications is whether the agent plays the role of data collector and/or data user. Accountability issues are less pronounced when these are joined than when they are separated (as they increasingly are) in the case of secondary users. Such users may legitimately obtain personal information through contracting with the data collector (e.g., to carry out drug tests or to purchase consumer preference lists). Or information may be obtained because confidentiality is violated by the collector, or because an outsider illegitimately obtains it (wiretaps, hacking, corrupting those with the information). When the data collector and user are within the same organization we see primary use. But when data collected for one purpose migrates elsewhere we see the important „secondary use" issue. Here the data is likely to be used without an individual's permission for unrelated purposes. In the United States, relative to Europe, there is a much freer market in personal information. Large organization's warehouses sell vast amounts of very personal information, without the consent and with no direct benefit to the subject.

---

12 Here we are considering descriptions of behavior not the rules. While I don't know of any systematic measurement efforts, the largest category is likely residual in which there are no rules (although there may be softer expectations) in which the default position leaves it to the individual to decide what to reveal or conceal or to ask or not ask. We know little about the distribution and correlates of such rules (what is the ratio of the general rules that prohibit revelation, as with public nudity or nursing, as against those that mandate revelation as with the obligation of sellers of a car or home to come clean or that prohibit or require asking for information?).
13 These distinctions can get hazy and be sequentially linked. Consider implants which enter the person but then can send data back from the person under external triggering as with an RFID chip.
14 A related factor is solitude. The desire for solitude is usually viewed only as it applies to the individual. But useful contrasts can be made to that involving groups, whether an amorous couple or a secluded sect seeking to be left alone living in an isolated area. The psychological as against social determinants and conditions are poorly understood. Can one experience solitude and isolation in a crowd? Can one experience communality (is that the opposite of solitude?) when physically and electronically apart from others?
15 Vance Packard was prescient here in writing about both the taking information from and imposing it upon the individual, although the dates of his publication reverse this logical sequence.

The control over information – the defining characteristic of privacy – is a resource related to, but with varying degrees of independence from, other scarce social resources such as class, status and power. Such resources are the basis for stratification in society. As computers become ever more important, questions about the extent and consequences of a „digital divide" have appeared. Is society becoming increasingly stratified not only on the basis of access to information but at the same time on the basis of control over information? Privacy issues are strands of this much broader tapestry. The ability to control information is central to the borders of social groups. Privacy is a social as well as an individual value (Regan 1995) as especially German data protection legislation is aware of since its first formulation in the 1970s. For example a legal oppositional political group (or indeed any group) needs to be able to control information about members, resources and plans and to feel that freedom of expression within the group is respected. To the extent that a group's borders are porous – punctured by informers and intensive surveillance – its ability to act is weakened and of course democratic ideals are undermined. Consider the following thought experiment. What if those in developing nations, the colonized, workers, the poor, subordinate ethnic groups, the physically and mentally ill, social service agencies, and those in prison had the same resources to develop and implement technologies to serve their needs that are available to developed nations, corporations, the military, and police and corrections? Would we see different technologies and uses? What if the information technology advances of the 1990s and later had been available during the more idealistic and social reform focus of the early and mid-1960s?

The development and use of information avaricious technologies tends to reflect differential access to resources. On the average, privacy invasive technologies seem more likely to enhance the status quo and to extend inequality than the reverse. The more privileged have an advantage in the development, control and use of technology. The use of technologies for social sorting with respect to opportunities for employment, consumption, health care and the allocation of suspicion are profound. (Gandy 1993, Lyon 2003) Depending on the component, privacy can be either a right to which all citizens are entitled, or a commodity which must be paid for. Responding to demand, the market system increasingly offers technologies and services for protecting personal information – from shredders to tools for finding hidden cameras to home security systems to various software and privacy-protection services. To the extent that privacy comes to be seen as a commodity in which how much you get depends on how much you can (or are willing to) pay, the more privileged are clearly in a better position to obtain it. They are also better situated to avoid being seduced by consumer rewards into voluntarily giving up (in a sense selling) their privacy.

Nevertheless, a number of factors limit unleashing the full potential of privacy invading technology, even in contexts of inequality: legal and moral normative constraints on power holders, the logistical and economic limits on total monitoring; the interpretive, contextual and indeterminate nature of many human situations; system complexity and interconnectedness; human inventiveness; and the vulnerability of those engaged in surveillance to be compromised or responded to in kind. In spite of doomsday scenarios with respect to the death of privacy and liberty, in societies with liberal democratic economic and political systems, the advantages of technological and other strategic surveillance developments are sometimes short-lived and contain ironic vulnerabilities. In some ways technologies are neutral and can help or even favor the less privileged.

Elsewhere I have identified 12 kinds of resistance to surveillance.[16] Table 1 offers some example of how workers in subordinate positions may seek to use technology to their advantage in protecting or discovering information.

Table 1: Examples of Surveillance Neutralization in the Workplace Context

Neutralization Technique	Data Collection Context: Workplace
Discovering	Bug detectors
Avoiding	Choose employer that doesn't monitor electronic communication
Piggy backing	Walk into restricted facility behind person with access
Switching	Substitute clean urine sample
Distorting	Holding down computer keys to appear productive
Blocking	Encrypting communication
Masking	Using another person's id and password
Breaking	Add battery acid to a urine sample
Refusing	Don't file reports about dating another employee
Explaining	„I didn't know there was marijuana in the cookies"
Cooperating	Advance warning of drug test from supervisor
Counter-surveillance	Audio-recording harassing statements by supervisor

Another factor is the design of automated and more transparent systems that restrict or eliminate discretion may lessen the potential for official corruption and discrimination. The creation of documentary records of transactions that can later be reviewed (as with audio and video recordings) can offer evidence of what occurred in contested settings. The natural claims-making advantage of the more privileged may be somewhat offset.

The democratization of privacy invading and privacy protecting technologies as seen in their widespread availability and ease of application could increase equality. Through *counter-surveillance* we see an ironic turning of the tables. Thus, facing a urine drug test, employees can first experiment at home, testing themselves with a variety of readily available products like those used in the official test, or they may protect their private behavior through using products that mask drug residue. In modern societies where the mass media is so central, elite status comes with some new costs. Thus political leaders and celebrities lack the anonymity of the average person. They both occupationally, and perhaps psychologically, need to be in the public eye, while simultaneously placing a high value on being left alone. The same mass media that is so central to their success also invades their privacy (note the market for the goods of the paparazzi).

But other factors go far beyond public figures. Social life is dynamic. To be modern and successful in contemporary society increasingly means to be wired and plugged in to remotely mediated forms of communication and interaction. In one sense (excluding direct observation by police in public places) it is not homeless persons who are most subject to surveillance but rather the more privileged. Indeed the very state of *being off the system* which can partly define low or lumpen proletariat status also brings with it a perverse kind of freedom to be left alone. Increasingly it is the more privileged *on the system* whose electronic transactions are subject to surveillance. These may be welcomed with full consent

---

16 Marx, G., 2009: A Tack in the Shoe and Taking Off the Shoe: Neutralization and Counter Neutralization Dynamics, Surveillance and Society, vol. 6:3.

and cooperation as a result of perceived rewards, convenience, security or good citizenship („I have nothing to hide and want to do my part") or consent may be implicit as cooperation is engineered into an activity.

New styles of electronic living in some ways alter the traditional relationship between surveillance and stratification. As life comes to imitate art, contemporary electronic lifestyles thus reverse some aspects of the traditional relationship between stratification and surveillance, at least with respect to documentary records of behavior. The deep immersion of the more privileged in new documentary record forms of communication and interaction comes with some ironic vulnerability. Excluding their greater pregnability to being observed in public places, in being unplugged the poor and transitory homeless are in some ways *less* subject to surveillance than the more privileged and located. Contrast the latter's telephone, fax, computer, bank, credit, employment, medical, and travel electronic trail- and tale-leaving behavior.

Awareness of the above factors modify, but do not overturn the stratification-privacy invasion link. Such awareness can help us see that indeed technology is a double edged sword with respect to social stratification (and much else), even if its multiple blades are not of equivalent sharpness.

Some Concluding Thoughts

This article has noted some of the conceptual elaboration needed to capture the richness and variability of the new surveillance. The multiple and sometimes contradictory impacts of surveillance work against simple conclusions. Certainly we have Principles of Fair Information Practice and choice and consent are valued in modern democratic societies.

Yet the silent and often non-consensual spread of technological control and personal data collection to so many areas of life means that choice and even resistance are often not possible (or available only at very disproportionate costs). Even where possible, what does choice mean in an increasingly automated world? When should one be able to legitimately just say „no"? Conversely in an engineered society filled with good (as well as bad) intentions, when should such discretion not be an option? Mapping the hard and soft contours and consequences of this is needed (Marx 2006, 2008). The issues are profound and go to the core of liberty, freedom and wellbeing in contemporary society.

Two broad opposed views of the new surveillance can be identified. One optimistically places great faith in the power of technology and welcomes ever more powerful surveillance as necessary in today's world where efficiency is so valued and where there are a multiplicity of dangers and risks.

More pessimistic is the Frankensteinian/Luddite view that surveillance technology is inhuman, destructive of liberty and untrustworthy. Clearly surveillance is a sword with multiple edges. The area is fascinating precisely because there are no easy scientific or moral answers.

Even when a tactic clearly „works" and the meaning of work is not at issue (e.g., who says it works and by what measurements and standards?), we must ask a series of questions such as, has the decision to apply it involved democratic and self-critical procedures? Are the means and goals ethical, as well as legal? Are there alternative means that would work as well, or better? What collateral costs and benefits may accompany a tactic (in the long, as well as the short run and for a variety of groups)? Without denying the seriousness of the problem a tactic is intended to address, are there times when it is better to do nothing?

On the other hand even when it clearly doesn't work in an instrumental way, it may still serve other goals involving symbolic communication and be a statement about what an organization represents and what it wishes to say to an audience.

There are value conflicts and ironic conflicting needs and consequences which make it difficult to take a broad and consistent position in favor of, or against, expanding or restricting surveillance. For example we value both the individual and the community. We want both liberty and order. We seek privacy and often anonymity, but we also know that secrecy can hide dastardly deeds and that visibility can bring accountability. But too much visibility may inhibit experimentation, creativity and risk taking.

In our media-saturated society we want to be seen and to see, yet also to be left alone. We value freedom of expression and a free press but do not wish to see individuals defamed or harassed. We desire honesty in communication and also civility and diplomacy. We value the right to know, but also the right to control personal information. The broad universalistic treatment citizens expect may conflict with the efficiency driven specific treatment made possible by fine-honed personal surveillance in times of economic scarcity.

Whatever action is taken there are likely costs, gains and trade-offs. At best we can hope to find a compass rather than a map and a moving equilibrium rather than a fixed point for decision making.

References

Ackerman, Diane, 1990: A Natural History of the Senses, Random House: New York.
Classen, Constance, 1993: Worlds of Sense. Exploring the Senses in History and across Cultures, Routledge: London.
Howes, David (ed.), 1991: The Varieties of Sensory Experience: A Sourcebook in the Anthropology of the Senses, Univ. of Toronoto Press: Toronto.
Jay, Martin, 1993: Downcast Eyes: The Denigration of Vision in Twentieth-century French Thought, University of California Press: Berkeley.
Marx, G. and Muschert, G., 2009: Simmel on Secrecy A Legacy and Inheritance for the Sociology of Information, in: Rol, Cécile and Papilloud: Soziologie als Möglichkeit. 100 Jahre Georg Simmels Untersuchungen über die Formen der Vergesellschaftung, VS Verlag: Wiesbaden.
Marx, G., 2009: A Tack in the Shoe and Taking Off the Shoe: Neutralization and Counter Neutralization Dynamics, Surveillance and Society, vol. 6:3.
Simmel, Georg, 1906: The Sociology of Secrecy and Secret Societies, in: American Journal of Sociology, 11:4.

II. Kartografien der Sicherheit

Stefan Kaufmann

Zivile Sicherheit: Vom Aufstieg eines Topos

1 Einleitung: Vernetzung, Verwundbarkeit, „precaution" und „preparedness"

Der gegenwärtige sicherheitspolitische Diskurs bringt zahlreiche Konzepte hervor, die quer zu den Sicherheitsordnungen demokratisch-liberaler Staaten des 20. Jahrhunderts stehen. Zumindest in ihrer grundsätzlichen Orientierung organisierten sich die rechtlichen Zuständigkeiten und operativen Praktiken staatlicher Organe und Sicherheitsagenturen entlang kategorialer Unterscheidungen – zwischen innerer und äußerer Sicherheit, zwischen kriegs- und kriminalitätsbedingten Bedrohungen, zwischen sozial- und naturbedingten Gefahren sowie zwischen staats- oder gesellschaftsbezogenen und individuellen Gefährdungen. Diese klare, bereichsspezifisch strukturierte Konstitution des Sicherheitsfeldes ist in Erosion begriffen. Seit Ende der 1980er Jahre und nochmals verschärft nach 9/11 werden immer mehr Gefährdungen des gesellschaftlichen Lebens identifiziert und immer weitere Bereiche des gesellschaftlichen Lebens als Sicherheitsprobleme behandelt.

Im Zuge dieser von Vernetzungsstrategien geprägten Rekonfiguration der Sicherheitspolitik nimmt das Konzept der „zivilen Sicherheit" seinen Aufstieg. Ausgangspunkt dieses Konzepts ist der Leitgedanke einer hochgradigen gesellschaftlichen Verletzlichkeit, die sich vor allem in „kritischen" Infrastrukturen zeigt. Ihre Grundprinzipien sind „precaution" und „preparedness". Der vorliegende Beitrag skizziert zunächst die unterschiedlichen Dimensionen dieser Rekonfiguration des Sicherheitsdenkens und stellt die zentralen Elemente des Konzepts der „zivilen Sicherheit" vor (1). Die weiteren Abschnitte untersuchen, woher die mit diesen Grundgedanken verbundene Anrufung von Sicherheit, die in nahezu alle Poren des sozialen Lebens dringt, ihre Plausibilität gewinnt. Im Zentrum steht dabei die Frage, wie Infrastrukturen zu „kritischen" Infrastrukturen wurden. Diese Frage stellt sich auf zwei Ebenen: als Frage nach den Kontexten, in denen das Problem der „vitalen Systeme" eine dominante Rolle im Sicherheitsdiskurs erlangte (2) und als Frage nach der Genealogie dieses Sicherheitsdenkens, das heißt nach der Herkunft zentraler technischer, medialer und organisatorischer Voraussetzungen, Infrastrukturen als vulnerabel zu denken, zu analysieren und entsprechend zu intervenieren (3). Dieses Denken bildet folglich eine Art Negativ, auf dem sich das Prinzip der „preparedness" ablichtet; ein Negativ, das die organisatorischen, strategischen und taktischen Operationen konfiguriert, um die Gesellschaft, oder zumindest deren vitalen Systeme, widerstandsfähiger zu machen. Diese Aufgabe, Vulnerabilität zu reduzieren und Resilienz zu steigern, ist nicht ohne Aporien, Widersprüche und Bruchlinien (4).

Die entscheidende Veränderung der Sicherheitspolitiken westlicher Staaten besteht darin, nationale Sicherheit nicht mehr vorrangig militärisch von der Kriegsgefahr her zu denken, sondern gegenüber einem Bedrohungskontinuum zu definieren, das von Terrorismus, organisierter Kriminalität bis zu illegaler Immigration reicht. Nicht mehr (nur) der äußere Feind, der politische Gegner, wird als essentielle Bedrohung der Sicherheit wahrgenommen, vielmehr werden ganz heterogene Gefährdungen aufgerufen und auch im Feld innerer Sicherheit verortet. Diese Bewegung vollzieht sich sowohl auf militärischer wie auf polizeilicher Ebene, sie manifestiert sich im Sicherheitsdenken US-amerikanischer *Think Tanks* wie im ressortverankerten Denken deutscher Sicherheitsagenturen. Die Konzepte, Metaphern und Bilder, mit denen das sicherheitspolitische Feld beschrieben wird, haben sich radikal geändert. „Information-age threats" – so heißt es bei Analytikern der RAND-Corporation – „are likely to be more diffuse, dispersed, multidimensional nonlinear, and ambiguous than industrial-age threats" (Arquilla/Ronfeldt 2001, 2). Unter der Überschrift „Networks and Netwars" werden hier netzwerkförmig organisierte und operierende Gewaltakteure – von Al Quaida über Schlepperbanden bis zu militanten Globalisierungsgegnern – als neue Herausforderer des staatlichen Gewaltmonopols ausfindig gemacht. Diese seien gerade durch ihre neuen transnationalen Verflechtungen in keiner der traditionellen Kategorien des Sicherheitsdenkens verortbar, und sie geraten daher auch auf allen Ebenen ins Visier staatlicher Sicherheitsagenturen. In den verteidigungspolitischen Richtlinien des Bundesverteidigungsministeriums aus dem Jahre 2003 ist die Rede davon, dass sich „ethnische, religiöse, wirtschaftliche und gesellschaftliche Konflikte [...] im Verbund mit dem internationalen Terrorismus, mit der international operierenden Organisierten Kriminalität und den zunehmenden Migrationsbewegungen unmittelbar auf die deutsche und europäische Sicherheit aus[wirken]" (zit. n. Pflüger 2003, 2). Anlässlich des Entschlusses, ein gemeinsames Europäisches Grenzkorps zu etablieren, formulierte der damalige EU-Kommissionspräsident Romano Prodi im Mai 2002: „We would like to reassure our citizens that we will protect our borders against terrorism, organized crime and uncontrolled immigration" (zit. n. Andreas 2003, 102). Die Herbsttagung des Bundeskriminalamtes im Jahre 2004 stand unter der Überschrift „Netzwerke des Terrors – Netzwerke gegen den Terror" (Bundeskriminalamt 2005). Ob Militär, Grenzschutz, Kriminalpolizei – hinzufügen ließen sich noch die Geheimdienste: Die verschiedenen Sicherheitsorgane nehmen die gleichen Bedrohungen und Gegner ins Visier.

Im Kontext dieser „securitization" (Wæver 1995), einer Bewegung, in der immer mehr soziale Phänomene in den Horizont nationaler Sicherheitsregulation geraten, ist der Aufstieg des Konzepts der „zivilen Sicherheit" zu verorten. „Civil Security" bezieht sich unter dem organisatorischen und programmatischen Dach von „Homeland Security" auf den Grenzschutz, die Terror- und die Krisenbekämpfung im amerikanischen Binnenraum. Eingang gefunden hat der Begriff „zivile Sicherheit" mittlerweile auch in Programme der EU und der Bundesregierung. Und zwar vor allem in Programme, in denen es um die Förderung der Entwicklung von Sicherheitstechnologien und von Maßnahmen geht, die sowohl der Grenzüberwachung, der Terrorabwehr als auch der Bewältigung von Großunfällen, Pandemien oder Naturkatastrophen dienen. „Zivile Sicherheit" konstituiert sich als Schnittfläche zwischen den klassischen Aufgabenbereichen innerer Sicherheit sowie den Kriegs- und Friedensaufgaben des Katastrophenschutzes. Die Vernetzungsbestrebungen im Sicherheitssektor führen zur Herausbildung eines neuen Feldes, das sich gleichermaßen auf Bedrohungen und Gefährdungen durch Terrorismus und Kriminalität wie durch Technikversagen, Unfall und Naturkatastrophen erstreckt.

Deutlicher noch als die ubiquitäre Vernetzungsmetaphorik betont das Konzept „ziviler Sicherheit" einen grundlegenden Wandel in der Reflexion auf Gefährdungslagen. Sicherheit wird nicht mehr als Sicherheit vor Bedrohungen durch identifizierbare Akteure, auch nicht mehr bereichsspezifisch als Sicherheit vor dieser oder jener Bedrohung oder Gefährdung bestimmt, sondern vor dem Hintergrund eines generalisierten Risikos. Disparate Phänomene werden unter der Frage zusammengefasst, wo, an welchen Stellen – und dies hat auch einen starken räumlichen Bezug – das gesellschaftliche Leben verwundbar ist. „Vulnerabilität" – so ein im Kontext ökologischer Forschung prominent gewordener Begriff – wird zum Ausgangspunkt von Sicherheitsstrategien, die folglich auch auf „Resilienz", auf eine Stärkung der gesellschaftlichen Abwehrkräfte setzen.[1] Sie sind weniger an der Unterscheidung von Schadensursachen als vielmehr an möglichen Schadenswirkungen orientiert. Prominent sind in diesem Rahmen vor allem Programme zum Schutz von Infrastrukturen, aber auch zahlreiche Initiativen, die auf eine Verbesserung der Notfallversorgung oder auf die Verhinderung bzw. Eindämmung von Pandemien zielen.

Mit dem Konzept ziviler Sicherheit vollzieht sich nicht nur eine enorme Entgrenzung und Multiplikation von Sicherheitserwägungen, -maßnahmen und -entwicklungen auf staatlicher wie auf substaatlicher Ebene. Die Strategien, die auf Vulnerabilität und Resilienz abzielen, markieren vielmehr einen Umbruch in der Logik der Sicherheitsproduktion, ein „paradigm change concerning society's obligations for the physical security of its members" (Ewald 2002, 273). François Ewald versucht, dieses neue Paradigma mit dem Begriff „precaution" zu fassen. Dessen Genese verortet er in einem Kontext von Problemen, die mit entgrenzten Risiken des gesellschaftlichen Lebens assoziiert sind – wie epidemiologische Risiken, globale Umweltbedrohungen oder Fragen der Produkthaftung. Er bestimmt dieses „precautionary principle" in Abgrenzung zum Prinzip der Solidarität, das die Versicherungsstrategien des 20. Jahrhunderts dominierte, und stellt es in den Kontext einer Rückkehr der Katastrophe. Während es versicherungsförmige Regulierungen mit ökonomischem Kalkül und ökonomischer Kalkulation zu tun haben, sieht Ewald das Prinzip der Vorsorge dort in Kraft treten, wo das Auftreten und die Dimension von Schäden nicht im Rahmen von Risikokalkülen zu berechnen sind. Vorsorge ist geboten, wo man es mit unkalkulierbaren Risiken zu tun hat, bei denen man nicht einmal weiß, ob ein Schaden eintreten kann, zugleich aber mit einem enormen Schadensausmaß sowie mit irreparablen und irreversiblen Folgen gerechnet werden muss. Nicht das berechenbare Wissen, sondern das Vorstellbare, die Imagination, die noch den schlimmsten Fall in Betracht zieht, werden zur Grundlage von Sicherheitsstrategien. Bezogen auf Fragen nationaler Sicherheit – und damit auch auf das das Feld ziviler Sicherheit – spricht man statt von „precaution" von „preparedness". Diese wird zu einer Norm, die sich auf immer mehr Felder erstreckt – „von dem Vorbereitetsein auf Katastrophen über das Vorbereitetsein auf Epidemien bis zum Vorbereitetsein auf das individuelle Überleben im Notfall" (Lentzos/Rose 2008, 82). Stephen Collier und Andrew Lakoff (2008, 2009) charakterisieren „preparedness" als neuen Rationalitätstypus, bei dem weniger die konkrete Gefahrenabwehr, vielmehr allgemeiner der Schutz „vitaler Systeme" zum Kern von Sicherheitsstrategien wird. Das Prinzip beziehe sich auf Bedrohungen, die sich sowohl von den Formen militärisch dominierter und territorial fixierter nationaler Sicherheitspolitiken als auch von Formen versicherungsförmiger Bevölkerungssicherheit unterscheiden. Wie beim „precautionary principle" richtet sich das

---

[1] Der Begriff „resilience" gewinnt vor allem in US-amerikanischen und britischen Veröffentlichungen aus dem Sicherheitssektor an Prominenz (vgl. Edwards 2009, Kahn/Allen/George/Thompson, 2009).

Augenmerk nicht mehr auf kalkulierbare Risiken, sondern auf Gefährdungen von der Art „low probability, high consequences", auf unkalkulierbare, wenig wahrscheinliche, aber außerordentlich folgenreiche, möglicherweise katastrophale Bedrohungen des Lebens und der Sicherheit.

Die Analyse vitaler Sicherheitsprobleme im Zeichen von „preparedness" beruht auf spezifischen Erkenntnisverfahren – etwa computerbasierten Systemanalysen oder szenarienbasierten Abschätzungen – und bedient sich spezifischer Praktiken und Technologien – etwa des Ausbaus von Kapazitäten für Notfallhilfe und Wiederaufbau.

Das von Ewald herausgearbeitete Prinzip der „precaution" und das von Collier und Lakoff deutlich stärker mit Blick auf nationale Sicherheit bezogene Konzept der „preparedness" sind nahezu deckungsgleich; die Kongruenz deutet auf einen weit gestreuten gesellschaftlichen Mentalitätswandel in Sicherheitsfragen hin. Beide Konzepte werden schließlich als Präzisierung der Beck'schen Diagnose einer Risikogesellschaft verstanden (Ewald 2002, 294-297; Collier 2008, Collier/Lakoff 2009, 2).

2   Ein neuer Sicherheitsdiskurs: „kritische" Infrastrukturen

„Kritische Infrastrukturen" so greift die im Juni 2009 verabschiedete „Nationale Strategie zum Schutz Kritischer Infrastrukturen" eine schon länger zirkulierende, quasi offizielle, Definition auf (BMI 2009, 3; vgl. zu ähnlichen Definitionen von Sicherheitsbehörden anderer westlicher Staaten Lenz 2009, 18) – „sind Organisationen und Einrichtungen mit wichtiger Bedeutung für das staatliche Gemeinwesen, bei deren Ausfall oder Beeinträchtigung nachhaltig wirkende Versorgungsengpässe, erhebliche Störungen der öffentlichen Sicherheit oder andere dramatische Folgen eintreten würden."

Der Aufstieg der Infrastrukturen zu einem Kernthema nationaler Sicherheitspolitik geht auf den 1997 veröffentlichten Bericht der ein Jahr zuvor von Bill Clinton eingesetzten *President's Commission on Critical Infrastructure Protection* (PCCIP) zurück (Brown 2006, ixf.).[2] Und dies nicht allein in den USA: In Deutschland wurde noch im gleichen Jahr mit dem AK KRITIS eine interministerielle Arbeitsgruppe gegründet, die Sicherheitsprobleme im Bereich Infrastrukturen ausfindig und entsprechende Lösungsvorschläge machen sollte (vgl. Kuhn 2005, 3-7). Ein Handbuch zu kritischen Infrastrukturpolitiken in 25 Ländern vermerkt fast ausnahmslos für alle Länder, dass organisatorische Schritte, technische Maßnahmen oder gesetzliche Regelungen, die Infrastrukturen im Rahmen nationaler Sicherheitsinitiativen adressierten, erst Ende der 1990er Jahre in die Wege geleitet wurden (Brunner/Suter 2008).

Infrastrukturen auf die sicherheitspolitische Agenda zu setzen, wird – wie Myriam Dunn Cavelty (2008) einsichtig macht – erst aus der spezifischen Rahmung plausibel, in der Sicherheit in den 1980er und vor allem den 1990er Jahren thematisiert wurde (vgl. auch Brown 2006, 65-102). Einen ersten Rahmen bildet die militärstrategische Ebene. Spätestens

---

2 Von staatlicher Seite wurden – wie Colliers und Lakoffs (2008; 2009) genealogische Arbeiten zum Konzept der „vital systems security" in den USA zeigen – vor allem im Kontext militärischer Verteidigungsstrategien schon seit den 1920er Jahren Konzepte zum Schutz von Infrastrukturen entwickelt. Diese nahmen seit den 1960er/1970er Jahren die für *vital systems security* spezifische Form an, Sicherheit zu adressieren. Allerdings gingen diese Bemühungen auf Akteure und Planer zurück, deren praktischer Einfluss begrenzt blieb, und deren Arbeit keineswegs als strategische Planung für einen zentralen Sicherheitsbereich gesehen wurde.

seit dem Golfkrieg von 1990/91 beherrschte die Vorstellung von einer *Revolution in Military Affairs* (Sloan 2002) die Diskussionen um die Zukunft des Krieges. Kern dieser Vorstellung ist, dass Informations- und Kommunikationstechnologien den klassischen Zerstörungswaffen den Rang ablaufen. Daraus folgt die strategische Idee, militärische Überlegenheit durch präzise Schläge gegen militärische und zivile Infrastrukturknoten des Gegners zu erlangen. Für die Diskussion um den Schutz der eigenen Infrastruktur sollte vor allem der Gedanke relevant sein, dass diese Schläge keineswegs physischer Natur sein müssten, sondern dass Infrastrukturen auch durch virtuelle Angriffe (zer-)störbar seien: Krieg ließe sich als reiner „Information Warfare" denken. Im Kontext der zunehmenden Bedeutung asymmetrischer Bedrohungen – ein Begriff, der sowohl kriegerische, terroristische, kriminelle und politisch subversive Aktionen umfassen kann – lag der Transfer von einem rein militärisch gedachten in einen übergreifenden nationalen Sicherheitsrahmen nahe, insbesondere weil man im Kontext informationstechnischer Vernetzung die Fähigkeiten wie auch immer motivierter nicht-staatlicher Übeltäter dramatisch wachsen sah. Nicht allein diverse Cyberattacken oder das epidemische Auftreten von Würmern und Viren, sondern vor allem auch Planspiele mit Hackerangriffen auf Verteidigungs-, Transport- und Energiesysteme plausibilisierten die Verbindung von Cyber- und Infrastrukturbedrohung (vgl. auch Kuhn 2005, 9-12). Schließlich gilt die Einrichtung der PCCIP auch als Antwort auf den Anschlag auf das Murrah Federal Building in Oklahoma City im Jahr 1995. Der Anschlag kostete nicht nur 168 Menschen das Leben, sondern setzte eine im ganzen Land spürbare Kettenreaktion in Gang, die zentrale Regierungsfunktionen lähmte, da eine Steuerbehörde und ein vom FBI genutzter Gebäudeflügel zerstört worden waren (vgl. auch Brown 2006, vii, 71ff.).

Der Aufstieg des Infrastrukturschutzes zum nationalen Sicherheitsproblem ist somit an signifikante Verschiebungen der gesellschaftlich dominanten (Un-)Sicherheitswahrnehmung gekoppelt. *Erstens* durchkreuzt die Cyber-Bedrohung die Trennung zwischen äußeren und inneren, zwischen militärischen und anderen Bedrohungsformen. Dies gilt nicht nur für die Ebene der Wahrnehmung, sondern auch für die bereichsübergreifende Zusammenarbeit in der von Clinton eingesetzten Kommission. Dieser gehörten hochrangige Vertreter des Justiz- und Verteidigungsministeriums, des FBI, der CIA und des Nationalen Sicherheitsrats an; zu ihr zählten ebenso Vertreter staatlicher Institutionen, die bis dahin nicht in den Sicherheitsbereich einbezogen waren, etwa das Transportministerium, wie Vertreter privater Infrastrukturbetreiber. Da Informationsinfrastrukturen als Infrastruktur von weiteren Infrastrukturen gelten, rückt *zweitens* der Konnex von virtueller und physischer Infrastruktur in den Blick, der mit einem enorm erhöhten Gefährdungspotential assoziiert wird. Warnungen der Art, dass „die gesellschaftliche Verletzlichkeit aufgrund des zunehmenden Durchdringungs- und Abhängigkeitsgrades nahezu sämtlicher Lebensbereiche mit und von Kritischen Infrastrukturen in den vergangenen Jahren rapide angestiegen" (BMI 2009, 3) sei, haben nahezu unhinterfragte Geltungskraft erlangt. *Drittens* stand bei der Sorge um die Sicherheit der Infrastrukturen, wie sie in der Kommission und ihrem Umfeld zum Ausdruck kam, stets der willentliche Angriff, kaum der Unfall oder die Schädigung durch Naturereignisse im Zentrum. Damit rückten Infrastrukturen in ein anderes Fahrwasser der Sicherheitsthematisierung als etwa die Risiken der Atomenergie: Nicht die Frage, wie der reguläre Betrieb sicherer gemacht werden kann, sondern die, wie er sich gegen außergewöhnliche Vorkommnisse, konkret gegen Angriffe, abschirmen lässt, stand jetzt zur Debatte. Nicht das „safety"-Problem, also das technischer Sicherheitsregularien, sondern das „security"-Problem rückte ins Zentrum. Die *vierte* Verschiebung besteht in der abnehmenden Bedeutung der Unterscheidung zwischen privater und öffentlicher Sicherheit (vgl. Dunn 2008, 50-53). Nationale Verteidigung galt nicht mehr als alleinige Aufgabe der Regierung, umgekehrt aber wurde die Sicherheit von Infrastrukturen nicht mehr nur als eine Betriebsangelegenheit verstanden. Im Kontext der Kommissionsarbeit und in ihrem Gefolge wurde ein System „verteilter Sicherheit" durchgesetzt, in dem einerseits der Staat auf Eingriffe in die Belange der überwiegend privaten Infrastrukturbetreiber weitgehend verzichtete, diese aber andererseits (mit-)verantwortlich für deren Schutz machte.[3] Noch in den 1980er Jahren, als das Problem der Informationssicherheit virulent wurde, hatte sich die Auffassung, dass auch Industriespionage eine Frage der nationalen Sicherheit und nicht nur eine der Unternehmenssicherheit sei, nicht durchsetzen können.

In den 1990er Jahren hoben die Hearings, die Studiengruppen, die Kommissionsberichte wie auch die konkreten Handreichungen und Maßnahmen die Verletzlichkeit der Informationsinfrastruktur in unterschiedlichen Bereichen hervor. Die PCCIP nahm Telekommunikation, Stromversorgung, Gas- und Ölversorgung, Bank- und Finanzwesen, Transportwesen, Wasserversorgung, Notfall-, Rettungs- und Katastrophendienste sowie den Regierungs- und Verwaltungsbetrieb in die Liste kritischer Infrastrukturen auf (PCCIP 1997, 103). Nach 9/11 rückte verstärkt deren physisch-materieller Schutz in den Blick. Darüber hinaus werden in den Dekreten und anderen Veröffentlichungen, die im Kontext der *National Strategy for Homeland Security* stehen, ebenso wie in den Veröffentlichungen der deutschen Bundesregierung weitere Sektoren der kritischen Infrastruktur zugeschlagen und in Sicherheitsstrategien eingebunden (vgl. Kristensen 2008, 68f.; BMI 2009, 5). Die Einschätzung, was unter Sicherheitsaspekten der Regulation bzw. des Schutzes bedarf, hat sich in den letzten zehn Jahren erheblich erweitert. Dies betrifft zum einen die Sachdimension der zu schützenden „technischen Basisinfrastrukturen" und „sozioökonomischen Dienstleistungsinfrastrukturen" (vgl. die Liste des BMI, 2009, 5; vgl. für internationale Bestimmungen Brunner/Suter 2008, 530f.). Zum anderen gerät nun neben dem Zugang oder dem physischen Schutz verstärkt die Garantie von Prozessen und gesellschaftlichen Funktionen in den Blick; so etwa wenn sich Überlegungen darauf richten, wie man Vorsorge treffen kann, damit im Fall von Pandemien das Gesundheitssystem und darüber hinaus das öffentliche Leben trotz des Fehlens von Verwaltungs- und Fachpersonal aufrecht erhalten werden können. Schließlich wird der Begriff der kritischen Infrastruktur nicht mehr nur im Hinblick auf systemische Funktionalität verstanden, sondern um eine symbolische Dimension erweitert: „Eine *symbolische Kritikalität* kann eine Infrastruktur dann besitzen, wenn aufgrund ihrer kulturellen oder identitätsstiftenden Bedeutung ihre Zerstörung eine Gesellschaft emotional erschüttern und psychologisch nachhaltig aus dem Gleichgewicht bringen kann." (BMI 2009, 5) Die Infrastruktur erhält damit nicht nur einen emotionalen und psychischen Wert, der emotionale und psychische Zustand der Bevölkerung selbst wird zum kritischen Faktor; Kulturgüter, Medien und Großveranstaltungen werden zu vitalen Systemen aufgewertet und zum Gegenstand der Sicherheitsbemühungen.

---

3 In den USA sind ca. 85% der Infrastrukturdienste in privater Hand, in Deutschland ca. 80% (Kristensen 2008, 69; Schutzkommission 2006, 52).

3 Zur Formierung des Diskurses „kritische Infrastrukturen"

Der Gedanke, dass Infrastrukturen „kritisch" sein könnten, verkehrt einen alten Topos des gesellschaftlichen Selbstverständnisses der Moderne: die Vorstellung, technische Netzwerke und gesellschaftliche Kohäsion seien unmittelbar miteinander verbunden. Ein Topos, der zum ersten Mal wohl im Kontext der Etablierung der optischen Telegrafie auftauchte. Seit Ausgang des 18. Jahrhunderts ließen sich technische Netzwerke als Basis denken, welche die gesellschaftliche Zirkulation von Gütern und Kommunikation aufrecht erhalten, die gesellschaftliche Kohäsion garantieren, ihre Integration stiften und steigern können (vgl. Offner 2001). Dieser Topos hat seine Plausibilität zwar nicht gänzlich eingebüßt – wovon noch die Kritik an einem „digital divide" zeugt –, zugleich aber treten die Ambivalenzen moderner Netzwerke zutage. So gelten nicht mehr nur der Mangel an Infrastruktur, sondern gerade die Verdichtung infrastruktureller Netze, ihre Interdependenzen und gar der reibungslose Normalbetrieb der Systeme als Problem. Je zuverlässiger etwa die Stromversorgung, desto größer die Abhängigkeit, jederzeit mit Strom versorgt zu werden. Die Rede ist von einem „Verletzlichkeitsparadoxon": „In dem Maße, in dem ein Land in seinen Versorgungsleistungen weniger störanfällig ist, wirkt sich jede Störung umso stärker aus" (BMI 2009, 8). Infrastrukturen unter der Maßgabe ihrer Kritikalität zu thematisieren, den Schutz von Infrastrukturen zur nationalen Aufgabe zu machen, impliziert eine neue Form der Problematisierung: eine Verschiebung in der Art und Weise, Probleme zu verstehen und sie zu bearbeiten, eine Verschiebung der grundlegenden Orientierungen, organisatorischen Settings, technisch-medialen Bedingungen und Prinzipien der Wissensproduktion im Feld der (Un-)Sicherheit. Die Genealogie einiger Marksteine dieser Verschiebung soll im Folgenden skizziert werden.[4]

Der Luftkrieg: Infrastrukturen als strategisches Angriffsziel. Bereits im Kontext von Streiks und sozialen Unruhen war die Ökonomie im frühen 20. Jahrhunderts unter dem Aspekt ihrer Verletzlichkeit in den Blick geraten. Ein stringente Bestimmung kritischer Systeme allerdings setzt erst mit der Mobilmachung und mehr noch mit den Totalisierungstendenzen des Ersten Weltkriegs ein – „a context in which national economies began to be rethought as collections of vital systems" (Collier/Lakoff 2009, 5). Die logistische Dimension des Krieges sollte nahezu alle Bereiche des gesellschaftlichen Lebens durchdringen – in sämtlichen beteiligten Nationen stellte sich die Frage einer zentralen Planung und Koordination im Bereich Transport, Energie und Produktion, um die Industrie auf die Kriegsbedürfnisse ein- und umzustellen. Am radikalsten fand dies im Hindenburg-Programm von 1916 seinen Ausdruck, das mit dem Anspruch auftrat, die gesamte Ökonomie, die Vertei-

---

[4] Die Ausführungen folgen im Wesentlichen der Argumentation von Collier (2008) sowie Collier und Lakoff (2008; 2009), die in einigen Aspekten ergänzt wird. Diese nehmen die Entwicklung von Konzepten, Analyse- und Interventionstechniken des Bevölkerungsschutzes im Kontext der militärischen Luftschutzverteidigung in den USA auf. Für die Entwicklung in Deutschland steht eine solche Arbeit noch aus; ausführlichere Untersuchungen jüngeren Datums, die über die Zwischenkriegszeit hinausreichen, sind mir nicht bekannt; ansonsten konzentrieren sich die wenigen Studien zum Bevölkerungsschutz (etwa Dombrowsky 1989, 100-217; Jäger 1977) zum einen auf die politischen Dimensionen vor allem der Trennung zwischen Katastrophenschutz (Frieden) und Zivilschutz (Kriegsfall). Zum anderen bemängeln sie, dass keinerlei systemische Ansätze der Gefahrenanalyse, die sich in den USA in den 1960er und 1970er Jahren ausbildeten, existierten. Auch Colliers und Lakoffs Arbeiten dürften noch viele weiße Flecken aufweisen: So scheint gerade die Kritik einer systematisch verkürzten Gefahrenwahrnehmung im Katastrophenschutz (vgl. etwa die Hinweise bei Dombrowsky 1989, 173) stark umweltpolitisch und durch ökologische Wissensbestände und Forschungsansätze gespeist zu sein; auf diese Kritik finden sich bei Collier und Lakoff aber keinerlei Hinweise.

lung und den Fluss von Ressourcen an Menschen und Material zwischen Front und „Heimat" einzig nach einem militärisch interpretierten und koordinierten Bedarf zu regeln. Systemische Interdependenzen und spezifische Engpässe traten in Krisen offen zu Tage: So etwa folgte einer Transportkrise eine Kohlenkrise, welche die gesamte industrielle Produktion bedrohte (vgl. Geyer 1984, 98-118). Die in der Zwischenkriegszeit aufkommende Theorie des Totalen Krieges zog schließlich aus dem Ersten Weltkrieg die Konsequenz, das eigentliche Kraftzentrum des Militärs sei weniger an der Front, denn in der Kriegsproduktion zu suchen. Die Doktrin impliziert nicht allein ein umfassendes nationales Mobilisierungskonzept, sie öffnete auch den Horizont für ein strategisches Denken, das den Feindbegriff von den gegnerischen Streitkräften löste und auf die gesamte Nation übertrug.

In diesem Horizont konnten sich Theorien wie die des italienischen Generals, Malers und Dichters, Guilio Douhet, entfalten, der forderte, den Krieg als strategischen Bombenkrieg gegen das Kernland des Gegners zu führen. Douhets Schrift „*Il dominio dell'aria*" von 1921 (dt. *Luftherrschaft*, 1935) übersetzte futuristische Maschinenbegeisterung und Geschwindigkeitseuphorie in Kriegsvision, Rüstungsprogramm und Luftwaffentheorie. Nicht in der Aufklärung oder in der taktischen Unterstützung der Armeen sah Douhet die Aufgabe des Flugzeugs, mit ihm sollte vielmehr eine neue Dimension des Krieges eröffnet werden: Flugzeuge, so Douhet, schaffen den „völlig neuen Begriff des Raumkriegs" (1935, 15). Im Raumkrieg sah er die eigentliche Potenz des Flugzeugs: die gegnerische Frontlinie zu überwinden und als „Raumwaffe" den Krieg auf das Kerngebiet des Feindes zu tragen. Douhets Luftkrieg war als eine Art Blitzkrieg gedacht: Zuallererst sollte die gegnerische Luftflotte noch in ihren Stützpunkten zerstört werden, um dann Industrieanlagen und Städte anzugreifen. Aus der Perspektive des Luftkriegstheoretikers, der auf die Zerstörung der gegnerischen Kriegsproduktion abzielte, rückten die Strukturen in den Blick, die diese Produktion am Laufen halten. Allerdings bot Douhets Konzeption nur pauschale und rudimentäre Hinweise auf Infrastrukturen und Produktionsstätten, das Hauptziel bestand für ihn darin, den Widerstandswillen der gegnerischen Nation durch das Bombardement der städtischen Bevölkerung zu brechen.

William Mitchell, der zweite prominente Luftkriegstheoretiker der Zwischenkriegszeit, sprach von den Lebenszentren, die es zu treffen gelte, und zählte schon konkreter als Douhet jene Elemente der Infrastruktur auf, die er als wesentlich erachtete. In seiner Nachfolge sollte die *U.S. Air Corps Tactical School* (ACTS) ihre „industrial web theory" entwickeln, welche die einzelnen Industriezweige als verschränkte und interdependente Einheiten sah, aus deren Verbindungen und Abhängigkeiten sich eine netzförmige Struktur ergab. Die Theorie betonte besonders, dass diese vernetzten Abhängigkeiten häufig zu Engpässen führen. Solche Engpässe im Netz zeichneten sich dadurch aus, dass sie kritisch für andere Industrien seien und ihre Zerstörung zu deren Zusammenbruch führe. Insbesondere seien das Elektrizitätsnetz und das Transportsystem nicht nur für die Kriegsproduktion, sondern ebenso für das zivile Leben und andere Industrien wichtig. Ihre Zerstörung würde folglich zum Ausfall weiterer Systeme führen. Was die Analytiker des ACTS durchdachten, war, dass relativ geringe Zerstörungen unverhältnismäßig große Schäden nach sich ziehen können. Überdies entwickelten sie eine Vorstellung davon, dass Netze hierarchisch aufgebaut seien und Zerstörungen auf unteren Hierarchieebenen, also etwa lokaler Natur, durchaus Effekte auf höheren Ebenen, etwa der nationalen Ebene, nach sich ziehen könnten (vgl. Rinaldi 1997, 120-126).

Avancierten Städte und Infrastrukturen zum lohnenden Angriffsziel, so sah sich die Verteidigung gezwungen, das eigene Land aus der Perspektive des Angreifers zu betrachten. Mit der Umkehr des Blicks entdeckte man die eigene Vulnerabilität, das eigene Territorium erscheint nun als eine Ansammlung lohnender Ziele. Neben dem Ausbau der Luftverteidigung, die in Großbritannien die Entwicklung und den Aufbau eines umfassenden Radarsystems einschloss, stellte der Zivilschutz in Europa vor allem auf die von Douhet propagierte Bombardierung der städtischen Bevölkerung ab. In Deutschland verband sich die Vorbereitung für den Krieg denn auch mit umfassenden Zivilschutzmaßnahmen. Dazu gehörten der organisatorische und technische Aufbau eines Zivilschutzes, der vor allem landesweite Systeme zur Warnung der Bevölkerung bei Luftangriffen und in Großstädten die Errichtung von Luftschutzbunkern umfasste. Dazu zählten aber auch zahlreiche bautechnische Vorschriften und Maßnahmen – wie die Ausstattung von Neubauten mit bombenfesten Kellerdecken, die Errichtung von Fluchttunneln zwischen benachbarten Luftschutzkellern oder der Einbau feuerfester Stahltüren. Die Vorsorge für den nationalen Notfall zog dergestalt in die Privathäuser ein.

Das Unvorstellbare und den Terror denken: Atomkrieg und Gaskrieg. Im Zweiten Gefahrenbericht der beim Bundesministerium des Inneren angesiedelten Schutzkommission – ein Expertengremium von Naturwissenschaftlern und Technikern, Medizinern und Sozialwissenschaftlern, welches das BMI in wissenschaftlichen Fragen des Bevölkerungsschutzes berät – heißt es: „Die Terroranschläge in den USA am 11. September 2001 haben deutlich gemacht, dass zukünftig im Rahmen des Zivil- und Bevölkerungsschutzes bisher nicht für realistisch gehaltene Szenarien berücksichtigt werden müssen" (Schutzkommission 2001, 7). Und der Dritte Gefahrenbericht aus dem Jahr 2006 insistiert: „Erfahrungen mit nicht pessimalen Fällen können Gelassenheit einflößen, Maßnahmen verzögern dürfen sie nicht. *Worst Case*-Szenarien aus den Überlegungen auszuschließen, hielte die Schutzkommission für ein Versagen vor ihrem Grundauftrag. Sie darf nicht bestrebt sein, aus unbarmherzigen Voraussetzungen immer noch tröstliche Folgerungen ziehen zu wollen. Sie möchte auch der Verwaltung und Politik abraten, das zu versuchen" (Schutzkommission 2006, 26). Der Gefahrenkatalog der Kommission führt denn auch Gefährdungen auf, die von A bis F reichen: **A**tomare Gefahren, **B**iologische Gefahren, **C**hemische Gefahren, **D**atennetzbezogene Gefahren, Gefahren durch den **E**lektromagnetischen Impuls, Gefahren durch die **F**reisetzung von mechanischer und thermischer Energie (dazu zählen etwa Flugzeugabstürze, Explosionen, Deichbrüche, Orkane, Brände, Erdbeben u.ä.) (ebd., 8f.). Stieß der Erste Gefahrenbericht der Kommission von 1996 noch auf wenig Resonanz, so fand nach 9/11 die Forderung, auch das Unwahrscheinliche und den schlimmsten Fall in die Abschätzung von Gefährdungen einzubeziehen, ein breites Echo. Die klassische versicherungsmathematische Kalkulation, Risiken als Produkt von Eintrittswahrscheinlichkeit und Schadenshöhe zu bestimmen, wird damit ausgehebelt. Auch das Unwahrscheinliche soll, wegen seiner möglicherweise dramatischen Auswirkungen jenseits gängiger Risiko- und Kosten-Nutzen-Analysen in Betracht gezogen werden und in Entscheidungen über Schutzmaßnahmen einfließen (vgl. BMI 2008, 21; Dombrowsky/Horenczuk/Streitz 2003, 35f.). Der immer wieder auftauchende Imperativ, das Unwahrscheinliche und den *worst case* zu denken – diese sind nicht identisch, liegen aber häufig eng zusammen – und mit ihnen zu rechnen, ist vor allem ein Appell an die Imaginationskraft. Kreativität und unorthodoxes Denken werden eingefordert; um zukünftige Risiken zu entdecken, gilt es, auch das „unthinkable" zu denken (Gullotta 2008, 46).

Grundlage des *Worst Case*-Denkens im Rahmen von Sicherheitsdiskussionen ist die Entwicklung einer spezifischen „Umwelttheorie". Mit Blick auf den ersten Großeinsatz von Chlorgasen als Kampfmittel durch ein eigens hierfür eingerichtetes „Gasregiment" bei Ypern am 22. April 1915 schreibt Peter Sloterdijk (2004, 95): „Man wird das 20. Jahrhundert als das Zeitalter in Erinnerung behalten, dessen entscheidender Gedanke darin bestand, nicht mehr auf den Körper eines Feindes, sondern auf dessen Umwelt zu zielen." Was in Ypern zu Tage trat, steht bei Sloterdijk (ebd., 89) unter einer signifikanten Überschrift: „Der Gaskrieg – oder das atomterroristische Muster". Der Terror, der hier losgetreten wurde, besteht darin, nicht mehr einen Gegner, einen Feind direkt zu treffen, sondern ihm die Lebensfähigkeit abzuschneiden, indem man seine Umwelt vergiftet. Terror ist der Eingriff in die alltäglichen Lebensumstände, die Verseuchung dessen, was man zum Leben und Überleben braucht. Man vernichtet, was unverzichtbar ist für den Lebensvollzug. Keine direkte Tötung, sondern eine indirekte. Terror lebt von der Umweltabhängigkeit seiner Opfer. Der Giftgasangriff bei Ypern bringt das Prinzip des Terrors in reinster Form zur Anschauung: Die Opfer sterben, weil sie nicht darauf verzichten können, zu atmen. Terror zielt darauf, den Alltag zu zerstören, die Alltagsgewohnheiten zu nutzen oder gar zu Waffen umzukehren, um sie gegen die Opfer einzusetzen. Und der Terror, das betont Sloterdijk, ist nicht, wie dies üblicherweise behauptet wird, die Waffe der Schwachen, denen keine anderen Mittel zur Verfügung stehen. Der Terror hat sich im 20. Jahrhundert als Staatsterror ausgebildet. Auch Douhets strategisches Bombardement zielte vor allem auf den Willen der Bevölkerung. Der Luftkrieg war als psychologischer Krieg gedacht. Konsequenterweise baute sein Raumkriegskonzept auf die Waffe, die als psychologische Waffe par exzellence galt: auf ein Bombardement mit chemischer Munition. Brunnenvergiftung oder Brandlegung sind altbekannte Phantasmen und Techniken der Vernichtung, aber den Angriff auf vitale Systeme als Eingriff in die Umwelt zu denken – dieses grundlegende Muster des gegenwärtigen Sicherheitsdiskurses – basiert im 20. Jahrhundert weitgehend auf wissenschaftlicher Expertise. Mit dem chemischen Krieg jedenfalls zieht ein neuer Wissenstypus in das Kriegsgeschehen ein. Sloterdijk nennt diesen „schwarze Meteorologie". Die schwarze Meteorologie muss „die Konzentration, Diffusion, Sedimentierung, Kohärenz, Masse, Ausdehnung und Bewegung" einer Giftwolke exakt taxieren, um ihre Wirkung zu bestimmen (ebd., 104). Es geht um ein Wissen über die Zusammensetzung der Umweltbedingungen, die Menschen zum Leben brauchen, und über deren mögliche Beeinflussung, um zu wissen, wie man effizient vergiftet – oder wie man effizient schützt.

Die spezifische Methode, das Unvorstellbare zu denken, entstammt der strategischen Kalkulation des Atomkriegs, allen voran der strategischen Beratung, welche die RAND-Corporation betrieb. Nicht zufällig lautet eine programmatische Schrift ihres wohl profiliertesten und umstrittensten Kopfes, Herman Kahn, „Thinking about the Unthinkable" (1962). Kahn arbeitete an der Frage, wie ein wirksamer Zivilschutz angesichts eines Atomkriegs zu gestalten sei. Aus der Überzeugung, dass Abschreckung nur dann glaubwürdig sein könne, wenn auch im Falle eines Atomkriegs das Überleben einer bestimmten Anzahl von Amerikanern gewährleistet sei, schlug er vor, eine Art Ersatzwelt unter der Erde einzurichten, die für etwa 100 Jahre ein Überleben ermögliche. Kahn spielt in systematischer Form – und radikaler Kühle – durch, wieviele Menschen gerettet werden müssen, damit die Population überlebt, was das Kosten darf, ab wann die Rettung weiterer Menschen zu teuer wird, wie individuelle Lebensdauer und das Überleben der Population bei unterschiedlichen Verseuchungsgraden zu berechnen sind, welcher Verseuchungsgrad akzeptabel sein könnte usw.

(vgl. Kahn 1960, 40ff.; Pias 2009, 176-179). Maßgeblich für die Entwicklung des Zivilschutzdenkens sind nicht die Lösungen Kahns – die unterirdischen Städte wurden nie gebaut –, sondern die Radikalität der Fragestellung, die methodische Herangehensweise einer szenario-orientierten Wissenserzeugung. Szenario-orientierte Planung mag dem militärischen Kriegsspiel entstammen, im Kalten Krieg wird es auf neue kognitive Basis gestellt (vgl. Pias 2002, 203-228; Kaufmann 2006). Setzten klassische Kriegsszenarien auf Erfahrung, so etablierten sich seit Ende der 1930er Jahre mit der statistisch und mathematisch basierten *Operations Research* neue Verfahren, logistische, taktische und strategische Situationen durchzuspielen. Kahns Gedankenexperimente zum Nuklearkrieg können nun weder wie die klassische Kriegsplanung auf Erfahrung bauen, noch können sie auf statistische Daten und Berechnungen setzen, wie sie etwa aus Experimenten resultieren. Kahn spielt vielmehr Szenarien durch, die sich aus der Erzählung von Ereignissen und der Kombinatorik möglicher Ereignisfolgen ergeben. Sein Gedankenexperiment entfaltet sich als Mischung aus Imagination, spieltheoretischem Kalkül – etwa Abschätzung des Minimax-Werts, ab welchem Einsatz sich die Rettung lohnt, ab wann sie zu teuer wird –, und der Abwägung von politischer Erträglichkeit bei unterschiedlichen Verseuchungsgraden, Sterberaten usw. Die Basisstruktur der Erzählung bildet folglich das Flussdiagramm, das konsequente Folgen und mögliche Alternativpfade kennt (vgl. Pias 2009, 183). Gleich ob Szenarien als Gedankenexperiment, als Rollenspiel oder als Übung durchgespielt werden, entscheidend wird die Wissenserzeugung durch Nachstellen (oder eigentlich: „Vor-stellen") – „enactment-based knowledge" nennt das Stephen Collier (2008, 225) – ein Nachstellen, das im Gegensatz zu erfahrungsbasiertem, statistischem Wissen steht.[5]

Gefahrenkartographie und Systemanalyse. Vom rationalen Durchdenken des Katastrophischen im Krieg zu einer allgemeinen Theorie kritischer Infrastrukturen bzw. kritischer Systeme führen vor allem zwei Formen der Wissenserzeugung. Von der Umweltvergiftung – durch Hitze, Chemikalien oder radioaktive Strahlung – her gedacht, ergab sich die Frage nach der räumlichen Ausbreitung und Verteilung von Gefahren. Zum zentralen Medium der Vulnerabilitätsanalyse avancierte dabei die Kartografie. In den USA wurden zur Zivilverteidigung im Falle eines Nuklearkriegs in Karten zur Landnutzung und Bevölkerungsdichte angenommene Einschlagsziele markiert und Zerstörungsradien eingezeichnet. Die logistisch-operativen Zusammenhänge, wie sie die *industrial-web-theory* postulierte, ließen sich dergestalt in ihrer räumlichen Konfiguration und in ihrer unmittelbaren Auswirkung auf die Bevölkerung sichtbar machen. Die kartografische Projektion repräsentiert insofern kein vorhandenes Wissen, vielmehr entsteht dieses erst in der Kompilation und in der Lektüre des neuen Kartentypus: „What emerged from this analysis was a new understanding of cities in a nuclear age: as possible targets and as collections of vulnerable systems that had to be understood in their complex interrelationship" (Collier/Lakoff 2008, 26). Die militärische Zivilverteidigung wurde daher – ähnlich wie der Luftschutz in Europa – als verteilte Sicherheit organisiert, in die auch Akteure wie Feuerwehren und Sozialdienste eingebunden wurden, die nicht mit nationaler Sicherheit assoziiert waren. Spätestens mit der Gründung der FEMA – der Federal Emergency Management Agency im Jahre 1979 – wurde dann auch die strikte Trennung zwischen nuklearer Gefährdung und anderen Gefah-

---

5 Ein Handbuch zu Risikoanalyse und -management (Habegger 2008, 217-224) nennt über 40 Methoden der Risikoanalyse. Zwar ist die Szenariobildung eben nur eine Methode, aber die meisten dieser Methoden (mindestens ebenso viele qualitative wie quantitative) bearbeiten das gleiche Problem der Kahnschen Szenarienplanung: die Möglichkeiten, unterschiedliche Zukünfte abzuschätzen, ohne sich auf statistische Evidenzen stützen zu können.

ren obsolet. Neben dem Modus verteilter Sicherheit bildete sich ein „All-Gefahren-Ansatz" als weiteres zentrales Moment gegenwärtigen Sicherheitsdenkens heraus. Auch dafür ebnete die kartografische Projektion den Weg. Seit den 1970er Jahren nahm das „hazard-mapping" einen enormen Aufschwung im Rahmen behördlicher wie auch – vor allem von Versicherungen vorangetriebener – privater Sicherheitsplanungen: Von der kartografischen Erfassung von Tornado- oder Erdbebenhäufigkeiten, Überschwemmungskarten, Karten zu Grundwassergefährdung oder zu „crimescapes" entstand ein Wissenskorpus zur räumlichen Verteilung heterogener Gefahren, das von lokalen bis zu überregionalen Ebenen reichen sollte (Monmonier 1997). Ende der 1980er Jahre schließlich sah die Überarbeitung staatlicher und lokaler Notfallpläne unter anderem die Erstellung von „multi-hazard risk maps" vor, welche die bestehenden Gefahren in ihrer lokalen Ausbreitung verzeichneten, sowie Risikoabschätzungen zur jeweiligen Eintrittswahrscheinlichkeit und Angaben zu den Notfallressourcen sowie gegebenenfalls Evakuierungspläne enthielten.[6]

Von der *industrial-web-theory*, wie sie die Luftwaffe entwickelt hatte, zum gegenwärtigen Denken von System-Vulnerabilität führen mathematische und nicht-mathematische Methoden des *Operations Research* und der *System Analysis*, die sich vom Militär ausgehend in Management und Bürokratie verbreiteten (Palmer 1978). Collier und Lakoff (2008) betonen, dass seit Ende der 1960er Jahre computerbasierte Möglichkeiten zur Verfügung standen, Vernetzungsgrade, Abhängigkeiten und mithin Vulnerabilitäten quantitativ zu bestimmen. Ein weiterer wesentlicher Schritt zum Konzept kritischer Infrastrukturen bestand im Übergang von der Modellierung bestimmter Ereignisse und ihrer Folgen zu generischen Modellen, um allgemeine Systemverletzlichkeiten zu untersuchen. In den Blick rückte damit das intrinsische Moment der Gefährdung, die aus komplexen Systemarchitekturen resultiert. Die Krisenvorbereitung löste sich auch von militärischen Kontexten und konzentrierte sich nun vor allem auf den Energiesektor und dessen mögliche Störung. Unter den Vorzeichen und Methoden komplexitätstheoretischen Denkens werden schließlich Rückkopplungsschleifen, Kaskadeneffekte, nichtlineare Effekte und längere Folgeketten in den Blick genommen. Die formale Analyse unterscheidet zwischen verschiedenen Arten von Interdependenzen – etwa physikalisch, virtuell, geographisch, logisch –, sie kennt die Unterscheidung zwischen loser und starrer Kopplung, sie denkt in Interdependenzen und Effekten mehrfacher Ordnungen, nach dem Muster: Elektrizitätsausfall führt zum Ausfall von Bewässerungsanlagen, dies führt zum Ausfall von Ernten, dieser führt zu finanziellen Verlusten usw. (Rinaldi/Peerenboom/Kelly 2001). Trotz aller Systemanalyse sind dabei auch Grenzen des Kalkulierbaren in Rechnung zu stellen: „Viele physische, virtuelle und logische Abhängigkeiten stellen sich erst im Ereignisfall, also bei Ausfall, heraus" (BMI 2008, 12).

---

6 Dass ein bestimmtes Wissen prinzipiell zur Verfügung steht und die Rede von systemischen Zusammenhängen im Bevölkerungsschutz kaum bestritten wird, bedeutet keineswegs, dass Zuständigkeiten, Organisationsstrukturen und -verfahren gänzlich darauf abstellen. So wurden die Anordnungen zum Planen und Kartographieren nur selten umgesetzt (Dymont 1994), und Notfallmanager arbeiteten häufig nicht mit Karten, sondern mit Zuständigkeitslisten (vgl. Monmonier 1997, 221-224). Dombrowsky, Horenczuk und Streitz sehen entsprechend in gegenwärtigen Geographischen Informations- (GIS) und Gefahrenmanagementsystemen ein Potential, das die Praxis radikal umgestalten könnte: Durch ihre „Funktions- und Nutzenfülle gehen Gefahren-Management-Systeme weit über den Rahmen gegebener Ressortierungen und Zuständigkeiten hinaus." Bereits die in der EU eingeführten und auf Hochwasser-Management begrenzten GIS führten „zu ,transzendierenden Rationalitäten', d.h. sie liefern eine systemare Gesamtrationalität, in der sich die Teilrationalitäten lokaler, regionaler oder einzelstaatlicher Entscheider als unvereinbar erweisen" (Dombrowsky/Horenczuk/Streitz 2003, 32).

4 Der Schutz „kritischer" Infrastrukturen und seine Aporien

Zum zentralen Gegenstand sicherheitsstrategischer Sorge avancieren Infrastrukturen im Schnittfeld einer fundamentalen Wissenskrise, welche die Unsicherheiten angesichts einer gewandelten geostrategischen Lage in Kombination mit den Riskanzen technisierter Lebenswelten hervorrief. Das Ungewisse, Unbestimmte, Nichtkalkulierbare von Angreifern, von Ereignissen und von ihren Folgen bestimmt die Lage. Die herkömmlichen Kategorien erfassen die Phänomene nicht mehr, klassische Wissens- und Handlungsstrategien stoßen ins Leere. Die Verschiebung der Sicherheitsproduktion in Richtung „zivile Sicherheit" ist zugleich Ausdruck und Motor einer grundlegenden Transformation, deren wesentliches Prinzip als „preparedness" bestimmt werden kann. Vielleicht am deutlichsten zeigt sich dies am „Paradigmenwechsel" (Geier 2008) im Bevölkerungsschutz, der seinen Ausgang von der prinzipiellen „Verletzlichkeit moderner Gesellschaften" (ebd., 23) nimmt. Ob als Reaktion auf Terrorismus oder auf Klimawandel, ob auf ABC-Störfälle durch Anschlag oder Unfall oder auf Schneestürme und Hochwasser (vgl. auch Bundsverwaltungsamt – Zentralstelle für Zivilschutz 2003, 8-16): Um der Verletzlichkeit zu begegnen, soll die Gefahrenabwehr „ganzheitlich" sein und den „gesamten Risiko- und Katastrophenkreislauf in ein komplexes Sicherheits- und Krisenmanagement, nämlich unter präventiven, vorsorgenden, reaktiven und nachsorgenden Aspekten" einbeziehen (Geier 2008, 24). Holistische Programme im Zeichen der Vorsorge manifestieren sich vor allem in drei Handlungsstrategien: erstens in einer Umstellung der Methoden zur Erlangung planerischen und praktischen Wissens, zweitens in der Netzwerkbildung im institutionellen Bereich und schließlich drittens in der Umstellung technologischer und operativer Maßnahmen zum Schutz von Räumen, Prozessen und Personen.

Sicherheit denken: Ob in programmatischer oder analytischer Perspektive, in normativer oder deskriptiver Absicht: Der Umbruch zeigt sich vor allem in einem neuen Sicherheitsdenken, das zunächst ein Denken des Unvorhersehbaren ist. Das Sicherheitsdenken steht – wie es Daase/Kessler (2007) mit Rekurs auf Donald Rumsfelds berühmtes Diktum bezeichneten – vor der Herausforderung, *unknown unkowns*, Gefährdungen, von denen wir nicht wissen, dass wir sie nicht kennen, in *known unknowns* zu verwandeln, in Gefahren, von denen man wenigstens weiß, worum es sich handelt, auch wenn man nicht weiß, wann und in welcher Form sie sich einstellen. Man mag bioterroristische Anschläge nicht ausschließen können, kann aber immerhin versuchen, eine Vorstellung zu entwickeln, über welche Wege und in welcher Form solche Anschläge möglich sind. Das neue Sicherheitsdenken operiert daher im Modus der Antizipation. Wo die Statistik versagt, werden Vorwegdenken und auch frühzeitige Vorbereitung umso notwendiger, um Schadensfälle zu vermeiden, deren Auswirkungen zu vermindern und Nachsorge effizient zu gestalten. Weil die Entwicklungsdynamiken von oft eng gekoppelten Infra- und Dienstleistungsstrukturen zahlreiche ungewollte und ungeplante Neben- und Ferneffekte hervorrufen, ist überdies eine „moderne, dieser systemischen Sichtweise entsprechende Gefahrenabwehr" notwendig (Schutzkommission 2006, 40).

Die unorthodoxe, antizipierende und systemische Suche nach Verletzlichkeit gerät zu einem permanenten und unabschließbaren Auftrag. So wurde 2004/2005 eine „bundeseinheitliche Gefährdungsabschätzung" eingeführt, die alle Länder verpflichtete, eine systematische Analyse nach dem „All-Gefahren-Ansatz" zu verfolgen. Ende 2005 verfügte der Bund erstmals über eine umfassende Gefährdungsanalyse, die fortan permanent aktualisiert werden soll.[7] Auch für Unternehmen wurde ein Katalog mit für manche Betriebe rechtlich verpflichtenden Maßnahmen zum Risikomanagement kritischer Infrastrukturen angefertigt, der in systematischer Form von der Risikoanalyse und -vorbeugung, bis zu Krisenmanagement und -bewältigung voranschreitet (vgl. BMI 2008, 14-34). Das Wissen, das in solchen Sicherheitsstrategien zum Tragen kommt, ist freilich multidisziplinär: Es reicht vom ingenieurstechnischen Modellieren systemischer Interdependenzen bis zum psychologischen Experiment zur Risikokommunikation, von Sprengstoffexpertisen bis zur organisationskulturellen Beratung. Damit sind nicht allein diverse Ebenen der Risikoabschätzung angesprochen, die etwa auf Gesamtlagen oder auf aktuelle Gefährdungslagen, auf technische Vulnerabilitätsanalyse oder auf die Vulnerabilität von Personengruppen fokussieren, sondern mitunter auch konkurrierende Strategien des Sicherheitsmanagements.

Filippa Lentzos und Nikolas Rose (2008, 84) sehen eines der zentralen Probleme dieses neuen Sicherheitsdenkens darin, dass zwar einerseits kaum rationale Risikokalkulation und -management möglich seien, Behörden und Dienste dennoch eine solche entwickeln müssten. Was anhand statistischer Risikokalküle und Erfahrungswissen nicht mehr zu leisten ist, soll daher über Szenarien, Simulationen und Übungen erreicht werden. In Deutschland ist die alle zwei Jahre geplante Übungsserie LÜKEX („Länderübergreifendes Krisenmanagement Exercise") das wohl prominenteste Beispiel dieser neuen Form, sich auf Unsicherheit einzustellen: Es handelt sich um eine Art Kriegsspiel, das auf die Ebene ziviler Sicherheit übertragen wurde. 2004 etwa wurde ein großflächiger Zusammenbruch der Energieversorgung mit entsprechenden Kaskadeneffekten durchgespielt, 2005 eine an die Fußballweltmeisterschaft angepasste Übung durchgeführt, 2007 waren die Effekte und Reaktionen auf eine Grippepandemie Thema. Die Planspiele sind als Stabsübung für politische Entscheidungsträger und Führungsstäbe konzipiert. Einsichten zu Kompetenzregelung, zu Formen und Inhalt angemessener politischer Entscheidungsfindung, vor allem auch die Erprobung der Reaktionsweise von Privatunternehmen in Gefährdungslagen und die Zusammenarbeit von Behörden und Privaten sind ein erklärtes Ziel (vgl. Gullotta 2008, 42ff.). Die Planspiele setzen Szenarientechniken ein, arbeiten mit Mitteln wie Brainstorming und Entscheidungsbaum-Analysen, mit deren Hilfe Interdependenzen, unvorhergesehene Probleme, Kompetenzüberschneidungen usw. ausfindig gemacht werden sollen.

Sicherheitsdenken heißt, die Verletzlichkeit von Systemen zu bewerten, es besteht darin, sich mögliche Ereignisse vorzustellen und mögliche Wirkungen durch Szenarien abzuschätzen, darin, Erkenntnisse zu Maßnahmen zu gewinnen, um Vulnerabilität zu verringern, sowie Abwehr- und Hilfsmaßnahmen zu entwickeln. Das Prinzip, sich auf Unwahrscheinliches und Unwägbares einzustellen, für dessen Folgewirkungen man aber zukünftig möglicherweise Verantwortung trägt, birgt allerdings einige Probleme: Auch wenn das Sicherheitsdenken von *unknown unknowns* seinen Ausgang nimmt, setzt es doch darauf, Kritikalität (als Produkt von Wahrscheinlichkeit und Schadensausmaß) einschätzen zu können. Dieser Widerspruch wird z.B. bei kritischen Infrastrukturen durch entsprechende Einstufungen von Bereichen und Anlagen in pragmatische Umgangsformen übersetzt (vgl. BMI 2005, 12, 21, 51). Zudem ergibt sich aus der Grundorientierung ein unabschließbares Sicherheitsbedürfnis. Niemals zu wissen und niemals wissen zu können, wann man genug weiß, wann man genug und vielleicht mehr noch: ob man das Richtige getan hat, bindet die Handlungsmodi der „precaution" und der „preparedness" an den der Prävention (Bröckling

---

7 Programm und Praxis scheinen dabei auseinanderzuklaffen. Zumindest beklagt die Schutzkommission (2006, 41f.) eine mangelnde Qualität und Vergleichbarkeit der Studien.

2004). Experten stehen vor dem Dilemma, gerade durch die Thematisierung von auch noch so geringen Risiken im Schadensfall später umso eher verantwortlich gemacht zu werden. Die Erhöhung der Verantwortungsschwelle könnte paradoxerweise den Wissensdrang ins Leere laufen lassen. Und schließlich kann man auf paradoxe Effekte verweisen, die sich aus der Verbreitung von Wissen um mögliche Risiken ergeben. So ist in den USA die Anzahl der Institute, die sich mit pathogenen Substanzen, die für bio-terroristische Anschläge genutzt werden könnten, von 1995 bis 2000 von 33 auf 497 gewachsen. Das Wissen um potentiell schädliche Agenzien wie auch die Zahl von gut eingeweihten Experten wächst folglich. Da offensiv und defensiv einsetzbares Wissen in diesem Bereich nicht voneinander zu trennen sind, könnten die Schutzsysteme durchaus eine Art von Autoimmunität hervorrufen, indem sie den Schutz, der durch Nichtwissen um Schädigungspotentiale besteht, herabsetzen (vgl. Diprose/Stephenson/Mills/Kane/Hawkins 2008, 274).

Institutionelle Vernetzung und verteilte Sicherheit. Gleich auf welchen Ebenen man sich bewegt, von kommunaler Kriminal- bis zu internationaler Militärpolitik, von internen Steuerungsformen bis zu institutionenübergreifender Kooperation, in vertikaler wie in horizontaler Richtung: Vernetzung gilt zugleich als Imperativ wie als „Verheißung" und kann völlig zurecht als „Effektivitätsmythos für die ‚innere Sicherheit'" (Stegmaier/Feltes 2007) bezeichnet werden. Ihren Ausgangspunkt nimmt Vernetzung von den klassisch-bürokratischen Prinzipien der Sicherheitsbehörden: Arbeitsteilung, Spezialisierung, Differenzierung und daraus folgendes Kooperationsgebot (vgl. Gusy 2004, 200f.). Vernetzung bedeutet, die Kooperation auf einen neuen Modus einzustellen, eine Transformation in Gang zu setzen, die von politisch-administrativen Kompetenzen über operative Kooperationsformen, kommunikative Verbindung, Steuerungsmodalitäten bis zu organisationsspezifischen Wertbindungen und Verhaltensformen reicht.[8] Mit der Gründung des Bundesamtes für Bevölkerungsschutz und Katastrophenhilfe (BBK) im Jahr 2004 wurden die ehemals getrennten Aufgaben zivilen und militärischen Bevölkerungsschutzes zusammengelegt und Bund-Länder-Kompetenzen neu geregelt. Strategiepapiere betonen in gleichem Maße die Notwendigkeit einer engen Verzahnung nicht-polizeilicher Akteure ebenso wie die Notwendigkeit, die Zusammenarbeit mit der Polizei und die zivil-militärische Zusammenarbeit „systematisch und konsequent auszubauen". Ein Melde- und Lagezentrum sowie ein Datenbanksystem zielen auf die Etablierung einer „ausgeprägten Risikokommunikationskultur" (zit. n. Geier 2008, 25, 26; vgl. Bundesverwaltungsamt 2003, 16-24); ähnlich wie im militärischen Bereich kursieren Vorschläge, mit einem Konzept „vernetzter Einsatzführung" nicht nur eine informationstechnische Aufrüstung für Krisenfälle, sondern auch eine neue „Führungsphilosophie" im Bereich ziviler Sicherheit zu etablieren (Kirk 2008). Vom Bundesministerium für Bildung und Forschung geförderte Projekte zum Thema „Schutz und Rettung von Menschen" arbeiten entsprechend an Techniken und Konzepten im Bereich informationstechnischer Aufklärung, Führungs- und Operationsunterstützung.[9]

Das Prinzip der auf Übung basierenden Wissenserzeugung gilt auch für solche Formen vernetzter Sicherheitsoperationen. Nicht zuletzt die Fußballweltmeisterschaft 2006 bot dafür ein Experimentierfeld par excellence. So wurde in enger Kooperation von FIFA und Sicherheitsbehörden der Zugang zum Stadion durch die persönliche Zuteilung von Eintrittskarten, durch Datenerfassung und -überprüfung einer verschärften Regulation unterzo-

---

8 Systematisch durchformuliert wurde die Umstellung auf netzwerkförmige Strukturen für das amerikanische Militär mit dem Konzept des *Network-Centric Warfare* (dazu Kaufmann 2008).
9 Vgl. http://www.bmbf.de/de/13091.php.

gen. Eingerichtet wurden internationale und länderübergreifende polizeiliche Kooperationen und Verwaltungskooperationen wie etwa im „Nationalen Informations- und Kooperationszentrum", das ein permanent aktualisiertes bundesweites Lagebild zur WM lieferte; Sicherheitsbehörden wie BKA, Bundespolizei und Justiz übten und erprobten im Vorfeld und während der WM auf allen Ebenen Formen der Zusammenarbeit. Dazu gehörte die Integration privater Sicherheitsdienste in und außerhalb der Stadien in das Sicherheitsmanagement, die Unterstützung durch Bundeswehreinheiten zur Vorbereitung für Notfälle wie auch, dass Rettungsdienste neue Methoden und den Umgang mit neuen Technologien übten, um einen eventuellen „Massenanfall von Verletzten" zu bewältigen (vgl. die Beiträge im Magazin „Bevölkerungsschutz" 4/2006). Freilich konstatieren zumindest einige Beobachter das Problem solcher Sicherheitskonzepte: Ordnungswidrigkeiten oder irgendwie auffälliges oder für auffällig gehaltenes Verhalten werden sofort und rigoros mit Platzverweis und vorübergehendem Sicherheitsgewahrsam geahndet, sobald sie in den Kontext nationaler Sicherheitsinteressen geraten (Eick/Sambale/Töper 2007, 13-18). Zu den kritischen Infrastrukturen zählen schließlich auch symbolisch hochrangige Ereignisse – wie Fußballweltmeisterschaften.

Konstitutiv für die Sicherung von Infrastrukturen ist ohne Frage im Modus „verteilter Sicherheit" zu operieren. Mit Lentzos und Rose (2008, 77) lässt sich dieser Typus zu den Formen liberalen Regierens zählen, die sozialen Akteuren Autonomie verleihen, diese aber zugleich für ihr Handeln verantwortlich machen. Sofern aber die Sicherheit von Infrastrukturen nicht mehr als betriebliches, sondern als nationales Risiko thematisiert wird, stellt sich die Frage nach der Art und Weise und Tiefe staatlicher Regulation und Intervention. Die in Programmschriften häufig aufgerufene „Sicherheitspartnerschaft" (z.B. BMI 2009, 6) verdeckt grundlegende Probleme der Steuerung. So sind die staatlichen Interventionen im internationalen Vergleich durchaus unterschiedlich gestaffelt. Dan Assaf (2008) unterscheidet sieben mögliche Stufen. Sie reichen von staatlicher Eigentümerschaft über staatliche Kontrolle und Anordnungen, Aufsichtsdelegation an Agenturen, eine Mischung von Aufsichtsdelegation und Aushandlungsprozessen mit Betreibern, staatlich erzwungene Selbstregulation bis hin zu freiwilliger Selbstregulation und rein marktförmigem Sicherheitsmanagement. Gegenteilige Pole der Steuerung in liberal-demokratischen Gesellschaften sieht Assaf (ebd., 6-9) in den USA und Israel hinsichtlich der Informationsinfrastruktur. Die USA setzen weitaus stärker auf freiwillige Kooperation mit dem Staat, um private Akteure für Sicherheitsmaßnahmen zu gewinnen, und appellieren an Patriotismus oder zivile Pflichten, um so Verantwortlichkeit zu wecken (vgl. Kristensen 2008, 70-73). Lediglich im Bereich hochriskanter Chemikalien haben die USA direkte Anordnungen und auf dem Energiesektor eine staatliche erzwungene Selbstregulierung für die Informationsinfrastruktur verfügt. Israel hingegen setzt stärker auf direkte Staatsintervention durch zentralisierte Aufsicht und hierarchisierte Zugangsregelungen. Doch auch in Israel besteht die Rolle des Staates zunehmend weniger darin, Sicherheit generell selbst herzustellen, als vielmehr die Rahmenbedingungen ihrer Gewährleistung aufrecht zu erhalten. In diesem Sinne formuliert denn auch das deutsche Innenministerium: Der Staat „steuert primär moderierend, nötigenfalls normierend, die Maßnahmen zur Sicherung und zur Sicherstellung des Gesamtsystems sowie der Systemabläufe" (BMI 2009, 2).

Hinter diesen Differenzen steckt eine grundlegende Aporie „verteilter Sicherheit": Betriebswirtschaftliche Sicherheitskalküle decken sich nicht mit nationalen Sicherheitsüberlegungen. Assaf (2008, 9-16) betont vor allem, dass aus der Perspektive betriebswirtschaftlicher Rentabilität ökonomische Kosten-Nutzen Kalküle den Ausschlag geben. Diese lassen sich aber gerade hinsichtlich der neuen Risiken kaum anstellen und falls doch, tendiert das Risiko oft gegen null und der betriebswirtschaftliche Nutzen von Schutzmaßnahmen erscheint reichlich ungewiss. Behandelt man hingegen Sicherheit als nationales Gut, so stellen sich andere Überlegungen und auch nicht-ökonomische Bewertungen des Nutzens ein.[10] Im Modus „verteilter Sicherheit", auf den die Sicherheitsproduktion im Bereich kritischer Infrastrukturen unabdingbar angewiesen ist, kommen folglich grundlegend heterogene Kalküle zur Geltung, die keineswegs in allen Fällen zur Deckung kommen und zur Erhöhung von Sicherheitsstandards führen.

Resilienz. Lentzos und Rose (2008) sehen in ihrem Vergleich nationaler Strategien gegen biologische Bedrohungen in Frankreich, Deutschland und Großbritannien drei unterschiedliche Ausrichtungen staatlicher Sicherheitspolitik. In allen drei Ländern beruhen die Gegenstrategien auf einem Modus verteilter Sicherheit, in die zahlreiche staatliche, semistaatliche und private Organisationen und Institutionen integriert sind. Allerdings unterscheidet sich, so Lentzos und Rose, die Stoßrichtung der staatlichen Vorgaben: In Frankreich konzentrierten sich die Maßnahmen und Arbeitsformen auf eine traditionelle, nach 9/11 lediglich um einige Momente erweiterte Form der Notfallplanung; in Deutschland hingegen lasse sich die Sicherheitsstrategie am ehesten mit dem Begriff „Schutz" – dieser taucht auch im Titel vieler Strategiepapiere auf – beschreiben. Dieser Schutz ziele darauf ab, die Bevölkerung unter eine Art Patronage zu stellen, um sie vor Schaden zu bewahren.[11] Die britischen Programme hingegen rückten das Konzept der Resilienz in den Vordergrund. „Die Logik der Resilienz" – so fassen Lentzos/Rose (2008, 99; vgl. auch Coaffee 2006; Coaffee/Rogers 2008) die britischen Konzepte zusammen – „umfasst also mehr als die Haltung der *Preparedness*. Resilient zu sein, bedeutet auch nicht einfach, geschützt zu werden und Systeme für den Umgang mit Eventualitäten zur Verfügung zu haben. Resilienz impliziert eine systematische, breit gestreute, organisatorische, strukturelle und persönliche Stärkung subjektiver und materieller Gefüge, die deren Fähigkeit fördert, Störungen innerhalb komplexer Welten zu antizipieren und zu tolerieren, ohne zusammenzubrechen, Erschütterungen standzuhalten und zu regenerieren. In diesem Sinne zielt die Logik der Resilienz vielleicht im Gegensatz zum ‚Big-Brother-Staat' darauf ab, einen subjektiven und systematischen Zustand herzustellen, der alle und jeden befähigt, auch in einer Welt voller Risiken frei und vertrauensvoll zu leben."

Resilienz figuriert als umfassende sicherheitsstrategische Leitidee. Wenn im (nationalen) Sicherheitsdiskurs gesteigerte Ungewissheit, gesellschaftliche Interdependenzen und eine wachsende Verletzlichkeit betont werden, scheint Resilienz die angemessene Antwort zu geben. Ähnliche Hoffnungen zeigen sich auch in der ökologischen Diskussion, in der sich das Begriffspaar *Vulnerability/Resilience* im englischsprachigen Raum schon seit den 1970er Jahren etabliert hat. Absorptionsfähigkeit eines Systems, Selbstorganisationsfähig-

---

10 So konnte die IT-Sicherheits-Industrie, die im Rahmen von *Homeland-Security* in die Ausarbeitung einer neuen Sicherheitsstrategie einbezogen wurde, manche ursprünglich vorgesehenen Vorschläge und Empfehlungen aus den Papieren streichen somit eigene Interessen gegen die staatlichen Sicherheitsbemühungen durchsetzen (vgl. Schulze 2006, 178f.).
11 Auch Clausen, Dombrowsky und Strangmeier (1995, 33) unterscheiden – allerdings für die Zeit vor 9/11 – eine eher obrigkeitsstaatliche von einer liberalen Ausrichtung in der Art, Katastrophenschutz zu betreiben: In Deutschland ginge man eher davon aus, dass Menschen im Katastrophenfall „aus dem Ruder laufen" und daher Behörden für Ordnung, Schutz und Rettung sorgen müssten, während liberale Regulationen darauf setzten, dass sich Menschen selbst zu helfen wissen, aber Unterstützung benötigen.

keit, Lern- und Adaptionsfähigkeit gelten als entscheidende Eigenschaften, um angemessen auf unvorhergesehene Störungen zu reagieren. „Leben mit Risiko: *Resilience* als neues Paradigma für die Risikowelten von morgen" – lautet ein einschlägiger Artikel eines Handbuchs zu „Naturrisiken und Sozialkatastrophen" (Bohle 2008). Im Kontext „ziviler Sicherheit", der Katastrophenschutz und innere Sicherheit zusammenbringt, kommt „Resilienz" vor allem ins Spiel, wenn es um die Ausbildung von Toleranzpotential gegenüber Störfällen oder die Stärkung zivilgesellschaftlicher Ressourcen geht. Dies ist der Fall, wenn Vulnerabilität/Resilienz nicht nur ingenieurstechnisch, sondern verstärkt in sozialen Kontexten gedacht und entsprechend gefordert wird, Fähigkeiten und Fertigkeiten zur Selbsthilfe sozial differenziert zu betrachten und auszubilden (Buckle/Mars/Smale 2000). Die Forderung nach einer „neuen Risikokultur", die vermittelt, dass ein hundertprozentiger Schutz vitaler Systeme unmöglich sei, ein offener Umgang und eine offene Risikokommunikation hingegen notwendig seien, zielt in dieselbe Richtung (vgl. BMI 2009, 9). Ähnlich ist auch die Bedeutung organisatorischer Kompetenz und die damit verbundene Kritik an personeller Ausdünnung in zahlreichen sicherheitsrelevanten Systemen – die Rede ist von „institutional resilience" – einzuschätzen (Little 2004, 56f.). Im Namen von Resilienz werden auch rigorose Forderungen nach Dezentralisierung von Infrastrukturen formuliert (vgl. Kahn/Allen/George/Thompson 2009, 19). Und schließlich wird mit Resilienz argumentiert, wenn es darum geht, Gesamtkonzepte zu entwickeln, um Infrastrukturen oder Städte auch durch bauliche und stadtplanerische Maßnahmen fehlerresistent und robust zu machen: „Designing-out crime and terrorism" lautet hier die Devise (Coaffee 2006, 392f.). Folgt man Jon Coaffee (ebd., 396-398), so lassen sich mit dem Konzept der Resilienz die gegenwärtigen Sicherheitsstrategien und -maßnahmen zusammenbringen: die Ausdehnung des Vorbereitetseins, nicht nur im Sinne von Reaktion auf Katastrophen, sondern auch in proaktiven Maßnahmen; die Ausdehnung der Notfallplanung im Sinne des „all-hazard-planning"; die Ausdehnung des Sicherheitsmanagements auf institutionelle Resilienz sowie die Vernetzung unterschiedlicher Zuständigkeitsebenen von lokaler bis zu internationaler Ebene und zwischen den unterschiedlichen Behörden und Organisationen im Sicherheitsbereich.

Coaffee (2006, 392f., 398f.; vgl. auch Little 2004, 52-54) verweist noch auf ein weiteres Moment. Eine der Wurzeln von Resilienz liegt im Konzept des *defensible space*, das in den 1970er Jahren zur Kriminalitätsbekämpfung entworfen wurde. Hier kommt eine Logik der Kontrolle und eines illiberalen Hobbesschen Machtkalküls (Opitz 2008) ins Spiel, das inzwischen um zahlreiche Momente militärischer Raumkontrolle erweitert wurde: Bewaffnete Bewachung, Betonbarrieren, druckresistente Konstruktionen nicht nur für militärische und Regierungsgebäude, sondern auch für kommerziell genutzte Gebäude und auch neue Detektionsmittel werden eingesetzt, um gegen Bioterrorismus, chemische Waffen und anderes zu schützen. Hier schließen sich zahlreiche technologische Projekte – etwa im Feld der Biometrie, automatisierter Personenerkennung, Videotracking, Verhaltenserkennung, Drohnenüberwachung usw. – an Konzepte der Raum-, Bewegungs- und Zugangskontrolle an, wie sie gegenwärtig in nationalen Programmen zur Sicherheitsforschung und an prominentester Stelle im *European Security Research Program* entwickelt werden (vgl. Hayes 2009, 43-69).[12] Man mag im Modus verteilter Sicherheitsproduktion, der das Dilemma lösen soll, den Schutz der Bürger und vitaler Systeme zu garantieren, ohne die Kommunikations-, Verkehrs-, Güter- und Menschenströme zu unterbinden, durchaus ein liberales

---

12 Bezeichnend auch, dass die Verbindung von Stadt und Resilienz Thema eines NATO-Workshops war (Pasman/Kirillov 2008).

Prinzip sehen. Die Logik der Resilienz beinhaltet aber notwendigerweise auch proaktive Momente und Momente der „Pre-emption", des vorauseilenden Eingriffs. Mithin ist sie an den Ausbau von Kontroll- und Präventivmaßnahmen gebunden, die es durchaus zweifelhaft erscheinen lassen, ob sich Resilienz so umstandslos, wie Lentzos und Rose behaupten, in einen Gegensatz zu einem Big-Brother-Staat bringen lässt.

5 Zusammenfassung

Zivile Sicherheit rückt in den Fokus gegenwärtiger Sicherheitspolitiken. Ihr Aufstieg artikuliert einen fundamentalen gesellschaftlichen Wandel in der Art und Weise (Un)Sicherheit zu adressieren. Einen Wandel, der Gefährdungen primär als Effekt der Konstitution hochmoderner Gesellschaften begreift, sie im Wesentlichen ihren komplexen Interdependenzen zuschreibt und eine Verletzlichkeit neuen Typs, die Verletzlichkeit von „kritischen Infrastrukturen", von „vitalen Systemen", als grundlegendes Sicherheitsproblem bestimmt. Der Durchbruch der konzeptuellen Transformation, mit dem Infrastrukturen die Eigenschaft „kritisch" erhalten, lässt sich historisch präzise im Schnittfeld von geostrategischen Ungewissheiten und der „Informationsrevolution" der 1990er Jahre verorten. In ihm kommt ein Denken zum Tragen, dessen Herkunft zum einen aus einer militärischen Logik stammt, welche die systemischen Verletzlichkeiten industrialisierter Gesellschaften in strategischer Hinsicht bearbeitet, zum anderen aus der Entwicklung von Wissenstechnologien, die eine methodische Erschließung von *Worst-Cases* und potentiellen Zukünften ermöglichen und die es erlauben, alle möglichen Typen von Gefährdungen in ihrer lokalen und räumlichen Dimensionen zu verorten. Das Problem ziviler Sicherheit ist somit Effekt einer Zusammenführung unterschiedlicher Elemente und Entwicklungen aus Militärstrategie, methodisch geleiteter Prognostik, ingenieurstechnischer Systemberechnung und Umwelttheorie. Vorbereitetsein auf Ereignisse von geringer Wahrscheinlichkeit mit möglicherweise katastrophalen Effekten wird in diesem Feld zum vorrangigen Rationalitätstypus des Sicherheitshandelns. Drei Handlungsstrategien charakterisieren das Feld. Das Sicherheitsdenken stellt auf das Unvorhersehbare, auf das Irgendmögliche ein, es tendiert dazu, sich in permanenter Suche nach und Evaluation von systemischen Schwächen, in permanenter Beobachtung und Abschätzung von Risiken zu vollziehen. *Securitization* wird unter diesen Vorzeichen zum einem prinzipiell unabschließbaren Prozess. Institutionell setzt sich der Imperativ durch, Sicherheitsbehörden und -dienste zu vernetzen und Sicherheitsaufgaben im Modus „verteilter Sicherheit" unter Einbeziehung nichtstaatlicher Akteure zu bearbeiten. Der Staat als „Moderator" schafft Anreize, um gesellschaftliche Akteure in die Verantwortung für Sicherheitsleistungen zu nehmen. Dabei zeigt sich in einem Feld, das als nationaler Sicherheitsbereich angesprochen wird, die Paradoxie, mittels liberaler Strategien, die das Privatinteresse mobilisieren, um das öffentliche Gut Sicherheit zu gewährleisten, in zugespitzter Form. Und schließlich zeichnet sich am Horizont der neuen Sicherheitspolitiken ein Leitbild ab, die umfassenden institutionellen, operativen und technologischen Umbauten und Entwicklungen anhand eines übergreifenden Ziels auszurichten: Resilienz avanciert zur grundlegenden programmatischen Antwort, um auf die Verletzlichkeit gegenwärtiger Gesellschaften zu reagieren. Ob diese Programmatik eher durch liberale Praktiken, Sicherheit zu gewährleisten, bestimmt wird oder durch exzessive Präventiv- und Überwachungsstrategien, wird nicht zuletzt von je spezifischen Besetzungen und Entfaltungen des Konzepts abhängen. Wie auch immer: Der Aufstieg des Topos „zivile Sicherheit" ist in beiden Fällen vorprogrammiert.

Literatur

Andreas, Peter, 2003: Redrawing the Line. Borders and Security in the Twenty-first-Century, in: International Security 28(2), S. 78-111.
Arquilla, John und Ronfeldt, David (Hg.), 2001: Networks and Netwars. The Future of Terror, Crime, and Militancy, RAND: Santa Monica.
Assaf, Dan, 2008: Models of critical information infrastructure protection, in: International Journal of Critical Infrastructure Protection 1, S. 6-14.
(BMI) Bundesministerium des Innern, 2005: Schutz Kritischer Infrastrukturen – Basisschutzkonzept. Empfehlungen für Unternehmen, Berlin.
(BMI) Bundesministerium des Innern, 2008: Schutz Kritischer Infrastrukturen – Risiko- und Krisenmanagement. Leitfaden für Unternehmen und Behörden, Berlin.
(BMI) Bundesministerium des Innern, 2009: Nationale Strategie zum Schutz Kritischer Infrastrukturen (KRITIS-Strategie), Berlin.
Bohle, Hans-Georg, 2008: Leben mit Risiko – *Resilience* als neues Paradigma für die Risikowelt von morgen, in: Felgentreff, Carsten und Glade, Thomas (Hg.): Naturrisiken und Sozialkatastrophen, Springer: Heidelberg, S. 435-441.
Bröckling, Ulrich, 2004: Prävention, in: ders., Krasmann, Susanne und Lemke, Thomas (Hg.): Glossar der Gegenwart, Suhrkamp: Frankfurt a.M., S. 210-215.
Brown, Kathi Ann, 2006: Critical Path. A Brief History of Critical Infrastructure Protection in the United States, Spectrum Publishing Group: Fairfax (Virginia), http://www.hsdl.org/hslog/?q=node/5022.
Brunner, Elgin M. und Suter, Manuel, 2008: International CIIP Handbook 2008/2009. An Inventory of 25 national and 7 international Critical Informationstructure protection policies, Center of Security Studies ETH: Zürich.
Buckle, Philip, Mars, Graham und Smale, Rev Syd, 2000: New approaches to assessing vulnerability and resilience, in: Australian Journal of Emergency Management (Winter), S. 8-15.
Bundeskriminalamt, 2005 (Hg.): Netzwerke des Terrors – Netzwerke gegen den Terror, Luchterhand: Neuwied.
Bundesverwaltungsamt – Zentralstelle für Zivilschutz, 2003: Neue Strategie zum Schutz der Bevölkerung in Deutschland, erarbeitet von Wolfram Geier, Bonn.
Clausen, Lars, Dombrowsky, Wolf R. und Strangemeier, Reinhard L.F., 2005: Deutsche Regelsysteme. Verntzungen und Integrationsdefizite bei der Erstellung des öffentlichen Gutes Zivil- und Katastrophenschutz in Europa, Bundesamt für Zivilschutz, Bonn.
Coaffee, Jon, 2006: From Counterterrorism to Resilience, in: The European Legacy 11(4), S. 389-403.
Coaffee, Jon und Rogers, Peter, 2008: Rebordering the City for New Security Challenges: From Counter-terrorism to Community Resilience, in: Space and Polity 12(1), S. 101-118.
Collier, Stephen, 2008: Enacting catastrophe: preparedness, insurance, budgetary rationalization, in: Economy and Society 37(2), S. 224-250.
Collier, Stephen J. und Lakoff, Andrew, 2008: The vulnerability of vital systems: how 'critical infrastructure' became a security Problem, in: Dunn/Kristensen, S. 17-39.
Collier, Stephen J. und Lakoff, Andrew, 2009: On vital systems security (=International Affairs Working Paper 2009-01, February), http://www.gpia.info/files/u16/Collier_and_Lakoff_2009-01.pdf.

Daase, Christopher und Kessler, Oliver, 2007: Knowns and Unknowns in the 'War on Terror': Uncertainty and the Political Construction of Danger, in: Security Dialogue 38(4), S. 411-434.
Diprose, Rosalyn, Stephenson, Niahm, Mills, Catherine, Kane, Race und Hawkins, Gay, 2008: Governing the Future: The Paradigm of Prudence in Political Technologies of Risk Management, in: Security Dialogue 39(2/3), S. 267-288.
Dombrowsky, Wolf R., 1989: Katastrophe und Katastrophenschutz. Eine soziologische Analyse, DUV: Wiesbaden.
Dombrowsky, Wolf R., Horenczuk, Jörg und Streitz, Willi, 2003: Erstellung eines Schutzdatenaltasses (=Zivilschutz-Forschung, Neue Folge 51), Bonn.
Douhet, Guilio (1935): Luftherrschaft, Leipzig.
Dunn Cavelty, Myriam, 2008: Like a phoenix from the ashes: the reinvention of critical infrastructure protection as distributed security, in: dies/Kristensen, S. 40-62.
Dunn Cavelty, Myriam und Kristensen, Kristian Søby (Hg.), 2008: Securing the Homeland. Critical Infrastructure, Risk, and (In)Security, Routledge: London.
Dymon, Ute J., 1994: Mapping – The Missing Link in Reducing Risk under SARA III, in: Risk: Health, Safety and Environment 5, S. 337-349.
Edwards, Charlie, 2009: Resilient Nation, Demos: London.
Eick, Volker, Sambale, Jens und Töpfer, Eric, 2007: Kontrollierte Urbanität. Zur Neoliberalisierung städtischer Sicherheitspolitik, in: dies. (Hg.): Kontrollierte Urbanität. Zur Neoliberalisierung städtischer Sicherheitspolitik, transcript: Bielefeld, S. 7-37.
Ewald, François, 2002: The Return of Descartes's Malicious Demon: An Outline of a Philosophy of Precaution, in: Baker, Tom und Simon, Jonathan (Hg.): Embracing Risk. The Changing culture of insurance and responsibility, University Press: Chicago, London, S. 273-301.
Geier, Wolfram, 2008: Paradigmenwechsel. Der Bevölkerungsschutz zu Beginn des 21. Jahrhunderts, in: Bevölkerungsschutz (4), S. 22-27.
Geyer, Michael, 1984: Deutsche Rüstungspolitik 1860-1980, Suhrkamp: Frankfurt a.M.
Gullotta, Guilio, 2008: Political Risk in Civil Protection – A Practioner's View, in: Habegger, S. 35-39.
Gusy, Christoph, 2004: Die Vernetzung innerer und äußerer Sicherheitsinstitutionen in der Bundesrepublik Deutschland, in: Weidenfeld, Werner (Hg.): Herausforderung Terrorismus. Die Zukunft der Sicherheit, VS-Verlag: Wiesbaden, S. 197-221.
Habegger, Beat (Hg.): International Handbook on Risk Analysis and Management. Professional Experiences, Center for Security Studies ETH: Zürich.
Hayes, Ben, 2009: NeoConOpticon. The EU Security-Industrial Complex, http://www.statewatch.org/analyses/neoconopticon-report.pdf.
Jäger, Wieland, 1977: Katastrophe und Gesellschaft. Grundlegungen und Kritik von Modellen der Katastrophensoziologie. Luchterhand: Darmstadt, Neuwied.
Kahn, Herman, 1960: On Thermonuclear war, University Press: Princeton (N.J.).
Kahn, Herman, 1962: Thinking about the Unthinkable, Horizon Press: New York.
Kahn, Jerome, Allen, Andrew, George, Justin und Thompson, George, 2009: Concept Development: An Operational Framework for Resilience. Prepared for Department of Homeland Security, Science and Technology Directorate, HSSAI Publication: Arlington VA, http://homelanddefense.org/hsireports/Resilience_Task_09-01.pdf.
Kaufmann, Stefan, 2006: Kriegsspiel: Den Krieg modellieren und simulieren, in: Poser, Stefan, Hoppe, Joseph und Lüke, Bernd (Hg.): Spiel mit Technik. Katalog zur Ausstellung im Deutschen Technikmuseum Berlin, Koehler & Amelang: Leipzig, S. 120-126.
Kaufmann, Stefan, 2008: Der neue Geist des Krieges. Natur als Referenz im Network Centric Warfare, in: Die Natur der Gesellschaft. Verhandlungen des 33. Kongresses der Deutschen Gesellschaft für Soziologie in Kassel 2006, hg. von Karl-Siegbert Rehberg. Frankfurt a.M.: Campus, S. 752-767.

Kirk, Manfred, 2008: Vernetzte Einsatzführung. Skizze des Konzepts NetEinsFü, in: Bevölkerungsschutz (1), S. 27-33.

Kristensen, Kristian Søby, 2008: 'The absolute protection of our citizens': critical infrastructure protection and the practice of security, in: Dunn/ders., S. 63-83.

Kuhn, Jan, 2005: Der Schutz kritischer Infrastrukturen. Unter besonderer Berücksichtigung von kritischen Informationsinfrastrukturen (=Interdisziplinäre Forschungsgruppe Abrüstung und Rüstungskontrolle, Universität Hamburg, Working Paper 5, Juni), http://www.ifsh.de/IFAR/pdf/wp5.pdf.

Lentzos, Fillipa und Rose, Nikolas, 2008: Die Unsicherheit regieren. Biologische Bedrohungen, Notfallplanung, Schutz und Resilienz in Europa, in: Purtschert, Patricia, Meyer, Katrin und Winter, Yves (Hg.): Gouvernementalität und Sicherheit. Zeitdiagnostische Beiträge im Anschluss an Foucault, transcript: Bielefeld, S. 75-101.

Lenz, Susanne, 2009: Vulnerabilität Kritischer Infrastrukturen (= Forschung im Bevölkerungsschutz Bd. 4, hg. vom Bundesamt für Bevölkerungsschutz und Katastrophenhilfe), Bonn.

Little, Richard G., 2004: Holistic Strategy for Urban Security, in: Journal of Infrastructure Systems (June), S. 52-59.

Monmonier, Mark, 1997: Cartographies of Danger. Mapping Hazards in America, University Press: Chicago.

Offner, Jean-Marc, 2001: Are There Such Things as Small Networks?, in: Coutard, Oliver (Hg.): The Gouvernance of Large Technological Systems, London, S. 217-238.

Opitz, Sven, 2008: Zwischen Sicherheitsdispositiv und Securitization: Zur Analytik illiberaler Gouvernementalität, in: in: Purtschert, Patricia, Meyer, Katrin und Winter, Yves (Hg.): Gouvernementalität und Sicherheit. Zeitdiagnostische Beiträge im Anschluss an Foucault, transcript: Bielefeld, S. 201-228.

Palmer, Gregory, 1978: The McNamara Strategy and the Vietnam War. Program budgeting in the Pentagon 1960-1968, Greenwood: Westport.

Pasman, Hans J. und Kirillov, Igor A. (Hg.), 2008: Resilience of Cities to Terrorist and other Threats. Learning from 9/11 and further Research Issues, Springer: Dordrecht

(PCCIP) President's Commission on Critical Infrastructure Protection, 1997: Critical Foundations. Protecting America's Infrastructures, Washington DC, http://www.fas.org/sgp/library/pccip.pdf.

Pflüger, Tobias, 2003: Verteidigungspolitik ade. Bundeswehreinsätze im Innern und weltweit. (= IMI-Analyse 026), http://imi-online.de/download/IMI-Analyse-2003-026-Verteidigung-ade-Pflueger.pdf.

Pias, Claus, 2002: Computer Spiel Welten. Sequenzia: München.

Pias, Claus, 2009: Abschreckung denken. Herman Kahns Szenarien, in: ders. (Hg.): Abwehr. Modelle – Strategien – Medien, transcript: Bielefeld, S. 169-188.

Rinaldi, Steven M., 1997: Complexity Theory and Airpower: A New Paradigm für Airpower in the 21st Century, in: Alberts, David S. und Czerwinski, Thomas J. (Hg.): Complexity, Global Politics, and National Security. National Defense University: Washington D.C., S. 112-137, http://www.dodccrp.org/files/Alberts_Complexity_Global.pdf.

Rinaldi, Steven M., Peerenboom, James P. und Kelly, Terrence K., 2001: Critical Infrastructure Interdependencies, in: IEEE Control Systems Magazine 21(6), S. 11-25.

Schulze, Tillmann, 2006: Bedingt abwehrbereit. Schutz kritischer Informations-Infrastrukturen in Deutschland und den USA, VS-Verlag für Sozialwissenschaften: Wiesbaden

Schutzkommission, 2001: Zweiter Gefahrenbericht der Schutzkommission beim Bundesminister des Inneren. Bericht über mögliche Gefahren für die Bevölkerung bei Großkatastrophen und im Verteidigungsfall (=Zivilschutz-Forschung Neue Folge Bd. 48), Bonn, http://www. schutzkommission.de.

Schutzkommission, 2006: Dritter Gefahrenbericht der Schutzkommission beim Bundesminister des Inneren. Bericht über mögliche Gefahren für die Bevölkerung bei Großkatastrophen und im

Verteidigungsfall (=Zivilschutz-Forschung Neue Folge Bd. 59), Bonn, http://www. schutzkommission.de.

Sloan, Elinor C., 2002: The Revolution in Military Affairs. Implications for Canada and NATO, Montreal: McGill-Queen's UP.

Sloterdijk, Peter, 2004: Schäume. Suhrkamp: Frankfurt a.M. (=Sphären. Plurale Sphärologie, Bd. III).

Stegmaier, Peter und Feltes, Thomas, 2007: ‚Vernetzung' als neuer Effektivitätsmythos für die ‚innere Sicherheit', in: Aus Politik und Zeitgeschichte (12), S. 18-24.

Wæver, Ole (1995): Securitization and Desecuritization, in: Lipschutz, Ronnie D. (Hg.): On security, New York: Columbia University Press, S. 46-86.

Leon Hempel

Das Versprechen der Suchmaschinen.
Der europäische Sicherheitsraum als Sichtbarkeitsregime

Seit den späten 1980er Jahren konzentrieren sich die europäischen Einigungsbemühen verstärkt darauf, Sicherheit als eine gemeinsame Aufgabe zu bestimmen. Diese Anstrengungen münden in die Schaffung eines europäischen Sicherheitsraums, der nationale Differenzen in einem einheitlichen Sichtbarkeitsregime aufzuheben sucht. „Wir wollen ein Sicherheitsnetz über ganz Europa legen", verkündete unlängst EU-Justizkommissarin Viviane Reding in Bezug auf die Umsetzung des aktuellen, 2009 verabschiedeten Sicherheitsprogramms, des sogenannten „Stockholmer Programms" (FAZ, 20.04.2010). Die mit dem Fall des Eisernen Vorhangs erneut offensichtlich gewordene Unbestimmtheit von Europas Grenzen intensivierte nach 1989 den – bereits durch das Schengener Abkommen und die geplante Abschaffung der innereuropäischen Grenzkontrollen entstandenen – Handlungsdruck: Entlassen aus der bipolaren Ordnung des Kalten Krieges begann die Europäische Union ein Konzept von (innerer) Sicherheit zu entwickeln, das sich nicht länger an den Grenzen der Mitgliedstaaten orientiert. Sicherheit wird von nun an als eine Aufgabe begriffen, die jenseits (bisheriger) Unionsgrenzen zu lösen ist. Die vereinbarte Freizügigkeit in den westeuropäischen Mitgliedstaaten bedarf mit Blick auf Osteuropa und sämtliche umliegenden, außereuropäischen Regionen und deren sozio-ökonomische Entwicklungen nachhaltiger Absicherung. Wo immer auf der Welt Unsicherheit von transnationaler Dimension beobachtet wird, gewinnt sie Bedeutsamkeit für die europäische Sicherheitsgeographie. Der Geltungsanspruch des europäischen Sicherheitsnetzes überschreitet die territorialen Grenzen Europas; es okkupiert heute lokale wie internationale, soziale wie technische, reale wie virtuelle Räume.

Vor dem Hintergrund der Osterweiterung sieht sich in den 1990er Jahren Sicherheit zum Vehikel und zugleich organisierenden Prinzip eines politischen Integrationsprozesses befördert, der sich immer auch als ein Abgrenzungs- und Ausgrenzungsprozess darstellt (Monar 2000). In diesem Zusammenhang erscheint Sicherheit unter einem doppelten Aspekt. Sicherheit ist nicht nur gleichbedeutend mit Kontrolle, sondern markiert auch Identität – als Krise: Was ist Europa? Mit Inkrafttreten des Amsterdamer Vertrages am 1. Mai 1999 wird dieser Frage eine konkrete Antwort vorgegeben: die Schaffung eines „Raumes der Freiheit, der Sicherheit und des Rechts". An seinem Ende soll nicht nur ein Sicherheitsraum stehen; seine Durchsetzung zielt vielmehr auf eine durch Grenzen fixierte und gefestigte soziale Ordnung. „In the European version of order/security, there is a statebuilding logic at play", bemerkt Ole Wæver (1995, 74) bereits Mitte der 1990er Jahre: „Security is invoked in a sense that can be interpreted as a call to defend a not-yet-existing social order". Eine gemeinsame Risikoidentität der Mitgliedstaaten erzeugend, legt diese Ordnung die Bedrohungsbilder fest, revidiert und passt sie fortwährend den bedrohlichen Situationen und

Ereignissen an, ohne Regierungswechsel und politische Meinungswandel berücksichtigen zu müssen. Sie teilt die Bürger im Binnenraum, wie auch diejenigen, die Zugang suchen, entsprechend einer stetig wachsenden Anzahl von Risikokategorien auf, was den zunehmenden Informationshunger der Sicherheitsbehörden und ihren ständig forcierten transnationalen Datenaustausch erklärt. Nach dem Selbstverständnis der europäischen Konstrukteure haben die Mitglieder dieser Ordnung, die „Unionsbürger", Freiheit nicht mehr als ihr Menschen- und Bürgerrecht zu begreifen, sondern als ein Produkt, das ihnen „von der Welt angeboten wird" (Badiou 1996, 9), sofern sie sich den Sicherheitsregeln fügen.

Die Schaffung dieses Sicherheitsregimes setzt die Konstruktion einheitlicher Sichtbarkeitsformen grenzüberschreitender Kriminalität voraus, die eine politische, polizeiliche wie auch rechtliche Verständigung über gemeinsame Bedrohungslagen ermöglichen soll. Zu seiner Errichtung bedarf es unzähliger kommunikativer Prozesse, mithin Übersetzungen sozialer und kultureller Vorstellungen, Deutungen und Definitionen zwischen Akteuren und Netzwerken, wobei in die Netzwerke Übersetzungsleistungen, wie gemeinsam ausgehandelte Rechtsprinzipien und technische Konzepte und Artefakte, eingebunden werden. Erfolgreiche Übersetzungsprozesse generieren Entwicklungspfade, die gleichsam das Netz der europäischen Sicherheit knüpfen. Die Übersetzungen betreffen Wahrnehmungsweisen, Interessen, Strategien, Handlungskonzepte usw. der in diesem Prozess beteiligten bzw. für diesen erst mobilisierten heterogenen Akteure. Übersetzungen erfolgen, wie Michel Callon und Bruno Latour (2006, 76f.) hinsichtlich des generellen Phänomens der Übersetzung formulieren,[1] durch „Verhandlungen, Intrigen, Kalkulationen, Überredungs- und Gewaltakte, dank derer ein Akteur oder eine Macht die Autorität, für einen anderen Akteur oder eine andere Macht zu sprechen oder zu handeln, an sich nimmt oder deren Übertragung auf sich veranlasst". Es entstehen Bindungen ebenso wie Spaltungen, Oppositionen ebenso wie Allianzen, etwa zwischen einzelnen Mitgliedstaaten, die auf Grundlage einer gemeinsamen Sicherheitspolitik verabreden, eine Vorreiterrolle im europäischen Einigungsprozess zu spielen.[2] Es werden Kooperationen vereinbart, Interessen, Positionen und Sicherheitsprogramme abgeglichen und aufeinander so abgestimmt, dass sie auf ein gemeinsames, übergeordnetes Handlungsziel ausgerichtet werden können. Es werden Verträge geschlossen und – um bestehende Divergenzen und somit Übersetzungsbedarf zu überbrücken – neue Akteure eingebunden, einschließlich der Bürger selbst, die durch politische Sprechakte der Sicherheit und bestimmte technische Verfahren wie die Abgabe biometrischer Merkmale zu Elementen des Regimes werden.

In die Technologien werden Sicherheitsreden bzw. Handlungsanweisungen von Experten inskribiert, wobei dieser Vorgang der Einschreibung wiederum als Übersetzung verstanden werden muss. Die Technologien stellen Vermittler dar und gewinnen dadurch an Handlungsmacht. Datenbanken und Suchmaschinen – wie das Schengener Informationssystem – verkörpern eine Form supranationaler Sicherheitsrede. Ihr Versprechen geht über den menschlichen Sprechakt hinaus, indem sie die impliziten Handlungsanweisungen stabilisieren. Die Bilder der Bedrohung innerhalb wie außerhalb des Sicherheitsraums werden durch Technisierung sukzessive festgelegt und objektiviert. Aus den Sprechakten der Sicherheit

---

1 Callon und Latour formulieren dies im Rahmen ihrer Akteur-Netzwerk-Theorie.
2 Beispielhaft sei hier an den zwischenstaatlichen Vertrag von Prüm zur grenzüberschreitenden Zusammenarbeit und zum transnationalen Informationsaustausch erinnert. Er wurde 2005 zunächst von sieben EU-Mitgliedstaaten, Belgien, Deutschland, Spanien, Frankreich, Luxemburg, die Niederlande und Österreich, unterzeichnet, und 2008 in europäisches Recht integriert.

hervorgehend repräsentieren die Maschinen die Integration Europas und stellen diese zugleich her.

Der vorliegende Beitrag unternimmt es, an ausgewählten Momenten die Errichtung der europäischen Sicherheitsarchitektur als eines Sichtbarkeitsregimes, den Prozess der europäischen Integration mithin als eine Geschichte der Sicherheitsproduktion zu beschreiben. Dabei kann nicht auf sämtliche Akteure eingegangen werden, die seit 1989 in die Übersetzungsprozesse zur Stabilisierung des Sichtbarkeitsregimes eingebunden sind. Der erste Teil geht auf die Übersetzungsprobleme der kulturellen und sprachlichen Differenzen Europas ein, die durch rechtliche Prinzipen und durch die Gestaltung des Schengener Informationssystems umgangen werden. Doch diese Verfahren erweisen sich nach 1989 als nur bedingt zulänglich. Es gibt, wie sich zeigt, kein Europa der Sicherheit, sondern nur der Sicherheiten. Ausgehend von der vielfach beschworenen organisierten Kriminalität untersucht der zweite Teil deshalb die Produktion der Bedrohungsbilder durch Sprechakte der Sicherheit. Die Sprechakte radikalisieren die rechtlichen und technischen Umgehungsverfahren. Terrorismus wird als eine universelle, existentielle Bedrohung gesetzt, die offenbar keiner Übersetzung mehr bedarf, sondern über die ein spontaner Konsens vorausgesetzt werden kann. Die Kategorien des Sicherheitsdiskurses erweisen sich jedoch im – von der Straßenkriminalität bis hin zur Naturkatastrophe reichenden – Bedrohungskontinuum als austauschbar. Inzwischen ist es nicht mehr der Selbstmordattentäter, der im Fokus der Sicherheitsrede steht. Internetterrorismus, Cyberwar und Internetkriminalität sollen es rechtfertigen, den staatlichen Zugriff auf diesen virtuellen Raum trotz aller rechtlichen Vorbehalte weiter durchzusetzen. Der dritte Teil widmet sich am Beispiel der europäischen Datenbanken der Übersetzung der Sprechakte in Technik. Europa im Sinne eines Sichtbarkeitsregimes der Sicherheit erweist sich als Meta-Erzählung einer hochgradig technisierten Gesellschaft, in der die politischen Subjekte nur mehr als stimmlose, zirkulierende Exemplare eines sozio-technischen Kollektivs erscheinen.

1 Übersetzungsprobleme oder die Herausforderung, europäische Sicherheit zu definieren

Die Kooperation in Fragen der inneren Sicherheit begann in der Europäischen Gemeinschaft schon Mitte der 1970er Jahre, doch handelte es sich hierbei ausschließlich um eine informelle, unabhängig vom EG-Rahmen bestehende Zusammenarbeit zwischen den nationalen Regierungen der Mitgliedstaaten. Die sogenannten TREVI-Arbeitsgruppen[3] wurden von den nationalen Innen- und Justizministern eingerichtet. Nicht nur blieb die Europäische Kommission ausgeschlossen, die auch keinen Beobachterstatus erhielt (Glaeßner und Lorenz 2005), sondern die Treffen verliefen, dem Thema vermeintlich angemessen, insgesamt verborgen vor der Öffentlichkeit. Es wurde ein Revier von Akteuren abgesteckt, wobei das Sicherheitsthema prinzipiell eine gemeinsame Identität als Ab- und Ausschluss rechtfertigte. Eine Demarkationslinie wird als Sichtbarkeitsgrenze gezogen, die nicht so sehr zwischen Öffentlich und Privat als vielmehr zwischen Öffentlich und Geheim verläuft und in die Konstruktion politischer Souveränität gehört. „Tatsächlich ist die Beziehung zwischen dem Öffentlichen und dem Geheimen einer der wichtigsten Generatoren politischer

---

3 TREVI=Terrorisme, Radicalisme, Extremisme, Violence International

Macht", schreibt Herfried Münkler (2009, 26). „Wer ihn kontrolliert, kontrolliert den politischen Betrieb".

Sicherheit fordert einerseits Unsichtbarkeit, demokratisches Transparenz- und Kontrollgebot aushebelnd, andererseits ist sie auf die Erzeugung von sichtbarer Bedrohung angewiesen; beide Seiten begründen die Sicherheitslogik. TREVI sollte ein gemeinsames Problembewusstsein europäischer Sicherheitsexperten erzeugen. Die Themenliste der Spezialisten- und Expertenrunden wies bereits den Weg zu einer Europäisierung der Bedrohungen und Gegenmaßnahmen: Man diskutierte über Terrorismusbekämpfung, Polizeiausbildung und -technologie, organisierte Kriminalität und schließlich 1988, infolge der geplanten Abschaffung der innereuropäischen Grenzen, über Maßnahmen zur Kompensation von Sicherheitsdefiziten. Die intergouvernementalen Zusammenkünfte bezogen sich auf vergleichbare, doch als national begrenzt wahrgenommene Sicherheitsprobleme, ohne dass eine Zusammenarbeit schon unmittelbar an die Frage der europäischen Integration geknüpft gewesen wäre. Dennoch bildeten die Treffen eine erste Grundlage für die Festlegung eines bis heute sich stetig erweiternden Bedrohungshorizonts. Bezeichnend ist, dass die die Öffentlichkeit ausschließenden Versammlungen unmittelbar kritische Aufmerksamkeit auf sich zogen – als läge genau hier der Grund für die offensichtliche Intransparenz der Zusammenkünfte.[4] Übereinkünfte, wie die Eingliederung der Immigrationspolitik in ein sich konturierendes Bedrohungskontinuum, werden von einzelnen Beobachtern kritisch aufgegriffen und die demokratische Legitimität der Treffen in Frage gestellt. Zentrale und bis heute aktuelle Konflikte deuten auf die prinzipielle Problematik, ein europäisches Sicherheitsregime lancieren zu wollen:

> They started off by justifying these private, secret discussions on the basis that they were dealing with questions of security [...]. Then they extended it to discussions of drug policy [...]. By the time they extended their agenda to a third subject, the coordination of immigration policy, then I regarded the Trevi group as positively dangerous and undemocratic [...]. They are managing to equate immigration policy and free movement of people with the same level of imperative secrecy as they are saying is necessary to have for counter-terrorist activities and counter drug activities (zit. Bunyan 1991, 22).[5]

Wurden politische Phänomene gedeutet und nach gemeinsamen Definitionen gesucht, offenbart TREVI, dass in dem geschützten Revier der Sicherheitsexperten Hindernisse und Schwierigkeiten auftreten. Tony Bunyan zitiert den Stoßseufzer eines schottischen Chief Constable aus dem Umfeld der TREVI-Arbeitsgruppen mit der Frage, wie er einem (Festlands-)Europäer erklären solle, „what we regard as a threat" (ebd., 20). Offenbar mangelte es an einer gemeinsamen Sprache. Es bestehen also Übersetzungsprobleme. Divergierende Betrachtungsweisen zwischen den Mitgliedstaaten darüber, was als ein Sicherheitsrisiko, als eine Bedrohung oder eine Straftat zu betrachten sei, erscheinen als das zentrale Problem auf dem Weg zu einer Europäisierung der Sicherheit. Die TREVI-Arbeitsgruppen sollten ein gemeinsames Verständnis über die Bedrohungen der europäischen Sicherheit herstellen. Doch was in einem Mitgliedstaat als Bedrohung angesehen wurde, galt nicht notwendig in einem anderen. Welche Delikte fielen beispielsweise in Deutschland, in Frankreich, in den Beneluxstaaten usw. unter die Kategorie der verabredeten Straftaten? Welche Tatbestände

---

4 „Das Geheimnis ist nicht das Unbekannte, sondern was für uns verborgen ist", heißt es bei Münkler (2009, 29).
5 Es handelt sich um den ehemaligen britischen Abgeordneten John Tomlinson.

sollten in das Schengener Informationssystem einfließen? Es fehlte zu diesem Zeitpunkt ein gemeinsamer, klar definierter Bedrohungshorizont, ein integratives Konzept, das die Divergenzen aufhob und ein neues Selbstbild schuf. Die Einheitliche Europäische Akte, die 1987 in Kraft trat, verabredete die politische Zusammenarbeit und bereitete das Fundament für den europäischen Sicherheitsraum, indem sie im Anschluss an das Schengener Übereinkommen das Ziel der Abschaffung der Routinekontrollen an den Binnengrenzen der Gemeinschaft bis zum 31. Dezember 1992 ins Auge fasste. Zugleich sollte die Umsetzung des Sicherheitsraums sich als ein Weg zur Instituierung der europäischen Ordnung erweisen. Um erfolgreich durchgesetzt zu werden, verlangt übernationale Sicherheit ein kohärentes Wissensfeld, eine Übersetzungsstrategie, die, vorbereitet durch TREVI, beständig durch ein „management of unease" (Bigo 2002) hergestellt werden muss. Dieses Management entwickelt flexible Konzepte und Verbindungen, damit ein kooperatives Handeln von Akteuren möglich wird, die auf nicht weniger festgelegt sind, als ihre Souveränität und Handlungsmacht gegenüber anderen zu behaupten und nach Möglichkeit durchzusetzen.

Seit Beginn des Schengenprozesses kreist die Etablierung eines gemeinsamen Sicherheitsraums um drei Problemfelder: die einheitliche Definition von Straftatbeständen, die Verfügbarkeit von Information und schließlich die Interoperabilität, also die Fähigkeit zur Zusammenarbeit heterogener Informationssysteme. Für das definitorische Problem installiert das Schengener Regelwerk zunächst einen rechtlichen Mechanismus, der es zulässt, bestehende Divergenzen in der Beurteilung von Bedrohungen beim Aufbau des Informationssystems zu umgehen. Da bis heute kein einheitliches europäisches Strafrecht existiert, die Brüsseler Politik vielmehr betont, dass nationale Justizwesen erhalten werden, gilt das „Prinzip der wechselseitigen Anerkennung" nationaler Straftatbestände, also das gegenseitige Vertrauen in die Strafrechtsordnung der anderen Mitgliedstaaten. Die gesetzlichen Grundlagen, nach denen ein Sicherheitsrisiko eingeschätzt wird, folgen dem jeweiligen nationalen Strafrecht. Der Kunstgriff besteht darin, dass dieses Prinzip als Vermittler agiert, die Akteure der Mitgliedstaaten an sich bindet, ihre Interaktion auf dem Feld der Sicherheit ermöglicht, ohne dass die Souveränität des einzelnen Staates aufgehoben wird. Andererseits ist die problematische Folge dieses Prinzips unmittelbar offensichtlich. Sie besteht darin „that an individual will be excluded by all the states even when he or she only satisfies the criteria of one", wie Elspeth Guild (2001, 20) im Hinblick auf Artikel 96 des Schengener Durchführungsabkommens zur Einreiseverweigerung von sogenannten Drittausländern anmerkt.

Über die Verständigung auf das Anerkennungsprinzip hinaus ermöglicht erst SIS, die spezifische Interaktion und damit die europäische Sicherheit einen entscheidenden Schritt in Richtung Irreversibilität voranzutreiben. Seine Systemarchitektur ist darauf ausgerichtet, die gemeinsamen Bestrebungen und prinzipiellen Vereinbarungen zu stabilisieren, den Mitgliedstaaten die Beibehaltung ihrer Souveränität zu sichern und zugleich die Zusammenarbeit über nationale Unterschiede in den Sicherheits- und Rechtskulturen hinweg zu erlauben. Das Übersetzungsproblem, das ein politisches Problem ist, findet also in der Konfigurierung des Systems eine weitere konkrete, wenn auch nur vorübergehende Lösung. Der Abruf von Informationen im automatisierten Verfahren garantiert die hoheitliche Verfügungsgewalt der Mitgliedstaaten bei gleichzeitiger Integration, wie sich am Aufbau der Systemarchitektur aufzeigen lässt.

Ein jedes Land, das an SIS teilnimmt, verfügt über eine nationale SIS-Datenbank (N-SIS). Die nationalen Fahndungs- und Suchmeldungen werden an eine zentrale SIS-

Datenbank (C-SIS) übermittelt, die sich in Straßburg befindet. C-SIS fungiert als Relaisstation, die die von einem Land übermittelten Datensätze an alle anderen N-SIS verteilt. So sind alle in das System eingespeisten Daten in allen N-SIS parallel gespeichert. Datensuche und -abruf erfolgen auf nationaler Ebene über die jeweilige N-SIS. Die technischen Systeme produzieren eine politische Wirklichkeit, bilden bestimmte historisch bedingte Sinnzusammenhänge ab und heben diese in Versprechen technischer Funktionalität auf. Das SIS moderiert zunächst nur die Divergenzen, ohne auf einer vollständigen Homogenisierung zu bestehen. So bestätigt es den Status quo der nationalen Souveränität bei gleichzeitiger Supranationalisierung.[6] Die Verbindung des Prinzips wechselseitiger Anerkennung und technischer Infrastruktur erlaubt es, von juristischen Problemen abzusehen und politische Verhandlungen über einen gemeinsamen europäischen rechtlichen Kern auszusetzen. Die Signalworte „Sicherheit", „Bedrohung" usw. genügen, um weitere Diskussionen zu unterbinden.

Der Verzicht auf eindeutige Vorgaben sowie die faktische Anerkennung aller nationalen Strafrechtsnormen im transnationalen SIS-Raum, die gleichberechtigt nebeneinander zu gelten haben, verweist nicht nur auf die Spannung von nationaler Selbstbehauptung einerseits, supranationaler Kompetenzaneignung andererseits, sondern ebenso auf die bis heute bestehende Inhomogenität des europäischen Sicherheitsraums. Das Netz ist viel heterogener als es in der Regel scheint, der Output des Regimes entspricht nicht den Erwartungen seiner Konstrukteure. Den europäischen Sicherheitsarchitekten ist die Fragmentarisierung des europäischen Sicherheitsraums seit Jahren ein Dorn im Auge: „Considerable deficiencies remain in sharing information at national level", konstatiert etwa der europäische Koordinator für Terrorismusbekämpfung in einem Vermerk vom November 2007. „Despite a general trend among the Member States in favour of a 'multi-agency' approach, those deficiencies constitute one of the main obstacles to cooperation at European level" (EU Counter Terrorism Coordinator 2007, 3). Die von der Schengen-Aufsichtsbehörde in einem Bericht vom Dezember 2007 problematisierte Anwendung des „außergewöhnlich schwere Straftaten" betreffenden Artikels 99 des Schengener Durchführungsabkommens demonstriert, wie ungeregelt es im transnationalen Sicherheitsraum de facto zugeht. Während einige Länder, wie Frankreich und Italien, besonders intensiven Gebrauch von Art. 99 machen, spielt er in anderen Ländern kaum eine Rolle. Die Differenzen erklärt der Bericht der Aufsichtsbehörde mit unterschiedlichen Rechtsvorstellungen, uneinheitlichen organisatorischen Strukturen sowie nach wie vor bestehenden Definitionsproblemen, was eine schwere Straftat sei:

> It is clear that the differences in national interpretation of what is a serious criminal offence and national perceptions on how to investigate crimes or to use pro-active methods of investigation seems to be the most critical factor for using an Art. 99 alert (Schengen Joint Supervisory Authority 2007).

Bis heute gibt es keinen einheitlichen Begriff von Sicherheit, es wird im Gegenteil immer schwieriger, Sicherheit zu definieren. „The value-laden nature of security and insecurity has contributed to a fragmented evolution in European approaches to the challenge of security", stellt Peter Burgess (2009, 309) fest. „The politics of harmonization and standardiza-

---

6 Die Konsequenz ist, dass einmal registrierte Nicht-EU Bürger dem System umso schwerer wieder entkommen können. Selbst wenn schließlich in einem Mitgliedstaat die Unrechtmäßigkeit eines Eintrags festgestellt werden sollte, heißt dies nicht notwendig, in einem anderen damit schon diesen Status zu erhalten. Durch das Prinzip der wechselseitigen Anerkennung summieren sich die Muster zu einer endlosen Abweisungsprozedur (Brouwer 2008).

tion of European security reveals not a singularity in security, but the contrary, namely multiple securities". Wenn Polizeiexperten davon schwärmen, dank SIS erstrecke sich bald eine „Europäische Fahndungsunion" „vom Nordkap bis nach Sizilien" (Tuffner 2005, 2006), wird einerseits ein gemeinsamer Sicherheitsraum von geradezu mythischer Dimension beschworen, andererseits offenbart die Formulierung den Widerspruch zwischen dem intendierten einheitlichen Raum und dem Mittel der Fahndungsunion, welcher durch das Informationssystem überbrückt werden soll. Das SIS stellt einen Kompromiss dar, der politische Interessen, nationale Souveränitätsbehauptung und Supranationalisierung mit der Sicherheitslogik zu verbinden sucht.

Wenn auch die Association of European Police Colleges (AEPC) in vermeintlich sachlicher Weise fordert: „International police co-operation must encompass the whole of Europe as one „criminal-geographic space',"[7] so ist angesichts der alles andere als einheitlichen Wahrnehmungen, Bedrohungsbilder und Interpretationen der Tatbestände und definitorischen Kompetenzen der utopische Charakter dieser Forderung mit Händen zu greifen. Bleiben die Experten und Architekten der Sicherheitslogik verhaftet, so lautet die aktuelle Antwort auf die bestehenden Divergenzen und Unzulänglichkeiten schlicht „Konvergenz": „[G]emeinsame Ausbildungsprogramme, Austauschnetzwerke, Solidaritätsmechanismen, die Zusammenlegung bestimmter Ausrüstungsgegenstände, einfachere Verfahren der Zusammenarbeit und natürlich Informationsaustausch sind entscheidende Wege", wie im Bericht der das Stockholmer Programm vorbereitenden Future Group von 2008 bereits angekündigt wurde – eine gleichsam pädagogische Übersetzungsmaßnahme und Erweiterung von SIS, um auf der Ebene der Akteure eine „wahre operative Zusammenarbeit zwischen den Mitgliedstaaten"[8] sicherzustellen. Das „Konvergenzprinzip" bleibt im Kompromiss zwischen Sicherheit und nationaler Souveränität stecken. Unterdrückt es weiterhin den fehlenden politischen Diskurs um gemeinsame europäische Rechtsgrundlagen, so erscheint als einziger Ausweg aus diesem fortgesetzten Dilemma mangelnder Einheitlichkeit offenbar nur immer wieder der existentielle und deshalb kompromisslose Sprechakt von Sicherheit und dessen Übersetzung in Mitteilungen, Vermerke, Erklärungen etc.

2 Sprechakte der Sicherheit oder die Schaffung eines einheitlichen Bildprogramms

Sicherheit sei als ein Sprechakt zu verstehen, lautet die zentrale These der Kopenhagener Schule der Security Studies. „In this usage, security is not of interest as a sign that refers to something more real; the utterance itself is the act" (Wæver 1995, 55). Mit der Bestimmung von Bedrohungen beschwört die Sicherheitsrede eine existentielle Dimension, die sie seit Beginn der 1990er Jahre in die Etablierung des europäischen Sicherheitsregimes einbringt. Dabei rechtfertigt dieser Sprechakt aber nicht nur den Einsatz von Gewalt oder intensivierte Überwachung (Buzan 1997, 14), sondern verschleiert auch seinen appellativ-dramatisierenden Charakter. Die existentielle Semantik der Sicherheitsrede verdeutlicht den benötigten

---

[7] AEPC, The Future, www.aepc.net, 2008.
[8] Auf Initiative des ehemaligen deutschen Innenministers Wolfgang Schäuble sowie des ehemaligen Kommissions-Vizepräsidenten und heutigen Außenministers Italiens Franco Frattini hatte die sogenannte „Future Group" 2008 Vorschläge für das inzwischen verabschiedete neue Stockholmer Programm erarbeitet (Future-Group: Freiheit – Sicherheit – Privatheit, S. 11).

Aufwand. Bedingung des erfolgreichen Sprechakts ist nicht nur, dass die Bedrohung zur allgemein existentiellen wird und dass der Sprecher mit sozialem Kapital und rhetorischen Fähigkeiten ausgestattet ist. Vielmehr bedarf dieser ebenso einer performativen, die Bilder der Bedrohung anordnenden Kulisse, einer Bühne. Ohne diesen medialen Raum mangelte es der Rede an Resonanz, bliebe sie bloße Behauptung. Wie Marieke de Goede (2008) im Anschluss an Richard Grusin verdeutlicht, ist diese Premediatisierung der Bedrohungen immer schon Bedingung einer erfolgreichen Versicherheitlichung durch Sprechakte.

Erst die Sicherheitsrede vermag in bestimmten historischen Situationen eine Schlagkraft zu entfalten, so dass sämtliche verbliebenen Übersetzungsprobleme hinter ihrem Pathos zurücktreten. Dennoch bedarf die europäische Integration im Bereich innerer Sicherheit besonderer legitimatorischer Anstrengungen. Im Vergleich zu den USA fehlt es Europa an einer autorisierten Instanz für den erfolgreichen Vollzug einheitlicher Sprechakte, was sich bis in die unmittelbare Gegenwart trotz neu eingerichteter europäischer Ämter und Positionen augenscheinlich bestätigt. Die Sprechakte der Sicherheit verteilen sich mehr oder weniger auf nationale Repräsentanten, sollen aber für die europäische Ebene verallgemeinert werden. Sie zielen auf die Konstruktion eines europäischen Publikums sowie Dispositivs, das die Artikulation von Konflikten zwischen den Akteuren unterbindet. Erst die Sichtbarmachung gemeinsamer Bedrohungen schafft, so die Hoffnung, in Verbindung mit der vollkommen ungeklärten und offenen europäischen Frage und instabilen Lage nach 1989 die Grundlage einer gemeinsamen europäischen Risikoidentität. Die Visibilisierung kulminiert im Bild des bedrohlichen Fremden, der, importiert über die Anschläge des 11. September 2001, in Gestalt des islamistischen Terroristen erscheint und als das Andere Europas und des Westens die gemeinsame Risikoidentität erst konstituiert. Verfolgt man diesen Prozess der securitisation zurück, so entfaltet im Zuge der Europäisierung der Sicherheit potentiell jeder Tatbestand, dem eine grenzüberschreitende europäische oder auch globale Bedeutung zugeschrieben werden kann, eine katalytische Wirkung zugunsten der transnationalen Kooperation und europäischen Selbstinstituierung. Der islamistische Terrorist bildet hierfür lediglich eine diesen Prozess vorübergehend abschließende rhetorische Blackbox, in die sämtliche Differenzen verschwinden: Der rhetorische Input der Sicherheitsrede führt zum erwartungsgemäßen Output wie der Verabschiedung gemeinsamer Rechtsnormen, der Einführung von Videoüberwachung auf nationaler sowie anderen Sicherheitstechnologien (Biometrie etc.) auf europäischer Ebene.

Die Konstruktion einer gemeinsamen Bedrohungslage wird im Fall des organisierten Verbrechens besonders augenfällig. Sie erscheint als unmittelbare Konsequenz aus der sicherheitspolitisch vollkommen ungewissen und instabilen Lage nach dem Zusammenbruch des Ostblocks und legt eine erste Bildschicht, mit der die Notwendigkeit europäischer Integration im Zeichen der Sicherheit begründet wird und die immer wieder neu durch weitere Schichten – wie ein Palimpsest – überschrieben werden kann. Galt bis in die 1980er Jahre organisierte Kriminalität zunächst nur als ein lokales Problem, dessen Wahrnehmung sich auf Länder wie Italien, die USA oder China beschränkte, so hat sich im Laufe von zwei Jahrzehnten das Bild radikal gewandelt, wie Letizia Paoli (2008, 37) anmerkt:

> Now virtually all European national law enforcement agencies claim that each of their nations has a serious organized crime problem, the fight against organized crime represents a priority of Europol and most domestic law enforcement agencies, and there is much concern about the threats posed by organized crime in the media and in public opinion, not just in Europe but worldwide.

In den 1990er Jahren avancierte organisierte Kriminalität zur gemeinsamen Wahrnehmungsfolie für Bedrohungen in einer zusehends globalisierten Welt. Verspricht der im Jahre 1997 verabschiedete Vertrag von Amsterdam eine erhebliche Stärkung transnationaler Kompetenz, so basierte dies in erster Linie auf der Wahrnehmung organisierter Kriminalität als einer nunmehr grenzüberschreitend sich ausweitenden Gefahr. Bei der Bekämpfung der organisierten Kriminalität schreibt sich die EU seither eine „bahnbrechende Rolle" zu, wie ein entsprechender Rahmenbeschluss vom Januar 2005 rückblickend hervorhebt (Kommission der Europäischen Gemeinschaften 2005, 1). Die Bekämpfung der angeblich von Osteuropa ausgehenden organisierten Kriminalität kann mit Wyn Rees (2003, 116) insofern als eine Fortsetzung des Kalten Krieges mit anderen Mitteln verstanden werden, als Sicherheitsexperten gewissermaßen unter alten Prämissen neue Betätigungsfelder suchten:

> Securitising the issue of organised crime through an elite-driven process could be seen as a way of ensuring that the material resources and the political will mobilised against the eastern bloc was not dissipated in the 1990s. Such a process has arguably provided a new rationale for the development of structures of cooperation and integration on the European continent once the unifying threat of communism had disappeared.

Nach dem gängigen narrativen Muster der europäischen Sicherheitssprechakte verbindet sich der Fall des Eisernen Vorhangs mit dem Auftreten von Verbrecherbanden, welche die liberalen Gesellschaften des Westens bedrohen, ausnehmen und schließlich politisch unterwandern. Zugleich wird organisierte Kriminalität mit dem Schreckgespenst der „Balkanisierung Europas" in Verbindung gebracht, der Fragmentierung staatlicher Einheiten, die mit der Unterwerfung durch mächtige Nachbarn endet (Der Derian 1991). Die Folgen des Staatszerfalls in ethnisch oder religiös bestimmte subnationale Einheiten wurden daher unmittelbar mit Kriminalität, mittelbar mit separatistischen Tendenzen assoziiert. So setzte sich die Ansicht durch, das osteuropäische Chaos könne nur bewältigt werden, wenn diese Länder in die westeuropäische Ordnung integriert würden – die EU-Erweiterung bot sich von vornherein dafür an. Andererseits würde nicht nur die Landmasse sondern auch die Bevölkerung der Union dadurch etwa um ein Fünftel anwachsen; auch das ohnehin schon in einzelnen Mitgliedstaaten durch anhaltende Deindustrialisierung gekennzeichnete soziale, ökonomische, kulturelle und religiöse Gefälle würde sich gefährlich vergrößern; Imagination dient hier der Perspektivierung von Wirklichkeit. Allein Polen verzeichnete Hunderttausende illegaler Einwanderer aus der ehemaligen UdSSR und anderen ehemaligen Ostblockstaaten wie Rumänien oder Bulgarien. Das vollkommen Unbestimmte der politischen Situation Europas wird zum wesentlichen Bezugspunkt, aus dem die Politik einerseits ihre rhetorische Vehemenz zieht und andererseits ihre fehlende Potenz kaschiert. Die genannten sozialen, politischen und ökonomischen Faktoren bildeten die Basis für die Umdeutung einer einst als national begrenzt wahrgenommenen Gefahr hin zu einer transnationalen, pan-europäischen Bedrohungslage, in der Drogenhandel und Schmuggel mit illegaler Migration verwoben erscheinen. Die EU reagierte durch den „Pre-accession pact on organised crime" vom Mai 1998, in dem sie den Beitrittskandidaten Zentral- und Osteuropas sowie Zypern ein Bündel von Maßnahmen vorschrieb, zu finanzieren versprach und implizit zur Voraussetzung des Beitritts erklärte. „The regime export could hardly have been put into more concrete terms and – with the threat of exclusion looming in the background – the CEECs [Central and Eastern European Countries] and Cyprus accepted these terms without any major difficulty" (Monar 2000, 20).

Das organisierte Verbrechen erscheint nun als dunkle Kehrseite der durch den europäischen Einigungsprozess errungenen Freizügigkeit, in ihr begegnet Europa dem eigenen Versprechen – als negative Realisierung freier Bewegung. Zentrales Charakteristikum der dem organisierten Verbrechen zugerechneten Tatbestände bleibt ihre grenzüberschreitende Natur, die sich in der medialen Inszenierung zum Bedrohungsszenario ungehemmter, die Einlösung des „westlichen" Versprechens fordernder Migranten steigert. Aus dieser Narration leitet sich nicht nur ein erhöhter Kooperationsdruck ab, die polizeiliche Ordnung durch Maßnahmen transnationaler Zusammenarbeit zu stärken, sondern grundsätzlich auch die Strategie, die Bekämpfung von Kriminalität nicht länger auf den Innenraum des Unionsgebiets zu beschränken. Gegen das organisierte Verbrechen sieht sich auch die Kriminalitätsbekämpfung gezwungen, sich übernational zu organisieren. Nicht ein fremder Staat wird als Sicherheitsrisiko wahrgenommen, sondern Bevölkerungsgruppen, die – aus welchen Gründen auch immer – unterwegs nach Europa sind. Organisierte Kriminalität konzentriere sich nicht nur auf „Schlupflöcher" an den noch verbliebenen Grenzen Europas: „Gruppierungen der organisierten Kriminalität sind im Allgemeinen nicht nur innerhalb der nationalen Grenzen aktiv". Vielmehr agiere die organisierte Kriminalität grenzüberschreitend, durch Partnerschaften „entweder mit Einzelpersonen oder mit anderen Netzen, um einzelne oder mehrere Straftaten zu begehen" (Kommission der Europäischen Gemeinschaften 2005, 2). Sie schafft also nicht nur eine Legitimationsbasis für die transnationale Kooperation innerhalb der Union, sondern fordert auch den internationalen Einsatz nach dem Grundsatz der „Europäischen Sicherheitsstrategie" vom Dezember 2003, wonach „die erste Verteidigungslinie der inneren Sicherheit oftmals im Ausland" liegt (Solana 2003, 5).

Lässt sich unter organisierter Kriminalität eine unbestimmte Anzahl äußerst disparater und im Grunde auch sehr traditioneller Tatbestände fassen, so bleibt, wie Cyrille Fijnaut und Letizia Paoli (2006, 603ff.) betonen, die Neuartigkeit dieses Phänomens eine ungedeckte Behauptung. Organisierte Kriminalität dient, so ihre These, der politischen Durchsetzung und Rechtfertigung neuer Formen der Kriminalitätsbekämpfung über nationalstaatlichen Grenzen hinweg:

> With varying degrees of good faith, in fact, such a spectre has been propagated by the media, politicians, law enforcement agencies of many countries and, more recently, by international organizations to pass reforms that would otherwise meet resistance from lower-level agencies seeing their competencies reduced and provoke the opposition of civil rights organizations (Paoli 2008, 53).

Unabhängig davon, welche Gefahren von organisierter Kriminalität ausgehen, durch diese Formel verschafft sich das europäische Sicherheitsregime eine Legitimationsbasis, wie auch, davon abgeleitet, ein kohärentes Übersetzungskonzept und Bildprogramm, das alternative, konkurrierende Übersetzungsoptionen ausschließt. Auf der einen Seite verbindet Kriminalität sich mit der illegalen Migration und damit mit der in den 1990er Jahren viel beschworenen Krise kultureller Identität und des Wohlfahrtsstaats. Auf der anderen Seite stellt der Begriff der organisierten Kriminalität bereits die Assoziation zum Terrorismus her und wird mit Beschaffungskriminalität und Staatszerfall verknüpft.

Gleichwohl wurde Terrorismus bis zu den Anschlägen vom 11. September 2001 nicht per se mit dem Fremden in Verbindung gebracht, er schien bis dahin nur partiell an internationale Organisationsstrukturen gebunden. Ebenso glaubte man, Terrorismus als ein nationales Phänomen mit nationalen Sicherheitsapparaten bekämpfen zu können, deren Modernisierung und technische Aufrüstung, die Kybernetisierung der Polizei durch Datenerfassungstechniken und Rasterfahndung, noch auf den national begrenzten Terrorismus, aber auch darüber hinaus schon auf die Europäisierung der Sicherheit weist (Gugerli 2009). Nicht umsonst war ursprünglich daran gedacht, das C-SIS in der Nähe von Wiesbaden, beim Bundeskriminalamt, anzusiedeln (Bunyan 1991, 22). Bereits die SIS-Systemarchitektur wiederholt das – vom ehemaligen BKA-Chef Horst Herold formulierte – Grundprinzip eines dezentralen Informationsaustauschs über eine „Verteilungsstelle",[9] das dem Föderalismus der Bundesrepublik geschuldet ist.

Bestimmt sich das neue Bild des Terroristen einerseits durch einen hohen Organisationsgrad wie auch eine Verflechtung mit dem Finanzsystem, so weist es andererseits auf den Einwanderer. Das Bild des internationalen Terrorismus induziert Verdacht gegen Migranten, macht deren Fremdheit sichtbar und verstärkt diese. Die beiden scheinbar gegensätzlichen Bildebenen begründen Maßnahmen und Strategien der Terrorismusbekämpfung, wie die Kontrolle der Finanz- und Verkehrsströme, die weniger das Kapital, als vielmehr individuelle und nationale Souveränität einschränken sollen, sowie rigide Einwanderungsgesetzgebungen. Die sichtbar-unsichtbare Seite, der Terrorist im Bürgergewand, erzeugt potenziell einen Verdacht gegen jeden Bürger. Die exotisierte, sichtbare Seite des Terroristen als des kulturell Anderen weist dagegen aus dem europäischen Binnenraum hinaus. Vorbereitet durch die Bedrohungsszenarien der organisierten Kriminalität, verschmilzt der durch den US-amerikanischen war on terror lancierte Diskurs das Bild des Fremden mit dem des terroristischen Sicherheitsrisikos: „Il a conduit à privilégier le point de vue des décideurs, selon lesquels la sécurisation des frontières par le contrôle des étrangers serait l'outil majeur de la lutte contre le terrorisme" (Guild 2008, 150). Im „Gemeinsamen Standpunkt des Rates vom 27. Dezember 2001 über die Bekämpfung des Terrorismus" heißt es in Artikel 16:

> Es werden im Einklang mit den einschlägigen Bestimmungen des innerstaatlichen Rechts und des Völkerrechts, einschließlich der internationalen Menschenrechtsnormen, geeignete Maßnahmen getroffen, um vor der Gewährung des Flüchtlingsstatus sicherzustellen, dass der betreffende Asylbewerber keine terroristischen Handlungen geplant, erleichtert oder sich daran beteiligt hat. Der Rat nimmt die Absicht der Kommission zur Kenntnis, in diesem Bereich gegebenenfalls Vorschläge vorzulegen (ABl 2001 L 344, 6).

Lieferten die Attentate des 11. September 2001 die Folie, so dienten die terroristischen Anschläge 2004 in Madrid und 2005 in London als Legitimation gegenüber der europäischen Bevölkerung, ein transnationales Sicherheits- und Grenzregime auszubauen, das zugleich die Rechte des einzelnen Bürgers beschneidet. Die Verunsicherung durch den modernen Terrorismus findet ihren Höhepunkt darin, dass der Attentäter im Gegensatz zum Asylbewerber oder gar Wirtschafts- und Armutsflüchtling sich durch perfekte Mimikry auszeichnet: Er ist gebildet, nutzt die modernen Transport- und Kommunikationsmittel und verwirrt damit das geltende Differenzschema von Freund und Feind. Sein äußeres Erscheinungsbild entspricht dem des allgegenwärtigen „westlichen" Geschäfts- oder Bildungsreisenden. Erst im Moment des Selbstmordattentats zerbricht das Bild vom integrierten Migranten wie auch das von der integrativen multikulturellen Gesellschaft und damit die

---

9 „Das BKA ist nur eine Verteilungsstelle der parallel geführten Informationen an die Rechner der Landeskriminalämter, die die Anfragen beantworten. Wer wann über wen anfragt, erfährt das BKA gar nicht. Dies schließt aus, daß das BKA Bewegungsbilder erstellen oder sonst Überschau und zentrale Macht gewinnen kann", erklärt Horst Herold (1988, 73) in einem Interview mit *Bürgerrechte und Polizei* CILIP von 1983.

Illusion einer vollständigen Inklusion des Anderen in die politische Gemeinschaft (Huysmans 2006). Durch den Terrorismus erhält der Fremde jenseits seines bisherigen ökonomischen Nutzens wieder seine andere, negativ-destruktive Seite. Zugleich wird der Terrorismus zum Symbol aller organisierten Kriminalitätsformen der Gegenwart. Dem gewollten Fremden, dem „Gastarbeiter", wird das Bedrohungspotential des „echten" Fremden erneut zugeschrieben – mit der Folge, dass bislang integrierte Einwanderer kriminalisiert bzw. unter Kriminalitätsverdacht gestellt werden. Der Schock, dass der Fremde trotz vollkommener äußerlicher Integration immer noch der Fremde bleibt, fordert dagegen die Korrektur der „ästhetischen" Maßstäbe polizeilicher Ordnung, die in der Konsequenz zur massenhaften Anwendung avancierter biometrischer Technologien bei jedem Bürger führt. Einerseits wird eine mediale Sichtbarkeit des Kriminellen als exotischer Fremder hergestellt, andererseits aber zielt das neue Regime auf die Sichtbarmachung des Unsichtbaren durch technische Visualisierungsverfahren (Amoore 2007). Diese Verfahren haben Übersetzungsprobleme prinzipiell auszuschließen, die letztlich immer dem diskursiv sprachlichen Modus verhaftet bleiben. Ihre Aufgabe besteht darin, den Bezug zu den vermeintlichen Bedrohungen und Risiken zu sichern und aufrechtzuerhalten, indem sie die Sprechakte der Sicherheit und deren Bildrepertoires perpetuieren und andererseits deren implizite Versprechen einzulösen beanspruchen.

3 Lesbarkeit oder die Übersetzung des Bildrepertoires in die Technik

Die Einigung auf bestimmte grenzüberschreitende Bedrohungen, die eine europäische Politik der inneren Sicherheit hervorbringen und nationale Vorbehalte gegen den Souveränitätsverlust zugunsten eines kooperativen Handelns beseitigen sollen, ist an ästhetisch-technische Prozeduren geknüpft. Nicht die Frage der medialen Inszenierung steht hier im Vordergrund, entscheidend sind vielmehr die Verfahren der Sichtbarkeitsaufteilungen selbst. Die polizeiliche Ordnung transformiert mithilfe der Technik die Bilder des Verdachts in kodifizierte Populationen und macht aus den sukzessiv sichtbar gemachten Bedrohungen lesbare Informationen für die Abfrage aus den Datenbanken. Jedes – wo und von wem auch immer abgelieferte – Datum, sei es Name, Anschrift oder Fingerabdruck, verknüpft die existentielle Seite der Sicherheitssprechakte und -bilder mit der logischen Seite der Systeme. Der Übersetzungsvorgang erweist sich als ein komplexer und folgenreicher Sprachwechsel, ein Filter, der bis auf die Differenzierungsmerkmale der Sichtbarkeit jeden individuellen Kontext aussiebt und hierdurch funktionale Robustheit verspricht: „The new cultural and linguistic situation may transform the process of creating offenders' identities. The stories of violence, pain, social depravation and frustration now need to be told within the new parameters. Are they, then, still the same stories?" (Aas 2004, 384).

Tabellarisch angeordnet, kehren die Merkmale als Datenbankeinträge wieder, entkontextualisiert und aufbereitet für Abfragen, entsprechend den jeweils nationalen und supranationalen, autorisierten Zugängen. Der Maschine obliegt es, die Wahrheit der Ordnung wie auch die Wahrheit der Bedrohungsbilder durch die Produktion objektiver Daten zu erzeugen. Der bloß imaginierte Verdacht muss durch die Rechenmaschinen objektiviert werden. Indem Abfragealgorithmen permanent die Grenzen der Sichtbarkeit ziehen, werden die Handlungsprogramme der ursprünglichen Sicherheitssprechakte als technisch vergewisserter Output permanent reproduziert. Aus dem Spektrum der Bedrohungen werden

Lesbarkeiten extrahiert. Lesbarkeit ist dadurch definiert, nicht nur Unbestimmtes zu bestimmen, sondern das Bestimmte allgemeingültig zu machen. Während die Sichtbarkeitsaufteilungen der Sprechakte missverständlich oder willkürlich bleiben, tilgt die Übersetzung in technische Lesbarkeit jede verbleibende Unschärfe; sie hat Eindeutigkeit herzustellen. Erzeugt wird ein Aggregat, das individuelle Sachverhalte und Lebensgeschichten nicht mehr kennt.

Die Lesbarkeit der Information bildet die Voraussetzung für die Schaffung einer gemeinsamen Identität im Zeichen der Sicherheit. Ihre vollständige Realisierung bedeutete, dass sämtliche Übersetzungsschwierigkeiten zwischen den nationalen Sicherheitsbehörden in einem einheitlichen Sichtbarkeitsregime aufgehoben sind. Von Lesbarkeit im umfassenden Sinne kann also erst dann wirklich gesprochen werden, wenn für jede Dienststelle die Informationen, also die eigentlichen Mittel der Machtausübung, auch zu jeder Zeit an jedem Ort verfügbar sind. Hierauf zielt die europäische Sicherheitspolitik durch die Einbindung technischer Artefakte und Prinzipien wie technische Interoperabilität[10] oder ubiquitäre Datenverfügbarkeit stets erneut. Der in Folge der Madrider Anschläge vom 25. März 2004 konzipierte und dann im Haager Programm der Europäischen Union formulierte „Grundsatz der Verfügbarkeit" postuliert, Information von jedem Ort aus zu jedem Zeitpunkt abrufbar zu halten.[11] Verwandelt die technische Seite Sichtbarkeitsaufteilungen in technische Lesbarkeit, so vollzieht die Formulierung des Verfügbarkeitsgrundsatzes diese Transformation ein zweites Mal. Das Prinzip verlangt nicht nur die Sichtbarkeit der Information in den jeweils nationalen Datenbankbeständen, sondern von jedem Mitgliedstaat zugleich auch, für jeden autorisierten europäischen Beamten die Lesbarkeit sämtlicher, prinzipiell unendlicher Datenbestände herzustellen und zu garantieren.

In den Datenbanken finden sich die Grenzen der kategorialen Aufteilungen der Sichtbarkeit nicht nur als Repräsentation eines gemeinsamen europäischen Regimes wieder. Vielmehr reproduziert es sich mit jedem tatsächlichen Zugriff selbst und erneuert die Unterwerfung des Subjekts unter die Parameter der Abfrage. Die Datenbanken sind immer beides zugleich: Repräsentation und Vollzug des europäischen Sichtbarkeitsregimes. Zu den prominentesten gehört das 1995 in Betrieb genommene, bereits erwähnte Schengener

---

10 In einer „Mitteilung der Kommission an den Rat und das Europäische Parlament über die Verbesserung der Effizienz der europäischen Datenbanken im Bereich Justiz und Inneres und die Steigerung ihrer Interoperabilität sowie der Synergien zwischen ihnen" (KOM(2005) 597 endg.) wird Interoperabilität rein technisch definiert, um nationale Vorbehalte von vorneherein diskursiv auszusparen. Es heißt: „Der Ausdruck ‚Interoperabilität' bezeichnet die Fähigkeit von IT-Systemen und der von ihnen unterstützten Geschäftsprozesse, Daten miteinander auszutauschen und die gemeinsame Nutzung von Informationen und Kenntnissen zu ermöglichen. Interoperabilität ist ein technischer und kein rechtlicher oder politischer Begriff." Paul de Hert und Serge Gutwirth haben darauf hingewiesen, dass die hier gewählte Definition des Ausdrucks „the Commission's deliberate choice to reduce the scope of interoperability to technical matters" erkennen lasse. Ohne allerdings die Politik der Reduzierung aufs Technische zu bemerken, halten sie dagegen: „Interoperability is much more than interconnecting ICT–systems. It obviously has technical, semantic, social, cultural, economic, organisational and legal dimensions" (de Hert und Gutwirth 2006, 3).
11 Im Haager Programm (ABl. 2005 C 53, 8) heißt es: „Der Grundsatz der Verfügbarkeit bedeutet konkret, dass ein Strafverfolgungsbeamter eines Mitgliedstaates, der Informationen benötigt, um seinen Aufgaben nachzukommen, diese unionsweit ohne weiteres von einem anderen Mitgliedstaat erhalten kann und dass die über die Informationen verfügende Strafverfolgungsbehörde des anderen Mitgliedstaates verpflichtet ist, die Informationen für den angegebenen Zweck zu übermitteln. Es ist von wesentlicher Bedeutung, dass die Bürger Garantien gegen Missbrauch und Fehlinformationen erhalten." Ließ sich der Grundsatz bislang nur annäherungsweise umsetzen (vgl. Hempel, Carius und Ilten 2009), so drückt sich in ihm der Machtanspruch aus, die Sichtbarkeitsbarrieren nationaler europäischer Sicherheitsregime endgültig aufzuheben.

Informationssystem (SIS), dessen Fokus hinsichtlich der in ihm gespeicherten Personendaten auf der Erfassung der sogenannten Drittausländer liegt. Im Juli 2008 enthielt SIS Eintragungen zu knapp einer Million Personen. Davon „entfielen rund 730.000 auf Einreiseverbote in den Schengen-Raum, 70.000 auf gesuchte Personen, 23.000 auf Personen, die zwecks Auslieferung zu verhaften waren" (Künzle 2008). Die Kategorie der „unerwünschten Personen" bildet damit die mit Abstand größte Gruppe. Die Anzahl ist zwar gegenüber dem Vorjahr rückläufig, die verringerte Zahl ist allerdings darauf zurückzuführen, dass Bürger der neuen Mitgliedstaaten „EU-Bürger geworden sind", wie es im Tätigkeitsbericht der Schengener Aufsichtsbehörde heißt, „und daher die Datensätze zu diesen Personen aus dem System gelöscht worden sein dürften" (Gemeinsame Kontrollinstanz Schengen 2008, 12). Der Statuswechsel zwischen Ein- und Ausschluss bedeutet demnach den Wechsel im Risikostatus betroffener Personen. Entscheidend für die Sortierung ist die politische Entscheidung, die aus einem Bulgaren einen EU-Bürger macht, den Ukrainer aber im Status eines Drittausländers belässt.

Das sich wechselseitig stabilisierende Verhältnis von Sprechakt einerseits und Technik andererseits erzeugt und versichert die gemeinsame Risikoidentität der Mitgliedstaaten. Die Technik objektiviert die Sprechakte gemeinsamer Bedrohungen, vergegenständlicht die wechselseitigen Versprechen des Informationsaustauschs und anderer Kooperationsformen auf europäischer Ebene. Das Erweiterungsinteresse der EU stellt sich zuletzt als Sicherheitsinteresse dar. Es gilt, die europäischen Randzonen nach außen zu erweitern, die Kontrolle über die Bewegungsströme zu intensivieren. Die europäischen Programme zur Grenzsicherung, die bereits vorhandenen und noch im Entstehen begriffenen Informationssysteme, zeichnen dabei die Entwicklung vor. So ist EURODAC, das europäische Fingerabdruckinformationssystem, ein Instrument, mögliche Schlupflöcher zu beseitigen, die durch Ausnutzung nationaler Differenzen in der Beurteilung von Asylanträgen und Mehrfachbeantragung entstehen könnten. Der Beantragende soll an den Ort des Erstantrags gebunden bleiben. Das seit Jahren verfolgte und mehr denn je umstrittene Projekt eines Schengener Informationssystems der zweiten Generation (SIS II) wird die bisherigen SIS-Datenbestände unter anderem um europäische Haftbefehle, Lichtbilder und Fingerabdrücke und auch neue Kategorien wie „violent troublemakers" erweitern und die einzelnen enthaltenen Fahndungsdatensätze miteinander verknüpfen. Es soll also nicht länger ein relativ biederes Fahndungsinstrument mit klar umrissenen und beschränkten Zwecken sein wie das Vorgängersystem, sondern ein Allzweckwerkzeug, eine universelle Informationsmaschine für alle nur denkbaren Belange der inneren Sicherheit. Wie das SIS II, so ist auch das Visa- Informationssystem VIS für die Überprüfung und den Austausch von Informationen über Visaantragsteller zwischen Mitgliedstaaten im Aufbau begriffen. Es wird Daten von über 70 Millionen Menschen erfassen und damit das weltweit größte zivile automatisierte Fingerabdruckinformationssystem darstellen. Es wird biometrische (Fotos und Fingerabdrücke), schriftliche Informationen, wie Name, Adresse und Anstellung des Antragstellers, Datum und Ort des Antrags sowie alle Entscheidungen seitens der Mitgliedstaaten bezüglich Behandlung, Ablehnung, Annullierung, Aufhebung oder Erweiterung des Visums enthalten. Seine 2004 beschlossene Einrichtung ist aber nicht nur auf die Umsetzung einer gemeinsamen Visumspolitik ausgerichtet. Unter Verweis auf die organisierte Kriminalität soll VIS generell der inneren Sicherheit einschließlich der Bekämpfung des Terrorismus dienen. Die Erweiterung der Systeme geht einher mit der Versammlung der Datenbestände. Ein neuer Kulminationspunkt in dieser Entwicklung ist die geplante Zusammenlegung von

SIS, VIS und EURODAC unter dem Dach einer gemeinsamen Verwaltungsbehörde. Soll die auf das langfristige Betriebsmanagement der Systeme sowie die Integration weiterer bzw. die Entwicklung neuer europäischer Informationssysteme spezialisierte Agentur bis 2011 eingerichtet und bis 2012 voll einsatzfähig sein, so findet der transnationale Datenaustausch in der Schaffung einer eigenständigen supranationalen Körperschaft und Organisation seine endgültige Anerkennung.

Ist Sichtbarkeit die Voraussetzung für Lesbarkeit und wiederum Lesbarkeit die Voraussetzung für Kontrolle und Identifikation, so arrangieren die mächtigen Suchmaschinen den Zugriff auf die lesbar gemachte Information und fordern umgekehrt die Lesbarkeit von vornherein ein und definieren sie. Die Maschine fordert technisch prozessierbare Zeichen. Verfolgt man die Entwicklung der europäischen Datenbanken und Suchmaschinen, so fällt auf, dass insbesondere biometrische Suchabfragen eine zentrale Stellung bei der Kodierung der Identitäten und deren Verhaltensweisen übernommen haben.

Biometrie ist eine Technik, die sich auf der Ebene des europäischen Sicherheitsraums auf die Kontrolle des Fremden bezieht, bei gleichzeitiger Integration des durch seine Identität autorisierten EU-Bürgers und -Besuchers. Die ubiquitäre Nutzung mobilisiert die Grenzen, wie David Lyon bemerkt hat: „the border is everywhere" (Lyon 2005, 79). Nicht an politischen, moralischen oder kulturellen Eigenheiten und Unterschieden ist die moderne Biometrie interessiert. Vielmehr entsubjektiviert sie die einzelne Person, trennt den Körper in jedem nur denkbaren Zustand von ihr ab und heftet die Identität ausschließlich an diesen. Biometrie löst die Identität von der sprachlich geäußerten und in Akten dokumentierten Feststellung, ein bestimmtes Ich und kein anderes zu sein. „It requires no further explanations, no translation from an African or an East European language, no story that needs to be believed or disbelieved" (Aas 2006, 147). Technische Verfahren merzen die bedrohliche Unsichtbarkeit aus und bringen sich zugleich selbst ins Unsichtbare. Sie fixieren Identität an körperliche Merkmale und nutzen diese zum Nachweis der Illegalität (vgl. van der Ploeg 1999, 301).

Übersetzt Biometrie den Körper in Information, führt sie in ihrer letzten Konsequenz in den Körper hinein, wenn es gilt, den unsichtbaren Anteil, die subjektiven Intentionen und Absichten, die den Körper steuern und womöglich die polizeiliche Ordnung stören, an den vermeintlich objektiven Daten abzulesen. Bereits äußere Erscheinungsmerkmale wie Geschlecht, Körpergröße, Augenfarbe, Gewicht, Alter, ethnische Herkunft usw., anhand derer sich Personen unterscheiden, gelten als sogenannte weiche Biometriemerkmale. Identifikation beruht auf dem Abgleich von Ähnlichkeiten und der Individualisierung der Information; der Anspruch technisierter biometrischer Erkennungsverfahren wie Fingerabdruck-, Handgeometrie-, Iris- oder Gesichtserkennung besteht darin, Personen und Verhalten zweifelsfrei zu identifizieren. Da man aber bislang nicht über ein zuverlässiges Verfahren verfügt, sieht man sich zur Kombination verschiedener biometrischer Merkmale gezwungen.[12]

Die Objektivierung der Kontrolle und damit die Stabilisierung des Sichtbarkeitsregimes bleibt das Ziel dieser technischen Extension. Dabei ist für den zunächst europäischen, aber letztlich weltweiten Zusammenhang wesentlich, dass durch Biometrie einheitliche, vermeintlich allgemeingültige Merkmale behauptet werden. Die biometrische Erfassung geht über die bisher gültigen Standards kultureller Normen und Differenzen hinaus, löscht

---

12 Während etwa das deutsche Aufenthaltsgesetz für die Überprüfung, Feststellung und Sicherung der Identität bereits vorschlägt, biometrische Daten wie Lichtbild, Fingerabdruck und Iris miteinander zu vergleichen, verspricht die multimodale Biometrie die Automatisierung dieses kombinierten Vorgangs.

also nicht nur europäische, sondern sämtliche kulturellen Divergenzen und Übersetzungsprobleme, geht es ihr doch allein um die technisch festgestellte Identität. Sie ist eine radikale Übersetzungsprozedur der Sichtbarmachung und Versicherheitlichung, die Sichtbarkeit und Sagbarkeit, Sicherheit und individuellen Sprechakt verknüpft. „When a body provides the password, a world of information opens. On the other hand, when the individual talks, the words are only met with suspicion" (Aas 2006, 154). Die Verfahren gleichen den individuellen Sprechakt einer Identitätsbehauptung („Mein Name ist...; ich bin der und der ...") mit der technisch sichtbar gemachten Identität des zeugnisgebenden Körpers ab, die jederzeit aus dem Schlaf in den Datenarchiven gerissen werden kann. Insofern sortieren und qualifizieren die biometrischen Übersetzungsverfahren alltägliche Aussagen, politische Sprechakte nach den Maßstäben der Sicherheitsapparate. Der Objektstatus der biometrischen Merkmale postuliert die Beseitigung missverständlichen Sprechens, ihr Zugriff vernichtet die Möglichkeit sprachlicher Interaktion zwischen kontrollierender und kontrollierter Instanz. Dem Kontrollierten wird die Sprache entzogen. Definiert sich Freiheit auch über sprachliche Selbstbestimmung, so entzieht Biometrie diese Freiheit, indem sie auf die vermeintlich unabänderliche Determiniertheit des Körpers zielt und Sprache als einen tendenziellen Unsicherheitsfaktor zum Verstummen bringt.

4 Schlussfolgerung

Sichtbarkeitsregime implizieren einen Zusammenhang von Politik und Ästhetik. Sie sind durch tendenziell anerkannte und damit verbindliche Wahrnehmungs- und Sichtweisen charakterisiert, die das Sprechen und Handeln der in sie eingebundenen Akteure bestimmen. Sie entwickeln Strategien und Techniken, Sichtbarkeit nach eindeutigen Übersetzungsregeln zu erzeugen und aufzuteilen, um sich hierdurch Stabilität und Irreversibilität zu verleihen. Regeln, Konventionen dienen dazu, den prinzipiell unendlichen Übersetzungsbedarf zu begrenzen. Hierzu gehören etwa Definitionen, wer oder was als europäische Bedrohung oder aber als Bürger Europas gelten soll, aber auch Konzepte wie Interoperabilität oder Grundsätze wie jener der Verfügbarkeit. Regime stellen eine Art Regelwerk für den Umgang mit einem als Problem empfundenen Sachverhalt dar. Im Sinne der Akteur-Netzwerk-Theorie bilden sie eine Blackbox, eine Übersetzungsordnung, deren Output vorherbestimmbar ist, weil es keine alternativen oder konkurrierenden Übersetzungen, also auch keinen Dissens oder Widerstand mehr gibt. Übersetzungsprobleme bezeichnen hingegen stets einen Raum des Politischen, der Konflikte und des Streits. Wo diese Probleme verdrängt, umgangen oder durch technische Systeme aufgehoben werden, hat die polizeiliche Ordnung der Sicherheit – im Sinne Jacques Rancières – den Sieg über die Politik davongetragen (Rancière 2008, 45). Es entsteht ein Konsens zwischen den Akteuren über die Aufteilung von Sichtbarkeit.

Es ist eine banale Einsicht, dass die Produktion von Sicherheit stets auf der Wahrnehmung von Unsicherheit beruht. Dennoch ist sie von entscheidender Bedeutung. Die Produktion von Sicherheit steigert ihre Nachfrage, indem sie das Unbekannte und Ungewohnte in Szenarien der Unsicherheit vorführt, die den Produkten erst ihren Sinn verleihen. Die Figur des (bedrohlichen) Fremden existiert nur in den Szenarien der Sicherheit. Aufgeführt, um abgeführt zu werden, erzeugen sie den Wunsch nach Sicherheit. Das Sicherheitsdenken ist ein Denken gegen das Nicht-Identische. Dieses Begehren manifestiert sich in der Erwartung auf Abwesenheit jeglicher Differenz. Verlangt wird eine lückenlose Ordnung, in der jede Identität und Tätigkeit ihren sichtbaren Ort und Platz haben. Sie besteht auf vollständiger Fixierung der Subjekte und hebt damit ihren Subjektstatus auf. In ihrer absoluten Form objektiviert die Ordnung ihre sämtlichen Teile. Die sinnliche Risikoverteilung im Raum wird bestätigt und ein Sicherheitskonsens zwischen Bürger, Staat und Wirtschaft erzeugt, der geradezu die Funktion eines neuen Gesellschaftsvertrages erfüllt, letztlich aber das Subjekt ans technische System übereignet.

Das Telos des Sicherheitsverlangens weist auf einen idyllisch zeitlosen Ort absoluter Identität, in der es keine Abweichung, keine Möglichkeit mehr gibt, sondern nur den einen mit sich identischen Zustand des Glücks, in der auch die stets Unsicherheit perpetuierende Sicherheitsrede aufgehoben sein muss. Eine Ahnung dieser Idyllen vermitteln begrenzte Szenen des Glücks, wie die *Privium ClubLounge* auf dem Flughafen von Schiphol für zahlungskräftige Reisende – gleichsam ein Tempel der Gegenwart, deren metaphysisches Prinzip die freie Zirkulation von Personen und Dingen ist. Die Bedeutsamkeit der Lounge erschließt sich aus dem privilegierten Zugang, dem „exclusive access", der paradox die statische Idylle der Lounge mit dem Verkehr verknüpft. Nur derjenige, der bereit ist, seine Identität – durch auf einer Chipkarte gespeicherte biometrische Merkmale – fixieren und bestätigen zu lassen, und sich als *Europäer* ausweisen kann, findet Einlass – ins europäische Paradies im Kleinformat. Der Privilegierte erscheint auf der Szene der Sicherheit als der biometrisch sicher Identifizierte. Den moralisch negativen Szenen der Bedrohungen sind die moralisch und jetzt ästhetisch positiven entgegengesetzt. Es werden Distinktionsbedürfnisse befriedigt. Das Versprechen der Sicherheit findet einen ästhetischen Ort, der vorgibt, frei von Negativität zu sein: „Here you will find pure relaxation and absolute peace and quiet," wirbt die Broschüre der Lounge. Der verlangte Irisscan bildet sich ab im Design der Eingangstür, die ein blaues Auge zeigt, gleichsam im doppelten Sinne von Scan und Beobachter einen Wächter symbolisierend. Oder umgekehrt: Der Zugang zum europäischen Paradies demonstriert die Bedingungen, am Verkehr teilzunehmen. Dessen Versprechen ist selbst, Ankunft zu sein, idyllischer Ort.

Diejenigen aber, die keine Identität vorweisen können und deshalb an den Grenzen Europas abgewiesen werden, erscheinen als Aggregate namenloser Einzelschicksale. Jährlich versuchen Hunderte von afrikanischen Flüchtlingen, das Grenzregime der „Festung Europas" zu überwinden (Milborn 2009). Sie sind die Kehrseite der Sichtbarkeit. Als bedrohliche abstrakte Massen werden sie sichtbar – im Brüsseler Jargon von 2009 reduziert auf die Bemerkung, dass „der Migrationsdruck insbesondere an der Südflanke" beträchtlich gestiegen sei (Kommission der Europäischen Gemeinschaten 2009, 4). Als Wesen, die in ihrer Existenz bedroht sind, bleiben sie hingegen unsichtbar. Auf sie trifft zu, was der Sprechakt für sich nur behauptet. Kennt das Wohlstandsversprechen keine Grenzen, so treibt es die Armutsflüchtlinge an die realen Grenzen des Versprechens, um – etwa in den Medien – für einen Augenblick aus der Unsichtbarkeit hervorzutreten und schließlich in die Unsichtbarkeit der Wüste abgestellt zu werden.

Literatur

Aas, Katja Franko, 2004: „From narrative to database: Technological change and penal culture", in: Punishment & Society (6/4), S. 379-393.

Aas, Katja Franko, 2006: „'The body does not lie': Identity, risk and trust in technoculture", in: Crime Media Culture (2/2), S. 143-158.
Amoore, Louise, 2007: „Vigilant Visualities: The Watchful Politics of the War on Terror", in: Security Dialogue 38, (2/6), S. 215-232.
Amtsblatt der Europäischen Gemeinschaften 2001 L 344: Gemeinsamer Standpunkt des Rates vom 27. Dezember 2001 über die Bekämpfung des Terrorismus.
Amtsblatt der Europäischen Gemeinschaften 2005 C 53: Haager Programm zur Stärkung von Freiheit, Sicherheit und Recht in der Europäischen Union.
Badiou, Alain, 1996: Die gegenwärtige Welt und das Begehren der Philosophie, in: Alain Badiou und Jacques Rancière: Politik der Wahrheit, hg. v. Rado Riha, Wien: Turia + Kant, 7-35.
Bigo, Didier, 2002: „Security and Immigration: Toward a Critique of the Governmentality of Unease", in: Alternatives, 27: 63.
Brouwer, Evelien, 2008: „The Other Side of Moon: The Schengen Information System and Human Rights: A Task for National Courts", in: CEPS Working Document No. 288/April 2008.
Bunyan, Tony, 1991: „Towards an authoritarian European state", in: Race & Class 32, (3/1), S. 19-27.
Burgess, J. Peter, 2009: „There is No European Security, Only European Securities", in: Cooperation and Conflict 44, no. 3: 309-328.
Buzan, Barry, 1997: „Rethinking Security after the Cold War", in: Cooperation and Conflict (32/1), S. 5-28.
Callon, Michel und Bruno Latour, 2006: „Die Demontage des großen Leviathans: Wie Akteure die Makrostruktur der Realität bestimmen und Soziologen ihnen dabei helfen, in: Andréa Belliger und David J. Krieger: ANThology. Ein einführendes Handbuch zur Akteur-Netzwerk-Theorie, transcript Verlag: Bielefeld, S. 75-103.
De Goede, Marieke, 2008: „Beyond Risk: Premediation and the Post-9/11 Security Imagination", in: Security Dialogue 39, (2/3), S. 155-176.
De Hert, Paul und Serge Gutwirth, 2006: „Interoperability of police databases within the EU: an accountable political choice?", TILT Law & and Technology Working Paper No. 001/2006, 1 April 2006, version 2.0 & Tilburg University Legal Studies Working Paper No. 003/2006.
Der Derian, James, 1991: „International Theory, Balkanization and the New World Order", in: Millennium: Journal of International Studies, (20/3), S. 485-506.
EU Counter Terrorism Coordinator, 2007: „Implementation of the Strategy and Action Plan to Combat Terrorism", Note 15411/07 v. 29. November 2007.
Fijnaut, Cyrille, und Letizia Paoli (Hg.), 2006: Organised Crime in Europe: Concepts, Patterns and Control Policies in the European Union and Beyond, Springer: Dordrecht.
Future Group, 2008: „Freiheit, Sicherheit, Privatheit – Europäische Innenpolitik in einer offenen Welt." Zusammenfassung des Berichts der Informellen Hochrangigen Beratenden Gruppe zur Zukunft der Europäischen Innenpolitik (Bundesministerium des Innern: Informatorische Übersetzung aus dem Englischen).
Gemeinsame Kontrollinstanz Schengen, 2008: Tätigkeitsbericht Dezember 2005 - Dezember 2008 [http://www.schengen-jsa.dataprotection.org].
Glaeßner, Gert-Joachim und Astrid Lorenz, (Hg.) 2005: Europäisierung der inneren Sicherheit: eine vergleichende Untersuchung am Beispiel von organisierter Kriminalität und Terrorismus, VS Verlag für Sozialwissenschaften: Wiesbaden.
Gugerli, David, 2009: Suchmaschinen: die Welt als Datenbank, Suhrkamp: Frankfurt a. M.
Guild, Elspeth; 2001: „Moving the Borders of Europe", Inaugural Lecture. University of Nijmegen. http://cmr.jur.ru.nl/cmr/docs/oratie.eg.pdf.
Guild, Elspeth, 2008: „Les étrangers en Europe, victimes collatérales de la guerre contre le terrorisme", in: Laurent Bonelli, Didier Bigo, und Thomas Deltombe (Hg.), Au nom du 11 septembre … Les démocraties à l'épreuve de l'antiterrorisme, Éditions La Découverte: Paris, S. 139-150.
Hempel, Leon, Michael Carius und Carla Ilten, 2009: „Exchange of information and data between law enforcement authorities within the European Union", study PE 419.590-0 (European Par-

liament, Directorate General Internal Policies of the Union), requested by the European Parliament's Committee on Civil Liberties, Justice and Home Affairs: Brüssel, April 2009 (unter: www.europarl.europa.eu/activities/ committees/studies).

Herold, Horst; 1988: „Die Polizei als gesellschaftliches Diagnoseinstrument", in: Roland Appel, Dieter Hummel, und Wolfgang Hippe (Hg.), Die neue Sicherheit: vom Notstand zur sozialen Kontrolle, Kölner Volksblatt Verlag: Köln.

Huysmans, Jef, 2006: The politics of insecurity: fear, migration and asylum in the EU. The new international relations, Routledge: London; New York.

Kommission der Europäischen Gemeinschaften, 2005: „Vorschlag für einen Rahmenbeschluss des Rates zur Bekämpfung der organisierten Kriminalität", KOM(2005) 6 endg. v. 19. Januar 2005.

Kommission der Europäischen Gemeinschaften, 2009: „Entwurf zum Stockholmer Programm 2009: Ein Raum der Freiheit, der Sicherheit und des Rechts im Dienste der Bürger", KOM(2009) 262/4; v. 10. Juni 2009.

Künzle, Alexander, 2008: „Fahndungsdrehscheibe SIS dreht sich", online unter: www.swissinfo.ch v. 12. August 2008.

Lyon, David, 2005: „The border is everywhere: ID cards, surveillance and the other, in: David Lyon, Mark Salter und Elia Zureik (Hg.), Global Surveillance and Policing: borders, security, identity, Willan: Cullompton.

Milborn, Corinna, 2009: Gestürmte Festung Europa Einwanderung zwischen Stacheldraht und Ghetto. Das Schwarzbuch, Fischer: Frankfurt a. M.

Monar, Jörg, 2000: „Justice and Home Affairs in a Wider Europe: The Dynamics of Inclusion and Exclusion", in: One Europe or Several? Working Paper 7.

Münkler, Herfried, 2009: „Visualisierungsstrategien im politischen Machtkampf. Der Übergang vom Personenverband zum institutionellen Territorialstaat", in: Herfried Münkler, Jens Hacke (Hg.), Strategien der Visualisierun. Verbildlichung als Mittel politischer Kommunikation, Campus Verlag: Frankfurt a. M./New York, 23-51.

Paoli, Letizia, 2008: „Organized Crime: New Label, New Phenomenon or Policy Expedient?", in: Annales internationales de criminologie = International annals of criminology = Anales internacionales de criminología. 46, (1/39). S. 35-54.

van der Ploeg, Irma, 1999: „The illegal body: 'Eurodac' and the politics of biometric identification", in: Ethics and Information Technology (1/4), S. 289-302.

Rancière, Jacques, 2008: Zehn Thesen zur Politik, Diaphanes: Berlin.

Rees, Wyn, 2003: „Organised Crime, Security and the European Union", in: Felia Allum und Renate Siebert (Hg.), Organized Crime and the Challenge to Democracy, Routledge: London, New York, S. 112-126.

Schengen Joint Supervisory Authority, 2007: Article 99 Inspection: report on an inspection of the use of Article 99 alerts in the Schengen Information System. Report nr. 07–02. Brussels, 18 December 2007.

Solana, Javier, 2003: „Ein sicheres Europa in einer besseren Welt. Europäische Sicherheitsstrategie", 12. Dezember 2003 http://www.consilium.europa.eu/uedocs/cmsUpload/031208ESSIIDE.pdf

Tuffner, Martin 2005: Zeugenaussage am 22. Juni 2005 vor dem 2. Untersuchungsausschuss der 15. Wahlperiode des Deutschen Bundestages.

Tuffner, Martin 2006: „Die europäische Polizei auf dem Wege vom Schengener Abkommen zu einer Europäischen Fahndungsunion", in Die neue Polizei (dnp) 2006, Heft 4.

Wæver, Ole, 1995: „Securitization and Desecuritization", in: Ronnie D. Lipschutz (Hg.),On Security, Columbia University Press: New York, S. 46-85.

Interview mit Sachar Paulus[1]

Sicherheit oder Resilienz?
Wider die Illusion der „Dauergesundheit" unserer Gesellschaft

Sachar Paulus gilt in der Security Community in Deutschland als Vordenker. Der studierte Informatiker promovierte in Zahlentheorie und war in verschiedenen verantwortlichen Positionen für Sicherheitsfragen bei SAP (Konzernsicherheitschef, SVP für Produktsicherheit) tätig. Heute ist er Professor für Unternehmenssicherheit und Risikomanagement an der FH Brandenburg, leitet eine Managementberatung und ist Mitglied in zahlreichen nationalen und internationalen Sicherheitsverbänden. Das von Paulus aus der Perspektive der Unternehmenssicherheit entwickelte Konzept der Resilienz führt ihn zur Kritik am gegenwärtigen Sicherheitsdiskurs, der Ängste mobilisiere, um bestimmte politische und ökonomische Interessen durchzusetzen. Die notwendigen Regulationen erwartet Paulus weniger vom Staat als vom Markt.

Herr Paulus, jede neue Sicherheitsmaßnahme ein neues Sicherheitsversprechen: Wie steht es um die Messbarkeit von Sicherheit – gibt es Indikatoren, mit denen man Sicherheitsgewinne messen kann?

SP: Sicherheit kann man – zumindest heute – nicht messen. Generell werden Sicherheitsmaßnahmen eingeführt, weil man sich davon verspricht, dass bestimmte Bedrohungen ausgeschlossen oder zumindest ihr Risiko minimiert werden kann. Man kann die Risikominimierung schätzen, nicht aber den Sicherheitsgewinn berechnen. Was man messen kann, sind die auftretenden Schadensfälle – wenn sie denn berichtet und nicht verschwiegen werden –, da spielt aber die Psychologie vieler Unternehmenschefs nicht mit.

Wie wird Sicherheit also gemessen?

SP: Nehmen wir den Bereich der Unternehmenssicherheit. Da gibt es natürlich Versuche, Sicherheitsgewinne messbar zu machen. Wenn man versucht, die Sicherheitsmaßnahmen zu dokumentieren, müsste man die Effekte betriebswirtschaftlich mit Zahlen darstellen können. Und das ist schwierig. Das einzige, was es in den Unternehmen aus meiner Sicht tatsächlich gibt, ist eine Art Risikomanagement. Man definiert Risiken, die relativ isolierbar sein müssen, damit man auch einigermaßen konkret die Eintrittswahrscheinlichkeit und Schadenshöhe berechnen kann. Die Wahrscheinlichkeit muss sich dabei immer auf einen Zeitraum beziehen, auch da gibt es eine gewisse Problematik, wie groß man diesen Zeitraum definiert und wovon man die Eintrittswahrscheinlichkeit abhängig macht. Dann folgt

---

[1] Das Interview führten Leon Hempel und Carla Ilten im November 2008 in Berlin; es wurde als E-mail Interview überarbeitet und erweitert.

eine Kosten-Nutzen-Rechnung: Die Kosten, die durch die Maßnahme entstehen, werden verrechnet mit dem Nutzen, den man hat. Nun ist das bei technischen Sicherheitsvorkehrungen, egal ob es um IT oder andere Maßnahmen geht, noch vergleichsweise einfach zu realisieren, da man die Kostenseite relativ genau kennt. Dies ist zum Beispiel der Fall beim Einsatz einer Firewall. Bei Sicherheitsmaßnahmen, die sehr stark auf Verhaltensänderungen abzielen, etwa bei Awarenesskampagnen, ist das viel schwieriger, weil man die Kostenseite nicht exakt bestimmen kann. Da löst sich die theoretisch sehr anschauliche Idee eines „vollständigen" Risikomanagements in der Praxis in Wohlgefallen auf, weil man die Zahlen nicht wirklich sinnvoll bestimmen kann. Es gibt aber auch neue Versuche, Sicherheit experimentell zu definieren, indem man wie in der Pharmaindustrie den Ansatz der Doppelblindverfahren wählt. Es werden dabei Experimente definiert, die eine klare Kontextbeschreibung haben, dann wird nur ein Parameter geändert und versucht, die Auswirkungen dieses Parameters über Doppelblindverfahren zu messen, etwa durch Ändern einer Firewall-Einstellung. Dazu gibt es aber noch keine Ergebnisse. Die Idee ist sehr neu – sie geht, glaube ich, in die richtige Richtung. Entwickelt wurde die Methodik im Bereich der IT-Sicherheit, es lässt sich aber auf andere Sicherheitsproblematiken übertragen. Natürlich ist es sehr aufwändig, diese ganzen Parameter festzuhalten und zu klären, welche abhängig und welche nicht abhängig sind. Das ist die Arbeit, die man vorher leisten muss, um unabhängige Ergebnisgrößen zu definieren. Ich finde diesen Ansatz sehr spannend.

Dies klingt alles sehr technisch. Welche Parameter sind gemeint?

SP: Nehmen wir den Bereich Softwaresicherheit. Ich engagiere mich bei der sicheren Softwareentwicklung, wo es unter anderem darum geht, den Sicherheitsgewinn durch entwicklungsbegleitende Maßnahmen zu quantifizieren. Durch Schulung der Mitarbeiter zum Beispiel oder den Einsatz bestimmter Tools, nicht durch funktionale Erweiterungen der Software selbst, sondern durch die Sicherstellung nicht-funktionaler Eigenschaften. Funktional wäre beispielsweise eine Vereinzelungsanlage (also eine Drehtür mit elektronischem Schloss, die immer nur eine Person mit elektronischem Schlüssel, etwa einer Chipkarte, in ein Gebäude hinein bzw. hinaus lässt – damit kann man verhindern, dass Fremde sich in das Gebäude einschleichen –), nicht-funktional die Eigenschaft „Gäste werden immer begleitet" (was ja auch sicherstellen kann, dass Unbefugte sofort auffallen).

Können Sie sich eine solche experimentelle Bestimmung von Sicherheit auch für Unternehmen vorstellen, die andere Technologien entwickeln?

SP: Ja, von der Methodik her halte ich dies für anwendbar auf alle Bereiche. Ich sehe da keinen prinzipiellen Hinderungsgrund. Es gibt natürlich höhere Hürden bei der Quantifizierung und bei der Anzahl der Annahmen über den Kontext, aber im Prinzip könnte man die Methodik übertragen. Damit kommt man weg von dem engen Sicherheitsverständnis – gewisse Funktionen und Eigenschaften werden „sichergestellt", unabhängig von Anwendung bzw. Zweck, etwa „lückenlose Nachverfolgbarkeit im Internet" – und erweitert ihn in Richtung Resilienz, ein Konzept, das mehr in Richtung nachhaltige Bestandssicherung oder Erfolgssicherung tendiert: Es umfasst die nicht-funktionalen Sicherheitseigenschaften eines Geschäftsprozesses bzw. gesellschaftlichen Wertes. Für Unternehmen ist der nachhaltige Unternehmenserfolg zu gewährleisten, für eine Gesellschaft gelten andere Aspekte. Aber wenn Sie das jetzt zum Beispiel auf die Kernkraft anwenden, könnte man sich in Anbetracht der aktuellen Diskussionslage durchaus überlegen, auch so eine Kalkulation oder Modellbildung zu machen für die Risiken der Endlagerung – unabhängig davon, ob das letztendlich positiv oder negativ zu bewerten ist –, um die Diskussion auch ein Stück weit zu objektivieren. Statt also die Endlagerung an sich als „Sicherheitslösung" für Atomenergie zu begreifen, könnte man „Umweltverträglichkeit" und „Gesundheitsneutralität" als wünschenswerte nicht-funktionale Eigenschaften der Energiegewinnung betrachten.

Inwieweit geht der Begriff der Resilienz über das traditionelle Verständnis von Sicherheit hinaus? Warum arbeiten Sie jetzt mit dem Begriff?

SP: Weil der Begriff „Sicherheit" – zumindest im Unternehmenskontext – stark vorbelastet ist; er ist auf Schutzmaßnahmen und Gefahrenabwehr beschränkt, wobei die Unterstützung der Geschäftsziele explizit ausgeklammert ist. Resilienz impliziert, dass man die Sicherheit so baut, dass sie die Geschäftsziele mit unterstützt, bzw. im gesellschaftlichen Kontext die Ausgestaltung bzw. Erhaltung von Werten unterstützt oder eventuell sogar erst erlaubt – so wie Datenschutz Freiheit im Internet erst möglich macht.

Wird Sicherheit dann funktional?

SP: Sicherheit hat viele nicht-funktionale Anteile – diese zu vermarkten ist immer sehr schwierig. Funktionale Aspekte sind natürlich viel greifbarer, da baue ich ein Produkt und verkaufe es. Und deshalb gibt es ein großes Interesse von Unternehmen in der Sicherheitswirtschaft, nicht-funktionale Probleme zu funktionalisieren, um eine Lösung anbieten zu können – was leider den unangenehmen Nebeneffekt hat, dass sich beim Kunden, der das Produkt letztlich kaufen soll, das Problemverständnis verändert. Er entwickelt dann ein „not my problem"-Verhalten. Anti-Virus-Software ist ein gutes Beispiel für die Funktionalisierung eines eigentlich nicht-funktionalen Sicherheitsproblems. Die Betriebssysteme, die Anwendungen sind schlecht geschrieben, ermöglichen Hintertüren und Schwachstellen. Man kann nun philosophisch darüber diskutieren, wer zuerst da war, die Anti-Virus-Hersteller oder die Viren selbst – auf jeden Fall gab es dann einen funktionalen Markt für Anti-Virus-Produkte. Plötzlich ist das Problem nicht mehr das der Betriebssystemhersteller, sondern das der Kunden, die jetzt ein Produkt von einem Drittenhersteller kaufen müssen. Eigentlich ist das widersinnig. Das ist die Schaffung eines Marktes aufgrund einer fehlenden nicht-funktionalen Eigenschaft eines Marktteilnehmers. Im klassischen Sicherheitsfeld ist das genauso.

Wenn man die Debatten über Video- und Onlineüberwachung, den elektronischen Personalausweis etc. anschaut, wird dort der Sicherheitsgewinn sehr stark in den Vordergrund gerückt. Was steckt – unter diesen Bedingungen der Nicht-Messbarkeit – dann aber dahinter? Ist die Behauptung von messbarer Effektivität lediglich Mittel zum Zweck?

SP: Solange es keine Transparenz gibt über Methoden und eine objektivierbare Beschreibung der Eigenschaften, die von jedem nachvollzogen werden können, ist jedes Versprechen, jede Aussage der Öffentlichkeit gegenüber bloße Meinungsmache. So deutlich muss man das leider sagen. Man versucht die Leute, wie auch in anderen Politikfeldern üblich, für sein Thema zu gewinnen, unabhängig davon, ob dies jetzt für Kernkraft oder gegen Kernkraft oder für den biometrischen Personalausweis oder dagegen ist. Da man keine sachlich nachvollziehbaren Argumente hat, versucht man über die emotionale Seite zu wirken. Und Sicherheit ist immer ein sehr gutes Thema, wenn man versucht, die Leute über ihre Angst zu mobilisieren. Das gilt übrigens für alle Parteien in dieser Diskussion. Interessanterweise argumentieren beim neuen Personalausweis sämtliche Kontrahenten mit der Sicherheitsproblematik. Die einen sagen: Wir brauchen mehr Sicherheit, wir können mit dem neuen Personalausweis mehr öffentliche Sicherheit schaffen, das Risiko einer terroristischen Attacke verringern usw. Und die anderen argumentieren: Das bringt uns aber weniger Sicherheit, weil unsere Daten nun irgendwo auslesbar werden, also Unsicherheit erzeugen. Ohne vorwegzunehmen, wer da jetzt im Einzelnen recht hat, ist das von beiden Seiten meiner Meinung nach nicht wissenschaftlich fundiert. Man behauptet. Es ist ja nichts belegt.

Man argumentiert immer mit der bloßen Möglichkeit?

SP: Genau. Und dafür müsste man eben auch Modelle etablieren, die das nachvollziehbar machen. Solange das nicht der Fall ist, bin ich immer sehr vorsichtig, solche Aussagen einfach hinzunehmen und zu glauben. Ich habe zwar meine eigene Meinung, aber wenn es darum geht, einen Sachverhalt einzuschätzen, ist das etwas anderes. Da muss Objektivierbarkeit angestrebt werden. Nehmen wir mal das klassische Beispiel der Kontrolle auf Flüssigkeiten am Flughafen, da gibt es inzwischen ein paar Studien: Die Kontrollen bringen nachweislich keine Sicherheitsgewinne. Aber sie erzeugen bei den Leuten ein gutes Gefühl, also ist das letztendlich eine Aktion, die die Fluggäste davon überzeugen soll, dass es sicher ist, zu fliegen, unabhängig davon, ob die tatsächliche Sicherheit durch die Maßnahme „besser" wird oder nicht.

Bei Versprechen über Sicherheitsgewinne gibt es also viel Treu und Glauben, um Emotionen zu wecken. Welche Bedeutung haben Emotionen im Kontext der Sicherheit?

SP: Man muss unterscheiden zwischen der subjektiven und der objektiven Sicherheit. Betroffene haben letztendlich nur Interesse an objektiver Sicherheit, die meisten Maßnahmen zielen oft aber darauf ab, die „gefühlte" Sicherheit zu verbessern. Wenn man Unfälle und Schadenslagen mit hohem Todespotenzial vermeiden wollte, sollte man sich (objektiv) auf den Straßenverkehr konzentrieren, während (subjektiv) die Diskussion über Terroranschläge geführt wird. Neben der – aus Sicht der Politiker – sehr verlockenden Versuchung, sich auf die gefühlte Sicherheit zu konzentrieren, ist es aber auch riskant, zu glauben, die objektive Sicherheit könne man durch immer bessere Modelle und Messmethoden erreichen. Dennoch könnten wir mehr Objektivität in der Sicherheitsdiskussion meiner Meinung nach gut gebrauchen.

Stehen hinter solchen Aktivitäten also letztlich Industrie- oder Machtinteressen?

SP: Ja, definitiv! Wenn Sie sich anschauen, unabhängig von Sicherheit, wie viel Blödsinn den Leuten erzählt wird. Erinnern Sie sich nur an die – heute als Märchen entlarvte – Geschichte der Kinderschänder im Jugoslawien-Krieg. Nicht nur, dass bei fehlendem Gegenbeweis Behauptungen aufgestellt werden; es werden tatsächlich wissentlich Unwahrheiten verbreitet, um ein Produkt zu promoten, entweder im Rahmen des politischen Lobbying oder auch ganz öffentlich über Werbung im Fernsehen.

Wider die Illusion der „Dauergesundheit" unserer Gesellschaft

Versprechen sind ja in frühen Phasen von Innovation allgegenwärtig, um das Ganze weiter nach vorne zu bringen – auch wenn noch keine realistische Einschätzung der Technik oder ihrer Folgen möglich ist. Das in der Techniksoziologie klassische Kontrolldilemma besagt, dass man allerdings auch irgendwann nicht mehr alles zurücknehmen kann.

SP: Wir haben das Thema völlig vernachlässigt in den letzten Jahren. Wir haben, glaube ich, in vielen Aspekten der Technologieentwicklung vergessen, die Buchführung über Investitionen einerseits und Sicherheitsgewinne andererseits bereitzuhalten und haben uns so ein Stück weit auf das Kontrolldilemma eingelassen, bei dem wir nicht genau wissen, wo wir letztendlich 'rauskommen werden, und wir können in der Tat oft auch nicht mehr zurück, siehe beispielsweise die Massendatenhaltung im Internet mit dem Ergebnis der grenzenlosen Profilierung.

Das düstere Bild, das jetzt entstanden ist, ist ja mehr oder weniger: Unternehmen, die Sicherheitstechnologie herstellen, können einen Angstmarkt produzieren und tun dies auch – mehr oder weniger ohne Kontrollinstanz. Andererseits haben Sie aber auch gesagt, sollte es im Interesse dieser Unternehmen sein, selbst nicht-funktionale Aspekte von Sicherheit einzubeziehen. Halten Sie es denn für realistisch, dass sich ein solches Bewusstsein bei den Herstellern von Technologie entwickeln wird – oder werden diese zunächst ihren Freiraum ausnutzen?

SP: Unternehmen werden ihren Freiraum immer ausnutzen. Gerade jetzt in einer wirtschaftlichen Krisenphase geht es vor allem um Umsatz. Da gibt es einen sehr hohen Marktdruck. Auch im Sicherheitsbereich geht es um die Frage: Wenn die Kräfte im Markt aus der Balance gekommen sind, wie stark soll der Gesetzgeber – oder wer sonst –, um die Qualität bestimmter Aspekte gewährleisten zu können, eingreifen und regulieren, also nichtfunktionale Sicherheitsaspekte einfordern? Die gleiche Problematik zeigt sich ja auch bei der Finanzkrise. Vor einem Jahr hat noch jeder von den Finanzriesen gesagt, wir brauchen keine Regulierung, geh weg mit dem Teufelszeug, und jetzt plötzlich rufen alle danach. Das ist schon ein wenig defätistisch. Ich denke, zu viel Regulierung ist immer schlecht, weil zu viel Regulierung natürlich die freie Entfaltung von innovativen Kräften behindert. Dann generiert man meiner Meinung nach einen Markt, der sich stark an der Erfüllung der gesetzlichen Anforderungen entlang hangelt, sowohl bei der eigentlichen funktionalen Entwicklung als auch bei den Hilfsdienstleistungen. Am meisten verdienen an so einem Regulierungsgesetz ja die Anwälte. Das ist die eine Gefahr, die besteht. Wenn man auf der anderen Seite gar nicht reguliert, dann verliert man vielleicht das Mandat für bestimmte Interessengruppen, die sich dann nicht mehr vertreten sehen. Das rutscht einem aus den Fingern – das ist, was sich momentan im Datenschutzbereich andeutet. Es existiert ja in Deutschland das Recht auf informationelle Selbstbestimmung, das steht im Grundgesetz. Es sollte also klar sein, was der Staat zu tun hat. Es ist aber nicht so.

Warum nicht?

SP: Der Staat kann es nicht mehr leisten, weil er den Faden längst abgegeben hat. Er kann die Aufgabe selbst nicht mehr in der Form wahrnehmen. Es bleibt ihm eigentlich nur noch, über begrenzende marktsteuernde Maßnahmen zu versuchen, den Markt wieder selbst seine Balance finden zu lassen. Indem er zum Beispiel diejenigen belohnt, die diese nicht-funktionalen Eigenschaften mit beachten, oder – anderer Ansatz – indem er möglichst viel Transparenz schafft. Da kann man zum Beispiel eine Stiftung Warentest für Sicherheitstechnologie ins Leben rufen – ein unabhängiges Institut, das Datenschutzaspekte prüft.

Wie schätzen Sie die Diskussion diesbezüglich ein?

SP: Ich glaube, die Diskussion ist erst im Werden begriffen. Mein Eindruck ist ein bisschen, dass die Zeit noch nicht reif ist, das komplett und breit in der Öffentlichkeit zu thematisieren, weil das Thema für viele noch zu komplex ist, es müsste noch stärker vereinfacht werden – von den Modellen, von der Idee her. Aber ich glaube schon, dass die Zeit hingegen schon reif ist, mit Forschungsprojekten und Initiativen so etwas in die Breite zu tragen. Der Staat könnte zum Beispiel eine sehr starke Rolle dabei spielen, indem er diese Aspekte bei seinen eigenen Einkäufen und Produktdesignprozessen mit einfließen lässt. Wenn man jetzt zum Beispiel – nennen wir es doch mal beim Namen – den elektronischen Personalausweis den Innovationsprozessen oder Vorgaben von PRISE (Privacy enhancing shaping of security research and technology – ein Projekt der EU für datenschutzfreundliche und -konforme Sicherheitstechnologie) unterworfen hätte, dann wäre die Diskussion in der Form wahrscheinlich gar nicht aufgekommen. Die Einkaufsmacht eines Staates ist nicht zu vernachlässigen.

Welche Prozesse sind hier genau gemeint?

SP: Das genannte PRISE-Projekt hat eine Vorgehensweise für eine datenschutzkonforme Entwicklung von Sicherheitstechnologie vorgelegt. Und das, was ich als sinnvolle Thematisierung bezeichnete, also was die Kompetenz der Gesellschaft zur Beschäftigung mit der Thematik fördern würde, ist, wenn der Staat für die Produkte, für die Sicherheitstechnologien, die er selbst in Auftrag gibt, entwickelt oder designt, die genannten Vorgaben von PRISE auch anwendet oder einfordert. So wie die USA vor ein paar Jahren gesagt haben: Wir kaufen nur noch Produkte, die EAL4-zertifiziert sind – EAL4 ist eine Sicherheitszertifizierung für IT-Produkte. Man müsste sich dann eben auf Standards einigen. Es wird natürlich eine Zeit geben, in der mehrere parallel existieren.

Wie schätzen Sie die Möglichkeiten ein, Technikentwicklungsprozesse möglichst reflexiv zu gestalten? An welcher Stelle treten denn überhaupt gesellschaftliche Fragestellungen auf?

SP: Ich denke, die Frage dürfen wir uns so nicht stellen. Weil dann der Produkthersteller sagen wird: Gesellschaftliche Fragestellungen sind nicht mein Problem, gehen Sie damit an die Uni oder zu den Politikern. Ich glaube, wichtig ist, dass man die gesellschaftlichen Werte, die man mit dem Produkt verbindet, in eine Reihe von Spezifikationen gießen kann, entweder an das Produkt selbst oder an den Herstellungsprozess, um dem Hersteller ein handhabbares Set an Anforderungen zu geben, die er auch tatsächlich umsetzen kann. Entweder ein Hersteller macht dies auf einer rein freiwilligen Basis – auch öffentlich –, und wenn dann andere mitmachen, entsteht ein Zugzwang. Es gibt die Idee des Industrie-Commitment, wo man es über Lobbying schafft, dass ein Branchenverband sich dazu verpflichtet, dass alle seine Mitglieder eine bestimmte Vorgehensweise einhalten. Es gibt die Belohnung über Zertifizierung oder Steuererleichterungen oder ähnliche Modelle, in denen der Staat Vorteile schafft. Oder aber es gibt die Regulierung, das bedeutet: Alle müssen. Es gibt einen Strauß verschiedener Möglichkeiten, und man muss schauen, welche für den Markt angemessen ist; das hängt auch von der Kontrollkultur ab, aber auch davon, wie stark die Verflechtungen mit der Lobbywirtschaft sind. Wenn man sich die Energiebranche anschaut, wäre dort eine Regulierung illusorisch, da gibt es, glaube ich, genügend Kräfte, die dafür sorgen, dass so etwas nicht passiert. Aber wenn man einen Best-Practice-Ansatz unter die Leute streuen könnte, würde ich mir das schon vielversprechend vorstellen. Es geht insbesondere schneller, weil man Sensibilität entwickelt.

Glauben Sie, dass Unternehmen von sich aus Best Practices entwickeln würden?

SP: Sie brauchen Incentives.

Und wo sollen diese herkommen? Muss dann doch wieder der Staat zuerst handeln?

SP: Wenn Unternehmen einen Wettbewerbsvorteil wittern, dann gibt es die üblichen Vorreiter, die sich nicht mit der Masse bewegen, sondern nach Lücken schauen, wo sie Alleinstellungsmerkmale entwickeln können – so wie Microsoft zum jetzigen Zeitpunkt die Datenschutzkonformität sehr stark als Alleinstellungsmerkmal herausstellt, viel investiert und das auch weiterhin vorhat, während die anderen Softwarehersteller sich nicht verpflichten wollen, mit den Schultern zucken und sagen: Das haben wir doch nie gebraucht, das machen wir auch in Zukunft nicht. Das ist die eine Idee: ein Alleinstellungsmerkmal zu gewinnen. Es kann aber durchaus der Fall eintreten, dass eine solche Investition sich nicht rentiert, wenn man den Markt nicht reguliert oder Anreize gibt, und nichts passiert.

Wie können die Verbraucher in diesem Zusammenhang kompetent handeln?

SP: Sie brauchen Transparenz. Sie brauchen eine Zeitung, eine Stiftung Warentest-Plattform; das könnte im Datenschutz zum Beispiel eine kleine Community sein, die anbietet, für jeden herauszufinden, bei wem seine personenbezogenen Daten gespeichert sind, so dass Transparenz geschaffen wird. Damit überhaupt sichtbar wird, wo überall unsere Daten gespeichert sind. Und wer sie nicht gelöscht hat, obwohl er gesagt hat, er lösche sie. Das könnte auch ein Wettbewerbsvorteil für einen Provider sein: Ich biete diese Transparenz kostenlos mit an.

Sinnvoll könnte auch eine gesetzliche Verpflichtung sein, Sicherheitslecks zu veröffentlichen (Anm. SP: das ist ja inzwischen ein Stück weit passiert!). Datendienstleister wären dann gezwungen, Sicherheitsprobleme, die aufgetreten sind, publik zu machen, inklusive der Produktdaten. Ich finde, das ist ein interessanter Mechanismus, weil erstens mehr Transparenz geschaffen wird, was wirklich passiert, wie viel Schaden verursacht worden ist, und nicht nur irgendwelche dubiosen Zahlen, die so irgendwie geschätzt werden. Außerdem werden Hersteller versuchen, nicht in den entsprechenden Veröffentlichungen genannt zu werden, denn wenn da fünf Mal SAP auftaucht, werden die sich spätestens beim sechsten Mal sagen: Wir machen da mal was.

Und wäre das etwas, das von staatlicher Seite unterstützt werden könnte?

SP: Ja, ich denke schon. Im Rahmen der EU bin ich in einem Forschungsbeirat zu einem konkreten Vorhaben für ein Projekt für Transparenz im Datenschutz, welches ab 2011/2012 von der EU-Kommission gefördert werden soll. Dabei geht es um Nachverfolgbarkeit, eine Art Online-Rückführung. Das bedeutet, dass man sozusagen sieht – das ist das ideale Szenario –, dass beispielsweise eine bestimmte Hotelkette meine Kundendaten gespeichert hat. Wenn ich die da nicht mehr haben will: Klick und weg sind sie. Meine Wunscharchitektur wäre, lokale Verantwortlichkeiten zu definieren, eine „local accountability". Das bedeutet, dass bestimmte Informationen nur in einem bestimmten Transaktionskontext tatsächlich erkennbar sind, dass nur bestimmte Parteien mit den Daten überhaupt etwas anfangen können. Wenn ich diese Daten weitergebe an einen Dritten, dann sind sie für diesen nicht verwendbar. Wenn dieser Dritte, und sei es der Staat, auf diese Daten zugreifen muss, dann muss er mit dem lokalen Akteur in diesem Kontext kooperieren. Und diese Kooperation muss nachvollziehbar sein.

Insofern wird sich dieser gesamte Datenaustauschprozess in Zukunft ändern?

SP: Er muss sich ändern! Ansonsten wären wir ja im Orwell'schen Staat, das will der Bürger nicht, und das will mittelfristig der Staat auch nicht. Der einzige, der Interesse am Orwell'schen Staat hat, ist die Wirtschaft, weil sie diese Daten unmittelbar für Marketing-Zwecke verarbeiten kann. Es gibt meiner Meinung nach einen großen Diskussionsbedarf über den wirtschaftlichen Wert von Informationen in unserer Gesellschaft. Denn solange wir sagen, wir können mit Daten handeln, wird es auch jemanden geben, der sie sammeln und verkaufen will. Und man wird versuchen, sie aufzuheben, denn vielleicht kann man damit ja mal was machen.

Deshalb sagen Sie auch, im Grunde geht es nicht um die konkrete Technologie, beispielsweise RFID (Funkchips an Gegenständen), sondern auch um den Datenmarkt, das Marktsegment, in dem mit Daten gehandelt wird?

SP: Genau. Das ist wie mit der MP3-Musik. Solange Sie der Auffassung sind, dass Sie damit Geld verdienen wollen oder müssen, indem Lizenzen erworben werden, wird man auch immer schauen wollen, wer wie viel Daten heruntergeladen hat – mit allen gesellschaftlichen Nebenfolgen. Aber es gibt auch eine gesellschaftliche Entwicklung, dass eine gute Information sich verbreitet, und dass mit der Verbreitung der Wert der Information zunimmt. Das läuft ja der klassischen Wertigkeit in dem Sinne „je mehr ich es für mich hab, desto mehr ist es wert" entgegen. Es gibt Konstellationen, in denen sich das gerade umdreht, und das ist für mich eine völlig ungeklärte Entwicklung, über die es auch kaum wissenschaftliche Erkenntnisse gibt: Wie entwickelt sich der Wert der Information in der globalen Gesellschaft? In jedem Fall kann die reine Sparsamkeit der Daten kein Ziel für sich sein; sie muss ja nicht zwangsläufig gewünscht sein und sie ist auch nicht der alleinige Weg zu mehr Datenschutz.

Kommen wir noch einmal zurück zum kompetenten Verbraucher – ist denn mit Generationenunterschieden alles erklärt? Das Web 2.0 wird Untersuchungen zufolge von den Nutzern als Privatissimum wahrgenommen. Das ist es natürlich ganz und gar nicht.

SP: Nein. Das kann man eher mit einer kleinen Demo vergleichen. Wir gehen gemeinsam auf die Straße und erzählen allen, was wir für eine Meinung haben.

Die von Ihnen geforderte Kompetenz von Nutzern hängt also auch daran, ein Bewusstsein dafür zu schaffen, in welchen Räumen man sich da bewegt?

SP: Ja. Die junge Generation bringt deutlich mehr Problembewusstsein mit als unsere Generation im Hinblick auf das Hinterlegen von bestimmten Informationen in verschiedenen Kanälen. Die meisten gehen sehr vorsichtig vor, hinterlegen beispielsweise nur ihre E-Mail-Adresse vor ihrer Chat-Adresse oder Telefonnummer oder physikalischen Adresse. Umgekehrt hat diese Internet-Generation nicht persönlich erlebt, wie sich Privatheit – „the right to be left alone" – anfühlt. Die wissen gar nicht, wie das ist, sie können es auch gar nicht wissen, sie sind ja gar nicht in einer Welt aufgewachsen, wo das sozusagen der Standard war, sondern das sind ja die Kids von heute. Mein Sohn wächst auf mit dem Bewusstsein, alle seine Daten werden gesammelt, das ist halt so. Und man versucht, sich innerhalb dieses Kontextes möglichst optimal zu bewegen. Er hat keine Motivation, da auszubrechen, weil er ja gar nicht weiß, wie das vorher war. Und die Präsenz ist ihm wichtig.

Zum Thema Prävention. Sie haben geschrieben: Die wichtigste Voraussetzung für Sicherheit ist eine freiheitliche Kultur.

SP: Eine freiheitliche Kultur trägt dazu bei, die Wahrscheinlichkeit von Angriffen zu minimieren. Das glaube ich. Meine Erfahrung gerade auch aus dem oberen Sicherheitsmanagement im Unternehmen ist: Wenn man den Leuten mehr Freiheit lässt und ihnen das Gefühl gibt, dass sie gebraucht sind und sich wohl fühlen und nicht kontrolliert werden – dass es zwar Regeln gibt und die auch hin und wieder zu Sanktionen führen, aber keine Dauerbeobachtung und ständige Sanktion bei Abweichungen –, wenn man auch Abweichungen zulässt und toleriert bis zu einem bestimmten Grad, dass sich dann im Sinne der Sicherheit des Unternehmens die Mitarbeiter sehr kooperativ verhalten.

Was heißt das für den Begriff der Prävention?

SP: Nun ist der Schadensfall bei der Unternehmenssicherheit ja eine grundlegende Angelegenheit. Wenn man vom Mitarbeiter ausgeht, was ja das Analogon von Bürger zu Staat wäre, dann ist es so, dass der Mitarbeiter viel weniger Motivation hat, sich dem Unternehmen oder anderen Kollegen gegenüber schädlich zu verhalten, wenn er sich mit seiner Persönlichkeit in diesem Umfeld bestätigt sieht. Und meine Übersetzung wäre: Der Bürger muss sich freiheitlich verhalten können, also seine Persönlichkeit und seine Meinung notfalls auch gegen die Mehrheit und den Staat schadenlos einbringen können. Ohne Repressionen, ohne negative Beurteilung, ohne ständige Kontrolle, ohne unmittelbare Sanktion von Abweichungen vom Regelverhalten.

Ist das nicht genau der Ansatz der Prävention: dass man jede mögliche Abweichung registriert?

SP: Ja, das ist ja das Oxymoron! Das geht meiner Meinung nach nicht – also der Präventionsstaat an sich ist unlogisch, er kann nicht funktionieren; siehe auch „Die Präventivwirkung des Nichtwissens" von Heinrich Popitz. Zurück auf das Unternehmen, da ist das einfacher zu erklären: Wenn wir jetzt hingehen würden und in dem Unternehmen alle möglichen Abweichungen protokollieren, sofort sanktionieren, Profile erstellen und darüber Buch führen, und das ist in der öffentlichen Diskussion, dann führt das erfahrungsgemäß – da gibt es auch Statistiken von der International Security Management Association – zu mehr Betrugsfällen in Unternehmen.

Letztendlich erzeugt die Prävention doch eine Sicherheitserwartung – Sie nennen es einen „Zustand der Dauergesundheit"?

SP: Das ist wie beim Immunsystem eines Körpers. Wenn ich dem nicht von Zeit zu Zeit erlaube, krank zu sein, dann sterbe ich irgendwann an der großen Grippe, weil ich dagegen nicht gewappnet bin. Und der Präventionsstaat wäre für mich genau dieses: Ich darf keine Erkältung haben. Ein gesunder Staat, sozusagen, hat ja ab und zu mal eine Erkältung oder kleine Verletzung, ohne begleitend einzuwirken. Und dadurch regeneriert sich, entwickelt sich das Immunsystem dieses Staates immer weiter, und es ist dann viel besser in der Lage, größere Probleme, größere Gefährdungen für diesen Organismus abzuwehren.

Also im Grunde die Abweichung als Stärkung des Immunsystems.

SP: Genau. Statistische Abweichungen eines Organismus zuzulassen, sorgt für eine bessere Fähigkeit im Umgang mit komplexen Situationen.

Würden Sie insofern im Zuge dieser ganzen, in Teilen sehr ausufernden, Debatte zu mehr Bescheidenheit raten?

SP: Man muss mit den richtigen Werkzeugen arbeiten. Ich glaube, es ist der falsche Weg, dieses Machtverhältnis so stark zu polarisieren; diese Dauergesundheit einzufordern durch den Staat und den Staat allmächtig zu machen und den Bürger zunehmend zu entmündigen – was wahrscheinlich letztendlich dazu führen wird, dass es zu Ausrastern kommt; statt kleinen regulären Abweichungen zu einzelnen großen Ausbrechern, sowohl in Intensität als auch in Häufigkeit, die zu viel höherem Schaden führen.

Gibt es da nicht eine Komplementarität zwischen der Erzeugung von Angst zum einen und den Sicherheitsversprechen – dem Versprechen einer Dauergesundheit – zum anderen?

SP: Im Grunde sind die Befürworter des Präventionsstaates in der Regierung und die „Angstunternehmer" im Sicherheitsmarkt Verbündete, die sich gegenseitig den Ball zuspielen. Die einen verdienen daran und die anderen verfolgen ihre Machtziele. Die gesellschaftliche Akzeptanz für Sicherheitsmaßnahmen ist nicht abhängig von der tatsächlichen Bedrohungssituation, sondern von der gefühlten Sicherheit. Fühlen sich Menschen bedroht, sind sie bereit, Einschränkungen der Freiheit in Kauf zu nehmen – das ist aber gefährlich.

Das ist natürlich kritisch: Sie sagen selbst, dass die Informationslage über die wirkliche Gefährdungslage eigentlich besser sein könnte.

SP: Ja, das ist sehr subjektiv. Wer kann denn heute tatsächlich einschätzen, dass die Bedrohung durch Terrorismus in Deutschland immer noch hoch ist. Was heißt das denn: hoch, kann das jemand definieren? So und so viel terroristische Anschläge statistisch in einer deutschen Stadt? Da kommen wir auf Null. Also was ist da hoch? Und solange Sie solche Indikatoren nicht haben, sind quantitative Bedrohungsszenarien sinnlos. Wenn Sie aber Statistiken offen legen und zeigen, es gab so und so viele terroristische Vorbereitungshandlungen, und einen Tag, wo Sie beweisen können, dass jemand etwas vorhat, am besten in Zahlen, dann könnten wir sagen: Wie sieht es denn in Großbritannien aus? Die Briten haben das Hundertfache. Wir würden feststellen: Bei uns ist die Bedrohung nicht so hoch.

Wir befinden uns also in einem merkwürdigen Zusammenhang von Sicherheitsversprechen und Sicherheitserwartungen. Hängt es dann nicht auch von der Sichtbarkeit der Technik ab, ob sie zu weiterer Verunsicherung führt?

SP: Unsichtbare Sicherheitstechnologie erhöht die Akzeptanz. Wobei da natürlich gewisse Medien Nachteile hinsichtlich der Sensibilisierung haben. Wenn ich jetzt also z.B. eine Lederjacke mit eingebautem Funk-Chip mit mir herumtrage, und man könnte irgendwie mein Bewegungsprofil erstellen, wird das auch wieder 20, 30 Jahre dauern, bis in den Köpfen ist, was das bedeutet. Für mich stellt sich umgekehrt die Frage, wenn wir jetzt über Google und Staaten nachdenken, warum betreibt der Staat überhaupt einen solchen Zusatzaufwand? Es gibt ja genug von Unternehmen generierte Informationen, die für ähnliche Zwecke verwendet werden könnten. Aber er hat trotzdem immer noch irgendwie Ideen, die parallel dazu laufen. Nehmen wir zum Beispiel mal die Nutzung von Videoüberwachung (durch den Staat) und die Sammlung von Bildmaterial (mit GPS-Angaben) durch einen Dienstleister. An sich sind beides gruselige Vorstellungen: Staat und Industrie überwachen uns und können Bewegungsprofile erstellen, bis hin zu Lokalisierung von Personen und Vorhersage von Verhalten. Das größte Risiko besteht meiner Meinung nach darin, dass beide unabhängig von einander sammeln und auswerten. Warum nicht mit Google zusammenarbeiten und sagen, wir versuchen, alle Fotos, die da bei Google, bei FaceBook und bei YouTube reinkommen mit GPS-Daten zu versehen (was bei vielen neuen Handy-Kameras sowieso schon der Fall ist), und dann sehen wir ja viel mehr zusammen – und gleichzeitig könnten wir das datenschutzkonform gestalten, indem wir als Staat Auflagen entwickeln, wem diese Informationen – auch in aggregierter Form – unter welchen Bedingungen zugänglich gemacht werden. Das würde aber erfordern, dass Industrie, Verbraucherschutz und innere Sicherheit deutlich mehr zusammen arbeiten als früher.

Somit gibt es eine Tendenz, dass das Interesse des Staates an privaten Daten weiter wächst und nicht umgekehrt?

SP: Nicht an den privaten Daten, sondern an relevanten Daten für die Strafverfolgung, für die Verfolgung von Kriminalfällen. Die Daten sind nicht interessant, weil sie privat sind, das ist nur ein unangenehmer Nebeneffekt. Oder umgekehrt gesagt: zunehmend werden – das führt wieder zurück auf den Wert der Information – eine ganze Reihe von heute als privat angesehenen Informationen interessant für die Strafverfolgung.

Und wie stellt sich da das Verhältnis von Staat und privaten Datensammlern dar?

SP: Nehmen Sie Handy und Polizeifunk. Die Polizei hat aus Unabhängigkeitsgründen ihren Polizeifunk mit einem riesigen Projekt digitalisiert, nutzt in der Praxis aber, wenn sie schnell jemanden erreichen muss, das Handy. Das ist eine Parallelnutzung. Die Innovationskraft ist im privaten Sektor deutlich stärker, die staatlich finanzierten Technologien werden immer hinterher hinken. Es stellt sich auch auf der Sicherheitsforschungsseite die Frage, ob da überhaupt noch eingestiegen werden soll, weil die Innovationskraft der Unternehmen mit Breitenwirkung viel stärker ist: Soll man nicht lieber Geld in die Hand nehmen und die duale Nutzung von betriebswirtschaftlichen Diensten für staatliche Zwecke sicherstellen, was es ja beim Handy jetzt auch gibt: Zuerst gab es die Handynetze nur privat, und jetzt werden die Handynetze auch mit Prioritätsschaltung an die Polizei übergeben. Das heißt, wenn etwas Dringendes anliegt, fliegen die anderen raus.

Ist denn zu erwarten, dass dem Staat von privater Seite irgendwann eine Grenze gesetzt wird?

SP: Das ist wie beim Frosch, den man kocht. Wenn man den ins kalte Wasser wirft und dann das Wasser langsam erhitzt, dann merkt er nicht, dass er stirbt.[2] Ich glaube nicht, dass es so eine wahrnehmbare Grenze gibt. Es wird, glaube ich, eher zur Eskalation kommen, wenn und weil bestimmte, sehr plakative Fälle auftreten, die in der Öffentlichkeit diskutiert werden und zu neuem öffentlichen Interesse führen. Dann könnte es passieren, dass der Staat gezwungen ist, zurückzurudern. Aber diese Grenze wird noch zu identifizieren sein.

---

2 Zur Erläuterung: Die Frosch-Metapher, prominent nicht zuletzt seit der 28. Internationalen Datenschutzkonferenz 2006 in London, steht für den schleichenden Wandel zur Überwachungsgesellschaft. Siehe auch „Die schöne neue Welt der Überwachung „panotpi.com – part 1" unter: www.youtube.com/watch?v=1oeVBjr0fwc (Anmerkung L.H. und C.I.).

III. Zählen, messen, identifizieren

Evelyn S. Ruppert

Making Populations: From Censuses to Metrics

1 Introduction

Identification practices in Europe are currently the object of considerable debate and controversy as governing authorities propose and implement ever more sophisticated ways to identify, register, track, monitor and know the characteristics and movements of subjects within and between their jurisdictions. Practices such as identity cards, population and address registers, biometric visas and passports, and the joining up of administrative data are becoming key components of government identification practices. New information and communication technologies (ICTs) have in part advanced these developments as they enable the storing, maintenance, searching and linking of large volumes of personal identification data. New technologies also make it possible to join up and share data regularly collected by separate government agencies and to incorporate new techniques such as biometrics and machine-readable microchips. However, these technologies have not been the principal drivers of these developments (Bellamy, 6, and Raab 2005).

The security imperatives of combating terrorism, organized crime, identity and benefits fraud and illegal migration have fuelled the advancement of identification practices during the past few decades and their surveillance and control effects have been the object of much debate and analysis by major academic research projects. What these projects attest to is that identification practices that have been mobilized to meet security objectives are also circulating and being taken up, modified and deployed at numerous governing sites and increasingly part of citizens' everyday lives. Indeed, the take up of these practices in numerous government domains has led some critics to declare this as the age of the „database state" or „surveillance society". These concerns are reflected in a large and growing literature in the fields of surveillance and security studies where identification practices are analysed and critiqued in relation to their consequences for individual privacy, liberty, mobility, policing, data protection, discrimination and social sorting (for example, Ball 2005; Bigo et al. 2007; Graham and Wood 2003; Gutwirth 2007; Hier and Greenberg 2007; Lyon 2003; Marx 2007; Mordini and Petrini 2007). The ubiquitous nature of these practices has led some researchers to declare that the centralized Foucauldian-Benthamite panoptic model no longer holds and instead current practices constitute more decentralized Deleuzian assemblages or a network model consisting of digital flows of data (Haggerty and Ericson 2000; Hier 2003; Lyon 2003; Mathiesen 1997). Whilst such interpretations of Foucault's panopticon resemble more of an Orwellian version of surveillance, they do point to a shift in identification practices. In short, technological advances have facilitated the shift away from the direct observation, supervision and containment techniques analysed by Foucault to the dispersed monitoring, recording and digital techniques that Gary Marx

(2007) has named the „new social surveillance" and Haggerty and Ericson (2000) a „surveillant assemblage".

However, the same practices are being used and proposed to serve different governing objectives and producing many effects beyond surveillance and securitization. That is, practices developed to address one set of problems are being assembled to address yet another set of problems. For example, the introduction of identity cards and the building of centralized and joined-up government databases containing basic personal data are advocated to achieve policy objectives such as economies, efficiencies and service delivery improvements in the public sector. Indeed, the current UK government's policy of service integration depends on joined-up information flows (6, Raab, and Bellamy 2005). Identification practices also serve the objectives of freeing up of transactions and mobilities, simplifying access, and verifying and proving eligibility and entitlement to public services and benefits (Cabinet Office 2005; 2008).

Surveillance and monitoring behaviour are thus amongst many governing objectives that identification practices serve and they do not necessarily produce negative effects such as the invasion of privacy. Like most governing practices they can be deployed to achieve progressive governing outcomes such as ensuring equity, identifying discrimination and addressing gaps in public service delivery. Identification practices are also part of the struggle to both claim rights and make claims to rights. The rights to reside, cross borders, receive benefits and vote are all acquired on the basis of state identification practices. Constituting these practices as surveillance places the focus on information and privacy rights, rather than the plethora of other rights that they confirm and authorize. As Caplan and Torpey (2001) argue accounts that focus on the oppressiveness of state bureaucratic practices represent only one side of the „bureaucratic identity equation". Individual identification has been enabling as well as subordinating, has created rights as well as police powers. Higgs (2004) advances a similar argument, that the conceptualization of identification practices as methods of social control miss the ways in which data collected by states has historically served many social and legal functions. Additionally, there are many examples of how identification practices have been taken up and used in creative ways from forgeries and frauds to the creation of new identities, the affirmation of existing ones, and as a way of writing oneself into history (Caplan and Torpey 2001, 7).

But there is another issue that is not addressed if identification practices are constituted as surveillance and the consequent focus on privacy rights. People are not governed in relation to their individuality or identity but as members of populations. The embodied individual is of interest to governments insofar as the individual can be identified, categorized and recognized as a member of a population. As Foucault (1997) argued, the general problematic of governing is to know the nature and then govern and regulate the forces of the collective body, that is, the population. Population is the referent object of biopolitics, a form of power/knowledge concerned with managing, regulating and maximizing the potential of a population, dealing with rates, profiles, patterns, and probabilities about a population and its ever changing, flowing and contingent nature (Dillon and Lubo-Guerrero 2008). Indeed, it is first through the identification of populations– of illegal migrants, terrorists or homeowners – that governing interventions are defined. However, while Foucault described population as the object of biopolitics he did not investigate the development of specific practices that made it possible to know and then act upon populations. To the contrary, he tended to naturalize population as an object on which power can act and as a thing that follows natural processes and laws (Curtis 2002). However, population is not a thing waiting to be discovered, but a particular way that states organize social relations. Different practices construct different populations as objects of concern and intervention. The question then is: how do different practices make up different populations and what then are the consequences for how we are known and governed? This is not to deny the importance of concerns about privacy or surveillance but to suggest that they obscure the politics of population and the totalizing effects of identification practices. The politics of population is not about us as individuals but how we are constituted as members of governable populations. As such it is a politics that brings into question the populations that methods conjure up and legitimize.

In government what we are witnessing is not the emergence of a „surveillant assemblage" but a proliferation of technologically enhanced identification practices that construct a new kind of knowledge of populations that can be analysed and deployed in myriad ways (e.g., surveillance) and produce specific power effects (e.g., inclusion/exclusion). The practices constitute inscription devices – practices that translate, simplify and make visible objects for governing (Latour 1986) – and a particular kind of knowledge of subjects that I call „population metrics", which is leading to the discovery of „new populations" and a new biopolitics of population. The construction of national population statistics is one governmental use of metrics that is explored in this paper. Censuses and more recently sample surveys have been the main methods that national statistical organizations have used to construct knowledge of populations. However, government officials and academics have long critiqued both methods as sources of population statistics (Judson 2007; Martin 2006). As one official of the U.S. Census Bureau put it in his critique of censuses and government surveys, a „data problem" exists in the 21st century: „the official statistical systems [produced by national statistical agencies] deliver data not sufficiently *fast*, not sufficiently *local*, not sufficiently *granular* and not sufficiently *integrated*" (Judson 2007, 483, italics in original). In the effort to create better population statistics, censuses are thus supplemented and potentially being supplanted by the various identification practices discussed above such as joined up government administrative databases, population and address registers, identity cards, and e-Borders migration databases. For example, a proposal advanced by the UK's Office for National Statistics (ONS) called for a „integrated population statistical system" that would standardize and join-up many identification practices and databases by making them interoperable (Office for National Statistics 2003). If implemented such a population statistical system could make the 2011 Census the last census in the UK as proposed by recent parliamentary inquiries and government studies (Office for National Statistics 2003; 2005b; Treasury Committee 2002; 2008). While the examples outlined in this paper pertain to practices in the UK they are being adopted by many European states and also advanced and promoted by EU agencies (e.g., ID cards, e-Borders). Thus the conceptual arguments are generally applicable to other EU contexts.

The first section describes recent developments in identification practices in the UK. Following this the argument that these practices constitute a kind of knowledge and practice called „population metrics" is developed. The next section examines the kind of inscription device population metrics are and the differences between constructing and knowing populations through metrics compared to censuses. Through this comparison the conclusion is drawn that population metrics are based on a conception of populations as modulating correlations of biographies and conduct. The next section then is a description of how population metrics is also a practice of constructing and discovering „new" populations. The concluding remarks suggest that population metrics are prescriptive rather than descriptive and constitute a new politics of population.

2   Population metrics

Historically, numerous practices have been involved in the constitution and classification of identities as legal and bureaucratic categories, which have been fundamental to the multiple operations of the state (Caplan and Torpey 2001). It is through a variety of practices of identification that governing authorities know a population and create a „legible people" (Scott 1998). Improving the coverage and accuracy of identification have thus been key pursuits of states. During the past few decades, information and communication technologies have facilitated the move from the traditional paper-based documents to a variety of new identification practices.

In the UK, the main innovations include a number of components that are currently proposed or being implemented as part of the UK National Identity Scheme (Home Office 2008). A cornerstone is the National Identity Register (NIR). If fully implemented, it will contain information similar to that stored on the passport database today, which covers 80 per cent of the UK population. It will include biographical data (such as name, address, date and place of birth, gender), biometric data (such as facial image and fingerprints), and administrative data (related to the issue and use of the identity card such as national insurance number, a log of who has looked at the record, and every transaction that the card has been used for). The data will be stored separately, on the Department for Work and Pensions Customer Information System (CIS), and existing Identity and Passport Service (IPS) systems (Home Affairs Committee 2008). That is, data that is now stored on the IPS will be connected to the NIN database, which will also record all transactions for which the card has been used. This is one of the innovative features of the NIR and which establishes an infrastructure or spine for the joining up of databases and the tracking of transactions. The Nordic countries have adopted population registers as a source of statistics since in the 1970s (Denmark, Finland, Sweden, Norway). In 1981, Denmark was the first country in the world to conduct a totally register-based census, Finland followed in 1990, from 1980, the censuses in Norway and Sweden have been partly register-based and these countries are planning for their first register-based censuses in 2011 (United Nations Economic Commission for Europe 2007).

Connected to the NIR is the National Identity Card (ID Card). A national ID card and register was first introduced in Britain in 1939 for „national service, national security, and the administration of rationing" (Agar 2005). A central National Register Office held records and paper ID cards were required for renewing ration books. They were also used for routine policing and it was for this reason they were eventually rejected for peacetime use. The introduction of ID cards in the twenty first century is promoted to serve different purposes, from cracking down on illegal immigration and employment to combating organized crime and terrorism. New information and communication technologies are also enabling ID cards to operate on quite a different basis. The ID card will be the size of a credit card and will show the person's name and photograph and Identity Registration Number (IRN). It will also contain a machine-readable chip with the same biographical and biometric data stored on the NIR as well as a Personal Identification Number (PIN), which the cardholder can set and use. Beginning in 2008 the first identity cards were issued for foreign nationals (non European Economic Area (EEA)). ID cards will be mandatory for all foreign nationals and by 2015, about 90% will have been issued with one. Currently, implementation plans include the issuing of cards to British nationals beginning in late 2009. Most EU states currently have some form of ID card in either non-electronic or digital form (Bennett and Lyon 2008).

The future of both the NIR and ID cards is uncertain at the moment of writing and may not proceed beyond the registration of foreign nationals. However, in the event that neither proceeds in their intended form, alternative systems are being developed and implemented. The Identity and Passport Service (IPS) together with the Department for Work and Pensions (DWP) and the Driver and Vehicle Licensing Agency (DVLA) is developing a minimum set of trusted identity data consisting of biometrics and a unique identifier (Home Office 2009). Everyone over the age of 16 applying for a passport will have these details added to the register beginning in 2011. Over time this will be expanded to include additional layers of data: one with data established at birth, which does not change, such as name and nationality at birth, and another that reflects changes since birth such as current name and nationality. Thus independent of the ID card, the data will be collected and a unique identifier assigned via the passport service. The point is that there are many techniques to fulfill the objective of assigning a unique identifier to every person to achieve „identity management", which is required to confirm identities and join up databases across government sites and functions.[1]

Identity management has been enhanced most notably through the addition of biometric identifiers to passports, visas, and immigration documents. These enhancements will facilitate the e-Borders programme and will „ensure people can be identified securely and effectively" and enable the e-Borders programme „to collect and analyse information on everyone who travels to or from the United Kingdom by air, sea or rail" (Treasury Committee 2008). The Home Office coordinates the programme in partnership with the UK Border Agency, which is responsible for delivering the programme, and with the support of the police and HM Revenue & Customs. The ONS has been participating with the Home Office to use the e-Borders data as part of the tracking and estimating of international migration. Many EU states have incorporated biometric identifiers into some of their practices of identification (Bennett and Lyon 2008).

The ONS is also studying and evaluating the creation of an Address Register, a single database of addresses covering all properties in England and Wales to improve the collection of population statistics. It could include information on all properties including communal establishments and non-residential properties. In addition to basic information on the characteristics of each property, such a register could hold key characteristics of the population associated with it to support statistical needs, including turnover rates and multi-occupancy data (Office for National Statistics 2003; 2005a). The registration of addresses has been most notably developed as either part of or separate from the population registers adopted by the Nordic countries (United Nations Economic Commission for Europe 2007).

In addition to these initiatives, joined up and interoperable administrative databases are being investigated as additional sources of identifying populations. The possible kinds

---

[1] The IPS refers to this as „identity standards", the processes by which an individual or an organization uses to establish or prove identity.

of data include the registration of life events (birth, death, marriage), licensing (driving, business), service use (education, benefits, health, pensions), employment (national insurance, taxation), and citizenship (identity cards, passports, visas, electoral registration). Through all of these activity data (e.g., taxes paid, licenses obtained, benefits received) are compiled on whole populations. Objectives of joined-up government have advanced the sharing of this data within particular fields of public policy (e.g., health and social care) and across the public sector (e.g., community care case planning), though the former have been more successfully implemented than the latter (Bellamy, 6, and Raab 2005). The potential of linked administrative data for generating population statistics is also being advanced. While linking data from independent administrative sources is „far from simple" and would require radical legislative reform (Jones and Elias 2006) there are many proposals, studies and initiatives underway seeking to increase the potential of this as a source of population knowledge. For example, the ONS is investigating the linking of individual records pertaining to National Insurance Numbers, the Worker Registration System (WRS) and NHS Patient Registration data to track and measure population change (Treasury Committee 2008). Several countries have joined up administrative databases with central population registers such as Finland, Denmark and Sweden. Since 1996, The Netherlands has operated a social statistics database that links individual records from a variety of administrative sources (e.g. benefits data and employee insurance) with a population register (Jones and Elias 2006).

There are many technical, methodological, legal, data security and privacy issues associated with each of these practices, which are at various stages of development and implementation. When and whether any or all will be fully and successfully implemented is uncertain. While each is proposed and can be deployed for different governing purposes, the focus in this paper is how they could be used to replace censuses and surveys as key sources of population statistics. Consequently, the discussion and analysis that ensues is in part speculative. Be that as it may, immense legal, bureaucratic and economic resources are being allocated towards the development of these practices and their potential as sources of population statistics. Furthermore, while the „complete" and seamless application of these practices as envisaged by some of their architects is fraught with political uncertainties and technical constraints, there are numerous examples of how population metrics are already being deployed for particular governing purposes, some of which I discuss below. Yet, analyses of these practices have largely focused on technical and legal issues with little scrutiny of their epistemological and ontological consequences.[2]

To begin, what kind of knowledge of subjects do the different identification practices compile? The knowledge is not simply information or data but constitutes „population metrics", a term that captures that identification consists of different measurements and classifications of subjects. In business, government and academia metrics or quantitative measurements are increasingly being adopted to evaluate and compare the performance and progress of people, groups, and things. For example, in education league tables and scores evaluate schools, in universities bibliometrics measure academic production and in health care standards such as wait times evaluate service delivery.[3] The same logic arguably applies to government identification practices. Each of the identification practices in question

---

[2] For example, see the review of administrative data as a source of population statistics by Jones and Elias (2006). The review identifies legal, technological, resource, access and privacy as the main issues and barriers to greater use for research purposes.

[3] See for example, Department of Health's (2008) use of metrics to evaluate the performance of the NHS.

assembles a series of categories or measurements of subjects – of genders, facial patterns, and conduct. That is, identification practices are not the unit of knowledge but rather the specific measurements or metrics of bodies that they contain. For example, the ID card is the practice and its contents or categories are the metrics.

The measurements or metrics are categories or classes of equivalence through which individuals pass from their singularity to a generality. Categories are „conventions of equivalence, encoding, and classification, [that] precede statistical objectification" and are the „bonds that make the whole of things and people hold together" (Desrosières 1998, 236). Generalizing the individual into the population involves classifying and identifying her difference and resemblance to numerous categories (male, female, married, single etc.) in relation to pre-formatted classification grids (sex, marital status, racial origins etc.). A population is thus an entity divided and differentiated into numerous categories (Ruppert 2008). The work of making population thus involves establishing similarities and differences between and sorting individuals into categories. For the state it is a totalizing and objectifying technique such that when categories are assembled (genders, origins, occupations, incomes etc.) the entity called a population comes into being. That is, categories of equivalence make up populations and individuals are governed as members of those populations.

The metrics that make up identification practices consist of three types of classification –biographical, biometric and transactional. Each identification practice uses various combinations of these to construct what is referred to as „data doubles" of subjects. Biographical data are the basic identifiers and locators of subjects and include classifications such as name, date and place of birth, gender, and address. It is the kind of data usually included on passports and will be used in the UK ID cards and National Identity Register (Home Office 2008). Biometric data are additional identifiers based on measurements of the physical attributes of bodies. The data consists of digital representations and measurements of physical or bodily characteristics such as fingerprints, eye retinas and irises, voice patterns, facial patterns and hand measurements. Such data pertaining to bodily characteristics can be and is already collected for identification purposes by EU states in areas such as immigration and naturalization services, border controls, public aid programs, security systems, and medical services (Lodge 2007).

Biographical and biometric data are the core of what is sometimes referred to as „identity management", which is required to join up databases across government sites and functions. Different administrative systems currently define and constitute their target populations and subjects of government differently: from the general registrar (birth, death, marriage), revenue (NIN), health (NHS), passport and immigration (Home Office) and so on. These differences in part are due to the different governing objectives of each agency (health, border control etc.). Identity management involves standardizing these classification systems so that they are comparable and can be joined up (Gandy 2007). This is part of the logic of the development of the NIR, which is key to achieving the inter-agency coordination necessary to join up administrative data. It is also the logic of EU initiatives, which seek to also standardize identification across member states to render them „interoperable". For example, an EC funded consortium of academics, technology firms and government – The Future of Identity in the Information Society (FIDIS) – has developed an identity classification system based on the logic of library schemes, which sequence knowledge systematically, and enable locating and accessing items via a catalogue (FIDIS Consortium

2007). The objective of the scheme is to provide a common classification system for government and commercial users towards creating interoperable e-government, e-health, and e-commerce systems.

While biographical and biometric data are principally used for the purposes of identification standardization, verification and validation, transactional data tracks the movement and conduct of subjects. In the commercial sector, transactional data are increasingly used to know populations in ways that are making the sample survey and in depth interview of social scientists outdated (Savage and Burrows 2007). Commercial users have increasingly turned to digital data generated routinely as a by-product of commercial transactions to provide comprehensive or total counts of whole populations (sales data, mailing lists, subscription data). Savage and Burrows (2007) suggest that the traditional market survey is being challenged by transactional data, which has the potential to provide continuous and current knowledge of whole customer populations. Like commercial transactions, people regularly transact with government throughout their lifetime and collectively these produce administrative databases. Each of these databases records not only a subject's biographical identification but also conduct in relation to government: their registration of life events, income earned and taxes paid, licenses obtained, cars purchased, borders crossed, benefits received, visits made to hospitals, and so on.

Over the past decade or so, policy makers and data users have increasingly investigated transactional data as an alternative source of population statistics. For example, a recent audit of government data related to education, labour market, health, business and demographics conducted for the UK National Data Strategy concluded that the scale of available administrative data resources is extensive and insufficiently explored as a source of population statistics (Jones and Elias 2006). Of course, aggregate transactional data has long been used for population estimates between censuses. The population base of censuses is regularly updated by birth and death registrations (from aggregated transactional data), and modified by migration data (sometimes from source such as the UK National Health Service Registry data, or from migration surveys) (Judson 2007). Similarly, transactional data has been used to construct knowledge of particular populations (workers, migrants, students, and so on). However, the standardization of biographical and the joining up of transactional categories across governing sites makes it possible to compare, combine and reassemble population metrics in myriad ways. This is the innovation of population metrics, which can be teased out by comparing the differences between population knowledge constructed by censuses and that of population metrics. The comparison is somewhat exaggerated in an effort to identify key characteristics of population metrics. But the comparison is apt since metrics are proposed as an alternative to censuses and are increasingly being used as a source of population statistics in a number of government domains discussed below.

From periodic to ongoing measurements: Historically, censuses have been taken every five or ten years and have constructed fixed „snapshots" of populations at particular points in time. The time lag between censuses means that the data is always considered out-of-date and this has been a key criticism of censuses as a source of population statistics. However, population metrics offer the possibility of providing more current and ongoing measurements of conduct as well as verifying subjects on a regularized basis. The data compiled constitute on-going and dynamic measurements of the movements and transactions of people in relation to government. Rather than stable or relatively fixed, populations are constituted as modulations, continuously changing and requiring constant monitoring, updating and assessing.

From varying to fixed biographies and biometrics: Censuses involve subjects periodically identifying themselves with classification systems such as gender, income, occupation and ethnicity. These classifications are subject to variation due to changes in how individuals report from census to census, changes in the questions that are asked and in the way the questions are posed. However, within a regime of population metrics subjective identifications are centrally coordinated, standardized and stabilized. ID cards and a National Identity Register seek to stabilize these core biographical identifiers, with many presumed fixed throughout a subject's lifetime.

From partial to whole populations: Undercounting has always plagued census taking and more recently response rates have been in decline especially in relation to „hard-to-count" populations such as transients, migrants, tenants, and youth (Office for National Statistics 2004). The identification practices that consist of transactional metrics cover almost 100 percent of target populations with some of the best coverage noted in education, benefits, and hospital episode data (Jones and Elias 2006). The implementation of ID cards and population registers is also intended to capture 100% of the resident population. Population metrics can also be tracked over time (and back to previous time periods) thereby enabling longitudinal analyses with potentially less attrition or the „loss" of individuals that can occur with surveys or census data linkage.

From engaging subjects to recording conduct: Biographies and biometrics are stabilized classifications that are centrally administered and coordinated. Whilst censuses are based on subjective identifications with biographical and behavioural categories, population metrics measure actual conduct, a dynamic classification whereby the population to which one belongs can be defined based on their changing and varying transactions with government agencies: offender, patient, welfare recipient, pensioner, migrant, and so on rather than Asian, married, and elderly. Correlations with biographical data are of course still relevant but the emphasis is on conduct in relation to government. Because transactional data is recorded through established means of data collection (e.g., tax, national insurance or school records), the procedure is deemed less intrusive or burdensome for subjects (unlike surveys or censuses) (Jones and Elias 2006). In other words, collection requires less engagement and involvement of subjects. Populations can be constructed on the basis of classifications of what people do in relation to government (transactions) and less on the basis of classifications of what they say they do and who they say they are. Classifications of conduct thus become more important than subjective identifications.

From separate to joined-up databases: Censuses construct individual level datasets that are separate and distinct from other population datasets compiled by government agencies. The population is then the compilation of biographical classifications recorded by the census. However, the logic of metrics is that the revealing classification of subjects is conduct in relation to government. By joining up data on this metric across governing sites and by identifying patterns and correlations in the conduct of subjects across several domains, security threats, risks, fraud, inefficiencies and service gaps and problems can be detected and addressed. It is through joining-up of different bits of data about subjects that correlations between the subject's biography and their transactions and that of others can be identified and evaluated. In this regard, joined up data is considered to be a more comprehensive evidence base for policy-making (Jones and Elias 2006).

In sum, population metrics are based on a conception of populations as *modulating correlations of biographies and conduct*. The recording of conduct has of course always been the basis of government administrative systems. The difference population metrics make is in the standardization of biographical and the joining up of transactional categories across government sites and functions such that what varies or counts is conduct (movement, activities). Whilst all practices of identifying and knowing populations construct data doubles of subjects (e.g., census, NHS or NIN doubles), the logic of metrics involves assembling categories in novel and myriad ways to produce „new" data doubles and populations. This is another innovation and meaning of population metrics–the practice of combining measurements compiled by different identification practices to identify „new" populations.

3   New populations

What happens when the referent object of biopolitics – the population – undergoes a change and is created on a different basis? This is a question Dillon and Lubo-Guerrero (2008) pose in relation to the life sciences and the impact of the molecularization of biology on the understanding of population. The same question can be posed in relation to population metrics: what happens when populations are constituted by population metrics and understood as modulations of correlated biographies and conduct? One hypothesis is that populations become entities that cannot simply be enumerated but must be discovered. This can be explored through examples of how metrics are being and can be used to discover „new" populations.

Current practices of joined-up administrative data illustrate how population metrics enable the discovery of new populations. From identifying children „at-risk" to inequities in the allocation of services and resources to particular populations there are many data sharing arrangements that have been implemented or are being developed in the UK. For example, the UK's Social Exclusion Action Plan (Cabinet Office 2006) recommends data sharing between agencies as key to identifying „people experiencing, or at risk of, severe social exclusion". The plan proposes extending existing practices such as the joining up of multi agency data related to children's services and youth justice to identify children and youth at risk.[4] The creation of the Government Data Network has already led to the integration of personal datasets in areas such as welfare and taxation records. Bellamy et al. (2005) describe how data sharing and crime audits undertaken by multi-agency crime and disorder partnerships (CDRPs) are being used to identify risky populations such as adult offenders while record matching between social security, national insurance, tax credit and personal taxation databases are being used to identify „benefit thieves". Data sharing arrangements also include commercial transactional data: „The Department of Works and Pensions pro-

---

4 Another example is the Cabinet Office's (2005) recognition of data sharing as key to the evaluation of the progress towards performance-related service delivery targets or the compliance with equal opportunity targets.

vide a data-matching service for local authorities: it routinely matches housing benefit records with data in social security, national insurance and tax systems. Customer data from gas, electricity and telephone companies are used, too, to identify properties that may be the subject of fraudulent claims" (Bellamy, 6, and Raab 2005, 401).

These examples of data sharing involve matching data doubles (or individual level data records) across different government agencies to produce new data doubles. Patterns, inconsistencies, or contradictions in transactional categories of the new data doubles can then be identified (e.g., matching data in housing benefits and student award claims). That is, relevant or expected correlations between certain transactional categories are defined a priori and used to identify subjects who are „benefit thieves". The main objective of data matching is thus the detection of the individual fraudster. However, out of this analysis a population profile can be constructed based on additional correlations discovered amongst the individual data doubles (e.g., age, number of dependents and multiple claims). The profile only comes into being through the matching of transactional categories in joined up databases (e.g., multiple benefits claims such as housing, welfare and student awards). The profile of a population called „benefit thieves" can then be used to identify new members based on their fit with the profile.

In this example of „benefit thieves" data matching is largely conducted „offline" due to the lack of integration between existing computer systems (Bellamy, 6, and Raab 2005). However, it effectively illustrates the logic underpinning joined up transactional databases: identifying correlations in transactional categories and constructing population profiles. Population metrics open up new possibilities for constructing population profiles. Instead of the individual case-based matching of data doubles organized in relation to specific policy objectives (e.g., benefits fraud), standardized biographical and joined up transactional categories can be analysed to „discover" correlations hitherto unknown or anticipated. Using new software analytics such as data mining – „a procedure by which large databases are mined by means of algorithms for patterns of correlations between data, without establishing causes or reasons" (Hildebrandt 2008, 18) – different joined up datasets can be analysed to reveal patterns. Knowledge is not developed in relation to a theory but instead emerges from the process of data mining. For this reason specialists refer to data mining as Knowledge Discovery in Databases (Gandy 2007).

The patterns and correlations between categories discovered by data mining can be used to make up population profiles (Hildebrandt 2008).[5] Members of a population so identified do not necessarily share all of the correlated categories of a profile and thus Hildebrandt argues that a profile is „non-distributive". This means that profiles are probabilistic and cannot be applied to all members of a population without qualification:

> „they basically describe the chance that a certain correlation will occur in the future, on the basis of its occurrence in the past. [...] the correlation does not imply a causal or motivational relationship between the correlated data, they merely indicate the fact that the occurrence of one will probably coincide with the occurrence of the other" (Hildebrandt 2008, 21-22).

Therefore, profiles are predictions based on past behaviour and data mining is an inductive knowledge: „the correlations stand for a probability that things will turn out the same in the future" (Hildebrandt 2008, 18). One of the most prominent and criticized applications of

---

5 The relation between populations and social groups is a large topic that I do not address in this paper.

profiling and data mining are the so-called intelligence-led approaches to combat terrorism. Law enforcement and intelligence agencies „connect the dots" in government and commercial databases using techniques such as profiling, data mining, social network analysis, risk analysis and other predictive technologies (Amoore 2006). For example, the U.S. Department of Homeland Security's US VISIT programme identifies suspect populations or „risky groups" through technologies that categorize people into degrees of riskiness. It does this by integrating existing databases, from police authorities, to health, financial and travel records. Using data mining techniques profiles of „risky" travellers are created and used for targeted searching. Of course, the discovery of correlations and their use to predict behaviour is not new. However, analyses have typically been confined to separate and discrete databases, based on hypothesized causal relationships between variables (Savage 2009), and have involved analyzing primary survey data and large data sets based on fairly routine statistical procedures (Uprichard, Burrows, and Byrne 2008). For example, analyses of census data are often based on the „general linear model [....] the idea that it is possible to separate out dependent variables from independent variables, and then use regression methods to compute the relative causal importance of discrete independent variables" (Savage 2009, 160). In contrast, methodologies based on data mining, business intelligence, web analytics, online analytical processing and text mining are akin to what some sociologists refer to as descriptive procedures: „the idea is to find categories and patterns in social processes so that one knows, in the first instance, what regularities one is trying to explain" (Abbott 2001, 293). The objective is not to explain patterns „but cluster them into the groups which are clearly distinct from one another so that their complex relations, differentiations, and associations can be unraveled" (Savage 2009, 161). Savage argues that the „sociological descriptive is an emergent analytic approach that is cutting across diverse sociological approaches and re-orienting sociology away from its historical relation to the humanities and towards the natural sciences."

These developments can also be seen in one of the main analytic tools of quantitative sociology. Uprichard, Burrows, and Byrne 2008 argue that the increased digitization of data has transformed the most widely known and used statistical software package used by sociologists – the Statistical Package for the Social Sciences (SPSS). In the late 1990s through various acquisitions SPSS changed from a tool for empirical social research to a corporate brand primarily concerned with „predictive analytics". This is the new logic or „new face" of quantitative sociological research and Uprichard, Burrows, and Byrne 2008 argue that the inscription devices of SPSS are key catalysts shaping how quantitative sociological knowledge about populations is being constructed. Whilst quantitative sociology is still dominated by traditional methodologies, the new reality of large volumes of digitized transactional data in both the commercial and government sector is thus presenting a significant challenge to those methods and the future of empirical sociology (Savage and Burrows 2007).[6]

However, inscription devices such as predictive analytics are not simply driven by the availability of large volumes of digital data and the computational power of technologies but related to a complex set of social relations and styles of thought (Osborne and Rose 2008). They respond to a particular problem-space or problematizations of population.

---

6 The ESRC has identified the sharing and linking of administrative records as key to evidence-based social science research (Economic and Social Research Council 2008) and as part of its national strategy for data resources.

Arguably all of the studies, inquiries, tests, proposals and practices related to the development of population metrics reflect a transformation in what Osborne and Rose call a „collectivity of thought" about population. Collectivities of thought „give a kind of purposiveness or focus to any inscriptional set-up, together with some agreement as to the problem space towards which these are to be directed" (ibid., 553-554). What then is the problem to which metrics are the solution?

Several authors have argued that the problem-space and collectivity of thought mobilizing identification practices are neoliberal rationalities of governing. The increasing preoccupation in contemporary social policy with risk management and the prevention of harm is said to be driving data sharing in social welfare and the identification of „benefit thieves" (Bellamy, 6, and Raab 2005). In criminology it is the „new penology" (Feeley and Simon 1992), „actuarial justice" or „risk-based penology" (O'Malley 1998). These rationalities are concerned with reducing risk through a range of risk assessment techniques, where „targeting populations of offenders and potential offenders according to the threat they pose therefore comes to take precedence over traditional values of due process and individual rehabilitation" (Bellamy, 6, and Raab 2005, 396). In social welfare it means a shift from relieving individual need and fulfilling entitlements to reducing moral hazard and risk (Dean 1999).[7] In sum, „risk-based approaches, using actuarial-type assessments of individuals, families and neighbourhoods, are now used in child protection, mental health, public protection against high-risk offenders and many other fields" (6, Raab, and Bellamy 2005, 117). Across government more generally the rationality is identified in an orientation to objectives of efficiency and economy and customer-oriented service delivery systems, whereby customers have changing and multiple needs that need to be tracked, joined up and assessed (Cabinet Office 2005). Similar rationalities underpin securitization practices such as the profiling and screening of airline travellers to predict and identify „risky bodies" and divide legitimate (business, leisure, etc.) from „illegitimate" mobilities (terrorist, immigrant) (Amoore 2006; Lyon 2003).

All of these are certainly important and there are probably more examples of neoliberal rationalities that could be identified. However, rationalities are responses to particular problematizations. The question still remains – what is the problem of population to which metrics are a solution? This problem-space is provisionally identified in the concluding section.

4 The politics of population metrics

The answer can be found in how population metrics model population. The comparison with censuses concluded that while censuses model populations as relatively fixed assemblages of biographies that change slowly and can be captured in subjective identifications, metrics model populations as modulations of correlated biographies and conduct. This is the problem-space towards which metrics are directed: a nature of population understood as a complex assemblage of transactions, movements and conduct that modulates, changes and transmutes and must be tracked and measured on an ongoing basis. It is a conception of population that gives focus to the various identification practices – from biometric ID cards

---

7 The foregoing examples are summarized from (Bellamy, 6, and Raab 2005).

and passports and population registers to joined-up transactional databases – and the practice of identifying new populations on the basis of correlated transactional metrics.

The foregoing suggests that population metrics bear some resemblance to what was previously noted as „descriptive" methods, which are becoming dominant in practical fields such as security, marketing, finance, medicine and government. These methods are not anchored in establishing causal relationships but in producing „useful" information such as indicators and recordings of behaviour. The interest is in „surfaces rather than depths" and of performance indicators, measurements and profiles. However, as Savage (2009) also notes, knowledge is only organized on the basis of predefined categories. Certainly this applies to surveys and censuses as well as population metrics, which are not merely information or data, but pre-formatted categories into which biographies, bodies and transactions are sorted and organized. Biometric categories are not merely descriptions of the body, or just another type of personal information. Rather, identification is mediated by technologies that „read" the body in a particular way (Van der Ploeg 2003). All types population metrics – biographical, biometric and transactional – can be understood this way, as mediated inscription devices where, for example, biographical categories are constructed through negotiations involving numerous actors and actants (Bowker and Star 1999; Ruppert 2008). Clearly, drawing a division between the descriptive and explanatory is problematic and population metrics are more aptly *prescriptions*–mediated and authoritative assignments of identification that seek not only to know but also make up populations.

Be that as it may, government policies promoting joined up transactional metrics assume that these are objective measurements of subjects and a more comprehensive *evidence base* for policy-making (e.g., Cabinet Office 2006, Department of Health 2008). This is in part the result of the claim that transactional metrics are measurements of what people „actually" do. What then can be said of the governing interventions that follow from this „evidence", their effectiveness and consequences for how people are governed? While joined up transactional metrics are touted as a road to more responsive and better „customer services" how does this evidence change governing interventions?

I suggest that to address these questions requires analysis of the specific workings of the sociotechnical arrangements that make up different identification practices and the evidence base of policy-making. That is, from ID cards to government administrative systems what are the arrangements of humans and technologies whose mediations, interactions and encounters construct metrics and how are these different from practices such as censuses? How is the subject's agency, action and identification meditated by specific arrangements? While the differences that different identification practices make is usually understood in relation to technical and operational issues these questions suggest examining how subjects are differently produced and their agency and identification configured by practices that seek to make them legible.

Of course this is a complex undertaking given the multiple sites, actors and technologies involved in the making of metrics. As noted in the introduction, identification is accomplished through dispersed monitoring, recording and digital techniques and more akin to decentralized Deleuzian assemblages rather than a centrally orchestrated model of power. But at the same time metrics involve the recentralization of identification through the standardization of biometric and biographical and the joining up of transactional metrics. However, the extent to which the making of populations is decentralized or recentralized can only be answered by again examining the specific sociotechnical arrangements at work and how identification of subjects and populations is accomplished.

In sum, population metrics can be understood as enacting a particular version of populations that is becoming authoritative, will be deployed in various government programs, and used to support particular political projects. Thus, beyond calling for yet more laws and regulations to „protect" individual data, the knowledge and totalizing effects of identification practices and the consequences for how we are known and governed need to be critically interrogated. We need to research and investigate how this referent object of biopolitics is being reconstituted and the epistemological and ontological consequences of making up populations with metrics.

5 Acknowledgment

I should like to thank the editors for their suggestions and comments. I also acknowledge the financial support of the UK Economic and Social Research Council (ESRC) funding of award RES-000-22-3493, 'The Last Census: Governing Britain with Metrics.'

References

6, Perri, Raab, Charles, and Bellamy, Christine, 2005: Joined-up Government and Privacy in the United Kingdom: Managing Tensions between Data Protection and Social Policy. Part I, in: *Public Administration* 83(1), pp. 111-133.
Abbott, Andrew, 2001: Time Matters: On Theory and Method, University of Chicago Press: Chicago.
Agar, Jon, 2005: Identity Cards in Britain: Past Experience and Policy Implications, in: *History and Policy* Paper 33. Available from http://www.historyandpolicy.org/papers/policy-paper-33.html.
Amoore, Louise, 2006: Biometric Borders: Governing Mobilities in the War on Terror, in: *Political Geography* 25, pp. 336-351.
Ball, Kirstie, 2005: Organisation, Surveillance and the Body: Towards a Politics of Resistance, in: *Organisation* 12(1), pp. 89-108.
Bellamy, Christine, 6, Perri, and Raab, Charles, 2005: Joined-up Government and Privacy in the United Kingdom: Managing Tensions between Data Protection and Social Policy. Part II, in: *Public Administration* 83(2), pp. 393-415.
Bennett, Colin J., and Lyon, David (eds.), 2008: Playing the Identity Card: Surveillance, Security and Identification in Global Perspective, Routledge: London and New York.
Bigo, Didier, Carrera, Sergio, Guild, Elspeth, and Walker, R.B.J., 2007: The Changing Landscape of European Liberty and Security: Mid-Term Report on the Results of the Challenge Project, An Integrated Project Financed by the Sixth EU Framework Programme. Available from www.libertysecurity.org.
Bowker, Geoffrey C., and Star, Susan Leigh, 1999: Sorting Things Out: Classification and Its Consequences, The MIT Press: Cambridge, Massachusetts.
Cabinet Office, 2005: Transformational Government: Enabled by Technology, The Stationary Office Ltd.: London.
Cabinet Office, 2006: Reaching Out: An Action Plan for Social Exclusion, The Stationary Office Ltd.: London.
Cabinet Office, 2008: Data Handling Procedures in Government. London: The Stationary Office Ltd.: London.

Caplan, Jane, and Torpey, John, 2001: Introduction, in: Jane Caplan and John Torpey (eds.), Documenting Individual Identity: The Development of State Practices in the Modern World, Princeton University Press: Princeton, NJ.
Curtis, Bruce, 2002: Foucault on Governmentality and Population: The Impossible Discovery, in: *Canadian Journal of Sociology* 27(4), pp. 505-533.
Dean, Mitchell, 1999: Governmentality: Power and Rule in Modern Society, Sage: London.
Department of Health, 2008: Developing the NHS Performance Regime, COI: London.
Desrosières, Alain, 1998: The Politics of Large Numbers: A History of Statistical Reasoning, trans. Camille Naish, Harvard University Press: Cambridge, Massachusetts/London, England.
Dillon, Michael, and Lubo-Guerrero, Luis, 2008: Biopolitics of Security in the 21st Century: An Introduction, in: *Review of International Studies* 34, pp. 265-292.
Economic and Social Research Council, 2008: ESRC Response to MOJ Data Sharing Consultation.
Feeley, Malcolm, and Simon, Jonathon, 1992: The New Penology: Notes on the Emerging Strategy of Corrections and Its Implications, in: *Criminology* 30, pp. 449-474.
FIDIS Consortium, 2007: Review and Classification for a FIDIS Identity Management Model, Future of Identity in the Information Society (FIDIS), An EU Framework Six Project. Available from http://www.fidis.net/.
Foucault, Michel, 1997: The Birth of Biopolitics, in: Paul Rabinow (eds.), Ethics: Subjectivity and Truth, Penguin: London.
Gandy, Oscar H., 2007: Data Mining and Surveillance in the Post-9/11 Environment, pp. 147-157, in: Sean Hier and Josh Greenberg (eds.), The Surveillance Studies Reader, Open University Press: Maidenhead, England.
Graham, Stephen, and Wood, David, 2003: Digitizing Surveillance – Categorization, Space, Inequality, in: *Critical Social Policy* 23(2), pp. 227-248.
Gutwirth, Serge, 2007: Biometrics between Opacity and Transparency, in: *Ann Ist Super Sanita* 43(1), pp. 61-65.
Haggerty, Kevin D., and Ericson, Richard V., 2000: The Surveillant Assemblage, in: *British Journal of Sociology* 51(4), pp. 605-622.
Hier, Sean P., 2003: Probing the Surveillant Assemblage: On the Dialectics of Surveillance Practices as Processes of Social Control, in: *Surveillance and Society* 1(3), pp. 399-411.
Hier, Sean P., and Greenberg, Josh (eds.), 2007: The Surveillance Studies Reader. Open University Press: Maidenhead, England.
Higgs, Edward, 2004: The Information State in England: The Central Collection of Information on Citizens since 1500, Palgrave MacMillan: Hampshire, England.
Hildebrandt, Mireille, 2008: Defining Profiling: A New Type of Knowledge?, pp. 17-45, in: Mireille Hildebrandt and Serge Gutwirth (eds.), Profiling the European Citizen: Cross-Disciplinary Perspectives, Springer Science: Dordrecht.
Home Affairs Committee, 2008: A Surveillance Society? Fifth Report of Session 2007-08, The Stationary Office Ltd.: London.
Home Office, 2008: National Identity Scheme Delivery Plan 2008. The Stationary Office Ltd.: London.
Home Office, 2009: *Safeguarding Identity*. Identity and Passport Service: London.
Jones, Paul, and Elias, Peter, 2006: Administrative Data as a Research Resource: A Selected Audit, Economic and Social Research Council: London.
Judson, D. H., 2007: Information Integration for Constructing Social Statistics: History, Theory and Ideas Towards a Research Programme, in: *Journal of the Royal Statistical Society* 170(2), pp. 483-501.
Latour, Bruno, 1986: Visualization and Cognition: Thinking with Eyes and Hands, in: *Knowledge and Society: Studies in the Sociology of Cultur, Past and Present* 6(1), pp. 1-40.
Lodge, Juliet, 2007: Are You Who You Say You Are? The EU and Biometric Borders, Wolf Legal Publishers: Oisterwijk.

Lyon, David, 2003: Surveillance as Social Sorting: Privacy, Risk and Digital Documentation, Routledge: London and New York.

Martin, David, 2006: Last of the Censuses? The Future of Small Area Population Data, in: *Transactions of the Institute of British Geographers* 31(1), pp. 6-18.

Marx, Gary T., 2007: Hey Buddy Can You Spare a DNA? New Surveillance Technologies and the Growth of Mandatory Volunteerism in Collecting Personal Information, in: *Ann Ist Super Sanita* 43(1), pp. 12-19.

Mathiesen, Thomas, 1997: The Viewer Society: Michel Foucault's 'Panopticon' Revisited, in: *Theoretical Criminology* 1(2), pp. 215-234.

Mordini, Emilio, and Petrini, Carlo, 2007: Ethical and Social Implications of Biometric Identification Technology, in: *Ann Ist Super Sanita* 43(1), pp. 5-11.

O'Malley, Pat, 1998: Introduction, in: Pat O'Malley (eds.), Crime and the Risk Society, Ashgate: Aldershot, England.

Office for National Statistics, 2003: Proposals for an Integrated Population Statistics System. Available from http://www.statistics.gov.uk/downloads/theme_population/ipss.pdf.

Office for National Statistics, 2004: The 2011 Census: A Design for England and Wales. Available from http://www. statistics.gov.uk.

Office for National Statistics, 2005a: Address Register Development. Available from http://www.statistics.gov.uk/downloads/theme_population/ipss.pdf.

Office for National Statistics, 2005b: Citizen Information Project: Better Sharing of Citizen Contact Information across the Public Sector, HMSO: London.

Osborne, Thomas, and Rose, Nikolas, 2008: Populating Sociology: Carr-Saunders and the Problem of Population, in: *Sociological Review* 56(4), pp. 552-578.

Ruppert, Evelyn, 2008: „I Is; Therefore I Am": The Census as Narrative and Practice of Double Identification, in: *Sociological Research Online* 13(4). Available from http://www.socresonline.org.uk/13/4/6.html.

Savage, Mike, 2009: Contemporary Sociology and the Challenge of Descriptive Assemblage, in: *European Journal of Social Theory*, 12(1), pp. 155-174.

Savage, Mike, and Burrows, Roger, 2007: The Coming Crisis of Empirical Sociology, in: *Sociology* 41(5), pp. 885-899.

Scott, James C., 1998: Seeing Like a State: How Certain Schemes to Improve the Human Condition Have Failed, Yale University Press: New Haven and London.

Treasury Committee, 2002: The 2001 Census of England and Wales: First Report of Session 2001-02, The Stationary Office Ltd.: London. Available from http://www.ips.gov.uk/identity/downloads/national-identity-scheme-delivery-2008.pdf.

Treasury Committee, 2008: Counting the Population: Eleventh Report of Session 2007-08, The Stationary Office Ltd.: London. Available from http://www.ips.gov.uk/identity/downloads/ national-identity-scheme-delivery-2008.pdf.

United Nations Economic Commission for Europe, 2007: Register-Based Statistics in the Nordic Countries: Review of Best Practices with a Focus on Population and Social Statistics, United Nations, New York and Geneva.

Uprichard, Emma, Burrows, Roger, and Byrne, David, 2008: SPSS as an 'Inscription Device': From Causality to Description?, in: *Sociological Review* 56(4), pp. 606-622.

Van der Ploeg, Irma, 2003: Biometrics and the Body as Information, pp. 57-73, in: David Lyon (eds.), Surveillance as Social Sorting: Privacy, Risk and Digital Documentation, Routledge: London and New York.

Johannes Angermüller

Wissenschaft zählen. Regieren im digitalen Panopticon

„Wo nur Bäume, Moos, Steine und Graskuppen gewesen waren, spannte sich jetzt ein Netz aus Zahlen, Winkeln und Geraden. Nichts, was einmal jemand vermessen hatte, war noch oder konnte je sein wie zuvor."
Daniel Kehlmann, *Die Vermessung der Welt,* Reinbek: Rowohlt, 2005, S. 268.

1 Einleitung

Um Wissen zu produzieren, greifen Wissenschaftlerinnen und Wissenschaftler in der Regel auf die Bücher, Artikel oder Dokumente anderer zurück.[1] Ihr Wissen wird wissenschaftlich abgesichert, indem es dem kritischen Blick einer Gemeinschaft spezialisierter Produzenten ausgesetzt wird. Im Medium Schrift können wissenschaftliche Produkte Resonanz in einem wissenschaftlichen Kommunikationsraum erzielen. Mit dem Übergang von bedrucktem Papier zu den Bits und Bytes digitaler Kommunikation gewinnen weit mehr Produzenten Zugang zu weit umfangreicheren Sammlungen von Produkten. Was heißt es jedoch für den Wissensproduktionsprozess, wenn wir nicht mehr in die Bibliotheken gehen, um bedrucktes Papier zu durchpflügen, sondern die digitalen Produkte des globalen Wissenschaftsarchivs mit einem Klick auf unsere Bildschirme holen können?

Mit dem Übergang zu digitaler Wissensproduktion etabliert sich im Bereich der Wissenschaft ein Regime der Sichtbarkeit, das neue Möglichkeiten der Überwachung und Kontrolle wissenschaftlicher Produzenten und ihrer Produkte eröffnet. Ausgehend von Michel Foucaults Arbeiten zur Geschichte der Gouvernementalität (2004) verstehe ich digitale Wissenschaftskommunikation als eine Technologie, die nicht nur die Textverwaltung und -suche erleichtert, sondern auch tief in die soziale Organisation der Wissenschaft eingreift. Digitale Informationstechnologien fungieren als Regierungstechnologien, welche die Bedingungen wissenschaftlicher Kommunikation verändern, indem sie zahlenförmiges Steuerungswissen hervorbringen. Sie haben zur Entstehung eines globalen digitalen Archivs beigetragen, das Texte zählt, misst und hierarchisiert und auf diese Weise Indizes und Rankings produziert. So kann mit den von den digitalen Medien generierten Zahlen das Regieren großer Populationen auf den Bereich der Wissenschaft übergreifen. Während die wissenschaftliche Wissensproduktion aus der Distanz regier- und steuerbar wird, zeichnen sich die Umrisse eines digitalen Panopticons ab, in dem mit Hilfe digital erzeugter Zahlen alle alle beobachten können und vor allem alle sich selbst.

Der erste Abschnitt des vorliegenden Beitrags behandelt das Regieren mit Zahlen, das seit Beginn der Neuzeit das gesellschaftliche Leben zunehmend bestimmt. Es geht um die Entstehung eines numerokratischen Macht-Wissen-Komplexes, dessen Vorgeschichte Fou-

---

1 Ich danke Jens Maeße und den Herausgebern für ihre kritischen Anregungen.

cault mit seiner These zu den Sicherheitsdispositiven des 18. Jahrhunderts erzählt. Demnach etablieren sich numerokratische Regierungstechnologien im Zuge der Bildungsexpansion nach dem Zweiten Weltkrieg auch im Bereich wissenschaftlicher Wissensproduktion – seit den 1960er Jahren in der Gestalt szientometrischer Indikatoren, die Forschungsleistung quantifizieren, dann seit den 1990er Jahren in Gestalt von Zahlen, die als unkontrollierte Nebenprodukte digitaler Wissenskommunikation anfallen. Im zweiten Teil gehe ich am Beispiel verschiedener Wissenschaftsportale auf die Digitalisierung der Kommunikation in den Sozial- und Geisteswissenschaften ein, so auf das 1994 gegründete *Social Sciences Research Network* (http://www.ssrn.com), die 2004 angelaufene wissenschaftliche Suchmaschine *Google Scholar* (http://scholar.google.com) und das seit 2008 arbeitende Wissenschaftsnetzwerk *Academia.edu* (http://www.academia.edu). Im dritten Teil beleuchte ich die sozialen Konsequenzen des Abzählens wissenschaftlicher Produkte im digitalen Medium. Wenn Nicht-Spezialisten mit Hilfe von Zahlen wissenschaftliches Wissen regierungstechnologisch erschließen und nutzen können, kündigen sich, so die These, Tendenzen einer Entdifferenzierung wissenschaftlichen Wissens an. Abschließend ist nach den Möglichkeiten zu fragen, sich dem numerokratischen Sichtbarkeitsregime zu entziehen. Mehr Zahlen müssen nicht, so ist zu vermuten, mehr Kontrolle bedeuten.

2 Markt, Staat, Wissenschaft und das Regime numerokratischen Regierens

Wenn sie die Wissenschaft als Institution beschreiben, bedienen sich die Sozialwissenschaften häufig der Semantik der funktional-differenzierten Gesellschaft. Wissenschaft wird demnach als ein Funktionsbereich in der Gesellschaft mit relativer Autonomie gegenüber anderen Funktionsbereichen wie Wirtschaft und Politik aufgefasst (Durkheim 1893; Parsons/Platt 1973; Luhmann 1998; Merton 1962; Stichweh 1982). Wie dem Markt, auf dem die wirtschaftlichen Güter verteilt werden, und dem Staat, in dem politische Entscheidungen gefällt werden, kommt der Wissenschaft eine für das gesellschaftliche Ganze zentrale Funktion zu: die Produktion gesicherten Wissens (Weingart 2003). Die Gesellschaft, so die Unterstellung, kann ihre Probleme am effizientesten durch Differenzierung, Arbeitsteilung, Spezialisierung lösen. Daher kennt sie auch nur eine Entwicklungsrichtung, und zwar die der funktionalen Differenzierung.

Diese Erzählung ist wie alle Entwicklungsmodelle nicht frei von Geschichtsphilosophie. Demgegenüber unternimmt es Foucault in seinen Arbeiten zur Gouvernementalisierung des Sozialen (Foucault 2004; Bröckling/Krasmann/Lemke 2000; Lemke 1997), gesellschaftliche Ordnung als das historische Produkt von Regierungspraktiken zu begreifen. Markt, Staat und Wissenschaft sind eingelassen in einen Macht-Wissen-Komplex von Praktiken, mit denen das Soziale vermessen, aufgeteilt und beherrscht wird. Vor diesem Hintergrund erweist sich die „Gesellschaft" als das regierungstechnologisch erschlossene Terrain des Sozialen. Während die klassische Soziologie unterstellt, *dass* es Gesellschaft gibt, in traditioneller oder in moderner Gestalt, mehr oder minder integriert und mit mehr oder minder klaren Innen-Außen-Grenzen, analysiert Foucault Gesellschaft selbst als ein historisches Produktionsverhältnis. Nicht um die Modernisierung der Gesellschaft geht es, sondern um das Regieren des Sozialen als ein homogenisiertes und durchmachtetes Terrain sozialer Beziehungen.

Foucaults gouvernementalitätstheoretische Arbeiten behandeln den Übergang von der Disziplinargesellschaft zum frühliberalen Sicherheitsdispositiv des 18. Jahrhunderts. Dessen biopolitische Regierungstechnologien zielen – anders als die Mechanismen der Disziplinarmacht – nicht darauf, die Untertanen (*sujets*) des Volks einem vorgegebenen Bild entsprechend zu erziehen und zu formen. Sie setzen auf der Ebene der Bevölkerung an, die gefördert und gebremst, reguliert und gesteuert, nicht aber befohlen, dirigiert und diszipliniert wird. An die Stelle des Volks, das dem Souverän über den Gesellschaftsvertrag unterworfen ist, tritt die Bevölkerung, in deren Lebenswirklichkeit lediglich mit dem Ziel eingegriffen wird, die Bedingungen für ihre „naturgemäße" Entwicklung zu optimieren. Dies ist die Geburt der Biopolitik: die Steuerung großer Populationen aus der Distanz, die geregelte, aber freie Entfaltung der Potenziale der Bevölkerung.

So konstituieren die wissenschaftlich abgesicherten und institutionell verankerten Praktiken des 18. Jahrhunderts einen neuen Gegenstand – die Bevölkerung, die auf vielfältige Weise registriert, gemessen und gezählt wird. Quantifizierende Methoden wie Demographie, Versicherungsmathematik und Medizinalstatistik nehmen nun ihren Aufschwung und generieren numerisches Wissen. Die ebenfalls im 18. Jahrhundert entstehenden Sozialwissenschaften sind keineswegs bloß ein Nebenprodukt der geistigen, politischen und technischen Revolutionen der Zeit. Mit ihren zahlenförmigen Repräsentationen des Sozialen produzieren sie Steuerungs- und Entscheidungswissen, auf das das biopolitische Regierungsdispositiv angewiesen ist. Ihre Statistiken und Diagramme, ihre Tabellen und Berechnungen liefern die Grundlage für das Regieren mit Zahlen (Desrosières 1993; Porter 1994; Miller 2001; Vormbusch 2007): „Die Statistik ist das Wissen des Staates über den Staat, verstanden als das Selbstwissen des Staates, aber auch als Wissen über die anderen Staaten." (Foucault 2004, 323[455]). Insofern sie numerisches Wissen über die Gesellschaft produzieren, befördern die Sozialwissenschaften die Ausweitung kapitalistischer Märkte (Callon 2007; Kalthoff 2007; MacKenzie 2009) und bürokratischer Nationalstaaten (Desrosières 1994; Patriarca 1996). Sie sind eingelassen in numerokratische Macht/Wissen-Komplexe (Angermüller 2010).

Vor dem Hintergrund des numerokratischen Macht-Wissen-Regimes, dessen Vorgeschichte Foucault herauspräpariert, erscheint die Gesellschaft als das Produkt regierungstechnologischer Praktiken, die das Soziale erschließen und vermessen, seine Ecken und Kanten glätten, seine Brüche und Nischen einebnen und mit Hilfe der *lingua franca* der Arithmetik ein Terrain vergleich- und kalkulierbarer Beziehungen herstellen. So lassen sich die sozialen Transformationen in Europa seit dem 18. Jahrhundert im Sinne der Ausweitung eines numerokratischen Macht-Wissen-Komplexes fortschreiben, der die Grundlage für die Entstehung kapitalistischer Märkte und bürokratischer Nationalstaaten bietet (vgl. eine ähnliche Periodisierung bei Jameson 1991). Auf das frühliberale Regime, wie es von Foucault beschrieben wird, folgt in der ersten Hälfte des 19. Jahrhunderts die Phase der klassischen oder liberalen Numerokratie, in der sich freie, auf numerischen Kalkulationstechnologien beruhende Märkte für die industrialisierte Warenproduktion durchsetzen. Im letzten Drittel des 19. Jahrhunderts künden Monopolisierungs- und Bürokratisierungstendenzen von der Phase der Hochnumerokratie, die von der Etatisierung der ökonomischen Produktion und der politischen Machtausübung charakterisiert wird. Die 1970er Jahre markieren den Beginn der Neonumerokratie, die auf den ersten Blick wie eine Rückkehr zur klassischen Numerokratie des frühen 19. Jahrhunderts anmutet. Der Nationalstaat entledigt sich nun einer Vielzahl von Aktivitäten, die er privatwirtschaftlichen Agenten überträgt. Es beginnt die umfassende Ausweitung des Marktprinzips auf nicht-ökonomische Bereiche, insbesondere auch auf die klassischen Hoheitsfelder des Nationalstaats wie die nationale und soziale Sicherheit, aber auch auf die vormals private bürgerliche Sphäre von Erziehung und Familie, Konsum und Freizeit, Wissen und Bildung. Von einem Absterben des Staates unter neoliberalen Vorzeichen kann jedoch keine Rede sein. Im Gegenteil, noch nie war der Horizont numerokratischen Regierens globaler, noch nie ist numerokratische Macht weiter in die Kapillaren des sozialen Lebens eingedrungen als jetzt. Neu an der Neonumerokratie ist, dass sie am Subjekt ansetzt, das regierungstechnologisch aktiviert und unter Eigenverantwortung gestellt wird. Der neoliberale Wettbewerbsstaat zielt auf die Schaffung flexibler, sich selbst führender, sich selbst überwachender Subjekte (Bröckling/Krasmann/Lemke 2000; Sennett 1998).

Der Bereich der Kultur-, Wissens- und Textproduktion (Jameson 1991; Baudrillard 1972; Lash/Lury 2007) ist der Bereich, in dem sich die Neonumerokratie am einfallsreichsten erweist, allen voran im Bereich wissenschaftlicher Wissensproduktion (Readings 1996; Slaughter/Leslie 1997; Münch 2007). Produziert die Wissenschaft der klassischen Numerokratie das für den numerokratischen Umbau des Sozialen benötigte Wissen, ohne selbst zum Gegenstand numerokratischen Regierens zu werden (also noch gewissermaßen von einem exterritorialen Ort), so wird der Bereich wissenschaftlicher Wissensproduktion in der Neonumerokratie selbst zu einem zentralen Terrain zahlenbasierter Machtausübung. Mit der Umstellung auf digitale Medien werden in großem Stil Zahlen hervorgebracht, die sich an wissenschaftliche Texte anlagern, sie durchsuchbar machen und zu einem globalen Archiv verschmelzen. Es entstehen Text-Zahlen-Hybride, die auch außerhalb der wissenschaftlichen Produktionskontexte zirkulieren. Mit ihren Messgrößen, Kennziffern, Indikatoren bedienen sie nicht zuletzt den durch universitäre Reformdynamiken erzeugten Bedarf an numerischem Steuerungs- und Entscheidungswissen.

In der Wissenschaft kündigt sich der Beginn des neonumerokratischen Zeitalters mit den zahlenförmigen Indikatoren an, wie sie seit den 1960er Jahren etwa in Gestalt der Zitationsindizes des *Institute for Scientific Information* (ISI) produziert werden. Das ISI ist ein kommerzielles Unternehmen, das in den 1950er Jahren von Eugene Garfield gegründet wird, einem der Pioniere der amerikanischen Zitationsforschung. Nach Garfield lässt sich die Reputation, die wissenschaftliche Produzenten in ihrer Gemeinschaft genießen, durch das Abzählen der zitierten bibliographischen Referenzen in wissenschaftlichen Zeitschriften statistisch abbilden (Garfield 1979). So gibt es seit den 1960er Jahren den *Science Citation Index* (SCI) für die Naturwissenschaften, seit 1973 ein sozialwissenschaftliches Pendant, den *Social Science Citation Index* (SSCI) und seit 1978 den *Arts und Humanities Citation Index* für die Geisteswissenschaften. ISI liefert auch aggregierte Daten wie Impaktfaktoren, die das Gewicht von Zeitschriften im Wissenschaftsdiskurs anzeigen sollen. Ungeachtet der kontroversen Diskussion über die Aussagekraft der von ISI berücksichtigten Indikatoren war Garfield mit seinem Unternehmen zumindest in kommerzieller Hinsicht äußerst erfolgreich. Vor dem Hintergrund der entstehenden Wissenschaftsindustrien und -bürokratien der 1960er und 1970er Jahre konnte ISI im Bereich der Zitationsimpaktanalyse und Wissenschaftsvermessung zeitweise ein Monopol aufbauen. Gerade in Feldern, deren disziplinäres Selbstverständnis sich über einzelne führende Zeitschriften definiert, wie z.B. die nordamerikanische Ökonomie, Psychologie und Soziologie, wird regelmäßig auf die ISI-Indikatoren zurückgegriffen. Nachdem Garfield sein Unternehmen 1992 für einen dreistelligen Millionenbetrag an den multinationalen Medienkonzern Thomson-

Reuters verkaufte, wurde ISI Teil eines multinationalen Konzerns mit mehr als sieben Milliarden Dollar Umsatz pro Jahr, davon über 200 Millionen US-Dollar mit dem Indizieren, Exploring und Mining wissenschaftlicher Texte.

Die Zitationsindizes von ISI markieren nur eine erste Etappe im Prozess der Numerokratisierung von Wissenschaft. Während ISI die neuen informationstechnischen Verfahren des Zählens und Rechnens nutzt, ist sein Geschäftsmodell noch der Gutenberg-Ära verpflichtet. ISI geht es um die Verteidigung seines Monopols szientometrischen Wissens, das darauf beruht, dass papierbasierte Wissenschaftskommunikation nur von menschlichen Leserinnen und Lesern gelesen, aber nicht gezählt werden kann. Als einem kommerziellen Unternehmen ist dem ISI grundsätzlich nicht daran gelegen, seine Zahlen, Statistiken, Tabellen für jene verfügbar zu machen, die nicht dafür bezahlen (ein Online-Jahresabonnement für den SCI und SSCI kostet ca. 7000 US-Dollar). Während ISI mit hohem Kapitalaufwand produziert (das ISI beschäftigt 1992 zum Zeitpunkt seines Verkaufs an die Thomson Corporation mehr als 500 Personen), bleiben seine Erfassungsmethoden weitgehend intransparent (was etwa mit Blick auf die Auswahl der 8000 indizierten Zeitschriften immer wieder zu Unmut führt). Auch wenn Garfield als promovierter Sprachwissenschaftler am Wissenschaftsdiskurs partizipiert, sich wissenschaftlicher Theorien und Methoden bedient und als Nestor der Zitationsforschung Respekt und Anerkennung findet, produziert sein Unternehmen ein Wissen nach den Regeln privatwirtschaftlicher Konkurrenz, die mit wissenschaftlicher Wissensproduktion begrenzt vereinbar sind. Die ISI-Zahlen stellen unter arkanen Umständen entstandenes Steuerungswissen dar, das sich an Berufungskommissionen und Forschungsförderungsorganisationen richtet, aber auf Grund seiner intransparenten Entstehung nicht zum Gegenstand der freien wissenschaftlichen Debatte werden können. Zwischen dem von ISI produzierten numerischen Steuerungswissen und dem Reflexionswissen, wie es sich in wissenschaftlichen Texten niederschlägt, besteht eine Kluft. Diese Kluft wird angesichts der zunehmenden Konkurrenz mit den „wilden" Zahlen des globalen digitalen Archivs noch deutlicher. Mit Zahlen wird inzwischen verglichen, gemessen und evaluiert, und zwar nicht mehr nur in den Gremien, in denen sich nicht-wissenschaftliche Akteure von dem nicht-wissenschaftlichen, kommerziellen Zahlenwissen des ISI Aussagen über die „Exzellenz" wissenschaftlicher Produzenten und ihrer Produkte versprechen, sondern zunehmend auch im wissenschaftlichen Alltag der Produzenten, die sich auf frei zirkulierende, digital erzeugte Zahlen stützen, um die Produkte anderer Produzenten zu finden, einzuordnen und zu interpretieren. Mit der Digitalisierung der Wissenschaftskommunikation beginnen zahlenförmige Indikatoren und Kennziffern in den Forschungsprozess selbst einzufließen, und zwar direkt, von Anfang an und ohne den Umweg über externe, nicht-wissenschaftliche Evaluationsinstanzen. Aus Wissenschaft wird numerokratisches Macht-Wissen.

3 Die Digitalisierung der Wissenschaftskommunikation

Computer haben den Alltag wissenschaftlicher Arbeit grundlegend verändert. Mitte der 1980er Jahre tritt der PC seinen Siegeszug an, mit dem Texte zu Hause auf dem Bildschirm erstellt werden, auf Floppydisks gespeichert und ausgedruckt werden können. Mit der Software von Apple, Microsoft Windows und Office werden die Rechner Anfang der 1990er Jahre massentauglich. Mitte der 1990er Jahre beginnt das Internet die heimischen

PCs zu vernetzen. Bald wird der Schriftverkehr auf Email umgestellt. Mit Suchmaschinen wie Yahoo oder Google, aber auch den digitalisierten Bibliothekskatalogen ist seit Ende der 1990er Jahre der schnelle Online-Zugriff auf die Produkte und Produzenten des Wissenschaftsdiskurses möglich. Und seit Anfang des Jahrtausends erleichtern integrierte Datenbanken die Erstellung von Texten (z.B. Rechtschreibkontrolle, Wörterbücher, Bibliographierprogramme, Einbindung von Katalogen etc.).

Sicher haben Computer die wissenschaftliche Wissensproduktion vereinfacht und beschleunigt. Gleichwohl bleiben die Konsequenzen des digitalen Mediums für das tatsächliche wissenschaftliche Arbeiten unklar. Was soll sich an den Regeln wissenschaftlicher Produktion ändern, so kann gefragt werden, wenn wissenschaftliche Texte nicht mehr im Briefumschlag, sondern als Emailattachment zirkulieren? Welchen inhaltlichen Unterschied macht es schon, wenn wir Bibliothekskataloge nicht mehr durchblättern, sondern durchsuchen? Die Mikroelektronik mag bestimmte Aufgaben vereinfachen, aber immer noch müssen wissenschaftliche Texte von menschlichen Lesern und Leserinnen gelesen und geschrieben werden.

Doch die Produzenten bedienen sich der Computer nicht mehr nur, um Papier schneller und effizienter mit schwarzer Tinte zu bedrucken oder wissenschaftliche Literatur schneller aufzustöbern. Mit dem Wechsel des Kommunikationsmediums verändern sich die Regeln der wissenschaftlichen Kommunikation selbst. An drei Beispielen werde ich im Folgenden den Einfluss des digitalen Mediums auf die Bildung wissenschaftlicher Gemeinschaften aufzeigen. Maschinelle Leser wie Computer sind menschlichen Lesern und Leserinnen überlegen, wenn es um die Produktion von Zahlen geht. Die Stärke von Maschinen liegt darin, sprachliche in zahlenförmige Daten zu übersetzen, was sie blitzschnell, extrem präzise und zuverlässig erledigen. Maschinell generierte Zahlen haben tief greifende Folgen für die wissenschaftliche Gemeinschaftsbildung, indem sie Verteilungen, Durchschnitte, Rankings produzieren, die zuvor nicht existierten, weil man sie nicht objektiv quantifizieren konnte. Es sind diese sozusagen als Nebenprodukte des digitalen Mediums anfallenden Zahlen, die einen qualitativen Unterschied gegenüber papierbasierter Wissenschaftskommunikation markieren.

Als erstes Beispiel nenne ich das *Social Sciences Research Network* (http://www.ssrn.com), das 1994 gegründet wurde und primär von Wirtschaftswissenschaftlerinnen und Wirtschaftswissenschaftlern aus Nordamerika betrieben wird. Bei dem SSRN handelt es sich um ein offenes Archiv digitaler Texte, insbesondere von bei Zeitschriften eingereichten Vorversionen. Das SSRN besteht aktuell aus 17 verschiedenen disziplinär-thematischen Netzwerken, die über 200000 Texte von über 100000 Autoren mit über 500000 Downloads pro Monat aufweisen.[2] Getreu dem Web 2.0-Prinzip des freien Dateiaustauschs kann sich jeder und jede bei SSRN anmelden und für alle abrufbare Texte einstellen. Der Unterschied zu klassischen Bibliotheken liegt darin, dass das Portal die Reaktionen der User registriert und die Reaktionen des Publikums misst. So erfasst SSRN die Anzahl der Klicks für jedes Paper, und zwar aufgeschlüsselt nach den Downloads für Abstracts und Papers. Aus den so erzeugten Zahlen generiert SSRN eine Vielfalt von Rankings. Viele Downloads lassen einen Text in der Hierarchie des Archivs nach oben steigen; beim Ausbleiben von Downloads rutscht er ab. Ein höheres Ranking hat zur Folge, dass er leichter gefunden werden kann, getreu dem Matthäus-Prinzip: „Wer hat, dem wird gegeben". Die ermittelten Down-

---

2 Diese und alle folgenden Zahlen sind auf dem Stand vom Juli 2009.

loadzahlen bilden die Basis für eine Vielzahl aggregierter Tabellen, von denen sich dann nicht nur die erfolgreichsten Produkte und Produzenten ablesen lassen (der Woche, des Monats, des Jahrs...), sondern die auch nach Departments bzw. Universitäten sortiert werden. Auf Basis der Downloadrankings werden Hitparaden generiert, deren Werte wie auf Wall Street-Kurstafeln in *real-time* aktualisiert werden. Auf diese Weise wird die geläufige Hackordnung nordamerikanischer Universitäten angeführt, von den so genannten Ivy League Institutionen numerisch repräsentiert (vgl. Abb. 1).

Abb. 1 Die „Top Business Schools" laut *Social Sciences Research Network*

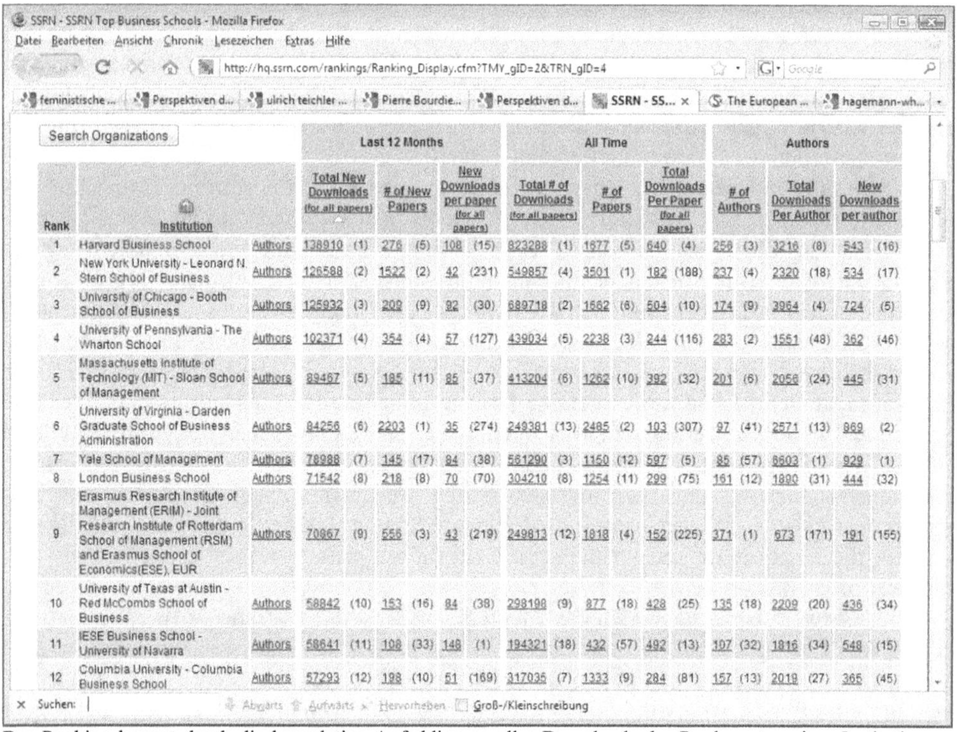

Rank	Institution		Last 12 Months: Total New Downloads (for all papers)	Last 12 Months: # of New Papers	Last 12 Months: New Downloads per paper (for all papers)	All Time: Total # of Downloads (for all papers)	All Time: # of Papers	All Time: Total Downloads Per Paper (for all papers)	Authors: # of Authors	Authors: Total Downloads Per Author	Authors: New Downloads per author
1	Harvard Business School	Authors	138910 (1)	276 (5)	108 (15)	823288 (1)	1677 (5)	640 (4)	256 (3)	3216 (8)	543 (16)
2	New York University - Leonard N. Stern School of Business	Authors	126588 (2)	1522 (2)	42 (231)	549857 (4)	3501 (1)	182 (188)	237 (4)	2320 (18)	534 (17)
3	University of Chicago - Booth School of Business	Authors	125932 (3)	209 (9)	92 (30)	689718 (2)	1662 (6)	504 (10)	174 (9)	3964 (4)	724 (5)
4	University of Pennsylvania - The Wharton School	Authors	102371 (4)	354 (4)	57 (127)	439034 (5)	2238 (3)	244 (116)	283 (2)	1551 (48)	362 (46)
5	Massachusetts Institute of Technology (MIT) - Sloan School of Management	Authors	89467 (5)	185 (11)	85 (37)	413204 (6)	1262 (10)	392 (32)	201 (6)	2056 (24)	445 (31)
6	University of Virginia - Darden Graduate School of Business Administration	Authors	84256 (6)	2203 (1)	35 (274)	249381 (13)	2485 (2)	103 (307)	97 (41)	2571 (13)	869 (2)
7	Yale School of Management	Authors	78988 (7)	145 (17)	84 (38)	561290 (3)	1150 (12)	597 (5)	85 (57)	6603 (1)	929 (1)
8	London Business School	Authors	71542 (8)	218 (8)	70 (70)	304210 (8)	1254 (11)	299 (75)	161 (12)	1890 (31)	444 (32)
9	Erasmus Research Institute of Management (ERIM) - Joint Research Institute of Rotterdam School of Management (RSM) and Erasmus School of Economics(ESE), EUR	Authors	70867 (9)	556 (3)	43 (219)	249813 (12)	1818 (4)	152 (225)	371 (1)	673 (171)	191 (155)
10	University of Texas at Austin - Red McCombs School of Business	Authors	58842 (10)	153 (16)	84 (38)	298198 (9)	877 (18)	428 (25)	135 (18)	2209 (20)	436 (34)
11	IESE Business School - University of Navarra	Authors	58641 (11)	108 (33)	148 (1)	194321 (18)	432 (57)	492 (13)	107 (32)	1816 (34)	548 (15)
12	Columbia University - Columbia Business School	Authors	57293 (12)	198 (10)	51 (169)	317035 (7)	1333 (9)	284 (81)	157 (13)	2019 (27)	365 (45)

Das Ranking kommt durch die kumulative Aufaddierung aller Downloads der Produzenten einer Institution zu Stande. Papers von Mitgliedern der Harvard Business School wurden demnach in den letzten 12 Monaten 138910 Mal, insgesamt 823288 Mal heruntergeladen. Diese Zahlen werden dann auf die durchschnittlichen Zahlen für jedes Produkt bzw. jeden Produzent heruntergebrochen. Demnach schwanken die Downloadzahlen für die „Top 10" Departments zwischen 152 und 640 bzw. für jeden Produzent zwischen 191 und 859.

Eine zweite Strategie, die Resonanz des Publikums numerisch abzubilden, ist die Zählung der Zitationen, die bei SSRN gegenwärtig (September 2009) in der Betaversion läuft. Wie bei CiteSeerX (http://citeseerx.ist.psu.edu/), einem Open Archive von über 1,4 Millionen Texten mit 27 Millionen Zitationen vorwiegend aus dem Bereich der Informations- und Medienwissenschaften, werden die eingestellten Texte mit einem Crawler nach gegenseitigen Verweisen abgescannt. Mit komplexen Algorithmen werden die bibliographischen Referenzen in den Texten erkannt und deren Zahl in anderen Texten bestimmt. Auch hier werden Rankings erstellt, durch die bestimmte häufig zitierte Texte sichtbarer werden als weniger zitierte. Die User können sich auch nur die bibliographischen Referenzen anzeigen lassen. SSRN bietet darüber hinaus die Möglichkeit, die im Text zitierten Referenzen in hierarchischer Abfolge anzeigen zu lassen, und zwar beginnend mit der meistzitierten Referenz oder der am häufigsten heruntergeladenen Referenz.

Über die Messung von Downloadhäufigkeiten und Zitationsimpakt erzeugt SSRN objektivierende Indikatoren, Kennziffern, Maßzahlen. Basieren symbolische Hierarchien im papierbasierten Wissenschaftsdiskurs stets auch auf „subjektiver" Reputation, d.h. auf einem über lange Zeit aufgebauten Wissen, das die Produzenten mit Blick auf die Forschungsstärke anderer Produzenten haben, so wird symbolische Macht im digitalen Archiv numerisch objektiviert, und das auf Knopfdruck. Es zählt, was gezählt werden kann.

Es ist umstritten, ob die Zahlen von SSRN den Objektivitätsanspruch kontrolliert gewonnener Indikatoren geltend machen können. Fakt ist, dass sich eine große und aktive Wissenschaftsgemeinschaft rund um das Portal gebildet hat. Einige Produzenten haben inzwischen sogar angefangen, eigene Beiträge für SSRN zu produzieren. Vor diesem Hintergrund verliert die Frage an Bedeutung, ob es überhaupt so etwas wie Indikatoren für Forschungsqualität gibt oder geben kann. Zu fragen ist vielmehr, wie mit den vielen, von nicht-menschlichen Lesern erzeugten Zahlen Produkte im digitalen Archiv für menschliche Leser sichtbarer werden und andere weniger sichtbar. Generell gilt, dass Zahlen Aufmerksamkeitsmärkte verändern, indem sie die Sichtbarkeit derer noch erhöhen, deren Sichtbarkeit sich numerisch gut repräsentieren lässt.

Ein anderes Beispiel für die Digitalisierung des Wissenschaftsdiskurses ist Google Scholar (http://scholar.google.com), die wissenschaftliche Suchmaschine des Google-Konzerns. Im Unterschied zu Googles Standardsuchmaschine durchsucht diese im November 2004 angelaufene Suchmaschine allein wissenschaftliche Texte. Da Google Scholar alle frei zugänglichen wissenschaftlichen Texte, aber auch die Zeitschriftenbestände großer CD-Rom-Sammlungen und sehr viele Copyright-geschützte Bücher indiziert, wird die wissenschaftliche Literaturrecherche mit Google Scholar zu einer Art Volltextsuche im globalen Wissenschaftsarchiv. Google Scholar berücksichtigt so gut wie alle elektronisch verfügbaren wissenschaftlichen Dokumente und nicht wie ISI nur ausgewählte Zeitschriften aus bestimmten Disziplinen und Regionen. Die Erfassung von Copyright-geschütztem Material wurde auf Grund von Abkommen mit großen Verlagen wie Springer, Elsevier oder Sage möglich, die Google gestatten, ihre Zeitschriften- und Buchbestände zu durchsuchen, ohne dass Google den Nutzern und Nutzerinnen einen Vollzugriff ermöglichen muss. Somit ist Google Scholar das Ergebnis der Integration digitaler Bestände unterschiedlicher Provenienz, und zwar des frei im Internet verfügbaren Materials von Privatpersonen, der kommerziell verwerteten Manuskripte von Verlagen des Google-Konsortiums sowie der geschützten und ungeschützten Bücher in Google Books.

Die technologische Leistung liegt darin, dass Google Scholar mit seinen komplexen Algorithmen wissenschaftliche von nicht-wissenschaftlichen Texten zu unterscheiden und zu sortieren vermag. Thematisch nicht relevante Texte werden herausgefiltert bzw. nach unten gedrückt. Die Suchmaschine erkennt darüber hinaus wie bei CiteSeerX die bibliographische Identität eines wissenschaftlichen Textes und kann die in ihm verwendeten Referenzen bestimmen und den Originaltexten zuordnen. Auf diese Weise kann man mit Google Scholar nachvollziehen, welche Texte welche Texte zitieren. Zitationen werden als Hyperlinks angezeigt, über die man sich zu den Originaltexten klicken kann. Im Gegensatz zu den traditionellen Zitationsindices von ISI kann man sich durch das einfache Anklicken der ermittelten Zahlen die abgezählten Zitate direkt anzeigen lassen, soweit es sich nicht um Copyright-geschütztes Material kommerzieller Verlage handelt. Die Nutzerinnen und Nutzer sehen daher nicht nur die Zitationsimpaktzahlen, mit denen der Kommunikationsraum vermessen und hierarchisiert wird; sie können Einblick in die spezifischen Verwendungszusammenhänge der Texte im Wissenschaftsdiskurs gewinnen. Googles Zahlen sind somit weit mehr als arithmetisches Beiwerk. Sie fließen in die Berechnung der Maßzahlen und Rankings ein, mit denen Google Scholar seine Ergebnisse den Nutzerinnen und Nutzern verfügbar macht (vgl. Abb. 2).

Abb. 2 Beispiel für eine Ergebnisseite auf Google Scholar

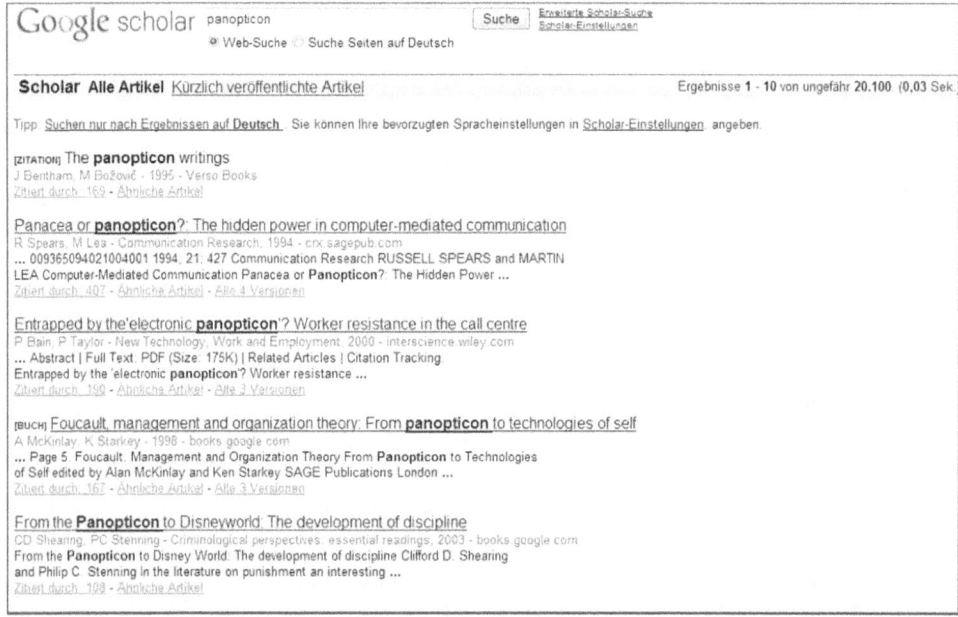

Die mit dem Stichwort „panopticon" assoziierten Referenzen werden gemäß ihrer Zitationshäufigkeiten angezeigt. Die Referenzen sind in der Regel mit digital zugänglichen Texten des digitalen Archivs verlinkt. Ein Klick auf „Zitiert durch" führt jeweils zu den Titeln, die die angegebene Referenz zitieren.

So wimmelt es in Google Scholar von Zahlen, die einen qualitativen Sprung in der Numerokratisierung wissenschaftlicher Wissensproduktion bedeuten. Was sind die Unterschiede gegenüber der traditionellen Szientometrie von Garfield? Wie bei den ISI-Zitationsindices handelt es sich bei Google Scholar um eine Technologie, die in zentralen Punkten als eine Blackbox funktioniert. Wie anders könnte Google auch als profitorientiertes Unternehmen agieren? Aber Google macht seine Suchresultate frei und kostenlos verfügbar. Auf diese Weise stellt Google Scholar numerische Repräsentationen der wissenschaftlichen Realität bereit, die sich auch im praktischen Forschungsalltag als nützlich erweisen. Während die ISI-Zahlen für Kommissionen, Verwaltungen und andere Entscheidungsagenturen gemacht sind, sind Google Scholars Zahlen auch für den wissenschaftlichen „Normalproduzenten" interessant, da sie relativ transparent sind (man kann zu den zitierten Textstellen „zurückklicken") und sich eng an die wissenschaftlichen Produkte anlagern (statt einen Text T liest man einen Text T, von dem man auch noch weiß, dass er x-mal zitiert wurde). Die von Google Scholar erzeugten Text-Zahl-Hybride lassen die Kluft zwischen Steuerungs- und Reflexionswissen tendenziell zusammenfallen.

Zahlen tragen zur Entgrenzung des Wissenschaftsdiskurses bei, indem sie auf Grund ihrer quasi-universalen Lesbarkeit die Durchlässigkeit zwischen den Wissensfeldern erhöhen. Vormals getrennte Diskursregionen durchdringen sich in Folge zunehmend integrierter Informationsplattformen und -standards. So binden Bibliothekskataloge bisweilen Wikipedia-Einträge ein, die Verweise auf Buchkataloge enthalten, die direkt in das heimische Bibliographierprogramm eingespeist werden, die wiederum Zugriff auf Bibliothekskataloge haben etc. Google Scholar bietet auch Direktlinks zum Bibliothekskatalog der nächsten Universität an. Auf diese Weise können sowohl kleine als auch große und sehr große Datenbankbestände schnell von der einen in die andere Plattform überführt werden.

Das elektronische Archiv entsteht über etablierte Disziplin- und Sprachgrenzen hinweg. Mit den Open Archives und Suchmaschinen des digitalen Zeitalters kann der wissenschaftliche Output ganzer Disziplingruppen und Sprachgemeinschaften zahlenförmig dargestellt werden und das Regieren mit Statistiken, Durchschnitten und Wahrscheinlichkeiten Einzug in die Sozial- und Geisteswissenschaft halten. Google Scholar generalisiert die gegenseitige Überwachung, Messung und Beobachtung, ohne dass dies zentralisiert werden kann. Die zahlenförmige, auf die Kommastelle genau kalkulierte Repräsentation symbolischer Hierarchien lässt das globale digitale Archiv als ein numerokratisches Panopticon erscheinen, in dem kein noch so kleines Spezialgebiet, keine noch so kleine Nische dem objektivierenden Blick numerischer Erfassung verborgen bleibt. Vor diesem Hintergrund erweist sich Google Scholar als eine Technologie, mit der die Produzenten selbst zu Zitationsimpaktanalysten werden können, ständig und in *real-time*, von anderen und ganz besonders von sich selbst.

Gegenüber SSRN und Google Scholar, mit denen große Produktsammlungen erschlossen werden können, zeichnet sich in jüngster Zeit die zunehmende Bedeutung von Web 2.0-Technologien ab, die große Populationen von Produzenten erfassen. Um diese Portale zu nutzen, müssen sich die User erst einmal anmelden, registrieren, einschreiben. Im Bereich der Wissenschaft basieren viele dieser virtuellen Communities auf freiwilligem Engagement und idealistischer Initiative – man denke an die verschiedenen Listen und Verteiler (wie z.B. HSozKult, http://www.kowi.net oder das Netzwerkprojekt http://www.diskursanalyse.net). Nicht immer ist bei diesen Initiativen jedoch die Grenze zwischen idealistischer Grassrootsaktivität und strategischer Motivation leicht zu ziehen. Als Beispiel kann das seit 2007 laufende „wissenschaftliche Facebook" Academia.edu (http://www.academia.edu) genannt werden, das Wissenschaftlerinnen und Wissenschaftler bei der Suche nach KollegInnen in immer differenzierteren Spezialgebieten unterstützt. Um Academia.edu zu nutzen, müssen die User bestimmte Disziplinen, Felder oder Subfelder abonnieren. Der Witz von Academia.edu besteht darin, dass diese Felder nicht von vornherein definiert sind. Je nach Nachfrage können neue Felder entstehen, die dann weiter auseinander gefächert oder auch wieder zusammengezogen werden. Neben den klassischen Webpage-Funktionen wie Kontaktdaten, einem kurzen CV bis hin zu downloadbaren Texten bietet Academia.edu die Möglichkeit, ausgewählten KollegInnen zu „folgen", d.h. wie bei Facebook „Freunde" zu werden. Auf diese Weise können sich Produzenten unverbindlich kontaktieren und zu Feldern zusammenschließen (siehe Abb. 3).

Abb. 3

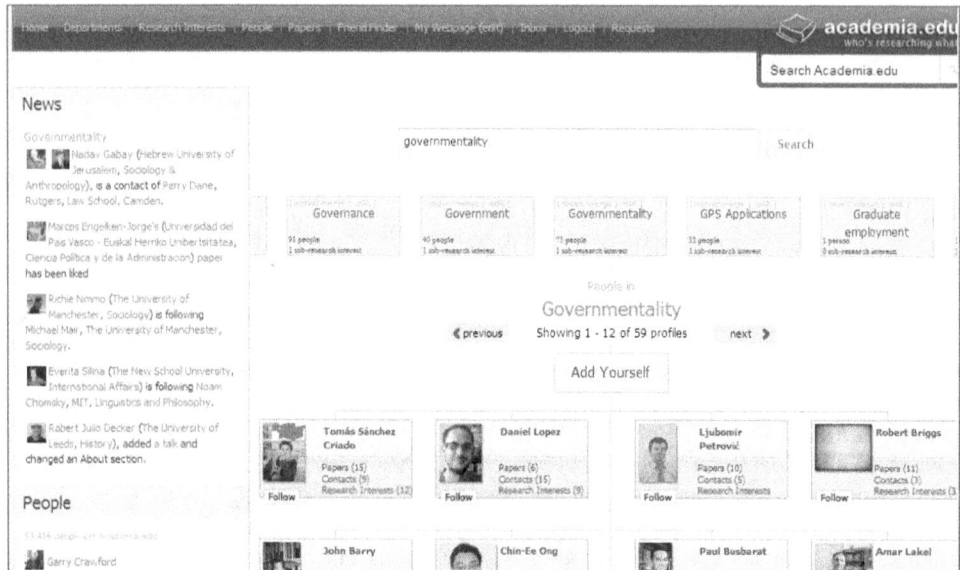

Auf Academia.edu sind in der Leiste mit den grauen Boxen die von den Usern definierten thematischen Felder zu sehen, in die man sich eintragen kann. Auch hier kommen wieder zahlreiche Zahlen zum Tragen, die die Anzahl der eingeschriebenen User eines Felds, die Anzahl ihrer Papers, ihrer Contacts und Forschungsinteressen wiedergeben.

Es ist noch zu früh zu sagen, wie diese bottom-up orientierten Web 2.0-Projekte die wissenschaftlichen Gemeinschaftsbildung beeinflussen oder ob sie bald wieder in der Anarchie selbstorganisatorischer Dynamiken versinken. Sicher ist, dass sich digitale Zähl- und Messtechnologien zunehmend auch top-down durchsetzen werden, und zwar im Bereich der inneruniversitären Steuerung (z.B. bei der Erstellung von Forschungsberichten), der politisch-administrativen Steuerung von Universitäten (z.B. bei der Umsetzung von Globalhaushalten und Zielvereinbarungen) und übergreifender Förderungsprogramme (insbesondere auf europäischer Ebene) (Meier 2009). Zu denken ist auch an die Forschungsportale, in denen die Mitglieder von Universitäten und Forschungseinrichtungen ihre Aktivitäten melden müssen. Der offizielle Auftrag lautet hier zumeist, den Austausch zwischen Wissenschaft und Öffentlichkeit zu fördern. Eine wichtige inoffizielle Aufgabe ist zweifellos das zahlenförmige Monitoring des wissenschaftlichen Outputs und der Drittmitteleinwerbung der Produzenten. So exponieren Forschungsportale die Angehörigen von Hochschulen und Forschungseinrichtungen mit präzisen Details zu Publikationen und Forschungsaktivität, die statistisch vielfach aufgearbeitet und aggregiert werden (vgl. z.B. http://www.forschung-sachsen-anhalt.de). Auch hier lassen sich die im Kontext hochschulinterner Evaluationspraktiken eingespeisten Informationen leicht in andere Datenbanken überführen. Die in öffentlichen Forschungsportalen gemachten Publikationsmeldungen werden etwa direkt von Bibliothekskatalogen übernommen. Forschungsprojekte tauchen automatisch auf den Portalen von Standesorganisationen und Forschungsförderportalen auf. Angesichts dieser kaum kontrollierbaren gegenseitigen Durchdringung digitaler Wissensplattformen sinkt die Kontrolle der Produzenten über ihr der Öffentlichkeit zugängliches Profil. Die

Entscheidung über das, wie die Produzenten und ihre Produkte sichtbar gemacht wird, wandert von den Produzenten zu den Verwaltern und Programmierern des Technodispositivs, den biopolitischen Regierungstechnologen *par excellence*.

4 Das globale digitale Archiv und die Entdifferenzierung des Sozialen

Wissenschaft kommuniziert mit in Archiven gespeicherten Texten – daran ändert auch die Umstellung auf die digitalen Medien nichts. Immer noch müssen wir Texte lesen und auf sie Bezug nehmen, verweisen, zurückgreifen, wenn wir wissenschaftliche Wahrheitsansprüche geltend machen wollen. Und immer noch müssen wir Texte schreiben, dabei das von anderen produzierte Wissen zitieren und unsere Quellen angeben. Dank digitaler Technologien können Produkte in der Tat mit einer bis vor kurzem noch undenkbaren Schnelligkeit und Präzision und Universalität eine enorm erhöhte Anzahl potenzieller Leserinnen und Leser erreichen. Was ändert dieses Wachstum der kommunikativen Anschlussmöglichkeiten an den Regeln wissenschaftlicher Produktion? Bleibt alles letztendlich beim Alten, weil die Aufnahme- und Verarbeitungsfähigkeit der Produzenten auch ohne die digitalen Möglichkeiten schon längst erschöpft ist? Oder steht die Wissenschaft als historisch gewachsene Institution zur Disposition, weil die Entstehung des globalen digitalen Archivs die Entdifferenzierung des Sozialen signalisiert?

Die moderne Wissenschaft ist aus einem Prozess zunehmender Differenzierung hervorgegangen, in dessen Zuge sie zum einen – nach außen – ihre Autonomie gegenüber Mächten wie Politik, Wirtschaft und Medien behauptet, zum anderen – nach innen – einen Prozess immer weiterer Spezialisierung in Disziplinen, Felder und Themen erfährt. Mit dem Übergang von den Büchern und Bibliotheken der Gutenbergära zu den Bits und Bytes des digitalen Zeitalters erreicht dieser Prozess vielleicht eine Grenze. Während das Verhältnis zwischen Wissenschaft und Öffentlichkeit neu verhandelt wird (Weingart 2005), deuten sich Tendenzen der Entdifferenzierung und Entgrenzung an, die dem „modernen" Wissenschaftsverständnis entgegenlaufen.[3]

Das Neue an digitaler Kommunikation ist, dass nicht-menschliche Leser an die Seite menschlicher Leser treten – Maschinen, die Texte zwar mit Blick auf ihren gemeinten Sinn nicht verstehen können, aber unschlagbar in der Produktion von Zahlen sind. Während menschliche Leser die Quellen der unterschiedlichen Inhalte in Beziehung setzen, registrieren nichtmenschliche Leser Okkurrenzen, Vorkommnisse. Dies heißt nicht, dass eine Suchtechnologie wie Google deshalb falsch liest, sie liest anders. Für Maschinen gibt es nur eine Äußerungsmodalität: Vorkommnis oder Nicht-Vorkommnis, wobei jedes Vorkommnis genau in der gleichen Äußerungsmodalität existiert, d.h. registriert wird ausschließlich, *dass* etwas geäußert wurde. Für die Maschine zählt allein die attestierte Referenz, und zwar ganz egal, wie sie im Text geäußert wird. Diese Transformation der unterschiedlichen Äußerungsmodalitäten ist nun die Voraussetzung dafür, dass Maschinen etwas produzieren, was menschliche LeserInnen nicht ohne weiteres produzieren können: statistische Korrelationen, das Durchsuchen sehr großer Korpora, algorithmische Übersetzungen etc.

---

[3] So können Tendenzen einer „post-modernen" Situation ausgemacht werden, in der die Grenzen zwischen ausdifferenzierten Funktionsbereichen der Moderne wieder zusammenfallen, vgl. Etzkowitz/Leydesdorff (1997) mit ihrem Triple Helix-Modell, Powers Audit Society (1997), Gibbons et al. mit ihrer „Wissenschaft im Modus 2"-Hypothese (1994). und der „akademische Kapitalismus" nach Slaughter/Leslie Slaughter (1997).

Zahlen sind die Resultate eines Abstraktionsprozesses, in dem sprachliche Produkte von ihren spezifischen epistemischen Wissenskontexten abgetrennt werden. Sie wirken der Ausdifferenzierung von Wissenschaft in immer spezialisiertere und autonomere Wissensbereiche insofern entgegen, als sie das einzelne wissenschaftliche Produkt in einen umfassenden Horizont einstellen, den keine einzelne LeserIn überblicken kann. Dadurch werden disziplinäre und subdisziplinäre Strategien tendenziell entwertet, die auf die Besetzung von Subfeldern und die Ausbildung von Spezialwissen zielen. Wissenschaftlicher Erfolg wird auf den immer globaleren Horizont des digitalen Archives bezogen. Indem Zahlen inkommensurables Wissen im großen Maßstab mess- und vergleichbar machen, können sie die Wahrnehmung symbolischer Hierarchien im Wissenschaftsdiskurs verändern. In den Rankings von Google Scholar oder SSRN erscheinen Produzentinnen und Produzenten, die quer zu den Disziplinen rezipiert werden, tendenziell etwa als dominanter als die Platzhirsche einer Disziplin. Google Scholar ist es schlicht egal, ob ein Name in einer Disziplin stark zitiert wird, oder ob er in vielen Disziplinen wenig zitiert wird.

Doch wissenschaftliche Texte werden nicht nur für Maschinen lesbar. Mit Hilfe von Zahlen werden Texte auch für menschliche Leser und Leserinnen lesbar, die nicht selbst zu der Gemeinschaft von Wissensproduzenten gehören, die Texte produziert haben. In der Tat können Zahlen in einer Vielzahl unterschiedlicher Wissensregionen „sprechen". Sie sind die *lingua franca* schlechthin, die nicht nur menschliche und nicht-menschliche Leser und Leserinnen in kommunikativen Kontakt treten lassen, sondern auch menschliche Leser und Leserinnen untereinander. Zahlen können Wissenschaftler und Nicht-Wissenschaftler in Kontakt treten lassen – man denke an die Möglichkeiten, die beispielsweise Google Scholar für die vielen Nichtakademiker eröffnet, die bislang keinen Zugang zur Bibliothek haben konnten oder wollten. Auch dieses neue nicht-wissenschaftliche Publikum kann nun in Grenzen mitreden, indem es beispielsweise durch die Generierung von Hits und Downloads Themen mit Massenappeal nach oben klickt. Nicht auszuschließen ist, dass sich wissenschaftlichen Produzenten ganz neue Möglichkeiten eröffnen, an die nicht-wissenschaftliche Öffentlichkeit heranzutreten. Wissenschaft kann auf diese Weise Relevanz in semi- oder außer-wissenschaftlichen Bereichen erlangen; sie wird aber auch les- und regierbar für Akteure mit politischer und ökonomischer Macht. Doch ganz gleich, wie die zunehmende Durchdringung von Wissenschaft und Nicht-Wissenschaft genutzt wird, wenn der Wissenschaftsdiskurs jetzt auch von Lesern ohne wissenschaftliches Vorwissen gelesen werden kann, wenn Zahlen symbolische Hierarchien im Wissenschaftsdiskurs auch für Nicht-Wissenschaftler sichtbar machen, dann steht das Verhältnis der Institution Wissenschaft gegenüber externen politischen und wirtschaftlichen Mächten auf dem Spiel.

Diese Vermischung von wissenschaftlichem und nicht-wissenschaftlichem Wissen im digitalen Medium bleibt nicht ohne Folgen für die Institution Wissenschaft. In der Tat ist das globale digitale Wissenschaftsarchiv weder entlang disziplinärer Grenzen entstanden, noch reflektiert es den strukturierenden Einfluss, den nationalstaatliche Institutionen traditionell auf die Bildungs- und Hochschulpolitik hatten. Digitale Wissenschaftsportale wie SSRN oder Google Scholar sind aus privatwirtschaftlicher Initiative entstandene Technologien, die quer zum System disziplinär-nationalstaatlicher Wissensproduktion verlaufen. Sie künden insofern von einem postmodernen Stadium in der Wissenschaftsentwicklung, als sie auf die numerokratische Erschließung und Verwaltung eines entgrenzten Terrains wissenschaftlicher Wissensproduktion zielen. Es entsteht ein Dispositiv von Wissenstechnologien, welche die wissenschaftliche Produktion direkt dem Blick von Entscheidungsträgern unterstellen. Die wissenschaftliche Produktion kann nun wie der Bereich industrieller Warenproduktion (Taylorismus, Total Quality Management, New Governance...) auf numerokratische Steuerung umgestellt werden, welche die Frage nach der Autonomie von Wissenschaft gegenüber heteronomen Mächten der Politik und der Wirtschaft aufwirft. Verändern die Zahl-Text-Hybride der digitalen Wissenschaftskommunikation damit das Verhältnis von Wissenschaft und Öffentlichkeit und perspektivisch das Verhältnis von Steuerung und Reflexion? Wenn sich Reflexions- und Steuerungswissen zunehmend vermischen, dann verschmelzen nicht nur Macht und Wissen, dann kollabiert tendenziell die Unterscheidung von Wissenschaft, Markt und Staat. Im Technodispositiv digitaler Wissenschaftsproduktion werden wissenschaftliche, staatliche und ökonomische Macht perspektivisch eins. Aus den Funktionsbereichen von Ökonomie, Politik und Wissenschaft wird ein entdifferenzierter Komplex von „Markt-Macht-Wissen", der vielleicht ein Ende der Spezialisierung wissenschaftlichen Wissens ankündigt.

5 Schluss: Zahlen produzieren, Zahlen gebrauchen

Am Beispiel von Wissenschaftsportalen wie dem *Social Sciences Research Network*, *Google Scholar* oder *Academia.edu* habe ich aktuelle Tendenzen numerokratischen Regierens in der Wissenschaft untersucht. Möglich wird das Regieren mit Zahlen durch Maschinen, die die textbasierten Produkte wissenschaftlicher Reflexion in numerisches Steuerungswissen übersetzen und auf der Ebene großer Populationen und Dinge sichtbar machen, die auf der Ebene der einzelnen Individuen in der Regel unsichtbar bleiben. Die Technologisierung der Textproduktion lässt die Produktion von Zahlen explodieren. Zahlen nisten sich nun in die kleinsten Verästelungen des Wissenschaftsdiskurses ein und lassen die Grenze zwischen Steuerungs- und Reflexionswissen brüchig werden. Während Nicht-Wissenschaftler und Nicht-Wissenschaftlerinnen (Laien, Hochschulpolitiker, Maschinen...) mit Hilfe von Zahlen Zugang zum Wissenschaftsdiskurs finden, werden Wissenschaftlerinnen und Wissenschaftler zu Agenten numerokratischer Regierungstechnologien, die sich mit Hilfe digital erzeugter Zahlen unter gegenseitige Beobachtung stellen. Es entsteht ein numerokratisches Panopticon, in dem alle dem Blick aller unterworfen sind.

Mit Zahlen haben wir uns vornumerokratischen Modi unmittelbarer Machtausübung entwinden können. Doch wenn numerokratische Regierungstechnologien heute bis in die kleinsten Nischen des wissenschaftlichen Alltags hineinreichen, welche Potenziale bieten sich für die selbstbestimmte wissenschaftliche Praxis, mithin für Wissenschaft im besten Sinne? Die Herausforderung besteht darin, der nicht-wissenschaftlichen Wissensevaluation nicht das Feld zu überlassen. Es geht darum, die Evaluation wissenschaftlicher Produkte auf wissenschaftliche Weise zu betreiben, d.h. von denen, die für die wissenschaftliche Wissensproduktion besonders qualifiziert sind, den Wissenschaftlerinnen und Wissenschaftlern selbst (Münch/Baier 2009).

In den gegenwärtigen, am Leitbild der unternehmerischen Universität (Clark 1997) orientierten Reformen (Wissel 2007; Enders 2008) gewinnen Zahlen eine neue Bedeutung – man denke an die allseits beschworene „Exzellenz" von Wissenschaft, d.h. die indikatorbasierte Messung und Evaluation von Forschungsleistung (Readings 1996; Münch 2007; Krücken 2008). Diese Praktiken des Überwachens und Führens aus der Distanz bleiben in der Regel vielfach hinter dem Wissensstand, den Theorien und Methoden zurück, welche die Sozialwissenschaften zur Erforschung wissenschaftlichen Wissens anzubieten haben. Die zunehmende Fremdbestimmung der Wissenschaft wird meist mit dem freien Spiel der Marktkräfte gerechtfertigt, die verkrustete bürokratische Strukturen aufbrechen sollen. Doch wenn die Numerokratiethese zutrifft, erweist sich die neoliberale Freiheitshoffnung als trügerisch. Der Markt ist kein Bereich „natürlich" wirkender sozialer Kräfte, die von dem Staat in „künstliche" Bahnen gelenkt werden. Hinter dem bürokratischen Staat warten keine natürlichen Marktkräfte darauf, „befreit" zu werden. Markt und Staat bezeichnen daher keineswegs gegensätzliche Modi der Machtausübung. Als zwei Ausformungen ein und derselben, d.h. numerokratischen Regierungslogik sind sie unauflöslich miteinander verschränkt, und zwar von Anfang an. Statt ein höheres oder rationaleres Stadium der gesellschaftlichen Entwicklung anzuzeigen, signalisieren sowohl Staat als auch Markt die regierungstechnologische Durchdringung des Sozialen im Sinne numerokratischen Macht-Wissens, und zwar auch in den bürokratischen und unternehmerischen Spiegelungen, wie sie sich im Bereich akademischer Governance durchgesetzt haben. Die Geschichte der liberalen modernen Gesellschaft entpuppt sich als eine Geschichte numerokratischen Regierens, dessen Horizont im 20. Jahrhundert endgültig „global" wird und auch den Bereich der Wissenschaft einschließt.

Sind wir also unwiderruflich in ein Zeitalter der Zahlenherrschaft eingetreten? Immer mehr Zahlen entstehen und zirkulieren. Tagtäglich werden wir mit Zahlen überschwemmt. Wir sind in einen Zustand numerischer Hypertrophie geraten. Liegen hierin aber nicht auch Potenziale einer Rückgewinnung der Kontrolle über die Organisation des sozialen Lebens? Legt uns der Überschuss an Zahlen nicht die Einsicht nahe, dass es nicht um Zahlen an sich geht, sondern um ihre Verwendungsweisen? Die Produktion von Zahlen ist die eine Sache; die andere Sache ist, wie, wo und wann sie Verwendung finden. Eine Reflexion der Art, wie Zahlen gebraucht und verstanden werden – das könnte in der Tat ein kritischer Beitrag einer Sozialwissenschaft sein, die sich selbst zum Gegenstand zu machen versucht.

Literatur

Angermüller, Johannes, 2010: De la numérocratie. La production du savoir dans l'université entrepreneuriale, in: Johannes Angermüller, Frédéric Lebaron, Malika Temmar und Isabelle Laborde-Milaa (Hg.), Les discours de l'économie. Sciences sociales et sciences du langage, PUF: Paris.
Baudrillard, Jean, 1972: Pour une critique de l'économie politique du signe, Gallimard: Paris.
Bröckling, Ulrich, Krasmann, Susanne und Lemke, Thomas (Hg.), 2000: Gouvernementalität der Gegenwart, Suhrkamp: Frankfurt a.M.
Callon, Michel, 2007: What Does It Mean to Say That Economics Is Performative?, in: Donald MacKenzie, Fabian Muniesa und Lucia Siu (Hg.), Do Economists Make Markets? On the Performativity of Economics, Princeton University Press: Princeton, Oxford, S. 311-357.
Clark, Burton R., 1997: The Entrepreneurial University. Demand and Response, Princeton University Press: Lawrenceville, NJ.
Desrosières, Alain, 1994: Le territoire et la localité. Deux langages statistiques, in: Politix 7(25), S. 46-58.
Desrosières, Alain, 1993: La politique des grands nombres: histoire de la raison statistique, La Découverte: Paris.
Durkheim, Émile, 1893: De la division du travail, Paris. [deutsche Übersetzung: Über soziale Arbeitsteilung. Studie über die Organisation höherer Gesellschaften, Suhrkamp: Frankfurt a.M., 1988].

Enders, Jürgen, 2008: Hochschulreform als Organisationsreform, in: Barbara Kehm (Hg.), Hochschule im Wandel. Die Universität als Forschungsgegenstand. Festschrift für Ulrich Teichler, Campus: Frankfurt a.M., S. 231-241.

Foucault, Michel, 2004: Territoire, population, sécurité, Paris: Gallimard, Seuil [deutsche Übersetzung: Sicherheit, Territorium, Bevölkerung. Geschichte der Gouvernementalität 1, Suhrkamp: Frankfurt a.M., 2006].

Garfield, Eugene, 1979: Citation Indexing. Its Theory and Application in Science, Technology, and Humanities, John Wiley: New York.

Hacking, Ian, 1975: The emergence of probability. A philosophical study of early ideas about probability, induction and statistical inference, Cambridge University Press: London.

Jameson, Fredric, 1991: Postmodernism, or The Cultural Logic of Late Capitalism, Duke University Press: Durham [deutsche Übersetzung: Postmoderne. Zur Logik der Kultur im Spätkapitalismus, in: Andreas Huyssen, Klaus R. Scherpe (Hg.), Postmoderne. Zeichen eines kulturellen Wandels, Rowohlt: Reinbek, 1986, S. 103-127].

Kalthoff, Herbert, 2007: Ökonomisches Rechnen: Zur Konstitution bankwirtschaftlicher Objekte und Investitionen, in: Hendrik Vollmer und Andrea Mennicken (Hg.), Zahlenwerk. Kalkulation, Organisation und Gesellschaft, VS Verlag: Wiesbaden, S. 143-164.

Krücken, Georg, 2008: Zwischen gesellschaftlichem Diskurs und organisationalen Praktiken: Theoretische Überlegungen und empirische Befunde zur Wettbewerbskonstitution im Hochschulbereich, in: Karin Zimmermann, Marion Kamphans und Sigrid Metz-Göckel (Hg.), Perspektiven der Hochschulforschung, VS Verlag: Wiesbaden, S. 165-175.

Lash, Scott und Lury, Celia, 2007: Global Culture Industry: The Mediation of Things, Polity: Cambridge.

Latour, Bruno, 1987: Science in Action, Open University Press: Milton Keynes.

Lemke, Thomas, 1997: Eine Kritik der politischen Vernunft. Foucaults Analyse der modernen Gouvernementalität, Argument: Hamburg.

Luhmann, Niklas, 1998: Die Wissenschaft der Gesellschaft, Suhrkamp Frankfurt a. M.

Lynch, Michael und Woolgar, Steve, 1990: Representation in Scientific Practice, Cambridge UP: Cambridge.

MacKenzie, Donald, 2009: Material Markets, Oxford University Press: Oxford.

Meier, Frank, 2009: Die Universität als Akteur. Zum institutionellen Wandel der Hochschulorganisation, VS Verlag: Wiesbaden.

Merton, Robert K., 1962: Science and the Social Order, in: Bernard Barber und Walter Hirsch (Hg.), The Sociology of Science, Greenwood: Westport, CN, S. 16-28.

Miller, Peter, 2001: Governing by numbers. Why calculative perspectives matter, in: Social Research 68(2), S. 379-396.

Münch, Richard, 2007: Die akademische Elite, Suhrkamp: Frankfurt a. M.

Münch, Richard und Baier, Christian, 2009: Die Konstruktion der soziologischen Realität durch Forschungsrating, in: Berliner Journal für Soziologie 19(2), S. 295-319.

Parsons, Talcott, und Platt, Gerald M., 1973: The American University, Harvard University Press: Cambridge, MA.

Patriarca, Silvana, 1996: Numbers and Nationhood. Writing Statistics in Nineteenth-Century Italy, Cambridge University Press: Cambridge.

Porter, Theodore, 1994: Trust in Numbers. The Pursuit of Objectivity in Science and Public Life, Princeton University Press: Princeton.

Readings, Bill, 1996: The University in Ruins, Harvard University Press: Cambridge, MA, London.

Sennett, Richard, 1998: The Corrosion of Character: The Personal Consequences of Work in the New Capitalism, Norton: New York [deutsche Übersetzung: Der flexible Mensch: die Kultur des neuen Kapitalismus, Berlin-Verlag: Berlin, 1998].

Slaughter, Sheila und Leslie, Larry L., 1997: Academic Capitalism. Politics, Policies, and the Entrepreneurial University, The Johns Hopkins University Press: Baltimore; London.

Stichweh, Rudolf, 1982: Ausdifferenzierung der Wissenschaft. Eine Analyse am deutschen Beispiel, B.Kleine Verlag: Bielefeld.
Vormbusch, Uwe, 2007: Kalkulation des Sozialen. Steuerung und Kontrolle im neuen Kapitalismus, unveröffentlichte Habilitationsschrift.
Weingart, Peter, 2005: Die Wissenschaft der Öffentlichkeit. Essays zum Verhältnis von Wissenschaft, Medien und Öffentlichkeit, Velbrück: Weilerswist.
Weingart, Peter, 2003: Wissenschaftssoziologie, transcript: Bielefeld.
Wissel, Carsten von, 2007: Hochschule als Organisationsproblem. Neue Modi universitärer Selbstbeschreibung in Deutschland, transcript: Bielefeld.

Aldo Legnaro

Biometrie: Auf der Suche nach dem fälschungssicheren Individuum

1 Einleitung: Ein aktueller Vorschlag aus alter Zeit

„The greater number of offences would not be committed, if the delinquents did not hope to remain unknown. Every thing which increases the facility of recognising and finding individuals, adds to the general security. [...]

In providing a new nomenclature, it ought to be so arranged, that, in a whole nation, every individual should have a proper name, which should belong to him alone. At the present time, the embarrassment which would be produced by the change would perhaps surpass its advantages; but it might be useful to prevent this disorder in a new state.(*)

There is a common custom among English sailors, of printing their family and christian names upon their wrists, in well-formed and indelible characters; they do it that their bodies may be known in case of shipwreck.

If it were possible that this practice should become universal, it would be a new spring for morality, a new source of power for the laws, an almost infallible precaution against a multitude of offences, especially against every kind of fraud in which confidence is requisite for success. Who are you, with whom I have to deal? The answer to this important question would no longer be liable to evasion. [...]

There are, however, plausible objections to such a practice. In the course of the French revolution, many persons owed their safety to a disguise, which such a mark would have rendered unavailing. Public opinion, in its present state, opposes an insurmountable obstacle to such an institution; but opinion might be changed, by patiently guiding it with skill, and by beginning with great examples. If it were the custom to imprint the titles of the nobility upon their foreheads, these marks would become associated with the ideas of honour and power."

„(*) The following is a sketch of the general plan. The whole name might contain the following parts:—1. The family name, essential for the identification of the races; 2. A single baptismal name or pre-nomen; 3. The place and the date of birth. [...]"

Soweit Jeremy Bentham gegen Ende des 18. Jahrhunderts.[1] Sein Argument entwirft mit kühnem Schwung eine Linie von der Kennzeichnung der Wenigen zur Kennzeichnung

---

1 The Works of Jeremy Bentham, published under the Superintendence of his Executor, John Bowring (Edinburgh: William Tait, 1843). 11 vols. Vol. 1: Principles of Morals and Legislation, Fragment on Government, Civil Code, Law, Penal; hier: Chapter XII.: Problem IX. To facilitate the Recognition and the finding of Individuals. In der Buchausgabe S. 557, online abrufbar unter http://oll.libertyfund.org/title/2009/140130.

Aller und begegnet dabei etwaigen Widerständen auf psychologisch geschickte Weise, indem er eine solche Kennzeichnung kurzerhand zum Zeichen von Ehre und Macht ernennt. Wenn Lyon (2006, 45) bemerkt, dass „the whole Benthamite enterprise is over, rendered redundant by other means of social management and control", so ist dies zwar wahr im Hinblick auf jene panoptischen Strategien Benthams, die Foucault (1977) so eingehend analysiert hat, aber dennoch sichtlich falsch: Benthams visionäre Kontrollphantasien reichen weit darüber hinaus, und sein obiger Vorschlag ist fast auf der Höhe der Zeit. Seine Grundidee – das Erkennen eines Individuums anhand mehr oder weniger unveränderlicher körperlicher Merkzeichen, bei dem der Körper „is treated like a text. It becomes a password, providing a document for decoding." (Lyon 2001, 299) – ist den heutigen biometrischen Verfahren ähnlich.[2] Allerdings haben sich diese Verfahren selbst verändert, denn die technischen Weiterentwicklungen ersparen eine physische Markierung und lesen die Zeichen des Körpers direkt aus. Abgesehen davon gibt es aber einen weiteren ausschlaggebenden Unterschied. Was bei Bentham der Sichtbarkeit wegen noch ein Bestandteil des allgemeinen Wissens werden kann, wird nun zu einem Merkmal vorwiegend – wenngleich nicht ausschließlich – amtlicher Einsicht. Die heutigen biometrischen Techniken sind somit gewissermaßen diskreter, dienen eben deswegen aber auch in einem stringenteren Sinne als Herrschaftstechnik. Bentham ging es nicht zuletzt um das fälschungssichere Individuum im privaten Rechtsverkehr: „Who are you, with whom I have to deal?" Heute dagegen geht es um die Legitimation des Individuums gegenüber staatlichen und quasi-staatlichen Instanzen im Rahmen von Zulassungsprozeduren und – dies allerdings war selbst als Phantasie am Ende des 18. Jahrhunderts nicht zu ahnen – um persönliche Legitimationen und Individualitätsmerkmale. Dabei lässt sich eine Linie ziehen von der extern verlangten zur Selbstvergewisserung, von der Legitimation gegenüber Dritten zur Legitimation nach eigenen Prämissen. Die Zuschreibungen des Sozialen werden dabei zunehmend anhand somatischer Zeichen identifiziert, mit diesen gleichgesetzt und kehren als biologisches Faktum ins Soziale zurück. Es geht also sehr viel umfassender um Identität, als Bentham sich das dachte, und insgesamt schließt sich die Anwendung biometrischer Verfahrensweisen damit zu einem Syndrom von Vergewisserung sowohl heteronomer wie autonomer Art zusammen. Diese unterschiedlichen Aspekte sollen hier im Mittelpunkt stehen, und sie verdeutlichen sowohl die Aktualität des Bentham'schen Vorschlags wie auch heutige Funktionalitäten von Biometrie, die weit darüber hinausgehen.

2 Körper als Passwort: Die Biometrisierung der Identität

Die Zulassung an einer Grenze ist immer ein von subtilen Befürchtungen begleiteter Prozess gewesen – auch wenn man sich sicher war, nicht in den Fahndungsbüchern vorzukommen, so blieb es doch nie ohne Spannung, ob sich diese subjektive Gewissheit auch

---

2 Momentan vorwiegend verwendet werden Fingerabdrücke und der Scan der Iris, aber Merkmale wie die Lippenbewegungen beim Sprechen, Stimme, Bewegung, Gesichtsform und der körpereigene Geruch etablieren ebenfalls einen Nexus zwischen den Körperzeichen und der Person. Sie erlauben eine Authentifizierung: Das fasst begrifflich die Prozesse der Identifizierung (der Check einer Person gegen die gesamte vorhandene Datenbasis) und Verifizierung (der Check einer Person gegen ihre Behauptung, eben diese Person zu sein) zusammen. Vgl. exemplarisch zur Technik und den Verfahrensweisen Behrens und Roth (2001); Nolde und Leger (2002); Petermann u.a. (2003); speziell zu Fingerabdrücken Komarinski (2005).

objektiv bestätigen würde. Heute hat sich diese Ungewissheit von einer eventuellen Namensgleichheit in Fahndungsbüchern auf ein anderes Merkmal von Identität verlagert: „Biometric passports have changed the way we travel. For travelers who are pressing their index fingers on biometric scanners at U.S. airports are coming into contact with power, in a way that is more direct, more *physical* than ever before. Power is felt, quite literally, right at the fingertips; the experience is of an encounter with power, of a new kind: immediate and sensory, and yet harmless – at least physically." (Epstein 2007, 149f.; Hervorhebung im Original). Dass diese Begegnung mit der Macht über Zulassung und Verweigerung sich anders gestaltet als früher, da man lediglich seinen Pass vorzeigte, ist evident. Möglich aber wäre, dass es tatsächlich als eine Erleichterung empfunden wird, nicht mehr in das Gesicht eines Grenzbeamten zu blicken und aus seiner Miene ablesen zu wollen, was er von dem vorgezeigten Pass hält, sondern sich einem Apparat anvertrauen zu müssen, der bei seinen Entscheidungen keine Willkür ausüben wird, allerdings auch keine Gnadenakte kennt. Mit Apparaten lässt sich kein personalisiertes Vertrauen herstellen, und ihre Identitätsprüfung findet unbeeinflusst von allen Erwägungen statt, die üblicherweise menschliche Entscheidungen beeinflussen. Das verleiht dem System einen Status von Nicht-Verhandelbarkeit, der alle Ressourcen, die sich nur kommunikativ entfalten können – Vertrauen, Glaubwürdigkeit, Erklärung – erübrigt. Jegliche Narration ist entbehrlich, technisierte Kontrollmedien sind dual auf Anerkennung und Nicht-Anerkennung eingestellt und lediglich die Übereinstimmung mit den Ausgangsdaten unterliegt der Prüfung, nichts sonst: „Instead of controlling for variance they verify conformity." (Lianos und Douglas 2000, 269). Die Macht wird anonymer, denn der Beamte, der schließlich die Zulassung gestattet oder verweigert, entscheidet nicht selbst. Er verlässt sich auf die Technik, deren Entscheidungen er lediglich mitteilt. Dies nun macht die Macht vielleicht sogar berechenbarer, ihre Entscheidungen andererseits aber auch argumentativ unzugänglich und kaum nachprüfbar: Beamte haben Vorgesetzte, die neu entscheiden können, der Scanner hingegen hat immer Recht – das behaupten jedenfalls seine Hersteller ebenso wie seine Anwender.

Die Zulassungsprozeduren haben sich also entscheidend verändert, und das gilt auch für die Orte, an denen diese durchgeführt werden – heutzutage nicht mehr nur an Grenzen, sondern auch in Konsulaten weltweit. Die EU ist dabei,[3] die Grundlagen eines biometrisch gestützten Systems für Visum-Antragsteller zu schaffen und hat bereits im Jahre 2000 die Fingerabdruckpflicht für Asylbewerber eingeführt.[4] Das liest sich in den *Einleitenden Gründen* der entsprechenden Verordnung so: „(6) Den Mitgliedstaaten ist die Verpflichtung aufzuerlegen, allen Asylbewerbern und allen Ausländern, die in Verbindung mit dem illegalen Überschreiten einer Außengrenze eines Mitgliedstaats aufgegriffen werden, unverzüglich die Fingerabdrücke abzunehmen, wenn diese Personen mindestens vierzehn Jahre alt sind. (7)

---

3 Entscheidung des Rates vom 8. Juni 2004 zur Einrichtung des Visa-Informationssystems (VIS) (2004/512/EG; Amtsblatt L 213/5 der Europäischen Union vom 15.6.2004). Der Bundesbeauftragte für den Datenschutz merkt hierzu an: „Das geplante VISA-Informationssystem wird voraussichtlich eine der umfangreichsten europaweiten Datensammlungen mit einer Vielzahl von Informationen über die Visa-Antragsteller und über deren Einlader." (Bundesbeauftragter Datenschutz 2007, 30f.). „Das VIS soll aus einer zentralen Datei und nationalen Schnittstellen bestehen, ergänzt durch die Einrichtung entsprechender Systeme einschließlich fester Verbindungen zu Konsulaten und Grenzkontrollpunkten auf nationaler Ebene. Der Verordnungsvorschlag sieht vor, in das VIS alphanumerische und biometrische Daten (digitalisiertes Lichtbild, Fingerabdrücke) der Visum-Antragsteller zu speichern. Auch Verknüpfungen zu anderen Anträgen sollen gespeichert werden." (ebda., 96).

4 Verordnung (EG) Nr. 2725/2000 des Rates vom 11. Dezember 2000 über die Einrichtung von „Eurodac" für den Vergleich von Fingerabdrücken zum Zwecke der effektiven Anwendung des Dubliner Übereinkommens (Amtsblatt der Europäischen Gemeinschaften L 316/1 vom 15.12.2000)

Es sind genaue Regeln für die Übermittlung dieser Fingerabdruckdaten an die Zentraleinheit, die Speicherung der Fingerabdruckdaten und sonstiger relevanter Daten in der zentralen Datenbank, ihre Aufbewahrung, den Vergleich mit anderen Fingerabdruckdaten, die Übermittlung der Vergleichsergebnisse sowie die Sperrung und Löschung von gespeicherten Daten aufzustellen. Diese Regeln können für verschiedene Kategorien von Ausländern unterschiedlich gestaltet werden, und sollten auf die spezifische Situation dieser Personen zugeschnitten sein." Diese Fingerabdrücke werden zehn Jahre lang gespeichert (Kapitel II, Artikel 6) und erlauben es – und das ist auch ihr Zweck – wiederholte Asylgesuche derselben Person zu entdecken. Die Evaluierungsberichte der EU vermelden denn auch mit einem gewissen Stolz, wie viele solcher Mehrfachgesuche entdeckt wurden: „31.636 cases show that the same person has already made at least one asylum application before (in the same or in another Member State). In 6.248 cases, asylum authorities were confronted with a third application. In 4 cases, a person applied 11 times for asylum since EURODAC started storing data. In other words, 16 % of the asylum applications in 2005 were subsequent (i.e. second or more) asylum applications."[5] (Third Annual Report 2006, 7).

Die nüchterne Sprache der Macht etabliert derart eine Verfahrensweise, wie sie gegenüber Kriminellen schon seit gut 100 Jahren angewendet wird.[6] Die Begrenzung solcher Verfahren des Erkennens auf spezifische Populationen und, alternativ, ihre Generalisierung auf die gesamte Bevölkerung stehen dabei seit je im Widerstreit. Denn dem Ziel einer ubiquitären und absichernden Kontrolle wie auch der Vorstellung einer generalisierten Staatsbürgerlichkeit kommt man um so näher, je mehr man das Sammeln von Fingerabdrücken von Einzelnen, ursprünglich vor allem Rückfalltätern, auf alle Bevölkerungsschichten ausweitet. Das bezeichnet die Ambivalenzen einer Technik, die sowohl zu exkludierenden wie zu inkludierenden Zwecken eingesetzt werden kann. Letzteres lässt sich im positiven Sinne als eine utopische Qualität ansehen, wenn etwa in der argentinischen Diskussion der dreißiger Jahre eine Ausweitung dieser Technik auf alle Bevölkerungsschichten als Ausdruck einer neuen sozialen Ordnung betrachtet wird, in der sich alle ihres Selbst als Bürger versichern können – und auch Benthams Idee, in diesem Falle als die Tätowierung einer persönlichen Identifikationsnummer, taucht hier wieder auf (Ruggiero 2001). Demgegenüber lehnt in den USA der Kongress in den frühen vierziger Jahren Gesetzesinitiativen im Sinne der Entwicklung eines „universal fingerprinting" ab (Cole 2001, 246 ff.). Dabei steht noch eine letztlich dystopisch erscheinende Qualität im Vordergrund, doch die Generalisierung der Authentifizierung qua Fingerabdruck auf alle Einreisenden findet in solchen Erwägungen ihre historischen Modelle. Deswegen scheint es weniger bezeichnend für den Trend der heutigen Entwicklung, Asylbewerber, die sich illegal im Land aufhalten, oder Personen, die legal in die USA einreisen wollen, wie Kriminelle zu behandeln; bezeichnend ist vielmehr die Ausweitung einer erkennungsdienstlichen Technik auf alle Bürger, die derart zum Signum staatsbürgerlicher Zugehörigkeit wird. In der Bundesrepublik ist mit dem e-Pass (der momentan sukzessive eingeführt wird) und demnächst (ab 2010) mit dem e-

---

5 Zudem eröffnen die Evaluierungsberichte einen Einblick in ungewohnte europäische Geographien von Wanderung: „Apart from the rather logical routes between neighbouring countries, it is striking to note that for example a large number of asylum applicants in France previously applied for asylum in Sweden. The most 'comparable' routes for subsequent asylum applications are those between Germany and Sweden" (S. 8).
6 Ursprünglich wurden Fingerabdrücke allerdings von der britischen Kolonialverwaltung in Indien benutzt, um die Identität von Rentenempfängern zu prüfen (Cole 2001). Ihre bald anschließende kriminalistische Verwendung steht lange Zeit in Konkurrenz mit der anthropometrischen Messung („Bertillonage"), ehe sie sich als die verlässlichere und praktikablere Methode durchsetzen (vgl. zu dieser Entwicklung Joseph 2001; Groebner 2001; 2004).

Personalausweis, die beide biometrische Kennzeichen speichern, dann die letzte Stufe der Ausweitung (und zugleich eine moderne Form von Benthams Vision) erreicht.

Dienen biometrische Verfahrensweisen historisch gesehen vor allem als eine Technik des Sortierens, um Abweichung zu erkennen, so hebt die Ausweitung der Technik auf alle dies zwar teilweise auf, führt es jedoch auf einer neuen Stufe wieder ein. Einerseits sind zwar nun alle biometrisch erkennbar – eine vordem nicht gekannte Gleichheit – andererseits etablieren sich die Verfahren der Unterscheidung von Inkludierten, Inklusion Begehrenden und Exkludierten nun für immer neue Lebensbereiche: „Judging from the uses to which biometrics are being put today, and the forces motivating its rapid development, testing, and implementation, biometrics seem to be about maintaining social order by regulating in- and exclusions from socio-economic goods, geographic spaces and liberties." (Ploeg 1999, 43) Das verleiht den derart gesicherten Grenzen eine veränderte Qualität: „They are no longer the classic portals of sovereignty [...]. Rather, the borders have become nodes, or gateways, along the circuits of a more fluid and ubiquitous power." (Epstein 2007, 161) Oder: die Souveränität artikuliert sich anders als bisher gewohnt, vermittelt sich über Datenbanken und Scanner und verlagert ihre Entscheidungen in die *black boxes* einer nicht hinterfragbaren Technik, wie das bei den europäischen Systemen Eurodac und VIS bereits der Fall ist.

Biometrische Erkennungsverfahren werden aber nicht nur auf alle Bürgerinnen und Bürger ausgeweitet, sondern auch auf eine Vielzahl alltäglicher Anwendungen. Sie bilden nicht nur im staatlichen Kontext die bevorzugte Methode der Identifizierung, sondern inzwischen auch im privaten Rechtsverkehr. Im Rahmen des Projekts BioTrusT werden etwa die Möglichkeiten untersucht, biometrische Verfahren an Bankautomaten und beim Homebanking einzusetzen (Informatikzentrum 2002), Diskotheken verwenden die Technik zur Identifizierung ihrer Gäste und zur Abrechnung ihres Verzehrs, im *Future Store* des Metro-Konzerns in Tönisvorst/Niederrhein kann man per Fingerabdruck bezahlen,[7] und „Disney World is using finger geometry with their season passes. In 2001 VeriStar Corporation introduced the Smarttouch digital fingerprint system for use in fast food restaurants. According to a report in *InformationWeek*, 'within the next few months, some McDonald's customers will be able to charge BigMacs to their Visa cards simply by touching a finger to a screen'. VeriStar's web site[8] emphasizes the ease of enrolment in this system, saying that it 'takes just a minute or two. And it's free'," (de Hert 2005, 6). Ein Schnäppchen also ... Doch dieses günstige Angebot beinhaltet ja tatsächlich nicht einen Kauf, sondern eine Art von Verkauf, bei dem man seinen Fingerabdruck als Identifizierungsdatum ab- und freigibt. Wenn Ashbourn (2005) vermutet, dass das konstitutive Vertrauen zwischen Bürger und Staat bzw. Konsument und Anbieter durch biometrische Kontrolltechniken verändert werde, so lässt sich hier ein Element dieser Veränderung erkennen, allerdings keines, das zu Widerständigkeiten anregen könnte. Suggeriert wird – neben dem angenehmen Gefühl, hochmodern zu sein – die Empfindung, dass der letzte Chic an Sicherheitsstandards eingesetzt wird, um persönliche Belange zu schützen – und das „umsonst"! Mehr Service lässt sich kaum erwarten, und wer wird unter solchen Umständen so kleinlich sein und an den Schutz privater Daten denken.

---

7 Das stößt allerdings momentan noch auf nur geringes Interesse, und die überwiegende Mehrheit der Kundschaft zieht traditionelle Zahlmethoden vor.
8 Es ist anzumerken, dass die Website und wohl auch die Firma heute nicht mehr existiert. Das macht das Beispiel jedoch nicht weniger relevant.

Die biometrischen Ausweispapiere der nahen Zukunft sind zwar keineswegs kostenlos, dafür aber obligatorisch, sodass das Versprechen von Sicherheitsgewinnen genügt, um verbreitete Akzeptanz zu erzeugen.[9] Zudem imitieren sie immer mehr kommerziell genutzte Scheck- und Kreditkarten. Sie sehen nicht nur ähnlich aus, sie funktionieren auch ähnlich, und so wird der e-Personalausweis scheckkartengroß sein, ein digitales Foto enthalten und – fakultativ – zwei digitalisierte Fingerabdrücke. Solche Konvergenzen des Formats und des Aussehens bewirken Konvergenzen bei den Prozessen der Authentifizierung. Einerseits ist die private Authentifizierung nicht (mehr) von einer Authentifizierung anhand staatlicher Papiere abhängig, sondern findet autonom statt, und es entstehen dann jene „Inseln des Regierens" als eine notwendige Begleiterscheinung der Privatisierung von Sicherheit, wie sie Shearing (1997) beschrieben hat. Andererseits sind solche Inseln inzwischen nicht mehr gegeneinander abgeschottet, sondern verkoppelt, und es verwischen sich die Grenzen zwischen staatlichen Akten der Authentifizierung und ihrer kommerziellen Entsprechung. Denn der e-Personalausweis wird zudem – und das macht ihn einer Scheckkarte noch ähnlicher – eine elektronische Signatur enthalten, die die Identifizierung beim Einkaufen im Internet vereinfachen soll. Wie praktisch, mithilfe eines staatlichen Ausweispapiers das Shopping zu erledigen: der Personalausweis als eBay-Card und der Staat als Dienstleister von Konzernen. Solche Kongruenzen und Ähnlichkeiten indizieren nicht nur identische Funktionsweisen, sondern auch identische Funktionalitäten – stets geht es um Prozeduren der Zulassung an einer Grenze, wobei staatliche und marktförmige Grenzen in ihren Kontroll- und Zulassungssystemen konvergieren.[10] In dieser Hinsicht geriert sich der Staat jetzt wie andere Unternehmen auch, was den gängigen Theorien einer unternehmensförmig ausgerichteten staatlichen Verwaltung (*New Public Management*) ja durchaus entspricht. Er etabliert sich damit zudem aber auch als der Zwangsanbieter einer marktgesellschaftlich universell gültigen Authentifizierung, die auf ineinander geschachtelte Art und Weise alte Formen des direkten Regierens mit den neueren Formen des indirekten Regierens verknüpft. Den eigenen Fingerabdruck oder einen Irisscan dem Lesegerät abzuliefern, ist an Direktheit kaum zu überbieten und erfordert angeleitete und zielgerichtete Handlungen zur technischen Aufnahme und Speicherung, eine fast schon intime Aufhebung von Distanz. Nach einer anfänglichen Speicherung aber betritt man das Reich des Indirekten, und zukünftig wird der Abgleich mit den zentral gespeicherten Informationen genügen, die einen ewigen und immer präsenten Datenschatten der eigenen Person bilden. Was vor dem Lesegerät Identität ist, bestimmen von nun an die Messparameter und nicht mein Bewusstsein von mir selbst, und das bringt eine grundlegende Veränderung der Konzeption von Identität im Sinne einer Biologisierung mit sich.[11] Und wie sich die Grenzen zwischen den beiden

---

9 Ein öffentlicher Widerstand gegen die Einführung der biometrischen Techniken in staatlichen Papieren ist kaum zu erkennen, wenngleich der Chaos Computer Club mit guten Gründen immer wieder deren Fälschungs- und Irrtumspotenzial hervorhebt (vgl. Chaos Computer Club 2005; auch Kurz 2008). Auch der Bundesbeauftragte für den Datenschutz macht aus seiner Skepsis weiterhin keinen Hehl (Bundesbeauftragter 2009, 84f.). Eine Klage gegen die Bundesrepublik Deutschland auf Erteilung eines Passes ohne biometrische Daten ist z.Z. beim Verwaltungsgericht Gelsenkirchen anhängig (Mitteilung des Klägers).
10 Deswegen fordern die Datenschutzbeauftragten denn auch in einer Resolution „[i]m Hinblick darauf, dass die Biometrie den menschlichen Körper 'maschinenlesbar' machen wird und dass biometrische Daten als weltweit einheitlicher Identifikator benutzt werden könnten [...] die strikte Trennung zwischen biometrischen Daten, die auf der Grundlage gesetzlicher Verpflichtungen zu öffentlichen Zwecken (z. B. Grenzkontrollen) gesammelt und gespeichert werden, und solchen, die mit Einwilligung zu Vertragszwecken gesammelt und gespeichert werden" (Bundesbeauftragter 2007, 165).
11 Vgl. für erste Überlegungen hierzu Legnaro (2008).

Modi des Regierens verwischen, so verwischen sich auch die Grenzen zwischen Subjekt und Objekt. Diese Doppelbödigkeit dürfte früher (als sie einzig Kriminellen zuteil wurde) noch deutlicher gewesen sein, da die Fingerabdrücke durch Färbung der Finger hergestellt werden mussten. Die digitale Technisierung nimmt diesem Vorgang heute zwar seinen degradierenden Charakter, doch indem man seinen Finger auf den Scanner drückt, subjektiviert man sich in der Singularität dieses Abdrucks für die Zwecke einer Administration, die einen von nun an als Objekt verwalten kann und wird.

3 Körper als Selbstvergewisserung: Die Biometrisierung der Individualität

Tätowierungen scheinen auf den ersten Blick etwas grundlegend anderes als biometrische Kennzeichen zu sein, eine künstlich beigebrachte Dekoration und nicht ein natürliches Attribut. Nicht nur sind sie freiwillige Markierungen des Körpers, auch ihre meistens augenfällige Sichtbarkeit und die Privatheit ihrer Konnotationen unterscheiden sie erheblich von allen biometrischen Erkennungstechniken. Solche Tätowierungen sind keine Fremdbiometrisierung, die heteronom durchgesetzt wird, sondern eine Form der Selbstbiometrisierung, die sich als eine biometrisch konstituierte Identität und zugleich als eine Biometrisierung von Individualität verstehen lässt – eine Subjektivierung qua Biometrie, die man sich durch eine Tätowierung selbst verleiht. Der Körper stellt hier – wie bei den digitalen biometrischen Authentifizierungstechniken auch – den Text dar, der allerdings im Unterschied zu den biometrischen Zeichen selbst verfasst worden ist und zudem ohne Lesegerät, gewissermaßen analog, gelesen werden kann. Daran zeigen sich nicht nur unterschiedliche Funktionsweisen, sondern auch unterschiedliche Bedeutungshorizonte. Immer gilt, dass biometrische Daten dem jeweiligen Individuum zugeordnet werden können oder eben auch nicht, und sie erlauben demnach, „both sameness and difference" (Ploeg 1999, 40) zu erkennen. Beide Aspekte unterscheiden sich je nach Anwendungszweck: Zulassungsprüfungen testen primär auf Übereinstimmung, und Unterschiedlichkeit gilt hier als Abweichung, während bei der Biometrisierung der Identität qua Tätowierung und ähnlichen Zeichen primär Unterschiedlichkeiten im Mittelpunkt stehen und Übereinstimmung tendenziell als das Unerwünschte gewertet wird. Mit solchen Zeichen wird die Individualisierung der Person durch Singularisierung der körperlichen Erscheinung angestrebt, und das damit verbundene Erkennen geht über eine Authentifizierung hinaus. Solche Zeichen betreffen dann nicht nur die Person, sondern – und das stellt einen wesentlichen Unterschied zu den biometrischen Verfahren der Identitätsbestimmung dar – die Persönlichkeit.

Als solche sah sie bereits Cesare Lombroso, dessen Kriminalanthropologie wie die gesamte Physiognomik auf dem Gedanken beruht, „daß der Körper eine Einschreibfläche der Seele, somit ein lesbares Stück Natur sei" (Strasser 1984, 50). Dieses Stück Natur liest er, um den Kriminellen zu erkennen, und unter den lesbaren Zeichen kommt den Tätowierungen ein besonderer Platz zu: „Vor allem aber ist es die traurige Klasse der Verbrecher, wo das Tättowiren seinen eigentümlichen Charakter und eine seltsame Zähigkeit und Verbreitung gewinnt" (Lombroso 1887, 260), weswegen es für die „gerichtliche Anatomie" zu einem spezifischen Merkmal geworden sei (ebd., 255). Als den wichtigsten Grund des Tätowierens sieht er den Atavismus an, der den Verbrecher zu einem modernen Exemplar des „Menschen im wilden Zustande" (ebd., 270) mache.[12] Das ignoriert allerdings eine vielfältige europäische Geschichte des Tätowierens,[13] die sich – bei einigen Beeinflussungen durch polynesische Vorbilder – keineswegs nur auf Seeleute und Kriminelle beschränkt.[14] Noch bis in die dreißiger Jahre des 20. Jahrhunderts hinein ist das Zurschaustellen von am ganzen Körper tätowierten Darstellern (und Darstellerinnen, deren Auftritt, mit einer lasziven Note versehen, besonders attraktiv wirkt) eine beliebte Unterhaltung in Varieté und Circus (Oettermann 2000). Bis heute haben Tätowierungen dann eine vergleichbare Karriere zurückgelegt wie die staatlich veranlassten Erfassungen biometrischer Zeichen auch – von definierten Subgruppen hin zu einer (relativen) Generalisierung, die keine subkulturelle Akzentuierung mehr tragen muss. Ob solche Tätowierungen öffentlich sichtbar sind oder, je nach verziertem Körperteil, lediglich in privaten Situationen lesbar – sie überführen Benthams Vorschlag von einer staatlichen Anordnung zu einer freiwillig vollzogenen Dekorationsmanier modischer Art. Allerdings werden dabei (soweit in Sommerzeiten ersichtlich) nie der eigene Name oder gar das Geburtsdatum verwendet, und das annonciert eine Bedeutung, die Bentham nicht im Sinn hatte. Nicht um das Erkannt-Werden in der eigenen prosaisch-bürgerlichen Existenz geht es, sondern um deren Überhöhung und Romantisierung im Stile eines reflexiven Primitivismus, und insofern dürfte der Atavismus, den Lombroso Tätowierten als Motiv zuschrieb, nicht ausgestorben sein, wenngleich keineswegs auf Kriminelle beschränkt.[15] Diese Bedeutung berührt Wolfgang Hildesheimer satirisch in seinen *Lieblosen Legenden* (1952/1962), einer Sammlung von Erzählungen, in denen er von Rudolf Westcotte,[16] einem begnadeten Künstler, erzählt, der, nachdem er alle künstlerischen Ausdrucksformen genial zur Reife gebracht und erschöpft hat, darauf verfällt, den Rücken von Damen mit farbigen Flächen und Stillleben zu tätowieren. Um diese Bilder zu sich bewegenden Bildern auszugestalten, tätowiert er auch eine mittelmäßige Pianistin, die – Chopin mit einem den Rücken weitgehend freilassenden Kleid spielend – eben deswegen sofort zu ungeahnter Berühmtheit gelangt, während die Kritik ihre pianistischen Künste lediglich am Rande abhandelt. Das ist ihr letztlich zu wenig: „ihr Dasein [...] noch nicht einmal groß genug für eine rühmliche Vergänglichkeit; auch die Hand eines Unsterblichen hatte nur ihre sterbliche Hülle veredeln können, und selbst von dieser nur einen der unedleren Teile."

Der Pianistin, die als Pianistin berühmt werden möchte, genügt nicht, was Tätowierungen an Singularität zu erbringen vermögen. Für die vielen anderen, die heute Studios aufsuchen, dürften jedoch Tätowierungen subjektive Einzigartigkeit verdeutlichen und zum körperlichen Ausdruck bringen. Darin treffen sich Tätowierungen strukturell mit den biometrischen Erkennungstechniken, doch ist ihre Botschaft eine gänzlich andere. Sie verkünden das Eigentumsrecht und die Kontrollkompetenz über den eigenen Körper: „an affirmation: that this body is yours to have and enjoy", wie es ein Tätowierer ausdrückt (zitiert nach Torgovnick 2005, 175). Zugleich sind sie „art *in* the body", und der Körper „becomes

---

12 Siehe zur Kriminalanthropologie Lombrosos Gibson (2002).
13 Vgl. hierzu die grundlegende Studie von Oettermann (1979) und den breit angelegten Band von Caplan (2000).
14 Zwar werden Tätowierungen zur Kennzeichnung von Kriminellen genutzt (Anderson 2000), und Kafkas berühmte Erzählung *In der Strafkolonie* spiegelt Elemente eines zeitgenössischen Strafrechtsdiskurses (Kittler 2007). Tätowierungen waren aber auch im europäischen Hochadel des 19. Jahrhunderts Mode (Bradley 2000, 146); so soll der Gatte von Königin Victoria, Prinz Albert, am Penis tätowiert gewesen sein (Torgovnick 1995/2005).
15 Schon zu seiner Zeit beschränkten sich Tätowierungen nicht auf Kriminelle, wie seine eigenen Statistiken ausweisen.
16 In der Erzählung „Westcottes Glanz und Ende".

not just the subject for the art but its medium and condition; the 'art' or 'mark' travels with the body and is part of it. It dies when the artist dies" (Torgovnick 2005, 176).[17] Doch ist solche Vergänglichkeit wohl kaum das Entscheidende, sondern vielmehr die Symbolisierung einer Permanenz angesichts der fluiden Verhältnisse: Tätowierungen bleiben über alle Veränderungen und Krisen hinweg erhalten und sie konstituieren ungeachtet aller mentalen Veränderungen eine Konstanz der nach außen gestülpten Person. Sie können als Erinnerungsmarker an glückliche Zeiten dienen (Miller 2008, 83-89) und sind sozusagen antiflexibel und auf Nicht-Wandel aus – einerseits. Andererseits sind sie – zumal seitdem spezielle Hautlaser eine restlose und schmerzlose Entfernung versprechen[18] – selbst ein beredter Teil der fluiden Verhältnisse, indem sie eine spielerische Relation zur Kommodifizierung der Welt begründen. Sie reproduzieren diese in Inhalten und Ausführung, und „they did indicate the extent to which commodities, however valueless in utilitarian terms, impacted upon the body, producing and reproducing division of class and status." (Bradley 2000, 155) Doch sind Tätowierungen keineswegs „valueless in utilitarian terms"; nicht nur dienen sie dem Erkennen des Anderen, wie Bentham vorschlug, sondern auch dem Erkennen des Eigenen, nämlich der Präsentation eigener ästhetischer Vorstellungen, der Selbstdarstellung und damit zugleich der Präsentation eigener Wertigkeit.

Manche solcher Funktionen hat vordem die Kleidung erfüllt, und es bleibt die Frage, warum gerade die eigene Haut auf diese Weise in die (wenngleich eventuell nur begrenzte) Öffentlichkeit getragen wird. Sieht man von der Mutprobe und dem Initiationsritus ab, von denen die Tätowierungen, die gegebenenfalls mit langwierigen und schmerzhaften Prozeduren verbunden sind, auch zeugen, so liegt der existentielle Unterschied ja sichtlich darin, dass man Kleidung ausziehen, wechseln, wegwerfen kann, während eine Häutung unmöglich bleibt und auch das Entfernen von Tätowierungen noch Spuren hinterlassen kann.[19] Kleidung symbolisiert Identität, lässt aber auch Verwandlung und Maskierung zu; eine Tätowierung schreibt Identität bildlich – zumindest auf Zeit und auch nur mit Mühe änderbar – fest. Sie bildet Einkörperung und Entäußerung gleichermaßen, eine Außenwand und doch zugleich einen Bestandteil des Körperraums. So folgert Benson (2000, 237) denn auch: „[I]t is possible to detect a quite different set of preoccupations: with possession, fixity and the stabilization of the self through and in corporeality. [...] Identities may be fluid, but the too, too solid flesh of the 1990s is definitely *not* melting: indeed much work has gone into ensuring that it should not." Tätowierungen dienen demnach als ein „touchstone of authenticity and truth" (ebd., 251), und das demonstrieren sie nonverbal und

---

17 Oder auch nicht: 2008 verkauft ein 31-jähriger Schweizer namens Tim Steiner das Recht an den Tätowierungen seines Rückens für 150.000 € an einen Kunstsammler, der dafür den Träger dieser Körperkunst dreimal jährlich ausstellen und die Haut nach dessen Tod konservieren darf (Süddeutsche Zeitung 4.9.2008). Vgl. auch insgesamt zu den Strategien der Körpermodifizierung Pitts (2003).
18 Dabei ist ein Erfolg allerdings keineswegs garantiert, da die Laser jeweils auf die Farbe der Tätowierung abgestimmt sein müssen und eine Entfernung nur dann gelingt, wenn die Tätowierung in der mittleren Hautschicht angebracht worden ist – von medizinischen Risiken wie Narbenbildung und Ekzemen, unvermeidbaren Schmerzen und einem erheblichen Zeit- und Kostenaufwand ganz abgesehen.
19 Eric Ambler, der Großmeister des politischen Kriminal- und Spionageromans, benutzt in *Cause for Alarm* (1938; dt. *Anlass zur Unruhe,* 1979) eben diese Entfernung einer Tätowierung zur Auflösung einer heiklen Situation. Der Roman spielt im faschistischen Italien der dreißiger Jahre, und seine beiden Protagonisten sind auf der Flucht vor der Geheimpolizei, werden von Bahnarbeitern festgenommen und können Zwistigkeiten zwischen ihre Wärter säen, da sie wahrnehmen, dass der eine der beiden früher einmal Hammer und Sichel auf den Unterarm tätowiert hatte, die inzwischen entfernt worden sind – ein Ex-Kommunist also, der ihnen gegen den faschistischen Kollegen zu helfen bereit ist.

je nach Sichtbarkeit unübersehbar – als eine eingefleischte Form der Identitätsverheißung und -verkündung.[20]

Mit der Verbreitung von Tätowierungen als einer Biometrisierung von Individualität wird die Biometrisierung der Identität bei Zulassungsprozeduren, wie staatliche und kommerzielle Institutionen sie einführen, ins Private überführt, vielleicht sogar konterkariert und parodiert. Beide stehen, als kulturelle Form betrachtet, in einem sich gegenseitig spiegelnden Verhältnis. In beiden Fällen geht es um Unverwechselbarkeit, um die Etablierung eines fälschungssicheren Individuums. Doch während die Zulassungsprozeduren die Fluidität der Verhältnisse zu bewahren und zugleich abzusichern suchen, sollen Tätowierungen dieser Fluidität entgegenwirken und der Identitätsvergewisserung und -stabilisierung dienen. Sie behandeln gleichfalls den Körper als Text und wenden somit vergleichbare Techniken der Körperentzifferung an, dies jedoch zu diametral entgegengesetzten Zwecken. Dabei treffen sie sich aber nicht nur im epistemischen Ausgangspunkt, sondern auch im Vertrauen darauf, dass Körperlichkeit eine Vergewisserung verbürgt, die sich auf andere Weise nicht (mehr) herstellen lässt. Das ist eine Form der Selbstregierung, die die Formen der Fremdregierung spiegelt und möglicherweise auch akzeptabel macht. Pointiert könnte gelten: Wer qua Tätowierung verkündet, wer er/sie zu sein wünscht, braucht kein Problem damit zu haben, qua Fingerabdruck mitzuteilen, wer er/sie im bürgerlichen Sinne ist. Lyon (2006, 36) hat angemerkt, dass „surveillance – which at the social and etymological core is about watching – is easily accepted because all sorts of watching have become commonplace within a 'viewer society', encouraged by the culture of TV and cinema." Vergleichbar gewinnt die datenschutzrechtliche Problematik der Datenspeicherung eine andere Qualität (und erscheint geradezu als belanglos), wenn man im öffentlichen Raum permanent zum Mithören der Gespräche Anderer gezwungen ist, und auch die Etablierung selbstgeschaffener Datenschatten im Internet ist inzwischen ubiquitär geworden. Solche Beispiele machen verständlich, auf welche Weise sich etablierte Grenzen zwischen dem Öffentlichen und dem Privaten verschoben haben und warum eben deshalb viele der neueren Kontroll- und Überwachungsmechanismen bestenfalls auf ein indolentes Schulterzucken, aber nicht mehr auf öffentlichen Widerstand treffen: Sie entsprechen allzusehr im privaten Leben bereits selbstverständlich gewordenen Handlungsmustern und spiegeln zudem die Imaginationen popkultureller Romane, Filme und Spiele (Muller 2008). Das gilt strukturell ebenfalls für die Formen der Biometrisierung. Was bei einer Biometrisierung der Zulassung von den Individuen verlangt wird, bildet zwar eine heteronome Anforderung, doch weist diese gegenüber der autonom vorgenommenen Biometrisierung der Individualität qua Tätowierung keine fundamental andere Qualität auf. Beide rekurrieren auf den Körper und seine mutmaßlich fälschungssicheren Zeichen und sind sich von daher – bei unterschiedlichen Zwecken allerdings – höchst ähnlich. In ihrer schon erwähnten Untersuchung über die in den USA und Europa mit Tätowierungen verbundenen kulturellen Praktiken stellt Benson fest: „[W]hat seems to be central is fear of fragmentation, anxiety about boundaries and about the relationship between will and self: the body is the battleground in which such anxieties

---

20 Was heutzutage eine freiwillige Individualisierung ausmacht, ist jedoch auch als extreme Entpersönlichung denkbar. So wird ab Herbst 1941 in Auschwitz die Tätowierung der Häftlingsnummer üblich, um Schwierigkeiten bei der Identifizierung von Leichen zu beheben (Sofsky 1993, 339). Die Zwecke der Tätowierung – eindeutige Identifizierung – sind demnach ganz ähnlich wie bei Bentham, doch liegt hier nicht mehr die Absicht zugrunde, Vertragssubjekte erkennen zu können, sondern das Ziel einer endgültigen Degradierung, die den Subjekten nicht einmal mehr einen Namen belässt, sondern sie lediglich als Nummer wie Vieh zeichnet.

are played out." (2000, 252) Das ließe sich nahezu identisch auch über die Biometrisierung der Zulassung sagen, und so dient in beiden Fällen der Körper als Instrument, um Fragmentierungen entgegenzuwirken und Grenzziehungen wie Grenzbefestigungen zu ermöglichen und zu stabilisieren.

4 Körper als Prädiktoren: Die Biometrisierung des Erwartbaren

Die ultimative Vergewisserung wäre das Wissen um die Zukunft. Die Vorstellung, die eigene Zukunft sei ausschließlich im eigenen Körper beschlossen und aus dessen Zeichen vorhersagbar, ist zwar – biographisch gesehen – ganz unhistorisch, aber eben das macht sie möglicherweise so attraktiv; sie reduziert – ähnlich wie das die vorhergehenden Biometrisierungen auch tun – Selbstkonzeptionen auf einen nur als biologisch begriffenen Körper. Zugleich aber öffnen sie „Räume der Sichtbarkeit" (Lemke 2007, 138), und die Vergewisserung wird fassbar: „Mit den 'Genen' wird ein 'Körper' gestiftet, der [...] die Probabilistik, das Risiko, die Machbarkeit einkörpert und mit scheinbar leibhaftiger Evidenz ausstattet." (Duden 2008, 106)

Leibhaftige Evidenz, auch scheinbare, kostet Geld, und so bietet die Firma 23andMe[21] für 399 US-$ einen Test des eigenen Genoms an, genauer: einen Test auf diverse Genveränderungen, sogenannte SNPs (*single nucleotide polymorphisms*). 580.000 davon werden anhand einer Speichelprobe untersucht, und sie liefern Ergebnisse zur Erbveranlagung beispielsweise für Diabetes, Prostatakrebs, Asthma, Herzinfarkt, Fettsucht und – last not least – zur Beschaffenheit des Ohrenschmalzes. Dass bis auf das Ohrenschmalz alle diese Erkrankungen auch einiges mit der eigenen Lebensführung zu tun haben, verschweigt einem die Firma zwar nicht, denn ehe man ihre Dienste in Anspruch nehmen kann, hat man eine „Einverständnis- und Rechtsvereinbarung sowie Verzichterklärung"[22] zur Kenntnis zu nehmen. Diese teilt mit, dies sei „kein Test oder Kit, der für die Diagnose von Krankheiten oder anderen Gesundheitszuständen gestaltet ist, und er ist nicht als medizinische Beratung auszulegen". Auch „ermöglicht der Zugriff auf Ihre genetischen Informationen durch 23andMe keine persönlichen Voraussagen". Alles Statistik, wird einem erklärt, Gene sind nicht alles, und die Forschung schreitet voran, sodass die Erklärungen von heute morgen falsch sein oder einzelne Gene eine veränderte Bedeutung gewinnen können. Zudem ist – das teilt die Firma nicht mit – die Aussagekraft von SNP recht gering[23] und ein Gen biologisch keineswegs so eindeutig definiert, wie die öffentliche Diskussion vermuten lässt, sondern „das Produkt von Interaktionen zwischen einer technologischen Apparatur und kulturellen Deutungspraktiken" (Lemke 2004, 90). Der Test offeriert also eine modernisierte Kristallkugel, und der Gang zur nächsten *sage femme* wäre zweifelsohne billiger. Diese bietet einem allerdings nicht die objektivistische Präzision von Zahlen, deren kommagerechte Genauigkeit viel mehr zu versprechen scheint als lediglich Erwartbarkeiten – vielmehr verwandeln die Zahlen statistische Erwartbarkeiten samt den damit verbundenen Unwägbarkeiten in sichere Erwartbarkeiten und etablieren den entsprechenden Handlungsdruck. Die Kristallkugel bietet einem auch nicht das hehre Gefühl, zur Forschung beizutragen: „Indem Sie die Dienste von 23andMe nutzen, erklären Sie sich bereit, Ihre genetischen

---

21 www.23andme.com.
22 www.23andme.com/legal/consent/de_DE.
23 Vgl. das Dossier DNA – Forschung, Nutzen, Gebrauch, Le Monde Diplomatique, Juni 2008.

Informationen unseren weiter unten beschriebenen Forschungsbemühungen zugänglich zu machen". Und: „Wir analysieren Ihre genetischen und anderen freiwillig bereitgestellten persönlichen Informationen als Teil unserer wissenschaftlichen Forschung mit dem Ziel der Förderung des Faches Genetik und der Humangesundheit." Dass man seine Gene verkauft, lässt sich also nicht behaupten, vielmehr kauft man einige Informationen, deren Wert schwer einzuschätzen ist, und übergibt dabei kostenlos Forschungsmaterial, an das die Firma auf anderem Wege nicht gekommen wäre – ein Geschäftsmodell, das nicht ganz zufällig dem von Google ähnelt, ist doch die Ehefrau des Google-Gründers hier beteiligt. Bei Google sind es Informationen über eigene Interessen und Suchanfragen, die getauscht werden gegen Suchmaschinenergebnisse, hier Genmaterial gegen (mehr oder weniger bedeutungslose) Analysewerte.

Der Clou dessen, was man für sein Geld bekommt, ist allerdings die Aufbereitung der Daten in Form von Charts, die die eigenen Werte mit den Durchschnittswerten der Bevölkerung des Erdteils, aus dem man stammt, vergleichbar macht. Ein Ranking also, in dem man scheinbar seine genetische Positionierung und „Wertigkeit" ablesen kann. Das geht über eine Biometrisierung des Erwartbaren (dessen Gewissheit mit solchen Tests sowieso lediglich simuliert werden kann) weit hinaus und indiziert zudem auch eine Biometrisierung der Sozialpersönlichkeit und des persönlichen Selbstwertgefühls in Form eines Benchmarking, das allgemeine Normativität ebenso wie die Normgerechtheit des eigenen genetischen Zustands zu erkennen erlaubt. Es handelt sich wohl nicht nur um eine Spielerei, sondern die ersten Ansätze dessen, was Lemke (2006) als „genetische Verantwortung" kennzeichnet, nämlich die Verpflichtung, genetische Risiken, wenn man sie denn kennt, zu berücksichtigen, relevanten Anderen mitzuteilen und sich aktiv um deren Kontrolle und präventive Bearbeitung zu bemühen. Noch ist zwar niemand, etwa gegenüber Arbeitgebern und Versicherungen, verpflichtet, seine genetischen Eigenheiten offenzulegen.[24] Ob sich das damit etablierte Recht auf Nichtwissen – sowohl eigenes Nichtwissen wie Nichtwissen interessierter Stellen – langfristig aber tatsächlich durchsetzen lässt, bleibt fraglich. So sieht das Gendiagnostikgesetz denn auch Ausnahmen vor, etwa für besonders hoch dotierte Versicherungsverträge.

Das zeichnet, wenngleich momentan noch eine Sache kleiner Minderheiten, eine Entwicklungslinie vor, die soziale Ungleichheiten ins Biologische zurückbindet, naturalisiert und damit zwar einerseits jeglicher Bearbeitbarkeit entzieht, andererseits aber auch zu einer kompensatorischen Lebens- und Selbstführung bzw. zur therapeutischen Gestaltung anreizt.[25] Dass die sozialen Funktionseliten auch „genetische Eliten" darstellen, lässt sich nicht unbedingt erwarten; um so stringenter die Anforderung, sein genetisches Profil zu managen und sich präventiv zu engagieren, gerade dann, wenn man seine potenziellen Risiken zur Kenntnis genommen hat – und ein Handlungsdruck, dieses Profil tatsächlich

---

24 Das sieht das 2009 verabschiedete Gendiagnostikgesetz vor. Im Vorgriff auf eine gesetzliche Regelung hat die deutsche Versicherungswirtschaft bisher bereits freiwillig auf die Forderung nach Gentests verzichtet (Lemke 2006, 56). Lemke weist allerdings darauf hin, dass die Konzentrierung auf Formen der institutionellen Diskriminierung den Blick auf möglicherweise wesentliche Diskriminierungen aus dem sozialen Umfeld vernachlässigt.
25 Hier liegt ein neuartiger Begründungsstrang für die Bedeutung von Prävention als eigenverantwortlich unternommener Anstrengung; vgl. etwa Bröckling (2002); Strasser und van den Brink (2005). Unter dem Begriff „Enhancement" werden zudem diverse – teilweise noch futuristische – Strategien der Optimierung und Umgestaltung des Körpers diskutiert (vgl. Cooper 2008; Dickel 2008; speziell zum Gendoping Gerlinger u.a. 2008). Zunehmende Bedeutung dürften auch Formen des „genetic sorting" gewinnen, also die Beeinflussung von Geschlecht und Eigenschaften von Kindern als „designer babies" (Skene und Thompson 2008).

erheben zu lassen, ergibt sich daraus ebenso wie das neuartige Erziehungsziel einer „genetischen Alphabetisierung" (Samerski 2008). Aus den genetischen Profilen der Bevölkerung ein soziales Klassenmodell abzuleiten und eine Verantwortung für die eigenen Gene bzw. eine ihnen entsprechende Lebensführung zu etablieren, ist nur noch ein kleiner, geradezu überfällig erscheinender Schritt. Betrachtet man die Verlagerungen von Kausalitäten und Verantwortungen, wie neoliberal bestimmte Deutungen sie etwa für Armut und Marginalität entwerfen,[26] so liegt dieser Schritt mehr als nahe. Damit würde das Zufällige in das Verdiente verwandelt, eine Umwandlung, die Eliten schon immer angestrebt haben, um die Rekrutierung qua Klassenzugehörigkeit als ein Ergebnis eigener Anstrengung und Leistung erscheinen zu lassen. Diesen Prozess hat bereits Machiavelli in seinen politischen Analysen mithilfe der Begriffe *fortuna* und *virtù*, Glück und Tugend (Hoeges 2000) beschrieben. Die Termini mögen antiquiert erscheinen, der Prozess der Umwandlung von *fortuna* in *virtù* aber findet weiterhin statt, und ihn von Rationalisierungen des Alltags[27] auf das genetische Profil und die dadurch auferlegten Verantwortungen auszudehnen, ist nicht unwahrscheinlich. Dazu bedarf es vor allem eines einschlägige Aussagen formulierenden Diskurses. Schon in jener *Brave New World*, die Aldous Huxley 1932 literarisch konzipierte, wird die genetische Klassendeterminierung abgestützt durch Hypnopädie, das stetige Anhören von Merksätzen im Schlaf: „Alpha children wear grey. They work much harder than we do, because they're so frightfully clever. I'm really awfully glad I'm Beta, because I don't work so hard. And then we are much better than the Gammas and Deltas. Gammas are stupid. They all wear green, and Delta children wear khaki. Oh no, I *don't* want to play with Delta children. And Epsilons are still worse. They're too stupid to be able to read or write. Besides, they wear black, which is such a beastly colour. I'm *so* glad I'm a Beta."[28] Dreimal die Woche hundertzwanzigmal dreißig Monate lang werden den schlafenden Kindern diese Sätze eingeträufelt, und man kann sich des Eindrucks kaum erwehren, dass medial beförderte Verinnerlichung heutzutage einen geringeren Aufwand benötigt ... Tendenziell aber läuft sie auf vergleichbare Botschaften hinaus, und wenn sie noch nicht auf genetische Merkmale gestützt ist, so ist doch gerade dies in einer zunehmenden Veralltäglichung einer Biometrisierung des Erwartbaren angelegt.

5 Der Körper als authentischer Ort

Gemeinsam ist all diesen Biometrisierungen die Vorstellung (die zugleich eine Unterstellung ist), der Körper sei ein beschreibbarer und beschriebener, auslesbarer und fälschungssicherer Korpus und biete deswegen authentische Daten der Vergewisserung sowohl für den bürokratischen wie den individuellen Gebrauch. Das verwandelt den Körper der bisherigen Disziplinargesellschaft in etwas anderes: „in Foucault's history, bodies are seen as unruly and disorderly, something that has to be trained and disciplined by military procedures and institutional routines. Now, with the help of technology, bodies are seen as a source of unprecedented accuracy and precision. The coded body does not need to be disciplined, because its natural patterns are *in themselves* a source of order." (Aas 2006, 153;

---

26 Vgl. exemplarisch Bauman (1998; 2000).
27 Wie sie etwa bei Börsianern verbreitet sind; vgl. Fischer (2004), in vielfältigen Variationen zum Thema Erfolg auch Neckel (2008).
28 Die Szene findet sich in Kapitel 2, Hervorhebung im Original.

Hervorhebung im Original) Bentham hatte mit seinem Vorschlag der Namenstätowierung den Körper noch als Träger von Zeichen konzipiert, die sich lediglich durch ihre Unauslöschlichkeit, nicht aber in der Funktion von den Namensschildern unterscheiden, wie man sie auf heutigen Kongressen trägt. Der „coded body" ist dagegen selbst das Zeichen, indem er objekthaft jene Daten verkörpert, die das Subjekt als authentisch identifizieren sollen. Dass es dabei auf das Subjekt im tradierten Sinne gar nicht ankommt, ist ein paradoxer Effekt, werden doch Identitäten auf eine Form der „Biosozialität" (Rabinow 1999) reduziert, in der das Somatische das Soziale reflektiert und das Soziale sich somatisch ausdrückt. Die Biometrisierungen der Gegenwart bewirken dies auf vielerlei Weise: heteronom veranlasst und mithilfe der externen Körperzeichen bei allen Zulassungsprozeduren, autonom in Szene gesetzt und das Interne nach Außen stülpend bei allen Markierungen, die sich die Subjekte von sich aus beibringen (lassen), und in einer Verschränkung des Heteronomen und des Autonomen bei Gentests, die heteronom bestimmte Wahrscheinlichkeiten aus präventiven Intentionen in autonome Handlungszwänge verwandeln.

In allen diesen Fällen geht es um Vergewisserungen, objektive wie subjektive, und dieses Syndrom der Vergewisserung operationalisiert eine wesentliche Handlungsebene des gesellschaftlichen Sicherheitsdispositivs. In diesem sind ubiquitäres Vorkommen und die zunehmende Veralltäglichung bereits angelegt, denn Sicherheit, stellt Michel Foucault 1978 in seinen späten Vorlesungen fest, sei zentrifugal: Sie tendiere dazu, sich auszudehnen und „immer weiträumigere Kreisläufe zu organisieren oder sich jedenfalls entwickeln zu lassen" (Foucault 2004, 73), und die Sicherheitsdispositive schmiegten sich dabei flexibel an die vorgefundene Wirklichkeit an. Das Syndrom der Vergewisserung in seiner biometrischen Spielart schmiegt sich an die Körper an und entwickelt seine Programmatik anhand ihrer Eigenheiten und Zeichen und kann sich dabei ebenso auf technische Faszinationen stützen wie auf die tief verwurzelte, intuitiv gegebene Empfindung, nichts könne authentischer und fälschungssicherer sein als der eigene Körper, und nichts sei geeigneter, die persönliche Identität gegenüber Anderen zu dokumentieren, zu symbolisieren und abzugrenzen. Dass Körperlichkeit diese notwendigen Vergewisserungen verbürgt, macht nur einen Teil ihrer Attraktivität aus; zugleich fügt sich eine als lesbar begriffene Körperlichkeit ein in die Anforderungen spätmoderner Ökonomie. „Hedonistic fascination with the body exists to enhance competitive performance. [...] The new asceticism of competitive social relations exists to create desire – desire which is subordinated to the rationalization of the body as the final triumph of capitalist development." (Turner 2008, 98) Rationalisierung wäre im Zusammenhang mit Biometrie allerdings in einem ganz bestimmten Sinne aufzufassen: Es geht nicht um die Rationalisierung des Körpers selbst, sondern um die Rationalisierung, beim Körper handle es sich um ein bündig erfassbares Selbst, das seine Identität mithilfe der körperlichen Zeichen mitteilt. Er teilt tatsächlich etwas mit, nämlich die Identität oder Nicht-Identität eines erfassten Zeichens mit einem gespeicherten bzw. einem symbolhaft verstehbaren Zeichen oder dessen Bedeutung für eigene Lebensperspektiven – eine zur Zeichenhaftigkeit verknappte Identität mit begrenzter, aber authentisch scheinender Aussagekraft. Aus den gleichen Gründen gewinnt die Aussagekraft der Zeichen auch forensisch eine immer größere Bedeutung. So sind (Stand April 2009) in den USA 235 Inhaftierte – rechtskräftig verurteilt und durchschnittlich seit zwölf Jahren einsitzend – entlassen worden, da sich ihre Unschuld nachträglich durch einen DNA-Test herausstellte.[29] Eine

---

[29] www.innocenceproject.org. Die Zahl bezieht sich auf alle Entlassungen seit 1989; 17 Inhaftierte der 235 waren zum Tod verurteilt worden, insgesamt 170 Inhaftierte kamen seit 2000 frei.

beeindruckende Bilanz; doch verführt die scheinbare Eindeutigkeit der Zeichen dazu, mögliche Verfahrensfehler beim Test zu ignorieren (Tuhey 2005), und so kommt es zur Suche nach einer höchst mobilen Multikriminellen, nach jener Person nämlich, die die DNA-Teströhrchen bei der Herstellung verschmutzte und folgerichtig in Dutzenden von Fällen als Täterin angenommen wurde (Der Spiegel 14/2009).

Biometrische Identitäten dieser Art bewirken sowohl eine Fremd- wie eine Selbstregierung und darüber hinaus ein Regiert-Werden aus der Nähe und aus der Ferne. Diszipliniert blicken die Einlass Suchenden an Kontrollpunkten in Irisprüfer oder drücken ihren Finger auf den Scanner. Ihre Kontrolle findet technifiziert und im Abgleich mit weit entfernten Datenbanken statt, aus denen dann auch das Urteil ergeht. Diszipliniert erleiden jene, die sich ein vollständiges Bild tätowieren lassen, über Tage oder gar Wochen die Schmerzen der Nadeln, um sich danach wenn schon nicht als Kunstwerk, so doch als eine einzigartige Erscheinung zu fühlen. Diszipliniert nehmen diejenigen, die einen Gentest bestellt haben, dessen Ergebnisse online zur Kenntnis, um dann darüber nachzudenken, welche Folgen diese haben könnten oder sollten. Disziplinierte, an- und eingepasste Verhaltensweisen und die körperliche Interaktion mit einer Form von Technik sind die Voraussetzung für die Wirkungsweisen von Biometrie, und schon hierbei amalgamieren Fremd- wie Selbstregierung. Denn öfter als Zwang ist es vor allem ein Reiz, sich den biometrischen Prozeduren zu unterwerfen, der Reiz, etwas anderes darzustellen, der Reiz, den Körper qua DNA als Künder zukünftiger Geschehnisse zu nutzen. Solche Biometrisierungen sind das Medium bisher nicht bekannter Selbstführungstechniken, und sie zelebrieren aus der Nähe, was Biometrisierungen von Zugangskontrollen von ferne als „different regimes of bodily purification" (Kroker 2006) exekutieren. Bei solchen Formen, die das Vertrauen in papierförmige Identifikationen substituieren durch den Abgleich mit digitalisierten, zentral gespeicherten Informationen, vor denen man die eigene Behauptung, eine bestimmte Person zu sein, zu rechtfertigen hat, ist die Ferne des Regiert-Werdens am ehesten ersichtlich. Bei Tätowierungen und DNA-Tests mischen sich die Formen ununterscheidbar, und die Direktheit der Nadel und des eigenen Speichels verwandeln sich in performative Aufforderungen zur Selbsttheatralisierung oder zur präventiven Handlung. Immer aber geben die Subjekte ihren Körper hin, um ihre Identität zu reklamieren – nach außen und vor sich selbst.

„Wenn in der Folge der biowissenschaftlichen Innovationen der lebendige Körper heute weniger als organisches Substrat denn als molekulare Software begriffen wird, die gelesen und umgeschrieben werden kann, dann stellt sich die Frage der Biopolitik in veränderter Weise", merkt Lemke (2008, 83) an. Betrachtet man die beschriebenen Erscheinungsformen von Biometrie, so zeigt sich diese als eine weitgehend unauffällige, ästhetisierte und geradezu freundlich daherkommende Politik. Der „commodified body" (Turner 2008, 98) der Gegenwart ist vor allem ein solcher, der persönliche Verantwortung anreizt und Inklusionen verbürgen soll, was allerdings die Suche nach „destructive bodies" (Epstein 2007) und deren Exklusion nicht aus-, sondern geradezu notwendig einschließt. Das geschieht jedoch in einer weitgehenden Konsensualität der Beteiligten, die in den biometrischen Erkennungsverfahren ihre eigenen körpergeformten Stilisierungen wiedererkennen und Gentechnik für die ersehnte Chance halten, eventuellen körperlichen Handicaps frühzeitig zu begegnen. Die Möglichkeiten neuer subjektivierender Freiheitsspielräume mischen sich dabei ununterscheidbar mit den Möglichkeiten neuer objektivierender Lenkungen – die Texte des lesbaren, mithilfe der biometrischen Zeichen auf Dauer gestellten Körpers sind privat und öffentlich zugleich, eine codierte Botschaft, von innen nach außen gestülpt. Dieses Nach-Außen-Stülpen schwebte schon Bentham vor; wenn er die Tätowierung aller als ein Mittel „against every kind of fraud in which confidence is requisite for success" ansah, dann verdeutlicht die heutige Verbreitung biometrischer Erkennungs-, Signalisierungs- und Vorhersageverfahren, wie schwankend, fraglich und unsicher solche Zuversicht und solches Zutrauen heute geworden sind. Im Vertrauen auf die Fälschungssicherheit des Körpers verkörpert sich dieses fragile Weltgefühl und sucht einen Halt: der Körper – mit einem die Zentralbanken bezeichnenden Terminus der Ökonomie – als *last resort*.

Literatur

Aas, Katja Franko, 2006: „The body does not lie": Identity, risk and trust in technoculture, in: Crime Media Culture 2, S. 143-158.
Anderson, Clare, 2000: Godna: Inscribing Indian Convicts in the Nineteenth Century, in: Jane Caplan (Hg.), Written on the Body. The Tattoo in European and American History, Princeton University Press: London, S. 102-117.
Ashbourn, Julian, 2005: The Social Implications of the Wide Scale Implementation of Biometric and Related Technologies, Background Paper Institute of Prospective Technological Studies, Sevilla.
Bauman, Zygmunt, 1998: Work, consumerism and the new poor, Open University Press: Buckingham.
Bauman, Zygmunt, 2000: Liquid Modernity, Blackwell Publishers: Cambridge.
Behrens, Michael und Richard Roth (Hg.), 2001: Biometrische Identifikation – Grundlagen, Verfahren, Perspektiven, Vieweg: Braunschweig; Wiesbaden.
Benson, Susan, 2000: Inscriptions of the Self: Reflections on Tattooing and Piercing in Contemporary Euro-America, in: Jane Caplan (Hg.), Written on the Body. The Tattoo in European and American History, Princeton U.P.:London, S. 234-254.
Bradley, James, 2000: Body Commodification? Class and Tattoos in Victorian Britain, in: Jane Caplan (Hg.), Written on the Body. The Tattoo in European and American History, Princeton University Press: London, S. 136-155.
Bröckling, Ulrich, 2002: Die Macht der Vorbeugung. 16 Thesen zur Prävention, in: Widersprüche 86, S. 39-52.
Bundesbeauftragter für den Datenschutz und die Informationsfreiheit, 2007: Tätigkeitsbericht 2005-2006, 21. Tätigkeitsbericht, Bonn.
Bundesbeauftragter für den Datenschutz und die Informationsfreiheit, 2009: Tätigkeitsbericht 2007-2008, 22. Tätigkeitsbericht, Bonn.
Chaos Computer Club (Hg.), 2005: Die Datenschleuder, Sonderheft 87.
Cole, Simon A., 2001: Suspect Identities. A History of Fingerprinting and Criminal Identification, Harvard University Press: Cambridge; London.
Cooper, Melinda, 2008: Life as Surplus. Biotechnology and Capitalism in the Neoliberal Era, University of Washington Press: Seattle; London.
de Hert, Paul, 2005: Biometrics: legal issues and implications. Background Paper Institute of Prospective Technological Studies, Sevilla.
Dickel, Sascha, 2008: Steuerung oder Evolution? Enhancement als biopolitischer Konflikt. In: Karl-Siegbert Rehberg (Hg.), Die Natur der Gesellschaft. Verhandlungen des 33. Kongresses der Deutschen Gesellschaft für Soziologie, Frankfurt a.M.; New York, S. 2314-2325 (DGS-CD-Rom pdf. 2314).

Duden, Barbara, 2008: Per analogiam carnis – Zeitgeschichte diesseits und jenseits der Haut, in: Karl-Siegbert Rehberg (Hg.), Die Natur der Gesellschaft. Verhandlungen des 33. Kongresses der Deutschen Gesellschaft für Soziologie, Frankfurt a.M.; New York, S. 91-108.

Epstein, Charlotte, 2007: Guilty Bodies, Productive Bodies, Destructive Bodies: Crossing the Biometric Borders, in: International Political Sociology 1, S. 149-164.

Fischer, Michael, 2004: Erfolg zwischen Zufall und Leistung: der Aktienmarkt. Eine Fallstudie am Beispiel von Anlegerportraits, in: Leviathan 32, S. 203-224.

Foucault, Michel, 1977: Überwachen und Strafen. Die Geburt des Gefängnisses, Suhrkamp: Frankfurt a.M.

Foucault, Michel, 2004: Geschichte der Gouvernementalität I. Sicherheit, Territorium, Bevölkerung. Vorlesungen am Collège de France 1977-1978, hg. von Michel Sennelart, Suhrkamp: Frankfurt a.M.

Gerlinger, Katrin, Thomas Petermann und Arnold Sauter, 2008: Gendoping. Wissenschaftliche Grundlagen – Einfallstore – Kontrolle, Studien des Büros für Technikfolgen-Abschätzung beim Deutschen Bundestag 28, Berlin.

Gibson, Mary, 2002: Born to Crime. Cesare Lombroso and the Origins of Biological Criminology, Praeger Publishers: Westport, Connecticut.

Groebner, Valentin, 2001: Describing the Person, Reading the Signs in Late Medieval and Renaissance Europe: Identity Papers, Vested Figures, and the Limits of Identification, 1400-1600, in: Jane Caplan, John Torpey (Hg.), Documenting Individual Identity. The Development of State Practices in the Modern World, Princeton University Press: Princeton; Oxford, S. 15-27.

Groebner, Valentin, 2004: Der Schein der Person. Steckbrief, Ausweis und Kontrolle im Mittelalter, C. H. Beck: München.

Hoeges, Dirk, 2000: Niccolò Machiavelli. Die Macht und der Schein, C. H. Beck: München.

Informatikzentrum der Sparkassenorganisation, 2002: Einsatz biometrischer Verfahren an Geldausgabeautomaten, o.O.

Joseph, Anne, 2001: Anthropometry, the Police Expert, and the Deptford Murders: The Contested Introduction of Fingerprinting for the Identification of Criminals in Late Victorian and Edwardian Britain, in: Jane Caplan, John Torpey (Hg.), Documenting Individual Identity. The Development of State Practices in the Modern World, Princeton University Press: Princeton; Oxford, S. 164-183.

Kittler, Wolf, 2007: In dubio pro reo. Kafkas »Strafkolonie«, in: Arne Höcker, Oliver Simons (Hg.), Kafkas Institutionen, transcript: Bielefeld, S. 33-72.

Komarinski, Peter, 2005: Automated Fingerprint Identification Systems (AFIS), Academic Press: Amsterdam.

Kroker, Arthur, 2006: Born again Ideology. Religion, Technology, and Terrorism, abrufbar unter: www.ctheory.net/articles.aspx?id=546

Kurz, Constanze, 2008: Biometrie nicht nur an den Grenzen. Erkennungsdienstliche Behandlung für jedermann, in: Sandro Gaycken, Constanze Kurz (Hg.): 1984.exe. Gesellschaftliche, politische und juristische Aspekte moderner Überwachungstechnologien, transcript: Bielefeld, S. 101-113.

Legnaro, Aldo, 2008: Das Projekt Biometrie und das Verschwinden der Unschuld, in: Kriminologisches Journal 40, S. 179-199.

Lemke, Thomas, 2004: Gen. In: Ulrich Bröckling, Susanne Krasmann, Thomas Lemke (Hg.), Glossar der Gegenwart, Suhrkamp: Frankfurt a.M.., S. 89-96.

Lemke, Thomas, 2006: Die Polizei der Gene. Formen und Felder genetischer Diskriminierung, Campus: Frankfurt a.M.., New York.

Lemke, Thomas, 2007: Gouvernementalität und Biopolitik, VS-Verlag: Wiesbaden.

Lemke, Thomas, 2008: Eine Analytik der Biopolitik. Überlegungen zu Geschichte und Gegenwart eines umstrittenen Begriffs, in: Behemoth. A Journal on Civilisation 1, S. 72–89.

Lianos, Michalis und Mary Douglas, 2000: Dangerization and the End of Deviance. The Institutional Environment, in: British Journal of Criminology 40, S. 261-278.

Lombroso, Cesare, 1887: Der Verbrecher in anthropologischer, ärztlicher und juristischer Beziehung, *Verlagsanstalt und Druckerei, Actiengesellschaft (vorm. J. F. Richter):* Hamburg.
Lyon, David, 2001: Under My Skin: From Identification Papers to Body Surveillance, in: Jane Caplan, John Torpey (Hg.), Documenting Individual Identity. The Development of State Practices in the Modern World, Princeton University Press: Princeton, Oxford, S. 291-310.
Lyon, David, 2006: 9/11, Synopticon, and Scopophilia: Watching and Being Watched. In: Kevin Haggerty, Richard V. Ericson (Hg.): The New Politics of Surveillance and Visibility, University of Toronto Press: Toronto; Buffalo; London, S. 35-54.
Miller, Daniel, 2008: The Comfort of Things, Wiley & Sons: Cambridge; Malden.
Muller, Benjamin J., 2008: Securing the Political Imagination: Popular Culture, the Security Dispositif and the Biometric State, in: Security Dialogue 29, S. 199-220.
Neckel, Sighard, 2008: Flucht nach vorn. Die Erfolgskultur der Marktgesellschaft, Campus: Frankfurt a.M.; New York.
Nolde, Veronika und Lothar Leger (Hg.), 2002: Biometrische Verfahren. Körpermerkmale als Passwort – Grundlagen, Sicherheit und Einsatzgebiete, Fachverlag Deutscher Wirtschaftsdienst: Köln.
Oettermann, Stephan, 1979: Zeichen auf der Haut. Die Geschichte der Tätowierung in Europa, Europäische Verlagsanstalt/Rotbuch: Frankfurt a.M.
Oettermann, Stephan, 2000: On Display: Tattooed Entertainers in America and Germany. In: Jane Caplan (Hg.), Written on the Body. The Tattoo in European and American History, Princeton University Press: London, S. 193-211.
Petermann, Thomas, Constanze Scherz und Arnold Sauter, 2003: Biometrie und Ausweisdokumente. Leistungsfähigkeit, politische Rahmenbedingungen, rechtliche Ausgestaltung. Zweiter Sachstandsbericht, Arbeitsbericht Nr. 93 des Büros für Technikfolgen-Abschätzung beim Deutschen Bundestag.
Pitts, Victoria L., 2003: In the Flesh: The Cultural Politics of Body Modification, Palgrave Macmillan: New York; London.
Ploeg, Irma van der, 1999: Written on the Body: Biometrics and Identity, in: Computers and Society 29, 37-44.
Rabinow, Paul 1999: Artificiality and Enlightenment: From Sociobiology to Biosociality, in: Mario Biagioli (Hg.), The Science Studies Reader, Routledge: New York, S. 407-416.
Ruggiero, Kristin, 2001: Fingerprinting and the Argentine Plan for Universal Identification in the Late Nineteenth and Early Twentieth Centuries. In: Jane Caplan, John Torpey (Hg.), Documenting Individual Identity. The Development of State Practices in the Modern World, Princeton University Press: Princeton; Oxford, S. 184-196.
Samerski, Silja, 2008: Genetische Aufklärung als Abschaffung des Common sense, in: Karl-Siegbert Rehberg (Hg.), Die Natur der Gesellschaft. Verhandlungen des 33. Kongresses der Deutschen Gesellschaft für Soziologie, Frankfurt a.M., New York, S. 5976-5984 (DGS-CD-Rom pdf. 5976).
Shearing, Clifford, 1997: Gewalt und die neue Kunst des Regierens und Herrschens. Privatisierung und ihre Implikationen, in: Trutz von Trotha (Hg.), Soziologie der Gewalt, Sonderheft 37 der Kölner Zeitschrift für Soziologie und Sozialpsychologie, Opladen, S. 263-278.
Skene, Loane und Janna Thompson (Hg.), 2008: The Sorting Society. The Ethics of Genetic Screening and Therapy, Cambridge University Press: Cambridge.
Sofsky, Wolfgang, 1993: Die Ordnung des Terrors: Das Konzentrationslager, Fischer: Frankfurt a.M.
Strasser, Hermann und Henning van den Brink, 2005: Auf dem Weg in die Präventionsgesellschaft? In: Aus Politik und Zeitgeschichte 46, S. 3-7.
Strasser, Peter, 1984: Verbrechermenschen. Zur kriminalwissenschaftlichen Erzeugung des Bösen, Campus: Frankfurt a.M.; New York.
Third annual report to the Council and the European Parliament on the activities of the EURODAC Central Unit, SEC (2006) 1170, Brüssel 2006.

Torgovnick, Marianna, 2005 [1995]: Piercings. In: Tiffany Atkinson (Hg.), The Body, Palgrave Macmillan: Houndmills, S. 167-177.
Tuhey, John, 2005: Forensic DNA: The Criminal Defendant's Right to an Independent Expert, in: Sheldon Krimsky, Peter Shorett (Hg.), Rights and Liberties in the Biotech Age. Why we need a Genetic Bill of Rights, Rowman & Littlefield Publishers: Lanham; Boulder; New York u.a., S. 194-200.
Turner, Bryan S., 2008: The Body & Society. Explorations in Social Theory, 3rd edition, Sage Publications: Los Angeles; London; New Delhi; Singapore.

Oliver Decker und Tobias Grave

Überwacht oder überwach? Elektronische Gesundheitskarte und Patientenakte

1 Die elektronische Gesundheitskarte

Das Gesetz zur Modernisierung der gesetzlichen Krankenversicherung trat zum 1. Januar 2004 in Kraft, ein Kernelement ist die so genannte Gesundheitskarte (eGK). Sie führte lange Zeit neben der ebenfalls in diesem Gesetz enthaltenen Zuzahlungsregelung bei Arzneimitteln und der Praxisgebühr ein Schattendasein und wurde in der Öffentlichkeit und auch von den betroffenen Fachgruppen zunächst nur wenig zur Kenntnis genommen. Das hat sich in den letzten Jahren geändert, der Widerstand gegen die eGK formiert sich seit 2005 deutlicher. Getragen wird er von unterschiedlichen Interessengruppen. Kritisiert wird die eGK etwa von Standesvertretungen der Ärzte wegen der Kosten, die auf die Praxen mit der Einführung neuer IT-Anwendungen zukommen, wie auch von Datenschützern, die auf die nach wie vor offenen Fragen im Zusammenhang mit der Verwaltung sensibler personenbezogener Daten aufmerksam machen. Diese Front gegen die Gesundheitskarte kam erstaunlich spät, betrifft sie doch alle Versicherten; die komplementär eingeführte Heilberufskarte für alle Ärzte, Psychotherapeuten und Apotheker hat ebenfalls Auswirkungen auf die heilberufliche Tätigkeit.

Allerdings lässt auch die Gesundheitskarte auf sich warten. Während periodisch immer wieder die flächendeckende Einführung für die gesamte Bundesrepublik angekündigt wird, kommt es schon in den sogenannten Roll-Out-Regionen, also jenen ausgewählten Modellregionen (beispielsweise in Baden-Württemberg, Bayern, Bremen, Niedersachsen, NRW, Sachsen und Mecklenburg-Vorpommern), in denen die Einführung der Gesundheitskarte und der Heilberufskarte (Schug u. a. 2005) erprobt wird, immer wieder zu Schwierigkeiten. Das zunächst geplante Datum der Einführung der Gesundheitskarte für alle 80 Millionen Versicherten in der Bundesrepublik zum 1. Januar 2006 ist genauso verstrichen wie die in der Zwischenzeit wiederholt neu genannten Einführungsdaten. Der Präsident der BITKOM (Bundesverband Informationswirtschaft, Telekommunikation und neue Medien) stellte in einer Pressekonferenz vom 4. März 2009 fest, dass der „Rollout" der elektronischen Gesundheitskarte mittlerweile vier Jahre „hinter Plan" liegt (Scheer 2009).

Wann die Karte in der geplanten Form kommt, ist weiterhin eine offene Frage. Dagegen mutet die jüngste Bekanntgabe des Bundesgesundheitsministeriums, die „Einführung der eGK ist im Plan", weil nun der Roll-Out in einer Testregion (Niederrhein) beginnt, eher wie eine Beschwörungsformel an (Bundesgesundheitsministerium 2009). Das Projekt besitzt aber einen so zentralen Stellenwert für das Gesundheitssystem wie auch für die Verwaltung, dass seine kurz- oder mittelfristige Umsetzung zwingend ist – und es verdient insofern eine nähere Betrachtung. Es gibt allerdings noch einen weiteren Grund, die Beschäftigung mit der Gesundheitskarte nicht hintan zu stellen. Die durch sie angestrebte Umgestaltung des Gesundheitssystems findet auch ohne sie statt und zwar mit einer Dynamik, die ein neues Licht auf die Wirkung der Gesundheitskarte wirft (Decker 2005). Denn das, was die Gesundheitskarte ermöglichen soll und deshalb aufs Engste mit ihr verschränkt ist, entwickelt sich zeitgleich und unabhängig von ihr: Die elektronische Patientenakte (EPA) nimmt bereits Gestalt an. Elektronische Patientenakte und Gesundheitskarte haben, wie viele Begriffe, einen sehr weiten Bedeutungsraum (Oh u. a. 2005), so dass sich eine Klärung des Kontextes empfiehlt. Diese Klärung beginnt in der Politik.

Eines der zentralen Projekte der rot-grünen Regierung war die Umsetzung des sogenannten eGovernment, also der elektronischen Verwaltung. Wie auch bei der Gesundheitskarte vollzog sich diese „Verwaltungsrevolution" zu Anfang erstaunlicherweise ohne nennenswerte öffentliche Resonanz (Engemann 2002). Der Übergang zur „Elektronischen Verwaltung", der auf einen Kabinettsbeschluss vom 1.12.1999 zurückgeht – „Moderner Staat – Moderne Verwaltung – Deutschland erneuern" (Bundesregierung 1999) – wurde mit mehreren Millionen Euro gefördert und durch diverse Forschungsprojekte flankiert.

Die Gesundheitskarte ist ein Meilenstein bei der Einführung des eGovernment in der Bundesrepublik: Sie wurde von einer gemeinsamen Arbeitsgruppe der Bundesministerien für Inneres, Wirtschaft, Gesundheit und Finanzen vorbereitet (Bundesregierung 2005), in der das Bundesinnenministerium die Federführung hatte. Diese enge Verzahnung zwischen den verschiedenen Ressorts ergibt sich aus der Zielstellung: Mittelfristig soll der neue digitale Personalausweis folgen. Aber nicht nur deshalb hat die Umsetzung dieses Plans einige Konsequenzen, die in den unmittelbaren Nahbereich jedes Individuums hineinreichen. Ergänzt werden die Gesundheitskarte und der digitale Personalausweis um eine „JobCard", auf der die Berufsbiographie mit den erworbenen Sozialansprüchen abrufbar ist (Weichert 2005). Geplant ist, alle Karten langfristig zu einer Karte zusammenzuführen (Bundesregierung 2005). Die Gesundheitskarte sollte ab Anfang 2006 ausgegeben werden, ist aber bis heute im Planungsstadium. Möglicherweise liegt ein Grund auch in der Sorge, dass sich ähnliche technische Schwierigkeiten wie bei der Einführung der LKW-Maut in einem noch sensibleren Bereich wiederholen könnten.

Kommt die Gesundheitskarte, dann erfolgt die Ausgabe „evolutionär", d. h. die bisher geführten Krankenversichertenkarten werden im Zuge eines ohnehin notwendigen Austausches ersetzt. Da bisher pro Jahr 10-15 % der Krankenversichertenkarten neu ausgegeben werden mussten, etwa bei Wohnorts- oder Namenswechsel oder wegen eines Defekts, ist auch auf diesem Weg bald nach Beginn der Ausgabe mit einer lückenlosen Einführung der Gesundheitskarte zu rechnen. Insofern scheinen die technischen Schwierigkeiten nicht auf Anhieb verständlich, zumal die Gesundheitskarte in der Krankenversorgung eben nicht ohne Vorbild ist. 1993/1994 wurde in der Bundesrepublik die Krankenversichertenkarte eingeführt. Heute sind etwa 90% der Bevölkerung – ob gesetzlich oder privat krankenversichert – mit dieser Karte ausgestattet (vgl. Warda u. a. 2002). Wahrscheinlich bot sich wegen der Vertrautheit im Umgang mit einer Speicherkarte auf Seiten der Versicherten auch die Gesundheitskarte als Einstieg in das eGovernment an. Dabei wird die Gesundheitskarte der heutigen Krankenversichertenkarte aber nur noch in ihrer Größe gleichen. In zweierlei Hinsicht wird sie sich in der geplanten Form deutlich von der Krankenversichertenkarte unterscheiden: Zunächst fällt das Passbild auf, das eine eindeutige Zuordnung des Besitzers der Gesundheitskarte ermöglichen soll (Paland u. a. 2005). Durch ein Passbild wird die Gesundheitskarte mit einer Ausweisfunktion ausgestattet, wie sie die Krankenversichertenkarte noch nicht enthält. Zwar diente auch sie dem Nachweis, Leistungsbezugsberechtigter im Gesundheitswesen zu sein. Allerdings blieben die Kontrollmöglichkeiten beschränkt. Die neue Gesundheitskarte wird ihren Inhaber wie ein Personalausweis identifizierbar machen. „Dabei werden die Identifizierungsdaten, weitere Grunddaten und das Foto auf die Karte aufgebracht. Danach ist die eindeutige Karte einer Person zugeordnet." (Weichert 2004, 394)

Daneben sind es die inneren Parameter, welche die Gesundheitskarte von der Krankenversichertenkarte unterscheidbar machen – und die haben es in sich. Zwar verfügt auch die Krankenversichertenkarte über einen Speicherträger, aber die Gesundheitskarte soll mit einem wiederbeschreibbaren Mikroprozessorchip ausgestattet werden. Auf der bisherigen Krankenversichertenkarte sind auf einem Speicherchip Angaben zur Person erfasst (Name, Anschrift, Geburtsdatum) sowie versicherungsrelevante Informationen. Der Mikroprozessor der eGK kann nicht unbedingt mehr Informationen aufnehmen als die bisherige Krankenversichertenkarte mit ihren etwa 300kB. Genannt werden lediglich Größen um die 64 kB. Das Besondere ist also nicht seine Speicherkapazität, sondern dass er – wie ein kleiner Computer – selbst Rechenoperationen durchführen kann und programmierbar ist.

Über die geringe Speicherkapazität der Gesundheitskarte darf man irritiert sein. In der öffentlich diskutierten Zielstellung wurde lange Zeit ausschließlich der Eindruck erweckt, es ginge darum, Informationen direkt auf der Karte zu speichern. Auch heute noch ist die Diskussion vornehmlich geprägt von diesem vordergründigen Ziel. Dabei werden verschiedene Informationen genannt, die abgelegt werden sollen: Neben einem elektronischen Rezept, welches die bisherige Papierversion in der Kommunikation zwischen Arzt und Apotheker ablösen soll, wird beispielsweise daran gedacht, Notfallinformationen aufzunehmen, die dem Sanitäter oder Arzt vor Ort bereits sämtliche relevanten Daten für die notfallmäßige Versorgung zugänglich machen sollen. Auch Informationen zu chronischen Krankheiten oder Medikamentenunverträglichkeiten sollen auf der Karte direkt abgelegt werden (Schmücker 2005). So hat man die Idee eingebracht, auf der Karte lesbar für die Patienten die Kosten der Inanspruchnahme des Arztes abzulegen, mit dem Argument, sie in eine gleichberechtigte Position mit dem Arzt zu bringen. Hierbei wurde etwa von Seiten des Bundesgesundheitsministeriums argumentiert: „Mit der elektronischen Gesundheitskarte werden bestehende Patientenrechte umgesetzt. Für Patienten bietet die elektronische Gesundheitskarte die Chance, besser als bisher über die eigenen Gesundheitsdaten und über deren Verwendung eigenverantwortlich verfügen zu können. [...] Mit modernen Informations- und Kommunikationstechnologien kann den Patienten ein Service geboten werden, wie sie ihn aus anderen Lebensbereichen kennen" (Bales 2005, 728). Es werden bis heute viele Ideen genannt, welche Informationen auf der Karte abgelegt werden sollen. Aber um wirklich die Einführung dieser neuen Karte zu rechtfertigen, bedarf es mehr. Trotzdem, und auch wenn die Erwartungen vielfältig sind, so äußern sich die Beteiligten hinsichtlich des ersten konkreten Einsatzes mit Vorsicht, betonen vor allem die Nutzung des elektronischen Rezepts (Bales 2005). Diese Zurückhaltung in der Nutzung weiterer Möglichkeiten ist der Erwägung geschuldet, dass die Karte wohl auf Akzeptanzprobleme stieße, würden gleich zu Anfang für die Patienten nicht nachvollziehbare elektronische Datenoperationen stattfinden (Weichert 2005). Tatsächlich ist nach der Erprobungsphase nicht mehr damit zu rechnen, dass mehr als Notfalldaten auf der Karte abgelegt werden: „Im Hinblick auf die begrenzte Speicherkapazität und auch wegen der notwendigen Sicherung der Daten ist allerdings davon auszugehen, dass sich die Speicherung von Daten auf der Karte – nach der

Aufbauphase des Systems – im Wesentlichen auf die Notfalldaten beschränkt" (Bales 2005, 729 für das Bundesgesundheitsministerium).

Warum also der Aufwand der Einführung dieser Karte? Der Mikroprozessor soll gegenüber dem bisherigen Speicherträger eine andere Entwicklung möglich machen, wonach eGovernment – und damit auch die gesamte sogenannte Telematikmedizin – nicht aus bei jedem einzelnen Bürger abgelegten Daten besteht, sondern aus zentral gebündelten, personenbezogenen Informationen, und dazu gehören eben auch die Gesundheitsdaten. Aus diesem Grund wird nicht die Karte der physische Speicherort für die Informationen sein. Die Gesundheitskarte soll die elektronische Patientenakte nur ermöglichen. Damit diese Daten jedem behandelnden Arzt zur Verfügung stehen, sollen sie nicht auf der Karte, sondern auf Servern, d. h. auf dezentral betriebenen, aber miteinander vernetzten Computern abgelegt werden. An Stelle der Karte also ein Servernetz. Womit die Daten nicht nur zentral verfügbar, sondern auch dann noch abrufbar wären, wenn das für Teile ihres physischen Trägers schon nicht mehr gilt.

Eine Telematikarchitektur muss man sich in Anlehnung an das Internet als einen verteilten, dezentralen Serververbund vorstellen (Paland u. a. 2005, 627). Auf verschiedenen, von einem privaten Firmenkonsortium eingerichteten und betriebenen Datenbanken werden die Informationen, in diesem Fall die elektronischen Patientenakten, abgelegt. Neben den einzelnen Servern ist ebenfalls ein so genanntes „Backendsystem" geplant, mit dem die Daten der Server gesichert werden (ebd.). Die Umsetzung dieser Telematikinfrastruktur ist 2003 von der Bundesregierung ausgeschrieben und an ein Industriekonsortium bestehend aus IBM Deutschland, Fraunhofer-Institut für Arbeitswirtschaft und Organisation, InterComponentWare AG, ORGA Kartensystem GmbH und SAP Deutschland unter dem Titel „bIT4health" vergeben worden (Schmücker 2005). Die Betreiber dieser Backendsysteme sind noch nicht ausgewiesen, vermutlich aber sind es die Leistungsträger, also die Kassen und Versicherungen selber, bei denen sich dann die Informationen bündeln (Weichert 2004, 398).

Die Fähigkeiten eines Mikroprozessors und den vorgesehenen Speicherplatz braucht die Gesundheitskarte vor allem, um eine zentrale Information aufzunehmen: die elektronische Signatur (Bales 2005; Goetz 2005). Das hat sie mit der Heilberufskarte, der JobCard und dem digitalen Personalausweis gemein. Die vom Bundeskabinett beschlossenen Eckpunkte sehen vor, dass die geplanten Kartenprojekte gleiche Standards für die elektronische Authentifizierung (Identifizierung des Karteninhabers) aufweisen und die qualifizierte elektronische Signatur (Äquivalent zur manuellen Unterschrift) vereinheitlicht wird (Bundesregierung 2005). Damit wird sichtbar, dass die Gesundheitskarte in einen bereits viel länger andauernden politischen Prozess eingebunden ist. Bereits 2001 wurde das Gesetz über Rahmenbedingungen für elektronische Signaturen (Signaturgesetz, kurz: SigG) verabschiedet. Dem Signaturgesetz folgte die Signaturverordnung (SigV). Mit dieser juristischen Rahmensetzung wurde vorbereitet, was sich via Gesundheitskarte schließlich einmal durch JobCard und Personalausweis vollziehen soll: die Authentifizierung jedes Individuums entlang einer elektronischen Signatur. Eine virtuelle Unterschrift besitzt gegenüber der handschriftlichen eine neue Qualität. Während die eigenhändige Unterschrift auf Papier justiziabel, aber auf Grund der Materialität ortsgebunden und vergänglich ist, löst sich die elektronische Signatur vom Ort ihrer Niederschrift und erhält mit ihrer virtuellen eine neue, dauerhaftere und zugleich ungreifbarere Realität. Deren Bedeutung zeichnet sich bereits an dem ab, was die Gesundheitskarte möglich machen soll.

Authentifiziert durch die Gesundheitskarte des Patienten und die Heilberufskarte des ihn behandelnden Arztes sollen die Patientendaten durch den jeweiligen Heilberufsangehörigen als elektronische Patientenakte in das Servernetz eingespeist werden: Wie bei der Internetnutzung soll in der Telematikmedizin der Zugang über jede Arztpraxis, jedes Krankenhaus oder jede Apotheke möglich sein. Zugriffsberechtigungen werden durch die Heilberufskarte in Verbindung mit der jeweiligen Gesundheitskarte des Patienten nachgewiesen. Der Patient soll den Zugriff des einzelnen Arztes auf die elektronische Patientenakte regulieren können, so dass etwa dem Zahnarzt die psychotherapeutische Dokumentation nicht zugänglich ist, wenn der Patient diesen Teil seiner Akte vorher sperrt (Bales 2005). So soll der Patient entscheiden können, ob ein Arzt die Daten vom Servernetz abruft. Allerdings ist die Pflege des Datensatzes durch den Patienten nicht vorgesehen, diese Möglichkeit steht nur den Angehörigen der Heilberufe zur Verfügung. Und über die Verwendung der Informationen auf dem Servernetz kann der Patient nicht nur nicht entscheiden, er hat auch keinen Einblick, wer zur Auswertung seiner Medikation, der Psychotherapiestunde oder des Zahnersatzes zum Zugriff auf den Server berechtigt ist. Seine Position kann am besten mit dem Insassen in einem Benthamschen Panopticon verglichen werden, der weiß, dass er überwacht wird, nicht aber durch wen und zu welchem Zeitpunkt (Foucault 1975). Es ist mehr als plausibel, die Wirkung dieser gleichermaßen omnipräsenten wie entpersönlichten Überwachung als beständige Selbstkontrolle und -prüfung auf Einhaltung der Regeln und Orientierung der Handlung im Sinne der herrschenden Rationalität zu beschreiben.

Im Zuge der Einführung der eGK werden Schutzrechte diskutiert, die gleichzeitig mit der Karte implementiert werden sollen. Diese betreffen allerdings wie üblich mehr die Verhinderung des Missbrauchs als die Wirkung des Gebrauchs. Um etwa eine Instrumentalisierung der Daten durch Arbeitgeber oder Versicherungen zu unterbinden, ist ein Verbot der Selbstauskunft geplant, das dem Patienten die Daten weiterzugeben verbietet (Weichert 2004). Die mit der vorgesehenen Speicherung sowohl auf einem Serververbund als auch auf einem Backendsystem erreichte Verfügbarkeit der elektronischen Patientenakte geht weiter: Diese Datenbanken würden in eine Architektur eingebunden sein, die es dem Arzt möglich macht, die relevanten Daten an dem Ort abzurufen, an dem sie zur Behandlung zur Verfügung zu stehen haben (DIMDI 2004). Insofern gilt es, die Kommunikation zwischen den im Gesundheitssystem aktiven Heilberufen zu erleichtern. Die Telematikarchitektur soll die bisherige papierbasierte Kommunikation vollständig ersetzen (Schmidt u. a. 2005). Für den Abruf der auf Servern abgelegten personenbezogenen Daten bedarf es einer Lösung, die ermöglicht, dass sich alle dezentral arbeitenden zugriffsberechtigten Nutzer authentifizieren. An dieser Stelle kommt wiederum die Gesundheits- und die Heilberufskarte ins Spiel. Trotz der Datenschutzregeln für die Kommunikation zwischen Arzt und Patienten und auch zwischen Patienten und Dritten, Arbeitergebern oder Versicherungen etwa, sind die Daten überhaupt erst einmal gebündelt – und der elektronischen Datenverarbeitung zugänglich. Führt man sich den Kontrast der bisherigen Dokumentation vor Augen, die dezentral und nur dem Arzt zugänglich ist, wird die neue Qualität deutlich. Die gesetzliche Regelung über die Verfügung ist zwar sehr restriktiv geplant, aber potenziell sind die Daten nun zugänglich und hinsichtlich willkürlich gewählter Kriterien auswertbar. Wäre der politische Wille da, stünden die Daten zu unterschiedlichster Nutzung bereit. Nicht schwer ist es, sich vorzustellen, dass sie etwa auch im Rahmen einer Rasterfahndung bedeutsam werden könnten. Wie leicht und schnell Datenschutzregeln außer Kraft gesetzt sind, hat zuletzt die Nutzung von Immatrikulationsdaten der bundesdeutschen Universitäten bei der Rasterfahndung nach den Attentaten vom 11. September gezeigt. Allerdings: *Abusus non tollit usus*. Deshalb soll hier nicht die Gefahr des Missbrauchs weiter ausgeführt werden, sondern die Wirkung des intendierten Gebrauchs. So wird die Einführung der Gesundheitskarte überholt von einer parallelen Entwicklung, die die Telematikarchitektur als ebenso obsolet erscheinen lässt wie die Kritik an ihr als Überwachungstechnik.

Für diese allerdings ist zunächst festzuhalten, dass die elektronische Signatur auf der Gesundheitskarte und der Heilberufskarte der unabdingbare Schlüssel zur Umsetzung eines vernetzten Gesundheitswesens ist. Und nicht nur das: Bei der Rekonstruktion des politischen Kontextes ist erstens deutlich geworden, dass die Gesundheitskarte die Voraussetzung darstellt, um sensible personenbezogene Daten der zentral geführten elektronischen Datenverarbeitung, Speicherung und Weiterverarbeitung verfügbar zu machen. Die elektronische Patientenakte soll es ermöglichen, einrichtungsübergreifend auf elektronischem Weg jede Behandlung zu dokumentieren. Sie soll die Informationen aus den unterschiedlichen Versorgungsbereichen in strukturierter Form sammel- und speicherbar machen, um sie für die medizinische Versorgung, aber auch, wie ein Bericht der Unternehmensberatung Roland Berger im Auftrag zweier Bundesministerien verdeutlicht, für analytische Zwecke zur Verfügung zu stellen (o. A. 1997). Im *Lancet* wird dieses Vorhaben als „Millenium Project" bezeichnet: Fernziel ist eine Globalisierung des Gesundheitssystems, durch die ein administrativ besserer Zugang zu forschungsrelevanten Daten (Juma u. a. 2005) gewährleistet werden kann. Für die Versorgung und für die Forschung gilt die Utopie elektronischer Unvergesslichkeit. „Human cognition has measurable limitations [...]. Human memory is imperfect, especially when the task involves remembering a large set of items or recalling the same items repeatedly. The computer can be relied on to remember large numbers of items accurately [...]" (Dick u. a. 1991). Die elektronische Akte soll ein vollständiges Gedächtnis sein, welches das menschliche nie war. Zweitens vollzieht sich im Gesundheitswesen ein Großprojekt, mit dem die Umsetzung auch anderer Verwaltungsaufgaben durch eGovernment erprobt wird. Dieses Großprojekt gibt einen Ausblick auf die staatliche Organisation verschiedener Lebensbereiche: Sollte sich die Authentifizierung im Gesundheitswesen technisch realisieren, der Informationsfluss zwischen den Servern gewährleistet sein und sollten keine nennenswerten Akzeptanzprobleme beim Endnutzer auftreten, so wird eine solche Architektur auch auf die Verwaltung anderer Lebensbereiche übertragen werden. Das erklärt die Vorsicht auf der politischen und administrativen Seite, die mögliche Widerstände gegen die Pläne einer umfassenden elektronischen Dokumentation von hochsensiblen persönlichen Daten gar nicht erst aufkommen lassen soll. Und drittens schließlich argumentiert man zwar mit dem Empowerment der Patienten, setzt diesem aber zugleich aus Sicht der Verwaltung Grenzen. Die Patienten sollen Daten sperren können; entscheiden, was abgelegt wird, können sie nicht.

Inzwischen aber wird die Planung der Telematik im öffentlichen Gesundheitswesen bis zu einem gewissen Grad von der Wirklichkeit überholt. Bevor die Gesundheitskarte eingeführt und damit die technische Voraussetzung zur Einführung von elektronischen Patientenakten geschaffen worden ist, gibt es bereits elektronische Dokumentationen für die Patienten als Direktangebot. Nicht elektronische Patientenakten, sondern, um die Begriffsverwirrung zu steigern, elektronische Gesundheitsakten wurden von Patienten selbst entworfen und werden ihnen entweder von Unternehmen oder den Kassen eigeninitiativ und ohne alle Einwirkung der Gesundheitspolitik offeriert, um die Arbeit an ihrer Gesundheit zu dokumentieren.

2 Die elektronische Akte

Wie die Gesundheits- in der Krankenkassenkarte ihr Vorbild hat, so hat auch die elektronische Patientenakte Vorläufer. Sie entwickelte sich aus den zunächst nur beschränkt elektronisch gespeicherten Informationen, die im wesentlichen aus Verweisen auf Papierakten bestehen und nur lokal zugänglich sind, hin zur „Electronic Patient Record", einer Akte, die alle versorgungsrelevanten Informationen eines Patienten enthält und alle Maßnahmen, die von den Leistungserbringern (Kliniken, Ärzte, Labors, etc.) erbracht worden sind. Eingespeist ebenfalls in eine Telematikinfrastruktur wird auch sie ortlos und kann von jedem Heilberufsbeteiligten abgerufen werden. Sie wird dann auch als eEPA bezeichnet, als einrichtungsübergreifende elektronische Patientenakte. Tatsächlich ist die Pflege der Akte aber immer noch Aufgabe des für die Heilbehandlung ausgebildeten Personals. So wenig wie dieses elektronische Gedächtnis auf der Karte abgelegt und damit in die Verantwortlichkeit der Patienten gelegt werden sollte, so wenig sollte der Patient unkontrollierten Zugriff auf sie erhalten. Hier kollidieren offensichtlich liberale Deregulierungsinteressen mit den Interessen an einer effektiven Verwaltung von Patientendaten. Zwar können Patienten Informationen für bestimmte Heilberufler unterdrücken, aber die Pflege der Information übernehmen sie nicht. Auch das gepriesene Empowerment durch die elektronische Gesundheitskarte und die Patientenakte haben aus Sicht der Bundesregierung ihre Grenzen.

Allerdings gibt es unabhängig von der Einführung der elektronischen Gesundheitskarte und der von staatlicher Seite in Auftrag gegebenen Telematikinfrastruktur zur Etablierung einer elektronischen Patientenakte bereits Dokumentationssysteme. Sie sind schon länger auf dem Markt und richten sich direkt an die Patienten. Was Ziel der Telematikinfrastruktur ist und Datenschützer wie Berufsverbände bewegt, das gibt es schon – das elektronisch lückenlose Gedächtnis der Krankheiten, der Heilbehandlung und des Gesundheitsverhaltens wurde von den Patienten selbst initiiert. In deutscher Sprache bestehen diese Angebote von verschiedenen Kassen, die sich unabhängig von der Telematikinfrastruktur als Leistungsträger an ihre Patienten wenden. Sie bieten aber nicht nur elektronische Patientenakten an, sondern entsprechende „Gesundheitsakten". Der Unterschied zwischen „Patient" und „Gesundheit" in der Namengebung solcher Produkte zeigt eine Dynamik, die von der Bundesregierung losgetreten, aber nicht unbedingt intendiert worden ist. „Als Folge der Regelungen im SGB 5 § 68 ‚Finanzierung einer persönlichen Gesundheitsakte' haben einige Hersteller spezielle eEPA-Systeme zur ausschließlichen Aktenführung durch den Patienten implementiert, zunehmend jedoch auch mit Schnittstellen zu institutionellen Systemen, damit behandelnde Ärzte Informationen auf Wunsch des Patienten direkt einsehen können. Ebenfalls als Folge der Regelung im SGB 5 § 68 haben einige Kassen begonnen, elektronische Gesundheitsaktensysteme zu implementieren. Sie betrachten dies als wesentliches Merkmal der Kundenbindung." (Haas 2007, 8/9) Am deutschen Markt waren bereits im Jahr 2004 vier große Anbieter vertreten. „Life-Sensor", die ausdrücklich mit dem Slogan „Vom Patienten hin zum Kunden" für ihr Produkt werben (EHealthCom), und der konkurrierende Anbieter „Avetana" richten sich an Patienten, welche die Kosten und Pflege der Akte selbst übernehmen. „Careon.de" dagegen hat Rahmenverträge mit Krankenkassen abgeschlossen, die gegen Lizenzgebühr ihren Versicherten die Akte kostenlos anbieten. Ein weiterer Anbieter, AMC Medical Communication GmbH, macht mit „Clinixx-WEGA" bereits erste Schritte zu einer eEPA, da es mit dem ebenfalls in ihrem Portefeuille befindlichen Klinikinformationssystem „Clinixx", also mit den angebundenen Kliniken und Praxen, verbunden werden kann. Der eigentliche Pionier in Deutschland für elektronische Gesundheitsakten ist die Firma Gesakom GmbH, die seit dem Jahr 2000 ihre „Akteonline.de" anbietet (Warda 2006). Ein weiterer Anbieter „gesundheitsakte.de" hat eine Reihe von Betriebskrankenkassen (BKKs) als Bündnispartner und auch die DAK hat 2007 dieses Angebot für ihre Versicherten eingeführt. Bei jedem dieser privaten Anbieter ist die elektronische Gesundheitskarte zur Authentifizierung der Nutzer zwar bereits in die Planung integriert, aber längst nicht mehr ein zentrales Element für die Telematik. Stattdessen orientieren sich die Anbieter an einer Entwicklung des Internets, welche im Zuge des Web 2.0 hegemonial geworden ist, den „health related internet activities".

Der erste deutschsprachige Anbieter, die „Akteonline.de" der Firma Gesakom, und damit auch die Kassen, folgen mit ihrem Angebot der Initiative von Internetnutzern, die das World Wide Web nicht mehr nur zur Recherche nutzen. Wurde das Internet anfänglich als Informationsquelle über Krankheitsbilder herangezogen, sind die „health related internet activities" mittlerweile unzählig geworden und beschränken sich bei Weitem nicht mehr auf frontale Informationsvermittlung. Von den drei Vierteln der Deutschen, die regelmäßig das Internet nutzen, bereiten zwei Drittel ihren Arztbesuch im Internet sowohl vor als auch nach (wobei interessanterweise diese Möglichkeit besonders häufig von jungen Frauen genutzt wird) (Dumitru u. a. 2007). Die Vor- und Nachbereitung dient nicht mehr nur der Informationssuche, sie gilt verstärkt der Auswahl des Arztes und seiner anschließenden Bewertung. Hierfür stehen im Web 2.0 ausführliche Bewertungsschemata verschiedener Anbieter zur Verfügung, die etwa Eindrücke zur Person des Arztes, zur Praxisausstattung und zur „Performance im Wartezimmer" abfragen (einen Überblick der Anbieter gibt medseiten.wordpress.com). Während die Bundesärztekammer in Zusammenarbeit mit der Kassenärztlichen Bundesvereinigung auf diesen Bedarf ebenfalls mit einer gemeinsamen Internetpräsenz reagieren (patienten-information.de), die sich noch am klassischen Muster der Adressvermittlung und Patienteninformation orientiert, bieten andere Seiten sehr viel weitergehende Dienste an. Dass es bei diesen Diensten aus Sicht der möglichen Nutzer gar nicht so dringend auf die Datensicherheit ankommt, zeigt die parallele Entwicklung von Gesundheitsakten im Web 2.0, exemplarisch das englischsprachige Portal „patientslikeme.com".

Es ging im Jahr 1999 online und kann damit als Blaupause der heute in Deutschland angebotenen Gesundheitsakten gelten. Der besondere Clou dieses Angebots liegt darin, dass es auf eine Eigeninitiative von Patienten zurückgeht. Im Grunde ist patientslikeme.com eine den bekannten Portalen wie etwa „StudiVZ" oder „Facebook" verwandte Internetplattform, die anbietet, die eigenen Krankendaten in das Portal hochzuladen. Wie bei den persönlichen Portalen ist die Krankenakte verbunden nicht nur mit dem Namen, sondern auch mit dem Bild der Person. Das Angebot richtet sich an Patienten mit chronischen und degenerativen Erkrankungen (HIV/AIDS; sog. Mood Conditions wie Angstzustände, Depression, Bipolare Störungen und weitere seltene Erkrankungen). Alle krankheitsrelevanten Daten wie Medikamentendosierung, Fieberkurve, Stuhlgang, Stimmung können täglich eingepflegt werden. Diese Informationen sind in ein elektronisches Gedächtnis eingeschrieben und stehen dann allen Nutzern frei zur Verfügung. patientslikeme.com gibt das Motto vor: „Learn from others". Die möglichst lückenlos gespeicherte Erfahrung der anderen Nutzer soll für die eigene Behandlung nutzbar gemacht werden können. Dass hierfür auch Name und Bild der betroffenen Personen eingepflegt werden müssen, erklärt sich allerdings aus dem „Learn from others"-Motto nicht. Die dem elektronischen Gedächtnis überantworteten Daten werden von den Betroffenen selbst individualisiert. Mit Vertrauen hat das nicht viel zu tun, zumal mittlerweile die eingestellten Daten bei patientslikeme.com zur Grundlage eines offen benannten und dennoch sehr ertragreichen Geschäfts geworden sind. Was den Forschern bei der Telematikarchitektur im Gesundheitssystem noch vorschwebt, ist bei patientslikeme.com bereits Wirklichkeit. Pharmakonzerne wie *Novartis* oder *ucb* sind als Partner registriert und damit in die Nutzung der Krankheitsverläufe eingebunden. Auch an andere forschende Pharmaunternehmen werden die Daten anonymisiert von den Portal-Betreibern verkauft. Aber auch unabhängig von diesen Forschungsprojekten gibt das Bemühen um Austausch zwischen Patienten über die Erfahrung mit ihren Behandlungsverläufen nur auf den ersten Blick ausreichend Auskunft über die Motive, seine vollständige Krankengeschichte mit Namen und Bild der Öffentlichkeit zugänglich zu machen.

Was patientslikeme.com vorgemacht hat, wurde bald von anderen kommerziellen Anbietern kopiert – wenn auch ohne den allgemein öffentlichen Zugang zu den Daten. Prominentestes Beispiel dürfte hierfür das Portal GoogleHealth.com sein. Der größte Datensammler der Welt bietet seinen Nutzern neben den vielen anderen Angeboten auch die Pflege einer elektronischen Gesundheitsakte an. Dieser Dienst ist über den Nutzernamen mit allen anderen Diensten verknüpft, die Google anbietet, und das Interesse ist groß, wie die nachziehende Konkurrenz etwa mit den Angeboten der Kassen deutlich macht.

An dieser Nachfrage nach elektronischen Gesundheitsakten, die nun nicht als Bestandteil der elektronischen Verwaltung, sondern als privatwirtschaftliche Angebote nachgefragt werden, haben sich zunächst die deutschsprachigen Anbieter entsprechender Portale und dann die deutschen Krankenkassen orientiert. Sie haben zu Recht die Gesundheitsakte als Strategie zur Kundenbindung erkannt und bieten sie ihren Mitgliedern an. Nicht mehr Informationsdienste sind das primäre Ziel der „health related internet activities", sondern neben den Produktvergleichen (vulgo: Arzt-Vergleichen) vor allem die Gesundheitsakten.

Die elektronische Gesundheitsakte, „Electronic Health Record", ist von der mit der Gesundheitskarte aufs Engste verbundenen elektronischen Patientenakte dadurch unterschieden, dass sie ein elektronisches Gedächtnis aller „Informationen von nicht schulmedizinischen Behandlungen, gesundheitsrelevanten Informationen in beliebigem Umfang, zum Beispiel Lebensgewohnheiten und Lifestyle (Essen, Sport, etc.)" oder auch „Wellnessinformationen und Selbsteintragungen des Patienten" ist. Wenn die elektronische Akte also den „Patienten als aktiven Teilnehmer (integriert)" (Haas 2007, 7), dann kann das auch in einem psychologischen Sinne gelesen werden: Das individuelle Gedächtnis über Gesundheit und Krankheit wird exkorporiert, damit nichts verloren geht. Diese Exkorporation ist als performativer Akt zugleich eine Inkorporation der Gesellschaft: „The record is involved in the performance of the human body" (Berg u. a. 1997, 532). Für diesen „Electronic Health Record" hat sich im Deutschen der Begriff der elektronischen Gesundheitsakte eingebürgert. Diese wird zwar in der Literatur als zeitgemäßer Ausdruck des „Patienten-Empowerment" begriffen, das dem Rollenverständnis des „steuernden Patienten" folgt, der selbstbewusst das Internet zur Überprüfung der Entscheidungen des Arztes nutzt (Warda 2006, 27-29). Dieser Wechsel von der paternalistischen Arzt-Patienten-Beziehung zum sogenannten „Shared-Decision-Making" bedeutet aber für diese Beziehung eine ähnlich grundlegende Veränderung, wie derjenige zwischen Gemeindemitglied und Pastor durch die Reformation. Wie der Priester, so verliert auch der Arzt seine Vermittlerposition. Und wie der Gläubige, so braucht auch der Patient eine neue Rückversicherung.

Wichtig für das Verständnis der elektronischen Akte ist auch, in der Stärkung der Patientenrechte und der „informationellen Bewässerung einer Dienstleistungswüste" mehr als nur ein Lippenbekenntnis zu sehen, die Erklärungen vielmehr auch als Hinweis auf die Ziele der Einführung der eGK ernst zu nehmen. Erst dann kann sich die Tiefendimension dieser soziokulturellen Entwicklung erschließen. Die eGK soll durchaus die Eigenverantwortlichkeit des Patienten erweitern. Die in Aussicht gestellte Verfügungsmöglichkeit über die krankheitsrelevanten Daten wird nicht nur als Empowerment der Patienten verkauft (Grätzel von Grätz 2004), sondern sollte zunächst auch in dieser Intention verstanden werden. Wie bei anderen Modernisierungsmaßnahmen im Gesundheitssystem geht diese Stärkung der Patientenrechte allerdings mit einer Vermarktlichung der Arzt-Patienten-Beziehung einher: Es geht um ein effektives „Customer Relationship Management (CRM)", das es auch gestattet, etwa eine „langfristige Kundenbindung" zu initiieren und „Produkte und Leistungen dem Kundenwunsch entsprechend bereitzustellen" (Mühlbacher u. a. 2003, 25). Die Einführung der elektronischen Gesundheitskarte ist damit in einem ähnlichen Kontext zu verstehen wie die Einführung von Qualitätssicherungsmaßnahmen (Decker u. a. 2002). Sie ist ein Instrument der Liberalisierung des Gesundheitssystems, das fortan zu jenem ersten Gesundheitsmarkt werden soll, der mit der Nennung eines „2. Gesundheitsmarktes" für die Dienstleistungen jenseits der gesetzlichen Krankenversicherungen immer schon behauptet worden ist (Kartte u. a. 2008). Das an die Gesundheitskarte gebundene Emanzipationsversprechen ist immer verknüpft mit ökonomischen Motiven. Ökonomisch geht es nicht, wie häufig behauptet, um das Einsparvolumen, sondern im Gegenteil um die Wachstumsgrenzen einer staatlich geregelten Gesundheitsversorgung. Zwar soll auch Geld gespart werden: Die Verbindung von angestrebter Transparenz mit ökonomischer Rationalität wird deutlich in dem Ziel, den Informationsfluss zwischen den verschiedenen Gruppen und Ärzten im Gesundheitssystem besser zu gewährleisten und damit etwa „Disease Management" oder Integrierte Versorgung in einer neuen Qualität zu ermöglichen. Die Vermeidung von Doppelverordnungen und -untersuchungen sowie die angestrebten Synergieeffekte aus der verbesserten Kommunikation zwischen den funktionalen Gruppen im Gesundheitssystem würden ein großes Einsparvolumen zeitigen. Es wird argumentiert, dass bereits das elektronische Rezept Kosten von bis zu einer Milliarde einspare, allerdings sind diese Zahlen eher strittig (Schmidt u. a. 2005). Aber es sollen nicht primär die Kosten des Gesundheitssystems gedämpft, sondern die Grenzen beseitigt werden, die eine staatliche Regulation einem Markt setzt. Denn in einem sind sich die Ökonomen einig. Der Gesundheitsmarkt besitzt, von den Fesseln staatlicher und korporativer Reglementierung befreit, ein sehr großes Wachstumspotential. Wenn der Ökonom Erik Händeler (2008, 38) einen neuen „Kondratieff-Zyklus" ausmacht und jenes Handelsgut bestimmt, das den nächsten wirtschaftlichen Innovationszyklus für 40 bis 60 Jahre auslösen wird, schreibt er vom „knappen Gut Gesundheit". Bei näherer Betrachtung stellt sich heraus, dass die elektronische Patientenakte nicht nur ein Verwaltungsinteresse bedient, sondern die Patienten als Kunden adressiert – und von diesen auch als solchen aufgenommen wird. Die Patienten werden zu Endnutzern und fragen als Kunden das elektronische Gedächtnis nach.

Die in der Zwischenzeit am Markt präsenten Anbieter elektronischer Gesundheitsakten setzen das Empowerment des Patienten in einem größeren Ausmaß um, als es der Gesetzgeber möglicherweise ursprünglich intendiert hatte. Und die scheinbare Unbedarftheit der Patienten, ihre Daten selbst auf einem Server zu bündeln, wirft ein neues Licht auf die Einführung der elektronischen Verwaltung. Die Entwicklung ist bei Weitem dynamischer, als

Bundesregierung und Datenschützer es erwartet haben. Dass es sich hierbei aber nicht einfach nur um Unbedarftheit handelt, wird erst deutlich, wenn man die enge Verzahnung von ökonomischer Rationalisierung, politischer Steuerung und Patientenemanzipation betrachtet. Der Wunsch nach der elektronischen Akte, auch von Seiten der Patienten, wird in der Nachfrage nach privatwirtschaftlich angebotenen elektronischen Gesundheitsakten deutlich. Das elektronische Regieren ist demnach nicht nur ein Anliegen der Politik, sondern wird von den Regierten selbst nachgefragt.

3 Abschluss: *Erinnern und Vergessen*

Was nach Dick und Steen durch das auf Dauer gestellte Gedächtnis ermöglicht werden soll, lückenlos zu funktionieren, ist der Funktion des menschlichen Gedächtnisses eigentlich entgegengesetzt. „Kein Gedächtnis kann existieren, ohne das Vergessen" (Berg 2007). Berg spielt hier auf eine essentielle Funktion des menschlichen Gedächtnisses an, an das Allermeiste nämlich nicht mehr denken zu brauchen. Genau das macht aber die Insuffizienz aus, die nun durch elektronische Assistenz behoben werden soll. Mit der panoptischen Überwachungsphantasie des vollständigen Gedächtnisses wird dem individuellen Vergessen entgegengearbeitet. Selbst die Psychoanalyse, deren psychoanalytische Kur „Erinnern, Wiederholen, Durcharbeiten" zum Ziel hat, schätzte das Vergessen nicht gering. An diesem psychoanalytischen „Erinnern" wird eine Wirkung der Überwachung deutlich. In der psychoanalytischen Kur wird ja nur deshalb erinnert, weil etwas nicht wirklich vergessen werden kann. „Dass etwas ‚erinnert' wird, was nie ‚vergessen' werden konnte" (Freud 1914, 128), ist der Grund, der jemanden auf die Couch treibt. „[N]ichts, woran Sie sich erinnern können, ist vorbei", so fasste Klaus Heinrich seinen Hörern eine der Grundeinsichten der Psychoanalyse zusammen (Heinrich 2001, 59). Nur durch das kathartische Erinnern in der Psychotherapie kann dann das Traumatische tatsächlich dem Vergessen und damit auch der Vergangenheit anheim fallen. Erinnern soll der Analysand, um endlich vergessen zu können. Bis dahin, bis zur notwendigen Erinnerung und dem anschließenden Vergessen, bleibt das Unvergessliche ein Widergänger im Leben des Betroffenen. Weil nur gelingende Bearbeitung gestattet, der beständigen Wiederholung des Unvergesslichen zu entgehen, ist sie lebensnotwendig. Nicht vergessen zu können dagegen bedeutet eine schlimme Strafe, denn gelingt das Vergessen nicht, dann bleibt nur rast- und ausweglosen „Ausagieren". Selbst sich zu erinnern, heißt nicht notwendig, dass etwas Vergangenes wieder auflebt. Nur nicht Vergessenes führt zu einer Überspannung des psychischen Apparats. Die Erinnerung selbst ist eigentlich ein Prozess der Umdeutung. Menschliche Erinnerung ist per se tendenziös. Deutend wird eine Hintertür der Bearbeitung eröffnet, durch die Belastendes verschwinden kann. Für diese Form von Erinnerung ist das Traumgeschehen als der Prototyp der Bearbeitung unerträglicher Inhalte beispielhaft. „Der Schlaf ist ein Zustand, in welchem ich nichts von der äußeren Welt wissen will, mein Interesse von ihr abgezogen habe. Ich versetze mich in den Schlaf, in dem ich mich von ihr zurückziehe und ihre Reize von mir abhalte. (...) Beim Einschlafen sage ich also zur Außenwelt: Laß mich in Ruhe, denn ich will schlafen." (Freud 1916-17, 85). Nun gelingt dieser notwendige Rückzug von der Welt nur teilweise. Hier greift der Traum als Hüter des Schlafes ein: Er bindet die Eindrücke in einen Trauminhalt ein, der vor dem Aufwachen wegen zu starker Reize, vor denen doch die Flucht in den Schlaf angetreten worden ist, schützt. Der Traum fungiert als Wunscherfüller und Schützer des Schlafes. Dass dem Erwachenden der Traum dann in der Regel fremdartig und dunkel bleibt, hängt mit dem Vergessenkönnen zusammen. „Ich kann dann nicht umhin, zwischen der Dunkelheit des Trauminhalts und dem Verdrängungszustand, der Bewußtseinsunfähigkeit einiger der Traumgedanken eine kausale Beziehung gelten zu lassen und zu schließen, daß der Traum dunkel sein müsse, damit er die verpönten Traumgedanken nicht verrate." (Freud 1901, 685)

Beständiges elektronisches Prozessieren, das psychisch wie sozial eine Bearbeitung des Registrierten zum Zwecke der Erinnerung nicht zulässt, schafft eine Situation, in der nicht vergessen werden kann. Was als Überwachungstechnik geplant war, könnte seine subjektivierende Wirkung gerade gegen die subjektive psychische Struktur richten. Wach sein kann nur, wer vergessen kann. Wer nicht vergisst, ist überwach.

Literatur

Bales, Stefan, 2005: Die Einführung der elektronischen Gesundheitskarte in Deutschland, in: Bundesgesundheitsblatt, Gesundheitsforschung, Gesundheitsschutz 48, S. 727-731.
Berg, Marc, 2007: Praktiken des Lesens und Schreibens. Die konstitutive Rolle der Patientenakte in der medizinischen Arbeit, in: Saake, Irmhild und Vogd, Werner (Hg.), Moderne Mythen der Medizin, Verlag für Sozialwissenschaften: Wiesbaden, S. 63-86.
Berg, Marc und Bowker, Geoffrey, 1997: The multiple Bodies of the medical Record: Toward a Sociology of an Artifact, in: The Sociological Quarterly 38, S. 513-537.
Bundesgesundheitsministerium, 2009: Einführung der elektronischen Gesundheitskarte im Plan – Krankenkassen starten Ausgabe ab 1. Oktober 2009: http://www.bmg.bund.de/cln_169/Shared Docs/Downloads/DE/Presse/Presse-2009/Presse-2009/PM-PDF-09-06-09-eGK,templateId=raw,property=publicationFile.pdf/PM-PDF-09-06-09-eGK.pdf [05.10.2009].
Bundesregierung (1999) Moderner Staat – Moderne Verwaltung.
Bundesregierung, 2005: Bundeskabinett beschließt gemeinsame eCard Strategie, in: http://www.staat-modern.de/dokumente/sm_artikel_staat_modern/,-799625/dok.htm [10.08.2005].
Decker, Oliver, 2005: Alles auf eine Karte setzen: Elektronisches Regieren und die Gesundheitskarte, in: Psychotherapeuten Journal, S. 338-347.
Decker, Oliver und Brähler, Elmar, 2002: Vermessene Psychotherapie – Überlegungen zu ökonomischen und zivilisatorischen Aspekten der Qualitätssicherung in der Psychotherapie, in: Verhaltenstherapie und Psychosoziale Praxis 34, S. 875-887.
Dick, Richard S. und Steen, Elaine B., 1991: The Computer-based Patient Record. An Essential Technology for Health Care, National Academy Press: Washington.
Dumitru, Roxana Corina; Bürkle, Thomas; Potapov, Sergej; Lausen, Berthold; Wiese, Birgit und Prokosch, Hans-Ulrich, 2007: Use and perception of Internet for health related purposes in Germany: results of a national survey, in: International Journal of Public Health 52, S. 275-285.
Engemann, Christoph, 2002: Das Internet und die neue Gestalt bürgerlicher Herrschaft: Electronic Government, in: Utopie kreativ Heft 135, S. 45-54.
Foucault, Michel, 1975: Überwachen und Strafen. Die Geburt des Gefängnisses, Suhrkamp: Frankfurt/M.
Freud, S., 1901: Über den Traum, in: Ders. (Hg.), Gesammelte Werke, Bd. II/III, Fischer: Frankfurt/M., 643-700.
Freud, S., 1916-17: Vorlesungen zur Einführung in die Psychoanalyse, in: Ders. (Hg.), Gesammelte Werke Bd. XI, Fischer: Frankfurt/M.
Freud, Sigmund, 1914: Erinnern, Wiederholen, Durcharbeiten, Gesammelte Werke, Bd. X, Fischer: Frankfurt/M., S. 125-136.

Goetz, Christoph, 2005: Elektronische Heilberufsausweise als unverzichtbare Elemente der kommenden Telematikinfrastruktur im Gesundheitswesen, in: Bundesgesundheitsblatt, Gesundheitsforschung, Gesundheitsschutz 48, S. 747-754.
Grätzel Von Grätz, Philip, 2004: Vernetzte Medizin. Patientenempowerment und Netzinfrastrukturen in der Medizin des 21. Jahrhunderts, Heise: Hannover.
Haas, Peter, 2007: Patientenakten: Eine Einführung, in: EHealthCom. Magazin für Gesundheitstelematik und Telemedizin 24, S. 5-9.
Heinrich, Klaus, 2001: Psychoanalyse Sigmund Freuds und das Problem des konkreten gesellschaftlichen Allgemeinen. Dahlemer Vorlesungen, Bd. 7, Stroemfeld/Roter Stern: Basel/Berlin.
Juma, C. und Yee-Cheong, L., 2005: Reinventing global health: the role of science, technology, and innovation, in: Lancet 365, S. 1105-1107.
Kartte, Joachim und Neumann, Karsten, 2008: Der Zweite Gesundheitsmarkt. Die Kunden verstehen, Geschäftschancen nutzen, Roland-Berger Strategy Consults.
Mühlbacher, Axel und Berhanu, Samuel, 2003: Die elektronische Patientenakte. Ein internetbasiertes Konzept für das Management von Patientenbeziehungen, Berlin.
O. A., 1997: Telematik im Gesundheitswesen – Perspektiven der Telemedizin in Deutschland, in: Roland Berger & Partner im Auftrag des Bundesministeriums für Bildung, Wissenschaft, Forschung und Technologie und des Bundesministeriums für Gesundheit http//:www.hcp-protokoll.de/arbeit/data/basis40c.pdf.
Oh, Hans; Rizo, Carlos; Enkin, Murray und Jadad, Alexandro, 2005: What is eHealth?: a systematic review of published definitions, in: World Hospital Health Service 41, S. 32-40.
Paland, Norbert und Riepe, Claudia, 2005: Politische Aspekte und Ziele der Gesundheitstelematik, in: Bundesgesundheitsblatt, Gesundheitsforschung, Gesundheitsschutz, S. 623-628.
Scheer, August-Wilhelm, 2009: E-Health. BITKOM-Pressekonferenz, 4. März 2009, http://www.bitkom.org/files/documents/BITKOM_Praesentation_E-Health_PK_04_03_2009.pdf [05.10.2009].
Schmidt, Silke und Koch, Uwe, 2005: Akzeptanz der Gesundheitstelematik bei ihren Anwendern, in: Bundesgesundheitsblatt, Gesundheitsforschung, Gesundheitsschutz, S. 778-788.
Schmücker, Paul, 2005: Die elektronische Gesundheitskarte und ihre Realisierung auf Basis einer elektronischen Gesundheitsplattform, in: Jäckel, A. (Hg.), Telemedizinführer Deutschland 6. Ausgabe, 10-16, Medizin Forum: Ober-Mörlen.
Schug, Stephan und Redders, Mathias, 2005: Gesundheitstelematik-Projekte in Deutschland aus Ländersicht, in: Bundesgesundheitsblatt, Gesundheitsforschung, Gesundheitsschutz 46, S. 649-656.
Warda, Frank, 2006: Elektronische Gesundheitsakte. Möglichkeiten für Patienten, Ärzte und Industrie. Aktueller Stand der Entwicklung in Deutschland, rheinware-Verlag: Mönchengladbach.
Warda, Frank und Noelle, Guido, 2002: Telemedizin und eHealth in Deutschland: Materialien und Empfehlungen für eine nationale Telematikplattform, DIMDI: Köln.
Weichert, Thilo, 2004: Die elektronische Gesundheitskarte, in: Datenschutz und Datensicherheit 28, S. 391-403.
Weichert, Thilo, 2005: Vertraulichkeitsschutz durch IT-Sicherheit bei der elektronischen Gesundheitskarte, in: http://www.datenschutzzentrum.de/vortraege/050510_weichert_bsi.htm [04.08.05].

Jörg Potthast

Politische Soziologie der Zugänge.
Das Beispiel der Flughafensicherheit

1   *Einleitung*

An der Sicherheitsschleuse von Flughäfen wird das Handgepäck „durchleuchtet"; das Ergebnis wird mit Unterstützung bildgebender Verfahren aufbereitet und an Bildschirmen angezeigt. Gleichzeitig laufen die Reisenden durch ein Portal, das Metallgegenstände erkennt und durch akustische Signale anzeigt. Außerdem sind Portale vielfach mit Geräten ausgestattet, die kleinste Spuren von Sprengstoff an Personen registrieren und ebenfalls akustisch signalisert. Werden alle Prüfungen erfolgreich absolviert, dürfen Reisende und Handgepäck passieren. Direkt vor Betreten des Flugzeugs werden dann noch die Boardingpässe eingelesen, um die tatsächliche Passagierliste mit den zugeladenen Gepäckstücken abzugleichen. Ist dieser Vorgang abgeschlossen, gilt der Flug als sicher und kann eine Starterlaubnis erhalten.

Wenn einer der genannten Tests einen positiven Befund erbringt (oder wenn die reisende Person dem Sicherheitspersonal verdächtig vorkommt), wird er zunächst wiederholt; es werden Kolleginnen oder Kollegen hinzugeholt; im Fall der bildunterstützten Verfahren werden verschiedene Ansichten und Vergrößerungen genutzt. Gegenstände, die als gefährlich eingestuft werden, werden konfisziert. Erregt die reisende Person selbst Verdacht, wird sie einer manuellen Kontrolle unterzogen. Wenn sich ein Verdacht erhärtet, wird ihr möglicherweise ebenfalls der Zugang zum Flugzeug verweigert.

Den Tests an der Sicherheitsschleuse gehen mehrere vorbereitende Schritte voraus. Zum einen werden nur Reisende getestet, deren Identität erfolgreich mit den Buchungsinformationen abgeglichen wurde. Zum Teil erfolgt dieser Abgleich über biometrische Verfahren. Zum anderen werden Passagiere von ihren Gepäckstücken getrennt. Diese werden in einem in der Regel automatisierten Prozess auf Sprengstoffe hin untersucht. Dazu werden ionenspektroskopische Verfahren verwendet. Ist das Ergebnis nicht eindeutig, wird es wiederholt; bleibt es uneindeutig, wird das Gepäckstück manuell untersucht und von Experten und Hunden in Augenschein genommen bzw. beschnüffelt. Den Tests an der Sicherheitsschleuse gehen außerdem akustische Durchsagen, oftmals in mehreren Sprachen voraus, welche die Passagiere auffordern, unter keinen Umständen ihr Gepäck unbeaufsichtigt zu lassen. Zudem werden die Terminals streng überwacht durch – teils militärisch ausgerüstetes – Sicherheitspersonal, das für alle Reisenden sichtbar im Terminal patrouilliert, und über zahlreiche Videokameras, deren Aufzeichnungen in Kontrollräumen eingesehen werden können.

So weit ein Auszug aus Beschreibungen der Zugangskontrollen, wie sie derzeit bei der Abreise an Flughäfen praktiziert werden. *Zugänge* sind das Resultat von vielfältigen Aktivitäten der Erzeugung und Aufbereitung von Spuren durch ein ganzes Arsenal von Apparaturen der Visualisierung, der Erzeugung akustischer Signale, mittels haptischer und olfaktorischer Kontrollen. Die oben geschilderten Sicherheitskontrollen von Passagieren, Koffern und Handgepäck beziehen sich zunächst nur auf den Abflugbereich, also *eine Richtung* des Zugangs: vom Flughafen zum Flugzeug oder, allgemeiner gesprochen, *vom (nationalen) Territorium zum (technischen) Netzwerk*. Weil empirisch gehaltvolle Arbeiten zu dieser Schnittstelle erstaunlich rar sind, werde ich die begonnene Bestandsaufnahme von Zugängen und deren Transformation systematisch weiterführen, und zwar, soweit dies möglich ist, entlang der Stationen, die Reisende im Flughafen absolvieren, und aus deren Blickwinkel. Ziel ist es, über das besonders anschauliche Beispiel des Flugverkehrs hinaus eine Soziologie der Zugänge anzustoßen, die neue Einsichten zum Verhältnis von technischen Netzwerken und Territorien verspricht.[1]

Um es schematisch zu sagen, handelt es sich bei der politischen Soziologie der Zugänge um ein Forschungsprogramm, das eine (etablierte) Soziologie der Territorien mit einer (noch weitgehend ausstehenden) Soziologie technischer Netzwerke kombiniert. Erstere beschäftigt sich mit „Zugang" im Sinn von Bedingungen der Teilhabe an politischen und anderen sozialen Prozessen, überschätzt dabei aber chronisch die Stabilität politischer Territorien. Um Prozessen der De- und Reterritorialisierung Rechnung zu tragen, sollte sie um eine Perspektive auf technische Netzwerke erweitert werden. Eine solche Perspektive ist jedoch in der sozialwissenschaftlichen Forschung ungenügend vorbereitet: technische Netzwerke gelten dort weithin als eine ingenieurtechnische Domäne. Wenn diese Ansicht schon erschüttert wurde, dann eher en miniature, das heißt am Beispiel *einfacher* Kontrolltechniken wie dem Berliner Schlüssel oder Schlüsselanhängern (Latour 1996). Arbeiten über *vernetzte* Technologien fehlt es demgegenüber an Prägnanz und Sichtbarkeit.[2] Eine politische Soziologie der Zugänge macht sich zur Aufgabe, zwei verschiedene Perspektiven zusammenzuführen, denen zufolge „Zugang" entweder eine ingenieurtechnische Leistung (der Erschließung) ist oder synonym mit „Partizipation" oder „Inklusion" verwendet wird, dann allerdings nur in Bezug auf Territorialität oder territorial bestimmte Zugehörigkeiten. Wenn hier im Plural von „Zugängen" die Rede ist, dann geschieht dies in der Absicht, diesen doppelten Bezug auszuweisen und zugleich eine Differenz zu markieren, insbesondere zur innerhalb der Soziologie der Territorien etablierten Sichtweise.[3]

---

1 Mit technischen Netzwerken sind hier Infrastrukturen oder Große Technische Systeme gemeint, eingeschlossen die Organisationen, die für ihren Betrieb und die Aufsicht zuständig sind. Nicht gemeint sind andere Arten von Netzwerken, zum Beispiel Städtenetzwerke, Unternehmensnetzwerke oder soziale Netzwerke. Vgl. für diese Unterscheidung das Glossar zu Netzwerken und Territorialität (Offner und Pumain 1996) und für eine Illustration den geteilten (europäischen) Himmel, der eine Herausforderung für die technischen Netzwerke der Flugsicherung darstellt (Potthast 2008, 2009).
2 Eine wichtige Ausnahme ist Bernward Joerges' Re-Interpretation (1999) der Studie über die Brücken des Long Island Parkways (vgl. Winner 1986, 19-39). Der Autor stellt zunächst heraus, dass die Brücken in der Rezeption von Winners Aufsatz zunehmend als isolierte Artefakte betrachtet wurden („niedrige Brücken hindern auf öffentliche Verkehrsmittel angewiesene Bewohner von New York am Zugang zu den Stränden Long Islands"), und stellt sie dann in den historischen Kontext der Großprojekte zur Infrastruktur- und Stadtentwicklung von New York.
3 Damit sind vor allem Forschungen gemeint, die einen nationalstaatlichen Rahmen als selbstverständlich voraussetzen. Die territoriale Behäbigkeit sozialwissenschaftlicher Forschung steht seit einiger Zeit in der Kritik (vgl. Lévy 1994, 389-420 sowie Beck 1997). Wenn der Begriff „Zugang" gute Konjunktur genießt, dann trug Jeremy Rifkins Buch über das „Zeitalter des Zugangs" (2000) wesentlich dazu bei, in dem allerdings der Unterschied zwischen der ingenieurtechnischen und der soziologischen Begriffsverwendung völlig eingeebnet wird.

Der vorliegende Beitrag analysiert die Flughafensicherheit einerseits entlang der Zugänge zum Transportsystem Flugverkehr, anderseits entlang der Zugänge zu nationalen Territorien. Dabei stehen in beiden Richtungen die Transformationen im Vordergrund, denen diese Zugänge zuletzt unterworfen waren. Der Untersuchungszeitraum ist begrenzt auf die Zeit nach dem 11. September 2001 und räumlich eingegrenzt auf die Bereiche, die Passagiere vor dem Abflug und nach der Landung durchqueren. Beide Ebenen (Abflug und Ankunft) ins Auge zu nehmen, erlaubt es, zwei Aspekte von Sicherheit ins Verhältnis zu setzen. Zum ersten die Sicherheit des Transportmittels Flugzeug, zum zweiten Sicherheitserwägungen, die in Kategorien der Innen- und Einwanderungspolitik bestimmt werden. Es geht im zweiten Fall also um Aufgaben der „Inneren Sicherheit", die im Prinzip an allen Außengrenzen unabhängig von einem bestimmten Transportsystem anfallen. So gesehen stellt das Layout von Flughäfen, das Abflugs- und Ankunftszonen trennt, zugleich eine Grenze zwischen der Sicherheit (safety) eines technischen Netzwerks und der Sicherheit (security) und Souveränität eines Territoriums dar.

Untersucht werden also Veränderungen beim Abflug (Abschnitt 3), bei der Ankunft (Abschnitt 4) und dann im Verhältnis von Abflug und Ankunft (Abschnitt 5). Ich fahnde in beiden Richtungen nach Veränderungen, um Transformationen im Verhältnis von technischen Netzwerken und Territorialität über jeweils charakteristische Mechanismen der Zugangskontrolle dingfest zu machen. Ob die Veränderungen als eine Stärkung zentralistischer Kontrolle und Überwachung zu deuten sind (Antizipation) oder im Gegenteil dazu beitragen, lokale Quellen für flexible und schnelle Reaktionen aufzubauen (Resilienz), muss eine empirische Frage bleiben, die nicht vorab und unabhängig des abgesteckten deskriptiven Programms zu beantworten ist. Dies ist eigens zu erwähnen, weil es gelegentlich schon als erwiesen gilt, dass der zuletzt genannte Koordinationsmodus (Resilienz) dem zuerst genannten (Antizipation) überlegen ist und ihn darum verdrängen wird. Diese Auffassung ist weit verbreitet. Explizit formuliert findet sie sich in einer Studie zum Verhältnis von Innovation und Sicherheit (Wildavsky 1988; vgl. Douglas und Wildavsky 1982, 195-198); sie ist aber auch in Arbeiten zum verlässlichen Betrieb riskanter Technologien (Rochlin 2003) und zum Beispiel in ethnografischen Forschungen zur Krisenbearbeitung in einem großen Bahnhof (Joseph u.a. 1995) anzutreffen. Im Feld der Überwachungsforschung hat sie ebenfalls ein Echo gefunden. Dort konnte sich die These etablieren, dass ein neues Regime der Sicherheit Einzug gehalten hat, das nicht mehr auf panoptisch-stationärer Sichtbarkeit („surveillance"), sondern auf permanenter Verfolgbarkeit („capture") beruht (Agre 1994; vgl. Krasmann 2003).

Die erwähnte Studie über den Pariser Nordbahnhof (Joseph u.a. 1995) ist für den vorliegenden Artikel noch in einer weiteren Hinsicht relevant. Darin werden Praktiken des Krisenmanagements als Aktivitäten gefasst, die einen bestimmten Raumtyp „zugänglich" halten, das heißt vor einem Auseinanderdriften in Zirkulationsräume und Kommunikationsräume bewahren. Es ist zu erwarten, dass sich in diesen Räumen, in denen sich die Logik begrenzter Territorien und die Logik offener Netzwerke überlagern, Spannungen und möglicherweise Paradoxien des Zugangs beobachten lassen. Wie werden diese Spannungen alltäglich bearbeitet? Wie lassen sich die Ansprüche von Netzwerken und Territorien artikulieren?

2 Quellen

Am frühen Morgen des 11. September 2001 hat die Flugsicherheit an mehreren US-amerikanischen Flughäfen versagt. Mehrere Personen und Gegenstände wurden nicht identifiziert, die sich als sehr gefährlich herausgestellt haben. Nach den Anschlägen wurde die Flughafensicherheit geprüft und überarbeitet. Die seither ergriffenen Maßnahmen haben ihr Ziel erreicht. Es ist bisher gelungen, Reisen von Terroristen zu unterbinden („to disrupt terrorist travel") – oder zumindest solche mit fatalen Folgen für den Flugverkehr. Wie ist das möglich? Während David Lyon (2003, 200) und viele andere hier recht pauschal davon sprechen, dass „Flughäfen Mikrokosmen für weit reichende Trends" sind, insbesondere für den Aufstieg der Überwachungsgesellschaft (Lyon 1994), möchte ich es genauer wissen. Welche Quellen erlauben es, die Veränderungen der Zugangskontrollen bei der Abreise und bei der Ankunft an Flughäfen nachzuzeichnen?

Nur am Rand interessieren für die hier vorgelegte Untersuchung Studien, die einzelne technische Neuerungen in den Mittelpunkt stellen und ihre Wirkung ohne Bezug zu konkreten Orten und Situationen beschreiben. Bei Ronen Shamir (2005) etwa geht es um globale Mobilität, aber nicht um Flughäfen. Er behauptet, die Entstehung und Verknüpfung von Datenbanken habe in Verbindung mit neuartigen Identifizierungstechniken eine doppelte Wirkung: Für die einen werde Mobilität damit erleichtert und beschleunigt, während es andere von der Mobilität ausschließe. „[T]he differential ability to move in space – and even more so to have access to opportunities for movement – has become a major stratifying force in the global social hierarchy" (Shamir 2005, 200). „[P]rofiling emerges as a more discrete technology of intervention that facilitates and complements the regulation of mobility by legal and disciplinary means. Moreover, while laws and regulations may formally enable governance through profiling, they nonetheless lack the instruments and the type of gaze that allows profiling to function as a mode of spatial containment that is able – on the ground – to maintain the selectivity of boundary-crossing and to effectively distinguish those who are licensed to move from those who are not" (ebd., 210). Folgt man dieser Interpretation, dann steht hier nicht weniger auf dem Spiel als ein gänzlich neuer und hoch effizienter Modus der Zugangskontrolle. Haben die nach dem 11. September an Flughäfen getroffenen Maßnahmen bei der Errichtung einer neuen globalen Ordnung des Zugangs mitgewirkt? Lässt sich dieser Wandel auf „eine diskrete Technologie" zurückführen? Shamirs These stellt „Profiling" als ein Bündel von Maßnahmen vor, deren soziale Wirksamkeit auf einen harten technischen Kern zurückgeht. Insofern bemüht er explizit einen Technikdeterminismus. Für die Sicherheitskontrollen an Flughäfen wäre deshalb zu prüfen: Erstens, wurden überwachungsfähige Technologien, die an Flughäfen eingesetzt werden, tatsächlich für diesen Zweck entwickelt? Zweitens, wurden diese Technologien nur entwickelt oder kommen sie tatsächlich auch zum Einsatz? Drittens, wie viel Spielraum bleibt für unvorhergesehene Nutzungsweisen (Mason u.a. 2002)? Aus diesen Fragen ist zu ersehen, dass sich eine technikdeterministische Position auch im Fall der Flughafensicherheit nur halten ließe, wenn eine voraussetzungsvolle empirische Prüfung gelingt. Dazu bedarf es möglichst lückenloser Quellen, die Veränderungen in erforderlicher Detailschärfe und entlang der Reise von Passagieren und Gepäckstücken, durch die Bereiche Abflug und Ankunft hindurch dokumentieren.

Es kann nicht überraschen, dass Flughafensicherheit ein schwer zugängliches Forschungsfeld ist. Viele andernorts bewährte Verfahren zur Generierung qualitativer Daten sind daher ungeeignet.[4] Wie sich den wenigen vorliegenden empirischen Studien entnehmen lässt, bleibt die Forschung zur Flughafensicherheit auf Erhebungsstrategien angewiesen, die kaum reproduzierbar sind. Morgane Iserte (2008) etwa, die in der abgesperrten Wartezone von Paris Roissy Feldforschungen durchgeführt hat, berichtet von den folgenden Einschränkungen: Es war ihr nicht erlaubt, mit den Personen zu sprechen, deren legaler Status ungeklärt ist, und sie wurde durchgehend von einem Mitarbeiter des Grenzschutzes begleitet. Mehr noch, um überhaupt Zugang zu diesem Forschungsfeld zu erhalten, musste sie einem humanitären Verein beitreten, dessen Mitglieder zu diesem Bereich zugelassen werden. Man kann also sagen, dass die Zirkulation von Personen an Flughäfen auch dann Einschränkungen unterliegt, wenn es sich dabei um Forscherinnen und Forscher handelt. Das stellt hohe Anforderungen an die Weiterentwicklung qualitativer Forschungsmethoden. Bislang liegt keine Studie zur Flughafensicherheit vor, die einen konsistenten Fundus von Beobachtungen vorweisen könnte.[5]

Zusätzlich zu den etlichen Einzelstudien ziehe ich drei kontinuierliche Quellen als Material heran. Zum ersten werde ich mich der Expertisen bedienen, die vom Forschungsdienst des US-amerikanischen Kongresses für die Mitglieder des Parlaments erarbeitet werden und seit kurzem öffentlich verfügbar sind. In dieser Sammlung finden sich etliche Berichte über Flug- und Flughafensicherheit und damit verwandte Fragen. Eine zweite Quelle ist die Fachzeitschrift *Passenger Terminal World*, die sich als ein Katalog für flughafenbezogene Technologien und Dienstleistungen darstellt. Hier werde ich mich auf Beiträge von großen Architektur- und Ingenieurfirmen konzentrieren, deren Autoren oft eine umfassende und historisch ausgreifende Sicht auf Flughäfen entwickeln und die Implementierung neuer technologischer Versatzstücke im Kontext „alter Technologien" und des räumlichen Layouts von Flughafenterminal beobachten. Schließlich stütze ich mich auf *Cultures & Conflits*, eine wissenschaftliche Zeitschrift aus Frankreich, der das Verdienst zukommt, die Thematik seit mehr als zehn Jahren kontinuierlich verfolgt zu haben. Vornehmlich in Kombination dieser drei Quellen werde ich nun nachzeichnen, wie Flughäfen *post 9/11* mit Sicherheitstechnologien ausgestattet wurden und wie diese Techniken benutzt werden.[6]

---

4 Das gilt natürlich für viele Bereiche, in denen es um Sicherheit geht. Darum muss es verwundern, wenn methodische Fragen, geschweige denn Probleme des Feldzugangs in vielen Publikationen zur Soziologie des Terrorismus gar nicht thematisiert werden (Neidhardt 2004, 263f.). Selbstmordmissionen stellen sich für die sozialwissenschaftliche Forschung gleich in mehreren Hinsichten als methodischer Grenzfall dar (vgl. Gambetta 2005, 259-300).
5 Der 2004 von Peter Adey für den englischen Sprachraum aufgearbeitete Forschungsstand lässt diesbezüglich alle Wünsche offen. Zu ergänzen sind noch die Arbeiten von Dominique Linhardt (2000, 2001, Jobard und Linhardt 2008), der basierend auf Beobachtungen im Jahr 1997 die Sicherheitskontrollen am Flughafen Paris Orly in Analogie zu wissenschaftlichen Testserien beschrieben hat, und eine Studie von Lisa Parks aus dem Jahr 2007, die sich ebenfalls auf Sicherheitsschleusen bei der Abreise konzentriert und sich unter anderem auf eine Serie von Krisenexperimenten stützt. Einen Überblick zur Sicherheit im Flugverkehr und über Gemeinsamkeiten und Unterschiede zu anderen Verkehrsträgern bietet Raymond Carter (2008). Der Autor ist Polizist und erläutert auch Grundzüge der aktuellen Polizeidoktrin (vgl. Krause 1990, Phipps 1990). Eine große und auch über solche Quellen nicht zu überbrückende Lücke im Material betrifft Techniken der Befragung, die insbesondere bei den israelischen Sicherheitsbehörden zur Anwendung kommen (Carter 2008, 50).
6 Dem vorliegenden Beitrag gingen Studien über Unfälle (Potthast 2003, 2006) und Normalbetrieb (Potthast 2008, 2009) im Flugverkehr sowie über den Umgang mit Pannen an den Flughäfen von Paris Roissy und London Heathrow voraus (Potthast 2007a, b). Während ich für die zuletzt genannte Studie backstage ethnografische Erhebungen vorgenommen habe, beruhen die vorliegenden Ausführungen auf Literaturrecherchen und Beobachtungen, die von gewöhnlichen Passagieren gesammelt werden können. Die beiden Studien verhalten sich also räumlich komple-

3 Abflug

Mit etwas Zynismus betrachtet sind Flugzeuge qua Design in besonderem Maße für Geiselnahmen geeignet, denn sie sind äußerst schwer zu erstürmen und zu evakuieren. Vor allem während des Fluges ist es unwahrscheinlich, dass terroristische Aktionen auf die Gegenwehr von Passagieren stoßen, denn diese müssen einen Absturz des Flugzeugs befürchten. Flugzeuge sind also Räume, die *sehr leicht* zu kontrollieren sind – mit welcher Absicht auch immer. Darum ist es so wichtig, den Zugang zu Flugzeugen zu kontrollieren. Diese Kontrollaktivitäten finden ihrerseits in Räumen statt, die im Vergleich dazu zunächst *sehr schwer* zu kontrollieren sind: Flughafenterminals sind quasi-urbane, anonyme öffentliche Räume, oftmals unübersichtlich, zuweilen überfüllt. In diesem Sinne stellen Terminals ein perfektes Versteck für Terroristen dar, denn sie können nicht von gewöhnlichen Reisenden unterschieden werden (Phipps 1990). Während das für alle öffentlichen Räume und Gebäude zutrifft, liegt die spezifische Verwundbarkeit von Terminals darin, dass sie Zugang zu leicht kontrollierbaren Flugzeugen gewähren.

Wenn Reisende den Flughafenterminal betreten und den Weg zum richtigen Schalter suchen, werden sie von Sicherheitshinweisen begrüßt, die sie dazu anhalten, ihr Gepäck nicht unbeaufsichtigt zu lassen. Diese Bitte wird an den meisten Flughäfen mit einer Warnung verbunden: Objekte, die unbeaufsichtigt sind, werden als gefährlich betrachtet und „vielleicht zerstört". Schon vor dem 11. September wurden Terminals gelegentlich abgesperrt, um ein besitzerloses Gepäckstück zu zerstören. Die Aufmerksamkeit hat jedoch zweifelsfrei zugenommen, messbar etwa an der wachsenden Zahl von Sicherheitskräften, die dauerhaft als sichtbare Merkposten der Sicherheitsdurchsagen dienen.

Die erste Station, die von Reisenden aufgesucht wird, ist der Check-in Schalter. Dort werden sie von Mitarbeiterinnen oder Mitarbeitern der Fluggesellschaft identifiziert und, falls sie mit Gepäck reisen, von ihrem Koffer getrennt. Die meisten nun im Detail zu erläuternden Neuerungen betreffen dann eine zweite Station, die ich als Sicherheitsschleuse bezeichne.

Eine der Maßnahmen, die seit dem 11. September getroffen wurden, besteht darin, systematisch nach Sprengstoff zu suchen (Shea und Morgan 2007). Zu diesem Zweck wurden zusätzliche technische Geräte an den Sicherheitsschleusen installiert. Zum einen werden Gepäckstücke auf „Bulk explosives", also größere Mengen von Sprengstoff hin durchleuchtet; zum anderen wird nach kleinsten Spuren gesucht („Trace explosives"), die am Körper oder an der Kleidung von Personen zurückbleiben, die mit Sprengstoff hantiert haben. Dabei kommen ionenspektroskopische Verfahren zum Einsatz, die in Portale eingebaut sind. Bei deren Einführung haben sich folgende Fragen gestellt: Sollte die Suche nach Sprengstoffspuren als ein primärer oder als ein sekundärer Test durchgeführt werden? Wenn als primärer Test, das heißt pauschal bei allen Reisenden, würden die Geräte dann einen ausreichend schnellen Passagierdurchfluss erlauben? Würden zu viele „falsche positive Befunde" den Passagierfluss auf unvertretbare Weise verlangsamen oder gar zum Zusammenbruch des Betriebs führen, etwa wenn Spuren von Sprengstoff an Stellen im Flughafen verbreitet werden, die von sehr vielen Personen berührt werden, also zum Beispiel an Wasserhähnen? Bisher funktionieren Geräte zur Sprengstofferkennung über akustische

---

mentär zueinander (stage und backstage), aber auch in einem zeitlichen Sinn, insofern dieser Artikel Themen der Sicherheit aufgreift, die erst nach den Feldforschungen in den Jahren 1999 und 2000 in den Vordergrund gerückt sind.

Signale und ohne visuelle Aufbereitung (ebd.). Das bedeutet jedoch auch, dass die üblichen Vorteile der Darstellung am Bildschirm entfallen: Das Sicherheitspersonal hat im Zweifelsfall nicht die Möglichkeit, das Ergebnis der Prüfungen wiederholt anzusehen, zu vergrößern oder mit kontrastierenden Farben zu hinterlegen, um dann auf der Basis von Vorwissen, Erfahrung und Intuition zu einem sichereren Urteil zu kommen.

Nachdem große Investitionen in die Erkennung von Sprengstoffspuren getätigt wurden, kam das Problem der Flüssigsprengstoffe auf.[7] Bestimmte Flüssigkeiten erscheinen seither auf der Liste gefährlicher Substanzen, lassen sich aber nur schwer von harmlosen Flüssigkeiten wie Wasser oder Zahnpasta unterscheiden. Die Konsequenzen sind bekannt. Reisende müssen größere Mengen an Flüssigkeiten an der Sicherheitsschleuse zurücklassen. Die aktuelle Situation bleibt für beide Seiten, für Sicherheitspersonal und Reisende, eine Herausforderung: Es ist schwer nachvollziehbar, dass hochgradig vertraute Substanzen wie Mineralwasser oder Zahnpasta als gefährlich eingestuft und aus Sicherheitsgründen konfisziert werden.

Zu den Reaktionen auf die Terroranschläge im September 2001 gehört es, dem Handgepäck mehr Aufmerksamkeit zu schenken. Passagiere müssen ihre Jacken und Mäntel ausziehen, mancherorts auch Gürtel und Schuhe. Sie müssen ihr Handgepäck in dafür bereit gestellte Wannen legen und für die Röntgenkontrolle auf ein Förderband stellen. Sie müssen Metallgegenstände, die sie am Körper oder in ihren Hosentaschen tragen, und ihre Mobiltelefone abgeben, ihre Laptops auspacken und Flüssigkeiten (die eine bestimmte Menge nicht überschreiten dürfen) in einer separaten transparenten Tüte der Kontrolle übergeben. Als gefährlich eingestufte Substanzen und Gegenstände werden konfisziert; wird die reisende Person selbst als gefährlich eingestuft, wird ihr der Zugang zum Flugzeug verweigert. Seit diese Auflagen verschärft wurden, haben die Kontrollen auch auf Verhaltensweisen weit vor der Sicherheitsschleuse Einfluss genommen. Reisevorbereitungen und Kofferpacken unterliegen einer gesteigerten Disziplinierung.

Die Passagiere zeigen sich an den Sicherheitsschleusen beeindruckend diszipliniert. Völlig reibungslos verlaufen die Verschärfungen der Sicherheitsauflagen aber nicht. Dies zeigt sich auf der einen Seite an der Zunahme von Beschwerden, die sich teils auf den Verlust von Privatbesitz und teils auf zu intrusive Praktiken der manuellen Durchsuchung beziehen.[8] Nicht sehr häufig, aber besonders schwer wiegend sind jene Fälle, in denen der Zugang zum Flugzeug aufgrund fehlerhafter Informationen untersagt wurde. Eine Vielzahl von Reisenden empfinden Sicherheitsschleusen an Flughäfen als Verletzung ihrer Privatsphäre. Das erklärt aber, zumal diese Auffassungen über die Grenzen des Privaten sehr unterschiedlich ausfallen, nicht alle Beschwerden. Auf der anderen Seite wird die Effizienz der Sicherheitskontrollen in Frage gestellt. Die Sicherheitsvorkehrungen an Flughäfen werden manchmal auch heimlichen Tests unterzogen. Die Beschwerden der Reisenden können also durchaus widersprüchlich sein: Die Sicherheitskräfte werden einerseits dafür kritisiert, ihren Auftrag zu ernst – und andererseits nicht ernst genug zu nehmen. Sie werden mit Unmut konfrontiert, weil sie Regeln folgen – und beschuldigt, Regeln zu vernachlässigen.

---

7 Die Investition belief sich zur Zeit der Einführung im Jahr 2005 auf etwa 160.000 Dollar pro Portal (Shea und Morgan 2007).
8 Umgekehrt hat die Ankündigung, Zugangskontrollen ohne Körperkontakt durchzuführen, dafür aber mit Ganzkörper-Röntgengeräten auszustatten, für entrüstete Reaktionen gesorgt. In Deutschland wurde diese Geräte rasch als „Nacktscanner" bezeichnet und in Verruf gebracht. „Flughafen-Sicherheit. Politiker entsetzt über geplante Nacktscanner", so lautete die entsprechende Schlagzeile bei Spiegel-Online (23.10.08).

Flughafensicherheit setzt geschultes Personal und eine beträchtliche Disziplinierung der Reisenden voraus. Während sich die Prozeduren beim Abflug als eine recht stabile Sequenz von Operationen der Trennung darstellen, sollte diese Stabilität doch nicht überschätzt oder gar als Vorbote einer bevorstehenden Automatisierung gedeutet werden.[9] Die über vielfältige technische Geräte vermittelten alltäglichen Begegnungen zwischen Passagieren und Sicherheitspersonal an der Sicherheitsschleuse sind mehr denn je von beträchtlichen Spannungen gekennzeichnet. Ein deutlicher Hinweis darauf ist, dass an manchen Flughäfen Sicherheitsschleusen explizit zu humorlosen Zonen erklärt wurden. Es unterstreicht die rituelle Dimension von Sicherheitskontrollen, wenn Passagiere Warnschilder mit der folgenden Aufschrift lesen: „All comments regarding bombs and guns are taken seriously. Please no jokes". Oder: „Making any jokes or statements during the screening process may be grounds for both criminal and civil penalties. All such matters will be taken seriously. We thank you for your restraint in this matter."[10] Das Sicherheitspersonal geht nicht nur einer physisch anstrengenden Tätigkeit nach, es ist auch durchgehend und direkt den Verunsicherungen der Reisenden ausgesetzt, die sich mal in widersprüchlichen Beschwerden und mal in (nunmehr mancherorts unter Strafe gestellten) Scherzen äußern.

Eine weitere Veränderung nach dem 11. September betrifft die verfeinerten Technologien der Visualisierung. Insbesondere Objekte im Handgepäck der Reisenden können nun trennschärfer abgebildet werden. Dies erleichtert die Identifikation gefährlicher Objekte. Praktiken der manuellen Durchsuchung und des Abtastens wurden dadurch jedoch bisher nicht ersetzt (Parks 2007). Nachdem die Gepäckstücke der visuellen Analyse unterzogen wurden, werden sie, im Fall eines Verdachts, auch manuell durchsucht. Die Ankunft neuer Technologien hat es ermöglicht, den maschinellen Teil des Screenings zu verfeinern, aber das bedeutet nicht, dass nunmehr darauf verzichtet werden könnte, die Sicherheitskräfte für körperbezogene Durchsuchungen auszubilden.

Die Trennung von Koffern und Passagieren am Check-in Schalter ist eine Basis für den aktuellen Modus der Zugangskontrolle zu Flugzeugen. Nachdem sowohl Reisende als auch ihre Koffer auf getrennten Wegen prozessiert wurden, muss es im Flugzeug zu ihrer Zusammenführung (*reconciliation*) kommen. Diese ist der letzte Schritt in einer Sequenz von Sicherheitsmaßnahmen im Abflugbereich. Dabei können zwei Arten von Fehlern auftreten: Entweder ist die Person nicht an Bord oder ihr Koffer. Während der erste Fall als bedrohlich eingestuft wird, wird der zweite als technische Panne betrachtet. Darum wird im Fall eines fehlenden Passagiers der Abflug so lange verschoben, bis das überzählige Gepäckstück identifiziert und aus dem Flugzeug entfernt wurde. Obwohl dieser Vorgang Verzögerungen verursacht, ist der aggregierte Effekt von sicherheitsbedingten Verspätungen im Flugbetrieb doch nur geringfügig.[11]

---

9 Es wurde bisher überhaupt nur ein einziger Teilprozess automatisiert, und zwar die Gepäcksortierung – mit einiger Mühe (vgl. Potthast 2007a) und nur an größeren Flughäfen.

10 Unter anderem finden sich Warnungen solchen Inhalts vor dem Abflug am Flughafen von San Diego.

11 Das US-amerikanische Verkehrsministerium definiert eine „sicherheitsbedingte Verspätung" wie folgt: „Delays caused by evacuation of terminal or concourse, re-boarding of aircraft because of security breech, inoperative screening equipment and long lines in excess of 29 minutes at screening areas" (Office of Aviation 2007, 26). In einer Erhebung für 32 Flughäfen der USA wurden im März 2007 nur 0,06 Prozent aller Flüge als „sicherheitsbedingt verspätet" registriert (ebd.). Über 73 Prozent aller Flüge waren pünktlich. In einer Expertise über zukünftige Engpässe im Flugverkehr, die für den US-amerikanischen Kongress angefertigt wurde, erscheint „Sicherheit" nur als marginaler Faktor (vgl. Elias 2006).

Als Zwischenfazit bleibt festzuhalten, dass der Prozess der Passagier- und der Gepäckkontrolle in vieler Hinsicht homolog zu einem wissenschaftlichen Test verläuft: Er verwandelt alltägliche Gegenstände in epistemische Objekte oder komplexe Objekte in lesbare Spuren, die dann mit laborähnlichen Verfahren ausgewertet werden können. Der Prozess der „Reinigung" von Passagieren bleibt trotz erheblicher Investitionen weiterhin einem Hin und Her zwischen technisch generierten oder verstärkten Repräsentationen und den Wahrnehmungen, Intuitionen und Vorurteilen des Sicherheitspersonals überlassen (vgl. Linhardt 2001).

Die Geschichte der neueren Veränderungen bei der Flughafensicherheit könnte hier enden. Auch wenn dies in Gesetzestexten und politischen Dokumenten nicht explizit hervorgehoben wurde, hat sich die erste Serie von Reaktionen auf die Attentate – in den USA markiert durch den *Aviation and Transportation Security Act* (19. November 2001) – auf den Abflugbereich konzentriert. Indem ich Abflug und Ankunft unterscheide, lokalisiere ich Modalitäten der Zugangskontrolle. Wenn ich im Folgenden die Ebene der Ankunft in den Blick nehme, so hat diese Lokalisierung eine politische Implikation. Allerdings wird sich die Unterscheidung zwischen Ankunft und Abflug als voraussetzungsvoll herausstellen – und mit ihr das politische Programm, Terroristen am Reisen zu hindern.

4   Ankunft

An vielen Flughäfen wurde seit den Anschlägen des 11. September die Zahl der Videokameras erhöht. Die Betreiber von Paris Roissy haben zum Beispiel im Jahr 2003 entschieden, weitere 6.800 Videokameras anzubringen (Iserte 2008, §18). Unter den technischen Sicherheitsvorkehrungen spielt die Aufzeichnung und Speicherung von Videodaten eine besonders große Rolle: Videoaufzeichnungen kommen in Flughafenterminals flächendeckend zum Einsatz, ohne auf eine bestimmte Verwendung festgelegt zu sein.[12] Dies gilt vor allem für den Abflugbereich, wo diese Technik nicht auf eine bestimmte Sequenz oder einen bestimmten Ort bezogen wird.

Wenn es für den Einsatz von Videotechnik einen Ort gibt, der besonders hervorzuheben ist, dann direkt am Ausgang der Flugzeuge. Seit 2002 stehen für Videoaufzeichnungen Programme zur Musteranalyse zur Verfügung, die binnen kurzer Zeit einen Abgleich mit biometrischen Datenbanken möglich machen. Nach Auskunft einer auf solche Überwachungssysteme spezialisierten Firma ist diese technische Option so ausgereift, dass sie zuverlässige Informationen über Personen liefert, während diese die Fahrgastbrücke passieren.[13] Diese Zeitspanne genügt dem Computerprogramm, um einen Abgleich zwischen gespeicherten und aufgezeichneten Daten vorzunehmen. Am Ende des Gangs kann eine als verdächtig eingestufte Person dann von Sicherheitskräften einer gesonderten Kontrolle unterzogen werden. Hier handelt es sich um eine spezifische und lokalisierte Anwendung von CCTV.

Die erweiterten Kontrollen im Ankunftsbereich beginnen also unmittelbar am Ausgang des Flugzeugs. Zugangskontrollen bei der Ankunft sind bei weitem nicht so stark untergliedert wie auf der Ebene der Abflüge. Dies entspricht der Erfahrung der Reisenden,

---

12 Vgl. die Beobachtungen von Frédéric Ocqueteau und Marie-Lys Pottier (1995) zu großen Einkaufszentren.
13 Persönliche Mitteilung eines Mitarbeiters der Firma CISCO auf der Passenger Terminal World Expo, Hamburg, April 2002.

die in der großen Mehrzahl die Ankunft nicht in vergleichbarer Weise als ein Ritual erleben. Die Abwesenheit einer stabilen Sequenz im Ankunftsbereich wirkt sich auch auf die Darstellung der Veränderungen aus. Zwar gibt es auch bei der Ankunft eine Zonierung. Reisende, die daran gehindert werden, die Landesgrenze zu passieren, werden in einer „reservierten Wartezone" festgehalten und von dort aus eventuell wieder ausgewiesen. Aber es finden sich keine Entsprechungen für die Serie von Abfertigungsoperationen, wie sie für den Abflugbereich kennzeichnend sind.

Zugangskontrollen bei der Einreise sind von vornherein selektiver. Die nationale Herkunft wiegt dabei seit den Anschlägen vom 11. September bei den Grenzkontrollen noch schwerer. An den Pariser Flughäfen gilt einer Gruppe von 34 Ländern, aus denen besonders viele Asylbewerbungen kommen, die höchste Aufmerksamkeit (Iserte 2008, §30). Die Selektion nach nationaler Herkunft versagt allerdings bei Personen „unbekannter Herkunft". Mit der politischen Zielvorgabe, die Zahl dieser Personen möglichst gering zu halten, finden Kontrollaktivitäten nicht mehr nur am Eingang der Transitzone statt, sondern werden immer weiter vorgezogen. Ein Aspekt dieser Verschiebung wurde bereits genannt. Eine Auswahl von Flügen wird auf Grundlage der Passagierlisten und/oder des Startflughafens direkt am Ausgang des Flugzeugs kontrolliert. Diese Maßnahme ist zu einer gängigen Praxis geworden. Sie folgt dem Kalkül, dass Personen, die mit einem Ausweis an Bord eines Flugzeugs gelangt sind, unmittelbar nach ihrer Ankunft versuchen könnten, ihre Herkunft zu „verlieren". Morgane Iserte (2008, §§40ff.) notiert in der mehrfach zitierten Studie zum Ankunftsbereich von Paris Roissy, dass im hier interessierenden Zeitraum der Begriff „inader" im Polizeijargon aufgetaucht ist. Darunter sei zu verstehen, dass Reisende unmittelbar nach ihrer Ankunft auf informelle Weise davon überzeugt werden (sollen), dass sie „inadmissible" sind. Betreffenden Personen werde dann nahe gelegt, an ihren Herkunftsort zurückzukehren, ohne sie über die Rechtslage aufzuklären und bevor ein administratives Verfahren überhaupt eröffnet wurde.

Die nun folgenden Schritte der Bestandsaufnahme dokumentieren, dass die dem Ankunftsbereich zuzurechnenden Kontrollen noch weiter vorgezogen wurden. Abflug und Ankunft, obschon räumlich weiterhin strikt getrennt, sind einander näher gerückt.

Zunächst sind Sicherheitsmaßnahmen zu erwähnen, die der Kontrolle von Passagieren und Gepäckstücken beim Abflug *vorausgehen*. Das bezieht sich vor allem auf das Erstellen und Überarbeiten von Listen gefährlicher Personen und Dinge, die nicht ins Flugzeug gelangen sollten. Für die diversen Sicherheitskontrollen am Flughafen bleibt dann die Aufgabe, nach Übereinstimmungen zwischen den Listen und den reisenden Personen und Gegenständen zu suchen. Seit 2001 wurde die Praxis des *Screening* intensiviert und durch *Prescreenings* ergänzt (Krouse und Bart 2007). Die US-amerikanischen Sicherheitsbehörden führen eine *No fly*-Liste, auf der etwa 20.000 Personen genannt sind, die kein Flugzeug betreten dürfen. Diese Liste wird weltweit automatisch mit den Passagierdaten der Fluggesellschaften abgeglichen. Zudem sind Fluggesellschaften, die Flüge in die USA anbieten, verpflichtet, ihre Passagierlisten an die US-amerikanischen Behörden zu übermitteln. Diese führen eine zweite Liste, auf der Schätzungen zufolge etwa 325.000 Namen von *automatic selectees* verzeichnet sind (ebd.). Diesen Personen wird dann bei der Einreise automatisch und ohne ein spezifisches Verdachtsmoment besondere Aufmerksamkeit geschenkt. Große Mengen von detaillierten Passagierdaten zu sammeln, zu speichern und zu weiterzugeben, war und ist sehr umstritten. Zudem sind nach einigen spektakulären Fehlidentifikationen ernsthafte Zweifel an der Qualität dieser Listen laut geworden. Aus der Perspektive der

Reisenden macht die Kategorie des *Prescreenings* keinen Sinn, denn ein *Screening* fand schon immer vor dem Abflug statt. Ausschlaggebend ist nun aber, dass der Zielflughafen für die Operation, die hier als *Prescreening* bezeichnet wird, zum Referenzpunkt wurde. *Prescreening* schließt die Weitergabe von Passagierdaten vom Herkunftsflughafen zur amerikanischen Behörde für Verkehrssicherheit ein. Jeden Tag gehen dieser Behörde etwa dreißig Meldungen über Personen zu, die auf der *No fly*-Liste erscheinen (ebd.). Sollte die Passagierliste eines Flugzeugs mit einem US-amerikanischen Zielflughafen unvollständig sein oder nicht rechtzeitig übermittelt worden sein, werden möglicherweise nicht nur einzelne Reisende, sondern das ganze Flugzeug zurückgewiesen, das heißt, nicht zum Einflug in amerikanische Hoheitsgebiete zugelassen. Dieser Fall ist tatsächlich schon einige Male eingetreten und hat dafür gesorgt, dass unter den Maßnahmen, die ergriffen wurden, um die Sicherheit zu erhöhen, *Prescreening* besondere Aufmerksamkeit genießt. Zugangskontrollen finden nicht mehr nur vor Ort an der Grenze statt, sondern sind, räumlich und zeitlich, erheblich vorgezogen und ausgedehnt worden.[14] Es geht also darum, Personen, die als verdächtig gelten, zu identifizieren, lange bevor sie US-amerikanischen Boden betreten. Sie werden, mit anderen Worten, auf Distanz geortet. Auf den ersten Blick erfordern Aktivitäten des *Prescreening* keine neuen Technologien. Der Einsatz von Datenbanktechnologien hat jedoch nicht nur zur Ausdehnung von Grenzen geführt. Ein anderer Aspekt der Ausdehnung betrifft den Typ von Daten, und zwar hin zu biometrischen Daten. In den letzten Jahren wurden viele neue Geräte entwickelt, getestet und zum Einsatz gebracht, mit deren Hilfe biometrische Daten gelesen, erfasst und gespeichert werden können.

Wie gerade erwähnt stellen sich Zugangskontrollen bei der Ankunft zunehmend als eine räumlich verteilte Aktivität dar. In den letzten Jahren wurde auch die Zusammenarbeit zwischen Sicherheitsbehörden des Ziellandes und Botschaften und Fluggesellschaften in diversen Herkunftsländern verstärkt. Diese Kooperation beruht durchaus nicht auf Freiwilligkeit, sondern auf Zwang. Fluggesellschaften mit dem Ziel Paris Roissy, die Reisende ohne EU-Staatsbürgerschaft und ohne gültige Dokumente mitführen, werden mit Strafen bis zu 5.000 Euro pro Fall belegt. Im Jahr 2004 wurden an diesem Flughafen 1.033 solche Fälle gezählt (Iserte 2008, §36). Auch die offiziellen Darstellungen lassen sich so deuten, dass eine Verschiebung der Grenzkontrolle stattgefunden hat, obwohl in diesen Verlautbarungen nicht von Verschiebung die Rede ist, sondern stattdessen von Effizienzsteigerung. Demnach wurden im Jahr 2006 mehr als 14.000 Personen zeitweilig in der abgesperrten Wartezone am Flughafen Roissy festgehalten. 12.000 Personen wurde die Einreise verweigert.[15] Als migrationspolitischen Erfolg verbucht die Regierung, dass die Zahl der Asylbewerbungen an diesem Flughafen stark zurückgegangen ist. Man kann folglich davon ausgehen, dass das Problem der Einwanderung anderweitig oder andernorts bearbeitet wird. Die zweite Maßzahl, die als Erfolgsnachweis präsentiert wird, betrifft die beschleunigte Abfertigung. Die durchschnittliche Verweildauer in der abgesperrten Wartezone sei binnen zwei Jahren von fünf Tagen (2004) auf 1,89 Tage (2006) gesunken. Die französische Regierung hat sich für diese „Beschleunigung" ebenso gelobt wie für die zügigere Abwicklung von Asylanträgen. Im Jahr 2006 wurden 86 Prozent aller Asylersuche binnen vier Tagen entschieden.[16] Von diesen Zahlen lässt sich nicht unmittelbar darauf schließen, inwiefern sich

---

14 Stefan Kaufmann (2006) und Paolo Cuttitta (2007) haben das treffend die „Vorverlagerung, Verdichtung und Einstülpung" bzw. die „Extrovertierung" nationaler Grenzen genannt.
15 Das entspricht etwa der Hälfte der Personen, denen insgesamt der Zugang zum Territorium verweigert wurde.
16 Iserte 2008 für alle Zahlen.

die Praxis der Grenzsicherung lokal verändert hat und zu welchen Anteilen sie verlagert wurde. Dass dies in der offiziellen Sprachregelung als eine „Verkürzung der Wartezeit" ausgewiesen wird, ist sicherlich ein Euphemismus. Diese Formulierung lässt eher an den Abflugbereich denken und schürt noch die Befürchtungen derer, die hinter diesen Zahlen blanke Repression sehen, die durch Rechtstaatlichkeit nicht mehr gedeckt ist. Ob diese Sorgen berechtigt sind oder nicht, kann hier nicht geklärt werden. Im Unterschied zu den Prüfungen beim Abflug, die mitsamt ihrer kostspieligen technischen Ausstattung eher stationärer werden und eine stabile räumliche Ordnung mit klaren institutionellen Zuständigkeiten weiter festschreiben, lassen sich bei der Ankunft eher gegenläufige Tendenzen feststellen: Auch wenn die lokale „Wartezeit" verkürzt wird, wird die Praxis der Grenzsicherung, wie noch zu illustrieren ist, räumlich und institutionell zunehmend diffus.

Veränderungen im Abflugbereich reagieren auf Gefährdungen, welche die Sicherheit des Flugverkehrs betreffen. Bei der Ankunft ist Sicherheit ein unscharfer und dehnbarer Begriff. Zugangskontrollen erfolgen hier *auch* im Namen migrationspolitischer Vorgaben. „Establishing alienage", um den US-amerikanischen Fachterminus zu verwenden, umfasst eine Vielzahl von Praktiken, die verhindern sollen, dass sich illegal Einreisende unberechtigt Zugang zu „öffentlichen Gütern" („federal benefits") verschaffen (Wasem 2008). Zu diesem Zweck wurden Flughäfen wie andere Grenzposten auch (Romero 2007) mit verschiedenen technischen Geräten ausgestattet, die es erlauben, die Identität der Reisenden und die Authentizität ihrer Dokumente zu überprüfen. Zugang (zu federal *benefits*) wird bei der Einreise als quasi-ökonomische Kategorie gefasst. Umgekehrt werden hohe Summen in ein Dispositiv der Zugangskontrolle investiert, um mit technischen und organisatorischen Mitteln gegen falsche Ansprüche vorzugehen.[17] Diese ökonomische Sichtweise auf territoriale Politik sollte allerdings nicht zu der Annahme verleiten, dass (wenn nur genügend Geld investiert wird) mit Hilfe geeigneter Geräte eine abschließende technische Lösung gelingen könnte (zum Beispiel mit ausgefeilten Personalausweisen und entsprechenden Geräten zur Dokumentenkontrolle). Diese Annahme ist schon mit Blick auf die Größenordnung und die soziale Komplexität des Phänomens der „illegalen Einwanderung" und der „alien residents" höchst fragwürdig.[18] Ohne hier weiter in Details der Migrationspolitik vorzudringen, bleibt festzuhalten, dass Sicherheitserwägungen nach dem 11. September, ob sie fundiert sind oder nicht, in vielen Ländern zu einer wichtigen politischen Ressource geworden sind, um migrationspolitische Doktrinen zu überarbeiten.

Im Rückblick auf die vorhergehenden Abschnitte bleibt festzuhalten, dass sich die Aufmerksamkeit wenn nicht von den Abflügen zur Ankunft verschoben, so doch dorthin ausgedehnt hat. Das ist bemerkenswert, insofern die Terroristen des 11. September für Inlandsflüge eingecheckt und den Ankunftsbereich des Zielflughafens ohnehin nicht erreicht haben. Die Reaktionen auf die Anschläge haben sich jedoch weder auf den Abflug noch auf den Binnenverkehr beschränkt. Vielmehr haben viele Staaten Maßnahmen ergrif-

---

17 Groben Schätzungen zufolge haben sich die Ausgaben für „Sicherheit im Flugverkehr" seit den Anschlägen in den USA und in Europa etwa vervierfacht (Mariani 2005, 46ff). An den Flughäfen Paris Roissy und Paris Orly sei das Budget für Sicherheit, leider nicht getrennt nach Abflügen und Ankünften aufgeschlüsselt, von 75 Mio. € im Jahr 2000 auf 230 Mio. € im Jahr 2006 gestiegen (Carter 2008, 26).
18 In den USA wird die Zahl dieser Personen mit ungeklärtem Aufenthaltsstatus, die sich im Land aufhalten (deren Status also in gewisser Hinsicht den Personen in der abgesperrten Wartezone in Paris gleicht), auf 11 Millionen geschätzt. Viele von ihnen leben in Familien, deren Mitglieder sich zum Teil legal in den USA aufhalten (etwa Kinder, die auf amerikanischem Boden geboren wurden), was eine Durchsetzung einfacher migrationspolitischer Doktrinen erheblich erschwert.

fen, die darauf hinauslaufen, ihre Außengrenzen neu zu definieren und zu sichern. Diese Maßnahmen haben zu einer Verschärfung der Zugangskontrollen geführt und gingen mit Debatten über illegale Einwanderung einher, einschließlich einer Flut von akademischen Publikationen.[19]

Die Aufgabe, Terroristen vom Reisen abzuhalten („to disrupt terrorist travel"), hat dazu geführt, dass die aufwendigen Kontrollen von Reisenden nochmals intensiviert wurden. An sehr großen Flughäfen, die pro Tag über 150.000 Reisende abfertigen, kommen dann noch Zehntausende von Personen hinzu, die am Flughafen arbeiten. Auch das Flughafenpersonal muss sich den Sicherheitskontrollen unterziehen, um zu den als sensibel eingestuften und strikt separierten Bereichen des Flughafens Zugang zu erhalten. Das Sicherheitspersonal eingeschlossen wurden im Jahr 2005 für den Flughafen Paris Roissy 63.000 Zugangsberechtigungen beantragt, geprüft und bei einer Ablehnungsquote von ein bis zwei Prozent angenommen.[20] Diese Population lässt sich nicht den Bereichen „Abflug" oder „Ankunft" zuordnen. Sie wird unabhängig von dieser Klassifikation seit dem 11. September ebenfalls strenger überprüft. Dabei war die Belegschaft vielerorts Vorreiterin, wenn biometrische Identifikationsverfahren erprobt und eingeführt wurden. Dadurch ist es möglich geworden, trotz zahlreicher Kontrollpunkte, die ausschließlich für das Personal eingerichtet wurden, zu jedem Zeitpunkt einen genauen Überblick darüber zu haben, wer sich wo aufhält. Auf Grundlage von Zugangsprotokollen der Grenzstellen können zudem Bewegungsprofile erstellt werden.

Um sicher zu stellen, dass diese Informationen akkurat sind, wurden Grenzstellen für das Personal vielerorts noch mit schleusenartigen Kabinen ausgebaut. Deren Ausgangstür öffnet sich erst, wenn die Eingangstür geschlossen ist und die Person erfolgreich identifiziert wurde. Die Größe der Kabine ist zudem so eng bemessen, dass jeweils nur eine Person darin Platz findet. In Verdachtsfällen – etwa wenn eine bestimmte Gewichtsgrenze überschritten wird – wird Alarm ausgelöst. Um *Tailgating* zu verhindern, wird die betreffende Person dann (möglicherweise mitsamt ihrer Begleitung) in der Schleuse festgehalten. Die Ausstattung dieser Grenzstellen illustriert, dass biometrische Kontrollen durchaus nicht mit einer Miniaturisierung der erforderlichen Geräte einhergehen. Zugangskontrollen setzen auch in diesem Fall einen erheblichen sachtechnischen Aufwand voraus und bleiben an einen konkreten Ort gebunden.

5 Das Ende der Terminals?

Nach den Analysen James Benigers (1986) sind es Eisenbahnunfälle, die bürokratischen Organisationen mitsamt ihren Techniken der Kontrolle maßgeblich zur Durchsetzung verholfen haben. Auch Autorinnen und Autoren, die die Hypothese der „Kontrollrevolution" (ebd.) oder die besondere Aufmerksamkeit für Betreiber großer Infrastrukturen nicht teilen,

---

19 Insbesondere die Zeitschrift Cultures & Conflits hat sich auf dieses Thema spezialisiert, vgl. unter anderem die Schwerpunkthefte zu „Sicherheit und Immigration" (Heft 31-32, 1998), „Kritische Ansätze der Sicherheitsforschung" (Heft 54, 2004), „Identifizieren und Überwachen" (64, 2007), „Zirkulation und Archipele der Ausnahme", (68, 2007), „Die Einsperrung der Ausländer: Zwischen Zirkulation und Arrest" (71, 2008).
20 Im Jahr 2005 verfügten in Paris Roissy 83.000 Beschäftigte von 700 Firmen über eine Zugangserlaubnis (Smolar 2006). Das Sicherheitspersonal von Zoll, Gendarmerie, Grenzpolizei und privaten Sicherheitsfirmen zusammengerechnet, kamen die beiden Pariser Flughäfen Roissy und Orly im Jahr 2002 auf 10.000 Personen (Smolar 2003).

sind zu der Auffassung gelangt, dass technische Unsicherheit in eine Machtressource transformiert werden kann (Crozier 1963). Zahlreiche Arbeiten haben nachzuweisen versucht, dass und wie Risiken und der Umgang mit Risiken für die öffentliche Inszenierung von Macht und Kontrolle genutzt werden (Gilbert 1992). Der Fall der terroristischen Bedrohung von Flughäfen hat reichlich Anschauungsmaterial für die Demonstration von staatlicher Souveränität geliefert. Haben die Terroranschläge tatsächlich eine Kontrollrevolution ausgelöst? Und wenn ja, *wo genau* hat diese Revolution stattgefunden? Um diese Frage beantworten zu können, wende ich mich zuerst der zweiten Frage zu und damit dem räumlichen Kontext der in den vorangehenden Abschnitten beschriebenen Veränderungen. Was sind die Charakteristika des Gebäudetyps Flughafenterminal? Welchen Veränderungen ist diese Architektur unterworfen? Welche Rolle spielen dabei die neuen Sicherheitsauflagen? Sind diese Veränderungen so dramatisch, dass vom Ende der Terminals gesprochen werden muss?

Wie an großen Bahnhöfen sind an Flughafenterminals viele unterschiedliche Organisationen tätig. Dieses Nebeneinander ist solange unspektakulär und unproblematisch, bis diese Organisationen ihre Aktivitäten koordinieren müssen – etwa im Moment eines Notfalls. In kritischen Situationen müssen sie zu einer Zusammenarbeit finden, ohne unbedingt vorher einen Modus der Koordination und Regeln der konzertierten Abstimmung festgelegt zu haben. Am Beispiel von Bahnhöfen haben die Studien von Isaac Joseph u.a. (1995) diese *gestörten Situationen* in den Mittelpunkt gerückt. Sie beschreiben Krisensituationen als räumliche Entkopplung. Räume spalten sich demnach in Zirkulationsräume und Kommunikationsräume auf – es sei denn, geeignete Formen des Krisenmanagements werden ergriffen. Aus der Beobachtung solcher Situationen haben Joseph und Koautoren den Schluss gezogen, dass Bahnhöfen als komplexen Gebäudetypen ein flacher, horizontaler Modus der Koordination entspricht. Kontrolle per Antizipation sei im Fall von Bahnhöfen keine Option.

Weitere Elemente zum Verständnis des Gebäudetyps Flughafenterminal liefert der Vergleich mit dem Gebäudetyp „Burg" (Phipps 1990, 1). Wie inzwischen anschaulich wurde, lassen sich Zugänge zum Flugverkehr nicht nach dem Vorbild der Verteidigung einer Burg organisieren. Ein solches Konzept würde verlangen, den Zugang zu klar definierten und geschlossenen Räumen einzuschränken, und zwar in zeitlicher Hinsicht (auf möglichst kurze Besuchs- bzw. Betriebszeiten) und in sozialer Hinsicht (möglichst auf persönlich bekannte Angestellte und Besucherinnen). Mit dieser Lektion beginnt eine Einführung in das Management von Flughafensicherheit. An Flughäfen wäre ein solches Sicherheitskonzept aus mehreren Gründen nicht praktikabel: „1. Very large work forces with high levels of individual responsibility spread over a complex and widespread organisation. 2. An increasingly intimate involvement of the general public within the work places and operational areas of the industry. 3. An increasing spread of highly valuable tangible and non tangible assets outside protected areas of operation. 4. An increasing dependence on the continuing function of sophisticated electronic systems, equipment and communications in order to be able to operate" (Phipps 1990, 1).

Im Fall von Burgen kann „Zugang" als eine passive Eigenschaft von Räumen begriffen werden. Für Flughäfen als Gebäudetyp hingegen, das ist schon um 1990 Lehrbuchwissen, gilt das angesichts ihrer Nutzungsweisen keineswegs. Zutreffender ist es, „Zugang" hier auch als das Resultat von permanenten Koordinationsleistungen zu begreifen. Zugang oder Zugänglichkeit sind, wie in den Analysen von Joseph u.a. deutlich wird, nicht per

Design zu erreichen, weil es sich dabei um Kompetenzen handelt, die aktiviert, erhalten und reproduziert werden müssen. Im Unterschied zu Bahnhöfen sind Flughäfen allerdings zugleich ein sehr anschaulicher Fall für die (burgähnliche) Limitierung von Punkten des Zugangs; zudem sind „Zugänge" stark mit „Kontrolle" assoziiert.

Den vorliegenden Analysen lagen keine mikroskopischen Beobachtungen zur Koordination im Umgang mit Pannen und Störungen zugrunde. Sie haben vielmehr eine organisatorische Struktur vorausgesetzt, die an einen Gebäudetyp gebunden ist: Flughafenterminals und die für sie grundlegende Trennung von Abflügen und Ankünften. Wenn sich also bei Flughafenterminals und im Unterschied zu Bahnhöfen und Burgen die Dynamik des technischen Netzwerks Flugverkehr bemerkbar macht, kann dieser unmittelbare räumliche Kontext dennoch als stabil angenommen werden? Terminals gelten unter Architektinnen und Planern als ein besonders kurzlebiger Gebäudetyp (Moore, Taylor und Vacchione 2004): Welchen Veränderungen ist er ausgesetzt, diesseits und jenseits der rekonstruierten Sicherheitsauflagen?

Flughafenterminals haben zusätzliche Geräte für die Sicherheit aufgenommen. An den Sicherheitsschleusen für Publikum und Personal wurden darum an vielen Terminals Umbauten und Anbauten notwendig. Die Schlangen vor den Sicherheitsschleusen wurden länger und haben ebenfalls Anlass zu Umbaumaßnahmen gegeben. Zudem wurden neue Kontrollräume eingerichtet und bestehende erweitert oder zusammengelegt. Auch wenn die Liste der räumlichen Anpassungsleistungen damit nicht abgeschlossen ist, stellen sie die Trennung von Ankunft und Abflug nicht zur Disposition. Die Einführung biometrischer Erkennungsverfahren führt schrittweise zum Umbau der Schalterhallen und betrifft damit einen markanten Punkt der aktuellen räumlichen Organisation von Terminals, aber auch dies lässt deren Grundschema unberührt. Die Vorstellung, mit den aktuellen sicherheitsbezogenen Umbauten habe die Stunde der Terminals geschlagen, ist daher nicht haltbar. Insofern ist die Vision eines kontinuierlichen Passagierflusses auf der Basis permanent verfügbarer und verfolgbarer Passagierdaten noch nicht realisiert. Unabhängig der erwähnten Sicherheitsinnovationen zeichnet sich ab, dass sich der Gebäudetyp Flughafenterminal weiter differenziert und somit den Trend zu immer größeren integrierten Terminals unterläuft. Dafür sind unter anderem neue Flugzeugtypen (zum Beispiel größerer Flugzeuge) und neue Mischungen von Flugzeugtypen verantwortlich. Verstärkt wird die genannte Entwicklung dadurch, dass Fluggesellschaften unterschiedliche Geschäftsmodelle verfolgen, die sich nicht mehr unter einem Dach (also in einem integrierten Terminal) zusammenbringen lassen (Moore, Taylor und Vacchione 2004). Auch wenn man diese kommerziellen Entwicklungen, die hier nur gestreift werden können, in Rechnung stellt, ist ein Ende des Terminals nicht in Sicht. Der Kontext, in dem Abflüge und Ankünfte organisiert werden, ist stabil.

6 Schluss

Sind wir Zeugen einer Kontrollrevolution? In der Diskussion um die Überwachungsgesellschaft steht zu oft zu viel auf dem Spiel: Folgt auf das Zeitalter des Panoptismus das der Verfolgbarkeit? Oder ist „der Apparat", Inbegriff des panoptischen Überwachungsregimes, längst wieder dabei Oberhand zu gewinnen? Möglicherweise auf verdeckte Weise? Erschwert werden solche Diagnosen zusätzlich durch den Versuch, Sicherheitsmaßnahmen als mehr oder weniger symbolisch zu klassifizieren (etwa Birkland 2004, 358). Es ist kaum zu bestreiten, dass neue Sicherheitsdoktrinen in den unterschiedlichsten Feldern *auch* einer Logik der Inszenierung folgen (Hitzler und Peters 1998) und auf „symbolische Passung" zielen. Als methodologische Leitschnur und für die hier verfolgte Forschungsfrage schien mir diese Unterstellung jedoch ungeeignet. Ich habe es darum systematisch vermieden, zwischen realem Wandel und bloß symbolischen Maßnahmen zu unterscheiden. Stattdessen habe ich bei der vorliegenden Bestandsaufnahme auf eine methodische Herangehensweise gesetzt, die darin besteht, gewöhnlichen Reisenden durch den Terminal zu folgen. Auch wenn es mir nicht möglich war, einen vollständigen Katalog aller Veränderungen bis in alle Verästelungen zu bieten, bin ich weder bei den „sichtbarsten" Veränderungen stehen geblieben, noch habe ich Maßnahmen im Namen der Sicherheit in denunzierender Absicht auf ihre „Sichtbarkeit" im Sinn von symbolischen Gesten reduziert. Dies war eine wichtige Voraussetzung für deskriptive Breite.

Beim Abflug liegt das Problem in der Sequenz von einem schwer zu einem leicht zu kontrollierenden Raum. Um damit zurechtzukommen, wurde eine Reihe von räumlichen Barrieren errichtet. In erster Linie wird der Bereich der Abflüge von den Ankünften getrennt. Zweitens werden die Reisenden von ihren Gepäckstücken getrennt. Diese Trennung wird in einer gewissen Entfernung vom Flugzeug vorgenommen. „Trennung" ist ein Schlüsselwort, um Sicherheitsprozeduren an Flughäfen zu beschreiben: Trennung von Personen und Personen (für eine individuelle Kontrolle), Trennung zwischen Personen und ihren Koffern, Trennung von Koffern und Koffern, Trennung zwischen Personen und ihrem Handgepäck und, schließlich, Trennung zwischen einzelnen Bestandteilen des Handgepäcks. Der gesamte Prozess ist darauf angelegt, ein undurchschaubares Gedränge mit möglicherweise problematischen Verbindungen in identifizierbare Elemente zu zerlegen (vgl. Haggerty und Ericson 2000, 612).

Die neueren Veränderungen im Bereich des Abflugs zu beschreiben, scheint auf den ersten Blick keine komplizierte Aufgabe zu sein. Der Prozess der Zugangskontrolle besteht aus Operationen der Trennung, die nun noch kleinteiliger organisiert wurde. Im Namen der Flughafensicherheit werden Personen von Personen, Personen von Objekten und Objekte von Objekten getrennt, um sie zu identifizieren und mit Listen gefährlicher Personen und Objekte abzugleichen. Im Zentrum müssten dann die Klassifikationen und Typisierungen gefährlicher Personen und Objekte stehen, die zur Konstitution und zu Aktualisierungen der Listen führen. Schließlich wären die technischen Geräte zu analysieren, die aufgeboten werden, um Operationen der Separation und der Identifizierung zu unterstützen. An dieser Stelle verläuft die Geschichte weniger linear als zunächst angenommen. So lässt sich die Geschichte der Flughafensicherheit nicht unter dem Obertitel der Automatisierung darstellen. Offensichtlich wird die Entfernung zu einem automatisierten Prozess schon daran, dass alle Etappen der Trennung stark „assistiert" werden, sowohl am Check-in Schalter, als auch an der Sicherheitsschleuse.

Beschränkt man den Ausschnitt der Untersuchung auf die Abflüge, dann ist den Analysen beizupflichten, die das Beispiel Flugverkehrssicherheit weit überwiegend als ein Fall von politischem Inkrementalismus diskutierten. Viele Autoren betonen Pfadabhängigkeiten und in kleinen Schritten verlaufende Lernprozesse, die dann zum Beispiel entlang der Interaktion zwischen Terroristen und staatlichen und überstaatlichen Sicherheitsbehörden rekonstruiert werden. Über die Anschläge des 11. September heißt es zum Beispiel lapidar: „The only new aspects were the use of the seized aircraft as weapons and the prior acceptance by the hijackers that they [...] would die" (Wilkins 2007, 43). Auch in politikwissenschaftlichen Analysen wurde dem Feld der Flughafensicherheit Inkrementalismus bescheinigt (Birkland 2004). Es ist beinahe sprichwörtlich, dass Flughäfen immer im Bau sind. Sie eignen sich darum als Metapher für Wissensbestände ohne Fundament, deren Wachstum inkrementell verläuft (vgl. Douglas und Wildavsky 1993, 134).

Der Fall der Ankünfte ist allerdings gänzlich anders gelagert. Am eindrücklichsten zeigt sich das an der dreifachen Technisierung der Überwachung direkt am Ausgang der Flugzeugs, bei der eine geeignete räumliche Sequenz („Tunnel"), Videoaufzeichnung und Datenbanktechnologie zusammen zum Einsatz kommen. Diese Technisierung der Zugangskontrollen am Übergang vom technischen Netzwerk zum Territorium sollte nun aber nicht zum Modell für alle anderen Veränderungen erklärt werden.

Die vergleichende Analyse von Abflügen und Ankünften erlaubt den Schluss, dass die neuen Sicherheitsauflagen an Flughafenterminals einander gegenläufige Koordinationsmodi stärken. Um die daraus resultierenden Spannungen zu charakterisieren, ist die Gegenüberstellung von Antizipation und Resilienz nicht vorschnell aufzugeben. Terminals bleiben eigenständige Gebäudetypen, insofern sich darin die Logik endlicher Territorien und geschlossener Welten und die Logik vernetzter und offener Welten überlagern. Zwischen beiden Arten von räumlicher Ordnung besteht ein Spannungsverhältnis, das absehbar nicht zur Auflösung finden wird. Je besser es gelingt zu beschreiben, wie Paradoxien des Zugangs bearbeitet und die Ansprüche von Netzwerken und Territorien artikuliert werden, desto näher rückt ein empirisches Forschungsprogramm, das sich einer konventionellen politiksoziologischen Analyse als Ergänzung empfiehlt. Diese hätte sich – ausschließlich – für die Frage interessiert, welche Akteure sich in der Frage der Flugverkehrssicherheit mit welchen Maßnahmen durchgesetzt und dabei möglicherweise an Macht gewonnen haben. Konkret gesprochen wäre eine solche Analyse schon am Ziel, wenn sie das US-amerikanische Ministerium für Innere Sicherheit zum Gewinner und das Verkehrsministerium und internationale Behörden zum Verlierer erklärt (vgl. Mariani 2005, 32). Vergleichende Analysen, die ethnografisch oder technografisch ansetzen, bieten dagegen den Vorteil, solche Rivalitäten in Kategorien zu reformulieren, die den Rivalen zwar nahe, aber möglicherweise dennoch fremd sind.

Literatur

Adey, Peter, 2004: Secured and Sorted Mobilities: Examples from the Airport. Surveillance and Society 1, 4, S. 500-519.
Agre, Philip E., 1994: Surveillance and Capture. Two Models of Privacy, in: Information Society 10, 2, S. 101-127.
Beck, Ulrich, 1997: Was ist Globalisierung? Suhrkamp: Frankfurt a. M.
Beniger, James R., 1986: The Control Revolution. Technological and Economic Origins of the Information Society, Harvard UP: Cambridge, Mass.
Birkland, Thomas A., 2004: Learning and Policy Improvement after Disaster. The Case of Aviation Security, in: American Behavioral Scientist 48, 3, S. 341-364.
Carter, Raymond H. A., 2008: La sûreté des transports, PUF: Paris.
Crozier, Michel, 1963. Le phénomène bureaucratique, Seuil: Paris.
Cuttitta, Paolo, 2007: Le monde-frontière. Le contrôle de l'immigration dans l'espace globalisé, in: Cultures & conflits 68, S. 61-84.

Douglas, Mary und Aaron Wildavsky, 1982: Risk and Culture. An Essay on the Selection of Technical and Environmental Dangers, California UP: Berkeley.
Douglas, Mary & Aaron Wildavsky, 1993: Risiko und Kultur. Können wir wissen, welchen Risiken wir gegenüberstehen? In Wolfgang Krohn & Georg Krücken (Hg.), Riskante Technologien: Reflexion und Regulation, Suhrkamp: Frankfurt a. M., S. 113-137.
Elias, Bart, 2006: Avoiding Gridlock in the Skies: Issues and Options for Addressing Growth in Air Traffic, Congressional Research Service, 19.1., Washington, 63 S.
Gambetta, Diego (Hg.) 2005: Making Sense of Suicide Missions, UP: Oxford.
Gilbert, Claude, 1992: Le pouvoir en situation extrême. Catastrophes et politique, Harmattan: Paris.
Haggerty, Kevin D. und Richard V. Ericson, 2000: The Surveillant Assemblage, in: British Journal of Sociology 51, 4, S. 605-622.
Hitzler, Ronald und Helge Peters (Hg.), 1998: Inszenierung: Innere Sicherheit. Daten und Diskurse, Leske & Budrich: Opladen.
Iserte, Morgane, 2008: Enquête en „zone d'attente réservée" de l'aéroport Paris-Charles de Gaulle: vers une gestion sécuritaire des „flux migratoires", in: Cultures & conflits 71, 22 S.
Jobard, Fabien und Dominique Linhardt, 2008: The Check and the Guardianship: A Comparison of Surveillance at an Airport and a Housing-Estate Area in the Paris Outskirts, in: Mathieu Deflem (Hg.), Surveillance and Governance: Crime Control and Beyond. Sociology of Crime, Law and Deviance, Volume 10, S. 75-100.
Joerges, Bernward, 1999: Do Politics have Artefacts?, in: Social Studies of Science 29, 3, S. 411-432.
Joseph, Isaac, Dominique Boullier, Vincent Guillaudeux, Emmanuelle Lévy, Michèle Lacoste, Denis Bayart und Anni Borzeix, 1995: Gare du Nord. Mode d'emploi, RATP, Editions Recherches: Paris.
Kaufmann, Stefan, 2006: Grenzregimes im Zeitalter globaler Netzwerke, in: Helmuth Berking (Hg.), Die Macht des Lokalen, Campus: Frankfurt a. M., S. 32-65.
Krasmann, Susanne, 2003: Die Kriminalität der Gesellschaft. Zur Gouvernementalität der Gegenwart, UVK: Konstanz.
Krause, Hanschristian, 1990: Maßnahmen der Polizei bei Flugunfällen und kriminellen Eingriffen in den Flugverkehr. Anleitung für die Kriminal- und Schutzpolizei, Bundeskriminalamt: Wiesbaden.
Krouse, William J. und Bart Elias, 2007: Terrorist Watchlist Checks and Air Passenger Prescreening, Congressional Research Service, 1.3.07, Washington, 26 S.
Latour, Bruno, 1996. Der Berliner Schlüssel. Erkundungen eines Liebhabers der Wissenschaften, Akademieverlag: Berlin.
Lévy, Jacques, 1994: L'espace légitime. Sur la dimension géographique de la fonction politique, Presses de la fondation nationale des sciences politiques: Paris.
Linhardt, Dominique, 2000: Demokratische Maschinen? Die Vorrichtung zur Terrorismusbekämpfung in einem französischen Großflughafen, in: Kriminologisches Journal 32, 2, S. 82-107.
Linhardt, Dominique, 2001: L'économie du soupçon. Une contribution pragmatique à la sociologie de la menace, in: Genèses 44, S. 76-98.
Lyon, David, 1994: The Electronic Eye: The Rise of Surveillance Society. Polity Press: Cambridge.
Lyon, David, 2003: Airports as Data Filters: Converging Surveillance Systems after September 11th, in: Information, Communication and Ethics in Society 1, 1, S. 13-20.
Mason, David, Graham Button, Gloria Lankshear und Sally Coates, 2002: Getting Real about Surveillance and Privacy at Work, in: Steve Woolgar (Hg.), Virtual Society? Get Real! UP: Oxford. S. 137-152.
Moore, Derek A. R., Marilyn J. Taylor und Anthony T. Vacchione, 2004: The Way Ahead, in: Passenger Terminal World/Annual Technology Showcase Issue, S. 48-55.
Neidhardt, Friedhelm, 2004: Zur Soziologie des Terrorismus, in: Berliner Journal für Soziologie 14, 2, S. 263-272.

Ocqueteau, Frédéric und Marie-Lys Pottier, 1995: Vigilance et sécurité dans les grandes surfaces, Harmattan: Paris.
Office of Aviation Enforcement and Proceedings, 2007: Air Travel Consumer Report, U.S. Department of Transportation, 7.5., Washington, 50 S.
Offner, Jean-Marc und Denise Pumain (Hg.), 1996. Réseaux et territoires, significations croisées, Editions de l'Aube: La Tour d'Aigues.
Parks, Lisa, 2007: Points of Departure: The Culture of US Airport Screening, in: Journal of Visual Culture 6, 2, S. 183-200.
Phipps, Denis, 1991: The Management of Aviation Security, Pitman: London.
Potthast, Jörg, 2003: Narratives of Trust in Constructing Risk and Danger. Interpretations of the Swissair 111 Crash, in: Jane Summerton und Boel Berner (Hg.), Constructing Risk and Safety in Technological Practice, Routledge: London, S. 43-65.
Potthast, Jörg, 2006: Ursachenforschung und Schuldzuweisung nach dem Absturz der Swissair 111: Eine technografische Kontroverse im Internetforum, in Werner Rammert und Cornelius Schubert (Hg.), Technografie. Zur Mikrosoziologie der Technik, Campus: Frankfurt a. M., S. 341-368.
Potthast, Jörg, 2007a: Die Bodenhaftung der Netzwerkgesellschaft. Eine Ethnografie von Pannen an Großflughäfen, transcript: Bielefeld.
Potthast, Jörg, 2007b: Netzwerk, Organisation, Panne. Moralökonomische Analysen zur Krise der Gepäckabfertigung an zwei europäischen Flughäfen, in Stefan Kaufmann (Hg.), Vernetzte Steuerung. Soziale Prozesse im Zeitalter technischer Netzwerke, Chronos: Zürich, S. 109-129.
Potthast, Jörg, 2008. Ethnography of a paper strip: The production of air safety, in: Science, Technology & Innovation Studies 4, 1, S. 47-68.
Potthast, Jörg, 2009. Papier, Bleistift & Bildschirm. Die Bodenhaftung der Flugsicherung, in Christian Kassung (Hg.), Die Unordnung der Dinge. Eine Wissens- und Mediengeschichte des Unfalls, transcript: Bielefeld. S. 303-327.
Rifkin, Jeremy, 2000: The Age of Access. The New Culture of Hypercapitalism, Penguin: London.
Rochlin, Gene, 2003: Safety as a Social Construct. The Problem(atique) of Agency, in: Jane Summerton und Boel Berner (Hg.), Constructing Risk and Safety in Technological Practice, Routledge: London, S. 123-139.
Romero, Fernando, 2007: Hyperborder. The Contemporary U.S.-Mexico Border and its Future, Architectural Press: Princeton.
Shamir, Ronen, 2005: Without Borders? Notes on Globalization as a Mobility Regime, in: Sociological Theory 23, 2, S. 197-217.
Shea, Dana A. und Daniel Morgan, 2007: Detection of Explosives on Airline Passengers: Recommendation of the 9/11 Commission and Related Issues, Congressional Research Service, 26.4., Washington, 6 S.
Smolar, Piotr, 2003: Au total, près de 10 000 personnes interviennent dans la surveillance de Roissy et d'Orly. Le Monde, 15.1.
Smolar, Piotr, 2006: Peu de musulmans radicaux employés dans les aéroports, selon les RG. Le Monde, 26.4.
Wasem, Ruth Ellen, 2008: Unauthorized Aliens' Access to Federal Benefits: Policy and Issues, Congressional Research Service, 21.5., Washington, 17 S.
Wilkins, Peter, 2004: Know Thine Enemy, in: Passenger Terminal World/Annual Technology Showcase Issue, S. 42-45.
Winner, Langdon, 1986: The Whale and the Reactor. A Search for Limits in an Age of High Technology, UP: Chicago.

IV. Politiken der Privatheit

Gerrit Hornung

Kontrollierte Vernetzung – vernetzte Kontrolle?
Das Recht in Zeiten des Ubiquitous Computing

1 Vernetzungen in der Informationsgesellschaft

Die technische Vernetzung von Lebenswelten schreitet unaufhaltsam voran. Menschen sind nicht mehr nur im Freundeskreis, im beruflichen Umfeld oder in der Politik „gut vernetzt", sie besitzen auch immer mehr technische Artefakte, die miteinander vernetzt sind und so die Kommunikation ihrer Nutzer ermöglichen. „Vernetzung" in diesem Sinne ist eine gesteigerte Form von Verbindung: Eine vernetzte Person, ein vernetzter Gegenstand ist nicht nur mit einer einzigen weiteren Person, einem einzigen weiteren Gegenstand verbunden, sondern mit einer Vielzahl. Die mehr oder weniger vorgegebene, dauerhafte oder ad hoc-Struktur der Kommunikationsbeziehungen als Ganzes bildet das Netz, in welchem der einzelne Endpunkt je nach Kommunikationsvorgang und Betrachtungsperspektive Mittel- oder Randposition einnehmen kann.

Seit Menschen kommunizieren, sind sie mit anderen vernetzt (Broch u.a. 2007). Die moderne Informations- und Kommunikationstechnologie hat die so gebildeten Netze jedoch in mehrfacher Hinsicht verändert. Zum einen verdichtet und verbreitet sie das Beziehungsnetz des Einzelnen: Dieser tritt mit Interaktionspartnern in Kontakt, die er vor dem Siegeszug neuer Kommunikationsmöglichkeiten niemals erreicht hätte – vom Aufbau stabiler Kommunikationsbeziehungen ganz zu schweigen. Zum anderen hat die neue Technik die Eigenschaft, bestimmte grundsätzliche Strukturen der Vernetzung von Personen physisch zu verfestigen: Soweit Telegramm, Telefon, Kabelfernsehen und Internet leitungsgebunden abgewickelt werden, liegt dem ein körperliches Netzsystem zwischen den Teilnehmern zugrunde.

Mit der Verfestigung der Kommunikationsverbindungen werden diese in höherem Maße beeinfluss- und beobachtbar: An vielen Punkten der Leitung, vor allem aber an zentralen Knotenpunkten des Netzes kann Kommunikation kontrolliert, d.h. unterbrochen und aufgezeichnet werden. Letzteres wird durch die Erweiterung der Kapazität von Speichermedien erleichtert und durch die Digitalisierung der Datenübertragung fundamental umgestaltet. Die Entwicklung drahtloser Möglichkeiten der Telekommunikation (GSM, UMTS, W-LAN u.a.) lässt sodann zwar aus Sicht der Nutzer[1] die physischen Netze in den Hintergrund treten, baut aber die Beobachtbarkeit der Kommunikationsinhalte und -strukturen

---

[1] „Drahtlos" ist in aller Regel nur der so genannte „letzte Meter", d.h. die Verbindung zwischen einem mobilen Endgerät und der nächsten Empfangsstation (Mobilfunkantenne, W-LAN Basisstation o.ä.). Ab dort wird der Datentransfers kabelgebunden abgewickelt.

weiter aus, weil Telekommunikation orts- und zeitungebunden möglich wird und deshalb die Menge der übermittelten Informationen stark zunimmt.[2]

2 Beispiele

Die tatsächliche und potentielle Beobachtung dieser Kommunikation über bisher fixierbare Grenzen hinweg führt zu massiven Risiken für die Persönlichkeitsrechte der vernetzten und sich in Netzen bewegenden Individuen. Die – strukturelle – Ungewissheit über die Sammlung personenbezogener Daten, ihre Auswertung und die Anfertigung von Persönlichkeitsprofilen führt zu Informationsungleichgewichten und läuft damit dem Grundrecht auf informationelle Selbstbestimmung zuwider, das eine Gesellschaftsordnung verhindern soll, „in der Bürger nicht mehr wissen können, wer was wann und bei welcher Gelegenheit über sie weiß".[3]

Diese Risiken erhöhen sich, wenn wirtschaftliche Interessen der Betreiber von Kommunikationsinfrastrukturen oder das Überwachungsinteresse von Sicherheitsbehörden hinzutreten. Letztere haben eine gewisse Eigendynamik, werden aber fundamental durch das Recht gesteuert:[4] Dieses legt Befugnisse und Einflussmöglichkeiten der Behörden fest und macht Vorgaben für die Gestaltung von Technik. Rechtlich determinierte Strukturen und letztlich das Recht selbst werden dabei wiederum vernetzt. Die Vernetzung von Technik, Recht und Menschen kann deshalb separat analysiert, aber nur im Zusammenhang verstanden werden.

2.1 Vernetzung der Technik

Die Vernetzung von Technik ist in der Informationsgesellschaft Programm. Dies wird nirgends deutlicher als am Beispiel des Internets: Dieser Begriff stammt von „interconnected networks", also „miteinander verbundene Netze"; daher auch die Formulierung „Netz der Netze", die auf eine Metaebene der Vernetzung abhebt. Von den Anfängen des ARPANET (Hafner/Lyon 2008) über die Entwicklung des World Wide Web bis zur heutigen Struktur stellt das Internet eine gleichermaßen beeindruckende wie mittlerweile unersetzbare Netzstruktur für praktisch jede Form der Telekommunikation bereit. Mit dem TCP/IP-Standard[5] ist es überdies für nahezu jede weitere Form der künftigen Vernetzung anschlussfähig.

Eine bereits absehbare derartige Form ist die des Ubiquitous Computing, auch mit Begriffen wie Ambient Intelligence oder „Internet der Dinge" umschrieben (vgl. zu den Visionen Fleisch/Mattern 2005; Mattern 2007; Roßnagel u.a. 2008; Roßnagel 2007a, 13ff.).

---

2 Zu den Rechtsfragen des mobilen Internets s. Jandt 2008.
3 So das Bundesverfassungsgericht im Volkszählungsurteil 1983, 43; zum Konzept der informationellen Selbstbestimmung s. neben den grundlegenden Ausführungen in dieser Entscheidung ausführlich (und kritisch) Albers 2005.
4 Dabei sollte nicht übersehen werden, dass Interessen aus Wirtschaft und Sicherheitsbehörden über den politischen Prozess umgekehrt das Recht verändern können.
5 Diese Protokolle sind die Voraussetzung für die Vernetzung verschiedener Netze (Internet). Das Transmission Control Protocol (TCP) sorgt für einen reibungslosen Datenaustausch, indem es den Versand der Datenpakete überwacht und diese so aufteilt, dass kein Teil des Netzes überlastet wird. Im Internet Protocol (IP) wird hierarchisch jedem Rechner eine Adresse zugewiesen, die dessen Netzwerk und die Adresse innerhalb dieses Netzwerkes angibt. TCP/IP wird seit 1975 verwendet.

In der mittlerweile klassischen Formulierung von *Mark Weiser* aus dem Jahre 1991 bezeichnet Ubiquitous Computing eine „calm technology, when technology recedes into the background of our lives. It is invisible, everywhere computing, that does not live on a personal device of any sort, but is in the woodwork everywhere" (Weiser 1991). Der Vision nach soll die Datenverarbeitungstechnik also in Alltagsgegenstände implementiert werden und so in den Hintergrund treten. Location Based Services stellen auf den Nutzer zugeschnittene Informationen bereit, helfen bei der Orientierung und warnen vor Gefahren. Die Technik unterstützt telemedizinische Anwendungen, Fahrerassistenzsysteme, die Objektüberwachung und den Arbeitsalltag; sie befreit so von Routineaufgaben und Alltagsentscheidungen.

Was dies konkret bedeuten könnte, soll anhand einiger Beispiele erläutert werden (vgl. etwa Roßnagel 2007a, 42ff. m.w.N.). Wenn automatisierte Datenverarbeitung nicht mehr nur in definierten Systemen, sondern potentiell in und mit jedem Alltagsgegenstand möglich wird, so können Lage und Zustand von Dingen oder Personen (etwa Gegenstände in einem Raum) permanent überwacht werden: Bücher können in Bibliotheken, Schlüssel in der eigenen Wohnung, Mitarbeiter auf Betriebsgeländen gefunden werden. Temperaturfühler registrieren Innen- und Außentemperaturen, die Haustechnik speichert aufgrund der manuellen Nachsteuerungen der Bewohner deren Gewohnheiten und adaptiert nach einiger Zeit automatisch und entsprechend der voraussichtlichen Ankunftszeit. Besucher tragen entsprechende Informationen in Speicherchips ihrer Kleidung mit sich, diese Daten werden an der Haustür ausgelesen und berücksichtigt. Autos registrieren das Verkehrsaufkommen in ihrer Nähe, kommunizieren mit anderen Fahrzeugen und ermöglichen so Stauwarnungen und Verkehrsleitsysteme. Sie erkennen außerdem die berechtigten Nutzer, lösen die Wegfahrsperre und passen die Einstellungen von Sitz und Spiegeln an den aktuellen Fahrer an. Abstands- und Geschwindigkeitssensoren lösen Warnungen aus und führen zu günstigen Tarifen für risikoarme Fahrer („pay-per-risk"). RFID-Chips ermöglichen durch ihre Speicherung eines weltweit einmaligen Codes die Sortierung von Abfall nach der Recyclingfähigkeit und von Wäsche nach den entsprechenden Waschanleitungen. Die Chips erleichtern überdies die Logistik und gestatten den Abruf weiterführender Informationen über Zubehör, Allergien, Kaloriengehalt etc. aus dem Internet schon im Geschäft, aber auch nach dem Kauf. In fremden Umgebungen stellen Sender typischerweise benötigte Informationen (Taxistände, Einkaufsgelegenheiten, Restaurants) bereit, und die Endgeräte der Nutzer sortieren diese aufgrund der typischen Gewohnheiten und Interessen. Ältere, Behinderte und Kranke werden in Alltagsabläufen unterstützt, und Sensoren erkennen gestürzte oder desorientierte Personen in der stationären und häuslichen Pflege anhand ihrer Bewegungsmuster. Schließlich ermöglichen Anwendungen des „wearable computing" die Integration von Kleinsttechnologie (Kameras, Mikrofone, Lautsprecher) in Kleidung, Armbanduhren oder Brillen.

Auf einer abstrakteren Ebene verspricht die neue Technik eine Befreiung von lästigen Tätigkeiten, eine Erweiterung der natürlichen Sinne des Menschen, die Aufbewahrung von Erfahrungen und Begebenheiten und ein Mehr an Sicherheit, letztlich also einen Zugewinn an Autonomie und Selbstbestimmung (vgl. Roßnagel 2007a, 13ff.). Die technischen Perspektiven für diese Entwicklung sind bereits vorhanden: Die Entwicklungen in den Bereichen Mikroelektronik, Kommunikationstechnik, automatische Identifizierung, Lokalisierung, Sensortechnik, Ein- und Ausgabemedien und Kontextverarbeitung legen hiervon Zeugnis ab (vgl. ebd., 26ff.). Bei allen Vorbehalten, die gegenüber Prognosen der künftigen technischen Entwicklung angebracht sind (vgl. Mattern 2007, 351-419), ist deshalb bereits absehbar, dass sich zumindest in einigen Lebens- und Arbeitsbereichen grundlegende Veränderungen der Informations- und Kommunikationstechnologien einstellen werden. Diese Veränderungen werden weitreichenden Auswirkungen auf den Einzelnen und sein Verhalten haben. Je nach Gestaltung der Technik ergeben sich datenschutzrechtliche Probleme, eine zunehmende Abhängigkeit von allgegenwärtiger Rechnertechnik, Kontrollverluste durch intransparente Datenverarbeitungsprozesse, Unsicherheiten über die Identität von Kommunikations- oder Vertragspartnern und Verletzlichkeiten gegenüber Straftätern, die Sicherheitslücken der Technik ausnutzen.

2.2 Vernetzung von Recht und Organisationen

Zwischen diesen technischen Trends und dem Recht bestehen komplexe Zusammenhänge. Neben den Herausforderungen im Bereich des Datenschutzrechts betrifft das vor allem das Sicherheitsrecht und die Sicherheitsbehörden, für die sich mindestens drei Mechanismen feststellen lassen.

In der ersten Variante agieren Sicherheitsbehörden und -politiker der Technik nachlaufend. Beim Auftreten neuer Kommunikationstechnologien dauert es regelmäßig nur kurze Zeit, bis Forderungen nach Eröffnung des Zugriffs für Sicherheitsbehörden laut werden. In der Praxis wird diesen meist – wenn auch mit unterschiedlichen Voraussetzungen und Einschränkungen – entsprochen. Dies wird etwa an den nach und nach in die Strafprozessordnung eingefügten § 100a bis § 100i ersichtlich, die eine Fülle technischer Ermittlungsmaßnahmen regeln (unter anderem die Aufzeichnung der Telekommunikation, die akustische Wohnraumüberwachung, Bild- und Tonaufnahmen in der Öffentlichkeit und der so genannte IMSI-Catcher).[6] Ein weiteres Beispiel ist die Nutzung von Maut-Daten des Systems TollCollect, die gemäß § 7 Abs. 2 Autobahnmautgesetz derzeit ausschließlich zur Mauterhebung genutzt werden dürfen, in Zukunft jedoch auch für Zwecke der Gefahrenabwehr und Strafverfolgung geöffnet werden sollen (näher Fraenkel/Hammer 2006).

Weniger offensichtlich, in der Praxis jedoch weit verbreitet, ist der umgekehrte Mechanismus (vgl. Roßnagel 2007b, 229f.). Eingriffskompetenzen der Sicherheitsbehörden können der Technik auch vorauseilen und bereits in dem Moment verfügbar sein, in dem die Technik erstmals eingesetzt wird. Wenn Normen nämlich technikoffen formuliert werden oder Begriffe verwenden, die einem interpretativen Bedeutungswandel unterliegen, so können sie für neue technische Entwicklungen schon im Moment ihrer Entstehung einschlägig sein. So ermöglicht beispielsweise § 100a StPO unter bestimmten Voraussetzungen die „Überwachung und Aufzeichnung der Telekommunikation". Als der – nach dem Willen des Gesetzgebers inhaltsgleiche – Vorläuferbegriff des „Fernmeldeverkehrs" im Jahre 1968 erstmals in der Strafprozessordnung auftauchte (Albrecht/Dorsch/Krüpe 2003, 7ff.), beschrieb er eine Form der Kommunikation, die mittels stationärer Endgeräte durchgeführt wurde, die mit einer Wählscheibe ausgestattet waren. Heutzutage erfolgt Telekommunikation mittels mobiler und lokalisierbarer Endgeräte, die neben der Telefonie den

---

6 Vgl. zu diesen Maßnahmen etwa Roggan/Kutscha 2006. IMSI-Catcher sind Geräte, mit denen die International Mobile Subscriber Identity (IMSI) aus der SIM-Karte eines Mobiltelefons ausgelesen und sein Standort innerhalb einer Funkzelle eingegrenzt werden kann. Das Gerät simuliert dabei eine stark sendende Funkzelle (Basisstation), bei der sich alle Mobiltelefone in der Nähe anmelden. Dies führt dazu, dass auch Unbeteiligte betroffen sind und – ohne, dass dies erkennbar ist – weder normale Gespräche führen noch Notrufe absenden könne.

Austausch von SMS und E-Mails und die übrige Nutzung des Internets ermöglichen. Hierdurch werden mit derselben Norm vollkommen andere soziale Effekte erzielt als die, die der Gesetzgeber ursprünglich beabsichtigt hatte.

In einem jüngeren Trend wird das Recht schließlich – drittens – zunehmend zur überwachungsfreundlichen Gestaltung von Technik, insbesondere von Kommunikationsinfrastrukturen, eingesetzt. Das Paradebeispiel hierfür ist die Vorratsspeicherung von Telekommunikationsverbindungsdaten.[7] Diese werden ganz überwiegend nicht aus Gründen der Erbringung von Dienstleistungen (Abrechnung, Funktionskontrolle) gespeichert, sondern aufgrund europarechtlicher und nationaler Vorschriften, die den Anbietern detaillierte Vorgaben für die Gestaltung ihrer Infrastrukturen machen. Die so vernetzte Technik erhält damit ein „Gedächtnis". Schon bislang ist es common sense, dass das „Internet nichts vergisst".[8] Dieses Gedächtnis galt jedoch vor allem für die Inhalte des World Wide Web, nicht aber für Inhalte und Umstände von Sprachtelefon-, Voice over IP[9]- und E-Mail-Verbindungen. Vor dem Hintergrund der Vorratsdatenspeicherung in diesem Bereich steht zu erwarten, dass Überwachungs- und Kontrollmechanismen von Beginn an in die Infrastrukturen des Ubiquitous Computing implementiert werden.

Die Strukturen in der Europäischen Union – aus deren Recht die entscheidenden Vorgaben für die Vorratsdatenspeicherung stammen – sind zugleich ein Beispiel für eine Form von Vernetzung, die grenzüberschreitend Akteure und Organisationen des Sicherheitsbereichs zusammenführt und auf die technische Gestaltung von Kommunikationsinfrastrukturen Einfluss nimmt. Im Mehrebenensystem der Europäischen Union wird so in immer stärkerem Maße versucht, die Art der Vernetzung von IT-Systemen zentral zu steuern (so beim Schutz von Urheberrechten im Internet oder der Verpflichtung der Mitgliedstaaten zur Vorratsdatenspeicherung) oder sogar diese erst hervorzurufen (so bei der Verpflichtung zur Einführung interoperabler Datenaustauschsysteme bei Polizei und Geheimdiensten, Aden/Busch 2006; Schöndorf-Haubold 2007).

In diesem System werden Organisationen, Entscheidungsstrukturen und technische Systeme teils vernetzt, teils zentralisiert (zur Herausbildung gemeinsamer organisatorischer und normativer Strukturen z.B. Möstl 2008; Braum 2008). Sicherheitsbehörden kooperieren in organisatorischer Hinsicht entweder über zentrale europäische Strukturen des Informationsaustauschs (wie Europol)[10] oder – häufig parallel – in bi- oder multilateralen Strukturen. Entscheidungen über die Einführung neuer Überwachungstechnologien werden zunehmend in der Europäischen Union zentral gefällt und unterliegen zum Teil massiven Vorbehalten hinsichtlich ihrer demokratischen Legitimation. So konnten die biometrischen Reisepässe per EU-Verordnung durch Beschluss des Europäischen Rates eingeführt werden, ohne dass

---

7 Vgl. aus der vielfältigen Literatur z.B. Breyer 2005; Gitter/Schnabel 2007. Der EuGH hat am 10.2.2009 eine auf Kompetenzerwägungen gestützte Klage gegen die europäische Richtlinie (2006/24/EG) zurückgewiesen. Nach Abschluss des Manuskripts hat das Bundesverfassungsgericht am 2.3.2010 das deutsche Umsetzungsgesetz aufgehoben, s. dazu Hornung/Schwabel 2010.
8 Das betrifft nicht nur die Spiegelung aktueller Inhalte auf eine Vielzahl von Servern, sondern auch Dienste zur Web-Archivierung wie das in San Francisco ansässige gemeinnützige Projekt „Internet Archive", das seit 1996 regelmäßig URLs aufruft und die Inhalte archiviert.
9 Internet-Telefonie oder Voice over IP (kurz VoIP) ist das Telefonieren über das Internet oder ein anderes Computernetzwerk. Die Gesprächsteilnehmer können Computer mit Mikrofonen und Lautsprechern, auf IP-Telefonie spezialisierte Telefonendgeräte oder herkömmliche Telefone mit Adaptern verwenden.
10 Zu Europol Srock 2006; zu den Rechtsschutzproblemen Beaucamp 2007.

die einschränkenden Forderungen des Europäischen Parlamentes Berücksichtigung finden mussten.[11]

Das größte Projekt zur technischen Vernetzung polizeilicher Datenbanken ist gegenwärtig der Vertrag von Prüm vom 27. Mai 2005 in der durch den Ratsbeschluss 2008/615/JI in den Rechtsrahmen der Union übernommenen Form (z.B. Weichert 2006; Töpfer 2008). Dieser sieht grenzüberschreitende Abfragen nationaler DNA-, Fingerabdrucks- und Fahrzeugdatenbanken vor, die im ersten Schritt ohne Namensangabe, d.h. im Treffer/Kein-Treffer-Verfahren erfolgen. In Anschluss kann der ersuchte Mitgliedstaat um dazugehörige personenbezogene Daten und weitere Informationen gebeten werden. Dies schließt im Grundsatz alle polizeilichen Informationen ein (entsprechende Übermittlungsmöglichkeiten existieren bereits seit dem aus der „Schwedischen Initiative" hervorgegangenen Rahmenbeschluss 2006/960/JI);[12] allerdings richtet sich die Übermittlung nach dem innerstaatlichen Recht des ersuchten Staates und kann dementsprechend im Einzelfall auch verweigert werden.

Noch einen Schritt weiter gehen die Pläne des Europäischen Rates und der Europäischen Kommission über den Austausch von Informationen aus Datenbanken der Polizeibehörden. Dieser Austausch soll innerhalb der Europäischen Union künftig nach dem „Grundsatz der Verfügbarkeit" erfolgen (Böse 2007; Meyer 2008). Anders als nach der Schwedischen Initiative würde das einen offenen Online-Zugriff auch auf die personenbezogenen Daten bedeuten. Sollten diese Pläne Wirklichkeit werden, wären die Binnengrenzen der Union und die unterschiedlichen nationalen Erhebungs- und Übermittlungsregelungen für den grenzüberschreitenden Informationsaustausch zwischen Sicherheitsbehörden bedeutungslos.

So wenig der Einzelne in diesem Geflecht aus rechtlichen und organisatorischen Strukturen vorzukommen scheint, so sehr kann er letztlich betroffen sein. Die europarechtlich vorgegebenen Kontrollmechanismen im Bereich der Telekommunikation erfassen nahezu jeden europäischen Bürger, und der Grundsatz der Verfügbarkeit könnte dazu führen, dass nationale Schutzmechanismen ausgehebelt werden: Nach den Vorstellungen des Europäischen Rates sollen nationale Datenschutzregelungen den freien Fluss personenbezogener Daten weder einschränken noch untersagen.

2.3 Vernetzung der Menschen

Von den eben erläuterten Formen der Vernetzung ist der Einzelne nur dann unmittelbar betroffen, wenn er Adressat einer informationstechnischen Ermittlungsmaßnahme von Sicherheitsbehörden wird. Die für jedermann wahrnehmbaren Formen der Vernetzung in der Informationsgesellschaft sind demgegenüber unmittelbarer. Beispielhaft hierfür sind gegenwärtig vor allem die interaktiven Anwendungen des „Web 2.0" bzw. „sozialen Internets" (zu den technischen und sozialwissenschaftlichen Hintergründen etwa Kollmann/Häsele 2007; Mika 2007; Alpar/Blaschke 2008; Zeger 2009). Mit diesem unscharfen Sammelbegriff werden Internetanwendungen bezeichnet, bei denen die Nutzer mit einbezogen werden (oder, exakter: bei denen die Grenze zwischen den Rollen als Nutzer und Anbieter

---

11 Dazu Hornung 2007a; Roßnagel/Hornung 2005; eine Kompetenz der Gemeinschaft ablehnend Pallasky 2006, S. 43 ff.; zur Biometrie in Identitätspapieren Hornung 2005.
12 Rahmenbeschluss 2006/960/JI des Rates v. 18.12.2006 über die Vereinfachung des Austauschs von Informationen und Erkenntnissen zwischen den Strafverfolgungsbehörden der Mitgliedstaaten der Europäischen Union, ABl. L 386/89.

verschwimmt), die keine hohen Zugangsvoraussetzungen enthalten (also mit einem durchschnittlichen System intuitiv bedienbar sind), dynamische und personalisierbare Inhalte bereitstellen und ein besonderes Maß an Interaktion ermöglichen (Bildung von Nutzergruppen, Möglichkeit von Austausch und Kommunikation, Anlage persönlicher Profile etc.). Beispiele sind Online-Communities (studiVZ, XING, MySpace, Facebook etc.), Blogs, Foto- und Videoportale wie Flickr und YouTube, Social-Bookmarking-Systeme wie delicio.us, Bewertungsportale wie meinProf oder spickmich sowie Online-Rollenspiele wie World of Warcraft oder Second Life.

Die neuen Anwendungen dienen der Persönlichkeitsentfaltung der Nutzer durch ungefilterte Kommunikation, der Bildung, Pflege und Sichtbarmachung von Interessengruppen sowie der Sammlung, Fortschreibung und Verbreitung von Wissen. Anwendungen des Web 2.0 haben aber nicht zuletzt auch einen erheblichen wirtschaftlichen Nutzen (vgl. Häusler 2007, 37ff.). Sie finanzieren sich typischerweise durch Online-Werbung; alternativ werden Gebühren für die Mitgliedschaft oder die Bereitstellung einer Premium-Version verlangt. In nahezu allen Fällen wird dabei aus Betreibersicht der Kern der Wertschöpfungsarchitektur durch die Informationen gebildet, die die Nutzer bereitstellen („user generated content"): Die genannten Anwendungen sind deshalb so attraktiv, weil viele andere Nutzer an ihnen teilnehmen und ebenfalls private Daten, Vorlieben, Fotos und Videos bereitstellen. Die Anbieter haben also aus wirtschaftlichen Gründen ein starkes Interesse an genau diesem Verhalten ihrer Nutzer. Dem korrespondiert ein starker Drang großer Nutzergruppen nach Selbstdarstellung durch Preisgabe vieler und sensibler Daten.

Immer mehr Menschen kommunizieren in immer stärkerem Maße über diese technisch vernetzten Systeme, und nichts spricht dafür, dass dieser Trend abnimmt. Im Gegenteil: Je jünger die Menschen sind, desto größer ist etwa der Prozentsatz derjenigen, die das Web 2.0 nutzen. Die Anwendungen können zwar regelmäßig über persönliche Einstellungen der Nutzer beeinflusst werden, ihre Strukturen werden aber fundamental durch die Anbieter kontrolliert und enthalten eine kaum übersehbare Vielzahl personenbezogener Daten der Nutzer. Dies ist insbesondere deswegen problematisch, weil offenbar grundlegende Anforderungen von Datenschutz und Datensicherheit durch die Anbieter nicht umgesetzt werden (vgl. Fraunhofer Institut für Sichere Informationstechnologie (SIT), 2008).

Die Vernetzung der Menschen basiert auf der Vernetzung der Technik. Sie ist mit dieser aber nicht identisch, und zwar in dem Maße nicht, in dem Systeme im Hintergrund miteinander kommunizieren. Dies ist bereits gegenwärtig zwischen den Endgeräten des Internets der Fall und wird in Zukunft immer mehr zunehmen, wenn die oben beschriebenen Visionen des Ubiquitous Computing Realität werden. Man kann dann zwar immer noch annehmen, dass eine durch Individuen potentiell beherrschbare Kommunikation abläuft (sofern man diesen Begriff nicht auf tatsächlich beherrschten Austausch zwischen Menschen beschränkt), aber kaum, dass tatsächlich Individuen miteinander kommunizieren.

3 Herausforderungen

Die beschriebenen Vernetzungen von Technik, von Recht und Organisation und von Menschen stellen die in der Praxis beteiligten Akteure, aber auch die verschiedenen wissenschaftlichen Disziplinen vor neue und große Herausforderungen. Von diesen sollen im Folgenden drei näher betrachtet werden, nämlich die Auswirkung von Datensammlungen und Profilbildungen auf die Persönlichkeitsrechte der Betroffenen, die Problematik des staatlichen Zugriffs und die Schwierigkeiten einer normativen Regulierung der vernetzten Technik, die sich sowohl an den sich abzeichnenden Aufgaben für die Grundrechtsdogmatik als auch im Bereich des Datenschutzrechts verdeutlichen lassen. In allen drei Problemkomplexen geht es letztlich um die Kontrolle der vernetzten Strukturen als Mittel zur Kontrolle ihrer Nutzer.

3.1 Vernetzte Datenverarbeitung und informationelle Selbstbestimmung

Angesichts der großen Nutzerzahl und der erheblichen Menge an Kommunikation, die über die Anwendungen des sozialen Internets erfolgt, lässt sich als These formulieren, dass man sich dieser Form der Vernetzung zumindest in bestimmten sozialen Gruppen schon heute nur um den Preis teilweiser sozialer Isolierung entziehen kann. In einer Welt des Ubiquitous Computing wird dies in noch größerem Maße der Fall sein.

Die Beobachtbarkeit der Vernetzungsstrukturen und der Umstände und Inhalte von Kommunikation wird im selben Maße steigen, und man wird sich – so die weitere These – in Zukunft auch mit entsprechenden wirtschaftlichen Ressourcen kaum gegen diese Gefahren wappnen können. Mit anderen Worten: Während es im Bereich personaler Sicherheit durch den Einsatz derartiger Ressourcen möglich ist, sich in „gated communities" von der Außenwelt abzuschotten (also sich der Vernetzung teilweise zu entziehen), ist dies in der künftigen Informationsgesellschaft nur um den Preis der Nicht-Kommunikation möglich. Die Vorratsdatenspeicherung ist in diesem Sinne egalitär. Die Wirkungen auf den Einzelnen mögen von seinem Verhalten – und dessen Beurteilung durch andere – abhängen, die Tatsache der Beobachtbarkeit betrifft jede vernetzte Person.

Die erläuterten Mechanismen der Vernetzung könnten – schreibt man die Interessen und Verhaltensweisen der beteiligten Akteure in eine Welt des Ubiquitous Computing fort – eine neue Dimension der Kontrollierbarkeit vernetzter Kommunikation zur Folge haben. Die Vernetzung von Alltagsgegenständen führt zu einer Form von Datenverarbeitung, die – vom Nutzer durchaus gewollt – für diesen unmerklich, intransparent, situativ, ad hoc und adaptiv erfolgt. Auf dieser Plattform werden neue und attraktive Anwendungen entstehen. Das Beispiel der bereits verfügbaren Web 2.0-Anwendungen zeigt, dass die Bereitschaft der Nutzer, in diesem Rahmen personenbezogene Daten in großem und detailliertem Umfang preiszugeben, enorm ist. Es spricht nichts dafür, dass dies bei interessanten Produkten und Anwendungen des Ubiquitous Computing anders sein wird. Durch die personalisierten Datensammlungen entstehen Kommunikations- und Persönlichkeitsprofile, die erhebliche Informationen über den einzelnen Betroffenen, aber auch über gesellschaftliche Kommunikationsstrukturen enthalten können.[13]

Die Spezifika ubiquitärer Datenverarbeitung, die dies ermöglichen, können wie folgt zusammengefasst werden (vgl. ausführlich Roßnagel 2007a, 85ff. m.w.N.; auch Möller/Bizer 2006, 200ff.). Die Datenerhebung ist in aller Regel automatisch und intransparent: Daten werden für den Nutzer unmerklich erhoben, weil alltägliche Handlungen direkt von kleinsten Sensoren aufgezeichnet und in Hintergrundsystemen informationstechnisch ver-

---

13 Zu den absehbaren Entwicklungen und verschiedenen disziplinären Zugängen zu den Fragen der Profilbildung vgl. Hildebrandt/Gutwirth 2008; zum Begriff der Profilbildung (für den bislang keine trennscharfe – und schon gar keine juristisch handhabbare – Definition vorliegt) Hildebrandt 2008, 17-45; zu den Rechtsfragen Jandt 2008; Schnabel 2009.

arbeitet werden. Erhebungsvorgänge sind deshalb für die Betroffenen nicht an besondere, Aufmerksamkeit erzeugende Ereignisse geknüpft. Der Umfang der Datenerhebung wird quantitativ und qualitativ enorm zunehmen und dabei zeitlich und räumlich grenzenlos sein. Die Aussagekraft der erhobenen Daten erhöht sich, weil sie inhaltlich und zeitlich näher am realen Geschehen sind und durch ihren Umfang Rückverfolgbarkeiten erzeugen. Der intensive Datenaustausch über bisher abgegrenzte Verantwortlichkeitsbereiche ist systemimmanent. Diese Form der Vernetzung führt auch zu erheblichen Risiken des unerlaubten Ausspähens von Daten durch Dritte. Sowohl die Betreiber als auch derartige Dritte können schließlich die Profile der Nutzer zu ihren Zwecken ge- oder missbrauchen.

Die Bildung von Profilen über die Interessen der Nutzer, ihre physischen Bewegungen und ihre sozialen Kontakte ist dabei nur selten als Missbrauch zu qualifizieren:[14] Um ordnungsgemäß funktionieren zu können, benötigen die neuen Anwendungen Informationen über Lebensumstände, Bedürfnisse und Präferenzen der Nutzer. Nur dann können sie diese auf der Basis „erlernten" Wissens situativ in ihrem Handeln unterstützen. Zugleich birgt das Ziel der Systeme, auf der Basis von Persönlichkeitsprofilen Verhalten und Präferenzen für die Zukunft vorauszusagen, die Gefahr der Verhaltensbeeinflussung (vgl. Roßnagel 2007a, 100ff.). Das entstehende Informationsgefälle kann dazu führen, dass einzelnen Nutzern bestimmte Informationen zugänglich gemacht oder verweigert werden, oder dass bestimmte Handlungsoptionen eröffnet werden (etwa über eine nutzerspezifische Preisgestaltung) – beides, ohne dass dies dem Einzelnen bewusst wird. Die vom Nutzer bereitgestellten Daten werden also zu Profilen verarbeitet, deren Wirkungen je nach Verwendungszusammenhang differieren, vom Nutzer jedoch nicht mehr im Vorhinein abgeschätzt werden können.

Eine solche Datenverwendung kommt mit grundsätzlichen Anforderungen in Konflikt, die im deutschen Verfassungsrecht aus dem Grundrecht auf informationelle Selbstbestimmung abgeleitet werden. Diese „aus dem Gedanken der Selbstbestimmung folgende Befugnis des Einzelnen, grundsätzlich selbst über die Preisgabe und Verwendung seiner persönlichen Daten zu bestimmen" (Bundesverfassungsgericht 1983, 42) wird verfassungsrechtlich garantiert, um dem Individuum „individuelle Entfaltungschancen" (Bundesverfassungsgericht 1983, 43)[15] zu erhalten, die es zur Herausbildung und Bewahrung seiner Identität benötigt. Private Lebensbereiche und -dimensionen dienen also einer autonomen Lebensführung (vgl. Rössler 2001, 127ff., 136ff., 201ff. et passim; auch Hildebrandt 2008; van Hof/Prins 2008). Es geht dabei nicht (allein) um ein „right to be let alone", sondern um den selbstbestimmt in der Gesellschaft Agierenden und Kommunizierenden (vgl. Roßnagel 2007a, 112).

Die Bildung detaillierter Persönlichkeitsprofile und die typisierend-automatisierte Einordnung des Einzelnen anhand abstrakter Kriterien (die durch die einordnende Stelle im Sinne eines „social sortings" bestimmt und variiert werden können) widersprechen diesem Konzept eines selbstbestimmten Individuums. Das Grundrecht auf informationelle Selbstbestimmung verbietet dem Staat nicht nur, „den Menschen zwangsweise in seiner ganzen

---

14 Zu technischen Hintergründen und Algorithmen sowie Beispielen für einzelne Lebensbereiche (Biometrie, Location Based Services, Internetnutzung, Schule, Arbeitsleben, Verbraucher) Hildebrandt/Gutwirth 2008.
15 Das Konzept informationeller Selbstbestimmung versteht diese Befugnis daneben als „strukturelle Komponente jeder demokratischen Gesellschaft" (Simitis 2000, 719).

Persönlichkeit zu registrieren und zu katalogisieren".[16] Es verlangt auch Transparenz und Steuerbarkeit von Datenverarbeitungsprozessen, die im Ubiquitous Computing häufig nicht gegeben sein werden.

3.2 Die Vorratsdatenspeicherung der Zukunft?

Persönlichkeitsprofile können in diesem Zusammenhang bereits zu erheblichen Problemen führen, wenn sie in der Verfügungsgewalt der Diensteanbieter verbleiben; die Vorkommnisse im Jahre 2008 im Bereich der Telekommunikationsdiensteanbieter legen hiervon Zeugnis ab. Es steht aber darüber hinaus zu erwarten, dass nationale Sicherheitsbehörden zu Zwecken von Prävention und Strafverfolgung auf die Daten zugreifen werden. Der zunehmende Einsatz informationstechnischer Ermittlungsmaßnahmen verdeutlicht nämlich, dass Daten, die in höchstpersönlichen, aber vernetzten Systemen (Online-Durchsuchung) oder gesamtgesellschaftlichen Kommunikationszusammenhängen (Vorratsdatenspeicherung) verwendet werden, früher oder später den Sicherheitsbehörden zugänglich gemacht werden. Es besteht kein Grund zur Annahme, dass dies im Bereich des Ubiquitous Computing hinsichtlich der dort anfallenden Daten und der angesammelten Profile anders sein wird. In einem System der europa- oder sogar weltweit vernetzten Sicherheitsinfrastrukturen wird das so gewonnene Wissen geteilt werden.

Legitimität und verfassungsrechtliche Zulässigkeit eines derartigen Vorgehens werden im Einzelfall vertiefte Untersuchungen erfordern und können an dieser Stelle nicht erörtert werden. Es ist aber deutlich, dass eine Vorratsspeicherung von Telekommunikationsdaten in einer Welt des Ubiquitous Computing noch viel schwerere Grundrechtseingriffe zur Folge hätte als die derzeit durch das europäische und nationale Recht vorgeschriebenen Maßnahmen. Das gilt umso mehr, als zwei Erweiterungen in der Logik der Vorgehensweise lägen: zum einen die gesetzliche Verpflichtung zur Speicherung von Daten, die zur Bereitstellung der Dienste nicht erforderlich sind, anlässlich dieser Bereitstellung aber erhoben werden können, und zum anderen die Ausweitung der Speicherung auf Inhaltsdaten bei Verfügbarkeit entsprechender Speicher- und Verarbeitungskapazitäten. Die staatliche Speicherung und Auswertung der Verbindungs- und Inhaltsdaten vernetzter Alltagsgegenstände, die die Nutzer mehr oder weniger permanent in verschiedenen, mehr oder weniger sensiblen Lebensbereichen einsetzen, würde ein heute kaum vorstellbares Ausmaß an Kontrollierbarkeit nach sich ziehen. Ohne dies hier im Einzelnen begründen zu können, spricht deshalb vieles dafür, dass eine Vorratsdatenspeicherung in einer solchen Welt des Ubiquitous Computing verfassungsrechtlich unzulässig wäre. Dies gilt natürlich erst recht, wenn man – zutreffenderweise – bereits die Verfassungswidrigkeit der aktuellen Maßnahmen im Telekommunikationsgesetz annimmt.[17]

---

16 So bereits das Bundesverfassungsgericht (1969, 6); damals als Verstoß gegen die Menschenwürdegarantie gewertet.
17 Die Probleme des Verhältnisses zwischen Europarecht und dem Grundgesetz bleiben hier unberücksichtigt. Nach Abschluss des Manuskripts hat das Bundesverfassungsgericht einen Konflikt mit dem EuGH vermieden, indem es am 2.3.2010 zwar das deutsche Umsetzungsgesetz verwarf, eine Vorratsdatenspeicherung entsprechend der Richtlinie aber für im Grundsatz mit dem Grundgesetz vereinbar erklärte; s. Hornung/Schwabel 2010.

3.3 Grenzen aktueller normativer Schutzprogramme

Die beschriebenen Formen der Vernetzung, aber auch ihre Auswirkungen auf den Einzelnen stellen neue Anforderungen an das Recht, soweit dieses auf verfassungsrechtlicher und einfachgesetzlicher Ebene den Zweck verfolgt, durch normative Regulierung Schutz gegen Persönlichkeitsverletzungen zu gewähren. Verfassungsrechtlich betrifft dies das Grundrecht auf informationelle Selbstbestimmung. Mindestens drei Herausforderungen lassen sich insoweit ausmachen.

Erstens war das vom Bundesverfassungsgericht im Jahre 1983 entwickelte Recht eine Reaktion auf die automatisierte Datenverarbeitung in der Zeit zentralisierter Großrechner. Die dogmatischen Grundlagen sind zwar – ebenso wie das einfache Datenschutzrecht (s.u.) – für die Bedingungen der dezentralisiert-vernetzten Welt des Internets fortentwickelt worden, aber eben (noch) nicht für die Welt des Ubiquitous Computing. In dieser wird es beispielsweise vermehrt zu einer Anordnung und Anwendung mehrerer technischer Überwachungsmaßnahmen gegen eine Person kommen. Für diese Fälle „kumulativer Maßnahmen" stellt das Sicherheitsrecht bislang weder auf der prozeduralen Ebene (Zuständigkeit unterschiedlicher staatlicher Stellen; keine Pflicht zur Abstimmung) noch in materiellrechtlicher Hinsicht (Fehlen von Kriterien für eine „Gesamtabwägung" im Rahmen der Verhältnismäßigkeitsprüfung) echte Lösungen bereit (Hornung 2010).

Zweitens ist bisher ungeklärt, ob und bis zu welchem Grad das Grundrecht seine Träger „vor sich selbst" schützt, auch wenn diese in bestimmte Datenverwendungen eingewilligt haben. Die Rolle der Einwilligung im Datenschutzrecht wird schon seit längerem kontrovers diskutiert (Holznagel/Sonntag 2003). Während sie für die einen unmittelbarster Ausdruck informationeller Selbstbestimmung ist, betonen andere, dass das notwendige Merkmal der Freiwilligkeit in vielen sozialen Zusammenhängen wie der Arbeitswelt kaum bejaht werden kann. Im Ubiquitous Computing tritt hinzu, dass die Tragweite von Einwilligungserklärungen kaum überschaubar sein wird. Ohne dies kann jedoch keine „informierte" Einwilligung angenommen werden.

Drittens wird das Verhältnis zu anderen Grundrechten in Zukunft näher in den Blick rücken. Das Bundesverfassungsgericht hat in seiner Entscheidung in Sachen Online-Durchsuchung mit dem „Grundrecht auf Gewährleistung der Vertraulichkeit und Integrität informationstechnischer Systeme" einen neuen Schutzbereich entwickelt,[18] der das Potential eines Persönlichkeitsrechts der Informationsgesellschaft hat, dessen inhaltliche Abgrenzung zum Grundrecht auf informationelle Selbstbestimmung aber die schwächste Passage des Urteils darstellt.[19] Überdies ist die Anwendung auf vernetzte Systeme bislang völlig offen; die Diskussion etwa um die Auswirkungen auf die RFID-Technologie hat gerade erst begonnen (Holznagel/Schumacher 2009). Des Weiteren könnten neue Technologien des Ubiquitous Computing neue Abgrenzungsprobleme zwischen verschiedenen Grundrechten aufwerfen. In einer Welt vernetzter Körperimplantate (Herzschrittmacher, Hör-, Erinnerungs- und Denkhilfen) oder Body Area Networks (am Körper getragene Sensoren zur

---

18 Abrufbar unter http://www.bundesverfassungsgericht.de/entscheidungen/rs20080227_1bvr037007.html; vgl. näher Hoffmann-Riem 2008.
19 Das neue Grundrecht stellt eine Vorverlagerung des Persönlichkeitsschutzes dar, weil (schon) an Eingriffe in das System angeknüpft wird. Die meisten Fälle (einschließlich der konkret vom Gericht geprüften Norm des nordrhein-westfälischen Landesverfassungsschutzgesetzes) wären aber auch vom Grundrecht auf informationelle Selbstbestimmung erfasst, und das Konkurrenzverhältnis der beiden Rechte bleibt unklar.

Überwachung von Umgebung oder Träger, z.B. im medizinischen Bereich) könnte etwa eine Online-Durchsuchung in weitere Grundrechte eingreifen.[20] Zu klären wäre dann, ob statt oder neben informationeller Selbstbestimmung sowie Vertraulichkeit und Integrität informationstechnischer Systeme nicht das Recht auf körperliche Unversehrtheit einschlägig wäre.

Auf einfachgesetzlicher Ebene ist von Roßnagel (2007a, 127ff.; vgl. mit anderem Ansatz Möller/Bizer 2006, 198-241) ausführlich die nur eingeschränkte Eignung des bisherigen datenschutzrechtlichen Schutzprogramms für das Ubiquitous Computing begründet worden. Dieses Programm geht von klaren Verantwortlichkeiten aus, die jedoch verschwimmen können, wenn die rechtlichen Rollen als Betroffener oder verantwortliche Stelle wechseln, Ad-hoc- und Peer-to-Peer-Kommunikation erfolgt oder Daten ins Ausland transferiert werden. Die grundlegende Anforderung der Transparenz der Datenverwendung wird den Interessen der Nutzer zuwiderlaufen, die kein Interesse an täglich hunderten oder tausenden Warnhinweisen und Kennzeichnungen haben, welche überdies wegen diffuser Verwendungszwecke wenig über die tatsächlichen Folgen aussagen. Schriftliche und einzelfallbezogene Einwilligungen trifft dasselbe Schicksal. Die Bindung an bereichsspezifische Verarbeitungszwecke und das Erforderlichkeitsprinzip leiden daran, dass die Systeme gerade in noch unvorhersehbaren Situationen reagieren und den Nutzer flexibel unterstützen sollen. Besteht der Verarbeitungszweck in der Anlage eines persönlichen, digitalen „Gedächtnisses", so werden die Daten ein Leben lang gespeichert. Schließlich erschweren die genannten Transparenzprobleme sowohl die Ausübung der Rechte der Betroffenen als auch die institutionalisierte Kontrolle durch Datenschutzbeauftragte und Aufsichtsbehörden.

Für die Zukunft bedeutsam ist, dass es sich bei diesen Schwierigkeiten „nicht um ein Vollzugs-, sondern um ein Konzeptproblem handelt" (Roßnagel 2007a, 155). Die Grundsätze des Datenschutzrechts und die Konzeptionen allgegenwärtiger Datenverarbeitung zur Profilbildung, zur Datenhaltung auf Vorrat und unbemerkten Datenverarbeitung im Hintergrund widersprechen sich diametral. Die vollständige Aufrechterhaltung des bisherigen Normprogramms wäre deshalb nur um den Preis einer mindestens teilweisen Verhinderung der Technologien des Ubiquitous Computing zu haben. Dies ist angesichts der Attraktivität der neuen Anwendungen jedoch keine realistische Option.

4 Lösungswege: Gestaltung von Vernetzung

Die geschilderten Herausforderungen der Vernetzung und ihre Auswirkungen auf die Bürger sind erheblich. Dennoch sind die beschriebenen Probleme nicht unlösbar. Deutlich ist aber, dass Rechtssystem, Technikentwicklung und politische Steuerung je für sich allein zur Bewältigung ungeeignet sind. Die Fortentwicklung rechtsdogmatischer Grundlagen, die Gestaltung der Technik und die Demokratisierung der beide steuernden politischen Entscheidungen müssen deshalb zusammenwirken.

---

20 So der Hinweis von Andreas Pfitzmann als sachverständige Auskunftsperson vor dem Bundesverfassungsgericht.

4.1 Fortentwicklung rechtsdogmatischer Grundlagen

Auf normativer Ebene bedarf es keiner grundsätzlichen Neuausrichtung der rechtlichen Schutzgüter. Die Grundaussagen des Volkszählungsurteils – informationelle Selbstbestimmung als verfassungsrechtlicher Ausdruck der Bedeutung individuell-selbstbestimmter Persönlichkeitsentfaltung und einer freien gesamtgesellschaftlichen Kommunikationsordnung – sind unverändert gültig; als normatives Konzept wird informationelle Selbstbestimmung in einer Welt des Ubiquitous Computing sogar noch wichtiger werden (vgl. Roßnagel 2007a, 175).

Wohl aber bedarf es eines technikadäquaten rechtlichen Schutzprogramms. Dies kann durchaus die Fortentwicklung verfassungsdogmatischer Grundlagen einschließlich der Schaffung neuer Schutzbereichsdimensionen wie das Grundrecht auf Gewährleistung der Vertraulichkeit und Integrität informationstechnischer Systeme umfassen. Die Konzeption dieses Rechts mag (bislang) dogmatische Schwächen aufweisen, der Akt der „Geburt" und der semantische wie politische Wert eines eigenen „Grundrechts für die Informationsgesellschaft" sind nicht zu unterschätzen – auch wenn abzuwarten bleibt, welche normativen Wirkungen folgen werden (z.B. Hoffmann-Riem 2008; Böckenförde 2008; Roßnagel/Schnabel 2008).

Deutlich konkreter ist der Reformbedarf auf der Ebene des Datenschutzrechts. Die prinzipielle Notwendigkeit einer grundsätzlichen Überarbeitung ist ebenso unbestritten wie ihre politische Umsetzung vernachlässigt wird. Seit dem Jahre 2001 liegen ausführliche Vorschläge vor (Roßnagel/Pfitzmann/Garstka 2001), die seitdem weiter konkretisiert wurden.

Eine Reihe sinnvoller Veränderungen des normativen Schutzprogramms sind von Roßnagel (2007a, 176ff. m.w.N.; andere Ansätze bei Möller/Bizer 2006, 218ff.) wie folgt umrissen worden: Erforderlich sind Regeln für den mittel- und langfristigen Umgang mit personenbezogenen Daten nach der einmalig erteilten Einwilligung; dabei könnte die Bereitstellung von Strukturinformationen die Transparenz der Datenverwendung steigern. Statt weitreichender gesetzlicher Generalklauseln sollte das „opt-in" der Betroffenen die Regel sein; allerdings in generalisierter, automatisierter und an technische Systeme delegierter Form. Datenschutzfördernde Technologien sind zur Protokollierung von Zugriffen, zur automatischen Löschung sowie zu Anonymisierung und Pseudonymisierung erforderlich; hier muss das Datenschutzrecht durch Zertifikate und Audits, aber auch durch effektive Normen der Gefährdungshaftung Anreize bieten und die Technikentwickler in die Pflicht nehmen. Für Verarbeitungsbereiche, in denen noch kein Personenbezug besteht, eine Individualisierung langfristig aber möglich erscheint, sind Vorsorgeregelungen für die Bewahrung von Anonymität zu schaffen. Technische Infrastrukturen müssen in berechtigten Einzelfällen eine Überwachung zulassen, sind aber – anders als bei der Vorratsdatenspeicherung – am Normalfall einer unbeobachteten Kommunikation, nicht am seltenen Extremfall des Missbrauchs auszurichten. Wenn Privatpersonen und ihre Systeme in großem Maße personenbezogene Daten verwenden, ist ihr vollständiger Ausschluss aus dem Anwendungsbereich des Datenschutzrechts nicht mehr zu rechtfertigen. Schließlich muss die institutionalisierte Kontrolle der Datenverwendung durch Datenschutzbeauftragte, Aufsichtsbehörden und Verbraucherschutzverbände gestärkt werden, weil der Einzelne die Strukturen der Datenverwendung immer weniger durchschauen kann.

Schließlich besteht für die neuen Befugnisse zur informationstechnischen Überwachung – gerade vernetzter Infrastrukturen – ein erhebliches Evaluationsbedürfnis. Vielfach fehlt es in den Debatten sowohl an Kenntnissen über die Effektivität der neuen Maßnahmen als auch über die Auswirkungen auf die Betroffenen. Hier ist der Gesetzgeber aufgefordert, normative Vorgaben für die Evaluation von Sicherheitsgesetzen zu erlassen und entsprechende Mittel bereitzustellen (Albers/Weinzierl 2010).

4.2 Technikgestaltung als Prozess

An der Vielzahl zum Teil stark divergierender Gerichtsurteile im Bereich des Internets – etwa zu den Haftungsfragen rund um das „Web 2.0" – lässt sich ablesen, dass die typischerweise zeitlich nachgelagerte, „reaktive" Behandlung technischer Neuerungen durch das Recht erhebliche Probleme verursacht. Diese werden in Zukunft noch erheblich zunehmen, wenn auch nur Teile der Vision eines Ubiquitous Computing wahr werden sollten. Wenn das (insbesondere Verfassungs-)Recht seinen Anspruch auf Selbststeuerung der Gesellschaft und Schutz der Identitätsbildung der Bürger nicht aufgeben will, sind Konzepte der präventiv-gestaltenden Umsetzung erforderlich.

Die beschriebenen Risiken vernetzter Systeme für die Persönlichkeitsrechte der Nutzer sind also nur reduzierbar, wenn sie bei der Gestaltung technischer Komponenten und Strukturen der Vernetzung von Beginn an berücksichtigt werden. Für die Form, in welcher dies geschieht, sind Kriterien zu entwickeln. Diese können aus normativen Anforderungen des Rechts, aber auch aus empirischen Erkenntnissen über Chancen und Risiken der neuen Kommunikationsformen gewonnen werden.

Dieses Konzept einer Techniksteuerung durch Recht ist seit einigen Jahren ausführlich beschrieben worden (grundlegend Roßnagel 1993), wird allerdings besonders wichtig, wenn – wie hier – ein rein normativer Schutz der Beteiligten wegen der unübersichtlichen technischen Kommunikation und rechtlichen Beziehungen immer schwieriger wird und deshalb auch Konstruktionen wie rechtliche „Verantwortungsräume" (vgl. Möller/Bizer 2006, 221ff.; dagegen Roßnagel 2007a, 125f.) nur begrenzt Abhilfe schaffen können. Übergreifendes Ziel der Technikgestaltung muss es sein, die Verbindung zwischen technischer Dienstleistung und Personalisierung aufzubrechen, wo diese nicht erforderlich ist (vgl. Roßnagel 2007a, 158f.). Konkrete technische Schutzmechanismen können nur in Bezug auf die jeweilige technische Anwendung beschrieben werden. Dass dies möglich ist, lässt sich beispielsweise anhand der RFID-Technologie zeigen (vgl. ebd., 158ff. m.w.N.).

Die beschriebene zukunftsorientierte, gestalterische Verwendung des Rechts kann zwar nicht an die Stelle der (insbesondere gerichtlichen) Rechtmäßigkeitskontrolle konkreter technischer Anwendungen treten, sondern diese nur ergänzen. Sie hat aber das Potential, sich mit der Technik im Sinne einer „Allianz" (vgl. Roßnagel 2001, 17ff.) zur Förderung der Grundrechtsverwirklichung in ihren jeweiligen Stärken zu ergänzen.

4.3 Demokratisierung politischer Entscheidungen

Sowohl die Fortentwicklung des normativen Regelungssystems (also das Austarieren von Persönlichkeitsschutz und Eingriffsbefugnissen) als auch Vorgaben für die Gestaltung technischer Infrastrukturen können nur Legitimität für sich beanspruchen, wenn sie in rechtsstaatlichen Verfahren unter Einhaltung demokratischer Legitimationsmechanismen zustande kommen. Wenn die Gestaltung technischer Komponenten und Infrastrukturen im gesellschaftlichen Diskurs verhandelt wird, so hat dies sowohl positive Wirkungen für die

Transparenz des politischen Gestaltungsprozesses, als auch für die politische Ehrlichkeit der Beteiligten (vgl. Hornung 2007b, 161): Da grundlegende technische Entscheidungen erheblich schwerer – wenn auch nicht unmöglich – zu revidieren sind als Gesetze, sind die Akteure gezwungen, künftige Verwendungszwecke der Technik offenzulegen und über sie zu entscheiden. Technische Gestaltungsentscheidungen erfordern dann allerdings auch ein nicht unerhebliches technisches Verständnis der beteiligten Akteure. Dass dies möglich ist, hat das Bundesverfassungsgericht mit seiner von technischem Sachverstand geprägten Entscheidung in Sachen Online-Durchsuchung gezeigt.

Das Erfordernis des demokratischen Zustandekommens von Entscheidungen über die Gestaltung vernetzter Infrastrukturen und die Schaffung von Überwachungsbefugnissen verweist außerdem auf die europäische Ebene. Deren „demokratisches Defizit" – ausgelöst seitens des Europäischen Parlaments durch die fehlende Wahlrechtsgleichheit und immer noch eingeschränkten Mitentscheidungsbefugnisse, seitens des Europäischen Rates durch die rechtlich zwar bestehende, faktisch aber allzu oft kaum wahrnehmbare Verantwortlichkeit gegenüber nationalen Parlamenten – ist ein allgemeines Problem des Europarechts (vgl. Häberle 2008, 136f., 307f. m.w.N.), das an diesem Punkt jedoch besonders hervortritt. Erforderlich wären eine verantwortliche Mitwirkung des Europäischen Parlaments, eine effektive Kontrolle durch den EuGH auch in der 3. Säule der Gemeinschaft (polizeiliche und justizielle Zusammenarbeit in Strafsachen) und wirksame datenschutzrechtliche Vorgaben. Der am 27. November 2008 verabschiedete Rahmenbeschluss des Rates über den Schutz personenbezogener Daten in diesem Bereich ist ein Schritt in die richtige Richtung, allerdings wird erst die Zukunft zeigen, ob die Mitgliedstaaten – etwa bei einem weiteren Ausbau von Europol – gewillt sind, im Einzelfall datenschutzrechtliche Vorgaben zu machen und diese der vollständigen Kontrolle durch den EuGH zu überantworten.

5 Ausblick

Infrastrukturen werden heute gestaltet, morgen implementiert und übermorgen genutzt. Dem korrespondiert eine abnehmende Möglichkeit der Einwirkungsmöglichkeiten, weil Investitionsentscheidungen, politische Kompromisse und die Gewohnheiten der Nutzer häufig nur schwer revidierbar sind. Daraus folgt: Wer die kommunikativen Chancen der technischen Vernetzung von übermorgen bestmöglich nutzen und gleichzeitig ihre Risiken für die Betroffenen minimieren will, muss schon heute beides erforschen und politisch verhandeln: Die Kontrolle der Gestaltungsentscheidungen ermöglicht oder verhindert die vernetzte Kontrolle der Nutzer.

Die technische Vernetzung ist nicht aufzuhalten; angesichts ihrer enormen Chancen und der Möglichkeit rechtskonformer Gestaltung ist dies jedoch auch weder erforderlich noch wünschenswert. Für das Recht ergibt sich, dass es sich verändern muss, wenn es in einer Welt des Ubiquitous Computing seinen Geltungsanspruch aufrechterhalten will. Ob die allgegenwärtige Datenverarbeitung im Ergebnis zu einem Gewinn oder einem Abbau von Autonomie und Selbstbestimmung führen wird, wird sich auch an dieser Frage entscheiden.

Wenn über die Gestaltung von Technik, Recht und den Wechselwirkungen zwischen beiden in transparenten Prozessen entschieden werden soll, so bedarf es schlussendlich einer Vernetzung der Akteure der Zivilgesellschaft als Mittel der gesellschaftlichen Kontrolle der Entwicklung – auch und gerade über die europäischen Binnengrenzen hinweg (zu den damit verbundenen Problemen z.B. Peters u.a. 2006 m.w.N.). Als Mittel zu diesem Zweck sind wiederum gerade die vernetzten Anwendungen des Web 2.0 bestens geeignet. Zumindest in diesem Sinne ist für Pessimismus kein Anlass.

Literaturverzeichnis

Aden, Hartmut und Busch, Heiner, 2006: Europäisierung des Rechts der Inneren Sicherheit, in: Roggan, Frederik und Kutscha, Martin (Hg.), Handbuch zum Recht der Inneren Sicherheit, 2. Auflage, BVV: Berlin, S. 513-582.
Albers, Marion, 2005: Informationelle Selbstbestimmung, Nomos: Baden-Baden.
Albers, Marion und Weinzierl, Ruth (Hg.), 2010: Menschenrechtliche Standards in der Sicherheitspolitik, Nomos: Baden-Baden.
Albrecht, Hans-Jörg, Dorsch, Claudia und Krüpe, Christiane, 2003: Rechtswirklichkeit und Effizienz der Überwachung der Telekommunikation nach den §§ 100a, 100b StPO und anderer verdeckter Ermittlungsmaßnahmen, Edition iuscrim: Freiburg.
Alpar, Paul und Blaschke, Steffen (Hg.), 2008: Web 2.0: eine empirische Bestandsaufnahme, Vieweg + Teubner: Wiesbaden.
Beaucamp, Guy, 2007: Primärrechtsschutz gegen Maßnahmen des Europäischen Polizeiamts, in: Deutsches Verwaltungsblatt, S. 802-806.
Böckenförde, Thomas, 2008: Auf dem Weg zur elektronischen Privatsphäre, in: Juristenzeitung, S. 925-939.
Böse, Martin, 2007: Der Grundsatz der Verfügbarkeit von Informationen in der strafrechtlichen Zusammenarbeit der Europäischen Union, V&R Unipress: Göttingen.
Braum, Stefan, 2008: Europäischer Datenschutz und europäisches Strafrecht, in: Kritische Vierteljahresschrift, S. 82-93.
Breyer, Patrick, 2005: Die systematische Aufzeichnung und Vorhaltung von Telekommunikations-Verkehrsdaten für staatliche Zwecke in Deutschland, Rhombos Verlag: Berlin.
Broch, Jan u.a. (Hg.), 2007: Netzwerke der Moderne, Königshausen & Neumann: Würzburg.
Bundesverfassungsgericht, 1969, Beschluss des Ersten Senats vom 16. Juli 1969, 1 BvL 19/63, Amtliche Sammlung, Band 27, S. 1-10.
Bundesverfassungsgericht, 1983, Urteil des Ersten Senats vom 15. Dezember 1983, 1 BvR 209, 269, 362, 420, 440, 484/83 („Volkszählung"), Amtliche Sammlung, Band 65, S. 1-71.
Fleisch, Elgar und Mattern, Friedemann (Hg.), 2005: Internet der Dinge, Springer: Berlin.
Fraenkel, Reinhard und Hammer, Volker, 2006: Keine Mautdaten für Ermittlungsverfahren, in: Datenschutz und Datensicherheit, S. 497-500.
Fraunhofer Institut für Sichere Informationstechnologie (SIT), 2008: Privatsphärenschutz in Soziale-Netzwerke-Plattformen, abrufbar unter: http://www.sit.fraunhofer.de/Images/SocNetStudie_Deu_Final_tcm105-132111.pdf.
Gitter, Rotraud und Schnabel, Christoph, 2007: Die Richtlinie zur Vorratsspeicherung und ihre Umsetzung in das nationale Recht, in: Multimedia und Recht, S. 411–417.
Häberle, Peter, 2008: Europäische Verfassungslehre, 5. Auflage Nomos: Baden-Baden.
Häusler, Sascha, 2007, Soziale Netzwerke im Internet, VDM: Saarbrücken.
Hafner, Katie und Lyon, Matthew, 2008: Arpa Kadabra oder die Anfänge des Internet, dpunkt-Verl.: Heidelberg.
Hildebrandt, Mireille, 2008: Profiling and the Identity of the European Citizen, in: Hildebrandt, Mireille und Gutwirth, Serge (Hg.): Profiling the European Citizen, Springer: Berlin, S. 303-343.

Hildebrandt, Mireille und Gutwirth, Serge (Hg.), 2008: Profiling the European Citizen, Springer: Berlin.
Hof, Simone van der und Prins, Corien, 2008: Personalisation and its Influence on Identities, Behaviour and Social Values, in: Hildebrandt, Mireille und Gutwirth, Serge (Hg.): Profiling the European Citizen, Springer: Berlin, S. 111-127.
Hoffmann-Riem, Wolfgang, 2008: Der grundrechtliche Schutz der Vertraulichkeit und Inte-grität eigengenutzter informationstechnischer Systeme, in: Juristenzeitung, S. 1009-1060.
Holznagel, Bernd und Schumacher, Pascal, 2009: Auswirkungen des Grundrechts auf Vertraulichkeit und Integrität informationstechnischer Systeme auf RFID-Chips, in: Multimedia und Recht, S. 3-8.
Holznagel, Bernd und Sonntag, Matthias, 2003: Einwilligung des Betroffenen, in: Alexander Roßnagel (Hg.), Handbuch Datenschutzrecht, Beck: München, S. 678-714.
Hornung, Gerrit, 2005: Die digitale Identität. Rechtsprobleme von Chipkartenausweisen: Digitaler Personalausweis, elektronische Gesundheitskarte, JobCard-Verfahren, Nomos: Baden-Baden.
Hornung, Gerrit, 2007a: The European Regulation on Biometric Passports, in: SCRIPT-ed, S. 246-262.
Hornung, Gerrit, 2007b: Über Möglichkeiten und Grenzen der rechtlichen Bewertung neuer Überwachungstechnologien, in: Zurawski, Nils (Hg.), Surveillance Studies, Verlag Barbara Budrich: Opladen, S. 149-166.
Hornung, Gerrit, 2010: Die kumulative Wirkung von Überwachungsmaßnahmen: Eine Her-ausforderung an die Evaluierung von Sicherheitsgesetzen, in: Albers, Marion und Weinzierl, Ruth (Hg.), Menschenrechtliche Standards in der Sicherheitspolitik, Nomos: Baden-Baden, S. 65-85.
Hornung, Gerrit und Schnabel Christoph, 2010: „Verfassungsrechtlich nicht schlechthin verboten" – Das Urteil des Bundesverfassungsgerichts in Sachen Vorratsdatenspeicherung, in: Deutsches Verwaltungsblatt, i.E.
Jandt, Silke, 2008: Vertrauen im Mobile Commerce, Nomos: Baden-Baden.
Kollmann, Tobias und Häsele, Matthias (Hg.), 2007: Web 2.0 Trends und Technologien im Kontext der Net Economy, Dt. Univ.-Verl.: Wiesbaden.
Mattern, Friedemann (Hg.), 2007: Die Informatisierung des Alltags – Leben in smarten Umgebungen, Springer: Berlin.
Meyer, Frank, 2008: Der Grundsatz der Verfügbarkeit, in: Neue Zeitschrift für Strafrecht, S. 188-194.
Mika, Peter (2007): Social Networks and the Semantic Web, Springer: New York.
Möller, Jan und Bizer, Johann, 2006: Datenschutzrechtliche Risiken des Ubiquitous Computing und Möglichkeiten des Risikomanagements, in: Unabhängiges Landeszentrum für Datenschutz Schleswig-Holstein und Humboldt-Universität zu Berlin (Hg.), TAUCIS – Technikfolgenabschätzung Ubiquitous Computing und Informationelle Selbstbestimmung, Bundesministerium für Bildung und Forschung: Berlin.
Möstl, Markus, 2008: Polizeiliche Sicherheitsgewährleistung im Mehrebenensystem, in: Die Verwaltung, S. 309-343.
Pallasky, Ansgar, 2006: Datenschutz in Zeiten globaler Mobilität, Nomos: Baden-Baden.
Peters, Bernhard, u.a., 2006: Die Transnationalisierung von Öffentlichkeit am Beispiel der Europäischen Union, in: Leibfried, Stephan und Zürn, Michael (Hg.), Transformationen des Staates, Suhrkamp: Frankfurt a.M., S. 230-261.
Rössler, Beate, 2001: Der Wert des Privaten, Suhrkamp: Frankfurt am Main.
Roggan, Frederik und Kutscha, Martin (Hg.), 2006: Handbuch zum Recht der Inneren Sicherheit, 2. Auflage, BVV: Berlin.
Roßnagel, Alexander, 1993: Rechtswissenschaftliche Technikfolgenforschung. Umrisse einer Forschungsdisziplin, Nomos: Baden-Baden.
Roßnagel, Alexander, 2001: Allianz von Medienrecht und Informationstechnik, in: ders. (Hg.), Allianz von Medienrecht und Informationstechnik?, Nomos: Baden-Baden, S. 17-35.

Roßnagel, Alexander, 2007a: Datenschutz in einem informatisierten Alltag, Stabsabt. der Friedrich-Ebert-Stiftung: Berlin.

Roßnagel, Alexander, 2007b: Verfassungspolitische und verfassungsrechtliche Fragen der Online-Durchsuchung, in: Deutsche Richterzeitung, S. 229-230.

Roßnagel, Alexander u.a. (Hg.), 2008: Digitale Visionen, Springer: Berlin.

Roßnagel, Alexander und Hornung, Gerrit, 2005: Reisepässe mit elektronischem Gesichtsbild und Fingerabdruck, in: Die Öffentliche Verwaltung, S. 983-990.

Roßnagel, Alexander; Pfitzmann, Andreas und Garstka, Hansjürgen, 2001: Modernisierung des Datenschutzrechts. Bundesministerium des Innern: Berlin.

Roßnagel, Alexander und Schnabel, Christoph, 2008: Das Grundrecht auf Gewährleistung der Vertraulichkeit und Integrität informationstechnischer Systeme und sein Einfluss auf das Privatrecht, in: Neue Juristische Wochenschrift, S. 3534-3538.

Schnabel, Christoph, 2009, Datenschutz bei profilbasierten Location Based Services, Kassel University Press: Kassel.

Schöndorf-Haubold, Bettina, 2007: Netzwerke in der deutschen und europäischen Sicherheitsarchitektur, in: Boysen, Sigrid u.a. (Hg.), Netzwerke. 47. Assistententagung Öffentliches Recht, Nomos: Baden-Baden, S. 149-171.

Simitis, Spiros, 2000: Auf dem Weg zu einem neuen Datenschutzkonzept, in: Datenschutz und Datensicherheit, S. 714-716.

Srock, Gregor, 2006: Rechtliche Rahmenbedingungen für die Weiterentwicklung von Europol, Mohr Siebeck: Tübingen.

Töpfer, Eric, 2008: Mobile Daten – begrenzte Kontrolle, in: Cilip Nr. 91, S. 19-32.

Weichert, Thilo, 2006: Wo liegt Prüm?, in: DANA. Datenschutznachrichten 1/2006, S. 12-15.

Weiser, Mark, 1991: The Computer for the 21st Century, in: Scientific American 265 (3), S. 66-75.

Zeger, Hans G., 2009: Paralleluniversum Web 2.0, Kremayr & Scheriau: Wien.

Alexander Roßnagel

Datenschutzaudit – ein modernes Steuerungsinstrument

1 Neue Konzepte und Instrumente zum Schutz informationeller Selbstbestimmung

Konzeption und Instrumente des „Datenschutzes" – richtiger: zum Schutz der informationellen Selbstbestimmung – stammen aus den 70er Jahren und wurden seitdem nur partiell weiterentwickelt (Roßnagel u.a. 2001). Sie verhinderten weder die vielfältigen Datenschutzskandale des letzten Jahres und noch viel weniger sind sie den absehbaren Herausforderungen der Zukunft gewachsen. Daher sind neue Konzepte und Instrumente notwendig, wenn die informationelle Selbstbestimmung künftig effektiv geschützt werden soll.

1.1 Datenschutzskandale

Ein Schlaglicht auf die Realität des Datenschutzes lieferten gerade in der jüngsten Zeit skandalöse Verletzungen und Gefährdungen der informationellen Selbstbestimmung. Große, in der öffentlichen Aufmerksamkeit stehende Unternehmen haben sich über klare rechtliche Grenzziehungen hinweggesetzt und gesetzliche Verbote einfach ignoriert, um ein selbstdefiniertes Sicherheitsinteresse leichter verfolgen zu können. Sie veranlassten im großen Stil illegale Verhaltenskontrollen. Das Handelsunternehmen Lidl hat über lange Zeit seine Mitarbeiter ohne konkreten Tatverdacht durch geheime Kameras überwachen lassen. Die Telekom hat unzulässiger Weise die Verbindungsdaten von Mitarbeitern und Aufsichtsratsmitgliedern auswerten lassen. Sie hat außerdem – wie viele andere Unternehmen auch – die Kundendaten von Millionen Kunden für das Bundeskriminalamt nach Kriterien, das dieses vorgegeben hat, illegal einer Rasterfahndung unterzogen. Die Deutsche Bahn hat ohne Verdacht von der Mehrzahl ihrer Mitarbeiter Kontobewegungen ausgewertet, Telekommunikationskontakte überwacht und Festplatten ausspioniert. Vermutlich sind diese Beispiele nur mit der Spitze eines Eisbergs vergleichbar und stehen für eine erheblich breitere Praxis unzulässiger Datenverarbeitungen.

Recht und Organisation des Datenschutzes verhinderten auch nicht, dass durch die Kommerzialisierung personenbezogener Daten die Identität von Personen mehr und mehr zum Handelsgut wurde. Nicht nur Auskunfteien, Adresshändler, Call-Center und Letter-Shops leben vom Verkauf personenbezogener Daten. Im Jahr 2008 sind vielfach Sammlungen mit Daten von Millionen Bürgern aufgetaucht, die illegal auf dem Schwarzmarkt für vergleichsweise geringe Summen verkauft worden sind (Krempl 2009, 47). Auch im Umfeld dieser Skandale ist eine breitere Praxis illegalen Handelns zu vermuten.

Diese Beispiele unterstützen die Erkenntnis, dass Recht und Organisation des Datenschutzes zu geringe Anreize für Unternehmen bieten, Datenschutzregeln zu beachten. Datenschutzrecht lässt zu viele Bewertungs- und Handlungsspielräume und enthält keine Anreize, diese datenschutzfreundlich zu nutzen. Die Datenschutzorganisation in Unternehmen ist zu wenig transparent und effektiv, um solche skandalösen Praktiken zu erkennen und zu unterbinden. Und die Datenschutzaufsicht ist ressourciell so schlecht ausgestattet, dass von ihr keine wirklich wirksame Verhinderung und Verfolgung von Missbräuchen erwartet werden kann.

1.2 Künftige Herausforderungen

Neben der Verschärfung bekannter Probleme haben sich aber auch Herausforderungen entwickelt, die vollkommen neue Strukturen und bisher unbekannte Wirkungen aufweisen. Auch hierzu sollen Schlaglichter beispielhaft auf zwei der vielen Problemzonen geworfen werden:

Das Mitmach-Netz des Web 2.0 mit seinen Anwendungen der Film- und Bildsammlungen, Weblogs und Wikis, Podcasts und Networking-Plattformen erweitert nicht nur die Kommunikations-, Meinungs- und Entfaltungsfreiheit der Beteiligten, sondern erzeugt auch neuartige Gefährdungen der Persönlichkeit und der informationellen Selbstbestimmung. Diese entstehen nicht durch mächtige Institutionen (Staat, Rundfunk, Presse, Auskunfteien), sondern durch die (Mit-)Nutzer selbst. Im Web 2.0 kann jemand einen anderen Menschen vor aller Welt bloßstellen und seinen Ruf für alle Zeit ruinieren. Jeder kann zum Akteur, jeder kann zum Autor werden und dadurch auch – ungebremst und ungefiltert – in Persönlichkeitsrechte anderer eingreifen. Das gleiche Medium, das egalitäre Freiheit ermöglicht, schafft auch die Grundlage für ihre Gefährdung. Für diese neu strukturierte Gefährdung enthält das Datenschutzrecht noch keine geeignete Antwort (Roßnagel 2009b).

Die Informationstechnik in Kraftfahrzeugen und die Kontexterfassung und Lokalisierung im Rahmen von Location Based Services ermöglichen schon heute eine Ahnung davon, wie künftig die körperliche Welt und die virtuelle Welt im Rahmen allgegenwärtiger Datenverarbeitung (Ubiquitous Computing) zusammengeführt werden.[1] In dieser künftigen Welt werden viele Alltagsgegenstände mit Sensor-, Kommunikations- und Rechnertechnik ausgestattet sein, in der die Datenverarbeitung zwar allgegenwärtig, aber in den Hintergrund getreten ist.[2] Der Mensch hat nicht mehr nur ein einziges für die Datenverarbeitung bestimmtes Gerät (Computer), vielmehr ist seine gesamte Umgebung mit der Kapazität zur Datenverarbeitung und zur Kommunikation ausgestattet. Die ihn umgebenden Dinge können (durch Sensoren) ihre Umgebung wahrnehmen. Dadurch kann die Technik dem Nutzer quasi „mitdenkend" kontextbezogen umfangreiche Zusatz- und Hintergrundinformationen sowie Dienstleistungen anbieten. Jedem Ding ist eine Webseite zugeordnet, auf der diese Informationen gespeichert und abgerufen werden können. Im Internet der Dinge erhalten die Gegenstände ein „Gedächtnis" und können ihre Informationen (Nutzungsgeschichte, Gebrauchsanweisung, Reparaturanleitung und ähnliche Informationen) dem Nutzer mitteilen (Weiser 1991, 94ff.; Coroama u.a. 2003; Mattern 2008). Auch für die neuartigen Herausforderungen des Ubiquitous Computing sind noch keine passenden Konzepte und Instrumente zum Schutz der informationellen Selbstbestimmung etabliert (Roßnagel 2007).

---

[1] Zu den Datenschutzfragen s. z.B. Jandt 2009; Schnabel 2009; Roßnagel 2009a.
[2] Zu den vielfältigen technischen Entwicklungen, die dies ermöglichen s. z.B. Mattern 2007b; BSI 2003; Fleisch und Mattern 2005; Rand Corporation 2005.

Auch diese beiden Beispiele zeigen, dass Datenschutzrecht mit neuen Strukturen und Konstellation konfrontiert ist, die die bisherigen Konzepte und Instrumente unzureichend und inadäquat erscheinen lassen. Das Datenschutzrecht kennt nur Abwehr-, aber keine Vorsorgeregelungen, hält Konfliktlösungsmechanismen nur für einfach strukturierten Verhältnisse bereit und richtet sich nur an die datenverarbeitenden Stellen. Künftig werden aber Verarbeitende und Betroffene permanent ihrer Rollen wechseln und hochkomplexe Datenverarbeitungsstrukturen mit vielen unterschiedlichen Beteiligten entstehen. Anforderungen an Technik und Organisation der Datenverarbeitung sind nur schwach ausgestaltet und Anreize für eigene Anstrengungen zum Datenschutz durch alle Beteiligte fehlen.

1.3 Verhaltensanreize zu mehr Datenschutz

Sowohl hinsichtlich der bekannten, aber kaum zu verhindernden Regelüberschreitungen als auch hinsichtlich der neuen Herausforderungen durch die künftige Techniknutzung sind neue, passende Konzepte und Instrumente zum Schutz der informationellen Selbstbestimmung erforderlich, um unter anderem in den datenverarbeitenden Stellen Strukturen aufzubauen, mit deren Hilfe

- Risiken für die informationelle Selbstbestimmung durch die Anwendung neuer Informationstechnik frühzeitig erkannt und durch Technikgestaltung verringert werden können,
- Verstöße gegen Datenschutzrecht frühzeitig erkannt und die Einhaltung von Datenschutzvorgaben sichergestellt werden kann,
- aus bisherigen Erkenntnissen und Erfahrungen gelernt und das Wissen über Datenschutzrisiken und -probleme verbreitet werden kann und
- die Motivation, Datenschutzvorgaben zu beachten, und das Interesse, die Entwicklung und Umsetzung von Datenschutzlösungen immer wieder zu verbessern, gesteigert werden können.

Für den Aufbau und die Nutzung solcher Strukturen müssen ausreichend starke Verhaltensanreize geschaffen werden, die bei den Regelungsadressaten nicht eine Abwehrhaltung hervorrufen, sondern ein Eigeninteresse erzeugen, den Datenschutz in ihrem Unternehmen zu verbessern. Sie sind nicht gegen, sondern nur mit den Regelungsadressaten zu erreichen. Nur diese haben das notwendige Wissen, die notwendigen Handlungsspielräume und die erforderliche Gestaltungsmacht, um Datenschutz zu realisieren. Als ein Instrument, das diese Wirkungen erzeugen könnte, wird das Datenschutzaudit diskutiert. Dessen Konzept und Struktur sowie dessen potenzielle Wirkungen sollen im Folgenden erörtert werden.

2 *Datenschutzaudit als neues Instrument*

Eine Datenschutzaudit ist die Prüfung eines Datenschutzmanagementsystems und die Bestätigung, dass dieses zu einer kontinuierlichen Verbesserung des Datenschutzes beiträgt. Durch die rechtlich abgesicherte Möglichkeit, mit seinen Datenschutzanstrengungen werben zu können, soll die verantwortliche Stelle veranlasst werden, freiwillig ein solches Datenschutzmanagementsystem zu errichten. Ergänzend zu den bestehenden Datenschutzregelungen sollen so durch freiwillige Selbstregulierung der Wirtschaftseinheiten und durch die Kräfte des Wettbewerbs Verbesserungen des Datenschutzes und der Datensicherheit ohne Zwang erzielt werden.

2.1 Zielsetzungen

Entsprechend seinem Vorbild, dem Umweltschutzaudit, werden mit einem Datenschutzaudit vier zentrale Ziele verbunden (Roßnagel 2000, 3ff.):

Erstens soll das Datenschutzaudit die Selbstverantwortung des Datenverarbeiters für den Datenschutz fordern und fördern (Roßnagel 1997, 507; Büllesbach 1997, 36; Königshofen 1999, 266; BT-Drs. 14/1191, 14). Datenschutz ist ein immer wichtiger werdendes Qualitätsmerkmal für Vertrauensbeziehungen in Wirtschaft und Verwaltung, das als Wettbewerbsvorteil verstanden wird. Das Datenschutzaudit soll daher in nachprüfbarer Weise ermöglichen, mit Datenschutz und Datensicherheit zu werben. Um ein hohes Datenschutzniveau kontinuierlich sicherzustellen, ist ein Datenschutzmanagementsystem einzurichten. Dessen wiederkehrende Überprüfung und Verbesserung wird durch rechtliche Verfahrensregeln abgesichert. Das Datenschutzaudit soll die datenverarbeitenden Stellen belohnen, die bei der Konzeption ihres Angebots datenschutzrechtliche Belange berücksichtigen, und für alle anderen marktgerechte Anreize schaffen, dies ebenso zu tun (§ 17 des ehemaligen MDStV; Engel-Flechsig 1997, 15).

Zweitens soll das Datenschutzaudit die öffentliche und betriebliche Datenschutzkontrolle unterstützen. Viele datenschutzrechtliche Anforderungen, wie etwa die Datensparsamkeit oder das Angebot anonymen und pseudonymen Handelns, sind auf ein Eigeninteresse des Datenverarbeiters angewiesen und weitgehend nur durch Instrumente wie das Audit durchsetzbar (vgl. Roßnagel 2001, 102; Lanfermann 1998). Für die betrieblichen Datenschutzbeauftragten führt das Datenschutzaudit zu einer erheblichen Aufwertung ihrer Funktion und zu einer Erleichterung ihrer Aufgabenerfüllung (Roßnagel 2000b, 231). Das Datenschutzaudit erzeugt Anreize zur Selbstkontrolle und etabliert hierfür neue Formen und Instanzen, indem es interne Kontrollverfahren vorsieht, externe private Gutachter einbezieht und der kritischen Öffentlichkeit Kontrollinformationen bietet und Bewertungsmöglichkeiten eröffnet.

Drittens soll das materielle Hauptziel des Datenschutzaudits die kontinuierliche Verbesserung des Datenschutzes und der Datensicherung sein (Landesbeauftragter für den Datenschutz Berlin 1997, 134; Roßnagel 1997, 507; Königshofen 1999, 266). Bisher bestehen für die Datenverarbeiter keine Anreize, eigene Anstrengungen zur Verbesserung des Datenschutzes und der Datensicherung zu ergreifen.[3] Das Datenschutzaudit ermöglicht, solche Anstrengungen zu dokumentieren, zu prüfen und zu prämieren und schafft dadurch einen Marktanreiz, sie zu ergreifen. Die mit dem Audit verbundene Auszeichnung ist nur gerechtfertigt durch überobligationsmäßige Anstrengungen, die das Unternehmen über den gesetzlichen Minimalstandard hinaus unternimmt.

Viertens kann das Datenschutzaudit das Ziel einer kontinuierlichen Verbesserung nur erreichen, wenn es als ein Lernsystem verstanden wird. Der Regelungsschwerpunkt sollte daher auf der Normierung des „Lernprozesses" des Datenschutzmanagementsystems liegen. Dieser Lernprozess wird dadurch strukturiert, dass der Datenverarbeiter in einer Be-

---

3 Von Datensicherungsmaßnahmen zum Schutz eigener wirtschaftlicher Interessen abgesehen.

triebsprüfung eine Bestandsaufnahme der Verarbeitung personenbezogener Daten erstellt und die hierfür relevanten Anforderungen des Datenschutzrechts zusammen trägt. Die Erkenntnisse aus dieser Bestandsaufnahme fließen in Datenschutzprogramme ein, für die konkrete Ziele, Maßnahmen und Fristen festzulegen sind. Nach Ablauf der Frist wird die Umsetzung dieser Programme überprüft und führt zu deren Fortschreibung. In diese gehen positive und negative Erfahrungen mit der Umsetzung bisheriger Datenschutzmaßnahmen ein, die in reflektierter Form die nächsten Verbesserungsschritte bestimmen.

2.2 Konzept eines Datenschutzaudits

Werden diese Zielsetzungen verfolgt, drängt sich – mit Orientierungen an dem Vorbild des Umweltaudits – für das Datenschutzaudit ein Konzept auf, das im Wesentlichen die folgenden Merkmale aufweist:

a) Systemaudit
Für die Konzeptentwicklung sollte die Auditierung von Datenschutzmanagementsystemen von der Zertifizierung von Produkten unterschieden werden.[4]

Eine Produktzertifizierung ist ein Produktaudit, das eigentlich nur vom Hersteller oder Vertreiber beantragt werden kann. Für datenverarbeitende Stellen, die Nutzer des IT-Produkts sind, macht es wenig Sinn, wenn sie ohne ausreichende Informationen vieltausendfach das Produkt zertifizieren lassen.[5] Die Zertifizierung setzt außerdem eine abschließende Qualifizierung des Produkts voraus. Die Prüfung ist auf einen spezifischen Gegenstand bezogen, ist für ein abschließendes Urteil sehr voraussetzungsvoll und muss bei jeder neuen Version des geprüften Gegenstands erneut durchlaufen werden.[6] Eine solche Prüfung ist statisch und objektbezogen.

Dagegen sollte der Begriff des Datenschutzaudits der Auditierung eines Datenschutzmanagementsystems vorbehalten werden, das ein Datenschutzkonzept umsetzt. Es ist nicht statisch und objektbezogen, sondern struktur- und prozessbezogen. Es soll einen dynamischen Lernprozess initiieren und aufrechterhalten. In ihm soll die Fähigkeit einer Stelle überprüft und prämiert werden, flexibel auf die rasanten Veränderungen der Informations- und Kommunikationstechniken zu reagieren und die sich dadurch immer wieder neu stellenden Herausforderungen für Datenschutz und Datensicherheit zu meistern. Daher zielt das Datenschutzaudit nicht auf die einmalige Evaluierung eines Produkts, sondern auf die Fähigkeit, immer wieder neue Lösungen zu generieren, und daher auf die kontinuierliche Verbesserung eines Datenschutzmanagementsystems. Gegenstand des Datenschutzaudits ist die Funktionsfähigkeit und Zweckmäßigkeit des internen Datenschutzmanagements. Dementsprechend ist das Datenschutzaudit als Systemaudit zu konzipieren. Da es auf eine Überprüfung und Bewertung des Datenschutzmanagementsystems einer datenverarbeitenden Stelle zielt, ist es ungeeignet, verlässliche Aussagen über ein IT-Produkt zu generieren. Die notwendige Produktzertifizierung für Datenverarbeitungssysteme und -programme kann daher nicht durch ein Systemaudit ersetzt werden.

---

4 Die objektiven Unterschiede werden weder in § 9a BDSG beachtet noch in den bisherigen Entwürfen der Bundesregierung für ein Datenschutzauditgesetz.
5 In der Regel verfügen die Anwender auch nicht über die für eine Zertifizierung des Produkts notwendige Detailinformation, wie über Quelltexte und verwendete Hilfsmittel, Entwurfsdokumentation und ähnliches.
6 S. für die Datensicherheit z.B. die Produktzertifizierung durch das BSI nach dem BSIG.

b) Freiwilligkeit

Das Datenschutzaudit sollte freiwillig sein. Zwar wird die Freiwilligkeit dazu führen, dass viele Stellen nicht am Verfahren teilnehmen, für die ein großer Verbesserungsbedarf besteht. Doch lässt die Freiwilligkeit der Beteiligung einen wesentlich größeren Raum für die Formulierung anspruchsvoller Vorgaben, die nicht alle erreichen können. Außerdem kann nur durch eine freiwillige Teilnahme die Eigenverantwortung der Unternehmen gestärkt werden. Schließlich kann das Datenschutzaudit nur dann als marktorientiertes Instrument funktionieren, wenn die Teilnahme freiwillig ist. Das Audit ist ein Angebot zur Auszeichnung der Besseren. Zwar wäre es schön, wenn sehr viele verantwortliche Stellen zu diesen gehören würden. Doch darf dieses Ziel nicht durch eine Reduzierung der Anforderungen erkauft werden. Das Datenschutzaudit wird von den „Anspruchsgruppen" – wie Kunden, Vertragspartner, Mitarbeiter, Banken, Versicherungen, Anteilseigner, Behörden, Presse, Parteien und die interessierte Öffentlichkeit – nur dann akzeptiert, wenn es ein verlässliches Unterscheidungsmerkmal zwischen hohem und niedrigem Datenschutz- und Datensicherheitsniveau ist. Das Auditzeichen muss einen diskriminierenden Aussagewert haben. Das Datenschutzaudit muss zwar grundsätzlich von jedem Unternehmen – bei entsprechenden Anstrengungen – erreicht werden *können*, darf aber nicht von jedem „Datenschutznachzügler" auch tatsächlich erreicht *werden*, sondern muss die „Datenschutzvorreiter" von diesen unterscheiden. Das Datenschutzaudit setzt daher hohe Anforderungen voraus und darf nicht für Selbstverständlichkeiten vergeben werden.

c) Teilnehmer

Am Datenschutzaudit sollten alle verantwortlichen Stellen teilnehmen können.[7] Auch für öffentliche Stellen sollte die Möglichkeit bestehen, ein Datenschutzmanagement aufzubauen, das Datenschutz und Datensicherheit kontinuierlich verbessert und hierfür überobligationsmäßige Leistungen erbringt. Auch sie können mit dem Auditzeichen um Vertrauen werben. Allerdings ist die Validierung durch externe Gutachter nicht ohne weiteres mit der Eigenkontrolle der Gesetzesbefolgung durch die Behörden selbst, mit der Aufsicht durch die vorgesetzte Behörde und mit der parlamentarischen Verantwortlichkeit zu vereinbaren. Spezifische Bindungen und Einschränkungen durch das für sie geltende öffentliche Recht müssen von den Datenschutzgutachtern bei der Validierung berücksichtigt werden. Vielleicht könnten viele Probleme gelöst werden, wenn nach dem Vorbild in Schleswig-Holstein[8] die Auditierung von den Datenschutzbeauftragten vorgenommen wird.

Das Datenschutzaudit sollte auch ausländischen Datenverarbeitern offen stehen. Für sie könnte es ein geeignetes Instrument sein, die Akzeptanz ihrer Angebote bei deutschen Kunden zu erhöhen (Engel-Flechsig 1997, 15). Dadurch könnte das Datenschutzaudit beitragen, einen hohen Datenschutzstandard im internationalen Bereich sicherzustellen (Bundesrat BT-Drs. 13/7385, 57). Da ordnungsrechtliche Maßnahmen gegen ausländische Anbieter oft nicht greifen, wäre es zu begrüßen, wenn diese, wenn sie in Deutschland Kunden werben wollen, über die Marktkonkurrenz gehalten wären, sich um eine Auditierung ihres Angebots zu bemühen (Landesbeauftragter für den Datenschutz Berlin 1997, 134). Allerdings darf die Teilnahme ausländischer Stellen nicht zu Wettbewerbsverzerrungen führen.

---

7 Zu Einschränkungen, wenn mehrere verantwortliche Stellen ein Verfahren betreiben und zueinander oder gemeinsam zu einem Dritten in einem Abhängigkeitsverhältnis stehen, s. Roßnagel 2001, 137 und Roßnagel 2000a, 76ff.
8 S. zu diesem III.2.

Daher sollten ausländische Stellen nur dann ein Datenschutzauditzeichen führen dürfen, wenn sie sich – wie ihre deutschen Wettbewerber – für ihr gesamtes Verfahren den Anforderungen an das Audit unterwerfen. Dadurch soll ausgeschlossen werden, dass innerhalb eines Verfahrens „kritische" Teilverfahren, die im Ausland betrieben werden, aus der Bewertung herausgenommen werden.

d) Gegenstand
Als Gegenstand für das Datenschutzmanagement und die Datenschutzprüfung ist das Unternehmen oder die Organisation in vielen Fällen zu weit (Dieckmann u.a. 2001, 551f.). Dies wäre möglich, wenn in einem Unternehmen die Erhebung, Verarbeitung und Verwertung personenbezogener Daten nur zu einer oder wenigen definierten Zwecksetzungen erfolgt. In einem weltweit in vielen verschiedenen Branchen operierenden Unternehmen mit unterschiedlichsten Produkten, Dienstleistungen und internen Verfahren ist dies nicht möglich. Im Ergebnis müssen die Überprüfung des Managementsystems und die Erklärung über dessen erfolgreiche Überprüfung gegenständlich begrenzt sein, zugleich aber die wesentlichen Zusammenhänge der Verarbeitung personenbezogener Daten erfassen.

Es bietet sich daher an, das Datenschutzaudit auf ein Verfahren zu beziehen. Als Verfahren könnte der einer übergreifenden Zielsetzung einer oder mehrerer Stellen dienende Prozess des systematischen Zusammenwirkens technisch-organisatorischer Komponenten gefasst werden, in dem personenbezogene Daten erhoben, verarbeitet oder genutzt werden (Roßnagel 2000a, 69ff.). Nicht entscheidend ist der technische Zweck der einzelnen technischen oder organisatorischen Komponente, sondern die übergreifende Zielsetzung, die eine oder mehrere verantwortliche Stellen mit dem Zusammenwirken dieser Komponenten verfolgen. Im Geltungsbereich des Bundesdatenschutzgesetzes könnte ein Verfahren zum Beispiel ein Krankenhausinformationssystem, ein Verkehrsleit- und -informationssystem, ein Personaldatenverarbeitungssystem, ein Auskunftssystem oder ein Telemediendienst sein.

Das Verfahren sinnvoll zu bestimmen, wäre Aufgabe der jeweiligen verantwortlichen Stelle. Ob dies gelungen ist, wäre in der internen Datenschutzprüfung vom internen Datenschutzbeauftragten und vom externen Gutachter zu überprüfen. Entscheidend sollte sein, dass durch die Bestimmung des Verfahrens eine in sich geschlossene Struktur für die Erhebung, Verarbeitung und Verwendung personenbezogener Daten erfasst wird, innerhalb derer die spezifischen Datenschutzrisiken vollständig überprüft werden können. Dies erfordert eine integrierte Sicht der Verarbeitung personenbezogener Daten wie etwa die Zusammenschau aller Zwecke der Anbahnung, des Abschlusses und der Abwicklung eines Vertrags. Zu einem Verfahren einer bestimmten Dienstleistung gehören beispielsweise die Datenverarbeitungssysteme zum Marketing, zur Kundenverwaltung, zur Erbringung der Vertragsleistung, zur Abrechnung, zum Bezahlen und zur Quittungserstellung, zur Wartung und zur Auswertung der Kundenkontakte sowie ihre Schnittstellen und Kommunikationswege. Ein Verfahren ist nicht auf den Einflussbereich einer verantwortlichen Stelle beschränkt, sondern kann von mehreren verantwortlichen Stellen betrieben werden. Ein Verfahren ist auch nicht auf das Hoheitsgebiet eines Staates beschränkt. Es kann grenzüberschreitend betrieben werden. Zum Verfahren gehört in jedem Fall die dem übergreifenden Zweck dienende Datenverarbeitung im Auftrag.[9]

---

9 Zu organisationsübergreifenden Anwendungen und deren Einbezug in ein Datenschutzaudit s. ausführlich Roßnagel 2000a, 73-78.

e) Maßstab
Ziel der Prüfung ist es, das Datenschutzmanagement danach zu bewerten, ob es für das jeweilige Verfahren geeignet und effektiv ist, die Einhaltung des geltenden Datenschutzrechts sicherzustellen und eine kontinuierliche Verbesserung des Datenschutzes zu erreichen (Roßnagel 2000a, 64ff.; Roßnagel u.a. 2001, 130f.). Die Prüfung verwendet also zwei Maßstäbe: einen objektiven, für allen gleichen Maßstab und einen subjektiven, den die einzelne verantwortliche Stelle nach ihren individuellen Möglichkeiten bestimmt (Roßnagel 2000a, 85ff.).

Der objektive Maßstab, der für alle Unternehmen und Verfahren gleichermaßen als Minimalstandard zugrunde gelegt wird, sind die Vorschriften des Datenschutzrechts. Da diese für alle Teilnehmer gleich sind, wird ein hohes Maß an Vergleichbarkeit und Wettbewerbsgerechtigkeit sichergestellt. Durch diesen Maßstab wird das Datenschutzaudit zu einem Instrument innerbetrieblichen Gesetzesvollzugs. Soweit das Datenschutzrecht klare Anforderungen an die verantwortliche Stelle enthält, ist die Feststellung des objektiven Prüfungsmaßstabs kein Problem. Soweit dieses jedoch Regelungen zur Optimierung oder Abwägung enthält, wird im Rahmen des objektiven Maßstabs nur geprüft werden können, ob das jeweils vertretbare Minimum eingehalten wird. Hier ist dann für das Datenschutzaudit das Zusammenspiel von objektiven Mindestkriterien und subjektiven Kriterien einer kontinuierlichen Verbesserung des Datenschutzniveaus fruchtbar zu machen.

Der subjektive, auf dem objektiven aufbauende Maßstab ist die Selbstverpflichtung zur kontinuierlichen Verbesserung des Datenschutzes oberhalb datenschutzrechtlicher Pflichten. Im Einzelnen stellt die verantwortliche Stelle in ihrem Datenschutzprogramm einen Maßnahmenkatalog auf und legt für die einzelnen Maßnahmen Durchführungsfristen fest (Roßnagel 2003, 477f.). Der Prüfungsmaßstab besteht dann darin festzustellen, wie hoch der Grad der Übereinstimmung zwischen geplanten und durchgeführten Maßnahmen ist. Für die „Übererfüllung" der gesetzlichen Anforderungen wird also gerade kein objektiver Maßstab angelegt.[10] Vielmehr bestimmen die verantwortlichen Stellen selbst, um wieviel sie ihre Datenschutzanstrengungen über das rechtlich geforderte Minimum hinaus verbessern wollen. Von der gesetzlichen Regelung sollte nur gefordert werden, dass sich diese Anstrengungen auf eine kontinuierliche Verbesserung des Datenschutzes und der Datensicherheit richten und den wirtschaftlich vertretbaren Einsatz der besten verfügbaren Technik vorsehen. Mit diesen beiden subjektiven Kriterien soll die Zielgerechtigkeit der Selbstverpflichtungen gewährleistet und die Vergleichbarkeit der zusätzlichen Anstrengungen aller Teilnehmer ermöglicht werden. Welche Anforderungen sich daraus für die verantwortliche Stelle ergeben, bestimmt diese in eigener Verantwortung (Roßnagel u.a. 2001, 134). Es bietet sich an, Empfehlungen für Selbstverpflichtungen im Rahmen branchenbezogener Selbstregulierung zu erarbeiten (Arbeitskreis Datenschutzaudit Multimedia 1999, 285).

f) Verfahren
Das Datenschutzaudit sollte für die verantwortlichen Stellen mit möglichst wenig zusätzlichem Verwaltungsaufwand verbunden sein. Zugleich muss aber auch die erforderliche Zielgerechtigkeit des Verfahrens und der Kriterien, die notwendige Transparenz und Vergleichbarkeit der Prüfergebnisse sowie die Rechtssicherheit für die Werberegeln gewährleistet sein (Roßnagel 2000a, 126ff.). Da viele wichtige teilnehmende Unternehmen in der

---

10 Dies jedoch unterstellen Drews und Kranz 1998, 94, und kritisieren diese falsche Annahme.

Regel bereits an Qualitäts- und Umweltschutzaudits nach internationalen Normen[11] teilnehmen, wird die Einführung des Datenschutzaudits erleichtert und sein Verwaltungsaufwand reduziert, wenn es an die in den Unternehmen bereits bestehenden Managementsysteme angepasst ist.[12] Das Datenschutzaudit sollte daher am Vorbild des erfolgreichen Umweltschutzaudits orientiert werden, allerdings nicht so aufwändig gestaltet und geregelt sein. In einer auf das Wesentliche reduzierten Form könnte das Datenschutzaudit in fünf Schritten durchgeführt werden (Roßnagel u.a. 2001, 130ff.).

1. Grundlage des Datenschutzaudits ist eine Datenschutzpolitik, in der sich die verantwortliche Stelle selbst verpflichtet, alle einschlägigen Datenschutzvorschriften einzuhalten und Datenschutz und Datensicherheit unter wirtschaftlich vertretbarem Einsatz der besten verfügbaren Technik kontinuierlich zu verbessern oder auf höchstem Stand zu erhalten.
2. Auf dieser Grundlage legt die verantwortliche Stelle in einem Datenschutzprogramm zur Umsetzung der Datenschutzpolitik konkrete Datenschutzziele fest und bestimmt, mit welchen konkreten Maßnahmen innerhalb welcher Fristen sie diese im Rahmen ihres Datenschutzmanagementsystems für das jeweilige Verfahren umsetzen will.
3. In periodischen Abständen führt das Unternehmen selbst eine Datenschutzprüfung als systematische und dokumentierte Analyse (Datenschutzerklärung) durch, ob das Datenschutzmanagementsystem die Umsetzung der Datenschutzpolitik und des Datenschutzprogramms sicherstellt.
4. Anhand des schriftlichen Prüfergebnisses prüfen und bestätigen sowohl der behördliche oder betriebliche Datenschutzbeauftragte als auch ein zugelassener unabhängiger Datenschutzgutachter, dass die Anforderungen an ein Datenschutzaudit eingehalten werden.
5. Im Falle einer positiven Validierung durch beide Prüfer wird das Prüfergebnis veröffentlicht und an die zuständige Behörde zur Registrierung im Verzeichnis der am Datenschutzaudit teilnehmenden Unternehmen weitergeleitet.

Das Datenschutzaudit zielt nicht auf eine einmalige Feststellung der Konformität mit datenschutzrechtlichen Anforderungen und zusätzlicher Maßnahmen für Datenschutz und Datensicherheit, sondern auf eine ständige Einhaltung der Anforderungen und eine kontinuierliche Verbesserung von Datenschutz und Datensicherheit. Daher muss nach dem ersten Verfahrenszyklus das Datenschutzprogramm fortgeschrieben werden und neben neuen Zielsetzungen und Maßnahmen auch – abhängig von den Maßnahmen und ihrer Dringlichkeit – einen neuen Zeitpunkt für die nächste Datenschutzprüfung vorsehen und im Prüfergebnis bekannt geben. Dieser sollte nicht später als drei Jahre nach der letzten Prüfung liegen.[13]

---

11 Z.B. ISO 9.001 zum Qualitätsmanagement und ISO 14.001 zum Umweltschutzmanagement; EG-Verordnung Nr. 761/2001 „über freiwillige Beteiligung von Organisationen an einem Gemeinschaftssystem für das Umweltmanagement und die Umweltbetriebsprüfung (EMAS) vom 19.3.2001, EG ABl. L 114 vom 24.4.2001, 1.
12 S. hierzu näher Roßnagel 2000a, 130ff.; dies ignorierte die Bundesregierung in ihrem Entwurf eines Datenschutzauditgesetzes und entwarf ein völlig solitäres Kontrollsystem.
13 S. hierzu auch Nr. 9.2 und 10 der Anwendungsbestimmungen des Unabhängigen Landeszentrums für Datenschutz zur Durchführung eines Behördenaudits nach § 43 Abs. 2 LDSG SH.

g) Gutachter
Das Datenschutzaudit ist keine Verdopplung der behördlichen Kontrolle, sondern eine formalisierte und nach außen gerichtete Eigenkontrolle.[14] Für den Inhalt der Datenschutzerklärung ist die datenverarbeitende Stelle verantwortlich. Gerade deshalb ist es für die Akzeptanz des Verfahrens von entscheidender Bedeutung, dass durch die Bestätigung der Datenschutzerklärung durch den externen Gutachter ein Höchstmaß an Glaubwürdigkeit geschaffen wird. Der externe Gutachter ist die einzige neutrale Person, die alle Informationen erhält, und damit der einzige Garant für die materielle Wahrheit der Datenschutzerklärung. An den externen Gutachter sind damit hohe Anforderungen zu stellen. Nur durch entsprechende Sicherungen der Vertrauenswürdigkeit des Gutachters kann der Staat einen funktionssicheren Rahmen für die Entfaltung selbstregulativer Verfahren schaffen und damit seiner Gewährleistungsverantwortung gerecht werden. Integrität, Zuverlässigkeit und Fachkunde des Gutachters sollten daher in einem Zulassungsverfahren überprüft und danach durch eine behördliche Aufsicht überwacht werden.

h) Datenschutzerklärung und Auditzeichen
Als „Belohnung" für die Anstrengungen des Datenschutzmanagementsystems bietet das Datenschutzaudit besondere Kommunikationsmöglichkeiten mit den Gruppen, die Ansprüche an das Unternehmen herantragen, wie Kunden, Vertragspartner, Mitarbeiter, Banken, Versicherungen, Anteilseigner, Behörden, Presse, Parteien und die interessierte Öffentlichkeit. Die Instrumente hierfür sind die Datenschutzerklärung und das Datenschutzauditzeichen.

Nach jedem Prüfungsverfahren wird als Ergebnis eine Datenschutzerklärung erstellt, die auf alle relevanten Problemstellungen eingeht und von einem externen Gutachter anhand des angesprochenen Prüfungsmaßstabs auf ihre Übereinstimmung mit den Voraussetzungen des Datenschutzaudits überprüft wird (Roßnagel 2000a, 97ff.). Die Datenschutzerklärung wird für die Öffentlichkeit verfasst. Jeder Bürger kann die Erklärung anfordern. Damit ist eine doppelte Zielsetzung verbunden: Zum einen soll eine gewisse Transparenz der Datenverarbeitung der verantwortlichen Stellen erreicht werden. Die Datenschutzerklärung bietet Anspruchsgruppen, die auf Datenschutz Wert legen, ein hilfreiches Entscheidungskriterium bei konkurrierenden Angeboten (Roßnagel 1999, 41). Das Datenschutzauditzeichen kann nur zwischen Teilnahme und Nichtteilnahme am Datenschutzaudit unterscheiden. Dadurch werden Differenzierungen im Datenschutzniveau nicht deutlich (hierzu kritisch: Dieckmann u.a. 2001, 552.). Der „Datenschutzprofi" bekommt dasselbe Zeichen wie der „Datenschutzanfänger". Daher kommt der Datenschutzerklärung die zentrale Aufgabe zu, die konkreten Zielsetzungen und Maßnahmen eines Anbieters im Unterschied zu anderen deutlich zu machen. Jeder Anbieter hat die Chance, sich durch Zahlen und Fakten zum gewährleisteten Datenschutz gegenüber Mitbewerbern zu profilieren. Zum anderen soll durch die gezielte Einbindung der Öffentlichkeit ein funktionales Äquivalent zur faktisch geringen Vollzugskompetenz der Datenschutz- und Aufsichtsbehörden geschaffen werden. Eine informierte und interessierte Öffentlichkeit kann die Verwaltung von mancher Kontrollaufgabe entlasten, wenn die Eigenverantwortlichkeit der verantwortlichen Stellen dadurch gefordert wird, dass sie die Glaubwürdigkeit ihrer Tätigkeiten vor dem Forum der Öffentlichkeit belegen müssen.[15]

---

14 S. zum Folgenden Roßnagel 2000a, 110ff.; dies übersieht die Bundesregierung in ihrem Entwurf eines Datenschutzauditgesetzes.
15 So für das Umweltschutzaudit Schmidt-Aßmann 1993, 933.

Nach der Registrierung ist die datenverarbeitende Stelle berechtigt, zu Marketingzwecken ein Datenschutzauditzeichen zu verwenden (Roßnagel 2000a, 102ff.). Dieses Logo kann sie für die Kommunikation mit der Öffentlichkeit, insbesondere für Vertrauenswerbung nutzen. Ein gesetzlich geschütztes Zeichen für die überprüfte Selbstverpflichtung zur Einhaltung aller rechtlichen Datenschutzanforderungen und zu weitergehenden Anstrengungen zur kontinuierlichen Verbesserung des Datenschutzes und der Datensicherheit bietet tatsächlich eine Grundlage, dem Unternehmen Vertrauen entgegenzubringen.

2.3 Einbindung in ein modernisiertes Datenschutzrecht

Das Datenschutzaudit ist ein neues Instrument des Datenschutzes, das die bisherigen Instrumente ergänzt, aber keines ersetzt. Seine Wirkung wird daher zum einen stark von dem gesetzlich geforderten Datenschutzniveau und der praktizierten Datenschutzkultur abhängen.[16] Zum anderen wird es isoliert weniger bewirken, als wenn es systematisch in das übrige Datenschutzrecht eingebunden ist. Seine Stärke wird es dann ausspielen können, wenn es Teil einer umfassenden Neukonzeption von Recht und Organisation des Datenschutzes ist.

Die datenschutzgerechte Gestaltung der künftigen Welt weltweiter Vernetzung und allgegenwärtiger Datenverarbeitung wird durch herkömmliche Command-and-Control-Ansätze immer schwerer zu erreichen sein. Gefordert ist die aktive Mitwirkung der Entwickler, Gestalter, Anwender und Nutzer. Sie müssen bereit oder sogar erpicht darauf sein, Techniken etwa zur Transparenz der Datenverarbeitung, zur technischen Ermöglichung von Einwilligungen, zur Markierung und Prüfung von Verarbeitungszwecken, zum Zugriffsschutz und zur Datensparsamkeit einzusetzen (Köhntopp und Nedden 2001, 55ff. und 67ff.). Sie werden nur für eine Unterstützung zu gewinnen sein, wenn sie davon einen Vorteil haben. Daher sollte die Verfolgung legitimen Eigennutzes in einer Form ermöglicht werden, die zugleich auch Gemeinwohlbelangen dient. Datenschutz kann mit dem Datenschutzaudit zu einem Werbeargument und Wettbewerbsvorteil werden.[17]

Um für das Angebot datenschutzgerechter Technik und Anwendungen einen Markt zu schaffen und zu erhalten, ist eine vertrauenswürdige Information der Nutzer über technische Produkte und Verahren erforderlich. Hierfür kann ein Datenschutzaudit die geeigneten Rahmenbedingungen schaffen. Datenschutzaudits geben dem Markt die erforderlichen Signale, dass in dem jeweiligen Verfahren Datenschutz in ausreichendem Maß gewahrt wird, und unterstützen so eine datenschutzbewusste Marktentscheidung. Werden sie von Datenschutzempfehlungen a la „Stiftung Warentest", von Datenschutzrankings oder durch die Berücksichtigung von Auditzeichen bei der öffentlichen Auftragsvergabe begleitet, kann ein Wettbewerb um den besseren Datenschutz entstehen. Dann werden die Gestaltungsziele beinahe von selbst erreicht (Roßnagel 2000a, 3ff.; Roßnagel 2002, 131ff.).

Neben dem Einbezug datenschutzgerechter Technik wird die Organisation des Datenschutzes entscheidend sein. Das Datenschutzrecht muss stärker die datensparsame Systemgestaltung in den Blick nehmen und Möglichkeiten sinnvollen anonymen und pseudonymen Handelns einfordern (Roßnagel 2007, 181). Außerdem muss Zweckbindung stärker auf Missbrauchsvermeidung und Erforderlichkeit stärker auf Löschungsregeln hin konzentriert werden. Die Umsetzung dieser Ziele erfordern ein Datenschutzmanagementsystem,

---

16 Schon allein wegen dem verwendeten objektiven und subjektiven Maßstab – s. oben II.2.e.
17 S. für RFID Thiesse 2005, 372ff.

das auditiert werden kann. Die verantwortliche Stelle sollte in ihrem Datenschutzkonzept nachweisen, dass sie die Gestaltungsziele erreicht hat (Roßnagel u.a. 2001, 102).

Datenschutzaudits könnten auch zur notwendigen und bisher fehlenden Vorsorge im Datenschutz genutzt werden. Zur adäquaten Risikobegrenzung sind Anforderungen an eine transparente, datensparsame, kontrollierbare und missbrauchsvermeidende Verarbeitung personenbezogener Daten in technikgestützten Verfahren zu formulieren. Ebenso entspricht es dem Vorsorgegedanken, die einzusetzenden Techniksysteme präventiven (freiwilligen) Prüfungen ihrer Datenschutzkonformität zu unterziehen und diese Prüfung zu dokumentieren (Roßnagel 2007, 187f.; Roßnagel u.a. 2001, 130ff.).

Zusätzliche Anreize für die korrekte Einhaltung von Datenschutzregelungen können auch von dem Wunsch ausgehen, Schadensersatzzahlungen zu vermeiden. In einem modernisierten Datenschutzrecht wäre daher eine Gefährdungshaftung[18] für Schäden durch Datenschutzverstöße vorzusehen. „In Anbetracht der komplexen, für außenstehende Dritte kaum nachvollziehbaren Vorgänge bei der automatisierten Datenverarbeitung kann es dem Betroffenen nicht zugemutet werden, dem Betreiber der Anlage ein Verschulden nachweisen zu müssen."[19] Von einer Haftungsregelung kann dann eine präventive Wirkung erwartet werden, wenn das Haftungsrisiko geringer wird oder gar entfällt, wenn die verantwortliche Stelle die datenschutzrechtlichen Pflichten nachweisbar vollständig erfüllt. Um den Vollzug der Datenschutzregelungen zu unterstützen, sollte daher die Gefährdungshaftung entfallen und an ihre Stelle die allgemeine Verschuldenshaftung treten, wenn die verantwortliche Stelle nachweist, dass sie für den Zeitraum, in dem die Regelverletzung erfolgt sein kann, alle Anforderungen des Datenschutzmanagements erfüllt hat, oder am Datenschutzaudit teilnimmt. Damit würde das Gesetz die Maßnahmen der verantwortlichen Stelle zur Verringerung des Risikos durch den Ausschluss der Gefährdungshaftung „belohnen". Dies wäre folgerichtig: Weist nämlich die verantwortliche Stelle die Erfüllung aller technischen und organisatorischen Anforderungen für ihre Datenverarbeitung nach, geht von ihrer Datenverarbeitung keine gesteigerte Gefährdung für die informationelle Selbstbestimmung mehr aus (Roßnagel u.a. 2001, 181).

3 Einführung eines Datenschutzaudits

Obwohl die Idee eines Datenschutzaudits seit über einem Jahrzehnt in der Fachdiskussion auf große Zustimmung stößt, sind die Versuche, ein Datenschutzaudit zu regeln und einzuführen, bisher kaum erfolgreich gewesen.

3.1 Diskussion um ein Datenschutzaudit

Die Idee eines Datenschutzaudits wird seit Mitte der 90er Jahre in mehreren Ländern verfolgt.[20] Sie geht in Europa zurück auf das Umweltschutzaudit, das in Form einer Verord-

---

18 Bisher nur für öffentliche Stellen nach § 8 BDSG.
19 So bereits der Bundesrat 1988: BR-Drs. 618/88, 108.
20 S. zu Datenschutzaudits in den USA Roßnagel 2003, 447ff.; zum Datenschutzaudit in Japan s. Roßnagel 2001, 154ff.

nung der Europäischen Gemeinschaft[21] und in Form einer Techniknorm der International Standardization Organisation (ISO EN DIN 14.000ff.) geregelt ist. In Deutschland wurde ein Datenschutzaudit erstmals von der „Projektgruppe verfassungsverträgliche Technikgestaltung (provet)" unter Leitung des Verfassers im Rahmen eines Gutachtens „Vorschläge zur Regelung von Datenschutz und Rechtssicherheit in Online-Multimedia-Anwendungen" für das Bundesforschungsministerium vorgeschlagen (provet 1996, § 11; Roßnagel 1997, 505ff.). Dieser Vorschlag führte 1997 zur Programmnorm des § 17 Mediendienste-Staatsvertrag und 2001 zur Programmnorm des § 9a BDSG,[22] die ein Datenschutzauditgesetz ankündigen.[23] Ein Konzept[24] und ein Entwurf für ein Datenschutzauditgesetz wurden im Juni 1999 in einem Gutachten für das Bundeswirtschaftsministerium ausgearbeitet. Ein weiterer, komprimierter Entwurf für die Regelung des Datenschutzaudits im Rahmen eines modernisierten Bundesdatenschutzgesetzes ist in dem Gutachten zur Modernisierung des Datenschutzrechts von 2001 zu finden.[25]

In der Folgezeit gab es vielfache positive Stellungnahmen aus Wissenschaft und Politik (Vogt und Tauss 1998), auch weitere konzeptionelle Entwürfe (Dieckmann u.a. 2001, 549; Berufsverband der Datenschutzbeauftragten Deutschlands (BvD) e.V. 2003, 700; Bizer 2006, 5). Die Stellungnahmen von Vertretern der Wirtschaft waren gespalten. Während Unternehmen mit einem guten Datenschutzmanagement die Chance sahen, sich durch ein Datenschutzaudit positiv von der Konkurrenz abzusetzen (Büllesbach 1997, 36 und 239; Königshofen 1999, 266; ders. 2000, 357), sprachen sich andere Unternehmen dagegen aus, weil sie sich nicht dem Wettbewerb um Datenschutz aussetzen wollten. Widerstand gab es auch aus den Ministerialverwaltungen der Länder, weil sie einerseits einen Machtverlust und andererseits zusätzliche Arbeitsbelastungen befürchteten. Der Widerstand gegen die Einführung eines Datenschutzaudits wurde auf der politischen Ebene immer wieder geltend gemacht, aber nur selten öffentlich begründet.[26]

Auch wenn Freiwilligkeit, Selbstregulierung und Wettbewerb das Datenschutzaudit prägen, bedarf es dennoch einer gesetzlichen Rahmensetzung. Nur durch sie lässt sich in vertretbarer Zeit das notwendige Vertrauen in das Auditzeichen erreichen, die Zielerreichung des Verfahrens, die Vergleichbarkeit der Prüfung und die Vertrauenswürdigkeit der Ergebnisse sicherstellen.[27] Weiterhin sind gesetzliche Regelungen notwendig, um dem Inhaber eines Auditzeichens eine rechtlich abgesicherte Werbung mit diesen zu ermöglichen und ihn nicht Abmahnungen wegen irreführender Werbung auszusetzen. Schließlich sind gesetzliche Regelungen notwendig, wenn die Vertrauenswürdigkeit in die Gutachter dadurch gewährleistet werden soll, dass nur anerkannte Gutachter die Prüfungen durchführen und die Bestätigungen ausstellen dürfen. Aus diesen Gründen sind bisher nahezu alle,

---

21 EG-Verordnung Nr. 761/2001 „über freiwillige Beteiligung von Organisationen an einem Gemeinschaftssystem für das Umweltmanagement und die Umweltbetriebsprüfung (EMAS) vom 19.3.2001, EG ABl. L 114 vom 24.4.2001, 1. Die Verordnung befindet sich derzeit in einem Novellierungsprozess.
22 S. auch § 11c LDSG Brandenburg und § 10a LDSG Nordrhein-Westfalen. Zu diesen Programmnormen s. näher Roßnagel 2003, 459ff.
23 S. zur Geschichte des Datenschutzaudits näher Roßnagel 2003, 442ff.
24 Roßnagel 1999: Datenschutz-Audit, Konzept und Entwurf eines Datenschutz-Audit-Gesetzes; das Gutachten wurde in überarbeiteter Form in Roßnagel 2000 publiziert. Der Entwurf wurde vom Bundeswirtschaftsministerium nicht veröffentlicht.
25 S. zum Konzept des Datenschutzaudits Roßnagel 2001, 132ff., zum Entwurf eines Paragraphen für ein Datenschutzmanagement 130f. und zum Entwurf für vier Paragraphen für das Datenschutzaudit 140ff.
26 Zu den wenigen Ausnahmen gehören z.B. Drews und Kranz 1998, 98; dies. 2000, 226.
27 Ebenso der Evaluationsbericht zum IuKDG der Bundesregierung, BT-Drs. 14/1191, 14.

die sich zu dem Thema geäußert haben, von einer gesetzlichen Regelung des Datenschutzaudits ausgegangen.[28]

3.2 Datenschutzaudit in Schleswig-Holstein und Bremen

Eine Umsetzungsregelung wurde erstmals in § 43 Abs. 2 LDSG Schleswig-Holstein erlassen.[29] Alle öffentlichen Stellen in Schleswig-Holstein können entweder für ihre gesamte Datenverarbeitung, für abtrennbare Teile hiervon oder für einzelne Datenverarbeitungsverfahren ein Datenschutzaudit beantragen. Das Datenschutzaudit ist vor allem darauf gerichtet, den Datenschutz zu verbessern und durch eine geeignete Organisation nachhaltig zu gewährleisten (Bäumler 2001, 252; ders. 2001, 168f.). Erste Auditierungen erfolgten 2002. Seitdem erfreut sich das Datenschutzaudit in Schleswig-Holstein einer ständig steigenden Nachfrage. 2007 und 2008 wurde die Auditierung zusammen mit mehreren europäischen Partnern unter dem Namen „European Privacy Seal" auf die gesamte Europäische Union ausgeweitet und von der Europäischen Kommission gefördert (www.european-privacy.seal.eu).

Neben dem Datenschutzaudit für das Datenschutzmanagement hat Schleswig-Holstein in § 4 Abs. 2 LDSG[30] auch noch die Möglichkeit einer Produktzertifizierung eröffnet. Das „Gütesiegel" kann für Hard- und Software sowie Datenverarbeitungsverfahren verliehen werden, die am Markt von der privaten Wirtschaft, aber auch dem öffentlichen Bereich zuzurechnenden Stellen angeboten werden und zur Nutzung durch öffentliche Stellen geeignet sind.

Nach dem Vorbild von Schleswig-Holstein bietet auch Bremen ein Datenschutzaudit und ein Gütesiegel nach einer am 15.10.2005 in Kraft getretenen Bremischen Datenschutzauditverordnung an.[31]

3.3 Das Scheitern eines Datenschutzauditgesetzes des Bundes

In dem für den Datenschutz im Bund zuständigen Bundesinnenministerium wurde immer wieder über ein Datenschutzauditgesetz nachgedacht. Ihm lag sowohl der Gesetzentwurf des Autors von 1999 als auch der Vorschlag eine Regelung im Rahmen des Modernisierungsgutachtens von 2001 vor. In der Folgezeit wurde auch die Gruppe um Böhret und Konzendorf von der Verwaltungshochschule Speyer beauftragt, Details eines Datenschutzaudits zu untersuchen.

Im Herbst 2007 wurde ein Referentenentwurf eines Datenschutzauditgesetzes aus dem Bundesinnenministeriums öffentlich bekannt,[32] der in der Fachwelt auf ungeteilte Ableh-

---

28 S. provet 1996; Engel-Flechsig 1997, 66; Bundesrat, BT-Drs. 13/7385, 57; SPD-Bundestagsfraktion, BT-Drs. 13/7936, 5; Roßnagel 1997, 505; Enquete-Kommission des Deutschen Bundestags „Zukunft der Medien in Wirtschaft und Gesellschaft – Deutschlands Weg in die Informationsgesellschaft", BT-Drs. 13/11003, 24; Arbeitskreis „Datenschutzbeauftragte" im VMI 1999, 281; Königshofen 1999, 266; ders. 2000, 357; Konferenz der Datenschutzbeauftragten des Bundes und der Länder vom 23./24.10.1997 und vom 12./13.10.2000.
29 Hierzu hat das Unabhängige Landeszentrum für Datenschutz Schleswig-Holstein Ausführungsbestimmungen in Form von Verwaltungsrichtlinien erlassen – s. www.datenschutzzentrum.de/audit/.
30 Diese Regelung wird durch eine Verordnung zum Datenschutz-Gütesiegel ergänzt – s. www.datenschutzzentrum.de/guetesiegel/; Schläger 2004, 459.
31 Bremisches Gesetzblatt 2004, 515; zu den Durchführungsbestimmungen s. http://www.datenschutz-bremen.de/pdf/dfaudit.pdf; s. auch Holst 2004, 710.
32 Entwurf vom 7.9.2007 und überarbeiteter Entwurf vom 29.10.2007.

nung stieß, weil nach ihm das Auditzeichen durch einen privaten Gutachter ohne weitere Kontrolle schon bei Einhalten der allgemeinen datenschutzrechtlichen Vorgaben vergeben werden sollte. Die Kritik befürchtete, dass durch diesen Vorschlag nur ein bürokratisches Verfahren etabliert worden wäre, das keine Wettbewerbswirkung verursacht hätte und für den Datenschutz mangels kontinuierlicher Verbesserung ineffektiv geblieben wäre.

Eine neue Chance erhielt das Datenschutzaudit auf Bundesebene mit den Versuchen, die Datenschutzskandale des Jahres 2008 politisch zu bewältigen. Auf dem „Datenschutzgipfel" beim Bundesinnenminister am 4.9.2008 wurde neben weiteren Veränderungen im Datenschutzrecht die Einführung eines Datenschutzaudits beschlossen. Das Bundesinnenministerium legte einen überarbeiteten Entwurf für ein Datenschutzauditgesetz vor, den die Bundesregierung am 2.1.2009 als Art. 1 eines „Gesetzes zur Regelung des Datenschutzaudits und zur Änderung datenschutzrechtlicher Vorschriften" in das Gesetzgebungsverfahren einbrachte (BR-Drs. 4/09; BT-Drs. 16/12011). Es sah ein Datenschutzaudit sowohl für das Datenschutzkonzept einer verantwortlichen Stelle als auch für Datenverarbeitungsanlagen und -programme von Anbietern vor. Das Datenschutzauditsiegel sollten nicht-öffentliche Stellen oder Anbieter von Einrichtungen führen dürfen, die sich freiwillig der zusätzlichen Kontrolle durch eine zugelassene, private Kontrollstelle unterwerfen. Diese Kontrollstellen sollten einerseits die Einhaltung der geltenden Datenschutzvorgaben prüfen und andererseits auch die darüber hinaus gehenden Richtlinien eines Datenschutzauditausschusses, der aus zwölf Vertretern des Bundes und der Länder und sechs Vertretern von Unternehmen oder ihren Verbänden bestehen und der Aufsicht des Bundesinnenministeriums unterstehen sollte.

Der Bundesrat übte in seiner Stellungnahme vom 13.2.2009 keine grundsätzliche Kritik am Datenschutzaudit, hielt aber den vorliegenden Entwurf für „bürokratisch, kostenträchtig und intransparent" und forderte seine grundlegende Überarbeitung (BT-Drs. 16/12011 (vorläufige Fassung), 39ff.). Dem widersprach die Bundesregierung in ihrer Stellungnahme vom 18.2.2009 entschieden und verteidigte das gewählte Konzept des Datenschutzaudits als alternativlos (BT-Drs. 16/12011 (vorläufige Fassung), 67f.). Nach einer starken Lobbykampagne des Versandhandels und der Werbeindustrie im Frühjahr und Sommer 2009 versuchten die Koalitionsfraktionen für die vorgesehenen Änderungen des Bundesdatenschutzgesetzes einen Kompromiss zu finden, der auf die vorgebrachten Bedenken einging. Der schließlich gefundene Kompromiss schwächte nicht nur viele Datenschutzregelungen des Regierungsentwurfs ab, sondern opferte überraschender Weise auch das Datenschutzauditgesetz. Am 1.7.2009 empfahl der Innenausschuss mit der Mehrheit der Koalitionsparteien, das Datenschutzauditgesetz aus dem Gesetzentwurf der eigenen Bundesregierung zu streichen. Als Begründung wurde lediglich angeführt: „Aufgrund der Kritik u.a. von Seiten des Bundesrates soll vor einer gesetzlichen Regelung zunächst ein dreijähriges Pilotprojekt für eine Branche erfolgen" (BT-Drs. 16/13657, 27). Am 3.7.2009 stimmte der Bundestag und am 10.7.2009 der Bundesrat dem so veränderten Gesetz zur Änderung datenschutzrechtlicher Vorschriften zu.

4 Ausblick

Das Datenschutzaudit ist ein neues, hoffnungsvolles Instrument des Datenschutzes. Über den Anreiz der Werbung („Tue Gutes und rede darüber") und den Wettbewerbseffekt der Teilnahme von Konkurrenten könnte eine Selbstverpflichtung und Selbstkontrolle der Unternehmen zu einer kontinuierlichen Verbesserung des Datenschutzes genutzt werden. Dadurch könnte die behördliche Kontrolle durch Datenschutzbeauftragte und Aufsichtsbehörden unterstützt und entlastet werden. Eine rechtliche Regelung des Datenschutzaudits versucht, im Rahmen einer Kontextsteuerung das Ziel einer kontinuierlichen Verbesserung des Datenschutzes nicht durch Ge- und Verbote, sondern mit leichter Hand durch die freiwillige Selbstregulation der Wirtschaftseinheiten zu erreichen. Die rechtliche Rahmensetzung schafft die Voraussetzungen für die Zielgerechtigkeit des Verfahrens und die Vergleichbarkeit der Kriterien und Ergebnisse.

Diesen berechtigten Erwartungen an ein Datenschutzaudit wird der an den eigenen Fraktionen gescheiterte Entwurf der Bundesregierung nicht gerecht. Statt auf die Selbstverpflichtung der verantwortlichen Stellen zu setzen, vertraute sie die über die Minimalanforderungen des Datenschutzrechts hinausgehenden Anforderungen einem von der Verwaltung dominierten Datenschutzauditausschuss an. Statt auf ein dynamisches Lernsystem zu setzen, das durch das Datenschutzaudit in den verantwortlichen Stellen entstehen könnte, bevorzugte sie statische, immer der aktuellen Entwicklung hinterherhinkende autoritäre Vorgaben. Statt kontinuierliche Verbesserungen durch die Etablierung eines Datenschutzmanagementsystems anzureizen, reduzierte sie das Datenschutzaudit auf die Unterwerfung unter ein zusätzliches Kontrollsystem durch eine „überbordende, überflüssige Bürokratie" (BT-Drs. 16/12011 (vorläufige Fassung), 39) aus mehrfach gestaffelten Kontroll- und Aufsichtsstellen. Statt einer einfachen Struktur mit nur wenigen Regelungen etablierte sie in 20 Vorschriften ein bürokratisches, intransparentes und am Ende vermutlich wenig effektives System. Der Gesetzentwurf der Bundesregierung hätte von den vier Zielen eines Datenschutzaudits wohl nur das Ziel erreicht, die öffentliche und betriebliche Datenschutzkontrolle zu unterstützen, und die drei anderen Ziele, die Selbstverantwortung des Datenverarbeiters für den Datenschutz zu fordern und zu fördern, ein Lernsystem zu etablieren und durch dieses eine kontinuierliche Verbesserung des Datenschutzes und der Datensicherung zu erreichen, verfehlt. Insofern kann sich die Enttäuschung über das Scheitern des Entwurfs in Grenzen halten. Diese Kritikpunkte waren jedoch nicht die Überlegungen, deretwegen die Koalitionsfraktionen das Datenschutzauditgesetz haben scheitern lassen. Sie haben sich vielmehr dem Lobbydruck weniger Verbände gebeugt, die befürchtete Belastungen der von ihnen vertretenen Unternehmen verhindern wollten.

Die Koalitionsfraktionen haben dabei nicht zur Kenntnis nehmen wollen, dass das Datenschutzaudit ein geeignetes, vielleicht sogar unvermeidbares Instrument ist, um im Übergang vom „Interventionsstaat" mit seiner Ergebnis- und Erfüllungsverantwortung zu einem Staat, der immer mehr Verantwortung auf Private verlagert, weiterhin ausreichenden Datenschutz zu gewährleisten. Ein Staat, der sich auf seine „Gewährleistungsverantwortung" beschränkt und zunehmend die primäre Verantwortung für die Problemlösung im Bereich des Datenschutzes der gesellschaftlichen Eigenverantwortung überlässt, muss zumindest durch strukturierende Rahmenregelungen für eine gemeinwohlverträgliche Wahrnehmung der Eigenverantwortung sorgen. Sofern eine künftige Bundesregierung den verfassungsrechtlich gebotenen Schutz informationeller Selbstbestimmung nicht faktisch aufgeben will, wird sie um eine anspruchsvolle Regelung eines Datenschutzaudits nicht herumkommen.

Literaturverzeichnis

Arbeitskreis Datenschutzaudit Multimedia, 1999: DuD – Datenschutz und Datensicherheit, Computas: Köln.
Arbeitskreis „Datenschutzbeauftragte" im VMI, 1999: DuD – Datenschutz und Datensicherheit, Computas: Köln.
Bäumler, Helmut, 2001a: DuD – Datenschutz und Datensicherheit, Computas: Köln.
Bäumler, Helmut, 2001b: RDV – Recht der Datenverarbeitung, Datakontext Verlag: Köln.
Berufsverband der Datenschutzbeauftragten Deutschlands (BvD) e.V., 2003: DuD – Datenschutz und Datensicherheit, Computas: Köln.
Bizer, Johann, 2006: DuD – Datenschutz und Datensicherheit, Computas: Köln.
BSI, 2003: Kommunikations- und Informationstechnik 2010+3: Neue Trends und Entwicklungen in Technologien, Anwendungen und Sicherheit, Ingelheim.
Büllesbach, Alfred, 1997: Datenschutz bei Informations- und Kommunikationsdiensten, Friedrich-Ebert-Stiftung: Bonn.
Bundesrat 1988: BR-Drs. 618/88.
Coroama, Ilie u.a., 2003: Szenarien des Kollegs Leben in einer smarten Umgebung, Ladenburg.
Dieckmann, Christoph u.a., 2001: DuD – Datenschutz und Datensicherheit, Computas: Köln.
Drews, Hans-Ludwig und Kranz, Hans Jürgen, 1998: DuD – Datenschutz und Datensicherheit, Computas: Köln.
Drews, Hans-Ludwig und Kranz, Hans Jürgen, 2000: DuD – Datenschutz und Datensicherheit, Computas: Köln.
Engel-Flechsig, Stefan, 1997: DuD – Datenschutz und Datensicherheit, Computas: Köln.
Enquete-Kommission des Deutschen Bundestags „Zukunft der Medien in Wirtschaft und Gesellschaft – Deutschlands Weg in die Informationsgesellschaft", BT-Drs. 13/11003.
Fleisch, Elgar und Mattern, Friedemann (Hg.), 2005: Das Internet der Dinge, Springer: Berlin.
Jandt, Silke, 2009: Vertrauen im Mobile Commerce, Nomos: Baden-Baden.
Köhntopp, Marit und Nedden, Oliver, 2001: Datenschutz und „Privacy Enhancing Technologies", in: Roßnagel, Alexander (Hg.), Allianz von Medienrecht und Informationstechnik?, Nomos: Baden-Baden.
Königshofen, Thomas, 1999: DuD – Datenschutz und Datensicherheit, Computas: Köln.
Königshofen, Thomas, 2000: DuD – Datenschutz und Datensicherheit, Computas: Köln.
Krempl, Stefan, 2009: Private Daten außer Kontrolle, in: c't – Magazin für Computertechnik 1/2009, Heise: Hannover.
Landesbeauftragter für den Datenschutz Berlin, 1997: Tätigkeitsbericht.
Lanfermann, Heinz, 1998: RDV – Recht der Datenverarbeitung 4, Datakontext Verlag: Köln.
Mattern, Friedemann (Hg.), 2007a: Die Informatisierung des Alltags, Springer: Berlin.
Mattern, Friedemann, 2007b: Total vernetzt, Szenarien einer informatisierten Welt, Springer: Berlin.
Projektgruppe verfassungsverträgliche Technikgestaltung (provet) 1996: Vorschläge zur Regelung von Datenschutz und Rechtssicherheit in Online-Multimedia-Anwendungen, Gutachten für das Bundesministerium für Bildung, Wissenschaft, Forschung und Technologie, o.A.: Darmstadt.
Rand Corporation, 2005: Eine neue Zeit. Deutschland und die Informations- und Kommunikationstechnologie im Jahr 2015, Bonn.
Roßnagel, Alexander, 1997: DuD – Datenschutz und Datensicherheit, Computas: Köln.
Roßnagel, Alexander, 2000a: Datenschutzaudit – Konzeption, Durchführung, gesetzliche Regelung, Vieweg Verlagsgesellschaft: Wiesbaden.
Roßnagel, Alexander, 2000b: DuD – Datenschutz und Datensicherheit, Computas: Köln.
Roßnagel, Alexander, 2001: DuD – Datenschutz und Datensicherheit, Computas: Köln.
Roßnagel, Alexander u.a. 2001: Modernisierung des Datenschutzrechts, Gutachten für das Bundesministerium des Innern, o.A.: Berlin.

Roßnagel, Alexander, 2002: Marktwirtschaftlicher Datenschutz im Datenschutzrecht der Zukunft, in: Bäumler, Helmut und Mutius, Albert von (Hg.), Datenschutz als Wettbewerbsvorteil, Vieweg + Teubner: Braunschweig

Roßnagel, Alexander, 2003: Datenschutzaudit, in ders. (Hg.), Handbuch Datenschutzrecht, Beck Juristischer Verlag: München.

Roßnagel, Alexander, 2007: Datenschutz in einem informatisierten Alltag, Friedrich-Ebert-Stiftung: Berlin.

Roßnagel, Alexander u.a. (Hg.), 2008: Digitale Visionen – Zur Gestaltung allgegenwärtiger Informationstechnologien, Springer: Berlin.

Roßnagel, Alexander (Hg.), 2009a: Mobilität und Kontext – Zukunftsentwicklungen der mobilen Kommunikation in Recht und Technik, Nomos: Baden-Baden.

Roßnagel, Alexander, 2009b: Persönlichkeitsentfaltung zwischen Eigenverantwortung, gesellschaftlicher Selbstregulierung und staatlicher Regulierung, in: Bieber, Christoph u.a. (Hg.), Soziale Netze in der digitalen Welt – Das Internet zwischen egalitärer Teilhabe und ökonomischer Macht, Campus: Frankfurt a. M.

Schläger, Uwe, 2004: DuD – Datenschutz und Datensicherheit, Computas: Köln.

Schmidt-Aßmann, Eberhard, 1993: DVBl – Deutsches Veraltungsblatt.

Schnabel Christoph, 2009: Datenschutz bei profilbasierten Location Based Services, Kassel University Press.

Thiesse, Frédéric, 2005: Die Wahrnehmung von RFID als Risiko für die informationelle Selbstbestimmung, in: Fleisch, Elgar und Mattern, Friedemann (Hg.), Das Internet der Dinge, Springer: Berlin.

Vogt, Ute und Tauss, Jörg, 1998: Entwurf für ein Eckwerte-Papier der SPD-Bundestagsfraktion: Modernes Datenschutzrecht für die (globale) Wissens- und Informationsgesellschaft, Bonn.

Weiser, Mark, 1991: The Computer for the 21st Century, Scientific American 265/3.

Reinhard Kreissl und Lars Ostermeier

Wer hat Angst vorm Großen Bruder?
Datenschutz und Identität im elektronischen Zeitalter

1 Einleitung

Datenschutz wie er heute verstanden wird, ist der Versuch, mit *rechtlichen* Mitteln eine über *ökonomische* Mechanismen des Marktes sich verbreitende *technische* Entwicklung zu zähmen, deren *soziale* Folgen unüberschaubar sind. Bei der Beantwortung der Frage, was hier wovor geschützt werden soll, stößt man schnell auf den altehrwürdigen Begriff der Privatsphäre, deren zunehmende Bedrohung durch den Einsatz neuer Technologien vermutet wird. Historisch entzündete sich die Kontroverse über den Schutz der Privatsphäre zumeist an der Schnittstelle von Staat und Bürger. Häufig ging es dabei um die Rechte der Bürger, sich als Privatpersonen ohne staatliche Überwachung und Aufsicht zu versammeln. Privatsphäre bezeichnet nicht nur einen Bereich, in dem eine als isolierte Monade gedachte Person Informationen, die ihrer Intimsphäre zuzurechnen sind, gegen den Zugriff von Dritten schützen darf. Beim Datenschutz geht es nicht nur darum, eine eng gefasste Privatsphäre im Sinne einer Art datenpossessiven Individualismus zu schützen: „[T]he key to understanding much of privacy law [...] [is] the concern that technology allows organizations to exercise control over the actions of individuals." (Rotenberg 2001, RZ 24) Diese Fokussierung ist für den rechtlichen und rechtspolitischen Diskurs über Datenschutz kennzeichnend, sie blendet jedoch tendenziell den Aspekt aus, dass Datenschutz immer auch den öffentlichen Raum oder die öffentliche Sphäre betrifft.

Nimmt man beide Aspekte des Datenschutzes – private und öffentliche Sphäre – in den Blick, dann wird sehr schnell deutlich, wie stark soziale Prozesse durch (neue) Technologien verändert werden und mediatisiert sind (Fuchs 2009). In diesen Prozessen, in denen die Technologien zum Einsatz kommen, verändert sich auch das Recht (Mulcahy 2008). Die Idee einer an natürliche Personen gebundenen Privatsphäre lässt sich im Hinblick auf die zunehmend in virtuellen Räumen stattfindenden sozialen Prozesse und die Versuche, diese Prozesse mit Hilfe des Rechts zu regulieren, problematisieren.

2 Die Grenzen des Rechts

Die aktuelle Debatte über Datenschutz und Privatsphäre hebt an im Zeitalter der Implementierung (und in aller Regel post-hoc Legalisierung) unbegrenzter und sich schnell fortentwickelnder technischer Möglichkeiten der maschinell unterstützten Produktion, Speicherung und Verarbeitung von Informationen über Individuen, die diese entweder aufgrund der technisch-ökonomischen Infrastruktur moderner Gesellschaften oder im Rahmen von Kontakten mit hoheitlichen Akteuren des modernen Verwaltungsstaates – freiwillig und unfreiwillig – preisgeben.

Sie ist von Anbeginn an eine Debatte über ein begrifflich wie technisch und politisch schwierig zu lösendes Problem. Das zeigt sich oberflächlich gesehen daran, dass das Recht als Medium des Schutzes, der Kontrolle und Eingrenzung etwa im Rahmen der Gewährung des neuen, 1983 in Deutschland eingeführten Grundrechts auf *informationelle Selbstbestimmung* schnell an seine Grenzen gerät, wenn es darum geht, den Umgang mit sogenannten personenbezogenen Daten verbindlich zu regeln und vor allen Dingen diese Regelungen auch nachhaltig durchzusetzen und ihre Einhaltung zu überprüfen.

Recht als Medium und Institution ist einerseits Abwehrrecht. Es soll die Privatsphäre der Bürger gegen den staatlichen Zugriff schützen. Es zielt andererseits auf den gesellschaftlichen Verkehr von Individuen, auf die reale Interaktion von Alter und Ego bzw. von Individuen und Organisationen. Für die Steuerung technisch vermittelter sozialer Prozesse oder gar autonomer technischer Prozesse ist es hingegen nicht ausgerüstet. Recht ist als Regelwerk für die Rechtsprechung durch Gerichte rückwärtsgewandt und interpretiert die Gegenwart als Wiederholung von Ereignissen der Vergangenheit. Eine rechtliche Regelung von Zukunft, die über eine Sicherung von Bedingungen eines Status quo oder die Reproduktion bekannter Zyklen hinausgeht, führt das Recht an seine Grenzen. Denn das Recht allein kann seine Einhaltung nicht gewährleisten, die vielmehr von sozialen Prozessen abhängig ist. Recht als Mittel zur Regelung von Zukunft kann rechtssoziologisch betrachtet nicht mehr als einen Apellationscharakter haben.[1]

Datenschützer sehen dementsprechend die technischen und rechtlichen Entwicklungen berufsmäßig mit Sorge (Schaar 2007). Die beste Methode, die persönlichen Daten zu schützen, so ist selbst in Rechtsjournalen zu lesen, ist, sie gar nicht erst preiszugeben (Froomkin 2000) und damit das Problem auf radikale Weise, gleichsam durch Entsorgung seiner Grundlagen zu lösen. Doch bei den rechtlichen Regulierungen zum Schutz der Privatsphäre geht es nicht um die Vermeidung der Produktion von Daten. Eine ausgebaute Dateninfrastruktur ist nicht nur Voraussetzung einer funktionierenden Verwaltung, auch komplexe Ökonomien erfordern eine Datenbasis, die personenbezogene Informationen speichert und nutzt. Rechtliche Vorschriften sind stets nur Bemühungen zur Regulierung und bestenfalls Beschränkung der Verarbeitung von personenbezogenen Daten und haben damit – wie alle rechtlichen Regelungen – zugleich ermöglichende und beschränkende Effekte. Datenbezogenes Recht entwickelt sich zwischen diesen beiden Optionen: Im Rahmen von Sicherheitsrecht wird der rechtliche Schutz der Privatsphäre durch Datensammlung durchlöchert, im Rahmen von Datenschutzrecht wird versucht, den Zugang zu diesen Löchern für Dritte zu unterbinden. Allerdings stellt sich in beiden Fällen die Frage, ob Gesetze in der Lage sind, den zugrunde liegenden technischen Prozess und die durch ihn entstehenden Möglichkeiten überhaupt zu zähmen.[2] Was immer sich in der Sphäre des Gesetzes als hehres Verbot dar-

---

1 In der einschlägigen technikzentrierten Diskussion wird gelegentlich die These vertreten: „Code is Law". Damit wird gleichsam ein für die Technosphäre angemessenes Rechtsformat postuliert. Man geht davon aus, dass die technischen Codes, die der elektronischen Datenverarbeitung zugrunde liegen, eine Art Gesetz darstellen (Lessig 2000), das den elektronischen Verkehr ebenso regelt, wie traditionelle Rechtsregelungen den sozialen Verkehr. Eine normative Formung algorithmischer Regelungen wäre demnach das Äquivalent zur normativen Regelung des sozialen Verkehrs von Menschen. Allerdings treffen solche Überlegungen bei Juristen wohl kaum auf (technisches) Verständnis, geschweige denn auf Zustimmung.

2 Das Recht gerät hier mit seinem begrifflichen Werkzeugkasten an seine Grenzen, wie in anderen Fällen auch, wo es darum geht, technische Innovationen, die kulturelle Selbstverständlichkeiten infrage stellen, unter rechtliche

stellt, es bleibt die Frage, ob entsprechende Regelungen in nennenswerter Weise eine Praxis steuern, deren Funktionsweise nicht nur den meisten Juristen fremd, sondern auch den Wirkmechanismen des Rechts nicht zugänglich ist. Datenschutzrecht wächst der technischen Entwicklung nach, es wuchert und beschränkt sich in den meisten Fällen auf eine post-hoc Legalisierung existierender Praktiken. Die Folge, so die resignierende Einschätzung eines deutschen Datenschützers, ist, „dass es heute praktisch niemanden gibt, der auch nur die genaue Anzahl der datenschutzrechtlichen Bestimmungen von Bund und Ländern kennt" (Schaar 2007, 104).

Zwei Konstellationen der Diskussion über Datenschutz lassen sich hier unterscheiden: Auf der einen Seite gibt es die traditionelle Konstellation, die bei Maßnahmen wie dem sogenannten „Lauschangriff", der „Online-Durchsuchung" oder in den 1980er Jahren der „Volkszählung" entsteht, wenn also gezielt in die material definierte Privat- oder Intimsphäre einer Person eingedrungen wird, um sich dort Informationen über diese konkrete Person zu verschaffen, die diese nicht freiwillig öffentlich zugänglich gemacht hat. Das ist die Konstellation „Bürger gegen Staat". Recht wäre hier in seiner Funktion als Abwehrrecht gefragt.

Auf der anderen Seite gibt es das Problem der Verarbeitung von Daten, die über mehr oder weniger alle Bürger im Rahmen diverser Transaktionen und durch den Ausbau der technischen Infrastruktur moderner Gesellschaften mit und ohne Einverständnis der Betroffenen produziert werden. Das Spektrum reicht von Daten, die im Rahmen des Internethandels und der Nutzung von sozialen Plattformen anfallen, über die gespeicherten Aufzeichnungen von Überwachungskameras bis hin zu Informationen über den Gesundheitszustand einer Person – um nur einige Beispiele zu nennen.

Hier stellt sich die Frage nach der legitimen Verwendung von Daten außerhalb des ursprünglichen Kontextes, in dem sie erhoben wurden. Bei dieser Konstellation geht es eher um Strategien, die man als *fokussiertes* „Populationsmonitoring" bezeichnen könnte. Bemerkenswert an diesen Nutzungsweisen von Daten ist, dass sie ohne eine zentrale panoptische Instanz (wie den Staat) auskommen und generell nicht panoptisch im Sinne allgegenwärtiger Überwachung und vollständiger Durchdringung aller Lebensbereiche sind. Vielmehr erfolgen sie meistens zielgerichtet entlang einer bestimmten Intention und suchen begrenzte Datenmengen zu erfassen.

Im einen Fall geht es in erster Linie darum, rechtlich in gewissem Umfang die *Produktion von Daten* zu steuern und z.B. das Abhören von Gesprächen in einer Privatwohnung zu verbieten. Im anderen Fall müsste man den *Umgang mit bereits vorhandenen Daten* rechtlich regulieren und etwa die Verwendung von Datenmengen regeln, die bei elektronisch vermittelten Transaktionen unterschiedlichster Art anfallen. Im ersten Fall hat man es mit einer Privatsphäre im engeren Sinne zu tun, im zweiten Fall hingegen mit einer in mehrfachem Sinne *virtuellen Privatsphäre*, bevölkert von virtuellen Data-Doubles (Haggerty/Ericson 2000).

Wir gehen davon aus, dass die erste Konstellation durch die Mediatisierung des sozialen Verkehrs zunehmend obsolet wird, auch wenn sich die politischen Debatten – man denke an die öffentliche Erregung in Deutschland über die diversen kleinen und großen Lauschangriffe und die Begehrlichkeiten der Sicherheitsbehörden – darauf konzentrieren.

Kontrolle zu bekommen. Man denke in diesem Zusammenhang etwa an die Fragen der Sterbehilfe, der Pränataldiagnostik oder der Zurechnung von Verantwortung in komplexen technischen Systemen, um nur die bekanntesten Beispiele zu nennen.

Vermutlich verfügen Marketingabteilungen großer Unternehmen der Konsumgüterindustrie und die Betreiber einschlägiger Internetdienste heute über tiefer gestaffelte Datensätze über die Bevölkerung als es sich die Autoren des Fragebogens zur Volkszählung in Deutschland in den achtziger Jahren jemals träumen ließen.

Die Probleme, die sich mit der Entstehung einer virtuellen Privatsphäre stellen, sind jedoch völlig anders gelagert und erfordern zur wissenschaftlichen und politischen Bearbeitung andere begriffliche Mittel. Im Fall der virtuellen Privatsphäre geht es nicht mehr um den Schutz von Daten an sich – diesbezüglich sollte man alle Hoffnung fahren lassen. Die Idee von Souveränität als Datensouveränität verliert im elektronischen Konsumkapitalismus an Bedeutung. Anzusetzen wäre, wenn man nach rechtlichen Regelungen sucht, vielmehr an der Frage, wie diese Daten von wem verarbeitet werden und welche Verwendung sie finden: Was geschieht mit den Informationen, die über eine Person verfügbar sind und welche Effekte hat ihre Verarbeitung auf die Handlungsoptionen der Betroffenen? Das Problem der „Identität", verstanden als die Möglichkeit eines Akteurs, sich selbst als Individuum folgenreich zu präsentieren und aufgrund entsprechend souveräner Selbstdefinitionen zu handeln, stellt sich unter den Bedingungen der datenvermittelten Kategorisierung neu.

Strategien des Datamining, die in der virtuellen Privatsphäre zum Einsatz kommen (z.B. die Webseite 123people.de zur Zusammenstellung von im Internet verstreuten Personenangaben) und von Strafverfolgungsbehörden beispielsweise im Rahmen der sogenannten Rasterfahndung angewandt werden, schaffen abstrakt formuliert die Voraussetzungen für eine Strukturierung individueller Handlungsmöglichkeiten durch Gestaltung externer Bedingungen: Die Akteure können sich nur mehr gemäß der ihnen zugewiesenen Kategorisierungen folgenreich definieren bzw. im Rahmen der durch diese Kategorisierungen vorgegebenen Möglichkeiten bewegen. Aufgrund der Tatsache, dass damit der Bewegungsspielraum des Einzelnen quasi elektronisch gesteuert ist, handelt es sich hier um eine neue Form der Kontrolle, in der die Souveränität des maschinenlesbar gewordenen Individuums auf mehr oder weniger subtile Weise geregelt wird. Zum Management ihrer virtuellen Identität können bereits wirtschaftlich erfolgreiche Dienstleister in Anspruch genommen werden. Die zentrale Frage lautet u.E. dementsprechend: Was bedeutet Identität und Datenschutz im Zeitalter des *maschinenlesbaren Individuums*?

3 Cyberexhibitionismus und The Pursuit of Privacy

Wie generell bei der Rechtsanwendung im Alltag zu beobachten, scheint das Interesse der zu Schützenden an den Angeboten der staatlichen Datenschützer nicht allzu groß zu sein. Genauer gesagt dürfte das Interesse bei bereits durch die Verwendung ihrer Daten Geschädigten größer sein als bei nicht Betroffenen. Es gibt offensichtlich kein allgemeines gesellschaftliches Bedürfnis nach dieser Art von Schutz, vielmehr variiert es in anlassbezogenen Konjunkturen. Die Erregung beschränkt sich auf bestimmte Kreise und erfasst nur eine überdurchschnittlich informierte und engagierte Öffentlichkeit. Onlinekampagnen (!) gegen die Vorratsdatenspeicherung und Verfassungsbeschwerden häufen sich periodisch, und das Bundesverfassungsgericht hat in Deutschland vor kurzem Teile der privaten Festplatte als einen Teil der zu schützenden Privatsphäre definiert, was immer das praktisch bedeuten mag. Die politisch motivierte Kritik an der Praxis des Umgangs mit elektronisch verfügbaren Daten bleibt in der Form sporadischer, anlass- und skandalinduzierter sozialer Bewegungen relativ wirkungslos, während die technologische Infrastruktur der Datenverarbeitung und Datensammlung sich kontinuierlich weiter entwickelt. Die Neigung zum aktiven und bewussten Cyber-Exhibitionismus ist weit verbreitet und selbst diejenigen, die nicht aktiv an ihrer eigenen Entblößung im Netz arbeiten, sehen sich immer stärker und häufiger dem Zwang ausgesetzt, sich im Rahmen maschinenvermittelter mundaner Transaktionen im Hinblick auf personenbezogene Daten zu entblößen (Phelps/Nowak/Ferrell 2000). Was sich dabei im Hinblick auf die Verarbeitung von Daten und Informationen hinter der den Benutzern zugänglichen Oberfläche von Bildschirmmasken, PIN-Pads oder sonstigen technischen Geräten tut, wissen die Wenigsten und ist in aller Regel auch Experten nur in kleinen Ausschnitten bekannt und verständlich.

Man kann hier zu heuristischen Zwecken eine Reihe von Szenarien stilisieren, die jeweils unterschiedliche Aspekte der Problematik von Datenschutz am Beispiel der Verwendung von interaktiven, d.h. die aktive Beteiligung von Nutzern ermöglichenden Websites, sichtbar machen.

(1) Die im Rahmen von Web 2.0 entwickelten Plattformen vom Typ Facebook, MySpace, YouTube oder StudiVZ ermöglichen eine neue maschinenvermittelte Form der Sozialität, bei der die Nutzer personenbezogene Informationen zum Teil für individuell adressierte Dritte ins Netz stellen. Damit entsteht eine Art virtueller Öffentlichkeit, in der sich ein kommunikativer Austausch entwickelt. Datenschützer monieren, dass es den Nutzern der entsprechenden Foren an Vorsicht mangele, da sie sich nicht sicher sein könnten, wer sich die bereitgestellten Informationen jenseits der virtuell konstruierten lokalen Öffentlichkeit von Freunden und Bekannten zugänglich machen könnte.

(2) Ein zweites datenschutzrechtlich problematisches Szenario ergibt sich, wenn diese neue virtuelle Öffentlichkeit genutzt wird, um gezielt und anonym Informationen über Dritte publik zu machen. Aktuelle Beispiele bieten hier Webportale wie rottenneighbor.com, auf denen Informationen über „missliebige" Nachbarn eingestellt werden können. Ebenfalls kontrovers diskutiert werden in letzter Zeit anonym abgegebene Bewertungen von Schülern und Studenten, die auf öffentlich zugänglichen Webseiten einzelne Lehrer und Dozenten „benoten". Andere Konstellationen, bei denen Überwachte mit Hilfe von Informationstechnologie ihre Überwacher überwachen, wurden als „sousveillance" bezeichnet (Mann/Nolan/Wellman 2003). Individuelle Nutzer können dank der Möglichkeiten der neuen interaktiven Medien Dritte beobachten und die dabei anfallenden Daten dann ins Netz stellen. Vor einigen Jahren riefen beispielsweise die österreichischen Grünen zu einer Kampagne auf, bei der die alltäglichen Auftritte des amtierenden Innenministers dokumentiert werden sollten. Das Ergebnis wurde dann auf der Homepage der Partei in einer Art Videotagebuch publik gemacht.

(3) Wiederum anders stellt sich die datenschutzrechtliche Problematik dar, wenn etwa Unternehmen mit Hilfe von Kundendaten, die ihnen im Rahmen von Transaktionen zur Verfügung gestellt werden, Konsumentenprofile für zielgruppenspezifische Marketingstrategien entwickeln. Hier werden personenbezogene Daten ausgewertet und dazu verwendet, Individuen auf der Grundlage dieser Daten in unterschiedliche Konsumentenkategorien zu sortieren. Die Folge ist, dass bestimmte Dienstleistungen selektiv und zu unterschiedlichen Bedingungen angeboten werden.

(4) Eine viertes und letztes Szenario entsteht dann, wenn sich die Verifikation oder Identifikation von Personen gespeicherter Informationen über diese Personen bedient. Das beginnt bei den allgemein verbreiteten PIN-Codes, setzt sich fort über biometrische Identifikationsmerkmale und endet bei der Verwendung von genetischen Informationen, die eine Person als Individuum identifizieren.

Systematisch bilden diese vier Szenarien folgende Konstellationen ab: die horizontale lebensweltliche Interaktion von Individuen, die lebensweltliche Kommunikation im Rahmen einer virtuellen Öffentlichkeit, sowie die reziproken Beziehungen zwischen Organisationen und ihren Klienten.

Diese vier Szenarien lassen sich unter theoretischen Gesichtspunkten im Hinblick auf das Problem Datenschutz und Identität vor dem Hintergrund theoretischer Überlegungen interpretieren. An den ersten beiden Beispielen zeigen sich die Folgen eines Prozesses, den man als Mediatisierung der Lebenswelt bezeichnen könnte. Wer sich der Möglichkeiten elektronischer sozialer Netzwerke bedient, agiert im Modus kommunikativen oder verständigungsorientierten Handelns. Er oder sie teilt unter Zuhilfenahme eines technischen Systems mit anderen, die als individualisierte persönliche Freunde oder Bekannte deklariert sind, intime Empfindungen, berichtet über das eigene Privatleben, regt einen Meinungsaustausch an, koordiniert die eigenen Handlungspläne mit denen der anderen, trifft Verabredungen, tauscht sich über bestimmte Themen aus. Es handelt sich also um kommunikative Prozesse, die gemeinhin der Sphäre der Lebenswelt zugerechnet werden, mit zwei wichtigen Unterschieden: Erstens ist der kommunikative Austausch nicht mehr an die räumliche und zeitliche Co-Präsenz von Ego und Alter gebunden und zweitens verschiebt sich das Verhältnis von Flüchtigkeit und Permanenz. Einerseits ist die Aufnahme einer kommunikativen Beziehung im virtuellen Raum bei weitem leichter als im materiellen Raum. Andererseits hinterlässt jede noch so flüchtige Kommunikation, jede Aktion im virtuellen Raum, eine dauerhafte Spur im elektronischen Archiv. Neben der emergenten, kommunikativ erzeugten Beziehungsgeschichte entsteht so ein elektronisch dokumentiertes Protokoll dessen, was die Teilnehmer tun, sagen, äußern. Damit wird eine Beziehung, die von intimer Vertrautheit oder flüchtiger Freundlichkeit getragen ist, sozusagen mit einer zweiten Ebene unterlegt, die das, was geschieht, potentiell Dritten zugänglich macht.

Gleichzeitig eröffnet die elektronische Vermittlung die Möglichkeit neuer Beziehungsformen, die man als „Cyberintimität" bezeichnen könnte. Alter und Ego können miteinander in Beziehung treten, ohne sich zu treffen. Das hier zugrunde liegende kulturelle Modell ist die Brieffreundschaft. Deren Intimität wurde durch das Postgeheimnis geschützt. In der virtuellen Variante nimmt das Problem in der Form des Datenschutzes jedoch völlig andere Dimensionen an. Es geht nicht mehr nur oder in erster Linie um den Schutz der Vertraulichkeit einer konkreten Mitteilung, die einer Person als Autor zugeschrieben werden kann, sondern um die Möglichkeit, das Verhalten von Personen im Netz als einer gleichsam neuen sozialontologisch relevanten Sphäre zu erfassen.

Es ist wichtig, diese beiden Aspekte auseinander zu halten: auf der einen Seite die Praxis der individuellen Nutzer, die mit Hilfe der verfügbaren elektronischen Infrastruktur in ihrer Lebenswelt mehr oder weniger so agieren, wie sie es in der materiellen Welt auch tun; auf der anderen Seite die dabei über die Lebenswelt der Akteure hinaus entstehenden Möglichkeiten des Zugriffs auf die im Rahmen dieser Interaktion entstehenden Daten durch Dritte. Die Akteure verwenden unter Nutzung der Möglichkeiten der elektronisch vermittelten Kommunikation soziale Formen des lebensweltlichen Austauschs, die aus einer Tradition der lokalen Unmittelbarkeit entstanden sind. Die begrifflich-theoretische Erfassung der zentralen Kategorien, mit denen die dabei entstehenden neuen Phänomene beschrieben werden, sitzt auf dieser Tradition auf.

Dementsprechend basiert auch die abstrakte Bestimmung einer zu schützenden Privatsphäre, die den Debatten über Datenschutz hier zugrunde liegt, auf einer Reihe von normativ verfestigten Vorstellungen über das Verhältnis von Privatsphäre und Öffentlichkeit, deren Tragfähigkeit im Angesicht der Strukturen vielfach medial vermittelter Lebenswelten auf den Prüfstand gestellt werden sollte. In einem trivialen und historischen Sinne bezieht sich die Unterscheidung privat/öffentlich zunächst auf ein räumliches Arrangement von Haus und Forum, es geht um den Kreis derjenigen, mit denen man zu tun hat, um die Arten und Formen des sozialen Umgangs, um den Schutz vor fremden Blicken oder Eingriffen und die Rechte, die einer Person in den jeweilige Territorien zukommen. Dieses raumzeitliche Arrangement und die aus ihm erwachsende Basismetaphorik sind für das Problem des Datenschutzes im Zeitalter einer entwickelten Informationstechnologie nur mehr bedingt zur Beschreibung geeignet. Die stabile widerständige Ordnung der Raum-Zeit (Bauman 2007) verliert durch den sich ausbreitenden „Cyberspace" an Bedeutung. Wie kann Privatsphäre gedacht werden, wenn soziales Handeln sich von der Unmittelbarkeit direkter Interaktion entkoppelt und der Zugriff auf die Kommunikation nicht einsehbar, geschweige denn kontrollierbar ist?[3] Verlieren kategoriale Unterscheidungen wie die zwischen privat und öffentlich in der neuen Topologie des virtuellen Raums möglicherweise an Bedeutung? Die Frage, was sinnvollerweise als privat, was als öffentlich zu bezeichnen ist, wird im Angesicht medialer Strategien immer schwieriger zu beantworten.

Dabei wird zugleich ein Problem sichtbar, das aus dem performativen Charakter von Öffentlichkeit entsteht: Das zu schützende Gut „Privatsphäre" (wie immer man es definitorisch oder begrifflich abgrenzen möchte) ist zugleich Teil und Voraussetzung des öffentlichen Diskurses über seine Gefährdung. Oder anders formuliert: Die Strukturen der bürgerlichen Öffentlichkeit haben als Schutz- und Verteidigungsmechanismus nur die Bedingungen der eigenen performativen Existenzweise. Die aber wiederum liegt vor der Schnittstelle, sozusagen diesseits der Benutzeroberflächen, hinter denen das eigentliche Reich des Datenschutzes – wenn man es exemplarisch am Beispiel der Nutzung von Informationstechnologie diskutieren will – erst beginnen würde. Die öffentliche Erregung hat für gewöhnlich als Adressaten einen parlamentarischen Gesetzgeber, nicht ein abstraktes Netz technischer Apparaturen. Der Appell an diesen Gesetzgeber, sich wirksam um Datenschutz und die Sicherung der Privatsphäre zu kümmern, führt jedoch zumeist nur zu symbolisch wirksamen Maßnahmen. Von modernen Ludditen, die in maschinenstürmerischer Manier die Hardware angreifen, hat man in diesem Zusammenhang noch nichts gehört. Dementsprechend heben Diskussionen über Datenschutz sehr schnell von der Sphäre einer wahrnehmbaren Wirkung unmittelbarer Effekte ab. Die skizzierten Szenarien eines Datenmissbrauchs zum Nachteil der gesetzlich definierten und geschützten Privatsphäre von Bürgern oder die Vorstellungen eines heraufziehenden Überwachungsstaates blenden dabei häufig die bereits tief in den trivialen Alltag eingesickerte Informationalisierung (oder Digitalisierung) des Sozialen in zeitgenössischen westlichen Gesellschaften aus. Der Blick auf die Gefahren des Missbrauchs verdunkelt die Sicht auf die mediale Vermittlung des gesell-

---

3 Selbstredend stellt sich diese Frage auch, wenn unmittelbare soziale Interaktionen immer stärker mit Technik gekoppelt werden.

schaftlichen Verkehrs, die zum konstitutiven Bestandteil der Lebenswelt geworden ist. Effektiver als eine für Laien nicht mehr nachvollziehbare Debatte über die Festplatte als Teil der unverletzlichen Privatsphäre wären vermutlich Kampagnen, die an der Sozialisation im Umgang mit Daten in virtuellen Netzen ansetzen und dazu führen, dass es ebenso zum Volksmund gehört, im Internet mit seinen Daten vorsichtig umzugehen wie beim Unterschreiben von Kaufverträgen an der Tür das Kleingedruckte zu lesen.

Die realen Effekte einer virtuellen Öffentlichkeit lassen sich an dem zweiten oben zitierten Szenario demonstrieren: der Verwendung medial-virtueller Foren als Verbreitungsraum für Informationen, die im lebensweltlich kommunikativen Austausch am ehesten unter die Rubrik Klatsch und Tratsch fallen. Das In-die-Welt-setzen von Behauptungen über Dritte ist ein keineswegs auf den Cyberspace beschränktes sozial-kommunikatives Format. Was traditionellerweise eher unter dem juristischen Tatbestand der Verleumdung, üblen Nachrede oder Rufschädigung gefasst werden kann, erscheint im virtuellen Raum als Problem des Datenschutzes. Die in diesem Kontext auftauchenden Beispiele belegen, dass Phänomene der prä-elektronischen Welt unter den Bedingungen der neuen interaktiven Medien in den Sphären der virtuellen Welt eine eigene, ebenso folgenreiche Realität entfalten können. Der Mechanismus der Identitätszuschreibung ist ein sozialer Basismechanismus, der sich in verschiedenen Medien vollziehen kann. Im Bereich der neuen interaktiven Medien ist die Schwelle für die folgenreiche Verbreitung von Behauptungen über Dritte möglicherweise niedriger, die Verbreitung wahrscheinlich größer, aber der Mechanismus ist der gleiche. Alter stellt gegenüber einer nicht näher definierten Öffentlichkeit eine Behauptung über Ego auf – nicht mehr und nicht weniger. Qualitativ dürfte diese Konstellation insofern neuartig sein, als dass die Zugriffsmöglichkeiten Interessierter auf entsprechende Daten sich verändert haben. War es in den Zeiten vor Facebook und StudiVZ eher unwahrscheinlich, dass sich der Personalleiter die Mühe macht, Freunde von Bewerbern anzurufen und nach peinlichen Geschichten auszufragen oder das Jahrgangsbuch zu konsultieren, so sind viele der über diese Quellen recherchierbaren Informationen heute bequem und einfach per Mausklick zu haben. Virtuelles Identitätsmanagement ist unerkannt und einfach möglich.

Anders stellt sich das Problem in den beiden letzten skizzierten Szenarien dar. Betrachtet man sie handlungstheoretisch, so geht es hier um die Interaktion zwischen Organisationen und Individuen. Die Möglichkeit der systematischen Auswertung von Daten über einzelne Individuen und ihre Verknüpfung unter bestimmten strategischen Gesichtspunkten im Rahmen organisationsspezifischer Interessen führt vermutlich zu qualitativ neuen Problemen. Typische Beispiele eines solchen *social sorting* (Lyon 2004) wären die sogenannten CRM-Programme,[4] mit deren Hilfe Unternehmen die ihnen zugänglichen Kundendaten nach bestimmten Merkmalen durchsuchen und so beispielsweise den Kreditrahmen für eine Person festlegen oder gezielte Marketingstrategien entwickeln. Wer jemals bei Anbietern wie Amazon.com ein Buch erworben hat, kennt diese Strategien. Auch der schwer kontrollierbare Zugriff Dritter auf Dateien unterschiedlichster Art zu kommerziellen Zwecken fällt hierunter. Eine Verschärfung dieses Problems taucht dann auf, wenn sich staatliche Behörden privatwirtschaftlicher Datenbestände bedienen. Die hier sich abzeichnenden Public-Private-Partnerships, bei der die Interessen staatlicher Überwachung mit den Interessen an marketingrelevanter Information von Privatunternehmen zusammengekoppelt werden,

---

4 CRM steht für Customer Relations Management und entsprechende Programme nutzen relationale Datenbanken, um aktuelles Kundenverhalten und einschlägige Marketingstrategien zu analysieren.

schafft zudem eine schwer zu überblickende und kaum zu kontrollierende Zone der Sammlung und Verarbeitung von Daten im Zwischenbereich von staatlichen und privaten Akteuren. Nimmt man hier noch die internationale Dimension des Datenverkehrs in den Blick, so ist es sowohl für einfache Nutzer als auch für Kenner der entsprechenden Vorschriften von datenbasiertem Kommunikations- und Warenverkehr nicht durchschaubar, wo welche Teile der Daten mit welchen Nutzungsrechten gespeichert werden (Reidenberg 2000). Am Beispiel des neuen maschinenlesbaren Personalausweises lässt sich dies gut demonstrieren. Mit Hilfe dieses Dokuments lassen sich nicht nur die Kontakte zu Behörden automatisieren und die Identifikation an hoheitlichen Kontrollstellen wie Ämtern und Behörden erleichtern. Man kann sich mit diesem Dokument auch gegenüber kommerziellen Interaktionspartnern identifizieren. Was sich hier abzeichnet, ist eine Mischung aus Personalausweis und Kreditkarte, die es ermöglicht, nahezu beliebig viele Daten für beliebig viele Zwecke zu nutzen.

Das gleiche gilt für die neuen, über Datenverarbeitung vermittelten Möglichkeiten der Kontrolle von Zugangsschwellen zu Räumen, Dienstleistungen und Informationen. Organisationen treten Individuen mit ihrem eigenen Code gegenüber. Der Prototyp dieser Interaktion ist der Vordruck, ein Formular auf Papier, das von der als Antragsteller auftretenden Person auszufüllen ist und diese dabei nötigt, sich an der Logik der Organisation zu orientieren bzw. sich selbst in den vorgegebenen Kategorien zu klassifizieren. Neu am elektronisch vermittelten Kontakt zwischen Individuum und Organisation ist nun die Konstellation, dass erstens nicht mehr klar und ersichtlich ist, über welche personenbezogenen Daten die Organisation bereits verfügt und wie diese ausgewertet worden sind; zweitens nach welchen Kriterien und unter Verwendung welcher Kategorien die im Rahmen einer Transaktion mit dem organisatorischen Gegenüber zur Verfügung gestellten Daten bewertet und genutzt werden (können). Hinzu kommt ferner, dass lokale, sozial nutzbare (Ver-)Handlungsspielräume enger werden oder ganz verschwinden, wenn die Interaktion maschinell vermittelt ist. Solove (2001; 2002) bemüht hier das Bild aus Franz Kafkas Novelle „Das Schloss", wo der Protagonist vor den Türen der Obrigkeit steht und nicht weiß, was in der von ihm vorgetragenen Angelegenheit geschieht (oder ob überhaupt etwas passiert). Gleichzeitig entsteht damit eine Art negativer Gleichheit der Akteure, da alle gleich verdächtig sind. Der Bankautomat verlangt nur nach dem richtigen PIN-Code, wer ihn eingibt, ist irrelevant (Lianos/Douglas 2000).

Organisationen können sich auf diese Art ihre Umwelt gestalten und entsprechende Strategien des Umgangs mit ihren Klienten entwickeln. Klassische Szenarien, an denen diese Art von Problemen kontrovers diskutiert werden, finden sich im Bereich großer Unternehmen wie Versicherungen oder bei den staatlichen Kontrollbehörden. Ist es legitim und legal, wenn eine Polizeibehörde auf der Grundlage der ihr verfügbaren und zugänglichen Informationen eine Datei anlegt, in der Personen nach ihren sexuellen Präferenzen, ethnischer Zugehörigkeit oder religiösem Bekenntnis sortiert werden? Darf eine Versicherung Informationen über die Lebensweise einer Person recherchieren und für ihre Risikobewertung verwenden, die diese Person nicht freiwillig gegenüber dem Unternehmen preisgibt? Dürfen Call-Center die Qualität und Verfügbarkeit von Service vom Konsumprofil des Wohngebiets abhängig machen, aus dem der Anruf kommt? Die Verfügbarkeit und der niedrigschwellige Zugang zu vielfältigen Informationen über einzelne Individuen erleichtert die Erstellung von solchen Kategorisierungen. Die Zunahme maschinenvermittelter Formen der Interaktion wiederum erleichtert die Anwendung kategorialer Diskriminierungen bei der Identifikation von Personen. Dabei wird von denjenigen, die sich solcher Identifikationsstrategien bedienen, auf den Vorteil für die „Nutzer" hingewiesen: schnellere Abfertigung am Flughafen, niedrigere Tarife für die Kfz-Versicherung, unbürokratischere Erledigung von Behördenkontakten – so einige der angepriesenen Erleichterungen, die im Rahmen der maschinellen Identifikation und Kategorisierung für Konsumenten möglich werden. Allerdings erzeugen entsprechende Verfahren ihrerseits wiederum weitere personenbezogene Daten, die dann für weitergehende Zwecke verwendet werden können.

Im Hinblick auf die Identität der Person, die einer Organisation gegenübertritt, ergibt sich hier folgende Konstellation: Die Frage, wer oder was diese Person in einem umfassenden sozialen Sinn ist, verliert an Bedeutung, da sich die Identifikation auf die Beantwortung von datenlesbaren Fragen (als deren Prototyp man den PIN-Code oder das Passwort betrachten kann) reduziert. Ob nun möglicherweise hinter dieser ersten Schwelle der Identifikation weitere Programme ablaufen, die den Optionsspielraum der numerisch identifizierten Person betreffen, ist für diese nicht unmittelbar nachvollziehbar. Sie wird in eine Art trivialen Turingtest involviert und agiert mit ihrem elektronischen Gegenüber im Modus der Reziprozitätsunterstellung (also so, als hätte sie es mit einem Akteur zu tun, der ähnlich ausgestattet ist, wie sie selbst). Die Sorgen der Datenschützer angesichts solcher Entwicklungen basieren auf der empirisch plausiblen Annahme, dass erstens jeder Schritt, den die auf den Status von Nutzern reduzierten Individuen tun, dokumentiert wird und dass zweitens die Möglichkeiten der gezielten Verarbeitung der damit entstehenden Daten zu Profilen bzw. zur Überwachung einzelner Personen in Echtzeit rechtlich unkontrolliert zunehmen.

4 Vom realen zum virtuellen Raum und das Problem der Kritik an der Technik

Wie oben bereits erwähnt basiert die Kritik der Datenschützer auf einer Reihe von Annahmen, die einer heute als „traditionell" zu apostrophierenden Form der Vergesellschaftung entsprechen. Je nachdem, welche gesellschaftstheoretische Perspektive man sich nun zu eigen macht, erscheint das Problem von Datenschutz und Identität als Ausdruck eines verfallstheoretisch gedachten Abbaus normativ aufgeladener Vorstellungen bürgerlicher Freiheitsrechte oder als konsequenter Schritt im Rahmen einer Herrschaftstechnologie, deren Ursprünge sich historisch weit zurückverfolgen lassen.

In historischer Perspektive lässt sich zeigen, wie die Generierung von personenbezogenen Daten ihren Ursprung in staatlichen Programmen der Bevölkerungserfassung hat, wie durch den Einsatz von neuen Technologien die Möglichkeiten der Bearbeitung dieser Daten exponentiell zunehmen und wie dadurch auf inkrementale Weise jenes unüberschaubare und heute nicht mehr kontrollierbare informatorische Unterfutter zu wuchern beginnt, auf dem die vielfältigen und immer feiner werdenden Formen der Kategorisierung von Personen aufsitzen. Ursprünglich ging es dabei um die Anwendung von Kategorien, die im Rahmen bürokratischer staatlicher Formen der Herrschaftsausübung von Bedeutung waren (Kategorisierungen nach Einkommens- und Steuerklassen, nach Familienstand, Wohnort und Wohnform, Staatsbürgerschaft, Herkunft etc.). Damit entsteht jenes Herrschaftsdispositiv, das für moderne Staaten kennzeichnend ist. Die grundlegende Formel lautet: Information + Technologie + Kategorisierung = bürokratische Herrschaft.[5]

Die Entwicklung der entsprechenden technischen Infrastruktur hat keine eingebauten Stoppregeln. Aufgrund der rapiden technologischen Entwicklung und der damit sich ergebenden wirtschaftlichen Möglichkeiten lässt sich die entsprechende Infrastruktur fortlaufend ausbauen. Politische Vernunft reicht als Bremse hier nicht hin. Gary T. Marx (2002) hat am Beispiel der Einführung von Sicherheitstechnologien beschrieben, dass die reine Andeutung der Möglichkeit einer neuen Methode zur Datensammlung und -verarbeitung seitens der Industrie zu einer Neudefinition des behördlichen Bedarfs führt.[6] Insofern ist der oben erwähnte Zusammenhang von öffentlichen und privaten Interessen an der Sammlung und Verarbeitung von Daten vermutlich seit jeher gegeben.

Eine sozialwissenschaftlich unterfütterte Kritik an diesen Entwicklungen müsste in der Lage sein, die Technisierung des Sozialen (oder die Durchdringung der beiden Sphären) begrifflich zu verarbeiten. In den traditionellen Ansätzen erscheint Technik üblicherweise als Gegenpol zu lebensweltlich strukturierten Handlungsformen. An der populären Gegenüberstellung der Sphären von „System" und „Lebenswelt" bei Habermas lässt sich diese Unterscheidung analysieren. Solche Kontrastkategorien setzen eine Sphäre der unmittelbaren, d.h. nicht medial vermittelten, Interaktion der Individuen voraus, die – so die kritische Position im Diskurs über Datenschutz – an Bedeutung verliert bzw. unter die Kontrolle externer Kräfte gerät. Die theoriestrategische Gegenposition, verbunden mit Autoren wie Foucault, begreift das Subjekt hingegen als Produkt eines anonymen Diskurses. In grober Stilisierung bringen in der Tradition der Handlungstheorie die Subjekte den Diskurs hervor, während in strukturalistischer Perspektive der Diskurs die Subjekte hervorbringt und durch diese verändert wird. Subjektivität ist bei Foucault ein Effekt anonymer Machttechnologien und Widerstände, nicht das Produkt gelungener sozialisatorischer Interaktionsprozesse. Technik erscheint kategorial im einen Fall als Produkt vergegenständlichter oder verdinglichter menschlicher Arbeit und entwickelt sich vor dem Hintergrund einer dialektisch gedachten historischen Entwicklung (Heydebrand 2008), im anderen Fall wird sie zur gleichsam konstitutiven Struktur, die als Bedingung der Möglichkeit von Subjektivität überhaupt gedacht wird. Die beiden hier grob skizzierten Paradigmen besitzen ihre Einheit in der Differenz von Subjekt und Struktur. Beide werden unterschiedlich zueinander in Beziehung gesetzt. Damit ist zugleich der Horizont möglicher Kritik gesellschaftlicher Entwicklungen, wie sie am Beispiel der Diskussion über Datenschutz exemplarisch sichtbar wird, vorgegeben.

Eine mögliche Alternative zu diesen binären Positionierungen und damit auch eine mögliche Erweiterung der Analysemöglichkeiten ergibt sich, wenn man sich die Überle-

---

5 Der Grundmechanismus dieses Herrschaftstyps lässt sich deutlich studieren an Filmen wie Blue-Eyed von Bertram Verhaag aus dem Jahr 1996, der die Geschichte der amerikanischen Lehrerin Jane Elliot zeigt, die in ihren Workshops ihre Erfahrungen mit Diskriminierungen anhand ethnischer Merkmale vermittelt, in dem sie alle Teilnehmer mit der Augenfarbe blau so behandelt, wie normalerweise Schwarze in den USA behandelt werden. Der Film macht auf erschreckende Weise deutlich, wie jede willkürlich gewählte Form der Kategorisierung die Handlungsspielräume von Personen einschränkt oder anders formuliert, wie durch Kategorisierungen der Prozess des „Making up People", wie Ian Hacking (1996) es formulierte, funktioniert.
6 Ein gutes Beispiel dafür ist etwa der am 26.03.2006 in der Süddeutschen Zeitung (S. 2) erschienene Beitrag von Dr. Daniel Dettling, Geschäftsführer des ThinkTanks Berlinopolis, in dem er Data-Mining von Surfmustern im Internet als mögliches Instrument im Kampf gegen Terrorismus vorschlägt und dabei Matthias Horx erwähnt, der am selben Tag auf einer Tagung des BKA zu Terrorismus-Prognosen über dasselbe Thema spricht. Es erübrigt sich zu erwähnen, dass damals große Softwarehersteller zu den Förderern von Berlinopolis zählten – und dass die Vorratsdatenspeicherung in Deutschland zum 01.01.2009 begonnen hat.

gungen, die in der Tradition der Actor-Network-Theorie (ANT) entwickelt wurden, zu eigen macht. Die Diskussion über Datenschutz bietet ein geradezu paradigmatisches Beispiel für die im Kontext der ANT entwickelte These, dass die kategoriale Unterscheidung zwischen sozialen und nicht sozialen Objekten und Prozessen unhaltbar ist. Theoriearchitektonisch ist dieser Ansatz eher entgrenzend und versucht die Differenzierungslogik anderer Sozialtheorien zu überwinden (Keller/Lau 2008). Das führt dann zu Konstrukten wie den „techno-social hybrids" (Brown 2006), als Versuchen, die anthropozentrisch verengte Optik, die streng zwischen dem Sozialen und dem Technischen (oder zwischen Natur und Kultur) unterscheidet, zu überwinden. Das analytisch-heuristische Potential solch begrifflich-theoretischer Entgrenzungsstrategien lässt sich am Beispiel der Diskussion über die Probleme des Datenschutzes gut demonstrieren. Dichotome Begriffspaare wie öffentlich vs. privat, konform vs. deviant (oder berechtigt vs. unberechtigt) und last not least der zentrale Begriff der Identität lassen sich entsprechend dekonstruieren und geben damit den Blick frei für neue Überlegungen im Rahmen einer Kritik, die sich jenseits der verfallstheoretischen Melancholie entfalten könnte.

Wie oben bereits erwähnt gewinnt die Differenz zwischen *Öffentlichkeit und Privatsphäre* ihren Gehalt vor dem Hintergrund eines räumlich-sozialen Arrangements, in dem sich verschiedene Formen der Interaktion herausbilden. Versucht man das Problem des Datenschutzes in diesem Arrangement zu lokalisieren, stößt man auf verschiedene Konstellationen, für deren Beschreibung wir den Begriff der virtuellen Privatsphäre vorgeschlagen haben. In einer virtuellen Privatsphäre sind Handlungen nicht mehr an einen realen Ort gebunden und damit ist die räumliche Lokalisierung der Handlungsakteure auch nicht mehr geeignet als Kriterium der Unterscheidung zwischen Privatsphäre und Öffentlichkeit. Wie aber lässt sich diese Differenz dann aufrecht erhalten? Verliert sie ihre Trennschärfe? Die Interaktion zwischen Ego und Alter bedient sich in der virtuellen Privatsphäre technischer Medien oder anders formuliert: Kommunikation besteht nicht mehr nur aus Individuen, sondern aus einem Ensemble, das Menschen und Maschinen gleichermaßen umfasst. Der unmittelbare kommunikative Austausch, der sich der in der Kopräsenz der Akteure verfügbaren Bordmittel bedient, wird ersetzt durch ein Arrangement von vernetzten Apparaturen. Diese haben zwar eine materielle Existenz, konstituieren als Ensemble im Hinblick auf die mit ihrer Hilfe stattfindenden Prozesse der Informationsverarbeitung aber einen virtuellen Raum. Die physikalischen Veränderungen, die in den technischen Systemen durch ihre Nutzung im Rahmen von sozialen Kommunikationsprozessen hervorgerufen werden, sind nicht abhängig von den physischen Orten, an denen sich die Apparate befinden. Es wäre also verkehrt, von Privatsphäre zu sprechen, wenn zwei Telefone oder Laptops nahe beieinander stehen oder von Öffentlichkeit, wenn es sich um eine Konferenzschaltung zwischen mehreren Teilnehmern handelt.

Wollte man die Idee einer sozialen Exklusivität in die Sphäre des virtuellen Raums einführen, so ginge das entweder durch seine Rematerialisierung, d.h. durch die Bestimmung eines von anderen nicht nutzbaren Übertragungswegs oder aber durch eine Verschlüsselung der Nachrichten, die dafür sorgt, dass die technischen Signale für Dritte nicht mehr lesbar sind. Verschlüsselung ist einerseits ein technischer Prozess, der aber andererseits die soziale Modalität der Intimität oder Exklusivität von Kommunikation unter Bedingungen ihrer elektronischen Übermittlung wieder herstellen kann. Die erbitterte politische Auseinandersetzung über die Nutzung von Verschlüsselungsprogrammen (vgl. Rotenberg 2001, RZ 7f.), die auch von staatlichen Behörden nicht „geknackt" werden können, macht deutlich, dass die Idee der Privatsphäre elektronischer Kommunikationsprozesse im virtuellen Raum eine Forderung ist, die nicht ohne weiteres mit Verweis auf traditionelle Verfassungsgarantien durchgesetzt werden kann. Die Forderung nach Privatsphäre im Cyberspace steht als politische Forderung quasi unter Generalverdacht. Andererseits lebt eine ganze Industrie davon, entsprechende Dienstleistungen für kommerzielle Akteure anzubieten, die sich um die Sicherheit ihrer Daten und deren Übertragung unter den Bedingungen eines zunehmend auf elektronischer Datenverarbeitung basierenden Wirtschaftssystems sorgen.

Durch die Entwicklung des Cyberspace und die Transformation von Individuen in techno-soziale Hybridwesen werden personenbezogene Daten und andere Informationen zu Waren, die man profitabel verwerten kann. Forderungen nach Datenschutz geraten hier sowohl mit den Interessen der Marktforschung und anderen kommerziellen Dienstleistungsangeboten als auch mit staatlichen Überwachungsansprüchen in Konflikt. Je stärker soziale Austauschprozesse elektronisch vermittelt werden, je mehr die Möglichkeiten der Datenverarbeitung durch Akteure und Organisationen bei der Verfolgung ihrer alltäglichen Geschäfte genutzt werden, desto deutlicher tritt das „techno-" in der Hybridkonstruktion der Technosozialität hervor. Die manchmal leicht maschinenstürmerisch wirkende Kritik an diesen Prozessen, die auf die Unmittelbarkeit sozialer Austauschprozesse, auf die genuin anthropozentrische Basis von menschlicher Arbeit und Kreativität pocht, wirkt im Angesicht dieser Entwicklung schnell altmodisch. Die Möglichkeiten der Lokalisierung, Identifizierung und Kategorisierung von Personen nimmt kontinuierlich zu und die technische Infrastruktur, die dem zugrunde liegt, ist vermutlich als Ganze undurchschaubar. Unabhängig davon entfaltet sie ihre Wirkung in lokalen Prozessen des Austauschs und der Kontrolle.

An der Struktur dieser maschinell vermittelten Formen von Austausch und Kontrolle zeigt sich ein Phänomen, das Lianos und Douglas (2000) als *Dangerisation* bezeichnet haben. Damit ist eine Generalisierung des Verdachts gemeint, die dazu führt, dass ein jeder bei maschinenvermittelten Transaktionen sich zunächst als berechtigt identifizieren muss. In anderen Bereichen wirkende soziale Codes, wie z.B. beim Türsteher, sind wirkungslos. Auch hier zeigt sich die Hybridisierung der Akteure. Die Verfügbarkeit über einen Zugangscode (sei es eine Passwort, ein PIN, ein elektronisch lesbares Dokument oder irgendeine körperliche, biometrisch nutzbare individuelle Besonderheit wie Fingerabdruck, Stimmprofil oder Irismuster) ist die Voraussetzung für die Nutzung bestimmter Dienstleistungen oder den Zugang zu bestimmten Räumen. Dabei handelt es sich nicht um soziale Interaktions- oder Kontrollprozesse, bei denen zwei Akteure involviert sind, sondern um eine Form der Mensch-Maschine-Interaktion. Die Maschine kontrolliert den Zugang der Person über einen Abgleich von Input und gespeicherten Daten. Ohne die Preisgabe der entsprechenden geforderten Information kommt der Austausch nicht zustande. Erst wenn durch die Eingabe der geforderten Daten eine Freigabe erfolgt, öffnet sich die Tür, gibt der Automat Güter oder Geldscheine frei, besteht die Möglichkeit, weitere Schritte zu tun. Die algorithmische Seite der Transaktion, also alle Schritte der Datenverarbeitung, die innerhalb des technischen Systems stattfinden, bleibt den Nutzern auf der anderen Seite verborgen. Gleichzeitig können sie aber nur auf bestimmte, systemdefinierte Abläufe reagieren.[7] Im Angesicht der Schnittstelle zwischen Person und technischem System werden alle

---

7 In diesem Zusammenhang wäre es interessant, eine interaktionsanalytische Untersuchung der Praxis der sog. „Hacker" durchzuführen, deren Ziel es ist, die Maschine jenseits der vorprogrammierten Schritte gleichsam zum Sprechen zu bringen, sie durch Eingabe des passenden Codes davon zu „überzeugen", etwas zu tun, was in der Standardprozedur nicht vorgesehen ist.

menschlichen Nutzer zunächst als gleich verdächtig behandelt. Die Differenz zwischen *Konformität und Devianz* wird so in einem ersten Schritt überführt in die Haltung eines universellen Verdachts und in einem zweiten Schritt, nach Aufnahme des Kontakts mit dem System, in die Unterscheidung berechtigt / nicht berechtigt. Welche zusätzlichen Differenzierungen und Sortierungen bei weiteren Interaktionen mit dem technischen System zum Tragen kommen, welche Protokolle dieser Austauschprozesse wo gespeichert werden, ist dem Nutzer nicht ersichtlich. Ebenso wenig lässt sich nachvollziehen, wie die im Rahmen der Interaktion mit dem technischen System entstandenen Daten weiter verarbeitet werden. Ein wesentlicher Effekt dieser Konstellation Nutzer-System ist die Enträumlichung der Interaktion. Wer am Ort X den Zugang zu einem technischen System nicht bekommt, kann es am Ort Y noch mal probieren, wird aber dort ebenso wenig Erfolg haben, da die Verarbeitung der entsprechenden Daten nicht an den Ort des Austauschs zwischen Nutzer und Maschine gebunden ist. Die alte Vorstellung, dass man notfalls sein Anliegen gegenüber eine Behörde an einem anderen Schalter vorbringen kann, hinter dem sich möglicherweise ein kooperativerer Beamter findet, wird damit obsolet.[8]

Das Modell sozialer Interaktionsprozesse zwischen Personen trägt bei der Analyse dieser neuen und sich zusehends verbreitenden Formen von Mensch-Maschine-Interaktion (oder auch Mensch-Maschine-Mensch-Interaktion) nicht sehr weit. Die *Identität* einer Person, die sich in sozialen Austauschprozessen bildet oder dort zum Tragen kommt, wird reduziert auf den Prozess der Identifikation bei der Interaktion mit einem technischen System. Das maschinenlesbare Individuum ist identifizierbar und darauf reduziert sich seine Identität an der Schnittstelle zu einem technischen System. Identifizierung nimmt in aller Regel zunächst die binäre Form berechtigt / nicht berechtigt an. Allerdings können aufgrund verfügbarer weiterer Differenzierungen innerhalb des technischen Systems, mit dem die Nutzer in Austausch treten, weitere Unterscheidungen getroffen werden. Dabei kann es sich um die Sortierung nach Kategorien der Kaufkraft, der Konsumpräferenzen oder der Risikologik und Gefährlichkeit handeln. Auch hier gilt, dass diese Sortierungen nicht verhandelbar sind. Das System lässt sich mit den Mitteln des sozialen Interaktionsrepertoires nicht überzeugen oder von seinen Entscheidungen abbringen.

Die strukturelle Wirkung von Kategorisierungen besteht darin, dass sie den sozialen Spielraum der Selbstpräsentation und damit den Handlungsspielraum der Kategorisierten einschränken und zwar in aller Regel ohne Möglichkeit der Betroffenen, sich an der Gestaltung der Kategorien zu beteiligen oder die Kategorisierung zu verweigern. Nun ist das keine besonders aufregend neue Erkenntnis. Die Kriminologie hat diesen Mechanismus unter dem Begriff der Etikettierung vielfach untersucht. Bemerkenswert ist die Generalisierung der Etikettierung: Jede/r kann aufgrund der verfügbaren personenbezogenen Daten und der Möglichkeiten ihrer Vernetzung und Verarbeitung in vielfältiger und folgenreicher Form etikettiert werden und diese Etikettierung findet in aller Regel im Rücken der von ihr Betroffenen, und das heißt ohne ihr Wissen, statt. Darüber hinaus besteht mit Zunahme der verfügbaren personenbezogenen Informationen in diversen Datenbanken die Möglichkeit,

---

8 Die aktuellen politischen Bestrebungen zur eindeutigen biometrischen Identifikation von Asylsuchenden und Migranten innerhalb der EU machen sich diesen Mechanismus zunutze. Werden die Daten über eindeutig identifizierbare Personen in einer von allen Orten aus zugänglichen Datenbasis gespeichert, so hilft es nichts, wenn man im Fall der Ablehnung eines Asylantrags diesen in einem anderen Land erneut stellt. Grenzen der Festung Europa können dort gezogen werden, wo ein Dateneingabegerät mit Verbindung zur zentralen Datenbasis steht – das kann in Botschaftsgebäuden, Polizeifahrzeugen oder Ankunftshallen von Flughäfen sein.

hypothesengeleitete Verdachtsmomente durch gezielten Datenabgleich zu überprüfen. Aktuelle Beispiele hierfür liefern die Praktiken großer Unternehmen wie Deutsche Bahn, Telekom und andere, die systematisch und großflächig personenbezogene Daten der Mitarbeiterschaft im Hinblick auf von der Geschäftsleitung definierte Formen des Fehlverhaltens oder der Illoyalität analysiert haben. Der Bundesdatenschutzbeauftragte tauchte hierbei in der Presse wieder in der Rolle des hinter den Igeln herhetzenden Hasen auf und forderte nachdrücklich die Verabschiedung eines Arbeitnehmer-Datenschutzgesetzes.

Gibt man die kategoriale Differenz zwischen Technik und unmittelbaren sozialen Prozessen auf und übernimmt stattdessen die Idee der techno-sozialen Hybridisierung, dann verschieben sich damit auch die Ansatzpunkte bzw. Akzente für eine kritische Auseinandersetzung mit dem Problem des Datenschutzes. Auf diesen Aspekt wollen wir abschließend noch kurz eingehen.

5 Strategische und politische Ansatzpunkte der Debatte über Datenschutz, Privatsphäre und Identität

Die meisten Debatten über Datenschutz und Privatsphäre messen den als problematisch wahrgenommenen Trend zu einer Zerstörung der Privatsphäre an einem Ideal von Autonomie des Individuums, die sich auf die kurz skizzierten handlungstheoretischen Argumente beziehen. Dementsprechend richten sich die Forderungen auf eine Wiederherstellung des Status quo ante. Vor dem Hintergrund der sich entwickelnden Datenmengen und der Möglichkeiten zu deren Verarbeitung erscheint uns die im Begriff „Datenschutz" zum Ausdruck kommende Idee, es gäbe eine gesetzliche Pflicht zur Sicherung eines Status der Privatautonomie unrealistisch. Zumindest dann, wenn der Schutz durch die Reklamation einer Art individuellen Verfügungsrechts über öffentlich zugängliche Informationen über individuelle Personen erfolgen soll. Zwei Kritiklinien lassen sich hier herauspräparieren, eine eher traditionelle und eine, die wir angesichts des derzeitigen Stands der Diskussion wohl als „avantgardistisch" bzw. experimentell bezeichnen müssen.

Die traditionelle Position setzt auf die letztlich materiell-physische Präsenz der Individuen in realen sozialen Interaktionen. Reales soziales Geschehen, so die Annahme, setzt reale Personen als mittelgroße, widerständige, dreidimensionale Objekte im Raum voraus, und alles was darüber hinaus geht, gehört im eigentlichen Sinne nicht mehr zu den Grundelementen der conditio humana. Identität, so die soziologische Binsenweisheit, entwickelt sich in der Interaktion mit anderen und solche Interaktionen finden in der realen Welt statt. Menschen sind stoffliche Wesen und als solche auf eine stoffliche Realität, mit der sie in Austausch treten, angewiesen. Zwar mag man über das Internet seine Pizza bestellen, aber das stillt noch nicht den Hunger. Zwar mag man die Angebote von Cybersex wahrnehmen, aber die Reproduktion der Gattung erfordert immer noch den guten alten Geschlechtsverkehr (oder eine technische Variation der realen Befruchtung einer realen Eizelle, die dann in der richtigen Welt des Uterus zu einem menschlichen Wesen heranwächst). Nimmt man diese anthropologische Position ernst, dann lässt sich jede technische Veränderung der gesellschaftlichen Kommunikations- und Interaktionsverhältnisse als ephemer abtun. Die aktuelle Debatte über Datenschutz und Identität führt dann zu Forderungen nach der Sicherung einer Privatsphäre durch entsprechende gesetzliche Regelungen mit dem Ziel, einen Zustand wiederherzustellen, der in idealisierter Form in den politischen Philosophien der westlichen Moderne ausbuchstabiert worden ist. Das Problem dieser Position ist ihr mangelnder Realitätsbezug hinsichtlich der Möglichkeiten einer Rückkehr zu einer Gesellschaft, in der die freigesetzten Daten sozusagen wieder eingefangen werden können, um ihren rechtmäßigen Besitzern wieder zur privatautonomen Verfügung übereignet zu werden. Die kreativste Idee scheint uns hier noch die Einführung einer „ethics of forgetting" (Dodge und Kitchin 2007) zu sein, d.h. die technologische Realisierung der Halbwertzeit von Daten, um ein den Menschen ähnelndes, selektives elektronisches Erinnerungs- und Rekonstruktionsvermögen entstehen zu lassen.

Greift man auf die oben eingeführte Unterscheidung zwischen lebensweltlichen Kommunikationsformen und elektronisch vermittelten Austauschprozessen zwischen Organisationen und Individuen als zwei unter Datenschutzgesichtspunkten unterscheidbaren Formaten zurück, so ergeben sich, wenn man mit der Idee der technosozialen Hybride arbeitet, eine Reihe von möglichen, theoretisch auszuarbeitenden und praktisch umzusetzenden Ansatzpunkten der Kritik.

Im Hinblick auf den Datenschutz im lebensweltlichen Austausch zwischen Alter und Ego führt die Annahme, dass beide sowohl eine technische, wie auch eine soziale Beziehung eingehen, die nicht in ihre reinen Bestandteile zerlegt werden kann, zu Überlegungen, die in Richtung einer Aneignung der Technosphäre zeigen. Wir hatten oben als Beispiel auf die Möglichkeiten der Verschlüsselung von elektronisch ausgetauschten Nachrichten hingewiesen. Von dieser Möglichkeit wird derzeit nur begrenzt Gebrauch gemacht und die Restriktionen, die mit verschiedenen Verschlüsselungsprogrammen verbunden sind, machen es nicht unbedingt einfacher, Intimität und Exklusivität, als Eigenschaften lebensweltlicher Kommunikation, auch als unproblematischen Status in der virtuellen Privatsphäre zu sichern. Begreift man die Teilnehmer von lebensweltlichen, maschinenvermittelten Kommunikationsprozessen jedoch nicht als soziale Akteure, die sich der Technik bedienen, um in einen kommunikativen Austausch zu treten, sondern als techno-soziale Hybridwesen, so kann man die Fähigkeit, mit entsprechenden Technologien der Verschlüsselung umzugehen, als Element einer Kulturtechnik begreifen, die ihren Platz im Grundrepertoire zivilisatorischer Kompetenzen in zeitgenössischen westlichen Gesellschaften haben sollte. Das wiederum hätte eine Reihe von praktischen Folgen, angefangen von der Vermittlung dieser Kompetenz in öffentlich organisierten Sozialisationsprozessen bis hin zur Verankerung des Anspruchs auf verschlüsselte Kommunikation als Element des zivilgesellschaftlichen Rechtekanons. Im Grunde genommen wäre dies identisch mit der Forderung, den zivilen Bürgerstatus als den eines techno-sozialen Hybrids neu zu fassen.

Im Hinblick auf die Gestaltung des Verkehrs zwischen Individuum und Organisation ließe sich analog argumentieren, dass die Trennung zwischen Technik und Sozialsphäre nicht aufrecht zu erhalten ist. In jede Form der Verarbeitung von Daten und Informationen ist eine soziale Definition eingelassen. Wie sich an den in jüngster Zeit skandalisierten Beispielen der umfassenden Überprüfung von diversen Mitarbeiterdaten in großen Unternehmen zeigen lässt, sind verdachtsgeleitete Auswertungen von personenbezogenen Daten in Unternehmen offensichtlich eine gängige Praxis betrieblicher Überwachung. Zudem werden durch die geplanten und inzwischen teilweise umgesetzten staatlichen Vorschriften zur sogenannten Vorratsdatenspeicherung von sogenannten Verbindungsdaten entsprechende flächendeckende Fahndungsmaßnahmen möglich. Hier amalgamieren staatliche Sicherheits- mit kommerziellen Überwachungsinteressen. (Medienanbieter und Musikindustrie erhoffen sich beispielsweise durch die Speicherung von Verbindungsdaten bessere

Zugriffsmöglichkeiten auf sogenannte „Raubkopierer".) Die Möglichkeiten einer Rückgewinnung von Autonomie in der virtuellen Privatsphäre scheint hier im Angesicht der Durchdringung der Gesellschaft mit elektronischen Kommunikationsmitteln zunächst mehr oder weniger aussichtslos. Die Forderung, auf Verkehrsformen eines „präelektronischen Neolithikums" zurückzugreifen – das Leben ohne Handy, Kreditkarte, Internet und andere Errungenschaften zu gestalten – hat seinen verzichtsethischen Charme im Angesicht einer subjektiven Verweigerungsstrategie, läuft aber spätestens dann auf, wenn Krankenscheine, Steuererklärungen, Kreditvereinbarungen oder eine Verlängerung abgelaufener Identitätsdokumente ansteht. Das Leben unterhalb des Radars der umfassenden Überwachung erfordert einen sehr gebückten Gang – ob das auf Dauer eine Lösung ist, scheint fragwürdig.

Literatur

Bauman, Zygmunt, 2007: Liquid Times. Living in an Age of Uncertainty, Polity Press: Cambridge.
Brown, Sheila, 2006: The criminology of hybrids. Rethinking crime and law in technosocial networks, in: Theoretical Criminology 10 (2), S. 223-244.
Dodge, Martin und Kitichin, Rob, 2007: „Outlines of a world coming into existence". pervasive computing and the ethics of forgetting, in: Environment and Planning B: Planning and Design 34, S. 431-445.
Froomkin, Michael, A., 2000: The Death of Privacy?, in: Stanford Law Review 52 (5), S. 1461-1543.
Fuchs, Christian, 2009: Social Networking Sites and the Surveillance Society. A Critical Case Study of the Usage of studiVZ, Facebook, and MySpace by Students in Salzburg in the Context of Electronic Surveillance, Forschungsgruppe UTI: Salzburg/Wien.
Hacking, Ian, 1986: Making Up People, in: Thomas C. Heller und Morton Sosna und David E. Wellbery (Hg.), Reconstructing Individualism, Stanford University Press: Stanford, S. 222-236.
Haggerty, Kevin D. und Ericson, Richard V., 2000: The surveillant assemblage, in: British Journal of Sociology 51 (4), S. 605-622.
Heydebrand, Wolf, 2008: The friendly face of power. the interactive new media as tools of discretionary governance and risk management. Paper presented at the Workshop on Media and the Internet, 2008 ISA Research Committee on the Sociology of Law, Annual Meeting, Law and Justice in the Risk Society, Milano, July 10, 2008.
Keller, Reiner und Lau, Christoph, 2008: Bruno Latour und die Grenzen der Gesellschaft, in: Kneer Georg u.a. (Hg.), Bruno Latours Kollektive, Suhrkamp: Frankfurt a.M., S. 306 – 338.
Lessig, Lawrence, 2000: Code and other laws of cyberspace, Basic Books: New York.
Lianos, Michalis und Douglas Mary, 2000: Dangerization and the end of deviance: The institutional environment, in: British Journal of Criminology 40, S. 261-278.
Lodge, Juliet, 2004: EU Homeland Security: Citizens or Suspects?, in: European Integration 26 (3), S. 253-279.
Lyon, David, 2004: The Border is Everywhere: ID Cards, Surveillance and the Other, in: Zureik, E. und Salter, M. (Hg.), Global Surveillance and Policing. Borders, security, identity, Willan Publishing: Cullompton.
Mary, Gary T., 2002: What's New About the „New Surveillance"? Classifying for Change and Continuity, in: Surveillance and Society 1 (1), S. 9-29.
Mann, Steve und Nolan, Jason und Wellman, Barry, 2003: Sousveillance: Inventing and Using Wearable Computing Devices for Data Collection in Surveillance Environments, in: Surveillance & Society 1(3), S. 331-355.
Mulcahy, Linda, 2008: The Unbearable Lightness of Being? Shifts Towards the Virtual Trial, in: Journal of Law and Society 35 (4), S. 464-489.

Phelps, Joseph und Nowak, Glen und Ferrell, Elizabeth, 2000: Privacy Concerns and Consumer Willingness to Provide Personal Information, in: Journal of Public Policy & Marketing 19 (1), S. 27-41.

Reidenberg, Joel R., 2000: Resolving Conflicting International Data Privacy Rules in Cyberspace, in: Stanford Law Review 52 (5), S. 1315-1371.

Rotenberg, Marc, 2001: Fair Information Practices and the Architecture of Privacy (What Larry Doesn't Get), Stan. Tech. L. Rev. 1, http://stlr.stanford.edu/STLR/Articles/01_STLR_1 [15.01.2009].

Schaar, Peter, 2007: Das Ende der Privatsphäre. Der Weg in die Überwachungsgesellschaft, C. Bertelsmann: München.

Solove, Daniel J., 2001: Computer Databases and Metaphors for Information Privacy, in: Stanford Law Review 53 (6), S. 1393-1463.

Solove, Daniel J., 2002: Conceptualizing Privacy, in: California Law Review 90 (4), S. 1087-1155.

Colin J. Bennett

Storming the Barricades so We Can All Be Private Together: Everyday Surveillance and the Politics of Privacy Advocacy

> Privacy will be to the information economy of the next century, what consumer protection and environmental concerns have been to the industrial society of the 20th century.
> Marc Rotenberg[1]

> Get a couple beers in them and [privacy advocates] will fantasize about what they call the „Privacy Chernobyl" – the one privacy outrage that will finally catalyze an effective social movement around the issue.
> Phil Agre[2]

> If you want to say „hey chaps let's go and storm the barricades for privacy so we can all be private together" – that doesn't make sense as a political proposition.
> Caspar Bowden[3]

1 Introduction[4]

There is common agreement from scholars of many disciplines that increasingly sophisticated forms of surveillance have become a condition of participation within modern life (Lyon 2001, 2007; Haggerty and Ericson, 2000, 2006). Surveillance is manifested in multiple technological and institutional forms, and operates in increasingly complex ways between organizations and individuals, organizations and organizations and individuals and individuals. There is also plenty of evidence that surveillance is resisted, both through official and institutional mechanisms, as well as through the multiple everyday strategies of ordinary people (Gilliom 2001; Marx 2003). Many have assumed, however, that surveillance has never been susceptible to challenge through collective action. Thus, David Lyon (2001, 135) concludes that „it sounds as if the politics of surveillance is wishful thinking".

At the same time, others have contended that resistance to surveillance will depend less on policy mechanisms devised and implemented by elites, and more on the extent to which opposition to surveillance practices can be mobilized through social movement organizations. For some activists, the progress of the issue depends on the building of a more coherent activist network, which not only uses available means of redress, but continuously

---

[1] New York Times, September 29, 1996.
[2] Philip E. Agre, Department of Information Studies, University of California, Los Angeles, December 26, 1999, http://polaris.gseis.ucla.edu/pagre/notes/99-12-26.html
[3] Telephone interview, May 19, 2007.
[4] My thanks to Chris Parsons for his assistance with this paper. An earlier draft was presented to the International Sociological Conference, Barcelona, September 2008. This article extends the analysis within The Privacy Advocates: Resisting the Spread of Surveillance (MIT Press, 2008).

exposes overly intrusive practices and „outs" the organizations that are responsible for them (Davies 1999). The building of an anti-surveillance movement might be a difficult proposition, but it is essential if the steady drift towards the „surveillance society" and the consequent erosion of personal privacy are to be prevented.

To the extent that a „politics of surveillance" has emerged, it has tended to be framed in terms of the language of „privacy" and the myriad strategies of a disparate network of „privacy advocates." This paper investigates the meaning of these terms and surveys the variety of privacy advocacy groups that have emerged from civil society in different countries. There is a large number and enormous range of organizations which would identify with this cause. In light of the number of claimants to the word „privacy", the landscape needs some overview and differentiation, on both individual and organizational levels.

The network of civil society actors described here is, of course, part of a larger policy community engaged with the development and implementation of policy on privacy and data protection. There is a complex and dynamic regime of participants which include regulatory bodies, data controllers, data subjects, technology developers and providers, government policy-makers, the media, and, of course, privacy advocacy groups (Bennett and Raab 2006, 220). There are a lot of people with a stake in these issues. The effectiveness of the system of privacy protection, both nationally and internationally, depends on the attitudes and behavior of all of these participants, all engaged in what we have called the „governance of privacy".

Whilst, the attitudes and behaviors of civil society groups have tended to be marginalized within a largely elitist community and discourse, I contend that collective resistance is more common than is often realized and that it is manifested through a transnational advocacy network that is becoming increasingly significant and effective, despite a lack of resources. We have witnessed a number of high-profile campaigns against the capture of personal information on the Internet – against Microsoft, Google, Intel, Facebook and others. There have been very visible protests and boycotts against some companies for the use of Radio Frequency Identification Devices (RFIDs) in their products. A proposal in Japan for a centralized national identity system (Juki Net) was met with street protests and government embarrassment. In the UK, the Blair government's proposals for a national identity card became one of the most controversial and partisan issues of modern British politics (Bennett and Lyon eds. 2008). In Germany, there has been activism against new laws mandating the retention of communications data by Internet Service Providers (ISPs). There is at least anecdotal evidence that new schemes for personal information processing can provoke more intense and widespread resistance than occurred in the 1970s and 1980s.

Based on a comparative project on privacy advocates and advocacy (Bennett 2008), this paper paints a picture of the privacy advocate network, and suggests a useful typology of both organizations and actors. Despite multiple dilemmas concerning the framing of the problem(s) in terms of „privacy", I contend that it matters deeply whether the issue is framed in terms of a civil liberty, a human right, a digital right, a consumer problem or in terms of a series of „single issues". These dilemmas are manifested in a deeper tension between the individualistic foundations of the right to privacy, and the collective prerequisites and grievances that tend to be at the root of social movement politics. Nevertheless, while privacy may never mobilize a coherent social movement, as the epigraphs at the beginning suggest, it has certainly galvanized an important transnational activist network that is typical within contemporary networked societies (Keck and Sikkink 1998).

2 What is a Privacy Advocate?

The term „privacy advocate" has emerged as shorthand to describe anybody who might challenge the processing of personal information by government or business. Privacy advocates are those who are called upon to comment, critique, and offer the opposing perspectives when government and business propose controversial schemes for the processing of personal information. Every day, they are quoted in the media in criticism of a huge range of privacy intrusions.

A diverse number of individuals self-identify as privacy advocates. The issue is broad and amorphous and so is the community that identifies with it. Privacy advocates are found in government, in business and in civil society. Indeed, there is a plausible argument that everybody is, or should be, a privacy advocate. Because personal information is collected, stored, processed and disseminated about each and every one of us, we all have a subjective interest in ensuring that the right information is handled by the right people for the right purposes. And at some point, we may all declare that our information should not be provided to this or that organization on the grounds that it is „none of their business". Hence, „privacy" in the abstract is a cause that few people would wish to oppose. There is no self-declared opposition movement to the right for citizens to have control over their private space and their private information. There is no „anti-privacy" movement, as there is an „anti-abortion" movement.

These observations do not, however, get us very far. At the same time that indiscriminate and widespread use of the term „privacy" appears in the media, there is also a sense that a privacy advocacy community exists as a relatively distinct network from those who are mandated to advance the cause, either in their capacity as privacy and data protection commissioners, or as the chief privacy officers (CPOs) in corporations. There is a distinction between those who are paid to promote privacy protection within their societies and organizations, and those who emerge from civil society. Governments and business sometimes also „reach out" to the privacy advocacy community by drawing them into consultative and advisory exercises. There is, therefore, a growing sense that the privacy advocacy network has a relatively distinct profile and identity, despite the fact that anybody can self-identify as a privacy advocate.

Advocates do what they do to promote a cause, a principle or a norm. They advocate changes in policy and practice because they believe it is right, not because it is linked to a rationalist understanding of their interests. Furthermore, the term „advocate" not only implies a normative commitment to a set of principles or values, but also a desire and ability to speak on the behalf of others, precisely because few of us have the time and energy to be our own „advocates". That meaning is also implied in terms like „animal rights advocates" or „child protection advocates". Societies arguably need a set of informed and interested individuals to act as the „gatekeepers" between a concerned but poorly informed citizenry and the governments and corporations that process our information.

In the privacy advocacy network there are a number of different types of gatekeepers. For example, some self-identify more as „activists" than advocates. Advocates „advocate" whereas activists agitate, mobilize or resist. Privacy activists tend to take more radical or principled positions. They do not balance privacy against competing public interests, because they know that the opposing arguments will always be made with force by people with far more resources than they. For the activist, the privacy argument requires an uncompromising articulation rather than a negotiation with competing social interests. The „balancer" is a „pragmatic advocate" (or „pragvocate"), according to Simon Davies of Privacy International.⁵

Activism for some also entails the education of the general public, such that they are more sensitive to the dangers of certain technologies, more aware of their rights and more likely to put pressure on elected representatives. It is an activism rooted in the belief that real change can only come from below, by changing the conditions that give rise to the perceived threats in the first place. Activism implies a transformation of ideas and beliefs, over and above a reform of laws, policies and institutions. Thus „grassroots activism" is often contrasted with governmental „advocacy".⁶

Whether the motivation to activism is in terms of behavior, principle, or concentration on the grassroots, there are probably a good number of individuals in a number of countries who would self-identify as such. At the same time, there would be many who would not, because of the association of activism with more radical forms of resistance and protest. In a policy community dominated by legal and technical experts, an activist's politics can sit uneasily. It is common, therefore, for the privacy activists to be marginalized as extremists, and to have their messages denigrated. To this end, terms like „privacy nuts"⁷ or „privacy extremists"⁸ have entered the rhetoric. Likewise, in the wake of the 9/11 attacks, some considered opposition to national ID systems as tantamount to „giving comfort to terrorists".⁹

Most privacy advocates need to play at least one other role in order to make a living. Privacy advocacy finds expression through traditional grassroots activism, through scholarly research and teaching, through consultancy, through hardware and software development, through journalism and through various forms of artistic expression. There are few pure stereotypical cases. Most self-identified privacy advocates wear a number of hats, and juggle several responsibilities. Roles are self-assigned, but they are also imposed in multiple and conflicting ways by others.

Some advocates, for example, adopt the view that first and foremost privacy issues need to be researched so that the dangers can be exposed. Privacy issues require a great deal of research – on the technical issues, the legal requirements, public attitudes, the costs of implementation, the philosophical underpinnings and so on. The problems are not self-defining; they need to be analyzed and rendered transparent. This category does include a wide variety of types of research and researcher: tenured and untenured faculty with regular positions at Universities; those in less permanent positions at universities employed and funded through centers or projects; graduate students; as well as researchers in non-governmental organizations. Some would self-identify as regular participants within the privacy advocacy network whereas others come and go. Yet others perform their scholarship for other reasons, and it then gets utilized by privacy advocates without any express efforts on the part of the researcher.

---

5 A term coined by Davies at the first Computer, Freedom, Privacy (CFP) conference in 1991. See the report on Risks Digest at: http://catless.ncl.ac.uk/Risks/11.39.html
6 A group called „Privacy Activism" was created for this very reason. http://www.privacyactivism.org
7 David Coursey, „Privacy Nuts, Chill out", *Forbes Magazine*, April 22nd, 2005; „How a broadband provider got slimed by privacy nuts," ZDNET, February 15, 2002 at: http://review.zdnet.com/4520-6033_16-4206955.html
8 „FBI Calls Privacy Extremists Elitist", Techwire, September 25, 1997.
9 Lyle Hawkins, „Opposition to National ID: Giving Comfort to Terrorists", *Edmonton Journal*, November 8, 2001.

When the privacy issue first arose to public and political attention, academic scholars had a very important impact on the development of privacy protection policy in their respective societies, and explicitly self-identified as privacy advocates. Indeed, one of the main explanations for the spread of data protection law in Europe in the 1970s was the influence of a fairly small group of, primarily, legal scholars and experts (Bennett 1992). Academics have continued to play a very significant role within the privacy policy community. At one level, scholarly work provides the intellectual foundation for privacy advocacy by explaining and justifying the problems and challenges in larger historical, sociological, political and philosophical terms. Many scholars also teach courses on these subjects and thus attempt to influence new generations. Many also engage in other activities, such as giving testimony, being expert witnesses, lodging complaints, initiating litigation, commenting on government bills and documents, writing reports, appearing in the media and so on.

There is a number of overlapping scholarly traditions. There is a legal tradition which continues to be very influential for privacy advocacy, and has accompanied the spread of data protection law in Europe and beyond (Schwartz and Reidenberg 1996; Swire and Litan 1998; Bygrave 2002; Solove 2004, 2008). There is also a very important sociological tradition on the creeping and routine nature of surveillance, which constitutes a new and profound condition of modern societies. New surveillance practices also sort, categorize and therefore discriminate, in positive and negative ways (Gandy 1993; Lyon 2001, 2003a, 2003b; Marx 1988; Rule 2007). Another related tradition comes from the discipline of political science on the assumption that privacy is, at root, about power. As a policy issue that has risen to the agendas of advanced industrial states at roughly the same time, privacy offers interesting insights into the ways that different states have defined the problem of privacy invasion, applied a range of policy instruments and, in recent years, tried to balance the value against a more dominant security agenda (Bennett 1992; Bennett and Raab 2006; Regan 1995; Gilliom 2001; Whitaker 1999). Privacy protection also raises profound philosophical issues about the appropriate definitions of privacy and the ethical justifications for invasion – by the state and by other individuals. Philosophical writing has drawn spatial, behavioral and informational distinctions and has suggested ways in which scholars and policy-makers might better frame the question given different contexts (Schoeman 1992; Nissenbaum 2004).

Work in the „physical sciences" tends to have less direct applicability to privacy advocacy. The work of cryptographers such as Ron Rivest and Whitfield Diffie are obvious exceptions (Diffie and Landau 2007). Research on computer and information security, from people such as Bruce Schneier, also finds direct and immediate resonance within the privacy advocacy community (Schneier 2003). A further academic research tradition centers on questions of anonymization. Latanya Sweeney runs the Data Privacy Lab at Carnegie Mellon University and has made numerous discoveries related to the re-identification of individuals from so called de-identified data. For Sweeney, there is a „science of privacy" and ways to construct „privacy technology" in such a way that personal information may only be accessed for legitimate purposes. Her pioneering work has received recognition among privacy advocates and regulators in many countries.[10]

Hence, privacy experts have gradually embraced this notion that technologies can also be part of the solution, as well as part of the problem. With the revolutionary discovery of

---

10 See examples of the work of the Data Privacy Lab at http://privacy.cs.cmu.edu/index.html

„public-key" or „asymmetric" cryptography in the late 1970s, privacy, or perhaps more accurately, anonymity can be built into information systems in ways that do not compromise the ability of public and private organizations to authenticate transactions (Chaum 1992). A new concept – privacy-enhancing technologies – entered the vocabulary and began to complement other legal and self-regulatory measures (Bennett and Raab 2006, ch. 7).

This vision, together with challenges to the notion of anonymous communications and interactions from law enforcement interests, consolidated the community of mainly young technologists and turned them into privacy advocates. This community interacted through some of the earliest online networks. Perhaps the spirit of this community was best expressed by John Gilmore, one of the original programmers at Sun Microsystems at the first of the annual series of very influential Computers, Freedom and Privacy (CFP) conferences: „I want to guarantee – with physics and mathematics, not with laws – things like real privacy of personal communications [...] real privacy of personal records [...] real freedom of trade [...] real financial privacy [...] and real control of identification" (quoted in Levy 2001, 208).

Many other less well known and less controversial figures were part of this community, developing various privacy-enhancing tools throughout the 1990s. These included developers of anonymizing and pseudonymizing devices, tools for cookie and spyware filtering, instruments for the management of spam and so on. For a while, privacy advocacy witnessed a relatively coherent movement, fuelled by a genuine excitement about the potential of the Internet to foster private communications and transactions. This community embraced a range of different characters, motivated by the belief that they could solve a problem which law and regulation had not solved, and by the vision that they were engaging in a crucial effort to shape this new medium *de novo*. However, the early enthusiasm about the privacy-enhancing potential of cryptographic tools gave way at the end of the decade to a certain realism about the developing nature of the Internet and a scepticism about the extent to which ordinary consumers were actually interested in anonymous transactions. Most efforts to develop profit-making ventures from privacy-enhancing technologies failed, as encryption products were integrated into an increasingly monetized Internet.

The „boundary" between research and advocacy is certainly crossed when advocates, including academics, take on clients. The term „consultant" is used in as many different ways as is the term advocate. Essentially, it means being paid for services but, beyond that, there are a number of different consulting roles that privacy advocates can, and do, play. Privacy protection is becoming a complex subject. Organizations find themselves having to comply with new privacy rules. They develop new systems and services with privacy implications, which demand privacy impact assessments. They receive pressure from their consumers. Occasionally they get media exposure. Many organizations therefore need expertise – sometimes in a temporary capacity, and sometimes more continuously. A new profession has emerged – the „privacy consultant" – with a new professional association, the International Association of Privacy Professionals.[11]

Some privacy advocates find it difficult to resist the temptation to take money for advice, research, training or education, and through those processes continue to advocate the privacy cause. Others observe a slippery slope, believing that one can never be a privacy advocate and, at the same time, take money from data users. Some advocates will not take

---

11 Homepage at: https://www.privacyassociation.org

any money from corporations for any reason. Others draw the line between general support and consulting for a fee or service. How far can the advocacy/consultant go in advancing a more fundamental privacy argument? It is clear that there are constraints. Many contracts will include a confidentiality agreement which will prevent the consultant from outside comment. At the very least, and for most people, the consultancy role will tend to dull the edge of their criticism, and certainly make them more reluctant to speak in the media. The ability to perform as a consultant is contingent: on the ability to choose clients who genuinely want to change their practices and on the capacity of the consultant to walk away if they do not.

A few other advocates have tried to carve out careers specifically as „privacy journalists" through the regular publication of newsletters about developments in the field. The prominent examples in the United States are *Privacy Journal* and *Privacy Times*. In countries where there are more comprehensive and established private sector privacy laws, the privacy publications tend to report less on the current conflicts of the day, and more on legislative and policy developments, decisions by data protection agencies and courts as well as self-regulatory initiatives. Examples include the online newsletter *PrivacyScan* in Canada, *Privacy Law and Policy Reporter* in Australia as well as *Privacy Laws and Business* centered in the UK.

The fact is often overlooked that an anti-surveillance politics can be expressed through many art forms. „Advocate/artists" rarely participate in more conventional group politics, infrequently engage with government and business elites on these issues and almost never turn up to conferences. For some, it may be a stretch to include such artists within the broad privacy advocacy community. By directing the public's attention to the capacities and dangers of new surveillance, however, they play a vital role. Art can set the conditions under which individuals might come to understand surveillance practices and the shifting boundaries between public and private space, and technology and the human body.[12]

It is also obvious that there are no easy generalizations about what makes a privacy advocate. They are: men and women, black and white, gay and straight, young and old, rich and poor, and so on. Some are active church goers; most are not. Most have higher levels of education, though their educational backgrounds are extremely diverse: humanities, sciences, medicine, business, social sciences, law, librarianship, computer science and others. Some have personal experience of intrusions; others do not. They also come from every wing of the ideological spectrum. It is probably the case that most advocates share a somewhat center-left, civil libertarian political perspective. Others, however, would be positioned on the radical left, and would find sympathies with an anti-capitalist or anti-globalization agenda (Webb 2007). Some spring from a libertarian philosophy of minimal governmental intervention (Harper 2006). Others find favor with those on the Christian right (Albrecht and McIntyre 2006). Privacy advocacy has no conventional ideology – it can be promoted and opposed by those from all political and partisan positions.

All, however, are drawn by a fundamental belief that privacy is not only an important issue, but one of the defining questions of modern times. All would share a profound sense that new technologies should be shaped to human ends, rather than vice versa. All have deep-seated worries about abuses of power by modern organizations using the latest technological tools. Since the 1990s, all would be animated by the excitement of being at the

---

12 See, for instance, the „Rhetorics of Surveillance" exhibits at: http://ctrlspace.zkm.de/e/

cutting edge of a fundamental transformation in human communications. Privacy had become central to the debates about the character of the Internet, and privacy advocates have assumed a central role in a rapidly evolving story about the development of this revolutionary medium.

3 Privacy Advocacy Organizations

An analysis of the individual privacy advocates exposes one dimension of the network. The groups or organizations within which they operate tell another story. The pattern of group formation tends to reflect the issue itself – constantly changing, very diverse and almost infinitely flexible. A definitive „mapping" of the landscape is impossible. Only an incomplete list is presented in the Appendix.[13]

The first point is that the modern policy issue, defined as privacy in the US and data protection in Europe, has sustained few advocacy groups whose sole interests are in these issues. There are exceptions, such as Privacy International, the Electronic Privacy Information Center (EPIC) or the Australian Privacy Foundation. But in most countries, the privacy advocacy role is inextricably linked to broader civil liberties, human rights, consumer or Internet freedom questions. Most groups have arisen, therefore, for reasons beyond those of advocating for privacy rights. It matters profoundly, therefore, how the issue is perceived and articulated through some broader framework or discourse.

Some groups, for instance, see the issue as a civil liberty. Civil liberties are, however, traditionally thought of in terms of governmental, rather than corporate, power. For these groups, therefore, privacy advocacy tends to be focused on the protection of individuals from intrusions by the instruments of the state and (most especially) by law enforcement agencies. The political cultures of many countries do not readily embrace a „civil liberties tradition" which tends to be associated with countries which have written constitutions including enumerated rights. However defined, in most advanced industrial societies we find civil society groups which have long sought to protect individuals from abuses of power by the state. Privacy advocacy, while often not described as such, is a significant component of that tradition.

Many would insist that privacy is fundamentally a human right, and claim that it is far broader than one among many civil liberties. The claims of civil liberties advocates tend to be made with reference to specific national constitutional guarantees, such as the Bill of Rights in the United States. Claims about privacy as a „human right" tend to be made in more universalistic terms and derived from certain inherent human rights by virtue of our humanity, rather than our citizenship. Thus the Universal Declaration of Human Rights (UDHR) states that „everyone has the right to life, liberty and security of person" (Article 3). It goes on (Article 12) to state that „no one shall be subjected to arbitrary interference with his privacy, family, home or correspondence, nor to attacks upon his honour and reputation. Everyone has the right to the protection of the law against such interference or attacks."

There is evidence that many groups in democratizing countries see the close relationship between surveillance and other forms of repression and have embraced a pro-privacy

---

13 See also: http://privacyadvocates.ca

agenda – even they do not term it as such. Privacy issues are often brought to the fore as a result of the practical and inherent problems of campaigning for human rights in repressive regimes. Human rights organizations, such as Amnesty International, face some agonizing dilemmas about the collection and confidentiality of extraordinarily sensitive information about rights abuses, dissidents, and so on. Their workers are, themselves, subjected to surveillance, the interception of communications and sometimes more brutal treatment. Some groups have arisen to assist these groups in protecting the privacy and security of their communications.[14]

National and international consumer protection groups have a long involvement with privacy issues.[15] They have assisted individuals with complaints about consumer credit, direct-marketing, and identity theft as well as with the various consumer services on the Internet. These protection groups have lobbied for better privacy and data protection laws. They have researched and written reports on new and emerging consumer issues. For them, the illegitimate capture, collection, use and disclosure of personal information are all issues of deceptive trading. These groups associate good privacy protection with good business practices, and many of them have no difficulty also being privacy advocates.

Virtually every group mentioned so far has been involved in Internet privacy questions. Some, however, would not have emerged *but for* the Internet and the desire to create an open medium based on sound democratic principles. That there are a separate set of „digital rights" which are an extension of more fundamental civil rights and liberties is controversial. The belief, however, frames the work of a number of national and international organizations, of which the Electronic Frontier Foundation (EFF) is probably the most important.

A final category embraces a sprawling number of single-issue groups which have decided for various reasons to concentrate their efforts on a particular technology or practice, on a type of information, on a set of vulnerable people (such as children) or on a particular business sector (such as consumer credit). A notable example is the Surveillance Camera Players who have been performing skits before the video-surveillance cameras in New York City for around ten years, and who have motivated similar groups in other cities and countries (New York Surveillance Camera Players 2006).

It is probably the case that most privacy advocacy groups have sprung from the American political culture. Certainly those that are the best funded are American. This seems to support the thesis that the more pluralistic atmosphere for group formation in the United States, in tandem with the relatively open and fragmented political system, is conducive to the proliferation of many voluntary associations. Legislative processes at state and federal levels tend to be based on open hearings at which outside groups are invited to testify. Where legislatures fail, the courts may also be avenues for redress and policy change. Any US privacy advocate would testify to the uphill battle and the powerful state and corporate forces weighed against them. Nevertheless, the political culture does provide multiple opportunities for voices to be heard and encourages a culture of group formation. But it is also instructive how quickly the groups in the US have proliferated. Within the space of a few years, the American landscape shifted from one in which the principal activity was centered from within the American Civil Liberties Union to one where, by the mid-

---

14 Privaterra is a notable example: http://www.privaterra.org
15 The National Consumer Council in the UK and the Verbraucherzentrale Bundesverband (Federation of German Consumer Organizations) are examples.

1990s, there was a multiple set of actors jostling for a position with the American privacy space.[16]

It is not clear that the word „group" adequately captures all the advocacy behavior documented in this article. Some are indeed voluntary associations in the classic mold – non-profit groups registered under their respective statutes with membership lists and subscription dues. Many, however, have no membership base, though they might operate with boards of advisors. Some can have grandiose titles which describe nothing more than a website and perhaps a bulletin board, blog or listserve. There is deceptiveness in names because even when these groups atrophy they still tend to maintain a well-publicized web presence.[17] The Internet provides many false fronts, behind which are the same cast of characters.

4   The Privacy Advocacy Network

Traditional concepts do not adequately capture the dynamic, volatile, overlapping, fragmented and somewhat illusive nature of privacy advocacy. There is certainly no clear structure. Neither is there a social movement with an identifiable base. Perhaps the closest is that of the „advocacy network" which can be conceptualized as a series of concentric circles. Those at the center possess a set of core beliefs about the importance of privacy, and as one passes to the outer edges, the issue becomes more and more peripheral. Policy change occurs, according to some hypotheses, when those on the periphery begin to share the core beliefs of those at the center (Sabatier 1988).

With respect to privacy protection, the advocacy network might look something like the following. At the center are a number of *privacy-centric* groups such as EPIC, Privacy International, the Australian Privacy Foundation, Privacy Rights Clearinghouse, and Consumers Against Supermarket Privacy Invasion and Numbering (CASPIAN). Other issues are peripheral, and if addressed, have to be entirely consistent with a pro-privacy (anti-surveillance) message. As we move out of the center of the circle we encounter a number of *privacy-explicit* groups for whom privacy protection is one prominent goal among several. Many of the civil liberties and digital rights organizations, such as ACLU, EFF, Center for Democracy and Technology and Statewatch, fall into this category. In these organizations, privacy has to compete within the group's agenda for attention and resources.

Within the outer circle, there are an almost indefinite number of *privacy-marginal* groups, for whom privacy is a peripheral goal. Rarely do you find the word privacy on their websites or in publicity materials. Their goals are defined in very different terms – preventing torture, defending the rights of women, gays and lesbians, the homeless, children, librarians, ethnic minorities, journalists and so on. Despite not explicitly focusing on privacy issues, the protection of personal information and the restriction of government surveillance can be central to these groups' purposes and instrumental in promoting their chief aims. There is therefore a vast range of groups for whom privacy is a marginal purpose, and for whom it might become a central goal with the right motivation.

---

16 The most prominent examples are the Electronic Privacy Information Center, the Center for Democracy and Technology, the Electronic Frontier Foundation, Privacy Rights Clearinghouse, and CASPIAN.
17 Take for instance the Global Internet Liberty Campaign: http://www.gilc.org

Beyond the outer edge of the third circle are, therefore, a huge number of *potential groups* whose support could be mobilized given the right issue, or the correct case of intrusive governmental or corporate behavior. Privacy is an implicit or potential goal for these groups.

The contemporary privacy advocacy scene is best described as a transnational advocacy network (Keck and Sikkink 1998). This network is characterized by three features. It is *segmentary*: „composed of many diverse groups which grow and die, divide and fuse, proliferate and contract". It is *polycentric*: „having multiple, often temporary, and sometimes competing leaders or centers of influence". And it is *networked*: „forming a loose, reticulate, integrated network with multiple linkages through travelers, overlapping membership, joint activities, common reading matter, and shared ideals and opponents" (Gerlach 2001).

The privacy advocacy network is composed of multiple groups and individuals with varying commitment to the central value of privacy. It is non-hierarchical in the sense that no one group is considered more important than any other. There is no one person who can claim to speak for the network as a whole, any more than there is one group that is representative of the entire movement. It is an open network and has no defined limit. It expands and contracts depending on the issue and the opponent. This fluidity integrates with the network's culture of improvisation, where priorities are never established in any coherent way and instead emerge because one or two actors decide to do something, and ask around for support.

5 The Privacy Advocacy Network and Social Movement Politics

The privacy advocacy network has never been regarded as a „social movement" either by those within it, or by those observing from the outside. Indeed, neither has any group activity associated with the communications and information revolution, whether it is broadcasting, telecommunications regulation, freedom of information, or intellectual property (Mueller, Page, and Kuerbis 2004). These issues tend to be seen as within the more specialized and technocratic realms of politics and policy-making. For the most part they do not excite passions and popular adherence.

But what is meant by a social movement? Scholars have tended to expand the definition in response to the kind of activism they have seen around them. The dominant school of sociological thought on social movements in the mid 20th century tended to focus on collective behavior, associating movements with phenomena such as riots, crowds and mass hysteria. They had their inception in conditions of dissatisfaction and unrest (Blumer 1939, 199) or relative deprivation (Gurr 1970). More complex and varied concepts and approaches were, however, necessary as a result of the „new social movements" that emerged in the 1960s and 1970s with their greater emphasis on non-materialistic values and lifestyles, and a tendency to emerge more from middle than working class constituencies (Inglehart 1977). Many new social movement theorists also emphasized a change from the industrial, heavy manufacturing based „Fordist" economy to a „post-industrial", „postmodern" or „post-Fordist" economy centered more on the service sector. For Touraine (1981), for example, the passage to a post-industrial society, the conflicts and cleavages have been defined less by struggles between labor and capital, and more in terms of „ways of life".

Social movements can also develop special patterns of expression and connection which distinguish them from the wider culture. The uniqueness of a social movement's culture is therefore determined by the shared values, styles, behaviors, languages, traditions, symbols, and/or other forms of group definition. But much of a movement's culture may be unspoken, invisible, such as a sense of connection based on shared past experiences (Lofland 1995). For some social movements, the essential role is an enabling one for the participants who seek to understand themselves and their relations with others. Social movements should permit self-actualization, an understanding of what it means to be a black in the United States, a woman, a gay man, a lesbian or a first-nations member. Thus, they not only seek to change laws and policies and focus on articulating and aggregating demands from the state or replacing political elites, but to also attempt to change social conditions and attitudes. These movements try to establish new meanings about the nature of the political and a new „political space" (Magnusson 1996).

Tarrow provides several more precise criteria for social movement development. He insists that social movements should have a common purpose which help define an „us and a them". People join movements to mount „common claims against opponents, authorities or elites". They should exhibit „solidarity and collective identity", not in a temporary or ephemeral manner but in a sustained way over time. There is a need to „sustain contentious politics" for it is only by „sustaining collective action against antagonists that a contentious episode becomes a social movement" (Tarrow 1998, 6). It is the sustenance of collective action that marks the social movement from isolated acts of resistance.

Other scholars have theorized a natural life cycle to social movement politics, or an organizational ecology which contends that groups do rise and fall according to predictable patterns. Growth takes place in the early stages as the organizational form is legitimated. It then declines as the competition for resources intensifies. The early stages of informality and loose relationships give way over time to higher levels of institutionalization. In some interpretations, this process might lead to a level of bureaucratic organization that loses contact with constituent groups and sight of its original purpose (Alberoni 1984). However, it is very much an open question in an era of social networking and Internet activism whether the patterns of movement institutionalization that were observed in earlier eras hold true today. A recent study of the organizational ecology of groups within the area of communications and information (including privacy groups), asks the explicit question whether a broad conception of communications and information policy can provide the basis for sustained social movement activism. Quantitative data indicate that the „answer is almost certainly 'no' if one looks backward, but very possibly 'yes' if one looks forward and extrapolates current trends" (Mueller, Page, and Kuerbis, 2004, 182). These authors also see that the rise of Internet activism is overcoming prior problems of movement segmentation.

Today's conception of a social movement is therefore very inclusive. It embraces those based on ascriptive identities – the women's movement, the civil rights movement, the gay and lesbian movement – as well as those surrounding particular issues – the environmental movement, the anti-nuclear movement, the labor movement, the anti-globalization movement. Furthermore, the arguments of some social movement theorists would seem to predict the development of movements around the issues of surveillance and privacy. The issue and the politics arose through two conditions of post-industrial society – information technology and complex organizations. It emerged at exactly the same time as other „post-materialistic" questions – environmentalism, feminism, gay and lesbian rights, civil rights and so on. Like those issues, challenges to surveillance are deeply rooted in wider challenges to state power (Fuentes and Frank 1989). There appear to be many similarities between the properties of this issue, and those of other „post-materialistic" questions that have produced more coherent, visible, and international social movements from highly heterogeneous constituencies.

Perhaps, then, this can be a social movement. If we can talk in terms of a movement surrounding such vague concepts as „anti-globalization" then surely an „anti-surveillance" politics can be embraced by the term. Nevertheless there is still a puzzle. There has been an enormous amount of policy activity surrounding privacy: law, codes of practice, international agreements, privacy-enhancing technologies and a sprawling network of institutions all involved in the governance of privacy (Bennett and Raab 2006). Despite the magnitude of this increased policy activity, little of it has occurred as a result of concerted grassroots pressure. Few would contend that the greater salience of the issue is attributable to the rise of a broader „pro-privacy" or „anti-surveillance" politics. It is still generally an elitist issue, within government, business and civil society.

So could an anti-surveillance movement develop, given time, as Marc Rotenberg of EPIC suggests at the outset of this paper? Or, is there something inherent in the issue that precludes privacy and/or surveillance from rising to a higher level of mass consciousness and political mobilization?

6 The Properties of Privacy

There is a strong current of opinion in the privacy advocacy network that this issue is „different". However framed, some contend that it entails some peculiar properties which are never going to promote a broader political activism. No doubt this issue *is* different, but different from what, and should the differences make a difference? A number of arguments have circulated around the network.

The first proposition is that „privacy" can never foster any sense of collective identity. Some movements are also held together by ideology, or a common framework of understanding about the respective roles of state, civil society and market, and the relations between them. But privacy goes to the heart of those very questions, and the network has embraced groups and individuals with fundamentally different ideological understandings. It embraces those with a deep suspicion of the role of the state, as well as those who would insist that law and regulation are a prerequisite for sustained privacy protection. It embraces those who believe in, and perhaps revere, the free market, to those who accept the freedom of the market but insist on its regulation, to those who embrace an anti-capitalist and anti-globalization agenda. The ideological underpinnings of the network's composite members are as diffuse as politics itself.

Neither can one identify the glue as a sense of shared grievance, which is generally the focal point around which movements are organized and evolve. It is generally true that those people whose privacy is more endangered are those from more marginalized communities. They tend to receive higher levels of surveillance, particularly from the state. After 9/11, for instance, there has been increasing levels of grievance among Arab-Americans, and an increasing level of concern about discriminatory surveillance practices.[18] However, the relationship between measures of social stratification and levels of surveillance is full of contradictions. Some surveillance practices, such as some forms of direct marketing, are explicitly targeted at those with higher levels of income. There are a range of tricky theoretical and empirical questions about the distribution of privacy protection within any society (Bennett and Raab 2006, ch. 3).

A second and related argument concerns the highly subjective nature of privacy. Context determines the level of risk. Public policy, in terms of laws and codes, is thus generally framed in procedural terms permitting individuals to exercise their privacy rights if they so wish, and against the practices they, as individuals, find most intrusive. The highly contextual and subjective nature of the issue makes it hard to measure levels of risk, and difficult to produce collective action. It is difficult to deny that there are constraints imposed by the variable, subjective and contextual nature of the issue.

A third contention is that privacy always has to be balanced against a countervailing public interest which is typically more powerful. With few exceptions, there is always a justification for the capture and processing of personal information. National security arguments are invoked to justify the interception of communications. Safety is invoked to defend video-surveillance. Equity is invoked to justify the collection of personal information for government services. The efficient conduct of marketing – „making sure the right people get targeted with the right ads" – is invoked to justify the collection and profiling of consumer data. The speedy and efficient access to websites is invoked to justify the logging of cookies on personal hard drives. The protection from fraud is invoked to justify the entire consumer credit industry. A desire for a productive and safe workplace is invoked to justify schemes for workplace monitoring such as keystroke monitoring or active badges. Even other advocacy campaigns can be invoked on occasion – the environmentalism movement, for example, has proponents for the remote monitoring of home energy consumption and the surveillance of vehicles as part of congestion charging schemes.

Privacy advocates have certainly had to struggle with a discourse that is often framed in terms of false dichotomies. They have also had to resist the very metaphor about „balancing", insisting that privacy protection is not incompatible with collective interests like security, efficiency, consumer satisfaction and so on. Nevertheless, there is nothing inherent in this problem which is not also manifested within other areas. Environmentalism, for example, faces arguments about the need to reconcile conservation against powerful arguments concerning the protection of productive capacity in economic sectors, be it logging, fishing, automobile manufacture, or the use of open space for governmental projects. Just because there is a battle over language and interest between advocates and powerful interests should not render broader political activism impossible.

A fourth argument, which also tends to be advanced in comparison with environmentalism, concerns the visibility of harm. Whereas it is possible to observe and measure the direct results of some environmental pollution, arguments against excessive levels of surveillance often have to be pitched in terms of abstract rights and fears of hypothetical consequences. To be sure, many horror stories about the inappropriate collection and use of

---

18 In August 2004, for instance, the Arab American Institute coordinated a campaign against the provision of tabulations on the Arab-American population, prepared by the Census Bureau to the Department of Homeland Security and to the Bureau of Customs and Border Protection. See statements, correspondence and media coverage at http://www.aaiusa.org/issues/civil-liberties/dhs

personal information can be marshaled to the cause (Smith 1993). However, as Phil Agre puts it: „With environmental pollution you can at least see the smoke and oily seabirds, but with invasions of privacy the information flows silently, out of sight, and then you can't figure out how they got your name, much less which opportunities never knocked because of the bad information in your file."[19]

It is true that much of the harm from privacy invasions is latent. Most individuals will therefore see the intrusive direct-marketing call, the denial of a loan, the refusal of insurance, the subjection to extra security screening at the airport, or the inaccurate tax return and not perceive these problems as „privacy problems". Despite their perception/rationalization of these inconveniences, each problem might have been directly, or indirectly, caused by the collection and processing of inaccurate, obsolete or incomplete personal data. The cause and effect are often hidden and circuitous. That is not to say, however, that other social movements are free of similar dilemmas. The contemporary argument about global warming is exactly about making a link in the public mind between the burning of fossil fuels and the melting of the polar ice caps, and interpreting complex science in ways that can change attitudes and behavior. And there are increasingly direct and visible manifestations of surveillance technology – video-surveillance, identity cards, biometric scanning – which provide a direct moment of personal information capture. The increasingly frequent instances of data breaches can also be regarded as the privacy equivalent of the dumping of toxic waste. Indeed, the use of the term „data spills" deliberately invites this comparison.

Privacy is perhaps one of those issues which *is* a mile wide and an inch thick. In its diffuseness, it cannot attract deep and abiding commitments. It is always an issue, but never the top issue. It is at the heart of civil rights, civil liberties, health care policy, law enforcement, national security, employment law, and so on, but it is never sufficiently prominent to garner in-depth commitment in and of itself.

7   *Conclusion: Storming the Barricades for Privacy*

The essential tension, therefore, is about how to „frame" the issue in ways that define a sense of collective grievance following from excessive surveillance. Can that sense of shared grievance grow when the issue is invariably articulated through the conceptual lens of „privacy"? There is a fundamental dilemma in trying to energize collective action around an emotive and powerful concept that is derived from a very subjective and individualistic right. The term has been remarkably resilient. It attaches to a huge array of policy questions, to a sprawling policy community, to a transnational advocacy network, to an academic literature and to a host of polemical and journalistic commentary. Despite the fact that nobody can supply a precise and commonly accepted definition, the term maintains an enormous and global appeal, in the English-speaking world and beyond.

This appeal persists in the face of a steady body of academic criticism. For many scholars, this unstable and protean term has never been remotely adequate to capture the complex and multifaceted implications of organizational processing of personal information. Some contend that privacy connotes individualism, and concentrates on the subjective

---

[19] Phil Agre, Department of Information Studies, University of California, Los Angeles, http://polaris.gseis.ucla.edu/pagre/notes/99-12-26.html

interests rather than the collective good; privacy is about the „me" rather than the „us". It is also arguably plagued with the same problems associated with a „rights discourse" more generally (Haggerty and Erickson 2006, 9). Others contend that the framing in terms of privacy cannot embrace the discriminatory impacts of information processing (Gandy 1993), or the larger role that surveillance plays in „social sorting" (Lyon 2003a). Privacy is not, therefore, the „antidote to surveillance" (Stalder 2002).

In recognition of the inherent problems with the concept, other scholars have tried to realign the privacy term in more collective or social terms. Priscilla Regan, most notably, has made a compelling argument for thinking about privacy as a collective good, because „privacy's importance does not stop with the individual" (Regan 1995, 220). In a similar vein, Andrew Clement has contended that there is a conceptual and discursive equivalence between the environmental commons and the information commons, between the ecosphere and the „infosphere" (Clement and Hurrell 2005). Clement (2006, 47) contends that the different strands of this movement are gradually being interwoven into this infosphere: „by framing the infosphere as an embodied ecological environment, information rights movements can more easily articulate a set of rights and responsibilities for the citizens who operate within it, and can work together to develop and protect an information environment that is widely accessible and responsive to the needs and aspirations of computer users".

These arguments would suggest that advocacy should be more persuasive when individual cases are projected to societal trends and common experience than when it remains blithely focused on individual cases and particular experiences. Some groups have framed their struggles in terms of opposition to excessive „surveillance", a term that is similarly fraught with conceptual confusion. The ACLU depicts a „Surveillance Clock" on its website. Privacy International published in June 2007 an assessment of the privacy practices of the major Internet companies, ranking them according to ten variables of privacy friendliness and providing a color-coded score on a scale from „privacy-friendly and privacy-enhancing" to „comprehensive surveillance and entrenched hostility to privacy". The results achieved some media attention and stiff responses from Google, the only company given the lowest, and blackest, mark.[20]

Despite these constraints, my research has suggested that the privacy advocacy network is increasing in visibility and significance (Bennett 2008). Interactions within the network are becoming more regular and frequent. There is now a broader recognition that a diverse set of interests can be attracted to particular causes, and thus make the network appear wider and more politically significant than in the past. Slow adjustment to the realities of the issue, and to the potential of the Internet, has produced a widespread realization that such broad-based campaigns are beneficial for the network and the issue. As this realization develops and spreads across the network of privacy advocates, these individuals might become more cohesive and institutionalized over time, and result in less pragmatic and fewer ad hoc methods for setting priorities and engaging in campaigns. Any such realization will undoubtedly grow as more horizontal connections are made between privacy advocates internationally. There is, therefore, growing evidence of collective action, and indeed isolated incidents of „storming the barricades so that we can all be private together".

I would also contend that the network has had some success in thwarting the more intrusive and ambitious surveillance schemes of government and the private sector. Advo-

---

20 See Privacy International, „A Race to the Bottom: Privacy Ranking of Internet Service Companies, A Consultation Report", June 9, 2007, http://www.privacyinternational.org/article.shtml?cmd[347]=x-347-553961

cates are learning how to combine their cause with wider political and/or corporate interests. They are learning how better to marshal information to the debates, link the issues to symbolic events that resonate within the political culture, apply leverage where possible, and in particular force organizations to live up to their own rules, and those of the jurisdictions in which they operate. There are many legal and non-legal rules about privacy protection and some are strong, and others weak. This said, *any* public statement or commitment to privacy protection, however weak and qualified, provides an opportunity to test whether words are supported by actions and practices (Bennett 2008).

These descriptions of the privacy advocacy network, whilst admittedly an incomplete snapshot, are strikingly consistent with conclusions about transnational advocacy from other studies of other international political issues. Kekk and Sikkink's case studies, for example, contend that the very notion of the network as a structure infuses much of what individual actors do and say: „However much an individual or representative of a particular organization may speak and act in the name of a network without necessarily consulting its other members regularly, the synergy of networking nonetheless transforms the timbre of his or her voice. The 'voice' of the network is not the sum of the network component voices, but the product of an interaction of voices" (Kekk and Sikkink 1998, 207). Thus, the agents are consulted not as individuals, but as „privacy advocates". Whether or not these actors have formerly consulted the network matters little. Power imbalances within the network matter little. The existence of the network, and the relations between the network participants, gives the agents a voice, and often allows them to „punch beyond their weight".

In spite of the potential for privacy advocates to coalesce they may never become a social movement – not because of anything inherent in privacy protection, but because the advocacy network is becoming the dominant mode of organization in international relations. Perhaps a mass-based social movement will not develop, precisely because there is a transnational advocacy network. Hence the standard has changed, and the comparisons against 1960s social movements are perhaps misplaced. The network society has changed the meaning of what a social movement is, and affected the standards of evaluation (Castells 1996). How can the presently operating privacy network become like „environmentalism" or „civil rights" or „feminism" is not the question to ask. If the privacy advocacy network does not transform into a social movement, with significant mass mobilization, then perhaps it does not matter.

What is clear is that the development, and modest success, of this network has proceeded despite the significant dilemmas in framing the issue in terms that are equal to the size and complexity of the challenge. Perhaps, therefore, the importance of an appropriate issue frame is exaggerated. Conceptual and philosophical contradictions seem to have been overwhelmed by a term which still carries much emotive power and popular appeal. For all its faults, *privacy* is the concept around which this network has coalesced, and will probably evolve. For better or worse, „privacy advocates" have learned to live with it.

Appendix: List of Privacy Advocacy Organizations

Organization	Abbreviation	Country
Alfa-Redi		Peru
American Civil Liberties Union	ACLU	United States
Amnesty International	AI	International

Organization	Acronym	Country
Arbeitskreis Vorratsdatenspeicherung (Working Group on Data Retention)		Germany
Arge Daten		Austria
Association Electronique Libre (Electronic Freedom Association)	AEL	Belgium
Association for Technology and Internet	APTI	Romania
Australian Privacy Foundation	APF	Australia
Bits of Freedom	BoF	Netherlands
British Columbia Civil Liberties Association	BCCLA	Canada
Buro Jansen and Janssen		Netherlands
Californians Against Telephone Solicitations	CATS	United States
Campaign for Digital Rights	CDR	United Kingdom
Canadian Civil Liberties Association	CCLA	Canada
Canadian Internet Public Policy Clinic	CIPPIC	Canada
CATO Institute	CATO	United States
Center for Digital Democracy	CDD	United States
Centre for Democracy and Technology	CDT	United States
Chaos Computer Club	CCC	Germany
Coalition against Unsolicited Commercial E-mails	CAUCE	United States
Computer Professionals for Social Responsibility	CPSR	United States (chapters in Canada, Spain, Peru, Africa, Japan)
Consumer Action	CA	United States
Consumer Association		United Kingdom
Consumers Against Supermarket Privacy Invasion and Numbering	CASPIAN	United States
Cyber Rights and Cyber Liberties		United Kingdom
Derechos Digitales (Digital Rights)		Chile
Deutsche Vereinigung für Datenschutz (German Association for Data Protection)	DVD	Germany
Die Humanistische Union (The Humanist Union)	HU	Germany
Digital Rights Denmark		Denmark
Digital Rights Ireland		Ireland
Electronic Frontier Finland	EFFI	Finland
Electronic Frontier Foundation	EFF	United States
Electronic Privacy Information Center	EPIC	United States
European Civil Liberties Network	ECLN	Europe
Foebud		Germany
Förderverein Informationstechnik und Gesellschaft (Association for Information Technology and Society)	FITUG	Germany
Forum Informatikerinnen für Frieden und gesellschaftliche Verantwortung (Forum of Computer professionals for Peace and Social Responsibility)	FIFF	Germany
Foundation for Information Policy Research	FIPR	United Kingdom

Storming the Barricades so We Can All Be Private Together

Foundation for Taxpayer & Consumer Rights	FTCR	United States
Frontline		Canada
Fundacion via Libre (Open Source Foundation)		Argentina
Global Internet Liberty Campaign	GILC	International
Health Privacy	HP	United States
ID Theft Resource Center	ITRC	United States
Imaginons un Réseau Internet Solidaire	IRIS	France
International Civil Liberties Monitoring Group	ICLMG	Canada
Internet Society		Bulgaria
Iuridicum Remedium		Czech Republic
Junkbusters		United States
La Ligue des Droits et Libertés (League of Rights and Liberties)		Quebec, Canada
Leave Those Kids Alone	LTKA	United Kingdom
Liberty Coalition		United States
Medical Privacy Coalition	MPC	United States
Motorists Against Detection	MAD	United Kingdom
National Association of State Public Interest Research Groups	US-PIRG	United States
National Consumers League	NCL	United States
National Council for Civil Liberties/Liberty	NCCL	United Kingdom
Netjus		Italy
Netzwerk Neue Medien (Network New Media)	NNM	Germany
New York Surveillance Camera Players	SCP	United States
NO2ID		United Kingdom
Patient Privacy Rights Coalition		United States
Privacy International	PI	United Kingdom
Privacy Rights Clearinghouse	PRC	United States
Privacy Ukraine		Ukraine
Privacy Activism		United States
Privacy Journal		United States
Privacy Mongolia		Mongolia
Privacy Times		United States
Private Citizen Inc.		United States
Privaterra		Canada
Public Interest Advocacy Centre	PIAC	Canada
Public Interest Computing Association	PICA	United States
Quintessenz		Austria
Seguridad en Democracia (Security in Democracy)	SEDEM	Guatemala
Statewatch		Europe
Stichting Waakzaamheid Persoonsregistratie (Privacy Alert)	SWP	Netherlands
Swiss Internet User Group	SIUG	Switzerland

Transatlantic Consumer Dialogue	TCD	Europe
UK National Consumer Council	NCC	United Kingdom
Utilities Commission Action Network	UCAN	United States
Verbraucherzentrale Bundesverband (Federation of German Consumer Organizations)	VBV	Germany
Verein für Internet-Benutzer Österreichs (Association for Austrian Internet Users)	Vibe AT!	Austria
World Privacy Forum	WPF	United States

References

Alberoni, Francesco, 1984: Movement and Institution, Columbia University Press: New York.

Albrecht, Katherine, and Liz McIntyre, 2006: The Spychips Threat: Why Christians Should Resist RFID and Electronic Surveillance, Nelson Current: Nashville.

Bennett, Colin J., 1992: Regulating Privacy: Data Protection in the United States and Europe, Cornell University Press: Ithaca.

Benett, Colin J., 2008: The Privacy Advocates: Resisting the Spread of Surveillance, MIT Press: Cambridge.

Bennett, Colin J., and Charles D. Raab, 2006: The Governance of Privacy: Policy Instruments in Global Perspective, The MIT Press: Cambridge, Mass..

Bennett, Colin J., and David Lyon (eds.), 2008: Playing the Identity Card: Surveillance, Security and Identification in Global Perspective, Routledge: London.

Blumer, Herbert, 1939: Collective Behavior, pp. 219-280, in: Robert E. Park (ed.), An Outline of the Principles of Sociology, Barnes and Noble: New York.

Bygrave, Lee, 2002: Data Protection Law: Approaching its Rationale, Logic and Limits, Kluwer Law International: New York.

Castells, Manuel, 1996: The Rise of the Network Society, Blackwell: Oxford.

Chaum, David, 1992: Achieving Electronic Privacy, in: Scientific American 267 (2) pp. 96-101.

Clement, Andrew, 2006: Toward an integrated information rights movement: Conceptual foundations from environmentalism, paper presented to the Information Rights and Organizational Accountabilities Workshop, Faculty of Information Studies, University of Toronto June 16-17.

Clement, Andrew, and Christie Hurrell, 2005: Information/Communications Rights as a new Environmentalism? Working Paper, Canadian Research Alliance for Community Innovation and Networking: Toronto.

Davies, Simon, 1999: Spanners in the Works: How the Privacy Movement is Adapting to the Challenge of Big Brother, pp. 244-261, in: Colin J. Bennett and Rebecca Grant (eds.), Visions of Privacy: Policy Choices for the Digital Age, University of Toronto Press: Toronto.

Diffie, Whitfield and Susan Landau, 2007: Privacy on the Line: The Politics of Wiretapping and Encryption, (2d ed), The MIT Press: Cambridge, Mass..

Fuentes, Marta and Andre Gunder Frank, 1989: Ten Theses on Social Movements, in: World Development 17 (2), pp. 179-189.

Gandy, Oscar H. Jr., 1993: The Panoptic Sort: A Political Economy of Personal Information, Westview Press: San Francisco,.

Gerlach, Luther P., 2001: The Structure of Social Movements: Environmental Activism and its Opponents, pp. 289-310, in: John Arquilla and David Ronfeldt (eds.), Networks and Netwars: The Future of Terror, Crime and Militancy, Rand: Santa Monica.

Gilliom, John, 2001: Overseers of the Poor: Surveillance, Resistance and the Limits of Privacy, University of Chicago Press: Chicago.

Gurr, Ted R., 1970: Why Men Rebel, Princeton University Press: Princeton, NJ.

Haggerty, Kevin D. and Richard V. Ericson, 2000: The Surveillant Assemblage, in: British Journal of Sociology 51 (4), pp. 605-622.

(eds.), 2006: The New Politics of Surveillance and Visibility, University of Toronto Press: Toronto.

Harper, Jim, 2006: Identity Crisis: How Identification is Over-Used and Misunderstood, Cato Institute: Washington DC.

Inglehart, Ronald, 1977: The Silent Revolution: Changing Values and Political Styles among Western Publics, Princeton University Press: Princeton.

Keck, Margaret, E., and Kathryn Sikkink, 1998: Activists Beyond Borders: Advocacy Networks in International Politics, Cornell University Press: Ithaca.

Levy, Steven, 2001: How the Code Rebels Beat the Government – Saving Privacy in the Digital Age, Viking Adult: New York.

Lofland, John, 1995: Charting Degrees of Movement Culture: Tasks of the Cultural Cartographer, pp. 188-216, in: H Johnston and B. Klandermans (eds.), Social Movements and Culture, University of Minnesota Press: Minneapolis.

Lyon, David, 2001: Surveillance Society: Monitoring Everyday Life, Open University Press: Buckingham.

Lyon, David, 2003a: Surveillance as Social Sorting: Privacy, Risk and Digital Discrimination, Routledge: New York.

Lyon, David, 2003b: Surveillance after September 11th, Polity Press: Cambridge.

Lyon, David, 2007: Surveillance Studies: An Overview, Polity Press: Cambridge.

Magnusson, Warren, 1996: The Search for Political Space, University of Toronto Press: Toronto.

Marx, Gary, 1988: Undercover: Police Surveillance in America, University of California Press: Berkeley.

Marx, Gary, 2003: A Tack in the Shoe: Resisting and Neutralizing the New Surveillance, in: Journal of Social Issues 59 (2), pp. 369-390.

Mueller, Milton, Christiane Page, and Brandon Kuerbis, 2004: Civil Society and the Shaping of Communication-Information Policy: Four Decades of Advocacy, in: The Information Society 20 (3), pp. 169-185.

New York Surveillance Camera Players, 2006: We Know You Are Watching, Factory School: New York.

Nissenbaum, Helen, 2004: Privacy as Contextual Integrity, in: Washington Law Review 79 (1), pp. 119-158.

Regan, Priscilla, 1995: Legislating Privacy: Technology, Social Values and Public Policy, University of Carolina Press: Chapel Hill.

Rule, James, 2007: Privacy in Peril: How we are Sacrificing a Fundamental Right in Exchange for Security and Convenience, Oxford University Press: New York.

Sabatier, Paul, 1988: An Advocacy Coalition Framework of Policy Change and the Role of Policy-Oriented Learning Therein, in: Policy Sciences 21, pp. 129-168.

Schneier, Bruce, 2003: Beyond Fear: Thinking Sensibly about Security in an Uncertain World, Copernicus Books: New York.

Schoeman, Ferdinand, 1992: Privacy and Social Freedom, Cambridge University Press: Cambridge.

Schwartz, Paul, and Joel Reidenberg, 1996: Data Privacy Law: A Study of United States Data Protection, Michie: Charlottesville.

Smith, Robert E., 1993: War Stories: Anecdotes of Persons Victimized by Invasions of Privacy, Privacy Journal: Providence, RI.

Solove, Daniel J., 2004: The Digital Person: Technology and Privacy in the Information Age, New York University Press: New York.

Solove, Daniel J., 2008: Understanding Privacy, Harvard University Press: Harvard.

Stalder, Felix, 2002: Privacy is not the Antidote to Surveillance, in: Surveillance and Society 1 (1), pp. 120-124.

Swire, Peter, and Robert Litan, 1998: None of Your Business: World Data Flows, Electronic Commerce and the European Privacy Directive, Brookings Institution Press: Washington.

Tarrow, Sidney, 1998: Power in Movement: Social Movements and Contentious Politics, Cambridge University Press: Cambridge.

Touraine, Alain, 1981: The Voice and the Eye: An Analysis of Social Movements, trans. by Alan Duff, Cambridge University Press: Cambridge.

Webb, Maureen, 2007: Illusions of Security: Global Surveillance and Democracy in the Post-9/11 World, City Lights: San Francisco.

Whitaker, Reg, 1999: The End of Privacy: How Total Surveillance is Becoming a Reality, New Press: New York.

Autorinnen und Autoren

Johannes Angermüller ist Juniorprofessor für die Soziologie der Hochschule an der Johannes-Gutenberg-Universität Mainz.

Colin Bennett ist Professor für Politikwissenschaft am Department of Political Science an der University of Victoria in Kanada.

Ulrich Bröckling, Soziologe, lehrt an der Martin-Luther-Universität Halle-Wittenberg.

Oliver Decker ist Diplom-Psychologe und wissenschaftlicher Angestellter an der Universität Leipzig.

Tobias Grave promoviert in Philosophie und ist Lehrbeauftragter an der Universität Leipzig.

Leon Hempel, Politologe, ist Leiter des Human Technology Lab und der Sozialwissenschaftlichen Sicherheitsforschung am Zentrum Technik und Gesellschaft der Technischen Universität Berlin.

Gerrit Hornung ist Geschäftsführer der Projektgruppe verfassungsverträgliche Technikgestaltung (provet) und Habilitand an der Universität Kassel.

Stefan Kaufmann, Soziologe, ist Leiter mehrerer Projekte zur Sicherheitsforschung an der Albert-Ludwigs-Universität Freiburg.

Susanne Krasmann, Soziologin, lehrt und forscht am Institut für Kriminologische Sozialforschung der Universität Hamburg.

Reinhard Kreissl ist Soziologe und forscht am Institut für Rechts- und Kriminalsoziologie in Wien.

Aldo Legnaro ist freier Sozialwissenschaftler in Köln.

Gary T. Marx ist Professor Emeritus für Soziologie am Massachusetts Institute of Technology und gilt als Mitbegründer der Surveillance Studies.

Sven Opitz ist Assistent für Allgemeine Soziologie am Institut für Soziologie der Universität Hamburg.

Lars Ostermeier, Politikwissenschaftler und Kriminologe, ist Doktorand am Institut für Kriminologische Sozialforschung der Universität Hamburg.

Sachar Paulus ist Professor für Unternehmenssicherheit und Risikomanagement an der Fachhochschule Brandenburg, Kompetenzzentrum für Qualifizierung im Bereich der Sicherheit (KomSiB).

Jörg Potthast ist Soziologe, Postdoc-Stipendiat an der Graduiertenschule „Locating Media", Universität Siegen, und assoziierter Mitarbeiter der Forschungsgruppe Wissenschaftspolitik am WZB.

Alexander Roßnagel, Vizepräsident der Universität Kassel, Universitätsprofessor für öffentliches Recht, Leiter der Projektgruppe verfassungsverträgliche Technikgestaltung (provet) im Forschungszentrum für Informationstechnik-Gestaltung (ITeG).

Evelyn Ruppert, Soziologin, ist wissenschaftliche Mitarbeiterin am ESRC Centre for Research on Socio-Cultural Change (CRESC) der Open University, London.

Ute Tellmann ist Assistentin für Allgemeine Soziologie am Institut für Soziologie der Universität Hamburg.

Frieder Vogelmann promoviert in Philosophie an der Goethe-Universität Frankfurt a. M. und ist Stipendiat des dortigen Exzellenzclusters „Die Herausbildung normativer Ordnungen".

Neu im Programm Politikwissenschaft

Andreas Kost /
Hans-Georg Wehling (Hrsg.)
Kommunalpolitik in den deutschen Ländern
Eine Einführung
2., akt. u. überarb. Aufl. 2010. 413 S. Br.
EUR 34,95
ISBN 978-3-531-17007-7

Dieser Band behandelt systematisch die Kommunalpolitik und -verfassung in allen deutschen Bundesländern. Neben den Einzeldarstellungen zu den Ländern werden auch allgemeine Aspekte wie kommunale Finanzen in Deutschland, Formen direkter Demokratie und die Kommunalpolitik im politischen System der Bundesrepublik Deutschland behandelt. Damit ist der Band ein unentbehrliches Hilfsmittel für Studium, Beruf und politische Bildung.

Hans-Joachim Lauth (Hrsg.)
Vergleichende Regierungslehre
Eine Einführung
3., akt. u. erw. Aufl. 2010. 437 S. Br.
EUR 29,95
ISBN 978-3-531-17309-2

Dieser Band gibt einen umfassenden Überblick über die methodischen und theoretischen Grundlagen der Subdisziplin und erläutert die zentralen Begriffe und Konzepte. In 16 Beiträgen werden hierbei nicht nur die klassischen Ansätze behandelt, sondern gleichfalls neuere innovative Konzeptionen vorgestellt, die den aktuellen Forschungsstand repräsentieren. Darüber hinaus informiert der Band über gegenwärtige Diskussionen, Probleme und Kontroversen und skizziert Perspektiven der politikwissenschaftlichen Komparatistik.

Wolfgang Schroeder /
Bernhard Weßels (Hrsg.)
Handbuch Arbeitgeber- und Wirtschaftsverbände in Deutschland
2010. 552 S. Geb. EUR 59,95
ISBN 978-3-531-14195-4

Arbeitgeber- und Wirtschaftsverbände organisieren kollektives Handeln von wirtschaftlichen Konkurrenten, indem sie versuchen, gemeinsame Interessen gegenüber dem Staat, den Gewerkschaften und der Wirtschaft selbst zu artikulieren, zu repräsentieren und durchzusetzen. Dieses Handbuch stellt Geschichte, Funktionen, Strukturen und Perspektiven der Arbeitgeber- und Wirtschaftsverbände in den Mittelpunkt. Hierbei werden die Reaktionen dieser Verbände auf die veränderten Umweltbedingungen aufgezeigt sowie der Frage nachgegangen, inwieweit zu konstatierende Veränderungsprozesse bei den Arbeitgeber- und Wirtschaftsverbänden zu einer weitgehenden Transformation des deutschen Modells insgesamt beitragen.

Erhältlich im Buchhandel oder beim Verlag.
Änderungen vorbehalten. Stand: Juli 2010.

www.vs-verlag.de

Abraham-Lincoln-Straße 46
65189 Wiesbaden
Tel. 0611.7878-722
Fax 0611.7878-400

Neu im Programm Politikwissenschaft

Carlo Masala / Frank Sauer / Andreas Wilhelm (Hrsg.)
Handbuch der Internationalen Politik
Unter Mitarbeit von Konstantinos Tsetsos
2010. ca. 510 S. Br. EUR 49,95
ISBN 978-3-531-14352-1

Das Handbuch der Internationalen Politik vermittelt theoretische und methodische Grundlagen der Forschungsdisziplin Internationale Beziehungen. Die Einzelbeiträge geben einen Überblick über Akteure, Strukturen und Prozesse sowie Handlungsfelder der internationalen Politik und dienen darüber hinaus der Vermittlung von aktuellen Erkenntnissen der Forschung. Der Sammelband richtet sich sowohl an Studierende und Wissenschaftler als auch die interessierte Öffentlichkeit.

Thomas Meyer
Was ist Politik?
3., akt. u. erg. Aufl. 2010. 274 S. Br.
EUR 19,95
ISBN 978-3-531-16467-0

Das Buch bietet allen politisch Interessierten und all denen, die genauer verstehen möchten, wie Politik funktioniert, eine fundierte und leicht verständliche Einführung. Es hat zwei besondere Schwerpunkte: die neuen politischen Fragen (Identitätspolitik, Zivilgesellschaft, Biopolitik und Globalisierung) und die neuesten Entwicklungen der Mediendemokratie.

Gerhard Naegele (Hrsg.)
Soziale Lebenslaufpolitik
Unter Mitarbeit von Britta Bertermann
2010. 775 S. (Sozialpolitik und Sozialstaat)
Br. EUR 69,95
ISBN 978-3-531-16410-6

Die demographische Entwicklung in Deutschland hat uns bewusst gemacht, dass sich Gesellschaft, Politik und Wirtschaft auf die Einbindung von älteren Menschen in die Arbeitswelt einstellen müssen. Damit gewinnt aus durchaus praktischen Gründen die wissenschaftliche Erforschung des sozialen Lebenslaufs und seine politische Gestaltung insgesamt eine zentrale Bedeutung: Die schnelle und fundamentale Änderung von modernen Lebensverläufen erfordert eine bewusste Politik in zahlreichen Bereichen. Dieser Band bietet einerseits die wissenschaftlichen Grundlagen der Lebenslaufforschung, andererseits untersucht er die Politikbereiche, in denen Lebenslaufpolitik verstärkt betrieben werden muss.

Erhältlich im Buchhandel oder beim Verlag.
Änderungen vorbehalten. Stand: Juli 2010.

www.vs-verlag.de

VS VERLAG

Abraham-Lincoln-Straße 46
65189 Wiesbaden
Tel. 0611.7878-722
Fax 0611.7878-400

GPSR Compliance

The European Union's (EU) General Product Safety Regulation (GPSR) is a set of rules that requires consumer products to be safe and our obligations to ensure this.

If you have any concerns about our products, you can contact us on

ProductSafety@springernature.com

In case Publisher is established outside the EU, the EU authorized representative is:

Springer Nature Customer Service Center GmbH
Europaplatz 3
69115 Heidelberg, Germany

www.ingramcontent.com/pod-product-compliance
Lightning Source LLC
LaVergne TN
LVHW010337260326
834688LV00036B/748